Ariès Geschichte der Kindheit

Hanser Anthropologie
Herausgegeben von Wolf Lepenies
und Henning Ritter

Vorwort

Warum ein Vorwort zu diesem Buch? Hat es das nötig? Hat der Leser es nötig? Welcher? Mit welchem Recht fügt hier einer dem Buch etwas hinzu, das es selbst nicht sagt? Wie kommt er dazu, anderen ihre Fragen und womöglich ein Urteil vorwegzunehmen?

Die Antwort hierauf ist nicht nur im Fall dieses Vorwortes nicht leicht, und wenn die Antwort, die ich gebe, nicht jedermann befriedigt, so wird man dem Vorwort selbst doch hoffentlich anmerken, daß ich mir die Frage gestellt habe.

Das Buch von Philippe Ariès braucht ein »Vorwort zur deutschen Ausgabe«, weil diese fünfzehn Jahre nach der französischen, dreizehn Jahre nach der amerikanischen Veröffentlichung erscheint; weil es sich nicht um »Neue Materialien zur Geschichte des bekannten Phänomens X im Ancien Régime« handelt (die man, wenn sie nach den Regeln der Kunst zusammengetragen und dargestellt sind, auch nach 15 – oder 50 – Jahren kommentarlos zur Kenntnis nehmen könnte); weil das Buch vielmehr eine ausdrückliche und eindrückliche Theorie über seinen Gegenstand enthält und eine weniger ausdrückliche über seine Methode und sein anthropologisches Grundmodell; weil die Folgen, die die letztere gehabt hat, die erstere zu überholen und auf sie zurückzuwirken beginnen; und vor allem, weil der Gegenstand wie ein »gelehrter« aussieht und ein Vorwort vielleicht helfen kann zu zeigen, wie nah die Botschaft dieses Buches – es hat eine! – all denen gehen muß, die an der pädagogischen Verwirrung unserer Zeit leiden.

Das Buch wird in Deutschland im Jahre 1975 unter sehr anderen Voraussetzungen ankommen, als es in Frankreich Ende der Fünfziger Jahre geschrieben worden ist und in den USA seit 1962 eifrig diskutiert wird. Diese Differenz sichtbar zu machen und, wo dies sinnvoll erscheint, abzutragen, will das Vorwort helfen. Es will zugleich – anhand der darin zur Erscheinung kommenden Entwicklung – nach der Möglichkeit und dem Sinn einer »historischen Wendung der Gesellschaftswissenschaften« (insbesondere der Pädagogik) fragen. Diese – so bezeichnet in

Analogie zu der von Heinrich Roth ausgerufenen »realistischen Wendung der pädagogischen Forschung« (1) – kann man einstweilen nur vermuten und nicht (auch nicht mit dem Blick auf den üblichen amerikanischen Vorlauf) konstatieren. (2) Aber weil die deutsche Übersetzung und Wirkungsmöglichkeit dieses Buches mit einem gesellschaftspolitischen Klimaumschlag – mit einer Mischung aus Resignation und Heimweh nach der Guten Alten Zeit – und einem spürbaren Überdruß an den abstrakten Ergebnissen der empirisch-systematischen Forschung zusammenfällt, schulden die deutschen Herausgeber dem Buch in diesem Augenblick beides: Anspruch und Schutz. Der *Anspruch* kann, wenn man der Einordnung und Bewertung des Lesers nicht vorgreifen will, nur in Fragen bestehen; *Schutz* gewährt man dem Buch am besten durch den Hinweis auf seine Ungeschütztheit.

Man wird nicht verhindern können, daß aus der bewußten Wendung von Ariès (und anderen) bei uns und jetzt ein Stück unbewußter Tendenz-Wende wird. Aber wo dies geschieht, sollte man es sich doch bewußt machen *können.* Auch dieser Möglichkeit und nicht nur dem oben begründeten »Anspruch« dienen die folgenden Fragen:

1. Was könnte unser *Interesse* an den Thesen von Ariès sein?

2. Was könnte die *Wiederentdeckung der Geschichte* für die zur Systematik drängenden Handlungswissenschaften bedeuten? Was für Alternativen gibt es oder könnte es geben? Was könnte man gegen das eingeschlagene Verfahren einwenden? Welche *Erkenntnisprobleme* geben die Ergebnisse auf?

3. Was könnte der tatsächliche *Nutzen* dieses Buches sein? Welche Bilanz ist zu ziehen?

1 Heinrich Roth: »Die realistische Wendung in der pädagogischen Forschung«, in: *Neue Sammlung* 2. Jg., Heft 6, 1962, S. 485.

2 Die Amerikaner haben inmitten der überwältigenden Flut empirischer Forschung nie aufgehört, große – der Orientierung und Kritik dienende – historische Untersuchungen vorzulegen, wie die Standardwerke von John S. Brubacher (*A History of the Problems of Education*, 1947), Edgar W. Knight (*Fifty Years of American Education 1900–1950*, 1952), Lawrence A. Cremin (*The Transformation of the School*, 1962), Ruth Miller Elson (*Guardians of Tradition*, 1964), Michael B. Katz (*The Irony of Early School Reform*, 1969), Joel Spring (*Education and the Rise of the Corporate State*, 1971). Der Grund für die außerordentliche Wirkung von Ariès' Buch in den USA, also das, was wie eine »Wendung« aussehen könnte und seinen Ausdruck in einer Vierteljahresschrift *The History of Childhood Quarterly* findet, lag in seiner Theorie von der Geschichtlichkeit bisher naiv für gegeben gehaltener Phänomene.

Philippe Ariès

Geschichte der Kindheit

Mit einem Vorwort von
Hartmut von Hentig

Aus dem Französischen von
Caroline Neubaur und
Karin Kersten

Mit Abbildungen

Hanser Verlag

ISBN 3-446-12015-7

Titel der Originalausgabe:
L'enfant et la vie familiale sous l'ancien régime.
Paris: Plon 1960
Ausstattung: Klaus Detjen
Satz und Druck: Kösel, Kempten
Printed in Germany

Inhalt

Es liegt in der Natur dieser Art von Fragen, daß es auf sie nur »plausible« oder hypothetische oder persönliche und nicht objektive Antworten gibt.

Zu Frage 1:
Nach dem spontanen »Interesse« an diesem Buch

Ariès hat seinem Buch den Titel gegeben: *L'enfant et la vie familiale sous L'ancien régime* (Das Kind und das Familienleben unter dem Ancien Règime – worunter das absolutistische Herrschaftssystem in Frankreich vom 16. Jahrhundert bis zur Revolution von 1789 verstanden wird). Die amerikanische Fassung heißt: *Centuries of Childhood, A Social History of Family Life* (Kindheit im Wandel der Jahrhunderte, Eine Sozialgeschichte des Familienlebens). Während ich dieses Vorwort schreibe, weiß ich noch nicht, für welchen Titel sich die deutschen Herausgeber entschieden haben * – und das ist mir ein heilsamer Anlaß, selber einen zu formulieren und dadurch meine Auslegung der Ariès'schen Absichten zu geben. Ich würde das Buch »Die *Geschichtlichkeit* der Familie« nennen, oder: »Die notwendige *Erfindung* von Kindheit und Jugendalter nach dem Zerfall der offenen mittelalterlichen Gesellschaft«.

In anderen Worten: Als forschender und handelnder Pädagoge interessiere ich mich für die Behauptung, daß ein scheinbar so fundamentaler Tatbestand wie die »Kindheit« oder das »Jugendalter« nicht nur mehr oder weniger anders ablaufen können, als wir das gewohnt sind, sondern selbst Schöpfungen unserer Anschauungen und Umstände sind. Ich interessiere mich im gleichen Maß für die behauptete Entwicklung dieser Anschauungen und Umstände, für ihre Bewertung und für die in ihrer Begründung mitgelieferte Gewißheit ihrer Unumkehrbarkeit. Ich interessiere mich für eine Chance der Befreiung von Bewußtseinsfesseln, Gewohnheiten, Institutionen – und ich interessiere mich für die realistischen Grenzen solcher Hoffnungen. Für beides suche ich in dem von Ariès eingebrachten und durch eine Theorie geordneten Material eine *Bereicherung meiner Anschauung*, eine *Veränderung meiner Fragen*, eine *Klärung meiner Begriffe und Normen.*

Ariès' Thesen – über das Buch, die behandelten Jahrhunderte und Phänomene verteilt – sind grob vereinfacht diese:

. »Kindheit« hat es nicht immer gegeben – nämlich jener von uns wahr-

* Die Herausgeber haben den Titel *Geschichte der Kindheit* gewählt – in Anlehnung an Michel Foucaults *Histoire de la folie.*

genommene und wahrgemachte prinzipielle Abstand zwischen Erwachsenen und Kindern.

. Im Mittelalter beispielsweise gab es diese Abgrenzung nicht. Sobald ein Kind sich allein fortbewegen und verständlich machen konnte, lebte es mit den Erwachsenen in einem informellen natürlichen »Lehrlingsverhältnis«, ob dies nun Weltkenntnis oder Religion, Sprache oder Sitte, Sexualität oder ein Handwerk betraf. Kinder trugen die gleichen Kleider, spielten die gleichen Spiele, verrichteten die gleichen Arbeiten, sahen und hörten die gleichen Dinge wie die Erwachsenen und hatten keine von ihnen getrennten Lebensbereiche.

. Erst im 15. und 16. Jahrhundert entsteht allmählich unsere (Kern-) Familie aus der systematischen Auflösung des Stammes- oder Geschlechtsverbandes durch den sich konsolidierenden Zentralstaat.

. Im 17. Jahrhundert wird durch die Moralisten, Pädagogen und Kirchenmänner (beider Konfessionen) das Interesse an der Erziehung neu geweckt: Das Kind ist nicht amoralisch, für sittliche Unterscheidungen unempfänglich, »roh« (und muß sich auswachsen): ein Gegenstand zum Hätscheln und Spaßhaben, sondern unschuldig, verderblich, des Schutzes und der Erziehung bedürftig: ein Gegenstand der ernsten Verantwortung.

. Die Familie bekommt dadurch eine neue Aufgabe: sie wird aus einer Institution zur Vererbung von Gut, Stand und Namen zu einer moralischen Anstalt. In dieser Funktion wird sie auch von der Kirche zunehmend anerkannt und gefördert.

. Aus der sittlichen Aufgabe der Familie erwachsen als letztes die Gefühlsbande – freilich nur in den Schichten, die sich den Luxus des Sentiments leisten können. Die bürgerliche Familie ist nun um das Kind zentriert. Sie kümmert sich in erster Linie um die Fortsetzung ihrer selbst, um die Sicherung der Interessen einer absichtlich kleingehaltenen Nachkommenschaft. (Seit dem 18. Jahrhundert hat sich dies nicht geändert; das Muster hat sich nur – langsam – auf die hierin je anders verfahrende Unter- und Oberschicht ausgedehnt. Nun setzten zugleich merkliche demographische Veränderungen ein: eine bewußte Geburtenkontrolle in der mittleren Bevölkerungsschicht).

. Anders als die Humanisten, für die Bildung eine sich auf das ganze Leben verteilende Selbstvollendung war, haben die Moralisten und Pädagogen des 16. und 17. Jahrhundert – unter ihnen vor allem die Jesuiten – die Kindheit als die eigentliche Zeit der Formung des Menschen erkannt und diese Zeit durch systematische Disziplinierung des Willens und Schulung des Geistes zu nutzen gesucht.

. Schule und Elternhaus wirken zusammen bei der Entfernung des Kindes aus der Erwachsenengesellschaft.
. Beide wirken auch – obwohl die Schule zunächst kein Monopol einer gesellschaftlichen Klasse oder bestimmter Berufsgruppen oder eines Geschlechtes ist – klassenbildend. Zwar bleibt der Streit: für oder wider eine Erziehung zu Hause; aber weder das Zuhause noch das Kolleg (die Schule) sind »gesellschaftlich« im Sinne des mittelalterlichen (und heute noch mittelmeerischen) Lebens.
. Die Entstehung der modernen demokratischen und industriellen Massengesellschaft macht die Familie vollends zum Ort der Identifikation. Was sie an Erziehung, Bildung und Ausbildung nicht leisten kann, wird der Schule übertragen.
. Die Darstellung und Wahrnehmung der Entwicklung unserer gesellschaftlichen Einrichtungen, zumal der Familienerziehung und der Schulbildung als Fortschritt zu mehr Freiheit und sozialer Offenheit ist falsch. Die Geschichte der von Ariès untersuchten vier Jahrhunderte zeigt im Gegenteil eine Zunahme von Unfreiheit, sozialer Abschließung und Repression durch die Erwachsenen.
Die Offenheit, Promiskuität und Sozialität des Mittelalters sind nicht, wie erhofft und behauptet, durch die Selbstbestimmung der Aufklärung, sondern durch die Herrschaft der Kleinfamilie und das Lernghetto der Schule ersetzt worden.

Unser praktisches und theoretisches Interesse an diesen Thesen scheint mir unmittelbar evident – und über sie hinaus erst recht an der Fülle der bunten Details, der »Bilderbögen«, auf denen wir ebenso viele aufregende Beziehungen und Parallelen zu unseren Problemen wiederfinden wie herausfordernde, ja schockierende Unterschiede.

Wer allenthalben hört, daß die Familie im Zerfall begriffen sei und solche Funktionsverluste erlitten habe, daß die Schule notwendig an ihre Stelle treten, sich erweitern und damit schließlich selbst zur »Bewahranstalt« werden müsse; wer gleichzeitig von anderen hört, die bürgerliche Kleinfamilie »reproduziere« ein für die Gesellschaft bedenkliches Fehlverhalten: falsche Rollenmuster, enge Sicherheitsbedürfnisse, a-politische und a-soziale Grundeinstellungen und Gewohnheiten und müsse durch Wohngemeinschaften, Kommunen, Arbeits- und Erziehungskollektive ersetzt werden; wer hört, die Familie werde durch die robust expandierende staatliche Pflichtschule (mit deutlicher Anti-Familien-Ideologie) verdrängt und müsse durch ein anderes Schulrecht geschützt und gestützt werden; wer dann auch noch hört, wie die Schule in den

Funktionen scheitert (und scheitern muß), in denen sie die Familie ersetzen oder kompensieren soll, und daß Elternsein ein unersetzbarer und wo nötig neu zu schaffender Beruf sei – der wird, durch dies alles verwirrt, begierig nach den Zeugnissen greifen von Zeiten, die lebenstüchtig, liebesfähig, schöpferisch und christlich zugleich waren und mit den Worten von Ariès »keinen Begriff von der Familie« hatten.

Wer die Klagen über die Monopolisierung oder Zerstörung der Öffentlichkeit in unserer auf Öffentlichkeit so angewiesenen Gesellschaft kennt und versteht – der wird aufmerksam studieren, wie ein Leben ausgesehen hat, das nicht durch die Privatheit der Familie fragmentarisiert war, ein Leben, in dem es die Familie als »Realität« natürlich auch gab, aber nicht als beherrschende Norm, als alles »tyrannisierende« Idee.

Wer an den Klassenschranken in unserer Gesellschaft leidet und – um sie zu beseitigen – sei es Gesamtschulen einrichten, sei es die Schule überhaupt abschaffen möchte – der muß fasziniert sein von den im doppelten Sinn klassenlosen Schulen des Mittelalters und des 15. und 16. Jahrhunderts, von den paradoxen Gründen ihrer Wandlung und dem, was der Gesellschaft auch dann noch übrig blieb, als sie zu Standesschulen geworden waren: Die alte »Sozialität« hat im 17. und 18. Jahrhundert weder in den oberen Schichten noch in den Unterschichten ganz aufgehört – im »Großen Haus« einerseits, in dem sich Herren und Diener, Gast und Klient, Arm und Reich, Klein und Groß mischten, in denen es wenig Mobiliar und viel Geselligkeit gab, und in den Dorfkneipen, in den Gassen und Quartieren der Armen andererseits. In beiden war Kommunikation aller mit allen die Hauptbeschäftigung. Ariès schreibt: »Die alte Gesellschaft versammelte ein Maximum von Lebensformen auf einem Minimum von Raum und nahm das bizarre Nebeneinander von unendlich verschiedenen Klassen hin, wenn sie es nicht geradezu erzwang. Die neue Gesellschaft wies jeder Lebensform einen getrennten Bereich an« und sorgte dafür, daß sie sich darin und an sich selbst hielt.

Wer wiederum seine Hoffnungen auf Integration und Kommunikation setzt – den wird Ariès' Urteil beschäftigen, daß die verschiedenen Klassen sich umso deutlicher voneinander unterscheiden, je enger sie zusammenlebten. »Der Diener verließ seinen Herrn nicht, dessen Freund und Komplize er war, weil zwischen beiden eine Verbundenheit bestand, für die uns heute, sobald wir die Kameradie der Jugend hinter uns haben, der Sinn fehlt; der Hochmut des Herrn entsprach zu der Zeit der Unverschämtheit des Dieners und stellte, im Guten wie im Schlechten, eine Hierarchie wieder her, die durch die exzessive Vertraulichkeit eines unablässigen Zusammenseins ständig in Frage gestellt wurde.«

Wer sich darüber Sorgen macht, daß seine Kinder ihm durch Schule, durch andere Familien, durch den Einfluß Dritter – der Lehrer, der peer-group, der jeweils älteren – »entfremdet« werden, der wird bei Ariès mit Erstaunen den Bericht eines Italieners aus dem späten 15. Jahrhundert lesen: darüber, wie die Engländer aller Klassen damals ihre Kinder außer Hauses sandten, um bei anderen »zu lernen und zu dienen« (was sich schwer voneinander unterscheiden ließ), und er wird ausgezeichnete pädagogische Gründe dafür bekommen.

Wer dies für Ausbeutung hält – der wird durch die vielen Briefe, Tagebücher, Manuale, Bilder vielleicht dazu verführt sich vorzustellen, wie anders man ein solches Geschick empfinden kann (nach den Darlegungen von Mohammed Rassem hat sich damals geradezu ein »besonders Pathos des Dienstes« entwickelt (3) und einsehen, wie weit es von Oliver Twist und natürlich erst recht von Tom Brown entfernt ist.

Wer vor allem die Schranken zwischen Beruf und privatem und politischem Leben entweder sorgfältig errichtet (um »sich« zu schützen) oder einzureißen sich bemüht (um den einen Teil vor der Überwältigung durch die anderen zu bewahren) – der wird nicht nur aufmerksam jene Zeiten mustern, in denen es keine Trennung von Wohnung, Arbeitsplatz und »Freizeitbereich« gab, sondern vor allem jenes totale »Lernen am Leben« prüfen (das zunächst notwendig unter der Aufsicht und im Dienste anderer stattfindet, die schon da sind und über die Erfahrungen und Mittel verfügen) und das *apprentissage général* mit der Abstraktion vergleichen, die unsere Schule bedeutet. (4)

Wer den Verlust der Verantwortungsbereitschaft in unserer Gesellschaft beklagt und nicht flugs die Demokratie und die Verbände dafür

3 M. Rassem: »Entdeckung und Formierung der Jugend in der Neuzeit« in: *Jugend in der Gesellschaft. Ein Symposion*, München 1975 (dtv), S. 103.

4 Die Schule wird nicht nur selbst immer abstrakter, sondern das Lernen, das außerhalb von ihr geschieht, auch. »Abstrakt« heißt hier nicht einfach »unanschaulich« und ist darum auch durch audiovisuelle Mittel und sogenannte Projektarbeit nicht aufzuheben. Abstrakt heißt »seiner Beziehung zu mir einerseits und zur Sache andererseits beraubt«, so daß auch zwischen mir und ihr keine Beziehung entsteht. Eines der abstraktesten Mittel ist paradoxerweise das Fernsehen: an Millionen gerichtet, von Vermittlern (nicht vom Betroffenen, vom Akteur, vom Macher) vorgeführt, nach Programm und terminiert. Der Reporter-Interviewer fragt nicht, weil er eine Antwort braucht, sondern weil er fragen muß – das ist sein job. Und obwohl es ununterbrochen »action« gibt und fast ununterbrochen geredet wird, kann der Zuschauer nur stillhalten. Die Folgen dieses »versteckten Curriculums« des Fernsehens sind unabsehbar.

»verantwortlich« macht – der wird die Schilderungen einer Welt zitieren, in der die Tätigkeiten, Einrichtungen und Beziehungen so unmittelbar waren, daß man an ihnen immer auch lernte, *warum* und nicht nur *wie* man sie tut oder gebraucht. So konnte Befriedigung direkt mit dem Ansehen, das man genoß, einhergehen (und mußte nicht durch Reichtum »vermittelt« werden); so war es nicht genug, ein *guter Handwerker* zu sein, wenn man nicht auch ein *guter Nachbar* war; so war das Mittel, sich angenehm und seine Sache verständlich zu machen, nicht mehr und nicht weniger als das *Gespräch*, eine Fertigkeit, die jedermann lernen konnte, wenn er sie nur ausübte; so war Sicherheit in der *Freundschaft*, einer damals viel behandelten politischen und sozialen Tugend, in der gegenseitige Hilfe und das gemeinsame Aushalten der Folgen von allein zu einer Schule der Verantwortung gediehen. Und dies: das Bemühen um Ansehen, die Tauglichkeit der Arbeit, die Fähigkeit, Nachbar zu sein, Gespräch und Freundschaft, war der Kanon der pädagogischen Ziele der »alten Gesellschaft«, wie Ariès sie zu nennen beliebt.

Wer sich über die »exzessive« Freizügigkeit sorgt, in der unsere Kinder aufwachsen, wer sich fragt, was wir ihnen antun, wenn wir sie – wie früh und in welcher Form? – mit Sexualität befassen; wie »abhängig« oder »unabhängig« sie von ihren Eltern aufwachsen können; wie moralisch, neugierig, grausam, aggressiv, gesellig, tolerant, gläubig, korrumpierbar, lebensfähig etc. sie von sich aus »sind« (wenn man sie z. B. zeitig aus der Familie entließe); wieviel Arbeit ihnen zugemutet werden kann und wieviel Konflikt, wieviel »Realität« und wieviel Schutz sie brauchen; wie früh sie ins Bett müssen und wie spät sie noch das Schreiben und Lesen lernen können – der wird im Ariès aufregende Modelle finden (die unsentimentale, ökonomisch und juristisch bestimmte Großfamilie, die vagabundierenden Kinderhorden, ein unbefangen exponiertes, ja bewußt gesellschaftlich gehaltenes Sexualleben) und jedenfalls entdecken, daß alle jene Fragen immer schon erörtert und jeweils ganz und gar anders beantwortet worden sind, als wir dies tun – ohne daß ganze Jahrhunderte krank, deformiert, neurotisch geworden sind.

Wer sich fragt, welchen Maßstab es für die Kennzeichnung eines erwachsenen Verhaltens als »autoritär« gibt – ein Kind für eine Lüge bestrafen oder ihm einreden, daß es ja gar nicht lügen wollte? es an einer Arbeit, wenngleich wegen seiner Schwäche und Unerfahrenheit, in dienender Funktion beteiligen oder es vor ein Lernprogramm setzen? es auf die Bezugsperson fixieren oder es in einer »Wahrnehmungs- oder Erkennungskrippe« – cognition crib – unterbringen mit Wechselrahmen für Sicht- und Tastmuster: » . . . und weil Gesichter das sind, was Kinder zuerst wahrnehmen, gibt es im ersten set sechs auswechselbare weiche Plastikgesichter ...« (5) – wer sich fragt, wieviel Liebe, Hätschelei, Geduld, Aufmerksamkeit wir Kindern »schulden«; wer zweifelt an der Richtigkeit, Wirksamkeit und Menschenfreundlichkeit unserer lückenlosen Sozialisationsbemühungen; wer die Rolle und die Motive der Lehrer als »Sozialisationsagenten« beargwöhnt; wer für eine Mischung der Altersgruppen zumindest der Kinder und Jugendlichen eintritt – der wird bei Ariès eine Fülle von neuem Material finden, das ihn bestätigt oder anregt oder stutzig macht.

Das sind, zugegeben, zufällige Interessen, die noch ganz der Zurichtung entbehren, die sie zu wissenschaftlichen Fragen an ein wissenschaftliches Buch machen. Aber auch solche werden nicht ausbleiben, häufig im Dienst eines praktischen politischen Problems:

Von der Streitfrage her, wie der gegenwärtige Geburtenrückgang zu bewerten und wie auf ihn zu reagieren sei, wird es interessant sein, die erste, gleichsam willentlich durch die Geburtendisziplin einer ganzen, entscheidenden Bevölkerungsschicht herbeigeführte demographische Veränderung in Europa zu verfolgen: Welche Faktoren müssen zusammenkommen, um eine Abneigung, Kinder in die Welt zu setzen, zu erzeugen? Welche psychischen und sozialen – und eben nicht nur demographischen – Folgen hat sie? Wann und wie verliert sie sich wieder?

Von der Reform des Paragraphen 218 her wird es interessant sein, die Behandlung von erwünschten und von unerwünschten Kindern einst und jetzt genauer zu verfolgen und womöglich zu vergleichen. Damals »kamen« Kinder für die Mehrzahl der Menschen, ohne daß die Frage, ob erwünscht oder nicht, viel daran hätte ändern können; Kinder waren nicht in erster Linie gewollt oder ungewollt, sondern unvermeidbar – und es mußten zunächst viele sein in einer Zeit, in der nur jedes zweite Kind das 8. Lebensjahr erreichte; dies jedenfalls war den Menschen in dieser Form bewußt (6); von den Kindern, die bei der Geburt oder unmittelbar darauf starben, nicht zu reden. Lawrence Stone schreibt in seiner großen Rezension von Ariès in der *New York Review of Books* vom 14. 11. 74: »Wo die Kindersterblichkeit so hoch war, wäre eine tiefere Bindung zu jedem seiner Kinder einzugehen ein Anlaß zu schierem Wahnsinn gewesen.« (S. 30). Die Motive der einzelnen Menschen für die Entscheidung, keine Kinder zu haben, sind sehr verschieden;

5 Zitiert nach Urie Bronfenbrenner: »The Origins of Alienation«, in: *Scientific American*, August 1974, S. 54.

6 Vgl. J. J. Rousseau: *Emile*, Paderborn 1958 (Schöningh), S. 24.

sie reichen von wirtschaftlichen Erwägungen (Rezession) über Kulturpessimismus oder Bequemlichkeit bis zu den Folgen organisierter Weltanschauung (Women's Lib, Zero Population Growth, NON = National Organisation for Non-parenthood); aber eine Gesellschaft ist auch ein Ganzes, und die Summe der Folgen hat gemeinsame Rückwirkungen für alle, schafft neue Zustände und neue Motive, die man statistisch verfolgen und historisch aufklären kann.

Von der Frage her, welches Elternrecht welchem Kinderrecht gegenüberstehen solle, z. B. in der Frage der Adoption oder des Fürsorgerechts (wie werden Recht und Einfluß der »biologischen« und der »psychologischen« Mutter, der Grusche und der Gouverneursfrau, des Fürsorgeheims und des Elternhauses, der Tagesmutter und der berufstätigen Mutter verteilt und gegeneinander abgegrenzt?), ist es ineressant, sich nicht nur bei den kulturell entfernten Völkern der Südsee oder den ideologisch entfernten sozialistischen Ländern umzusehen, sondern in der eigenen Tradition Rückschau zu halten, in der all dies nebeneinander möglich war: Eltern geben ihre Kinder an Zieheltern (fosterage); Eltern verheiraten ihre Kinder mit 13; Eltern betrachten die Arbeitskraft ihrer Kinder wie einen Besitz; Eltern lassen sich im Alter von ihren Kindern versorgen – aber niemand kann verhindern, daß ein Thomas Platter im 16. und ein Jean Jacques Rousseau im 18. Jahrhundert ihr Zuhause verlassen, niemand denkt daran, sie zurückzubringen, niemand hat das Recht oder die Pflicht dazu. Eine gesetzliche Regelung hierzu gab es nicht – nicht nur weil sie nicht einlösbar gewesen wäre, sondern weil man sie als unnötig empfunden hätte. Auch unser Kinder- und Elternrecht könnte sich mehr an den praktischen Voraussetzungen und Folgen orientieren und sich durch die eigene Geschichte gedeckt fühlen. Und noch etwas anderes: Wo Erziehung durch nicht leibliche Eltern (von verschiedenen Altern, meistens vom siebenten Lebensjahr an) die Regel ist – was wird dort aus den Problemen der Psychoanalyse?

Es werden auch die alten allgemeinen kulturphilosophischen Fragen an diesem Buch wieder aufleben: Gibt es im Bereich der gesellschaftlichen »Grundstrukturen« so etwas wie eine lineare »Entwicklung«? Gibt es dabei einen Fortschritt wie Lloyd deMause, ein amerikanischer Familienforscher, behauptet, oder im Gegenteil einen durch humanitäre Absichten und Gebaren verschleierten faktischen Rückschritt – eine Abnahme von Selbstbestimmung, Lebenssicherheit und -zuversicht, wie Ariès behauptet?

Oder gilt auch hier, daß die Summe des Glücks oder des Leids zu allen Zeiten gleich ist?

Die Antwort auf solche Fragen wird entscheidend sein für den Gebrauch oder Mißbrauch, den man mit dem Buch von Ariès treibt.

Man mag auch fragen: Welchen Sinn eine Geschichte habe, in der sich alles – in Variationen freilich – zu wiederholen scheint. Der Ariès ist voll von »Plagiaten«, die die Geschichte an sich selbst begeht: Studentenunruhen mit Geiselnahme, walk-in und Professorenverhöhnung; Klagen darüber wie schwierig es ist, die Geschlechter der Jugendlichen auszumachen; Warnungen vor einem akademischen Proletariat; Symptome dessen, was man vor 20 Jahren Akzeleration genannt hat und was, als ältere Zeiten über alte Zeiten berichteten, einfach (kollektive) »Frühreife« hieß?

Aber so modern auf einmal das Mittelalter und das Ancien Régime werden – wer Ariès *so* liest, wird mehr Probleme und Fragen mitnehmen als Lösungen und Antworten. Das *Interesse* wird fraglos genährt – aber die Unruhe auch. Die meisten Erkenntnisse, die das Buch vermittelt, werden von dem Bewußtsein begleitet, daß die Umstände, unter denen etwas einmal möglich und plausibel war, nicht mehr sind und sich auch nicht wiederherstellen lassen. Es dämmert dem Leser, wie sehr wir durch unsere Verhältnisse eingefangen sind – sosehr, daß wir sie eher rechtfertigen als preisgeben, auch wenn wir an ihnen leiden.

Es könnte sein, daß wir schon darum gern in die überlegene Abwehr des Buches und seiner Thesen einstimmen: Dies sei doch schiere Romantik – Nostalgie nun auch in der Wissenschaft, Ausflucht vor den Erkenntnissen und Schwierigkeiten der Gegenwart, die sich freilich nicht mit historischen Erinnerungen beiseite und ins Unrecht schieben lassen. Wir könnten meinen: Wer uns einen linearen Fortschritt oder Rückschritt einreden wolle, verdiene von vornherein kein Gehör, ganz gleich, wie kenntnisreich, originell und kraftvoll gedacht sein Buch ist.

Es könnte also sehr wohl sein, daß das Interesse an dem Buch und seinem Gegenstand seine Wirkung und seine Funktion zerstört. Das Aufsehen widerstreitet seinem Ansehen.

Wie steht es damit – wie mit seiner Methode und seinem überraschendsten Effekt: seiner Rehabilitierung der Geschichte an einem von den empirisch-analytischen Humanwissenschaften monopolisierten Gegenstand?

Zu Frage 2: Nach der wiederentdeckten »Geschichte« und der Methode dieses Buches

Das Buch von Ariès ist, wie gesagt, vor 15 Jahren in Frankreich erschienen. Keine zwei Jahre später gab es in der Neuen Welt eine englische Übersetzung. Von der Kritik als bahnbrechend gefeiert, wurde die englische Fassung mehrfach aufgelegt. »Der Ariès« zählt heute zur Pflichtlektüre amerikanischer Pädagogikstudenten. Seinen Durchbruch hat er freilich erst erzielt, als die pädagogischen Bilderstürmer – Goodman, Friedenberg, Illich, Reimer – zeigten, wozu man Geschichte (und diese insbesondere!) gebrauchen kann. Seitdem haben sich auch bedeutende Wissenschaftler von der methodologischen Gegenpartei gründlich mit Ariès auseinandergesetzt (7) und auch die Historiker befassen sich kritisch mit ihm. (8) Eine Gruppe von Forschern, die sich »Psychohistoriker« nennen, hat schließlich vor einem Jahr begonnen, eine Vierteljahresschrift zu dem Thema *The History of Childhood* herauszugeben (9) und bekundet damit ihren Glauben, ja ihre Entschlossenheit, daraus eine dauerhafte Beschäftigung zu machen.

In der Alten Welt dagegen, von deren Geschichte Ariès' Buch handelt, hat man es kaum zur Kenntnis genommen. In Deutschland wurde, vor ebenfalls 15 Jahren, die zitierte »realistische«, sprich empirische Wendung gegen eine stark historische und matt philosophische Pädagogik (sie nannte sich selbst »geisteswissenschaftlich«) verkündet. Die Ironie des Schicksals will es, daß unmittelbar davor im Nachbarland Holland ein Buch erschienen war, das die Thesen des Ariès an Kühnheit und Präzision übertraf (nicht dessen Reichtum der Beobachtungen und des historischen Materials) und den zwar gut begründeten, aber für die Nichthumanisten schwerverständlichen Titel »Metabletica« (10) trug – eine

7 Z. B. David Hunt: *Parents and Children in History, The Psychology of Family Life in Early France*, New York/London 1974 (Basic Books).

8 Z. B. Lawrence Stone in der schon erwähnten großen Sammelrezension: »The Massacre of the Innocents« in der *New York Review of Books.*

9 Lloyd deMause (Hrsg.): *The History of Childhood Quarterly*, New York 1974 (Psychohistory Press).

10 Jan Hendrik van den Berg: *Metabletica, Über die Wandlungen des Menschen, Grundlinien einer historischen Psychologie*, Göttingen 1960 (Vandenhoeck & Ruprecht). Dem Humanisten bleibt, wenn nicht unerfindlich, so doch ärgerlich, daß das richtig gebildete und verwendete Wort falsch – nämlich mit *c* – geschrieben wird.

Lehre von den Veränderungen, nämlich des Menschen. Es stiftete jene »historische Psychologie« (die in Amerika *psychohistory* heißt) und die nicht mit einer Historie der Psychologie verwechselt werden darf. Ihre Pointe ist die Geschichtlichkeit des scheinbar Ungeschichtlichen: sie teilt die entscheidende Voraussetzung der klassischen Psychologie nicht, nämlich daß das, was wir mit welchem Erkenntniswerkzeug auch immer als das Wesen des Menschen ausmachen, sich gleich bleibe. Genau gesprochen bricht sie mit der Gleichung »wahrhaft erkennbar = bleibend«, soweit es den sich selber erkennenden Menschen betrifft. Dieses Buch erschien in Deutschland gleichfalls im Jahre 1960. Es wurde von Kennern gelesen und geschätzt, hat aber weder ihr Bewußtsein, noch das der Öffentlichkeit spürbar beeinflußt. Das hatte seinen Grund – und deshalb steht dies alles hier: In Deutschland war man in der Tat vollauf damit beschäftigt, die Empirie und die Analyse in ihren klassischen Formen wieder aufzunehmen und das unter dem Nationalsozialismus Versäumte nachzuarbeiten. Die Geschichte und ihre spekulative Deutung waren übergewichtig geworden und erfaßten vor allem die veränderten und sich verändernden gegenwärtigen Phänomene nicht mehr. Man tat damals den Schritt, den Amerika früher getan hatte und der dem Schritt von Ariès und van den Berg voraufgehen muß, damit dieser einen Sinn hat.

Der Erforschung der Vergangenheit hat – mit neuen Fragen und alter Gründlichkeit – zwar nicht aufgehört, aber man scheint sie nicht zu brauchen. Die »synchrone« Analyse, das Aufzeigen von herrschenden Systemen und Strukturen, das Experiment, die statistische Erhebung und Korrelation – Methoden, mit denen die Erscheinungen genauer faßbar, eindeutiger vergleichbar, vielseitiger miteinander verknüpfbar werden, erbringen soviel und beschäftigen uns so sehr, daß wir für das Alte, die Herkunft, das immer nur Erschließbare, die »diachrone« Erklärung keine Zeit, keine Verwendung und fast kein Interesse mehr haben. Und hat uns die Historie nicht gerade dies dauernd gelehrt: daß die Probleme ohnehin anders, nur scheinbar ähnlich und nie gleich sind, und hat sie nicht damit selbst ihre Funktion und Bedeutung aufgehoben?

Wer nun behauptet – wie ich dies tue – das hier vorgelegte Buch werde Aufsehen erregen, neue Perspektiven eröffnen und bei der Bewältigung unserer praktischen Probleme behilflich sein können, sagt auf diesem Hintergrund etwas Zweideutiges:

erstens, daß sich Überdruß an der unhistorischen, ja antihistorischen Deutung, der Strukturanalyse, den positivistisch-empirischen Methoden eingestellt hat (die dem Buch vorausgesagten Wirkungen wären demnach eher Folgen als Ursache eines solchen Umschwungs);

zweitens, daß wir uns tatsächlich von der Geschichte schon so weit losgesagt haben, sie uns schon so weit entglitten ist, daß wir sie wiederentdecken müssen. Denn woher das Aufsehen, wenn die klassischen historischen Untersuchungen noch in unserer Reichweite lägen? Wer, d. h. zunächst welcher Student, greift noch nach dem »Großen Paulsen« (11) K. von Raumers umfassender *Geschichte der Pädagogik* (12) oder gar zu den zahlreichen schweren Bänden der *Monumenta Germaniae Paedagogica?* Werner Jaegers *Paideia* (13), Henri I. Marrou's *Geschichte der Erziehung im klassischen Altertum* (14), Eugenio Garins *Geschichte und Dokumente der Abendländischen Pädagogik* (15); »der Reble« (16) mit seinen zwei Dokumentationsbänden, J. Dolchs *Lehrplan des Abendlandes* (17) und das seit fünf Jahren vorliegende Monumentalwerk von Th. Ballauff und Klaus Schaller (18) werden allenfalls noch zur Examensvorbereitung nach Vereinbarung gelesen, nicht mehr von allen oder

11 Friedrich Paulsen: *Geschichte des gelehrten Unterrichts auf den deutschen Schulen und Universitäten vom Ausgang des Mittelalters bis zur Gegenwart,* in 2 Bänden, Leipzig 1919, 3. Aufl. (Veit & Comp.; unveränderter photomechanischer Nachdruck, Berlin 1960, Walter de Gruyter).

12 K. von Raumer: *Geschichte der Pädagogik,* 4. Bd., Leipzig 1842 (5. Aufl. 1877).

13 Werner Jaeger: *Paideia,* 3 Bd., Berlin 1934–47 (de Gruyter).

14 Henri Irénée Marrou: *Geschichte der Erziehung im Klassischen Altertum,* Freiburg/München 1957 (Karl Alber).

15 Eugenio Garin: *Geschichte und Dokumente der Abendländischen Pädagogik,* 2 Bände, Reinbek 1964 (rde).

16 Albert Reble: *Geschichte der Pädagogik,* Stuttgart 1955, 2. Aufl. (Ernst Klett).
Albert Reble (Hrsg.): *Geschichte der Pädagogik,* Dokumentationsbände I und II, Stuttgart 1971 (Ernst Klett).

17 Josef Dolch: *Lehrplan des Abendlandes, Zweieinhalb Jahrtausende seiner Geschichte,* Ratingen 1965 (Aloys Henn).

18 Theodor Ballauff und Klaus Schaller: *Pädagogik, eine Geschichte der Bildung und Erziehung,* Band I: Von der Antike bis zum Humanismus, Band II: Vom 16. bis zum 19. Jahrhundert, Band III: 19./20. Jahrhundert, Freiburg 1969, 1970, 1973. Es handelt sich um eine Geschichte der Bildungsideen nach Personen und Sachgebieten (z. B. »Frauenbildung« oder »Gehorsam« oder »Körpererziehung«) geordnet. Erwähnt werden sollten die ähnlichen, geistesgeschichtlich organisierten Geschichten der Pädagogik – mit z. T. hohen Auflagen – von Fritz Blättner: *Geschichte der Pädagogik,* Heidelberg 1968, 33. Auflage (Quelle & Meyer); Theo Dietrich: *Geschichte der Pädagogik in Beispielen, 18.–20. Jahrhundert,* Bad Heilbrunn 1970 (Klinkhardt); Hermann Weimer: *Geschichte der Pädagogik,* Berlin 1967, 17. Auflage (Walter de

auch nur vielen Studenten der Pädagogik. Die Geschichte der Pädagogik ist folglich auch kein gemeinsames Verständigungsmittel, kein Bezugssystem. Sie *wird* unbrauchbar, *weil* man sie nicht gebraucht.

Jene Bücher erklären freilich auch, warum man meint, sie nicht gebrauchen zu müssen: sie handeln nicht von *den* Phänomenen, die uns heute wichtig oder problematisch geworden sind. Sie handeln von Einrichtungen, die so nicht mehr sind, und von Ideen, deren Einfluß auf die Einrichtungen überschätzt worden ist. Sie handeln *nicht* von den elementaren sozialen Tatbeständen (eben: Familie, Kindheit, Gruppe, Besitz, Arbeit, Verkehr, Klasse, Land und Stadt, Behausung, Industrie, Technik, Kunst als Ausdruck von ..., Wissenschaft als Ausdruck von ...). Sie versäumen dies, nicht weil sie von alledem nicht genug wissen (Paulsen hatte gründliche Kenntnisse und sehr deutliche Vorstellungen vom Familienleben der Zeiten, deren Schule er beschreibt, und wo es als Hintergrund nötig ist, setzt er dieses Wissen ein; das Leben eines Thomas Platter beispielsweise ist in seiner *Geschichte des gelehrten Unterrichts* ausführlich und z. T. kundiger zitiert als bei Ariès), es war nicht ihr Thema. Kindheit und Familie sind selber eher Beschreibungsmittel oder -kategorien als Objekt der historischen Darstellung.

Natürlich gab es und gibt es eine Kultur- und Sozialgeschichte. Historische Dokumente zum Gegenstand von Ariès findet man etwa – anschaulich, angenehm lesbar, wenn auch unsystematisch – in Gustav Freytags *Bildern aus der deutschen Vergangenheit* (19) und historische Informationen dazu – systematisch und etwas mühsamer – bei R. Thurnwald. (20) Huizingas *Herbst des Mittelalters* (21) gibt einzelne Daten und Stimmungen wieder, aber wie die anderen: keine Analyse, nicht einmal eine geschichtliche Gegenüberstellung jener sozialen Phänomene mit den unseren.

Als ich nach dem Kriege studierte, wurde uns oft gesagt: die wahre Sozialgeschichte gebe es in der deutschen Historiographie nicht. Und dann hielt man uns den Trevelyan (22) als Muster vor. Aber wer bei ihm

Gruyter); Gerhardt Giese: *Quellen zur deutschen Schulgeschichte seit 1800*, Göttingen/Berlin/Frankfurt 1961 (Musterschmidt).

19 Vgl. zumal die große illustrierte Ausgabe des List-Verlages, Leipzig (ohne Jahr).

20 R. Thurnwald: *Werden, Wandel und Gestaltung von Familie, Verwandtschaft und Bünden. Die Menschliche Gesellschaft*, Bd. II, Berlin 1932.

21 J. Huizinga: *Herbst des Mittelalters*, Stuttgart 1969 (Kröner).

22 G. M. Trevelyan: *English Social History, A Survey of Six Centuries – Chaucer to Queen Anne*, London/New York/Toronto 1942 (Longmans, Green).

erfahren will, wie Kindheit und Familienleben in den von ihm behandelten Jahrhunderten ausgesehen haben, erfährt allenfalls etwas über die Anlage des Hauses, über Gerät und Geschirr und Möbel (wie man sie in den Museen sieht) und von strengen Müttern, die ihre Töchter vor den amourösen Zudringlichkeiten der jungen Burschen schützen, und Vätern, die sie gegen ihren Willen verheiraten (wie man es in den Romanen liest). Auf den 600 Seiten der *English Social History* findet sich jedoch nur eine Seite über das Große und Ganze Haus im 17. Jahrhundert – ein einziges Tableau, auf dem man sich auch Kinder vorstellen kann. Für das 19. Jahrhundert gibt es kurze Absätze über Kinderarbeit (und die dazugehörige Gesetzgebung), und an drei Stellen zwischen Mittelalter und dem ausgehenden 18. Jahrhundert kann man die Kindersterblichkeit miteinander vergleichen (ohne Zahlen). Das ist alles zum Thema Kind und Familie. Am Ende ist man – abgesehen vom Namen des Buches – nicht besser dran als mit Egon Friedells *Kulturgeschichte,* in der die Kulturleistungen und Kulturerscheinungen, nicht aber ihre sozialen und ökonomischen Bedingungen beschrieben und gedeutet werden und die nichts anderes zu tun behauptet. (23) Das Problem der Sozialgeschichte ist, daß ihr Gegenstand den Zeitgenossen nicht bewußt ist. Sie beschreiben ihn nicht ausdrücklich. Man muß ihn also den beiläufigen Zeitdokumenten entnehmen – den Briefen, Bildern, Bauten, Bedarfsartikeln. Aber aller Fleiß der Sozialgeschichtler nützt nichts, wenn sie nicht das richtige (heißt hier: uns interessierende) Suchwort haben. In Rostovtzeffs großer Sozial- und Wirtschaftsgeschichte des römischen Kaiserreichs (24) ist von Familienleben, Kindheit und Kindererziehung schlicht nicht die Rede, und in v. Pöhlmanns *Geschichte der sozialen Fragen und des Sozialismus in der Antiken Welt* (25) kommen Familie und Kindheit – außer einer kurzen Darstellung der »Hauskommunion« bei Homer – nur in der Erörterung der Platonischen Staatsutopie und Erziehungslehre, des geforderten Sozialstaats der aristotelischen *Politik* und der hellenistischen Staatsromane von Theopomp bis Iambulos vor. Daß die historische Realität dabei fehlt, darf nicht verwundern: Jene Kritiker und Utopisten wollten das Bestehende

23 Egon Friedell: *Kulturgeschichte der Neuzeit, Die Krisis der Europäischen Seele von der Schwarzen Pest bis zum Ersten Weltkrieg,* München 1927–1931 (Beck'sche Verlagsbuchhandlung).

24 Michael Rostovtzeff: *Gesellschaft und Wirtschaft im römischen Kaiserreich,* Heidelberg (o. J.), (Quelle und Meyer), 2 Bände.

25 R. v. Pöhlmann, *Geschichte der sozialen Fragen und des Sozialismus in der Antiken Welt,* München, 2. A. 1912 (Beck).

verändern und was das war, brauchten sie nicht zu schildern, das kannte man. Sie mußten schildern, was sie sich an seiner Stelle ausgedacht hatten. Immerhin haben wir aus der Antike eine Fülle von anschaulichem Material, und wenn einer es so verarbeitet wie H. D. F. Kitto (26), dann liest man es auch mit einem Blick auf unsere Zeit. Meist freilich bleibt die Geschichte eine Sammlung von Kuriosa, von Erscheinungen, die deshalb erzählt und bewahrt werden, weil sie keine Beziehung zu den unseren haben oder eine kausale (X kommt von Y) (27), nicht aber eine strukturale (X dort bedeutet Y hier). Das Bleibende in der Wandlung zu erkennen, fordert nicht nur, daß man es will, sondern auch, daß man es kann – und methodisch plausibel macht.

Die heutigen Studenten – weit entfernt, die genannten klassischen Geschichten zu lesen – greifen nicht einmal mehr zu Wilhelm Roeßlers differenzierter und materialreicher *Entstehung des modernen Erziehungswesens in Deutschland* (28), das mit einer ausführlichen Beschreibung der »hausväterlich-ständischen Welt und ihr(es) Erziehungsfeld(es)« beginnt, mit dem lutherischen »ganzen Haus«, einem Sozialgebilde, das dem »Großen Haus« von Ariès zur Seite gestellt werden kann, oder Hornsteins Untersuchung zum »Wandel des Jugendlebens« im 18. Jahrhundert (29) oder zu den Schriften von Muchow (30), oder dem brillanten Buch von H. van den Berg (31), in denen die von Ariès vorgenommene epochengeschichtliche Analyse für deutsche Leser vorgebahnt worden ist. Statt dessen kaufen, »benutzen«, zitieren sie den an Daten und Anschauungen armen, an Begriffen, Fremdwörtern, Formeln reichen

26 H. D. F. Kitto, *Die Griechen*, Stuttgart 1957 (Ernst Klett).

27 Jerôme Carcopino: *Das Alltagsleben im Alten Rom*, Innsbruck/Wien 1949 (Rohrer Verlag) ist ein Beispiel hierfür; U. E. Paoli: *Das Leben im Alten Rom*, München 1961 (Francke) ein anderes.

28 Wilhelm Roeßler: *Die Entstehung des modernen Erziehungswesens in Deutschland*, Stuttgart 1961 (Kohlhammer).

29 Walter Hornstein: *Vom »jungen Herrn« zum »hoffnungsvollen Jüngling«, Wandlungen des Jugendlebens im 18. Jahrhundert*, Heidelberg 1965 (Quelle und Meyer); ein weibliches Gegenstück schrieb Elisabeth Blochmann: *Das »Frauenzimmer« und die »Gelehrsamkeit«*, Heidelberg 1966 (Quelle und Meyer).

30 H. H. Muchow: *Sexualreife und Sozialstruktur der Jugend*, Reinbek 1959 (rde);
ders.: *Jugend und Zeitgeist, Morphologie der Kulturpubertät*, Reinbek 1962 (rde); in diesem 2. Band vor allem greift Muchow bis in das 18. Jahrhundert zurück und den Erkenntnissen von Ariès in vieler Hinsicht vor.

31 Vgl. S. 18 Anmerkung 10.

uns insgesamt schwerverständlichen Band von Altvater und Huisken. (32) Warum? Nur weil er marxistisch und systemkritisch argumentiert? Wenn ich mich nicht sehr täusche, wollen die Studenten etwas Konkretes, jetzt Anwendbares und zugleich Allgemeingültiges, allgemein Kritisierbares lernen. Die alten »Geschichten« scheinen ihnen ihrer Natur nach beides zu versagen. Die Systemanalysen versagen ihnen einstweilen meist die Konkretion – einen anschaulichen Beleg. Soweit diese marxistisch sind, liefern sie die beruhigende Gewißheit mit: dies alles hat sich irgendwann einmal gezeigt, hat Grund und Hintergrund – Geschichte.

Geschichte wird also nicht als solche abgelehnt, sondern weil man ihren traditionellen Gegenstand in Verdacht hat, für uns unwichtig zu sein. Nicht zuletzt darum wird heute soviel von *Sozial*geschichte geredet, weil man sich von ihr einen direkten »Gegenwartsbezug« verspricht. Die Gegenwart aber haben wir mit Hilfe der modernen Sozialwissenschaften vermessen: sie erscheint schon deshalb inkongruent mit dem, was wir aus der Ereignis-und-Personen-Geschichte erfahren. *Sozial*geschichte dagegen soll wohl verbürgen, daß man den Unterbau und die Unterschichten nicht vergißt. Pädagogische Fakultäten schreiben heute – ohne Rücksicht darauf, ob es die gemeinten Wissenschaftler und entsprechende wissenschaftliche Leistungen gibt – Lehrstühle für Sozialgeschichte des Bildungswesens der Erziehung aus. Sie geben damit einem Bedürfnis nach konkreter Herleitung und realer Gegenbildlichkeit zur Gegenwart statt. Man ist der Datensammlungen leid und braucht Figuren; man ist der Theorie leid und braucht »Material«. Ich meine geradezu: Der Wunsch nach Konkretheit geht nicht nur einher mit dem Wunsch nach Geschichte, er könnte eine seiner Ursachen sein. Wer sich heute als Student für Familie und Kindheit interessiert, wird Oscar Lewis' *Kinder von Sánchez,* William F. Whyte's *Street Corner Society,* R. Hugh's *Sturm über Jamaika,* W. Golding's *Herr der Fliegen* lesen: weil in ihnen sinnlich vorstellbare Individuen in sinnlich vorgestellten Situationen vorkommen.

Er wird sich freilich (wenn er nicht nur eine gute Geschichte über Kinder genießen, sondern Erkenntnis gewinnen will) nicht täuschen dürfen über das, was dies zu Erkenntnis macht: die Theorien, die er schon hat oder die der Autor unterstellt – seien sie von Freud oder von Marx, von Lorenz oder von Mead, von Parsons oder von Erikson. Von nun an

32 Elmar Altvater und Freerk Huisken (Hrsg.): *Materialien zur politischen Ökonomie des Ausbildungssektors,* Erlangen 1971 (Politladen Druck).

wird er außerdem zum Ariès greifen können und zu den Büchern, die diesem folgen werden, vorausgesetzt, daß er auch deren Theorie erkennt.

Meine »zweideutige« Behauptung war, daß der Ariès zugleich einem Überdruß an und einem Bedürfnis nach Geschichte entspricht. »Die Geschichte ist tot – es lebe die Geschichte!« – das mag nun verständlich geworden sein. Erklärt werden muß freilich noch, welche Art von Geschichte die Chance hat zu »leben«. Die Antwort darauf wird auch deutlich machen, warum Ariès in Amerika eher ankommen konnte und mußte als bei uns.

Das gemeinsame Thema der Geschichte war das Entstehen und Gehen der Kulturen. Man konnte sich dabei entweder mehr an die Institutionen – ihre politische und rechtliche Artikulierung – oder an die Personen – ihre Ideen und Lebensformen – halten.

Daß die Entwicklungen selber nur sich wandelnder Ausdruck von bleibenden Grundphänomenen und Grundstrukturen waren, die man unabhängig von der Zeit miteinander vergleichen kann, war die Überzeugung der alten Griechen (33), eine Wiederentdeckung der Aufklärung und eine robuste Reaktion auf die zum Historismus entartete Historie in der zweiten Hälfte des 19. Jahrhunderts. Was nun als Grundphänomen und Beobachtungseinheit anzusehen war, hat sich zugleich durch neue Erkenntnisformen – zumal durch die der »exakten Wissenschaften« – verändert. Meist sind es solche, die anderen Zeiten als selbstverständlich und darum keiner besonderen Aufzeichnung oder Beobachtung bedürftig erschienen waren. »Familie« kann ein solches Grundphänomen sein. Dieses kann seinerseits geschildert werden als Organismus oder als Interaktiongruppe oder als Konfliktfeld oder als ein System von Balancen oder als Funktion-zum-Zwecke-von und dergleichen mehr. Beschriebenes und Beschreibung sind jeweils allgemeine formale Größen in verschiedener Zusammensetzung. Denn wie »Familie«, so kann auch »Konflikt« oder »Gruppe« oder »System« Grundphänomen sein und muß ähnlich erklärt werden. Th. M. Mills hat eine Reihe von abstrakten Modellen für Gruppenphänomene aufgestellt (34), die in diesem Fall (»Familie«) Anwendung finden könnten. Je nach dem gewählten Modell ergeben sich für einen Gegenstand bessere Analyse- und Darstellungsmöglichkeiten in der Kulturanthropologie oder in der Sozialpsychologie oder in der Sozialbiologie oder in der Polit-Ökonomie oder in der Psychoanalyse.

33 Vgl. hierzu R. G. Collingwood: *The Idea of History*, Oxford 1946 (Oxford University Press).

34 Th. M. Mills: *Soziologie der Gruppe*, München 1969 (Juventa).

Die großen Untersuchungen über die Familie von M. Mead, Parsons/Bales/Shils, R. Mayntz, Wurzbacher, Schwägler, die Arbeiten über Kindheit, Jugend, Generationen von Erikson, Eisenstadt und wiederum M. Mead sind alle mühelos einzelnen dieser Modelle zuzuordnen. (35) Die modernen Sozial- oder Humanwissenschaften bilden damit – trotz aller Verschiedenheit, ja Gegensätzlichkeit – ein gemeinsames Erkenntnissystem.

Neben diesen beiden Erkenntnissystemen für die soziale Wirklichkeit – dem historischen und dem strukturalen – gibt es schließlich noch die klassischen Bedeutungslehren.

Wollte man hieraus eine vollständige Typologie machen, so könnte man sagen: wir kennen drei prinzipiell unterschiedene Erklärungsformen: die Erklärung eines Phänomens durch Verfolgung seiner Ursachen und Wandlungen, die Erklärung durch die Analyse seines Zustands, seiner Beziehungen und seiner Alternativen und die Erklärung seiner Begriffe oder der Auffassungen. (36)

Was in der Typologie auseinanderstrebt, drängt heute in der Wirklichkeit zueinander: Systematik und Geschichte, Struktur und Detail, Theorie und Anschauung brauchen einander, nachdem sie sich getrennt vervollkommnet haben.

Den Anfang hiermit haben Hegel und die Hegelianer gemacht. Sie

35 T. Parsons / R. F. Bales / E. Shils: *Family, Socialisation and Interaction Process*, Glencoe 1954 (Free Press).
M. Mead und M. Wolfenstein (Hrsg.): *Childhood in Contemporary Cultures*, Chicago 1955.
R. Mayntz: Die moderne Familie, in: *Geschlechtsleben und Gesellschaft*, Heft 1, Stuttgart 1955 (Enke).
R. König: Soziologie der Familie, in: Gehlen/Schelsky: *Soziologie*, Düsseldorf/Köln 1955.
G. Wurzbacher: *Leitbilder gegenwärtigen deutschen Familienlebens*, Stuttgart 1969 (Enke).
G. Schwägler: *Soziologie der Familie, Ursprung und Entwicklung*, Tübingen 1975 (2. Aufl.) (J. C. B. Mohr / Paul Siebeck).
N. S. Eisenstadt: *Von Generation zu Generation*, München 1966 (Juventa).
E. Erikson: *Kindheit und Gesellschaft*, Stuttgart 1965 (Ernst Klett).
M. Mead / Ken Heyman: *Family*, New York/London 1971 (Ridge Press Book – Collier-Macmillan).

36 Ein Muster hierfür bieten die in der Klassischen Philologie »klassisch« gewordenen Untersuchungen von Heinze über Auctoritas oder Fides. Zum Thema von Ariès vgl. Wilhelm Wackernagel: *Die Lebensalter. Ein Beitrag zur vergleichenden Sittengeschichte*, Basel 1862 (Birkhäuser).

haben die Struktur- und Systemvorstellung in die Geschichte eingeführt und dem Werden und Vergehen, den individuellen Erscheinungen ein gemeinsames bleibendes Prinzip auferlegt (oder wie sie meinen: es aus ihnen abgelesen). Darwins Evolutionsmodell, die Spenglerschen Kulturzyklen heben in ähnlicher Weise die »Geschichte«, die sie darstellen, in einem Prozeßmuster auf: das Veränderliche wird zur Illustration des Bleibenden. Umgekehrt hat M. Mead im engeren Bereich unseres Gegenstandes (Kindheit/Familie) ihre Morphologie des Generationskonflikts in eine zeitliche Abfolge gebracht. (37) Erikson – als Psychoanalytiker zwischen den Fronten der empirischen Sozialwissenschaften und der Historie stehend – hatte schon 1950 anhand von Einzelbeispielen gezeigt, daß die »Psychologen und Psychologien historischen Gesetzen unterstehen und die Historiker und historischen Berichte den Gesetzen der Psychologie« (38).

H.-J. Heydorn und G. Koneffke wenden die Methode sogar wieder auf Ideen und Pläne an; in ihren kürzlich erschienenen *Studien zur Sozialgeschichte und Philosophie der Bildung* (39) wird die (Auffassung von der) Aufgabe der Pädagogik – das Gleichheitsprinzip in der Gesellschaft zu verwirklichen – durch eineinhalb Jahrhunderte durchdekliniert. Die Wiederentdeckung der Geschichte vollzieht sich als Geschichte von Wiederentdeckung.

Der Historiker Philippe Ariès schließlich macht aus Ablauf und Struktur soetwas wie Wechselwirkungen der Erkenntnis. Er verfolgt dabei nicht sosehr die Entwicklung historischer Erscheinungen (Ereignis A hat die Folgen B, C und D) als vielmehr die Entwicklung fundamentaler Kategorien (die gleiche Funktion Y geht dann und dann aus dem und dem Grund in die Funktionen Y und Z über). Ja, er verändert die Aufgabe der Geschichte noch einmal. Weder erklärt sie uns einfach das Ver-

37 Margaret Mead: *Der Konflikt der Generationen. Jugend ohne Vorbild.* Freiburg 1971 (Walter).

38 Erikson: *Kindheit und Gesellschaft*, S. 393. Seine Beispiele gleichen freilich mehr den Kontrastmodellen der Kulturanthropologen; den eigentlich »historischen« Nachweis führt er nicht – nämlich daß die Erscheinungen und Vorstellungen im Gesamtablauf der geschichtlichen Entwicklung bedingt und einmalig sind und darum in »zeitlosen« Modellen nicht ohne Verlust faßbar. Die Forderung Eriksons hätte im übrigen einen Ranke oder Mommsen nicht erstaunt.

39 Heinz-Joachim Heydorn und Gernot Koneffke: *Studien zur Sozialgeschichte und Philosophie der Bildung*, Band I: Zur Pädagogik der Aufklärung, Band II: Aspekte des 19. Jahrhunderts in Deutschland, München 1974 (List).

gangene, noch erklärt einfach das Vergangene uns, sondern keins ist ohne das andere verständlich. Wird dieses Prinzip verstanden und methodisch verwendet, erklärt sich dadurch das Erklären: Ariès weiß, wie schwer es ist, die Eigenarten unserer gelebten Gegenwart auszumachen – es sei denn, mit Hilfe von dem, was sie von verwandten aber nie identischen Eigenarten der Vergangenheit unterscheidet. In ähnlicher Weise könne man die Besonderheit einer Epoche der Vergangenheit an dem Grad ausmachen, in dem sie nicht der unseren gleiche.

Diese Dialektik von Vergangenheit und Zukunft begründet Ariès in seinem Fall vor allem durch die außerordentliche Komplexität und Beständigkeit der Gefühle und Gewohnheiten, mit der es der Historiker der »Familie« und der »Kindheit« zu tun hat.

Der Historiker von Ereignissen und Epochen kann sich diese Einsicht meist ersparen.

Ich meine, daß sich hierin eine von den Kritikern nicht hinreichend beachtete Bedingung seiner Arbeit verbirgt, die diese von anderen Sozialgeschichten (40) gründlich unterscheidet: Ariès schreibt – bei aller Konkretheit der von ihm beigebrachten historischen Zeugnisse – nicht die Geschichte der Familie und der Kindheit als Wirklichkeit, sondern als Idee. Die Idee *hat* er vor allen geschichtlichen Realitäten und die Idee *findet* er in den geschichtlichen Realitäten – das ist kein Widerspruch und keine Unreinheit der Methode. Das ist die durch die Vitalität seines Gedankens und den Reichtum seines Ertrages wieder zu Ehren gebrachte Hermeneutik.

Die Historiker werfen ihm eine vage Chronologie und mangelnden Sinn für geographische Unterschiede vor (41); die empirisch-analytisch arbeitenden Sozialwissenschaftler finden seine Begriffe schillernd, seine Methoden inkohärent, sein Erklärungsmodell widersprüchlich. (42) Beide messen ihn an dem, was sie selber mehr oder weniger ausschließlich treiben, und nehmen den Preis nicht wahr, den jene Verbindung von historischer und strukturaler (»naturwissenschaftlicher«) Erklärung not-

40 Etwa die von Rolf Engelsing: *Zur Sozialgeschichte deutscher Mittel- und Unterschichten*, Göttingen 1973 (Vandenhoeck & Ruprecht), die zwar so grundlegende Kategorien hat und behandelt wie »Lebenshaltung«, diese aber eigentlich nur beschreibt.

41 So Lawrence Stone in der zitierten Rezension, vgl. S. 15.

42 So David Hunt und Lloyd deMause; sie wiesen je darauf hin, daß die beiden Faktoren, die Ariès für den entscheidenden Wandel verantwortlich macht: die »um das Kind zentrierte« Familie und die »repressive« Schule sowohl verschiedenen Ursprungs sind als auch in verschiedene Richtungen wirkten.

wendig fordert – und daß die beiden Erklärformeln auf die Dauer steril bleiben, wenn man sie nicht vereint. Es geht darum, der »Natur« des Menschen, die Wandlungen (nicht nur die Differenzierungen) abzulauschen, die erlauben, es zu verstehen (nicht nur zu sehen) und dieses Verständnis wiederum in den Prozeß der Geschichte einzubringen.

Damit sollen methodische Schwächen des Buches nicht geleugnet werden. Daß Ariès Bilder heranzieht und deutet (er tut dies z. Zt. wieder in einer Arbeit über die Vorstellung vom Tod) ist nicht nur unvermeidlich, sondern in hohem Maß ergiebig und reizvoll. Aber seine Folgerungen sind auch dem wohlwollenden Leser manchmal zu kühn und selbstsicher. »Die Analyse der Bilder führt uns zu dem Schluß, daß der Begriff der Familie im Mittelalter unbekannt war und im 15. und 16. Jahrhundert entstanden ist.« Auf einem Stich von Stradan (Ende des 16. Jahrhunderts) segnet Jesus die Kinder, die ihm gebracht werden (parvulis oblatis imposuit manus et benedixit eis). Eine Frau reicht ihm ihre zwei – es sind nackte *putti*. Andere Frauen warten mit den ihren. Ariès sagt dazu: »Es fällt auf, daß das Kind hier von der Mutter begleitet wird. In den mittelalterlichen Darstellungen, die sich näher an den Wortlaut des Textes halten ... waren die Kinder allein um Christus versammelt.« Aber wenn die Kinder denn »gebracht wurden«, dann mußte es jemanden geben, der sie bringt (Matth. 19.14) – und warum sollten das nicht die Mütter sein? Wenn man außerdem hört, daß das florentinische Bürgertum, das seine Häuser im 15. und 16. Jahrhundert mit *putti* schmückte, die Kinder zu Ziehmüttern aufs Land schickte, dann zweifelt man vollends daran, was diese Zeugnisse für die Entdeckung der Kinder und die Entstehung der Familie aussagen.

Zu den interessantesten Dokumenten, die Ariès zitiert, gehören die Diarien des Arztes Heroard über die Kindheit Ludwigs XIII. Kein Leser wird sie missen wollen oder sich und dem Autor Spekulationen darüber versagen, was die darin geschilderte Einstellung zur Sexualität für das Kind bedeutet haben mag. Ich finde selber die Folgerungen von Ariès richtig – soweit sie die königliche Familie, die Hofgesellschaft, die Person des Dauphin und späteren Königs betreffen – aber ich würde mir keine Folgerungen für die Zeit insgesamt erlauben. »Der moderne Leser von Heroards Tagebuch ... ist seltsam berührt von der Freizügigkeit, mit der man die Kinder behandelte.« Die Leute? mit Kindern? Außer Knaben, die in die Gegend pissen, Frauen, die in Gegenwart anderer ihre Babys stillen, und einem Bild, auf dem die Mutter ihrem Kind unter den Rock faßt, bleibt Ariès uns Beweise hierfür schuldig – und auch diese sind keine.

Die Bilder täuschen, indem sie einen so großen Raum einnehmen, darüber, was es sonst für Quellen gäbe und mehr noch: worauf man sonst noch achten könnte. Kleidung, Spielzeug, Schule und Werkstatt, Wohnung und Straße werden dem Leser deutlich, nicht aber der weitere ökonomische Hintergrund: Wie teuer war die Lebenshaltung? In welchen Stufen und Einteilungen, also Klassen? Was für Abhängigkeiten, Arbeitsmöglichkeiten, Berechtigungen gab es? Mit welchen Ängsten, welchen Sicherungen lebte man? Welche Rolle spielten die Familie, die Schule, die Gemeinde, die Kirche dabei? Lawrence Stone weist daraufhin, daß die Familie zwischen Mittelalter und 19. Jahrhundert nicht sosehr »entstanden« ist als vielmehr ihren Geltungsbereich geändert hat: sie hat Funktionen an Armenhäuser, Spitäler für Alte und Kranke, Schulen, Banken, Versicherungen abgegeben und wurde schon dadurch kleiner. Ariès versäumt es, Familie und Schule in einen weiteren sozialen und ökonomischen Kontext zu stellen. Zwar kommt alles vor – vom Militär bis zur Prostitution, von den Kolonien bis zur Fenstersteuer – aber nur sporadisch, ohne Systematik und Konsequenz. Dies mag man bedauern. Mir scheint es freilich eine unmittelbare und unvermeidliche Folge seines »Themas« zu sein. Ist »Familie« eine Einheit, die man als solche historisch studieren kann? In den allgemeineren Sozialgeschichten ist sie, wie wir gesehen haben, untergegangen. Ariès muß anderes opfern.

Diese Schwäche läßt einige der Verallgemeinerungen mutwillig erscheinen, von denen das Buch einen Teil seines Reizes bezieht – beispielsweise: »Jugend« (jeunesse) sei das bevorzugte Alter des 17., »Kindheit« (enfance) das des 19. und »Adoleszenz« (adolescence) das des 20. Jahrhunderts gewesen; oder: »Jugend« sei im 19. Jahrhundert durch den Militärdienst definiert worden (sonst gäbe es sie gar nicht); oder: das »wohlerzogene Kind« – eine Erfindung der Pädagogen – sei in Frankreich der »petit bourgeois«, in England der »gentleman«, den die Aristokratie mit Hilfe ihrer public schools eigens schuf, um sich gegen die fortschreitende Demokratie zu wehren; oder: die mittelalterliche Ungebundenheit sei zuerst von den Kindern und zuletzt von den Unterschichten abgelegt worden.

Auch die großen Gegenüberstellungen – klärend und ordnend, wie sie zunächst sind und wie sie in die Lehrbücher eingehen werden – verdienen noch sorgfältige Prüfung: Kinder seien bis zu einem bestimmten Zeitpunkt der Geschichte etwas gewesen, was man hat und hätschelt, und im folgenden Jahrhundert ein Objekt der ernsten Sorge und strengen Erziehung geworden; Kinder seien bis zu einem bestimmten Zeitpunkt der Geschichte für amoralisch gehalten und darum frei gelassen worden, im folgenden Jahrhundert habe man sie als unschuldige Wesen angesehen, denen man darum Schutz schuldete.

Diese Figuren fallen so auf, weil hinter ihnen keine allgemeineren Modelle stehen (von der Art, die Th. M. Mills aufgestellt hat, vgl. S. 26.) – etwa eines, das Konflikte zwischen den Generationen erklärt, so daß man z. B. darüber urteilen kann, was die Trennung der Kinder im Alter von sieben Jahren von ihren Elternhäusern tatsächlich bedeutet: oder eines, das die Gestalt, Bedeutung und Zuweisung von Geschlechtsrollen erklärt, so daß man z. B. darüber urteilen kann, was es bedeutet, daß alle Kinder im 16. und 17. Jahrhundert bis zum 5. Lebensjahr Mädchenkleidung trugen.

Wer eine Freud'sche Theorie hat, wird hierbei zu anderen Ergebnissen kommen als einer, der eine offenere Rollenfindungstheorie hat, wie Erikson z. B. Aber die Vorwürfe, die Ariès hier gemacht werden, sind spitzfindig und unberechtigt. Ariès hat hierzu überall neue Beobachtungen gemacht und intelligente, weitreichende Fragen gestellt: welche Beziehungen zwischen Kindheit und Klasse, Kindheit und Geschlecht, Kindheit und bestimmten Berufsständen sich in der Kleidung (Matrosenanzug/Russenkittel/Overall) ausdrücken. Daß das Kind einst die Kleidung der Vergangenheit trug und das Archaische repräsentierte, während für uns Kinder Zukunft bedeuten (und deshalb eine eigene Mode haben) – ist jedenfalls des Nachdenkens wert.

Mag sein, daß sich die Arbeit von Ariès heute schon für manchen Leser »naiv« ausnimmt und daß sie in einigen Jahren vor der bis dahin erworbenen methodologischen sophistication nicht mehr bestehen kann. Als heutiger Verbraucher solcher Literatur und als einer, der ihre methodologischen Schwierigkeiten zu verstehen meint, bin ich nicht nur »in Bescheidenheit dankbar« für die mir gewährten Einsichten und die mir abgenommene Arbeit, ich glaube sogar, daß mehr sophistication hier nicht gut wäre. Sie würde das Buch umständlich, schwer lesbar, zu einem Werk für Gelehrte machen. Noch ist es ein Buch für Menschen, die lernen wollen, was Pädagogik ist und sein kann. Ariès teilt bewußt deren Erkenntnislage: er hat ein Problem (Was ist Kindheit? Wie lange dauert sie? Was ist ihre Aufgabe? Was ist Familie? Wie notwendig ist sie wofür? Worin ist sie ersetzbar?); er mustert mit seinem spontanen Verständnis dieser Begriffe die Dokumente der Vergangenheit und setzt seine Vorstellungen der Wandlung aus. Das ist es vor allem, was ich mir von der Geschichte erhoffe – die Wirkung der Verfremdung, die Herausforderung zur Selbstprüfung, die Erfahrung von Alternativen. Ich brauche weder die absolute historische Wahrheit, die Gewißheit, daß

Kindheit damals wirklich *so war*, noch den Nachweis, daß die Kindheit – richtig definiert und beschrieben – immer *so ist*.

Zu Frage 3:
Nach dem möglichen »Nutzen« dieses Buches

Welchen Nutzen verspricht das Buch von Ariès? – Nachdem so ausführlich von den Chancen die Rede war, die es einer neuen Erkenntnisform verschafft, sei hier vor allem der praktische Nutzen gemeint – z. B. für den Pädagogen, den Bildungs- oder, wie man nun richtiger sagen sollte, Erziehungspolitiker, die Eltern, die um das Schicksal unserer Gesellschaft besorgten Bürger. Der Nutzen bestimmt sich aus den Schwierigkeiten, die wir haben. Die müssen zuerst geschildert werden.

Ich bin selber seit einem halben Jahr wieder an einer Schule als Lehrer tätig, nachdem ich 12 Jahre lang Studenten unterrichtet und in ihre Arbeit eingeführt habe. Ich nehme mit Staunen war, wie sich die Kinder – und damit die Aufgaben der Pädagogik – im Laufe jener Jahre verändert haben. Von Kindern meinen wir, sie seien wie das Gras – zu allen Zeiten gleich. Erst die Jugendlichen scheinen am Wandel der Gesellschaft, an der Geschichtlichkeit teilzunehmen (und so das jeweilig neue Generationsproblem zu erzeugen). Daß dies nicht so ist, habe ich jetzt gelernt: Die heutigen Kinder sind ganz offensichtlich die Kinder *ihrer* Zeit und *ihrer* Umwelt, sie sind ihr entlarvendster Spiegel. Sie sind nicht nur nervös, ungeordnet [»disorganised« nennt sie einer ihrer besten Kenner, Urie Bronfenbrenner (43)], vital, »gestört« – sie terrorisieren einander, sie streiten sich ununterbrochen (um Gegenstände, als lebten sie in tiefer Armut; um Rangplätze, als lebten wir vor Leviathan; um die Zuwendung der Erwachsenen, als lebten sie in einer besonders lieblosen Welt), sie vandalisieren das Gemeingut, sie sind weitgehend unfähig, anderen und sich selbst Freude zu bereiten, sie scheinen unfähig, tiefere anhaltende Beziehungen zu Menschen oder Sachen einzugehen – und sie müssen ununterbrochen schreien. Natürlich haben sie auch liebenswerte, ja bewunderswerte neue Eigenschaften, aber diese sind meist die unmittelbare Folge und Kehrseite einer ihrer Schwierigkeiten: aggressiv wie sie sind, können sie Erwachsenen frei, ungebeugt begegnen; indifferent, unkooperativ und kritisch wie sie sind, können sie diese Schwächen sehr ehrlich einsehen und sehr beredt anklagen; ungeordnet

43 Urie Bronfenbrenner: »The Origins of Alienation«, in: *Scientific American*, August 1974, S. 56.

wie sie sind, können sie in bestimmten Lagen sich selbst und ihren Anspruch zurücknehmen.

Mein Erschrecken hierüber war so groß, daß ich zunächst nicht glauben wollte, daß »Kinder« »heute« »so sind«. Ich gab den besonderen Umständen meiner Schule, einer untypischen Auswahl von Kindern und auch meiner (sich womöglich täuschenden) Erinnerung die Schuld. Seitdem höre ich jedoch (weil ich eingehend danach frage), daß es mutatis mutandis überall so ist, wobei an sogenannten »liberalen« Schulen deutlicher ans Licht kommt, was anderswo verdeckt oder unterdrückt bleibt.

Ariès freilich belehrt mich, daß ich überhaupt eine falsche Figur verwende: nicht die Kinder sind anders (hier folgen die Adjektive), sondern die Kindheit (und hier folgen die Vorstellungen und Umstände und die vielen Widersprüche, die sich zwischen Vorstellungen und Umständen auftuen).

Kindheit heute ist nicht die von *Helenes Kinderchen* oder des *Little Lord Fountleroy* oder auch nur von *Pippi Langstrumpf*. Kindheit ist schon gar nicht die, von der Ariès' Buch handelt – die umsorgte, von Erziehungswut und Sentiment, von Kinderliebe und Geschwisterrivalität, von Spielphantasien und Wohlanständigkeit durchwaltete Existenz des Kindes in der Familie. Soviel davon *auch* da ist, vorherrschend beginnen andere Tatsachen zu werden, die – wie in den historischen Befunden von Ariès – umso stärker wirken, als sie von Ideen begleitet oder getragen sind.

In der kurzen Wiedergabe dieser komplexeren neuen Verhältnisse geraten meine Formeln notwendig einfach, pauschal, ja manchmal zur Karikatur. Aber hier geht es nicht darum, diese neuen Verhältnisse – Tatsachen und Ideen – zu beschreiben und nachzuweisen, sondern einen Kontrast, einen Wandel sichtbar zu machen.

Kindheit heute ist *Fernsehkindheit:* die Welt (von der die Erwachsenen reden, vor der sie Angst haben, auf die sie warnend hinweisen) erscheint verkleinert, zerstückelt, an- und abstellbar, in absurder Mischung, ohne Zusammenhang in sich und erst recht mit ihr. Dabei ist sie aufregend, extrem, glanzvoll und elend, übertrifft in allem meine kleine erlebbare Umwelt und macht sie unbedeutend. Außerdem stimmt wenigstens für die Kinder, was Marshall McLuhan sagt: Das Medium, genauer die Mediatisierung, das Vermitteltsein ist (selber) die Botschaft. Die Inhalte treten hinter der Machart zurück. Die Berechnung, mit der das Fernsehprodukt gemacht worden ist, löst Berechnung aus; der errechnete Adressat und seine errechneten Wahrnehmungsgewohnheiten und Vorlieben werden bestärkt – also der Durchschnitt; weil der durchschnittliche Fernseher eine Einstellung von mehr als 35 Sekunden nicht erträgt, darf keine Szene länger dauern als 35 Sekunden. Wenn die so »geprägten« Kinder dann in der Schule Konzentrationsschwierigkeiten haben – wen wundert's?

Kindheit heute ist *pädagogische Kindheit:* die Erwachsenen filtern (in immer größerer Zahl) ihre Taten und Äußerungen gegenüber den Kindern durch das, was sie als »die richtige Erkenntnis von der Pädagogik« zu haben meinen; sie agieren und reagieren nicht spontan, nicht aufgrund dessen, was sie selber erfahren haben und darum empathisch beurteilen können, nicht als die Person, die sie sind, auf die Person hin, die das Kind ist. Das Kind ist für sie ein schwieriges Behandlungsobjekt. Natürlich hat es auch in anderen Zeiten Erziehungslehren gegeben, die die Beziehungen zwischen Erwachsenen und Kindern bestimmten. Aber allein, daß sie sich – wie etwa im *Struwwelpeter* – in Bilder und Typen bringen ließen, zeigt den Unterschied: dort gelebte Szenen mit drastischen Folgen – hier eine abstrakte, dem Kind nicht erklärliche Mittelbarkeit.

Kindheit heute ist *Schulkindheit.* Kindheit ist – außer durch die Familie – durch nichts so stark bestimmt wie durch Schule, obwohl man weiß und nachweisen kann, wie gering der Erfolg der Schule, gemessen an ihren eigenen Erwartungen ist. Die Schulkindheit beginnt mit einer Vorschulkindheit: einem zwar spielenden aber doch vorgebahnten, auf Schulfertigkeiten ausgerichteten Lernen. Das ist auch dann der Fall, wenn ein Kind nicht in eine Vorschulklasse oder einen Kindergarten geht. Die Erwartungen an, die »Idee« von Kindheit zielen prinzipiell darauf. Dies mag menschenfreundlich und klug gedacht sein – vorausgesetzt, daß die Schule notwendig ist. Schule heißt ihrerseits: vorgeschriebene Gegenstände, Verfahren, Zeitabläufe, Verhaltensweisen und vor allem eine eigentümliche Konfiguration von Personen – 30 Gleichaltrige und ein Erwachsener. Und der Erwachsene ist ein Lehrspezialist, der nur für Kinder nützlich und wichtig ist und für alle anderen Menschen entbehrlich (wie viele der Gegenstände auch, die er lehrt).

Kindheit heute ist *Zukunftskindheit.* Sie wird nie ganz in der Gegenwart gelebt, ist immer auf morgen, auf die (von anderen) geplante Welt bezogen, auf das Zeugnis am Jahresende, auf den Numerus clausus, auf den Beruf und den Arbeitsplatz – und auf alle Anforderungen, Vorstellungen, Maßstäbe, die *dann* gelten werden, aber jetzt noch nichts bedeuten.

Kindheit ist heute eine *Stadtkindheit,* eine Kauf-und-Verbrauchkindheit, eine Spielplatzkindheit, eine Verkehrsteilnehmerkindheit. Ihr fehlen elementare Erfahrungen: ein offenes Feuer machen, ein Loch in die Erde graben, auf einem Ast schaukeln, Wasser stauen, ein großes Tier beobachten, hüten, beherrschen... Das Entstehen und Vergehen der Natur, die Gewinnung und Verarbeitung von Material zu brauchbaren, notwendigen Dingen, ein großer, dauerhafter, bedeutender Streit, der nicht bloß persönlicher Zank ist, der Ernstfall, der nicht fiction oder Katastrophe ist, werden dem Kind – wie den meisten Erwachsenen – vorenthalten. Die Erwachsenen haben immerhin ihren Beruf, ihre Geld-, Zukunfts-, Erziehungssorgen, und mehr Abenteuer *wollen* sie meist nicht. Das Kind dagegen kann sich Bewährung und Risiko nur einbilden oder erlisten: durch Zerstörung und mutwilligen Verstoß gegen die Regeln, die Erwartungen und die Vernunft. Daß nicht einmal die Städte richtige Städte sind, sondern getrennte Wohn-, Arbeits- und Einkaufszonen, Slums *oder* Suburbs, kommt verschlimmernd hinzu.

Kindheit heute ist in der Tat *Kinder-Kindheit*. Das Kind lebt in seiner Altersgruppe oder mit Erwachsenen, die sich zu ihm pädagogisch: zu einem Kind verhalten. Wir sind an die Schulklasse voller Gleichaltriger so gewöhnt, daß wir die Ungeheuerlichkeit, ja den pädagogischen Widersinn, der in der strengen Altershomogenität liegt, gar nicht mehr wahrnehmen – was es bedeutet, wenn man niemanden über sich hat und niemanden unter sich und die kleine Differenz auf einmal zur großen, beherrschenden wird. M. Mead hat in ihrer Darstellung der von ihr so genannten postfigurativen Kultur gezeigt, was es einst hieß, als Kind oder Jugendlicher zurückzublicken und die sinngebenden »Figuren«, die gelebten Bilder dessen zu sehen, was Leben sein kann: in den Eltern und Großeltern – wie sie arbeiteten, miteinander umgingen, ihre Welt repräsentierten. In der heutigen präfigurativen Kultur sehen sie zwar noch Eltern und Großeltern, aber diese sind schon kaum maßgebend für das Leben, das ist, und gewiß nicht für das Leben, das sein wird; sie trauen sich das selbst gar nicht zu und stehen darum für nichts mehr überzeugend ein.

Kindheit ist heute für immer mehr Kinder *nicht einmal die der Kleinfamilienkindheit,* deren private Idylle uns die Fernseh- und Illustriertenreklame vorgaukelt und die nicht nur von Systemüberwindern an- und beklagt wird, sondern von so verschiedenen und kompetenten Leuten wie Bruno Bettelheim (44) und Erik Erikson (45) (die sie neurotisierend

44 Bruno Bettelheim: *The Children of the Dream, Communal Child-Rearing and American Education,* New York 1970 (Macmillan).

45 Erik Erikson a.a.O. das 8. Kapitel: Gedanken über die amerikanische Identität, S. 280 (vor allem die Abschnitte über die »Mom«).

finden), Alva Myrdal (46) (die sie dysfunktional findet) und – Philippe Ariès (der sie anti-gesellschaftlich findet). (47)

Urie Bronfenbrenner hat Daten zusammengestellt, denen zufolge 1974 in den USA 45 % der Mütter einem Beruf außer Hause nachgingen, 1970 lebten 10 % aller Kinder unter sechs Jahren in Haushalten ohne Vater, d. h. doppelt soviel wie ein Jahrzehnt zuvor; verdoppelt hat sich auch der Prozentsatz der Kinder aus geschiedenen Ehen; inzwischen erlebt jedes sechste Kind bis zu seinem 18. Lebensjahr die Scheidung seiner Eltern; in den »Familien« unterhalb der sog. Armutslinie (definiert als 4000 Dollar Jahreseinkommen für vier Personen!) lebten 1974 45 % aller Kinder in Haushalten ohne Vater; die Arbeit der Eltern (plus Weg dorthin, Einkauf, Haushaltung und andere soziale Verpflichtungen) verschlingt soviel Zeit und Kraft, daß das Kind den größten Teil des Tages (wenn es nicht in der Schule ist) sich selbst, dem »TV«, einem unbeteiligten Babysitter überlassen bleibt (48) – in einer Standardwohnung, nicht einmal auf der Straße; Väter der Mittelschicht »verbringen« im Durchschnitt zwischen 15 und 20 Minuten pro Tag mit ihrem einjährigen Kind; die tatsächliche Sprechzeit dabei beläuft sich auf 37,7 Sekunden; die Zahl der »Interaktionen« beträgt 2,7. – Und die Folgen: Day Care Centers (staatliche Kinderkrippen) werden eingerichtet, deren Existenz nicht nur den Eltern/Müttern, die arbeiten müssen, sondern auch denen, die »durch ihre Kinder daran gehindert waren«, die Kinder abnehmen; die Kinder werden indifferent, zu Liebesbeziehungen, Verantwortung, Ausdauer unfähig; die Schulleistungen fallen zunehmend von Jahr zu Jahr ab; 58 % der Erfolgsunterschiede zwischen Schulkindern lassen sich anhand von allein drei Faktoren vorhersagen: zerstörte Ehen, überfüllte Wohnung und Bildungsgrad der Eltern. (49) Die Familie ist nicht nur als Idee allesbeherrschend, sondern auch als Realität.

46 Alva Myrdal: »Die Veränderungen in der Struktur der Familie in den letzten Jahren«, in: *Neue Sammlung* 1965, S. 220 ff.

47 Und zugleich anti-individualistisch – ein Verband, »in dem sich die gesamte Energie des Ehepaares auf das Wohl einer willkürlich beschränkten Nachkommenschaft zu konzentrieren hat.«

48 Unsere »Einstellung«, um die es hier ja geht, illustriert eine Annonce, die ich soeben in meiner Zeitung finde: »*Wer einen Farbfernseher hat, hat auch Babysitter*. Großmütter und Tanten achten lieber auf Ihr Kind, wenn sie farbig fernsehen können. Nutzen Sie unseren Farbfernseher-Kredit (einen unserer 1001 Kredite). Schnell, unkompliziert und zinsgünstig. COMMERZBANK«.

49 Urie Bronfenbrenner a.a.O.; ders.: *Wir wirksam ist kompensatorische Erziehung*, Stuttgart 1974 (Ernst Klett), S. 121 f.

Kindheit wird in naher Zukunft noch einmal durch etwas anderes verändert: durch den deutlichen Geburtenrückgang. In den vergangenen Jahrhunderten (bis zum 19.) ist der Anteil der jungen Menschen unter 20 an der Gesamtbevölkerung vermutlich oft über 40% gewesen. (50) In Indien ist die Hälfte der gesamten Bevölkerung unter 18. Die »Bevölkerungspyramide« sieht dort noch wirklich wie eine Pyramide aus und zwar eine ziemlich flache. Bei uns wird sie im Laufe der Zeit zu einem Pilz und im günstigsten Fall schließlich zu einem Schaft oder Zylinder. Praktisch bedeutet das, daß die meisten Familien nur ein oder zwei Kinder haben werden und viele Ehepaare gar keins. Es wird in anderen Worten viele Erwachsene geben, die nicht aus eigener Erfahrung wissen, was es heißt, Kinder zu haben.

Das alles ist heute schon so oder wird bald so sein und tut ständig Wirkungen: z. B. die, daß *Kinder* ihrer Kindheit um jeden Preis entrinnen wollen, groß, stark, unabhängig, sie selbst sein; und daß *Jugendliche* umgekehrt sich weigern, erwachsen zu werden. Den einen hat man die Kindheit verleidet; sie ist unwirklich, in dem wir sie kindgemäß und pädagogisch machen. Den anderen ist inzwischen sichtbar geworden, wie unfroh, unzufrieden, ohne Perspektive die Erwachsenen sind – wie leer oder wie überlastet ihr Leben ist und ihnen selbst in beiden Fällen nicht verständlich. Man hat den Jugendlichen ein »Moratorium«, eine »Zwischenzeit« gewährt; in ihr sollen sie ihre Rollen finden. Aber die einzigen Rollen, die sie in dieser Zeit erfahren können, sind die der eigenen peers, der Fernseh-, Schlager- und Fußballhelden, ihres Lehrmeisters oder Vorgesetzten und, wenn sie noch zur Schule gehen, des Unterrichtsbeamten. Wen kann es wundern, wenn diese »Chance« nicht genutzt wird, wenn die Jugendlichen Verantwortung und Beruf, Lernen und Planen nicht wollen! Wo öffnet sich ihnen ein Ausblick »nach vorn« auf das, was die Alten das »gute Leben« nannten? Woran immer es liegt – es fällt auf, wie wenig die Jugendlichen bereit sind zu planen – nicht nur ihr »Leben«, sondern ihren Tag, die Woche, die vor ihnen liegende Aufgabe.

Sie haben auch keinen wirklich ernstzunehmenden Streit mit den Erwachsenen. Erwachsene sind für sie »weder Feinde noch Freunde, weder Vorbild noch Gegenbild, weder Angst erzeugend noch Vertrauen erweckend, sondern einfach weitere Faktoren in einer sowieso schon zu

50 Vgl. Rassem a.a.O., S. 105. Heute beträgt bei uns der Anteil der unter 20jährigen weniger als ein Viertel.

komplizierten Welt«. (51) Es findet allenfalls so etwas wie »Revierverteidigung« statt – von beiden Seiten aus. Dazu gehört das ebenso eifrige wie feige Lehren und Lernen von Pädagogik, Psychologie, Gruppendynamik – »feige«, weil sie der moralischen Verantwortung und politischen Auseinandersetzung aus dem Wege gehen. An den Sozialwissenschaften verführt uns die Möglichkeit, angesichts schwieriger Forderung in die Mechanik notwendiger Prozesse auszuweichen: Die Verhältnisse sind schuld; ich bin falsch sozialisiert; ich darf nicht nur schwach sein – ich muß es, weil ich sonst anderen Angst einflöße. Natürlich meinen die genannten Wissenschaften etwas anderes – aber sie leihen sich dem Determinismus einerseits und einer naiven Zuversicht andererseits: wenn eines Tages alle ihren Freud gelesen haben, wenn nur alle oft genug sich in Rollenspielen befreit, in Soziogrammen ihre Realität, in gruppendynamischen Sitzungen ihre wahren Wirkungen auf andere erfahren haben, würden sie sich angemessen, sozial, erfolgreich verhalten. »Angemessen« in bezug worauf? »Sozial« im Hinblick auf was für eine Sozietät? »Erfolgreich« worin und wozu? – die Antworten hierauf bleibt ihnen jene sozialwissenschaftliche Erziehung schuldig.

Meine Hypothese ist: die ständige Vermehrung der pädagogischen Maßnahmen hilft den Kindern (und Jugendlichen) nicht nur nicht; sie erzeugt einen Zustand besonderer Anfälligkeit und Ausgeliefertheit; mehr Institutionen und mehr Informationen belehren nur darüber, wie man mit diesen, nicht wie man *mit sich* und *seiner* Welt lebt. Die Kinder bauen sich Höhlen inmitten eines Chaos. Eine geordnete oder ordnende Gemeinschaft gibt es für sie nicht. Alles, was jenseits der Kleinstgruppe geschieht, ist abstrakt und wirkt feindlich. Der Übergang von hier zur »Gesellschaft« draußen ist unvermittelt und macht die Kleinstgruppe unglaubhaft und funktionslos, die Gesellschaft unheimlich und sinnlos.

In dieser Schwierigkeit, die zunächst nur den Pädagogen anzugehen scheint, spiegelt sich eine andere, allgemeine soziale Schwierigkeit: die »Entfremdung« des Menschen in der technischen und verwalteten Zivilisation. Außer mit philosophischen Analysen antwortet man darauf entweder mit Therapien, die die Menschen ihrerseits meist noch weiter entfremden, oder mit der Verführung zu Sektierertum, Subkultur, Drogen oder mit dem Aufruf, die Verhältnisse zu ändern, also zu Reform oder Revolution.

Mir scheint vorerst etwas anderes wichtiger und aussichtsreicher zu

51 Gerold U. Becker: »Mit Umsicht und Verantwortung«, in: *Neue Sammlung* 2/1975, S. 116.

sein: Wir müssen unsere Einstellungen und Vorstellungen mustern, uns über ihre Wahrhaftigkeit und Nützlichkeit Rechenschaft geben und die widersprüchlichen, unwürdigen und unnützen unter ihnen innerhalb des bestehenden »Systems« bekämpfen, abtragen, ersetzen. Man wird nun leicht einsehen, welche Hilfe dabei der Historiker Ariès geben kann – indem er aus dem Gegebenen, aus der gebieterischen Realität eine Möglichkeit unter anderen macht. Er gibt oder bestärkt jedenfalls mit den Bildern, Abläufen und Deutungen der Geschichte *unsere Zweifel*

. an der Vorstellung, menschliche Schicksale und Verhältnisse seien herstellbar; das Leben sei eine Konstruktion, die Erziehung ein Labor, eine Bauhütte oder ein Planungsbüro, Konflikte so etwas wie technische Pannen; die Pädagogik lasse sich sinnvoll rationalisieren: genormte Schullaufbahnen, genormte Lerngruppen, genormte Lernziele und Erfolgsmessungen – das Ganze ein Produktionsprozeß mit input- und output-Gleichungen. Es könnte sein, daß Schulen in der Tat mehr Probleme schaffen, als sie lösen: wenn man sie so organisiert und nicht wie Paul Goodman mit seinen mittelalterlichen mini- oder street-schools mitten in Manhatten; die Lösung der Probleme des Aufwachsens darin zu suchen, daß man Kinder in großer Zahl zusammenbringt, erscheint zunehmend als ein Mißverständnis;
. an der Vorstellung, je größer unsere Probleme und je umfangreicher und bedeutender unser Wissen, umso länger müßte die Schule dauern, und weil Schule eine Wohltat ist und Arbeit eine Mühsal, müßten wir auch noch froh darüber sein – selbst dann noch, wenn erwiesen ist, daß sie vor allem die Personen absorbiert, die durch den gleichen Fortschritt von Wissenschaft und Technik keinen Platz mehr in der Arbeitswelt finden;
. an der Vorstellung, Lernen sei tunlichst vom Leben zu trennen: örtlich in Schulen (und diese möglichst am Stadtrand!) und zeitlich vor dem Beruf, ja Lernen sei prinzipiell Vor-bereitung auf . . . und darum prinzipiell Sache der ersten Lebensphase, Kindheit und Jugendalter, wodurch Kinder und Jugendliche ihrerseits von den Erwachsenen getrennt werden;
. an der Vorstellung, im Lernen der Kinder und Jugendlichen lasse sich eine falsche Welt in Ordnung bringen; es gehe z. B. darum, in ihm möglichst all das unterzubringen, was die heutigen Erwachsenen selber nicht können (Gruppendynamik und Soziologie, Systemanalyse und Polit-Ökonomie, Sexualkunde und Konfliktbewältigung, die Beurteilung von Trivialliteratur und die Anwendung von Statistik); aber

dadurch werden die Unverträglichkeit, das Sich-gegenseitig-nicht-verstehen-können, die Frustration der Jungen wie der Alten meist nur vermehrt; oder es lasse sich in der Schule die ungerechte Verteilung der Chancen korrigieren: durch organisatorische Integration und didaktische Kompensation statt durch gemeinsame Aufgaben und Lebensformen;

. an der Vorstellung, Lehrer mit bürgerlicher Bildung, auf ein Fach spezialisiert, mit Lehrtechniken ausgestattet und von alledem weder tief überzeugt noch beunruhigt, könnten Heere von Kindern aus kleinbürgerlich gesonnenen Arbeiterfamilien zu einem neuen, nicht entfremdeten Selbst-, Klassen- und Kulturbewußtsein führen;

. an der Vorstellung, die Familie – und womöglich sie allein – ermögliche Geborgenheit, Identifikation und damit soziales Glück, während im Gegenteil eben durch diese Vorstellung übertriebene und zum Scheitern verurteilte Erwartungen genährt werden, die in Beziehungsschwierigkeiten unter den Ehepartnern, in überzogener Kinderliebe, Enttäuschung, Haß, Mißhandlung und Scheidung münden, ja in der Abneigung, überhaupt Kinder zu haben und bleibende Ehen zu gründen.

Um sich dieser und ähnlicher Vorstellungen kritisch bewußt zu werden, bedarf es der Alternativen. Man muß sehen, was sonst sein könnte. Ivan Illich (52) hat Gegenentwürfe gemacht, die sich in die Theorie unserer komplexen Welt »gesamtgesellschaftlich« einfügen, aber weder im Gemüt der Menschen noch in der Wirklichkeit Fuß fassen. Paul Goodman (53) hat für sich und im Kleinen die Gegenwirklichkeit versucht. Im Kibbutz ist eine Alternative zu unserer Familie und unserer Schule aus einer bestimmten historischen, geographisch, ethnisch und politisch begrenzten Situation buchstäblich erwachsen. Jane Jacobs hat gezeigt, welche Chance, menschlich aufzuwachsen, in unseren Städten liegt, wenn wir sie nicht unter falschen Gesichtspunkten zerstören. (54) Andere Muster aus der Völkerkunde haben den Scharfsinn der Gelehrten und die Phantasie der Laien beschäftigt. Mir scheint keines dieser Modelle dadurch gut, daß es möglichst viel verspricht oder möglichst schnell

52 Ivan Illich: *Entschulung der Gesellschaft*, München 1971 (Kösel).

53 Paul Goodman: »Freiheit und Lernen«, in: *Neue Sammlung* 5/69, S. 419 ff.; vgl. dazu: George Dennison: *Lernen und Freiheit, Aus der Praxis der First Street School.* Frankfurt 1971 (März).

54 Jane Jacobs: *Tod und Leben großer amerikanischer Städte,* Berlin/Frankfurt/Wien 1963.

anwendbar oder umsetzbar ist. In unsere Welt verpflanzt, wäre z. B. der Kibbutz keine Wirklichkeit, sondern eine pädagogische Provinz. Wichtiger ist, daß Menschen sich durch Gegenbilder verführen lassen, anders über sich und ihre gewohnte pädagogische Umwelt zu denken und dann ausgewählte Stücke in geeigneten Lagen zu übernehmen. Wenn wir nicht zuerst unsere Vorstellungen befreien, werden wir im Reformismus stekken bleiben.

Das bisher verführerischste Gegenbild, die herausforderndste Alternative findet sich bei Philippe Ariès – vermutlich, weil es sich nicht um eine Zweckerfindung handelt und keinen Anspruch darauf erhebt, als Modell für unsere Gegenwart zu dienen. Ariès' Buch hat noch andere Vorteile: es schildert und erklärt einen Prozeß (gibt also nicht einen guten oder schlechten Zustand wieder); es spricht von etwas Vertrautem, sofern wir jedenfalls noch Geschichtsunterricht gehabt haben, Museen besuchen, Literatur lesen und unsere gebaute historische Umwelt aufmerksam betrachten; es spricht zugleich von etwas überraschend Neuem, weil wir an unseren Gymnasien eher gelernt haben, die Antike und die Aufklärung, die Zeit um und nach 1789 für uns ernst zunehmen – als Gegenstand »kritischer« Geschichtsbetrachtung im Sinne von Nietzsches Dreiteilung (das Mittelalter, die Renaissance und der Absolutismus waren Gegenstand »antiquarischer oder monumentaler« Geschichtsbetrachtung und dadurch fern, unanwendbar); es handelt von einer Zeit, die wir ohne ideologische Affekte ansehen können; es ist schließlich modern gedacht, von unseren Problemen her und mit unseren Begriffen vertraut, und außerordentlich konkret.

Es regt zu folgenden Thesen an, deren Erfüllung man sich schrittweise nähern kann, wo immer es sich anbietet:

- Es geht darum, menschenwürdige Lebenseinheiten herzustellen, in denen zugleich gelebt wird und gelernt werden kann, wie man lebt; man sieht es am Großen und am Ganzen Haus, was das im Prinzip bedeutet; unsere Einheiten sind sowohl zu groß (Betriebe, Schulen, Universitäten, Städte, Nationen) als auch zu fragmentarisch (es wird in ihnen kein Zusammenhang sichtbar).
- Kinder müssen erfahren können, was eine starke, bleibende Beziehung, was schützende (nicht geschützte) Gruppen, was selbstgeschaffene Ordnungen vermögen. Nicht sosehr Bildung und Bildungschancen, nicht »Aktivitäten« und Motivationen, nicht Emanzipierung und Wissenschaftlichkeit, sondern die Gelegenheit zu notwendigem, gemeinsamem, begründetem Handeln: Verlaß und Freundlichkeit – das sind

die Grundbedürfnisse, denen wir uns zuerst und zumeist widmen sollen; alle anderen eben aufgezählten Dinge halte ich für wichtig, aber sie folgen, wenn dieses Bedürfnis befriedigt ist.

. Dazu gehört die Aufhebung der üblichen Trennung zwischen professioneller Erziehung und persönlichem Umgang, die die entsprechenden Trennungen in allen anderen Bereichen unseres sozialen Lebens ja nur abbildet. Freundschaft, die bei den alten Griechen eine politische Kategorie war (55), wird dadurch zu einer pädagogischen und sozialen: in ihr, der Freundschaft, kann man lernen, etwas für andere zu tun und dies nicht für einen Verlust an sich selbst zu halten – und nicht für eine Ausnahme wie das, was man aus Liebe tut.

. Dazu gehört auch ein in der überschaubaren Einheit äußerstes Maß an Vielfalt. Es scheint falsch, in einer Schule oder Familie Freiheit *oder* Ordnung durchsetzen zu wollen, Altertrennung *oder* Altersmischung, Individualismus *oder* Sozialität; es müßte und kann beides nebeneinander geben, sogar repräsentiert durch verschiedene Personen, lokalisiert an verschiedenen Stellen, entfaltet an verschiedenen Gegenständen.

. Sachen, Aufgaben, der Ernstfall müssen einen größeren Teil der pädagogischen Wirkungen tun als Belehrung. Zumutung (Herausforderung), Einübung (Gewöhnung) und Vorbild (die Möglichkeit der Identifikation) sind stärkere pädagogische Kategorien als die, die wir in der »progressiven« Pädagogik heute finden (die Erfinder der *progressive education* hätten mir recht gegeben, was freilich nur beweist, welches Schicksal solche Einsichten haben können).

. Hierzu gehört die Einbeziehung der Kinder und Jugendlichen in die Arbeit und die Politik. (Wir »beziehen« sie nur in die Wissenschaft »ein«). Bronfenbrenner (56) schildert, wie das heute in der UdSSR geschieht und seine Schilderungen erinnern alsbald an Goodman und Ariès' Bilder des Mittelalters und des Ancien Régimes.

. Hierzu gehört vor allem: Zeit haben – Zeit der Tätigen für die Lernenden, Zeit der Eltern für die Kinder, Zeit für das Unfertige, nicht unmittelbar Produktive, nicht Terminierte und Berechenbare: Kindheit und Jugend sind mit Notwendigkeit offene, bewegliche Größen im Gesellschaftsprozeß – und die alten Zeiten und viele nichteuropäische Kulturen zeigen, daß man gut damit leben kann. Die

55 Vgl. Hannah Arendt: *Von der Menschlichkeit in finsteren Zeiten*, München 1960 (Piper), S. 39 ff.

56 Bronfenbrenner, *Scientific American* S. 57.

Kindheit und Jugend rationalisieren wollen und zugleich die Ordnungen aufheben, die für die Erwachsenen gelten und deren Leben zusammenhalten, führt am Ende zu der Neurotisierung, die wir heute haben. Der Widerspruch wird immer wiederkehren, daß man Kinder, die man erwachsen (vernünftig und moralisch) machen will, weil man sie für kindlich (unvernünftig und unmoralisch) hält, erst eigentlich zu »Kindern« macht; jedenfalls verlängert man die Kindheit. Hätte man Zeit, sie zu beteiligen, als nur eben schwächere und weniger erfahrene Menschen, man würde hinterher wohl wieder viel Zeit gewinnen. Bronfenbrenner meint nachweisen zu können, daß sich die Kinder und Jugendlichen den Peergroups (von denen nicht viel zu lernen sei) deshalb zuwenden, weil die Erwachsenen sie im Stich lassen. (57)

Das Buch von Ariès soll zu keinen Utopien verführen. Nichts haben wir im Augenblick nötiger als Realismus. Aber den Widersinn sichtbar zu machen, der entsteht, wenn wir Familie und Schule absolut setzen, halte ich für die realistischste Maßnahme, die wir überhaupt treffen können. Dies wäre die *Voraussetzung* für Veränderungen, die allein das Weiterwuchern falscher Utopien – von der Abschaffung der Schule bis zur Auflösung der »privatistischen« Familie – abwehren könnten.

Auch wer Ariès verständig liest, wird also weniger Lösungen als Aufgaben, Fragen, Zweifel finden. Die ausführlichen Zitate aus dem Lebensbericht des Thomas Platter lassen uns z. B. fragen: um welchen Preis würde die Familie heute in der Gesellschaft aufgehen können? Umgekehrt nagt die Frage weiter: um welchen Preis haben wir sie zur »Zelle« der Gesellschaft gemacht? Und was die Schule betrifft: Thomas Platter berichtet ausgiebig, wie er als Schütz von den Bacchanten, den Lehrern und anderen Großen ausgebeutet wurde:

»Denn dazu (zum Betteln) hatten mich die Bacchanten fortwährend gebraucht, garnit zu der Schule gezogen ... auch nit einmal lesen gelehrt. ... hab ich großen Hunger gelitten, denn alles, was ich überkam, brachte ich den Bacchanten. Ich hätt nit einen Bissen gegessen, denn ich fürchtete das Streichen. ... oft in der Finsternis bis um Mitternacht habe müssen herumgehen und um Brot singen.« (58)

57 Bronfenbrenner, a.a.O.

58 Zitiert in der dem heutigen Deutsch angenäherten Fassung aus Gustav Freytags *Bildern aus der deutschen Vergangenheeit,* a.a.O. Band III, 1. Der Originaltext ist erschienen als: Thomas Platter: *Lebensbeschreibung,* Klosterberg/Basel 1944 (Benno Schwabe).

Da vergeht einem alle Romantik. Kommt man bei Ariès zu den Schilderungen des 17. und 18. Jahrhunderts, so weiß man umgekehrt, daß der von deMause gepriesene Fortschritt der Empathie oder der »Psychogenese« blanke Spekulation ist. Psychogenese ist deMause's Bezeichnung der Fähigkeit von Eltern, das psychische Alter des Kindes einzunehmen und seinen Bedürfnissen zu entsprechen. Sie wird als unabhängige Größe hingestellt, habe sich im Laufe der Jahrhunderte stetig vermehrt und nimmt einen Rang in der Bedeutung der gesellschaftlichen Faktoren ein, die nur noch mit der Marx'schen »Kontrolle über die Produktionsmittel« vergleichbar ist. Ariès ist heilsam nüchtern.

Es sollte nicht nur, es wird m. E. in den nächsten Jahren mehr solcher Bücher geben, und sie werden die Lehrbücher par excellence sein: weil sie die Theorie mit der Anschauung, die Zweifel mit der Alternative, das Ganze mit dem Detail verbinden – weil in ihnen die Kultur selbst zu einer erweiterten Fallstudie wird.

Hartmut von Hentig, April 1975

Einleitung*

Auch wenn man, wie es heißt, den Wald vor lauter Bäumen nicht sieht – am meisten Freude hat der Historiker doch an seiner Arbeit, wenn er sich gerade erst vorzustellen beginnt, wie das Ganze einmal ausgesehen haben mag, wenn der Nebel, der die fernen Horizonte verhüllt, sich noch nicht ganz gelichtet und er sich mit den unbearbeiteten Dokumenten noch nicht im einzelnen beschäftigt hat, so daß er sie auch noch nicht allzu distanziert betrachtet und für ihre Lebendigkeit noch empfänglich ist. Sein größtes Verdienst besteht vielleicht weniger darin, eine These zu verfechten, als darin, seinen Lesern das Vergnügen an seiner Entdekkung mitzuteilen, ihren Sinn für die Farben und Düfte unbekannter Dinge zu wecken. Zugleich hat er natürlich den Ehrgeiz, die Fülle der konkreten Details zu einer abstrakten Struktur zu ordnen, doch tut er sich (zum Glück!) stets schwer damit, sich von dem Wirrwarr der Eindrücke zu lösen, die seine Aufmerksamkeit bei seiner abenteuerlichen Suche gefangengenommen haben, und beweist wenig Geschick, wenn es darum geht, sie umgehend der dennoch notwendigen Algebra einer Theorie zu unterwerfen. Sehr viel später, wenn es dann zu einer Neuauflage kommt, ist mit der Zeit auch die Empfindung vergangen, die mit jenem ersten Kontakt verbunden war, doch wird er dafür entschädigt: denn nun sieht man den Wald besser. Die Thesen, die sich mir im Verlauf eines langen Dialogs mit den Dingen aufgedrängt haben, stellen sich mir infolge der Debatten über das Kind, die Familie und die Jugend, die inzwischen geführt wurden, und infolge des Gebrauchs, den man von meinem Buch gemacht hat, klarer und einfacher dar.

Es handelt sich im wesentlichen um zwei Thesen, die ich im folgenden resümieren will.

Die erste betrifft zunächst unsere alte traditionale Gesellschaft. Ich habe behauptet, daß sie vom Kind und mehr noch vom Heranwachsen-

* Zur 2. frz. Auflage 1973.

den nur schwach entwickelte Vorstellungen hatte. Die Dauer der Kindheit war auf das zarteste Kindesalter beschränkt, d. h. auf die Periode, wo das kleine Wesen nicht ohne fremde Hilfe auskommen kann; das Kind wurde also, kaum daß es sich physisch zurechtfinden konnte, übergangslos zu den Erwachsenen gezählt, es teilte ihre Arbeit und ihre Spiele. Vom sehr kleinen Kind wurde es sofort zum jungen Menschen, ohne die Etappen der Jugend zu durchlaufen, die möglicherweise vor dem Mittelalter Geltung hatten und zu wesentlichen Aspekten der hochentwickelten Gesellschaften von heute geworden sind.

Die Weitergabe der Werte und der Kenntnisse und, allgemeiner gesprochen, die Sozialisation des Kindes wurden also von der Familie weder gewährleistet noch durch sie kontrolliert. Das Kind entfernte sich schnell von seinen Eltern, und man kann sagen, daß die Erziehung dank dem Zusammenleben von Kind bzw. Jugendlichem und Erwachsenen jahrhundertelang auf dem *Lehrverhältnis* beruhte. Es lernte die Dinge, die es wissen mußte, indem es den Erwachsenen bei ihrer Verrichtung half.

Der Auftritt des Kindes in der Familie und in der Gesellschaft war zu kurz und zu unbedeutend, als daß es sich ins Gedächtnis einprägen und besondere Aufmerksamkeit hätte beanspruchen können.

Immerhin konnte das Kind in den allerersten Jahren, wenn es noch ein kleines drolliges Ding war, auf eine oberflächliche Gefühlszuwendung rechnen, die ich »Gehätschel« genannt habe. Man vergnügte sich mit ihm wie mit einem Tier, einem ungesitteten Äffchen. Wenn es dann starb, wie es häufig vorkam, mochte dies den einen oder anderen betrüben, doch in der Regel machte man davon nicht allzuviel Aufhebens: ein anderes Kind würde sehr bald seine Stelle einnehmen. Aus einer gewissen Anonymität gelangte es nie heraus.

Wenn es ihm überhaupt gelang, die ersten Gefahren zu überstehen, mit denen es in der Hätschelperiode zu kämpfen hatte, dann geschah es nicht selten, daß die Familie es weggab. Diese Familie setzte sich zusammen aus dem Elternpaar und den Kindern, die es bei sich behielt: Ich bin der Ansicht, daß die (mehrere Generationen oder mehrere kollaterale Gruppen umfassende) Großfamilie ausschließlich in der Einbildung von Moralisten wie Alberti im Florenz des 15. Jahrhunderts oder von traditionalistischen französischen Soziologen des 19. Jahrhunderts existiert hat, wenn man einmal von bestimmten Epochen der Unsicherheit, in denen die Ahnenreihe die Stelle der niedergehenden öffentlichen Macht übernehmen mußte, und von bestimmten ökonomisch-rechtlichen Verhältnissen absieht (wie sie z. B. in manchen Mittelmeergebieten herrschten, etwa dort, wo das Recht eines der Kinder in jeder Hinsicht bevorzugte und dadurch das Zusammenbleiben begünstigte).

Die Mission, von der diese alte Familie geprägt war, war die Erhaltung des Besitzes, die gemeinsame Ausübung eines Handwerks, die alltägliche gegenseitige Hilfe in einer Welt, in der ein einzelner Mann und mehr noch eine einzelne Frau nicht überleben konnten, und im Krisenfalle die Verteidigung von Ehre und Leben. Eine affektive Funktion hatte sie nicht. Das soll nicht heißen, daß es ihr grundsätzlich an Liebe fehlte; sie ist oft durchaus erkennbar, manchmal schon vom Zeitpunkt der Verlobung an, im allgemeinen jedoch eher nach der Hochzeit, wenn sie, wie im Falle des Haushalts des Duc de Saint-Simon, durch das gemeinsame Leben entstanden und genährt worden ist. Doch waren (und das ist der springende Punkt) Gefühle zwischen Ehegatten, zwischen Eltern und Kindern keine unabdingbare Voraussetzung für die Existenz wie für das Gleichgewicht der Familie: um so besser, wenn sie sich zusätzlich einstellten.

Für gefühlsmäßige Bindungen und soziale Kontakte war außerhalb der Familie gesorgt; sie entwickelten sich in einem sehr dichten und warmen »Milieu«, das sich aus Nachbarn, Freunden, Herren und Dienern, Kindern und Greisen, Männern und Frauen zusammensetzte und wo man seine Neigung einigermaßen ungezwungen sprechen lassen durfte. Die auf der Ehe basierenden Familien gingen darin auf. Die französischen Historiker bezeichnen diesen Hang der traditionalen Gemeinschaften zu Zusammenkünften, zu gegenseitigen Besuchen und zu Festen heute als »Sozialität«. So sehe ich unsere alten Gesellschaften als verschieden zugleich von jenen, die uns heute die Ethnologen beschreiben, und von unseren Industriegesellschaften an.

Meine erste These stellt den Versuch dar, traditionale Gesellschaften zu interpretieren, die zweite sucht den neuen Platz zu bezeichnen, den das Kind und die Familie in unseren Industriegesellschaften einnehmen.

Von einer bestimmten Periode ab (auf das heikle Problem des Ursprungs werde ich noch zu sprechen kommen), endgültig und unabweisbar jedoch jedenfalls seit dem Ende des 19. Jahrhunderts hat sich in der Verfassung der Lebensformen, die ich analysiert habe, ein bemerkenswerter Wandel vollzogen. Er läßt sich von zwei unterschiedlichen Ansatzpunkten her begreifen. Die Schule ist als Mittel der Erziehung an die Stelle des Lehrverhältnisses getreten. Das bedeutet, daß das Kind sich nicht länger einfach nur unter die Erwachsenen mischt und das Leben direkt durch den Kontakt mit ihnen kennenlernt. Mancherlei Verzögerungen und Verspätungen zum Trotz ist das Kind nun von den Erwachsenen getrennt und wird in einer Art Quarantäne gehalten, ehe es in die Welt entlassen wird. Diese Quarantäne ist die Schule, das Kolleg. Damit beginnt ein langer Prozeß der Einsperrung der Kinder (wie der Irren, der Armen und der Prostituierten), der bis in unsere Tage nicht zum Stillstand kommen sollte und den man als »Verschulung« (scolarisation) bezeichnen könnte.

Daß man die Kinder so beiseiterückt – und damit zur Raison bringt – muß als eine Ausprägung der großangelegten Moralisierungskampagne der katholischen oder protestantischen Reformer in Kirche, Justiz und Staat gedeutet werden. Sie wäre faktisch jedoch nicht denkbar gewesen ohne den gefühlsmäßigen Zusammenhalt der Familien – und das ist der zweite Angelpunkt dieses Phänomens, den ich hervorheben möchte. Die Familie ist zu einem Ort *unabdingbarer affektiver Verbundenheit* zwischen den Ehegatten und auch zwischen Eltern und Kindern geworden, was sie zuvor nicht gewesen war. Diese affektive Verbundenheit läßt sich vor allem an dem Rang ablesen, der der Erziehung von nun an eingeräumt wird. Es handelt sich nicht mehr einfach darum, seine Kinder in den Dienst des Besitzes und der Ehre zu stellen. Wir haben es mit einer völlig neuen Einstellung zu tun: die Eltern interessieren sich für die Studien ihrer Kinder und verfolgen sie mit einer Aufmerksamkeit, wie sie im 19. und 20. Jahrhundert durchaus üblich ist, zuvor jedoch unbekannt war. Jean Racine schreibt an seinen Sohn Louis über dessen Lehrer wie ein Vater von heute (oder einer noch sehr nahen Vergangenheit).

Die Familie beginnt also, sich um das Kind herum zu organisieren, ihm soviel Bedeutung beizumessen, daß es aus seiner einstigen Anonymität heraustritt. Man kann es nicht mehr ohne großen Schmerz verlieren oder ersetzen, den Vorgang der Kinderaufzucht nicht mehr allzu oft wiederholen, und es empfiehlt sich, die Anzahl der Kinder zu beschränken, damit man sich ihnen besser widmen kann. Es ist nicht weiter verwunderlich, daß diese Revolution auf dem Gebiet der schulischen Erziehung und der gefühlsmäßigen Einstellung auf lange Sicht mit einem demographischen Malthusianismus, einer freiwilligen Geburtenbeschränkung, einhergeht, wie sie sich seit dem 18. Jahrhundert beobachten läßt. Dies alles paßt (für das mißtrauische Auge eines P. Veyne vielleicht allzu gut!) zusammen.

Die spätere Entwicklung, die über die in diesem Buch behandelte Periode hinausgeht, die ich jedoch an anderer Stelle erörtert habe, führt dann zur Polarisierung des gesellschaftlichen Lebens im 19. Jahrhundert in den familiären Bereich einerseits und den beruflichen andererseits und (von Ausnahmen wie der Provence – in der Untersuchung von Agulhon und Vovelle – einmal abgesehen) zum Verschwinden der alten Sozialität.

Ein Buch hat ein Eigenleben; rasch entgleitet es seinem Autor, um einem Publikum anzugehören, das nicht immer mit dem identisch ist, welches der Autor im Auge gehabt hat.

Es drängt sich der Eindruck auf, daß die beiden Thesen, die ich gerade dargelegt habe, nicht an ein- und dasselbe Publikum gerichtet gewesen wären.

Die zweite, die auf die unmittelbare Erklärung gegenwärtiger Phänomene abzuzielen schien, ist, insbesondere in den Vereinigten Staaten, wo die Humanwissenschaften sich früher als anderswo verstärkt mit den Problemen der Jugend beschäftigt haben, sogleich von Psychologen und Soziologen ausgewertet worden. Die Beschäftigung mit diesen Fragen offenbarte, welche Schwierigkeit, ja, welchen Widerwillen den Jugendlichen der Übergang in den Zustand des Erwachsenseins bereitete. Nun legten meine Analysen den Schluß nahe, daß diese Situation auf die ausgedehnte Isolierung der Jugendlichen in Schule und Familie zurückzuführen sein könnte. Sie zeigten auch, daß das Familiengefühl und die intensive »Verschulung« der Jugend ein und dasselbe Phänomen waren, und zwar ein Phänomen jüngerer Zeit, das sich relativ gut datieren ließ, und daß die Familie zuvor innerhalb eines viel dichteren und wärmeren sozialen Raumes keine Sonderstellung eingenommen hatte.

So haben Soziologen, Psychologen und sogar Kinderärzte mein Buch in eine besimmte Richtung gedrängt und mich dabei in ihr Fahrwasser geschleppt: in den Vereinigten Staaten bezeichneten die Journalisten mich als französischen Soziologen, und für eine große Pariser Wochenzeitschrift wurde ich eines Tages sogar zum amerikanischen Soziologen!

Fürs erste hatte diese Rezeption für mich den Beigeschmack des Paradoxen, denn in Frankreich hatte man mir gerade im Namen der modernen Psychologie einige Vorhaltungen gemacht, so etwa A. Besançon, der mir »Vernachlässigung der Neuerungen der modernen Psychologie« vorwarf, oder auch J. L. Flandrin (1), der seinerseits bemängelte, daß ich »der Starrheit der traditionellen Psychologie« zuviel Zugeständnisse gemacht hätte, und es ist durchaus wahr, daß ich mich stets schwer damit getan habe, die alten zweifelhaften und heute bis zur Lächerlichkeit obsoleten Wörter zu vermeiden, die doch in der moralistischen und humanistischen Bildung, mit der ich groß geworden bin, noch so lebendig waren.

Diese damaligen kritischen Einwände in Bezug auf den angemessenen Gebrauch der Psychologie sind es wert, daß man darüber nachdenkt, und wenn ich heute dazu Stellung beziehen sollte, so würde ich folgendes sagen:

Man kann den Versuch machen, eine Geschichte des Verhaltens, d. h. eine psychologische Geschichte zu schreiben, ohne selbst Psychologe oder Psychoanalytiker zu sein. Man kann dabei Distanz zu den Theorien des Vokabulars und selbst zu den Methoden der modernen Psychologie wahren und dennoch durch das, was in ihr Arbeitsgebiet fällt, das Interesse eben dieser Psychologen gewinnen. Wenn man als Historiker geboren wird, betreibt man auf eine Weise Psychologie, die zweifellos nicht die der modernen Psychologen ist, sich aber doch mit ihr trifft und sie ergänzt. Der Historiker und der Psychologe begegnen sich also, wenn auch nicht immer auf methodologischer Ebene, da die Methoden unterschiedlich sein können, so doch auf thematischer Ebene, in der Art der Themenstellung, oder, wie man heute sagt, in der Problematik.

Der umgekehrte Weg, der von der Psychologie zur Geschichte führt, ist, wie der Erfolg Alain Besançons beweist, ebenso gangbar. Diese Marschroute bietet bisweilen einige Schwierigkeiten, mit denen Sorano trotz so vieler köstlicher Trouvaillen und glücklicher Vergleiche nicht immer fertig geworden ist. In der kritischen Anmerkung, mit der er mich bedacht hat, präzisiert Besançon zurecht: »... das Kind, das sind nicht nur die Kleidung, die Spiele, die Schule, noch auch die Einstellung zur Kindheit [d. h. historische, empirisch erfaßbare Modalitäten], das ist ein Mensch, eine Entwicklung, eine Geschichte, die die Psychologen wiederherzustellen versuchen«, d. h. ein »terminus comparationis«. Diesen Terminus comparationis hat N. Z. Davis (2), ein hervorragender Kenner des 16. Jahrhunderts, in dem Modell gesucht, das die Psychosoziologen anhand ihrer Erfahrungen mit der heutigen Welt konstruiert haben. Gewiß ist die Versuchung, ihre Welt zu verlassen, um ihre Theorien zu beweisen, für die Psychologen groß. Diese Neigung kann sich durchaus fruchtbar auswirken, ob sie sie nun in unsere traditionalen Gesellschaften, in die Welt Luthers oder zu den letzten »Wilden« führt. Wenn die Ethnologen sich dieser Methode auch erfolgreich bedient haben, so scheinen mir die traditionalen Gesellschaften doch widerspenstiger zu sein. Nur zu leicht führt diese Methode dazu, die Beziehungen zwischen Charles Perrault und seinem Sohn in die moderne Sprache vom allzu nachgiebigen Vater und dem verzogenen Kind zu übersetzen, was zur Erkenntnis unserer Welt von heute nicht das geringste beiträgt, weil es keine neuen Aspekte eröffnet, wie es auch zur Erkenntnis der alten Welt nichts beiträgt, weil ein Anachronismus vorliegt, und der Anachronismus den Vergleich verfälscht. Dennoch bedeutet die Anachronismusphobie (die Verschrobenheit der Historiker?) weder die Ablehnung des Vergleichs noch Gleichgültigkeit gegenüber der heutigen Welt: wir wissen sehr wohl, daß wir an einer vergangenen Zeit zuerst begreifen, inwiefern sie sich von der unsrigen unterscheidet, und als nächstes dann, inwiefern sie der Zeit ähnelt, in der wir leben.

Wenn meine zweite These auf nahezu einhellige Zustimmung gestoßen ist, so ist die erste (der mangelnde Sinn für die Kindheit im Mittelalter) von den Historikern zurückhaltender aufgenommen worden.

Gleichwohl kann man heute sagen, daß sie in ihren großen Linien akzeptiert worden ist. Die Statistiker unter den Historikern haben die Indifferenz gegenüber dem Kind bestätigt, die geistesgeschichtlich orientierten Historiker haben die Seltenheit der Hinweise auf das Kind und seinen Tod in Familienzeitschriften wie dem *Sayetier de Lille*, der von A. Lottin herausgegeben worden ist, zur Kenntnis genommen. Sie haben sich wie J. Bouchard über das Fehlen der sozialisierenden Funktion der Familie verwundert. (3) Agulhon hat in seinen Arbeiten die Bedeutung der »Sozialität« in den ländlichen und städtischen Kommunen des Ancien Régime hervorgehoben.

Doch die kritischen Einwände sind aufschlußreicher als Billigung oder Zustimmung. Besonders zwei Einwände, von J. L. Flandrin und N. Z. Davis, haben meine Aufmerksamkeit erregt.

J. L. Flandrin hat mir ein allzugroßes »zwanghaftes« Interesse für den Ursprung vorgeworfen, das mich dazu verleite, dort eine absolute Neuerung zu reklamieren, wo vielmehr ein natürlicher Wandel vorliege (4) Der Vorwurf ist berechtigt. Doch ist es schwierig, diesen Fehler zu vermeiden, wenn man, wie ich es bei meiner Forschungsarbeit stets tue, in die Vergangenheit zurückfragt. Auf diesem Wege macht man vielleicht einen zu naiven Gebrauch vom Begriff des Wandels, der in Wirklichkeit keine absolute Neuerung, sondern zumeist eine Neuregelung ist. Das Beispiel, das J. L. Flandrin anführt, ist überzeugend: »Wenn die mittelalterliche Kunst das Kind als verkleinerte Ausgabe des Erwachsenen dargestellt hat«, so Flandrin, »betrifft dies nicht die Existenz der Kindheit, sondern die Einstellung zur Kindheit.« Das Kind unterschied sich also vom erwachsenen Menschen, aber nur hinsichtlich Größe und Kraft, während die anderen Merkmale die gleichen blieben. Es wäre folglich interessant, das Kind mit dem Zwerg zu vergleichen, der innerhalb der mittelalterlichen Typologie einen wichtigen Platz einnimmt. Das Kind ist ein Zwerg, aber ein Zwerg, der sicher sein konnte, daß er, außer im Fall von Hexerei, kein Zwerg bleiben würde. Hätte man dann umgekehrt im Zwerg nicht ein Kind zu sehen, das dazu verdammt ist, nicht zu wachsen, oder gar dazu, sofort zum geschrumpften Greis zu werden?

Die zweite Kritik stammt von N. Z. Davis. Sie findet sich in der bemerkenswerten Studie *The Reason of Misrule: Youth Groups and Charivaris in Sixteenth Century France.* (5)

Davis stellt die Frage, wie ich habe behaupten können, daß die traditionale Gesellschaft Kinder und Jugendliche mit den Erwachsenen vermischt habe, weil sie den Begriff der Jugend nicht gekannt habe, wo die Jugend in den ländlichen und auch den städtischen Kommunen doch ständig die Rolle innegehabt habe, Feste und Spiele zu organisieren, über Hochzeiten und sexuelle Beziehungen zu wachen, die von den Charivaris sanktioniert wurden. Agulhon hat seinerseits in seinem schönen Buch über Büßer und Freimaurer ein Kapitel den Vereinigungen Jugendlicher gewidmet, die bei den Historikern heute zunehmend Interesse finden, je mehr die Jugendlichen sich durch die verschiedenen Formen der Popkultur angezogen fühlen.

Ehrlich gestanden – ich muß wohl kein ruhiges Gewissen gehabt haben, denn ich bin auf den ersten Seiten eines historischen Abrisses der Erziehung in Frankreich (6) auf dieses Problem zurückgekommen. Ich habe eingeräumt, daß es in den Epochen vor dem Mittelalter in Zonen mit ländlicher und auf mündlicher Überlieferung beruhender Kultur eine Organisation der Gemeinschaften nach Altersklassen mit Übergangsriten gegeben hat, wie es dem Modell der Ethnologen entspricht. In diesen Gesellschaften hat dann jede Altersgruppe ihre Funktion gehabt, die Erziehung ist durch die Initiation und innerhalb der Altersklasse dann durch die Teilnahme an den Aufgaben, die jene zu erfüllen hatte, erfolgt.

Man erlaube mir, an dieser Stelle – gewissermaßen in Parenthese – die Bemerkung eines jungen Freundes, eines Archäologen, wiederzugeben. Wir besichtigten die kretischen Funde von Malia auf Kreta und unterhielten uns lebhaft. Wir kamen vom Hundertsten ins Tausendste, sprachen über Janroy, Homer, Duby und schließlich auch von der Strukturbildung durch Altersklassen, mit der die Ethnologen arbeiten, sowie über ihr Wiederauftreten im hohen Mittelalter, und er sagte dazu etwa folgendes: nur weil sie überlebt haben, erfahren wir von diesen ethnographischen Strukturen, nie lernen wir sie an Ort und Stelle, in ihrer vollen Entfaltung, kennen. Das gilt für das Griechenland Homers ebenso wie für das Mittelalter der Chansons de geste. Er hatte recht.

Man kann sich der Vorstellung nicht erwehren, daß wir in unsere traditionalen Gesellschaften allzu exakt die Strukturen hineinprojizieren, die die Enthnologen heute bei den »Wilden« unserer Zeit vorfinden.

Doch schließen wir nun die Klammer und akzeptieren die Hypothese, daß es im sehr weit fortgeschrittenen Mittelalter eine Gesellschaft gegeben habe, in welcher die allgemein anerkannten ethnographischen oder folkloristischen Merkmale voll entfaltet waren.

Wohl zur Zeit des Feudalismus und des Erstarkens der alten Stammeshäupter vollzieht sich dann in dieser Gesellschaft ein beträchtlicher Wandel. Er betrifft die Erziehung, d. h. die Weitergabe des Wissens und der Werte. Diese leistet nunmehr, d. h. seit dem Eintritt in das Mittelalter, das Lehrverhältnis. Nun ist die Praktik des Lehrverhältnisses aber unvereinbar mit dem System der Altersklassen oder tendiert jedenfalls dahin, es durch seine Ausbreitung zu zerstören. Ich kann gar nicht oft genug hervorheben, daß man dem Lehrverhältnis sehr große Bedeutung beizumessen hat. Zwingt es doch die Kinder, in der Umgebung von Erwachsenen zu leben, die ihnen die technischen und sozialen Fertigkeiten beibringen, die sie zum Leben brauchen. Die Vermischung der Altersstufen seit der zweiten Hälfte des Mittelalters scheint mir bis ins 18. Jahrhundert eines der beherrschenden Merkmale unserer Gesellschaft gewesen zu sein. Unter solchen Bedingungen mußten die Klassifikationen nach Altersstufen durcheinandergeraten und ihre Notwendigkeit einbüßen.

Es steht freilich fest, daß sie weiterbestanden haben, was die sexuelle Überwachung und die Organisation von Festen betraf, und wir wissen ja, welches Gewicht die Feste im Leben unserer alten Gesellschaften gehabt haben.

Wie läßt sich ein solches Weiterbestehen, in dem man gewiß weit mehr zu sehen hat als bloße »Spuren«, mit der frühzeitigen Verpflanzung der Kinder in die Erwachsenenwelt vereinbaren?

Verhält es sich nicht so, daß wir, allen gegenteiligen Argumenten von Davis zum Trotz, der Ambiguität dieses Wortes Jugend aufsitzen? Selbst das Lateinische, das damals doch noch so geläufig war, erleichterte die Unterscheidung nicht. Nero war fünfundzwanzig, als Tacitus von ihm sagte: *certe finitam Neronis pueritiam et robur juventae adesse (robuo juventae* – das ist die Kraft des jungen Mannes, nicht die der Adoleszenz(.

Welches Alter hatten die Bannerträger der Jugend und ihre Gefährten? Das Alter Neros beim Tode des Burrus', das Alter des Condé in Rocroy, das Alter für den Krieg oder das Kriegspielen, für das Heldenstück. (7) Tatsächlich waren diese jugendorientierten Gesellschaften *zölibatäre Gesellschaften,* und dies in Epochen, in denen in den unteren Schichten oft spät geheiratet wurde. Der Gegensatz bestand also zwischen dem Verheirateten und dem Unverheirateten, zwischen dem, der ein Haus besaß, und dem, der keins hatte und bei anderen schlief, zwischen dem Seßhaften und dem weniger Seßhaften.

Man muß also zugeben, daß es Gesellschaften gegeben hat, in der die Jugend dominierte, doch hat man unter dieser Jugend Unverheiratete zu verstehen. Die aus Unverheirateten bestehende »Jugend« des Ancien Régime weist weder die Merkmale auf, die, in der Antike ebenso wie in den ethnographischen Gesellschaften, den Epheben vom reifen Mann, Aristogeiton von Harmodios (8) unterschieden, noch diejenigen, die heutzutage den Gegensatz zwischen Jugendlichen und Erwachsenen ausmachen.

Wenn ich dieses Buch heute konzipieren müßte, wäre ich besser gegen die Versuchung gefeit, einen absoluten Ursprung, einen Nullpunkt zu bestimmen. Die großen Linien würden jedoch unverändert bestehen bleiben. Ich würde lediglich neuen Gegebenheiten Rechnung tragen und mehr Gewicht auf das Mittelalter und seinen reichen Herbst legen.

In erster Linie würde ich die Aufmerksamkeit auf ein Phänomen lenken, über das man jetzt mehr in Erfahrung zu bringen beginnt: auf den geduldeten Kindesmord, der sich bis gegen Ende des 17. Jahrhunderts hartnäckig gehalten hat. Es handelt sich dabei nicht um eine akzeptierte Praktik, wie es die Aussetzung in Rom war. Der Kindesmord war ein Verbrechen, das schwer bestraft wurde. Dennoch wurde er wohl insgeheim recht häufig praktiziert, und zwar als Unfall getarnt: die Kinder starben im Bett der Eltern, in dem auch sie schliefen, eines natürlichen Erstickungstodes. Man tat nichts dafür, um sie zu schützen oder zu retten.

J. L. Flandrin hat diese geheime Praktik in einer Vorlesungsreihe der Société du XVIIe Siècle (Zyklus 1972/73; erscheint in der Zeitschrift *XVIIe Siècle*) analysiert. Er hat gezeigt, inwiefern der Rückgang der Kindersterblichkeit, der sich für das 18. Jahrhundert feststellen läßt, sich nicht aus medizinischen und hygienischen Ursachen erklären läßt; man hat nur einfach aufgehört, die Kinder, die man nicht behalten wollte, sterben zu lassen oder ihnen zum Sterben zu verhelfen.

Innerhalb derselben Vortragsreihe der Société du XVIIe Siècle hat Pater Gy Abschnitte aus dem nachtridentinischen Rituale zitiert, die die Interpretation J. L. Flandrins bestätigt haben. Es geht daraus hervor, daß seitens der Bischöfe mit einer Leidenschaftlichkeit, die zu denken gibt, das Verbot ausgesprochen wurde, daß Kinder nicht mit in den Betten ihrer Eltern schlafen sollten, worin sie allzu oft den Erstickungstod starben.

Das Faktum, daß man der Natur nachhalf, um Lebewesen verschwinden zu lassen, die so wenig dazu angetan schienen, vollwertige Menschen zu sein, gestand man nicht ein, aber man schämte sich dessen auch nicht weiter. Es gehörte zu den moralisch neutralen Dingen, die in den ethischen Grundsätzen der Kirche und des Staates wohl verdammt, aber insgeheim dennoch praktiziert wurden, zu den Vorgängen, deren man sich nur halb bewußt war, die sich im Grenzbereich von Wollen, Vergessen und Ungeschicklichkeit abspielten.

Das Leben des Kindes wurde also mit derselben Ambivalenz betrachtet, mit der man heute das des Fötus betrachtet, mit dem Unterschied, daß der Kindesmord von Schweigen umgeben war, während die Abtreibung lauthals gefordert wird. Aber darin besteht eben der Unterschied zwischen einer Gesellschaft des verborgenen Tuns und einer exhibitionistischen. Im 17. Jahrhundert wird dann eine Zeit kommen, in der die Hebamme, diese gutartige Hexe, unter die Fittiche der Gesetzesmächte zurückkehren und die Aufgabe erfüllen wird, das Kind zu schützen und in der die Eltern, besser aufgeklärt durch die Reformer empfänglicher für das Problem des Todes, mehr Obacht geben und den Wunsch hegen werden, das Leben ihrer Kinder um jeden Preis zu erhalten.

Das ist genau die Umkehrung der Entwicklung, die sich unter unseren Augen in Bezug auf die Abtreibung vollzieht. Man ist damals vom insgeheim gebilligten Kindesmord zu einem immer weiter Raum greifenden Respekt für das Leben des Kindes übergegangen.

Wenn das physische Leben des Kindes auch nur wenig zählte, so sollte man doch von einer durchweg christlichen Gesellschaft ein größeres Maß an Wachsamkeit in Bezug auf sein künftiges Leben, das Leben nach dem Tode, erwarten. Und damit kommen wir auf die überaus fesselnde Geschichte der Taufe, des Taufalters und den Modus ihrer Durchführung zu sprechen, die ich zu meinem Bedauern in meinem Buch nicht behandelt habe. Ich wünschte, daß dieses Thema irgendeinen jungen Forscher zu reizen vermöchte. Die Geschichte der Taufe erlaubt es mit Gewißheit, die Haltung zu begreifen, die man in an Dokumenten armen, längst vergangenen Epochen gegenüber dem Leben und der Kindheit eingenommen hat, wobei es nicht darum gehen kann, das Anfangsdatum eines Zyklus zu bestätigen oder zu modifizieren, sondern darum, zu zeigen, wie sich, im Verlauf eines fortgesetzten Polymorphismus die alten Anschauungen über eine Reihe kleiner Veränderungen schrittweise gewandelt haben. Die Geschichte der Taufe scheint mir ein gutes Beispiel für diesen Typus einer spiralförmig verlaufenden Entwicklung zu sein.

Ich möchte im Hinblick auf die Erforschung dieses Themas folgende Hypothese zu bedenken geben.

In einer durchweg christlich eingestellten Gesellschaft wie den mittelalterlichen Gesellschaften mußte jeder Mann, jede Frau getauft werden, und das war auch tatsächlich der Fall. Nur: wann und wie wurde die Taufe vorgenommen? Was das mittlere Mittelalter angeht, so hat man den Eindruck (der noch zu bestätigen wäre), daß die Erwachsenen es nicht immer eilig damit hatten, ihre Kinder rasch taufen zu lassen, ja, es schlimmstenfalls sogar vergaßen. Sie betrugen sich also in einer ausschließlich christlichen Gesellschaft kaum anders als die Gleichgültigen unserer weltlich eingestellten Gesellschaften! Ich könnte mir vorstellen, daß die Dinge sich folgendermaßen abgespielt haben: die Taufen wurden zweimal jährlich an festgesetzten Daten vorgenommen, nämlich am Tag vor Ostern und am Tag vor Pfingsten. Es gab noch kein kirchliches Register und keinen Taufschein; der Einzelne war folglich durch nichts anderes als durch sein Gewissen gezwungen, durch den Druck der öffentlichen Meinung und die Furcht vor einer weit entfernten, wenig spürbaren Autorität, die keine Druckmittel in der Hand hatte. Infolgedessen brachte man die Kinder zur Taufe, wenn es einem recht war, und es ist denkbar, daß Verzögerungen von mehreren Jahren keine Seltenheit gewesen sind. Die Taufbecken des 11. und 12. Jahrhunderts sind im übrigen großen Badezubern nicht unähnliche Bottiche, so daß das Kind nicht einmal mehr sehr klein zu sein brauchte, um gänzlich darin unterzutauchen: es sind jene tiefen Bottiche, in die die Glasmaler Chlodwig anläßlich seiner Taufe und den hl. Johannes bei seinem Martyrium eintauchen lassen – rechteckige Badezuber in Form eines Sarkophags.

Wenn ein Kind zufällig während des Zeitabschnitts zwischen den Kollektivtaufen starb, so regte man sich darüber nicht übermäßig auf.

Es steht fest, daß die mittelalterlichen Seelsorger, über diese Einstellung beunruhigt, die Anzahl der Kultstätten verdoppelt haben, damit die Priester notfalls schneller ans Wochenbett eilen konnten. Insbesondere die Bettelmönche drangen zunehmend darauf, daß die Familien die Taufe sobald wie möglich nach der Geburt vornehmen lassen sollten. Man hat dann auch auf die Kollektivtaufe verzichtet, weil diese eine zu große Verzögerung mit sich brachte, und die Taufe des ganz kleinen Kindes wurde zunächst zur Regel und bald auch zur Gewohnheit. Das Untertauchen gab man zugunsten des auch heute üblichen Besprengens auf. (Vorübergehend mag es wohl einen Ritus gegeben haben, der das Untertauchen und das Besprengen kombinierte.) Den Hebammen war es schließlich vorbehalten, die nicht lebensfähigen Kindern *usque in utero* zu taufen.

Später, seit Anfang des 16. Jahrhunderts, haben die kirchlichen Register die Kontrolle über die Durchführung der Taufe, beispielsweise durch die Abgesandten der Diözese, ermöglicht (eine Kontrolle war vorher nicht möglich gewesen). Was jedoch die gefühlsmäßige Einstellung anging, so war das Spiel wohl bereits gewonnen, und zwar wahrscheinlich seit dem 14. Jahrhundert. Das 14. Jahrhundert scheint mir der für diese historische Entwicklung entscheidende Zeitraum gewesen zu sein. So traten denn die Kinder damals auch innerhalb der neuen Folklore der *Miracles de Notre Dame*, auf die ich mich im Kapitel »Die Entdeckung der Kindheit« berufen habe, zahlreicher auf.

Was diesen Bereich des Wunderbaren angeht, so verdient ein Typus von Wundern, der, wie ich vermute, damals, wenn nicht später, aufgekommen sein muß, eine besondere Erwähnung: es handelt sich bei diesen Wundern darum, daß Kinder, die ungetauft gestorben sind, für die Zeitspanne wieder auferstehen, die es braucht, um ihnen das Sakrament zu erteilen. J. Toussaert (9) schildert ein Wunder dieser Art, das sich am 11. März 1479 in Poperinghe zugetragen haben soll. Doch handelt es sich dabei um ein originales, unerwartetes, außergewöhnliches Wunder, wie es damals nicht eben geläufig war. Im 16. und 17. Jahrhundert sind diese Wunder dann alltäglich geworden; es existieren speziell für diese Art von Wundern eingerichtete Kapellen, die niemanden mehr erstaunen. Sie tragen den hübschen Namen: Kapellen »à répit«. Im Zusammenhang mit einem Wunder in der Annonciade von Aix-en-Provence, das sich dort am ersten Fastensonntag von 1558 ereignet haben soll, hat Bernos dieses Phänomen scharfsichtig analysiert. Nicht die Frist war das Wunder; in dieser Kirche, in der es üblich war, die kleinen Leichname auf den Altar zu legen und auf gehäuft auftretende Zeichen der Wiederbelebung zu warten, um die Kinder taufen zu können, war es ein geläufiges Phänomen. Was vielmehr überraschte und bestürzte, war das übernatürliche Entflammtwerden einer großen Kerze während dieses Zeitraumes: dies war das wirklich Außergewöhnliche und nicht die Frist selbst. (10)

Bis zum Jahre 1479 hatte die Gewohnheit das Unerhörte noch nicht stumpf werden lassen: der Ursprung der *devotio moderna* lag noch nicht weit zurück.

Man muß den Eindruck gewinnen, als habe die Entdeckung des Kindes unter dem Druck der reformerischen Tendenzen der Kirche bei dessen Seele und nicht bei dessen Körper begonnen. Doch ist der Wille der *litterati,* nachdem die Seele des Kindes anerkannt worden war, alsbald Gegenstand der Folklore geworden, und das Kind hat seine populäre Karriere als Held einer neuen religiösen Folklore angetreten.

Wir wollen noch etwas beim 14. Jahrhundert verweilen, weil es noch ein anderes Faktum gibt, dessen Bedeutung ich in meinem Buch nicht genügend hervorgehoben habe. Es handelt sich um die Gräber. Ich habe wohl im Kapitel »Die Entdeckung der Kindheit« einige Worte zu diesem Thema gesagt, doch kann ich dank neuerer Untersuchungen zur Einstellung gegenüber dem Tod heute Genaueres dazu sagen.

Unter den zahllosen Grabinschriften der vier ersten Jahrhunderte unserer Zeitrechnung, die allerorts die Aufmerksamkeit des römischen Fremdlings erwecken, sprechen viele von Kindern, von wenige Monate alten Kleinkindern: tiefbetrübte Eltern haben dieses Denkmal zum Gedächtnis ihres innig geliebten Kindes errichtet, das wenige Monate oder wenige Jahre alt gestorben ist (soundsoviele Jahre, soundsoviele Monate, soundsoviele Tage alt). In Rom, in Gallien, im Rheinland vereinigen zahlreiche behauene Grabsteine die Bilder des Elternpaares und der Kinder auf demselben Grabmonument. In der Folge, etwa vom 5. bis 6. Jahrhundert an, verschwinden die Familie und das Kind aus den Grabbildnissen und -inschriften. Wenn dann später im 11. bis 12. Jahrhundert das Porträt wieder in Brauch kommt, werden die Gräber individuell, werden Mann und Frau getrennt sein, und es wird selbstverständlich für das Kind keinen behauenen Grabstein geben. Die beiden Gräber der Könige aus dem Hause Plantagenet in Fontevrault sind gänzlich voneinander getrennt.

Der Brauch, die beiden, manchesmal die drei Ehegatten (den Ehemann und die beiden Frauen, mit denen er nacheinander verheiratet war) in demselben Grab zu bestatten, tritt im 14. Jahrhundert häufiger auf, d. h. in der Epoche, in der, wenn auch noch vereinzelt, Grabsteine mit den Bildern kleiner Kinder auftauchen. Diese Annäherung ist nicht zufällig. Im Kapitel »Die Entdeckung der Kindheit« habe ich die Porträts der kleinen Prinzen von Amiens von 1378 als Beispiel angeführt, doch handelte es sich bei diesen immerhin um Königskinder.

In der Kirche von Taverny sind zwei Wandplatten mit Abbildungen und Inschriften zu sehen. Es sind Grabplatten von Kindern der Familie Montmorency. Die am besten erhaltene ist die von Charles de Montmorency, der 1369 gestorben ist. Das Kind ist verhüllt dargestellt, in Windeln gewickelt, was in dieser Epoche nicht häufig ist. Die recht prätentiöse Inschrift: *hic manet inclusus adolescens et puerulus/ de Montmorenci Carolus tomba jacet ista/ anno mille C.ter paradisii sensiit iter/ ac sexagesimo novem simul addas in illo/ gaudeat in Christo tempore perpetuo.* Charles hatte einen Halbbruder Jean, der 1352 gestorben war. Sein Grabstein ist noch erhalten, doch von den allzu anfälligen Alabasterreliefs ist nicht einmal mehr so viel geblieben, daß man erkennen könnte, wie das Kind dargestellt war – ob womöglich ebenfalls in Windeln gewickelt. Seine französische Grabinschrift ist einfacher: »Hier ruht Jean de Montmorency, einst Sohn des mächtigen Edelmannes Charles Monseigneur de Montmorency, der im Jahr der Gnade 1352 am 29. Juli verschieden ist.«

In den beiden Fällen, wo wir ein Porträt finden, nennt die Inschrift den Namen des Vaters, das Sterbedatum, doch weder den Namen der Mutter noch das Alter des kleinen Kindes, und dabei weiß man, daß das Alter des Verstorbenen im 14. Jahrhundert im allgemeinen genau angegeben wurde.

Im 15. Jahrhundert kommen solche Gräber, in denen Kinder und Eltern gemeinsam beigesetzt sind, oder reine Kindergräber häufiger vor, und im 16. Jahrhundert sind sie alltäglich geworden, wie ich anhand des Verzeichnisses von Gaignères gezeigt habe. Doch waren solche behauenen und mit Inschriften versehenen Grabmonumente Familien von einiger gesellschaftlicher Bedeutung vorbehalten (obwohl Grabplatten inzwischen zum Artikel handwerklicher Serienfabrikation geworden waren). Häufiger waren die kleinen Wand»bilder«, die auf eine Inschrift und gelegentlich eine kleine fromme Illustration beschränkt waren. Doch betrifft eine gewisse Zahl dieser einfachen Grabinschriften Kinder, und ihr Stil ist unmittelbar von der antiken lateinischen Epigraphie inspiriert. Ihr Thema, das hier wieder aufgenommen wird, ist das Bedauern der Eltern über das allzu frühe Hinscheiden des Kindes.

Eine dieser Tafeln aus dem Jahre 1471 befindet sich in der Kirche Santa Maria in Campitelli in Rom (11) Ihre Inschrift lautet: *Petro Albertonio adolescentulo/ cujus annos ingenium excedebat* (das durch seine frühe Reife bemerkenswerte Kind, das kleine Wunder) *Gregorius et alteria parentes/ unico et dulcissimo* (besonders schmerzlich vermißt, weil es der einzige Sohn war: im Jahre 1471) *posuere/ qui vixit annos iv M. III/Obitt MCDLXXI.*

Kommen wir noch einmal auf das Thema des in Windeln gewickelten Kindes zu sprechen.

Erst im 17. Jahrhundert hat man daran Gefallen gefunden, das wirkliche Kind in der Nacktheit des Putto darzustellen. Bis dahin war es in Windeln oder bekleidet. Auf der anderen Seite weiß man, daß die Seele seit dem Mittelalter in Gestalt eines nackten Kindes abgebildet worden ist.

Doch gibt es einige wenige seltsame Fälle, in denen auch die Seele in Windeln gewickelt ist. So findet sich in Rom in Santa Maria in Trastevere eine Himmelfahrt Mariä vom Anfang des 15. Jahrhunderts: die Seele der Heiligen Jungfrau ist ein in Windeln gewickeltes Kind, das Christus in seinen Armen hält.

Im Musée de Luxembourg finden wir einen Grabstein von 1590, auf dem ein in Windeln gewickeltes Kind von zwei Engeln in den Himmel getragen wird. Das Spruchband belehrt uns darüber, daß der Verstorbene ein junger Mann von neunzehn Jahren ist; das Kind in Windeln ist also seine Seele.

Diese Darstellung kommt nicht häufig vor, doch kennt man zumindest einen älteren Fall, und es ist denkbar, daß wir es hier mit einer ikonographischen Tradition zu tun haben. Im Wiener Kunsthistorischen Museum findet sich eine byzantinische Elfenbeinarbeit vom Ende des 10. Jahrhunderts, auf der die Seele der Jungfrau Maria ebenfalls in Gestalt eines in Windeln gewickelten Kindes abgebildet ist. Diese Darstellung der seligen Seele in Form eines Kindes, das zumeist idealisiert und nackt, bisweilen realistisch und in Windeln dargestellt ist, ist im Zusammenhang damit zu sehen, was weiter oben über den Kindesmord und die Taufe gesagt worden ist. In einer Epoche, in der das Kind im Alltag lediglich ein amüsantes Ding war, das einen wenig berührte, erfreut sich für die mittelalterlichen Spiritualisten, die am Ursprung dieser Bildlichkeit stehen, die Seele des Erwählten der gleichen beneidenswerten Unschuld wie das getaufte Kind. Merkwürdigerweise muß man feststellen, daß die Seele im 17. Jahrhundert nicht mehr durch ein Kind dargestellt wird, seit der Zeit also, wo das Kind als solches dargestellt wird und die Porträts lebender und toter Kinder häufiger werden.

Ein merkwürdiges Grabmonument, das im Musée Archéologique von Senlis aufbewahrt wird, zeigt, wie sehr sich die Situation am Ende des 17. Jahrhunderts gewandelt hat: es ist dem Gedächtnis der Gattin Pierre Pugets gewidmet, die 1673 in Senlis an einem Kaiserschnitt gestorben ist. Sie wird, von Wolken umgeben, in den Himmel getragen und zeigt die Pose der Betenden, die auch der Ausdruck des Verzichts ist, und das Kind, das sie hat retten wollen, ist nackt und streckt ihr mit einer Hand die Märtyrerpalme entgegen, während es in der anderen Hand ein Spruchband schwenkt, das folgende Inschrift trägt: *meruisti.* Hier ist das Kind aus der Anonymität herausgetreten. Es ist zu sehr personifiziert, um eine Seinsweise im Jenseits bedeuten zu können, und auf der anderen Seite ist die Seele zu eng mit den originären Merkmalen des Individuums verknüpft, als daß sie sich durch das unpersönliche Gewand einer Allegorie evozieren ließe. Die Beziehungen zwischen Verstorbenen und Lebenden sind nunmehr so beschaffen wie im Hause, und man will nicht länger nur in der Kirche und auf dem Grabstein die Erinnerung daran wachrufen und bewahren.

Im Musée Magnien in Dijon gibt es ein Bild, das Hyacinthe Rigaud zugeschrieben wird. Es stellt einen kleinen Jungen und ein kleines Mädchen mit lebhaftem Gesichtsausdruck dar, und neben dieser Gruppe sieht man das in ein Medaillon eingeschlossene Porträt einer reifen Frau in Trauerkleidung, die wie eine Tote aussieht. Doch zielt alles darauf ab, einen glauben zu machen, die Frau im Medaillon sei ihrerseits höchst lebendig, betrachte sich jedoch als Tote, deren Gedächtnis durch eine Art Totenporträt bewahrt wird, während sie umgekehrt ihre tatsächlich verstorbenen Kinder mit allen Anzeichen des Lebendigseins habe malen lassen.

Den Rückzug der Familie von der Straße, dem Platz und aus dem Gemeinschaftsleben und ihre Einkapselung im Inneren eines Hauses, das gegen Eindringlinge besser gewappnet, für die Intimität besser gerüstet war, habe ich, von überwiegend französischen Quellen ausgehend, für das Ende des 17. und das 18. Jahrhundert angesetzt. Diese neue Organisation des privaten Raumes hatte man durch die Unabhängigkeit der Zimmer, die (statt alle ineinander überzugehen) durch einen Flur verbunden waren, und durch ihre funktionale Spezialisierung (Salon, Eßzimmer, Schlafzimmer ...) erreicht. Ein sehr interessanter Aufsatz von R. A. Goldthwaite zeigt, daß sich in Florenz seit dem 15. Jahrhundert, von gewissen Unterschieden abgesehen, eine ziemlich ähnliche Privatisierung des Familienlebens beobachten läßt (12) Der Autor stützt seine Argumentation auf eine Analyse der florentinischen Palazzi, ihres Äußeren und dessen, was sich über ihre innere Organisation in Erfahrung bringen läßt. Es handelt sich folglich um Patrizierfamilien.

Der Palazzo des 13. bis 14. Jahrhunderts war hauptsächlich gekennzeichnet durch den Turm, der Verteidigungszwecken diente, und die zu ebener Erde gelegene Loggia, die zur Straße hin offen war und auf der

Verwandte, Freunde und Kunden zusammentrafen, um dem öffentlichen Leben des Viertels und der Stadt beizuwohnen und daran teilzunehmen. Die Kontinuität zwischen dem öffentlichen und dem Familienleben war also noch gewahrt, das eine griff ins andere über, außer in Krisenfällen, wo die bedrohte Gruppe sich in den Turm flüchtete.

Abgesehen vom Turm und von der Loggia unterschied der Palazzo sich kaum von der städtischen Nachbarschaft. Zur Straße hin bestand das Erdgeschoß aus Arkaden, die sich von einem Haus zum anderen fortsetzten, die den Eingang zu den Läden und zugleich den Zugang zum Palazzo und seinen Treppenhäusern bildeten. Im Innern fehlte es ihm ebenso an Einheitlichkeit, und seine räumliche Ausdehnung deckte sich nicht mit der der Familie: die Räume, die der Familie des Prinzipals zugedacht waren, erstreckten sich in das Nebenhaus, wie umgekehrt zentrale Partien des Palazzo von Mietern bewohnt wurden.

Im 15. Jahrhundert hat der Palazzo sich hinsichtlich des Grundrisses, des Aussehens und der Bedeutung gewandelt. Zunächst ist daraus eine monumentale Einheit, ein von seiner Nachbarschaft losgelöster Block geworden. Der auf diese Weise abgeteilte Raum ist der Familie vorbehalten gewesen, einer Familie, die zahlenmäßig nicht sehr groß war. Die Loggien zur Straße sind geschlossen oder abgeschafft worden. So bezeugte der Palazzo zwar stärker als früher die Macht einer Familie, war jedoch nach außen nicht länger geöffnet. Das Alltagsleben konzentrierte sich auf das Innere eines kunstlosen Vierecks, um den Cortile, geschützt vor dem Lärm und den Indiskretionen der Straße.

»Der Palazzo«, schreibt R. Goldthwaite, »gehörte zu einer neuen Welt der ›Privatheit‹, diente dem Gebrauch einer relativ kleinen Gruppe.« Tatsächlich war die Anzahl der Zimmer nicht größer geworden: im Palazzo Strozzi war nur eine einzige Etage bewohnt, und es gab kaum mehr als ein Dutzend Zimmer. Allerdings hingen diese Zimmer sämtlich ohne Flur oder einen zentralen Aufenthaltsraum zusammen, so daß es nicht möglich war, sich abzusondern und eine wirkliche Intimität durchzusetzen, wie es die Architektur des 18. Jahrhunderts ermöglichen wird.

Wir wissen andererseits, daß die florentinische Familie des Quattrocento zahlenmäßig klein war. (13) Der florentinische Palazzo bot anders als die großen Häuser Frankreichs und Englands im 15. und 16. Jahrhundert und auch die des barocken Italien des 17. Jahrhunderts der Welt der Bediensteten und Domestiken keinen Raum, sondern beherbergte höchstens zwei oder drei Diener, und auch die behielt man nicht immer sehr lange.

Das florentinische Modell unterscheidet sich also von dem, das ich vorgestellt habe. Wenn die Privatisierung nicht mit dem Bedürfnis nach Raum einherginge, das sich mit der Intimität noch nicht recht verträgt, würde man das florentinische Modell, was die Größe der Familie, den Ausschluß der Domestiken angeht, wohl in die Nähe unseres 18. Jahrhunderts rücken. Die florentinische Originalität beruht also in einer Mischung aus Intimität und Weitläufigkeit, die R. Goldthwaithe zutreffend analysiert hat: diese Palazzi »waren offensichtlich dazu entworfen, einer zahlenmäßig kleinen Familie eine Privatwelt, eine Welt für sich zu verschaffen, doch waren sie zugleich außerordentlich geräumig, d. h. sie erstreckten sich weit über die wenigen Zimmer hinaus, in denen sie lebte. Tatsächlich wird man dem Neuen dieses Palazzo am besten dadurch gerecht, daß man ihn als eine Ausweitung des privaten Bereichs beschreibt, die von einem aus einer Wohnung mittlerer Dimension bestehenden Kern ausgeht.«

Zweifellos kennt man die genaue Bestimmung der Wohnräume nicht, sofern sie überhaupt schon eine gehabt haben. Vielleicht ist das Studiolo, Vorläufer unseres Kabinetts, in dieser humanistischen Gesellschaft die erste Form von Spezialisierung des privaten Raumes gewesen. Immerhin hat man damals angefangen, diese Räume, deren Funktion nicht genau festgelegt waren, die jedoch für das Privatleben vorgesehen waren, mit kleinen Gegenständen in der Art unseres Nippes zu schmücken. Sie erwecken denselben Eindruck des Geschmacks an der privaten Behaglichkeit, den wir angesichts der Darstellungen der Geburt der Jungfrau, seien sie nun flämisch, französisch, deutsch oder italienisch, und angesichts aller Darstellungen des Interieurs aus dem 15. Jahrhundert gewinnen, auf denen der Maler gern die kostbaren oder vertrauten Gegenstände zur Geltung bringt.

Es ist nur natürlich, daß sich in einem solchermaßen privatisierten Raum zwischen den Familienmitgliedern und insbesondere zwischen Mutter und Kind ein neues Gefühl entwickelt hat: das Familiengefühl. »Diese Kultur«, sagt R. Goldthwaite, »hat die Frauen und die Kinder in den Mittelpunkt gerückt; zu ihren Merkmalen gehören ein wiedererwachtes Interesse für die Kindererziehung sowie eine auffällige Statusverbesserung der Frau ... Wie soll man sich sonst die Faszination, beinahe Obsession erklären, die von den Kindern und der Mutter-Kind-Beziehung ausgeht und vielleicht das einzige wirklich wesentliche Thema der Renaissance mit ihren Putti, ihren Kindern und Jünglingen, ihren säkularisierten Madonnen, ihren Frauenporträts ist?«

Wenn der Renaissancepalazzo also ungeachtet seiner ausladenden Dimensionen der Kernfamilie vorbehalten war, die hinter seinen massiven Mauern zurückgezogen lebte, so ist der Barockpalazzo, wie R. Goldthweite bemerkt, offener gegenüber der Fluktuation von Dienerschaft und Kundschaft und kommt dem klassischen Modell des großen Hauses (Schloß, Herrenhaus, herrschaftliches Stadthaus oder großes Landhaus) des 16. bis 17. Jahrhunderts nahe, wie es vor der Aufteilung in voneinander unabhängige Wohnungen im 18. Jahrhundert ausgesehen hat.

Die florentinische Episode des 15. Jahrhunderts ist wichtig und eindrucksvoll. Zwar hatte ich in meinem Buch das seit dem 15. und 16. Jahrhundert gehäuft auftretende Anzeichen für eine Anerkennung der Kindheit im Bereich der bildlichen Darstellung ebensowohl wie in der Erziehung, wo sie sich mit dem Entstehen des Kollegs kundtut, durchaus hervorgehoben und kommentiert, doch hat Goldthwaite anhand des florentinischen Palazzo eine sehr klar umrissene Beziehung zwischen dem Aufkommen des Familiengefühls und dem Gefühl für das Kind und einer speziellen Organisation des Raumes erkannt. Wir sind gehalten, seine Schlußfolgerungen zu erweitern und zwischen der Erforschung der familiären und persönlichen Intimität und allen Darstellungen von Interieurs, von der Miniatur des 14. Jahrhunderts bis zu den Gemälden der holländischen Schule, eine analoge Beziehung zu vermuten.

Das Dossier kann noch lange nicht geschlossen werden. Die Geschichtsschreibung der Familie steht erst in ihren Anfängen, sie beginnt gerade erst, das Augenmerk der Forscher auf sich zu ziehen. Nachdem man es lange mit Stillschweigen bedacht hat, beschäftigt man sich nun in verschiedenen Richtungen mit diesem Thema. Die demographische Geschichtsschreibung hat dabei als Wegbereiter fungiert. Der Himmel möge verhüten, daß die Geschichtsschreibung der Familie eine ähnliche Inflation durchmachen muß wie jene! Die heute am meisten bearbeitete Periode reicht vom 16. bis zum 18. Jahrhundert. Die Cambridge-Schule, darunter P. Laslett und E. A. Wrigley, strebt danach, die Struktur der Familie im weiteren oder engeren Sinne durchsichtig zu machen (14), und hat damit einige Reaktionen in Frankreich hervorgerufen: Zustimmung, sofern es Nordfrankreich, Vorbehalte, sofern es Südfrankreich betrifft. Die jungen französischen Historiker scheinen sich mehr mit der Bildung (J. M. Gouesse) oder der Auflösung (A. Lottin) der Zweierbeziehung zu beschäftigen. Wieder andere, wie der amerikanische Historiker Ed. Shorter, interessieren sich für die Anzeichen einer größeren Sittenfreiheit, wie sie am Ende des 18. Jahrhunderts auftreten. Die Bibliographie wird immer umfangreicher: sie findet sich, wie auch ein Abriß der aktuellen Problemstellungen, in drei Nummern der *Annales.* (15)

Bleibt nur zu wünschen, daß die Geschichtsschreibung der Familie nicht unter der Flut von Publikationen begraben wird, die sie ihrem Erfolg verdankt, wie das ihrer noch jungen Vorläuferin, der demographischen Geschichtsschreibung, widerfahren ist.

Die Vervielfältigung der Forschungen über die Periode des 17. und 18. Jahrhunderts, die dadurch befördert worden ist, daß das dokumentarische Material reichhaltiger ist, als man angenommen hat, wird gewisse Hypothesen bestätigen oder entkräften. Doch kündigt sich bereits an, daß wir in naher Zukunft Gefahr laufen werden, dieselben Themen bis zum Überdruß immer wieder zu bearbeiten und dabei nur kleine Fortschritte erzielen, die das Ausmaß der intellektuellen und informatorischen Investitionen wohl kaum rechtfertigen würden. Umgekehrt müßten die entscheidenden Informationen aus dem Bereich des Mittelalters und der Antike kommen. Man darf auf die ersten Forschungsergebnisse Mansons über das Spielzeug, die Puppen und letztendlich die Kindheit in der Antike gespannt sein. Auch müßte man in stärkerem Maße, als ich es getan habe, die mittelalterlichen Quellen berücksichtigen, das unerschöpfliche 14. und 15. Jahrhundert, den Zeitraum also, der für das Werden unserer Zivilisation von so großer Bedeutung war, und darüber hinaus die entscheidende Wende des 11. bis 12. Jahrhunderts, ja, man müßte sogar noch weiter zurückgehen!

Die Geistesgeschichte geht, ob eingestandenermaßen oder nicht, stets vergleichend und regressiv vor. Wir gehen notwendigerweise von dem aus, was wir über das Verhalten des heutigen Menschen wissen, wie von einem Modell, mit dem wir die Gegebenheiten der Vergangenheit vergleichen, und auf die Gefahr hin, daß wir das neue Modell, das wir auf diese Weise mit Hilfe der Gegebenheiten der Vergangenheit konstruiert haben, als einen zweiten Ursprung betrachten, kehren wir in die Gegenwart zurück und modifizieren das naive Bild, das wir anfangs von ihr hatten.

Zum gegenwärtigen Zeitpunkt sind die Beziehungen zwischen dem 17./18. und dem 19./20. Jahrhundert noch nicht erschöpft, doch die wenigen wirklichen Fortschritte wird man um den Preis eines ermüdenden Leerlaufs erzielen. Hingegen könnte die Dechiffrierung der Jahrhunderte – Jahrtausende! –, die dem 16. Jahrhundert vorangegangen sind, uns eine neue Dimension erschließen. Aus dieser und keiner anderen Richtung hat man die entscheidenden Fortschritte zu erwarten. (16)

Maisons-Lafitte 1973

Erster Teil
Die Einstellung zur Kindheit

1. Kapitel
Die Lebensalter

Ein Mensch des 16. oder des 17. Jahrhunderts würde sich über die staatsbürgerlichen Verpflichtungen wundern, denen wir mit Selbstverständlichkeit nachkommen. Sobald unsere Kinder zu sprechen anfangen, bringen wir ihnen ihren Namen, den ihrer Eltern und auch ihr Alter bei. Wie stolz ist man nicht, wenn der kleine Moritz, nach seinem Alter gefragt, manierlich antwortet, daß er zweieinhalb Jahre alt sei. Tatsächlich haben wir das Gefühl, daß viel davon abhängt, ob der kleine Moritz das weiß oder nicht: was soll aus einem werden, der sein Alter nicht kennt? Im afrikanischen Busch ist diese Vorstellung noch ziemlich unausgeprägt, das Alter nicht so wichtig, daß man es nicht vergessen könnte. Doch wie sollte man dagegen in unseren technisierten Gesellschaften sein genaues Geburtsdatum vergessen, wenn man es doch bei jedem Umzug in das polizeiliche Meldeformular eintragen muß, wenn man sich bei jeder Bewerbung, jeder Eingabe, jedem Vordruck, den man ausfüllt – deren gibt es ja weiß Gott viele, und es werden immer noch mehr werden – daran erinnert? Der kleine Moritz wird sein Alter in der Schule angeben, er wird rasch zum Moritz N. der Klasse X werden, und wenn er seine erste Stelle antritt, wird er mit dem Eintritt in die Sozialversicherung eine Nummer erhalten, die sein zweiter Name sein wird. Ebenso wie Moritz N. oder mehr noch wird er eine Nummer sein, die über sein Geschlecht, das Jahr und den Monat seiner Geburt Auskunft gibt. Der Tag wird kommen, wo alle Bürger ihre Matrikelnummer haben werden: das ist jedenfalls das erklärte Ziel der Erkennungsdienste. Unsere staatsbürgerliche Persönlichkeit kommt künftighin präziser in unseren Geburtsdaten zum Ausdruck als in unserem Familiennamen. Es mag durchaus sein, daß dieser dann schließlich, wenn nicht verschwindet, so doch dem Privatleben vorbehalten bleibt, während er für alle staatsbürgerlichen Belange durch eine Erkennungsnummer abgelöst würde, wobei das Geburtsdatum eines ihrer Bestandteile wäre. Der Vorname hatte im Mittelalter als ungenügende Kennzeichnung gegolten und man hatte ihn durch einen Familiennamen, oft auch einen Ortsnamen vervollständigen müssen. Mittlerweile ist es angebracht, eine neue Präzisierung numerischen Charakters hinzuzufügen: das Alter. Der Vorname und selbst der Nachname gehören jedoch zu einer Welt der Phantasie – im Falle des Vornamens – oder der Tradition – im Falle des Nachnamens. Das Alter, eine Quantität, die sich aufgrund gesetzlicher Vorschriften fast auf die Stunde genau bestimmen läßt, entspringt einer anderen Welt, der der Exaktheit und der Ziffer. Bis heute sind unsere staatsbürgerlichen Gepflogenheiten zugleich mit der einen und der anderen Welt verknüpft.

Dennoch gibt es Schriftstücke, durch die wir uns ernstlich zu etwas verpflichten, die wir selbst abfassen und bei deren Ausfertigung es der Angabe des Geburtsdatums nicht bedarf. Sie gehören unterschiedlichen Bereichen zu: bei den einen handelt es sich um Wechsel, Tratten oder Schecks, bei den anderen um Testamente. Doch sind diese Art Schriftstücke alle in weit zurückliegenden Epochen aufgekommen, d. h. bevor der moderne rigorose Identitätsbegriff Einfluß auf unsere Sitten gewonnen hat. Erst unter Franz I. wurde es den Pfarrern zur Pflicht gemacht, Geburten in die Gemeinderegister einzutragen, und diese Maßnahme, die ja kraft der Konzilsbeschlüsse bereits vorgeschrieben war, wurde nicht eher respektiert, bis sich im Volk die Bereitschaft eingestellt hatte, sie zu akzeptieren, nachdem es sich lange Zeit gegen den Unbequemlichkeit einer abstrakten Meldepflicht gesträubt hatte. So muß man konstatieren, daß die Pfarrer ihre Register erst im 18. Jahrhundert mit der Genauigkeit oder dem Bewußtsein der Genauigkeit geführt haben, wie sie ein moderner Staat von seinen Beamten verlangt. Die persönliche Bedeutung der Kenntnis des Alters mußte sich im Leben in dem Maße bestätigen, wie die religiösen und staatlichen Reformer sie in Dokumenten zum Tragen brachten. Diese neue Sitte der Altersangabe bürgerte sich dabei zuerst in den gebildetsten Schichten der Gesellschaft ein, und das heißt im 16. Jahrhundert: bei jenen, die die Kollegs durchliefen. In den Lebensbeschreibungen des 16. und 17. Jahrhunderts, die ich konsultiert habe, um einige Beispiele der *scolarité* (1) zu rekonstruieren, kommt es häufiger vor, daß am Anfang des Berichts das Alter oder Geburtsdatum und -ort des Erzählers mitgeteilt werden. Es kommt sogar vor, daß das Alter zum Gegenstand besonderer Aufmerksamkeit wird. Man schreibt es als zusätzliches Zeichen der Individualisierung, der Genauigkeit und der Echtheit unter die Porträts. Auf zahlreichen Porträts des 16. Jahrhunderts entdeckt man Inschriften dieses Genres: *Ætatis suae 29* (im 29. Lebensjahr), dazu das Jahr, in dem das Gemälde entstanden ist: ANDNI 1551º (Porträt Jean Fernaguuts, gemalt von Pourbus, Brügge). (2) Bei Porträts von bekannten Persönlichkeiten, bei Hofporträts fehlt dieser Hinweis im allgemeinen; er hält sich, sei es auf der Leinwand, sei es auf dem alten Rahmen der Familienporträts, die mit einem familiären Symbolismus verknüpft sind. Unter den wohl ältesten findet man auch das bewundernswerte Porträt Margareta Van Eycks; oben heißt es: *co(n)iux m(eu)s Joh(ann)es me c(om)plevit an(n)o 1439°, 17. Junii* (mein Gemahl hat mich am 17. Juni 1439 gemalt – welches Bemühen um Genauigkeit!); unten heißt es: *Ætas mea triginta trium an(n)orum* (33 Jahre). Sehr oft handelt es sich bei diesen Porträts des 16. Jahrhunderts um Doppelporträts: eines für die Frau, das andere für den Mann. Beide tragen dasselbe Datum, das folglich im Zusammenhang mit dem Alter der beiden Ehegefährten zweimal wieder auftaucht. Dies ist bei den zwei Gemälden von Pourbus (Jean Fernaguut und seine Frau Adrienne de Buc) der Fall; (3) Beide tragen denselben Hinweis: *Anno domini 1551;* für den Mann wird hinzugesetzt *Ætatis suae 29,* für die Frau: 19. Es kommt auch vor, daß die Porträts von Mann und Frau auf derselben Leinwand vereint sind, wie etwa in der Darstellung der Van Gindertaelens mit ihren beiden kleinen Kindern, die Pourbus zugeschrieben wird. Der Mann hat die eine Hand in die Hüfte gestützt, die andere ruht auf der Schulter seiner Frau. Die beiden Kinder spielen zu ihren Füßen. Als Entstehungsdatum ist das Jahr 1559 angegeben. Auf seiten des Mannes ist sein Wappen mit der Inschrift *aetas an. 27* angebracht und auf seiten der Frau ihr Familienwappen und die Inschrift: *Ætatis, mec. 20.* (4) Diese Merkmale des bürgerlichen Standes geben sich bisweilen das Ansehen einer echten epigraphischen Formel; so etwa auf dem Bild Martin de Voos' aus dem Jahre 1572, das Antoine Anselme, Schöffe in Antwerpen, seine Frau und ihre zwei Kinder zeigt. (5) Die beiden Ehegatten sitzen zu beiden Seiten eines Tisches, der eine hält den Jungen, der andere das Mädchen. Zwischen ihren Köpfen ist oben in der Mitte der Leinwand eine schöne, sorgfältig verzierte Kartusche mit folgender Inschrift angebracht: *concordi ae antonii anselmi et johannae Hooftmans feliciq: propagini, Martino de Vos pictore, DD natus est ille ann MDXXXVI die IX febr uxor ann MDLV D XVI decembr liberi ä Ægidius ann MDLXXV XXI Augusti Johanna ann MDLXVI XXVI septembr.* Diese Inschrift läßt auf das Motiv schließen, das diese Epigraphie inspiriert: sie tritt in Verbindung mit dem Familiensinn und seiner Entwicklung in dieser Epoche auf.

Diese Familienporträts sind Dokumente der Familiengeschichte wie es drei bis vier Jahrhunderte später die Photoalben sein werden. Demselben Geist entspringen die Hausbücher, in denen über die Abrechnungen hinaus die häuslichen Vorkommnisse, die Geburten und Sterbefälle notiert werden. Es ergibt sich also ein Zusammenspiel zwischen dem Bemühen um chronologische Genauigkeit und dem Familiensinn. Es handelt sich weniger um die Lebensdaten des Individuums als um die von Familienmitgliedern. Man hat das Bedürfnis, dem Familienleben eine Geschichte zu geben, indem man es datiert. Diese merkwürdige Vorliebe für die Datierung läßt sich nicht nur an Porträts, sondern auch an Gegenständen und am Mobiliar ablesen. Im 17. Jahrhundert breitet sich die Gewohnheit aus, in Betten, Kästen, Truhen, Schränke, Löffel und Pokale ein Datum zu gravieren oder sie damit zu bemalen. Das Datum entspricht einem erhebenden Moment der Familiengeschichte, im allgemeinen der Hochzeit. In bestimmten Gebieten, im Elsaß, in der Schweiz, in Österreich und in Mitteleuropa, sind die Möbel des 17. bis 19. Jahrhunderts, insbesondere die bemalten, datiert und tragen zudem den Namen ihrer beiden Besitzer. Ich führe als ein Beispiel von vielen Inschriften eine aus dem Museum von Thun an, die sich auf einer Truhe befindet: Hans Bischof – 1709 – Elisabeth Misler. Man begnügt sich bisweilen mit den Initialen, die zu beiden Seiten des Hochzeitsdatums angebracht werden. Dieser Brauch ist in Frankreich später sehr verbreitet und verschwindet erst Ende des 19. Jahrhunderts. Hier die Inschrift, die ein Beamter des Musée des Arts populaires (6) im Département Haute-Loire auf einem Möbelstück entdeckt hat: 1873 LT JV. Dies alles entspricht eben dem Drang, der Familie mehr historische Konsistenz zu verleihen.

Diese Vorliebe für die chronologische Inschrift mag zwar zumindest in den mittleren Ständen bis zur Mitte des 19. Jahrhunderts weitergelebt haben, hält sich jedoch nur kurze Zeit in städtischen und höfischen Kreisen, wo man sie alsbald als naiv und provinziell betrachten mußte. Seit der Mitte des 17. Jahrhunderts werden die Inschriften auf den Bildern immer seltener (es gibt sie noch, aber nur bei Provinzmalern oder solchen, die im Provinzstil malen). Das schöne Mobiliar der Zeit ist zumeist nur signiert, und wenn es doch datiert ist, dann nur diskret.

Trotz der Bedeutung, die das Alter für die Familienepigraphie des 16. Jahrhunderts gewonnen hatte, hielten sich in den Bräuchen merkwürdige Überbleibsel aus der Zeit, wo man sein Alter nur selten und unter Schwierigkeiten anzugeben wußte. Weiter oben habe ich darauf hingewiesen, daß unser kleiner Moritz sein Alter weiß, sobald er zu sprechen beginnt. Sancho Pansa wußte das genaue Alter seiner Tochter nicht, die er doch so sehr liebte: »Sie mag fünfzehn Jahre alt sein oder auch zwei Jahre älter oder jünger, jedenfalls ist sie gerade so lang wie eine Lanze und frisch wie ein Aprilmorgen.« (7)

Es handelt sich um einen Mann aus dem Volke. Zweifellos kennen die Kinder im 16. Jahrhundert oder in den gebildeten Klassen, in denen die Vertrautheit mit der modernen Präzision sich früher beobachten läßt, auch eher ihr Alter; doch verpflichtet sie ein sehr merkwürdiges Gebot der Schicklichkeit, es nicht offen zuzugeben und mit gewissen Vorbehalten zu antworten, wenn sie danach gefragt werden. Wenn der Walliser Humanist und Pädagoge Thomas Platter sein Leben erzählt, (8) so teilt er zwar mit großer Genauigkeit mit, wann und wo er geboren ist, glaubt sich jedoch verpflichtet, dieses Faktum in eine vorsichtige Paraphrase zu kleiden: »Erstlich kann ich kein Ding minder wissen, als zu welcher Zeit sich ein jegliches mit mir zugetragen hat. Da ich der Zeit meiner Geburt nachgedacht und darnach gefragt, habe ich gefunden, daß man damals 1499 schrieb. Ich bin auf diese Welt gekommen auf der Pfaffen Herrenfastnacht, eben als man zur Messe läutete.« Eine seltsame Mischung aus Ungewißheit und Übergenauigkeit. Im Grunde braucht man diesen Vorbehalt niemals wörtlich zu nehmen: es handelt sich um einen gewohnheitsmäßigen Vorbehalt, eine Reminiszenz an die Zeit, als man niemals ein genaues Datum wußte. Es ist allerdings überraschend, daß diese Redeweise mit schicklichem Verhalten gleichgesetzt wird: so und nicht anders sollte man seinem Gesprächspartner über sein Alter Auskunft geben. In den Dialogen von Cordier (9) findet sich folgendes Pausengespräch zwischen zwei Schuljungen: »Wie alt sind Sie? – Dreizehn Jahre, *so habe ich meine Mutter sagen hören.*« Selbst als sich die Vertrautheit mit der persönlichen Chronologie in den Umgangsformen niederzuschlagen beginnt, ist sie damit noch lange nicht zum positiven Wissen geworden und kann die frühere Unklarheit in Bezug auf das Alter nicht sofort beseitigen, so daß sie noch einige Zeit in den Formen des gesitteten Umgangs fortlebt.

Die »Lebensalter« nehmen in den pseudowissenschaftlichen Traktaten des Mittelalters großen Raum ein. Die Autoren bedienen sich einer Terminologie, die uns rein verbal erscheint: Kindheit und Puerilität, Jugend und Adoleszenz, Alter und Senilität – jedes dieser Wörter bezeichnet eine andere Lebensperiode. Wir haben mittlerweile einige von ihnen übernommen, um abstrakte Vorstellungen wie Puerilität oder Senilität zu bezeichnen, doch waren diese in den ursprünglichen Bedeutungen nicht enthalten. In der Tat handelte es sich anfänglich um eine gelehrte Terminologie, die sich in der Folgezeit dann einbürgern sollte. Die »Alter«, »Lebensalter«, »Altersstufen des Menschen« entsprachen in der Vorstellung unserer Vorfahren positiven Begriffen, die so bekannt, so geläufig, so gebräuchlich waren, daß sie aus dem Bereich der Wissenschaft in den der allgemeinen Erfahrung eingegangen sind. Wir haben heute keine Vorstellung mehr davon, welche Rolle der Begriff des Alters im Weltbild unserer Vorfahren gespielt hat. Das Alter des Menschen war eine wissenschaftliche Kategorie derselben Ordnung, wie es das Gewicht oder die Schnelligkeit für den heutigen Menschen sind: sie gehörte zu einem System der Beschreibung und der physikalischen Erklärung, das auf die ionischen Philosophen des 6. Jahrhunderts v. Chr. zurückgeht, das die mittelalterlichen Kompilatoren in den Schriften des Byzantinischen Reichs wiederfinden und das noch die ersten gedruckten vulgärwissenschaftlichen Bücher des 16. Jahrhunderts inspiriert. Wir wollen seine Entstehung und seinen Platz in der Wissenschaftsgeschichte hier nicht in allen Einzelheiten untersuchen, es geht uns lediglich darum zu zeigen, wie populär diese Wissenschaft geworden war, in welchem Maße ihre Begriffe in die Denkgewohnheiten eingingen und welchen Faktor sie im Alltagsleben darstellte. Wir werden das Problem besser verstehen, wenn wir die Ausgabe des *Grand Propriétaire de toutes choses* (10) von 1556 durchblättern. Es handelt sich um eine lateinische Kompilation des 13. Jahrhunderts, die wiederum alle Merkmale der Schriftsteller des Byzantinischen Reichs übernahm. Man hielt es für angebracht, sie ins Französische zu übersetzen und ihr durch den Druck eine größere Verbreitung zu sichern. Diese antik-mittelalterliche Wissenschaft war somit noch Mitte des 16. Jahrhunderts Gegenstand der Vulgarisierung. *Le Grand Propriétaire de toutes choses* ist eine Enzyklopädie sämtlicher profanen und sakralen Wissenschaften, ein *Grand Larousse,* dessen Konzeption allerdings nicht analytisch war und der die wesenhafte Einheit von Natur und Gott zum Ausdruck bringen sollte. So ist er zugleich eine Physik, eine Metaphysik, eine Naturgeschichte, eine Physiologie und eine Anatomie des Menschen, ein Traktat der Medizin und der Hygiene, eine Astronomie und zudem eine Theologie. Zwanzig Bücher handeln von Gott, den Engeln, den Elementen, dem Menschen und seinem Körper, den Krankheiten, dem Himmel, der Zeit, der Materie, von der Luft, dem Wasser, dem Feuer, den Vögeln usw. ... Das letzte Buch ist den Zahlen und Maßen gewidmet. Auch konnte man in diesem Buch bestimmte praktische Rezepte finden. Es beruhte auf einer allgemeinen Idee, einer gelehrten Vorstellung, die in der Folgezeit sehr populär geworden ist, der Vorstellung von der fundamentalen Einheit der Natur, von der Verbundenheit zwischen allen Naturerscheinungen, die sich wiederum nicht von übernatürlichen Erscheinungen trennen lassen. Die Idee, daß zwischen dem Natürlichen und dem Übernatürlichen kein Gegensatz besteht, entstammte zugleich den überkommenen populären Glaubensvorstellungen des Heidentums und einer sowohl physikalischen wie theologischen Wissenschaft. Ich neige sehr zu der Annahme, daß man weit mehr als die Autorität der Tradition, der Alten oder der Heiligen Schrift diese rigorose Auffassung von der Einheit der Natur für die Verzögerung auf dem Gebiet des wissenschaftlichen Fortschritts verantwortlich machen muß. Man beschäftigt sich nicht mit einem Element der Natur, wenn man nicht einräumen will, daß es sich in hinreichendem Maße isolieren läßt. Wenn man einmal von einem bestimmten Grad der Verbundenheit zwischen den einzelnen Phänomenen ausgeht, kann man nicht mehr intervenieren, ohne Kettenreaktionen auszulösen, ohne die Weltordnung umzustürzen: keines der Elemente des Kosmos verfügt über eine hinreichende Autonomie, man vermag nichts gegen den universalen Determinismus. Die Kenntnis der Natur beschränkt sich also auf das Studium der Beziehungen, denen die Naturerscheinungen kraft einer immer gleichen Kausalität unterworfen sind – es ist ein Wissen, das voraussieht, aber nicht verändert. Allein die Magie und das Wunder führen aus dieser Kausalität heraus. Ein und dasselbe strenge Gesetz waltet zugleich über der Bewegung der Planeten, dem jahreszeitlichen Wachstumszyklus, den Beziehungen zwischen den Elementen, dem Körper des Menschen und seinen Säften und über dem menschlichen Geschick. So ermöglicht die Astrologie auch die Kenntnis des persönlichen Schicksals innerhalb dieses universalen Determinismus; noch Mitte des 17. Jahrhunderts war die Ausübung der Astrologie so verbreitet, daß Molière sie in den *Amants magnifiques* zur Zielscheibe seines Spotts machen konnte.

Die Korrespondenz der Zahlen wurde zu der Zeit als einer der Schlüssel zu jener tiefreichenden Verbundenheit angesehen; die Zahlensymbolik war etwas ganz Vertrautes, man begegnete ihr gleichermaßen in religiösen Betrachtungen, in physikalischen und naturgeschichtlichen Beschreibungen wie auch in magischen Praktiken. So in der Korrespondenz zwischen der Zahl der Elemente, der der Temperamente des Menschen und der Anzahl der Jahreszeiten: der Zahl vier. Es fällt uns schwer, uns jenes überwältigende Bild einer massiven Welt vorzustellen, von der man nur einige Korrespondenzen wahrnehmen sollte. Die Wissenschaft ermöglichte die Formulierung der Korrespondenzen und die Definition der Kategorien, die sie verbanden. Doch waren diese Korrespondenzen im Laufe der Jahrhunderte aus dem Bereich der Wissenschaften in den des populären Mythos übergegangen. Es waren diese im Ionien des 6. Jahrhunderts entstandenen Vorstellungen allmählich in das allgemeine Bewußtsein eingegangen, und das Weltbild war von ihnen geprägt. Die Kategorien der antik-mittelalterlichen Wissenschaft waren allgemein bekannt: die Elemente, die Temperamente, die Planeten und ihre astrologische Bedeutung, die Zahlensymbolik.

Auf den Lebensaltern beruhte auch eine der üblichen Vorstellungen vom Verhältnis der Biologie des Menschen zu den geheimen, aller Natur eignenden Korrespondenzen. Dieser Begriff der Lebensalter, der so populär werden sollte, läßt sich mit Sicherheit nicht auf die Blütezeiten der antiken Wissenschaft zurückführen. Er entstammt den dramatischen Spekulationen des Byzantinischen Reiches, dem 6. Jahrhundert. (11) Fulgence fand ihn in versteckter Form in der *Aeneis* wieder: im Schiffbruch des Aeneas vermeinte er das Symbol der Geburt des Menschen inmitten der Lebensstürme zu entdecken. Die Gesänge II und III interpretierte er als Abbild der nach Fabelgeschichten begierigen Kindheit usw. ... Ein Fresko aus dem Arabien des 8. Jahrhunderts stellte bereits die Lebensalter dar. (12)

In den Texten des Mittelalters kommt dieses Thema überaus häufig vor. *Le Grand Propriétaire de toutes choses* behandelt die Lebensalter im 6. Buch. Hier entsprechen die Altersstufen den Planeten; es gibt deren sieben: »Die erste Altersstufe ist die Kindheit, die die Zähne einpflanzt, und es beginnt diese Altersstufe, wenn das Kind geboren ist und dauert bis zu sieben Jahren, und in diesem Alter wird das, was geboren ist, das Kind genannt, was soviel besagt wie: nicht sprechend, weil es doch in diesem Alter nicht recht sprechen und auch die Worte noch nicht ordentlich bilden kann, denn es hat noch keine wohlgeordneten und gefestigten Zähne, wie Isidor und Konstantin sagen. Nach der Kindheit kommt die zweite Altersstufe ... man nennt sie *pueritia*, und sie wird so genannt, weil es (das Kind, A. d. Ü.) sich in diesem Alter noch etwa so verhält wie die Pupille zum Auge, wie Isidor sagt, und es dauert dieses Alter bis zum 14. Lebensjahr.

Danach folgt die dritte Lebensstufe, die man Adoleszenz nennt und die laut Konstantins Viaticum mit dem einundzwanzigsten Lebensjahr endet, während sie laut Isidor bis zum achtundzwanzigsten Lebensjahr dauert ... sie erstreckt sich sogar bis zu dreißig und fünfunddreißig Jahren. Diese Lebensstufe wird Adoleszenz genannt, weil die Person groß genug ist, um zu zeugen, hat Isidor gesagt. In diesem Alter sind die Glieder geschmeidig und bereit zu wachsen und die Kraft und Stärke zu gewinnen, die für die natürliche Hitze nötig ist, und so wächst der Mensch in diesem Alter, bis er die Größe hat, die ihm von Natur aus zukommt. [Die Wachstumsperiode ist dennoch vor dem dreißigsten oder fünfunddreißigsten Lebensjahr, ja sogar vor dem achtundzwanzigsten abgeschlossen. In einer Epoche, in der die vorzeitige Arbeit die Reserven des Organismus noch zeitiger mobilisierte, ist sie sicherlich sogar noch kürzer gewesen.]

Darauf folgt die Jugend, die die Mitte zwischen den Altersstufen hält, und gleichwohl steht der Mensch dann in der Blüte seiner Kraft, und es dauert dieses Alter laut Isidor bis zum fünfundvierzigsten Lebensjahr; oder auch bis zum fünfzigsten, wie andere meinen. Diese Altersstufe heißt Jugend, weil sie die Kraft besitzt, sich und anderen zu helfen, hat Aristoteles gesagt. Darauf folgt dann laut Isidor die Reifezeit, die zwischen Jugend und Alter liegt; Isidor nennt sie die Zeit der Gewichtigkeit, weil der Mensch sich in diesem Alter in seinen Sitten und in seiner ganzen Art ein gewichtiges Ansehen gibt; und in diesem Alter ist der Mensch nicht alt, sondern hat, wie Isidor sagt, die Jugend überschritten. Auf diese Altersstufe folgt das Alter, von dem einige meinen, daß es bis zum siebzigsten Lebensjahr dauert, während andere meinen, daß es bis zum Tode nicht aufhört. Das Alter wird von Isidor so genannt, weil die Leute dann wieder klein werden, denn die Alten sind nicht mehr wie früher bei Verstand und reden im Alter dummes Zeug... Der letzte Abschnitt des Alters heißt auf lateinisch *senies*, und im Französischen gibt es dafür keinen anderen Namen als Alter... Der Greis ist voller Husten, Auswurf und Schmutz. [Bis zu dem edlen Greis bei Greuze und in der Romantik ist es noch weit.] Bis er dann zu Staub und Asche wird, daraus er genommen ist.«

Wir mögen diese Redeweise heute leer und floskelhaft finden, für den Leser hatte sie einen Sinn, der dem der Astrologie verwandt war: er evozierte das Band, das das menschliche Schicksal an das der Planeten knüpfte. Eine astrale Korrespondenz gleicher Art hatte eine andere Periodisierung inspiriert; sie bezog sich auf die zwölf Tierkreiszeichen und stellte damit eine Verbindung her zwischen den Lebensaltern und einem der volkstümlichsten Themen, die das Mittelalter, insbesondere das gotische, bewegten, nämlich den Szenen des Kalenders. Ein Gedicht des 14. Jahrhunderts, das im 15. und 16. Jahrhundert mehrfach wiedergedruckt worden ist, entwirft folgenden Kalender der Altersstufen:

Les six premiers ans que vit l'homme au monde
Nous comparons à janvier droitement,
Car en ce moys vertu ne force habonde
Ne plus que quant six ans ha ung enfant.

Oder nach der Version des 14. Jahrhunderts:

Les autres VI ans la font croistre...
Aussi fait février tous les ans
Qu'enfin se trait sur le printemps...
Et quand des ans a XVIII
Il se change en tel deduit
Qu'il cuide valoir mille mors
Et aussi se change li mars
En beauté et reprend chalour...
Du mois qui vient après septembre
Qu'on appelle mois d'ottembre,
Qu'il a LX ans et non plus
Lors vie devient vieillard et chenu
Et a donc lui doit souvenir
Que le temps le mène mourir. (13)

In einem weiteren Gedicht aus dem 13. Jahrhundert heißt es: (14)

Veez yci le mois de janvier
A deux visages le premier. (15)
Pour ce qu'il regarde a deux tems
C'est le passé et le venant.
Ainsy l'enfant, quant a vescu
Six ans ne peut guère valoir
Car il n'a guère de sçavoir.
Mais l'on doit mettre bonne cure
Qu'il prenne bonne nourriture
Car qui n'a bon commencement.

Les six premiers... Die ersten sechs Jahre, die der Mensch auf Erden lebt,/ Vergleichen wir schlicht dem Januar,/ Denn in diesem Monat gibt es Tugend und Kraft ebensowenig im Überfluß/ Wie bei einem sechsjährigen Kind.

Les autres... Die nächsten sechs Jahre lassen es wachsen.../ Ebenso macht es der Februar alle Jahre/ Bis er endlich in den Frühling übergeht.../ Und wenn es achtzehn Jahre ist,/ Wandelt es sich mit solchem Überschwang,/ daß es tausend Toden zu trotzen glaubt,/ Und ebenso wandelt sich der März/ Zur Schönheit und gewinnt an Feuer.../ Wenn er dann in dem Monat, der nach dem September kommt/ Und den man den Monat Oktober nennt,/ sechzig Jahre alt ist und nicht mehr/ Dann wird er alt und kahl/ Und wird daran gemahnt,/ Daß ihn die Zeit zum Tode führt.

A tard a bon deffinement...
En octobre après venant
Doit hom semer le bon froment
Duquel doit vivre tout li mons;
Ainsi doit faire le preudoms
Qui est arrivé à LX ans:
Il doit semer aux jeunes gens
Bonnes paroles par exemple
Et faire aumône, si me semble.

Von derselben Beschaffenheit ist die Entsprechung zwischen den Lebensaltern und den anderen Viererkonstellationen: *consensus quatuor elementorum, quatuor humorum* (die Temperamente), *quatuor anni temporum et quatuor vitae aetatum.* (16) Gegen 1265 spricht Philipp von Novara von den *»IIII temz d'aage d'ome«*, (17) d. h. von vier Perioden von jeweils zwanzigjähriger Dauer. Und diese Betrachtungen werden in den Texten bis zum 16. Jahrhundert unablässig wiederholt. (18)

Man muß sich vor Augen halten, daß diese ganze Terminologie, die uns heute so hohl erscheint, eine Übersetzung von damals wissenschaftlichen Begriffen darstellte und auch einem volkstümlichen und allgemein verbreiteten Lebensgefühl entsprach. Auch was das letztere angeht, stoßen wir auf große Interpretationsschwierigkeiten, weil wir dieses Lebensgefühl heute nicht mehr kennen: das Leben als biologisches Phänomen und als Situation innerhalb der Gesellschaft wohl, aber nicht mehr. Gleichwohl sagen wir: »So spielt das Leben«, um zugleich unsere Resignation und unsere Überzeugung auszudrücken, daß außerhalb des Biologischen oder des Sozialen etwas existiert, das keinen Namen hat und einen doch berührt, das man in den vermischten Nachrichten der Zeitungen sucht und von dem man sagt, es sei »lebensvoll«. Das Leben wird so zum Drama, das einen aus dem täglichen Einerlei herausreißt. Für den Menschen von einst war es im Gegenteil die unausweichliche,

Veez yci... Seht hier den Monat Januar,/ Zwei Gesichter hat der erste./ Weil er nach zwei Seiten schaut/ nach der Vergangenheit und der Zukunft./ So kann das Kind, wenn es sechs Jahre alt,/ kaum etwas wert sein/ Weil es kaum etwas weiß./ Doch soll man es gut umsorgen,/ Damit es gut genährt wird,/ Denn wer keinen guten Anfang hat/ Wird auch kein gutes Ende nehmen.../ Wenn der Oktober dann gekommen ist,/ Muß der Mann den guten Weizen säen,/ Von dem alle Welt lebt;/ So soll der kluge Mann tun,/ Wenn er das 60. Lebensjahr erreicht hat:/ Er soll unter den jungen Leuten/ gute, vorbildliche Worte aussäen,/ Und ihnen seine Mildtätigkeit erweisen, so will ich meinen.

zyklische Kontinuität der Lebensalter, die gelegentlich mit Humor oder aber mit Melancholie aufgenommen wurde; eine Kontinuität, die eher in die allgemeine und abstrakte Ordnung der Dinge eingeschrieben war als in die reale Erfahrung, denn nur wenigen Menschen wurde in jenen Epochen hoher Sterblichkeit das Privileg zuteil, all diese Altersstufen zu durchleben.

Dank ihrer Popularität wurden die »Lebensalter« zu einem der beliebtesten Themen der profanen Ikonographie. Man findet sie auf den verzierten Kapitellen aus dem 12. Jahrhundert in der Taufkapelle von Parma. (19) Der Künstler hat zugleich das Gleichnis vom Weinberg, von den Arbeitern der elften Stunde, und das Symbol der Lebensalter darstellen wollen. In der ersten Szene sieht man den Herrn des Weinbergs, wie er die Hand auf den Kopf eines Kindes legt, und darunter präzisiert eine Legende die Allegorie des Kindes: *prima aetas saeculi; primum humane: infancia.* Ferner: *hora tertia: pueritia secunda aetas;* der Herr des Weinbergs legt die Hand auf die Schulter eines jungen Mannes, der ein Tier und eine Hippe hält. Der letzte Arbeiter ruht neben seiner Hacke: *senectus, sexta aetas.*

Doch bildet diese Ikonographie ihre Merkmale im wesentlichen erst im 14. Jahrhundert aus, und sie bleiben dann bis zum 18. Jahrhundert nahezu unverändert; man erkennt sie ebensowohl auf den Kapitellen des Dogenpalastes (20) wie auf einem Fresko der Eremitani von Padua. (21) Zunächst haben wir es mit dem Alter des Spielzeugs zu tun: Kinder spielen mit dem Steckenpferd, der Puppe, der Windmühle, mit zahmen Vögeln. Dann kommt das Schulalter: die Jungen lernen lesen oder tragen Buch und Federhalter; die Mädchen lernen nähen. Darauf folgt das Alter der Liebe oder der höfischen und ritterlichen Vergnügungen: Hochzeiten, gemeinsames Promenieren von Jungen und Mädchen, Liebeswerben, Hochzeiten und Jagden der Maienzeit. Darauf folgt das Alter des Kriegs- und Ritterdienstes: ein bewaffneter Mann. Schließlich kommen die Altersstufen der Seßhaftigkeit; dafür stehen die Männer des Rechts, der Wissenschaft oder der Gelehrsamkeit, etwa der alte bärtige, nach der Mode von einst gekleidete Gelehrte vor seinem Pult, an der Feuerstelle. Die Lebensalter entsprechen nicht nur biologischen Etappen, sondern auch sozialen Funktionen; sicher gab es, wie wir wissen, auch sehr junge Rechtskundige, doch in der bildlichen Darstellung ist die Gelehrsamkeit ein Beruf des fortgeschrittenen Alters.

Diese Attribute der Kunst des 14. Jahrhunderts finden wir dann, von geringen Änderungen abgesehen, in volkstümlicheren Stichen aus der Zeit vom 16. bis zum Beginn des 19. Jahrhunderts wieder. Man nannte diese Stiche, die sich während des ganzen Zeitraums nur wenig wandelten, *Altersstufen,* weil auf ihnen Personen abgebildet waren, die die nebeneinandergestellten Altersstufen von der Geburt bis zum Tode repräsentierten und dies oft auf Stufen, die von links anstiegen und nach rechts abfielen. In der Mitte dieser Doppeltreppe stand, wie unter einem Brückenbogen, das Skelett des mit seiner Sense bewaffneten Todes. Hier überschnitt sich das Thema der Altersstufen mit dem des Todes, und es ist zweifellos kein Zufall, wenn diese beiden Themen zu den volkstümlichsten gehörten: die Stiche, die die Altersstufen und Totentänze darstellen, wiederholen bis zum Anfang des 19. Jahrhunderts eine aus dem 14. und 15. Jahrhundert festgelegte Ikonographie. Aber im Gegensatz zu den Totentänzen, wo die Kostüme sich nicht ändern, sondern diejenigen des 15. und 16. Jahrhunderts bleiben, selbst wenn der Stich aus dem 19. Jahrhundert stammt, ist das Personal der Lebensalter nach der Mode der Zeit gekleidet: auf den letzten Stichen des 19. Jahrhunderts erscheinen bereits Erstkommunionskleider. Die Dauerhaftigkeit der Attribute ist um so bemerkenswerter: immer noch sitzt das Kind rittlings auf seinem Steckenpferd, hält der Schüler Buch und Feder, tritt das hübsche Paar auf (bisweilen hält der junge Mann einen Maienzweig, der an die Feste der Jugend und des Frühlings erinnert); der Krieger ist zum Offizier geworden, der die Schärpe des Befehlshabers oder ein Banner trägt; auf der absteigenden Seite ist die Kleidung nicht mehr auf der Höhe der Mode oder entspricht gar der Mode von einst; man findet die Gesetzeskundigen mit ihren Prozeßakten wieder, die Gelehrten mit ihren Büchern oder ihrem Astrolabium, und, was am merkwürdigsten ist, die Frommen mit ihren Rosenkränzen. (22)

Das wiederholte Auftauchen dieser Bilder, die man neben die Almanache oder zwischen vertraute Gegenstände an die Wand hängte, beförderte die Vorstellung von einem Leben, das in wohlmarkierte Abschnitte zerfiel, die den verschiedenen Aktivitäten, physischen Typen, Funktionen und Kleidergewohnheiten entsprachen. Die Einteilung des Lebens war von derselben Starrheit wie der Zyklus der Natur oder die Organisation der Gesellschaft. Trotz der unablässigen Evokation des Alterns und des Todes bleiben die »Lebensalter« pittoreske und gutmütige Skizzen, leicht humoristische Charaktersilhouetten.

Das lateinische Mittelalter hat der Nachwelt in Bezug auf die Lebensalter eine überaus reichliche Terminologie hinterlassen. Als man sich im 16. Jahrhundert daran machte, diese Terminologie ins Französische zu übersetzen, stellte man fest, daß unsere Sprache und folglich auch unserem Sprachgebrauch nicht so viele Wörter zur Verfügung standen wie dem Lateinischen oder jedenfalls dem Gelehrtenlatein. Der Übersetzer der Ausgabe des *Grand Propriétaire de toutes choses* von 1556 macht aus dieser Schwierigkeit keinen Hehl: »Im Französischen gibt es mehr Schwierigkeiten als im Lateinischen, denn im Lateinischen gibt es sieben Altersstufen [ebenso viele wie Planeten], die mit verschiedenen Namen bezeichnet werden, während es deren im Französischen nur drei gibt, nämlich Kindheit, Jugend und Alter.«

Dabei fällt auf, daß es keinen Platz für die Adoleszenz gibt, da »Jugend« Alter der Kraft, »mittleres Alter« bedeutet. Bis zum 18. Jahrhundert vermischte sich die Adoleszenz mit der Kindheit. Im Schullatein verwendete man unterschiedslos *puer* und das Wort *adolescens*. In der Bibliothèque Nationale (23) liegen die Verzeichnisse des Jesuitenkollegs von Caen, die Namenslisten der Schüler mit den dazugehörigen Beurteilungen. Ein Junge von 15 Jahren wird dort als *bonus puer* bezeichnet, während sein jüngerer dreizehnjähriger Kamerad *optimus adolescens* genannt wird. Baillet (24) stellt in seinem, den Wunderkindern gewidmeten Buch ebenfalls fest, daß es im Französischen keine Termini zur Unterscheidung von *pueri* und *adolescentes* gibt. Genaugenommen kennt man nur ein Wort: Kind.

Am Ausgang des Mittelalters war seine Bedeutung besonders umfassend. Es bezeichnete ebensowohl den Putto (im 14. Jahrhundert sprach man vom »Kinderzimmer«, wenn man das Puttenzimmer meinte, das Zimmer, das mit Fresken geschmückt war, auf denen nackte Kinder dargestellt waren) wie auch den Heranwachsenden, den größeren Jungen, der gelegentlich zur Besorgnis Anlaß gab: den bösen Buben. In den *Miracles de Notre-Dame* (25) wird das Wort Kind im 14. und 15. Jahrhundert synonym mit anderen Wörtern wie Bursche, Bürschchen, Knabe, Sohn, Schwiegersohn verwendet. *Il était valeton* müßte im heutigen Französisch heißen: *il était beau gars* [dt. etwa: er war ein hübscher Bengel], doch sagte man dasselbe nicht nur von einem jungen Mann (»ein sehr hübscher Bursche«), sondern auch von einem Kind: »Er war ein hübscher Bursche; wenn man sie nur recht gern hat ... werden die Burschen groß!« Ein einziges Wort hat bis in unsere Tage hinein diese alte Ambiguität bewahrt, es ist das Wort *gars*, das aus dem Altfranzösischen direkt in die moderne Umgangssprache eingegangen ist und sich darin gehalten hat. Ein merkwürdiges Kind, dieser böse Bube: »so schurkisch und so verdorben, daß er weder einen Beruf erlernen noch sich in eine artige Kindheit schicken wollte ... gern gab er sich mit Strauchdieben und Müßiggängern ab, die in Schenken und Bordellen häufig Keilereien anfangen, und niemals konnte er einer Frau begegnen, ohne ihr lästig zu fallen«. Von einem anderen Kind von 15 Jahren heißt es: »Obwohl er ein hübscher und anmutiger Junge (fils) war«, weigerte er sich, ein Pferd zu besteigen oder zu den Mädchen zu gehen. Sein Vater glaubte, daß seine Schüchternheit daran schuld war: »Das ist so Kinderart.« Dabei war er in Wirklichkeit der Heiligen Jungfrau versprochen. Sein Vater zwingt ihn zur Heirat: »Da war das Kind sehr störrisch, und mit Gewalt stieß er es voran.« Der Knabe versucht zu fliehen und zieht sich auf der Treppe tödliche Verletzungen zu. Da kommt die Jungfrau ihn holen und sagt zu ihm: »Lieber Knabe (beau frère), seht hier Eure Freundin« ... »Da ließ das Kind einen Seufzer hören.«

Einem Kalender der Lebensstufen aus dem 16. Jahrhundert (26) zufolge ist »das Kind stark und tugendhaft« mit vierundzwanzig Jahren, »auch gibt es solche, die das bereits mit achtzehn sind«.

Das bleibt auch im 17. Jahrhundert so: aus einer bischöflichen Enquête von 1667 geht hervor, daß es in einer Gemeinde (27) »ein junges Kind *(jeune enfant)* von etwa vierzehn Jahren gibt, das, seit es an besagtem Ort wohnt, also seit etwa einem Jahr, den Kindern beider Geschlechter im Einvernehmen mit den Bewohnern besagten Ortes Lesen und Schreiben beibringt«.

Im 17. Jahrhundert tritt eine Entwicklung ein, die dazu führt, daß der alte Sprachgebrauch sich in den abhängigsten sozialen Schichten weiter hält, während im Bürgertum ein anderer Sprachgebrauch aufkommt: das Wort ›Kindheit‹ wird auf seine moderne Bedeutung eingeschränkt. Daß die Kindheit in der Umgangssprache eine so lange Dauer zugesprochen bekommt, ist darauf zurückzuführen, daß man biologischen Phänomenen im eigentlichen Sinne damals gleichgültig gegenüberstand: man wäre niemals auf die Idee gekommen, zwischen Kindheit und Pubertät eine Grenze zu ziehen. Die Kindheitsvorstellung war mit der Vorstellung von Abhängigkeit verbunden: die Wörter *fils* (Söhne), *valets* (Burschen), *garçons* (Knaben) gehören zugleich dem Vokabular der feudalen oder herrschaftlichen Abhängigkeitsverhältnisse an. Aus der Kindheit trat man nur heraus, indem man aus der Abhängigkeit oder doch wenigstens aus den niedrigsten Abhängigkeitsverhältnissen heraustrat. Deshalb dienen die die Kindheit betreffenden Wörter weiterhin dazu, in der gesprochenen Sprache gemeinhin Menschen niedrigen Standes zu bezeichnen, die in vollständiger Abhängigkeit verharren, so etwa Lakaien, Gesellen und Soldaten. Ein »petit garçon« ist mithin nicht unbedingt ein Kind, sondern kann ebensogut ein junger Diener sein (wie heute ein Chef, ein Vorarbeiter sagen könnte: »Das ist ein rechtes Bürschchen – und ein nichtsnutziges dazu.«).

So konnte im Jahre 1549 Baduel, der Leiter eines Kollegs, eines Bildungsinstituts, in Bezug auf die Ausstattung und Bedienung eines seiner jungen Zöglinge an dessen Vater schreiben: »Für alle Aufgaben im Zusammenhang mit seiner persönlichen Bedienung genügt ein *petit garçon*.« (28)

Zu Beginn des 18. Jahrhunderts gibt Furetière in seinem Wörterbuch eine genaue Bestimmung des Sprachgebrauchs: »›Kind‹ ist ebenso ein freundschaftlicher Terminus, dessen man sich bedient, um jemanden zu begrüßen, ihm seine Gunst zu bezeigen oder ihn dazu zu bringen, irgend etwas zu tun. Wenn man daher zu einer Frau fortgeschrittenen Alters sagt: Adieu, Mütterchen (im modernen Pariserisch: Salut, Großmutter), dann antwortet sie: Adieu, mein Kind (Adieu, mein Junge, oder: Adieu, mein Kleiner). Oder sie mag zu einem Lakaien sagen: Gehen Sie, mein Kind, und holen Sie mir... Und wenn ein Meister die Arbeiter an die Arbeit schicken will, wird er sagen: Los, Kinder, macht Euch an die Arbeit. Der Hauptmann schließlich wird zu seinen Soldaten sagen: Nur Mut, Kinder, seid standhaft.« Die Soldaten im ersten Glied, die am meisten gefährdet waren, nannte man »die verlorenen Kinder«.

In derselben Epoche wurde das die Kindheit betreffende Vokabular in den Familien gehobenen Standes, insofern es sich bei der Abhängigkeit des Kindes immer nur um eine Folge physischer Schwäche handelte, in zunehmendem Maße nur noch zur Bezeichnung der ersten Altersstufe verwendet, die im 17. Jahrhundert häufiger Erwähnung findet. Die Bezeichnung »kleines Kind, Kleinkind« *(petit enfant)* beginnt die Bedeutung anzunehmen, die es heute hat. Zuvor hatte man bevorzugt »junges Kind« *(jeune enfant)* gesagt, und diese Form geht auch jetzt noch nicht völlig unter. La Fontaine verwendet sie, und noch 1714 ist in einer Erasmus-Übersetzung die Rede von einer »jeune fille«, die noch keine fünf Jahre alt ist: »Ich habe eine junge Tochter, die noch kaum zu sprechen begonnen hat.« (29) Das Wort »klein« hatte am Ende des 16. Jahrhunderts zudem noch eine spezielle Bedeutung angenommen: es bezeichnete die Schüler der *»petites écoles«*, und zwar auch diejenigen, die keine Kinder mehr waren. In England hat das Wort *petty* denselben Sinn wie in Frankreich, und ein Text von 1627 spricht im Zusammenhang mit der Schule von den *»lyttle petties«*, den kleinsten Schülern. (30)

Insbesondere Port-Royal und der ganzen moralischen und pädagogischen Literatur, die davon inspiriert ist (oder in der ganz allgemein ein Bedürfnis nach moralischer Ordnung zum Ausdruck kommt, das überall auftritt und sich auch in Port-Royal manifestiert), ist es zuzuschreiben, daß die auf die Kindheit bezügliche Terminologie umfangreicher und vor allem moderner wird. So sind die Schüler Jacqueline Pascals (31) beispielsweise in »Kleine«, »Mittlere« und »Große« eingeteilt. »Was die kleinen Kinder *(petit enfants)* angeht«, schreibt Jacqueline Pascal, »so muß man sie nach Möglichkeit mehr als alle anderen eingewöhnen und mit Nahrung versorgen wie die Täubchen.« Das Reglement der *petites écoles* von Port-Royal (32) enthält folgende Vorschrift: »Sie gehen nicht alle Tage zur Messe, außer den Kleinen.« Mit neuer Betonung spricht man von den »kleinen Seelen«, den »kleinen Engeln«. (33) in solchen Ausdrücken kündigt sich bereits die Einstellung des 18. Jahrhunderts und der Romantik an. Mlle. Lhéritier (34) behauptet, sich mit ihren Märchen an die »jungen Köpfe«, die »jungen Menschen« zu wenden: »Diese Bilder werden die jungen Menschen wahrscheinlich zu Überlegungen veranlassen, die dazu angetan sind, ihren Verstand zu schulen.« Man muß feststellen, daß dieses Jahrhundert, das die Kindheit doch verachtet zu haben scheint, im Gegenteil Wendungen, Redensarten in den Sprachgebrauch eingeführt hat, die sich bis heute in unserer Sprache gehalten haben. Zum Stichwort »Kind« zitiert Furetière in seinem Wörterbuch Redensarten, die uns immer noch vertraut sind: »›Das ist ein verdorbenes Kind, das man ungehemmt hat aufwachsen lassen, ohne ihm richtiges Benehmen beizubringen.‹ ›Das ist nimmermehr ein Kind‹ meint, daß es frühzeitig Verstand und Bosheit zeigt; ›unschuldig wie ein Neugeborenes‹.« Wer hätte gedacht, daß sich diese Ausdrücke sehr viel weiter als bis ins 19. Jahrhundert zurückverfolgen lassen?

Dennoch hindert das Fehlen von Wörtern, mit deren Hilfe man sie von den größeren Kindern unterscheiden könnte, das 17. Jahrhundert in seinen Bemühungen, von kleinen Kindern zu sprechen. Nicht anders verhält es sich übrigens im Englischen, wo das Wort *baby* auch auf große Kinder angewendet wurde. Lilys englisch geschriebene Lateingrammatik (35) (die vom Beginn des 16. Jahrhunderts bis 1866 benutzt worden ist) richtet sich an *»all lyttell babes, all lyttell children«*.

Dafür fehlte es dem Französischen nicht an Ausdrücken, die eher die ganz Kleinen zu bezeichnen scheinen. Einer davon ist das Wort *poupart* (Wickelkind). In einem der *Miracles Notre-Dame* tritt ein »petit fils« auf, der einem Bildnis des Jesuskindes zu essen geben will. »Als der barmherzige Jesus die Entschlossenheit und den guten Willen des kleinen Kindes sah, sprach er zu ihm und sagte: ›Weine nicht länger, *poupart*, denn in drei Tagen wirst Du mit mir essen.‹« Doch ist dieses Wickelkind in Wirklichkeit nicht etwa ein »Baby«, wie wir heute sagen würden: er wird nämlich auch »Meßknabe« genannt, (36) trägt ein Chorhemd und dient bei der Messe: »darunter gab es Kinder von wenigen Jahren, die kaum mehr als lallen konnten und lieber an der Brust der Mutter gelegen hätten, als den Meßdienst zu versehen!« In der Sprache des 17. bis 18. Jahrhunderts bezeichnet das Wort *poupart* dann nicht länger ein Kind, sondern, in der Form *poupon,* eine Puppe, die wir heute mit demselben Wort, nur in dessen weiblicher Form, bezeichnen.

Das Französische muß also anderen Sprachen, Fremdsprachen und den Schul- oder Berufsjargons Wörter entlehnen, die im Französischen das kleine Kind bezeichnen sollen, für das man sich von nun an interessiert; so etwa im Falle des italienischen *bambino,* das im Französischen zu *bambin* wird. Madame de Sévigné verwendet in demselben Sinne ebenfalls das provenzalische *pitchoun,* das sie zweifellos während ihres Aufenthalts bei den Grignans gelernt hat. (37) Ihr Cousin de Coulanges, der Kinder nicht mag, aber viel von ihnen spricht, (38) ist auf der Hut vor den »dreijährigen Knirpsen *(marmousets)*« – *Marmouset* ist ein altes Wort, das in der Volkssprache zu *marmot* werden wird –, vor »den Rotznasen mit dem fetten Kinn, die mit ihrem Finger in alle Teller fahren«. Auch verwendet man Argotwörter aus dem Bereich der Lateinschule oder der Sport- und Militärakademie; dazu gehören »dieser kleine *frater*«, dieser »Kadett«, und wenn es sich um viele handelt, dieser »populo« (39) oder »dies Völkchen« *(ce petit peuple).* Schließlich beginnt man häufig, Diminutiva zu verwenden: das Wort »Kindchen« *(fanfan)* findet sich in den Briefen der Madame Sévigné und in denen Fénelons.

Mit der Zeit verschiebt sich der Sinn dieser Wörter, und sie bezeichnen das kleine, aber schon etwas pfiffige Kind. Immer noch fehlt es an einem Wort, um das wenige Monate alte Kind zu bezeichnen; diese Unzulänglichkeit des Vokabulars wird erst im 19. Jahrhundert behoben sein, wenn man aus dem Englischen das Wort ›Baby‹ übernehmen wird, das im 16. und 17. Jahrhundert Kinder im Schulalter bezeichnete. Das ist die letzte Etappe dieser Geschichte: mit dem französischen *bébé* hat das Kleinkind dann einen Namen gefunden.

Obwohl sich in Bezug auf die frühe Kindheit ein Wortschatz ausbildet und Verbreitung findet, bleibt die Grenze zwischen »Kindheit« und »Adoleszenz« auf der einen Seite und der Kategorie »Jugend« auf der anderen weiter verschwommen. Man besaß keine Vorstellung von dem, was wir Adoleszenz nennen, und es sollte noch lange dauern, bis eine solche sich ausprägte. Man errät sie im 18. Jahrhundert in zwei Figuren, einer literarischen, Cherubin, und einer sozialen, dem Rekruten. Bei Cherubin dominiert die Ambiguität der Pubertät, und die Betonung liegt auf den weiblichen Zügen eines Knaben, der der Kindheit gerade entwächst. Diese Figur ist, genau betrachtet, nicht neu: da man sehr früh in das soziale Leben eintrat, verliehen die vollen und runden Formen der frühen Adoleszenz, die in etwa mit der Pubertät zusammenfiel, den Knaben zu diesem Zeitpunkt ein feminines Aussehen. Daraus erklärt sich auch die Leichtigkeit, mit der sich Männer als Frauen verkleideten und umgekehrt – ein Motiv, das in den Barockromanen zu Anfang des 17. Jahrhunderts überaus häufig vorkommt: zwei junge Burschen oder zwei Mädchen freunden sich miteinander an, doch ist einer von beiden in Wirklichkeit ein verkleidetes Mädchen etc. Wie immer es auch um die Leichtgläubigkeit der Leser von Abenteuerromanen bestellt sein mag, das Gebot der Wahrscheinlichkeit erfordert als Minimum, daß zwischen dem noch bartlosen Knaben und dem Mädchen eine gewisse Ähnlichkeit bestanden hat (und ich stelle mir vor, daß man sich damals noch nicht sehr scharf rasieren konnte). Doch wird diese Ähnlichkeit damals nicht als Merkmal der Adoleszenz, Merkmal einer Altersstufe präsentiert. Diese bartlosen Männer mit den weichen Zügen sind keine Adoleszenten, sondern treten bereits wie fertige Männer auf, die Befehle erteilen und kämpfen. Was dagegen Cherubin betrifft, so ist der weibliche Aspekt an den Übergang vom Kind zum Erwachsenen geknüpft: er verleiht einem Zustand Ausdruck, wie er für eine bestimmte Zeit charakteristisch ist, für die Zeit der aufkeimenden Liebe.

Cherubin wird keine Nachfolger haben. Statt dessen wird männliche Kraft die Adoleszenz des männlichen Geschlechts ausdrücken, und im 18. Jahrhundert ist das Bild des Adoleszenten vom Rekruten geprägt. Lesen wir den Text eines Anwerbungsplakats, mit dem man sich Ende des 18. Jahrhunderts an die »prachtvolle Jugend« richtete: (40) »... die jungen Leute, die am Ruhm, den sich dieses feine Korps erworben hat, teilhaben wollen, mögen sich an M. d'Ambrun wenden... Sie [die Werbeoffiziere] werden denen, die ihnen stattliche Männer besorgen, eine Belohnung zahlen.«

Der erste Typus des modernen Jünglings ist Wagners *Siegfried*. Die Musik dieser Oper bringt zum erstenmal die Mischung aus (vorläufiger) Reinheit, physischer Kraft, Natürlichkeit, Spontaneität und Lebensfreude zum Ausdruck, die den Jüngling zum Helden unseres 20. Jahrhunderts, des Jahrhunderts der Adoleszenz bestimmt haben. Was zunächst im Deutschland Wagners in Erscheinung tritt, dringt später, d. h. um 1900, zweifellos auch nach Frankreich. Die »Jugend«, zu der die Adoleszenz nun geworden ist, wird alsbald als zu einem literarischen Thema und zu einem moralischen und politischen Anliegen. Man beginnt, sich ernsthaft zu fragen, was die Jugend denkt, und Untersuchungen über diese Jugend zu veröffentlichen, wie etwa die von Massis und Henriot. Es hat den Anschein, als trüge diese Jugend neue Werte in sich, die dazu angetan sind, eine gealterte und verknöcherte Gesellschaft neu zu beleben. Zwar hatte auch die Zeit der Romantik ähnliche Empfindungen gekannt, doch hatten diese sich nicht mit solcher Eindeutigkeit auf eine Altersklasse bezogen und waren vor allem auf die Literatur und auf diejenigen beschränkt geblieben, die sie lasen. Dagegen wurde die bewußte Hinwendung zur Jugend in der Folge des Krieges von 1914, als die Scharen der Frontkämpfer sich gegen die älteren Generationen im rückwärtigen Gebiet auflehnten, zu einem allgemein verbreiteten und alltäglichen Phänomen. Das selbstbewußte Auftreten der Jugend ist zunächst der Gefühlshaltung des ehemaligen Kämpfers entsprungen, und eine solche Gefühlshaltung läßt sich in allen kriegführenden Ländern, selbst im Amerika eines Dos Passos, wiederfinden. Künftighin wird das Jünglingsalter einen größeren Raum einnehmen, sich ausdehnen, indem es die Grenze zur Kindheit herabdrückt und das reife Alter später ansetzt. Die Heirat, die kein »Seßhaftwerden« mehr bedeutet, ist nicht länger der Schlußpunkt der Jugendzeit: der verheiratete Jüngling ist ein charakteristischer Typ unserer Zeit; er konfrontiert sie mit seinen Werten, seinen Wünschen, seinen Gewohnheiten. So gelangen wir von einer Epoche ohne Jünglingszeit in eine Epoche, für die sie die bevorzugte Altersstufe ist. Man möchte sie früh erreichen und ihr lange zugehören.

Diese Entwicklung geht einher mit der parallelen Entwicklung in Bezug auf das Alter, die allerdings die umgekehrte Richtung nimmt. Wie wir sehr wohl wissen, hat das Alter in der alten Gesellschaft früh begonnen. Beispiele für diesen Tatbestand kennen wir genug – man braucht sich bloß Molières Grauköpfe ins Gedächtnis zu rufen, die in unseren Augen noch jung waren. Nicht immer stattet übrigens die Ikonographie des Alters dieses mit den Kennzeichen des hinfälligen Schwächlings aus: das Alter beginnt damit, daß dem Mann das Haar ausfällt und er sich einen Bart wachsen läßt, und der verschönerte Greis erscheint manchmal schlicht als Kahlkopf. So auch der Alte im Konzert des Tizian, das zugleich eine Darstellung der Lebensstufen ist. Im allgemeinen ist der Greis bis zum 18. Jahrhundert lächerlich. Rotrou will seiner

Tochter einen Mann in den Fünfzigern aufzwingen: »Fünfzig nur ist dieser Mann, hat zudem nicht einen Zahn!«

> Il n'est dans la nature homme qui ne le juge
> Du siècle de Saturne ou du temps du Déluge;
> Des trois pieds dont il marche, il en a deux goutteux;
> Qui jusque à chaque pas, trébuchent de vieillesse
> Et qu'il faut retenir ou relever sans cesse. (41)

Wenn er dann zehn Jahre älter ist, ähnelt er Quinaults Sechzigjährigem:

> Courbé sur son bâton, le bon petit vieillard
> Tousse, crache, se mouche et fait le goguenard,
> Des contes du vieux temps, étourdit Isabelle. (42)

Das alte Frankreich bringt dem Alter kaum Respekt entgegen: es ist das Alter des Ruhestands, der Bücher, der Frömmigkeit und der Geschwätzigkeit. Das Bild des rechten Mannes ist im 16. und 17. Jahrhundert das eines jung wirkenden Mannes: es ist der Offizier mit der Schärpe auf dem Höhepunkt des Lebens. Er ist kein junger Mann, obwohl er altersmäßig unseren heutigen Vorstellungen von einem jungen Mann entspricht. Er vertritt jene zweite Altersklasse zwischen Kindheit und Jugend, die man im 17. Jahrhundert *jeunesse* nannte. Furetière, der diese archaischen Probleme einer Einteilung der Lebensabschnitte immer noch sehr wichtig nimmt, denkt an eine gesonderte Bezeichnung: Zeit der Reife, stellt jedoch fest, daß eine solche unüblich ist und daß die »Rechtsgelehrten Jugend und Reife als eine Altersstufe behandeln«. Das 17. Jahrhundert erkannte sich in dieser befehlshabenden *jeunesse*, wie das 20. Jahrhundert sich in seinen Jugendlichen erkennt.

Heute dagegen ist das Alter als Lebensstufe, jedenfalls aus der gesprochenen Sprache, verschwunden, in der sich das Wort ›alt‹, »ein Alter« mit einem slanghaften, verächtlichen oder bevormundenden Beiklang

Il n'est dans ... Jeder, der ihn kennt, muß meinen,/ Er stamme aus dem Zeitalter Saturns oder der Sintflut,/ So, wie er da auf seinen drei Beinen daherkommt, deren zweie, von der Gicht geplagt,/ Bei jedem Schritt vor Altersschwäche stolpern,/ Und die ihm mal davonzulaufen, dann wieder hinterdrein zu hinken drohen.

Courbé ... Das Alterchen, seht, wie es, über seinen Stock gebeugt,/ Hustet, speit, sich schneuzt und sich als Spötter wohlgefällt,/ Mit Geschichten aus alter Zeit Isabelle die Zeit vertreibt.

gehalten haben. Diese Entwicklung hat sich in zwei Etappen vollzogen; zuerst hat es den achtunggebietenden Greis gegeben, den Ahn mit dem silbrigen Haar, den Nestor der beratenden Versammlungen, den Patriarchen mit der unersetzlichen Erfahrung: es war der Greis Greuzes, Restif de la Bretonnes und überhaupt des ganzen 19. Jahrhunderts. Er ist noch nicht sehr lebhaft, aber auch nicht mehr so hinfällig wie der Greis des 16. und 17. Jahrhunderts. Aus einigen Gemeinplätzen spricht auch heute noch ein wenig von jenem Respekt für den Greis. Doch ist dieser Respekt, schlicht gesagt, gegenstandslos geworden, denn in unserer Zeit – und das ist die zweite Etappe – ist der Greis verschwunden. Er ist durch den »Mann im gewissen Alter« und durch » Herren oder Damen, die sich sehr gut gehalten haben« ersetzt worden. Das ist bislang noch eine bürgerliche Vorstellung, die jedoch immer populärer werden dürfte. Die technologische Idee der Konservierung tritt an die Stelle einer zugleich biologischen und moralischen Vorstellung vom Alter.

Es hat ganz den Anschein, als entsprächen jeder Epoche ein bevorzugtes Alter und eine spezielle Einteilung des menschlichen Lebens: die »Jugend« ist das bevorzugte Alter des 17., die »Kindheit« das des 19. und die »Adoleszenz« das des 20. Jahrhunderts.

Diese Veränderungen von einem Jahrhundert zum nächsten hängen von den demographischen Verhältnissen ab. Sie zeugen von der naiven Deutung der Bevölkerungsstruktur, die die öffentliche Meinung in jeder Epoche bereithält, auch wenn sie sie objektiv gar nicht immer kennen konnte. So sind das Fehlen einer Jünglingszeit und die Verachtung des Alters oder andererseits das Verschwinden des Alters – zumindest, was die Erniedrigung betrifft – und das Auftreten der Jugend Ausdruck dessen, wie die Gesellschaft auf die Lebensdauer reagiert. Ihre Verlängerung hat bewirkt, daß solche Lebenszeiträume aus ihrer ehemaligen Nicht-Existenz hervorgeholt wurden, denen die Gelehrten des byzantinischen Reiches und des Mittelalters Namen gegeben hatten, obwohl sie im Bereich des praktischen Lebens gar nicht existierten. Die moderne Sprache hat dennoch ihre alten, ursprünglich rein theoretischen Vokabeln übernommen, um neue Realitäten zu bezeichnen – letzte Stufe der langen Geschichte des einst so vertrauten und heute vergessenen Themas der »Lebensalter«.

In den Epochen mit niedriger Lebenserwartung spielt die Vorstellung von einer bevorzugten Altersstufe eine noch größere Rolle als in unseren Epochen mit hoher Lebenserwartung. Auf den nun folgenden Seiten wollen wir unser Augenmerk auf die Anzeichen für die Entdeckung der

Kindheit richten. Wir müssen dabei stets bedenken, wie relativ das Gewicht einer solchen Vorstellung von der Kindheit in einer Epoche bleiben muß, die eine solche Vorliebe für die »Jugend« hat. Es wird dies die Zeit weder des Kindes noch des Heranwachsenden oder gar des Alten sein, sondern die Zeit des *homme jeune*.

2. Kapitel
Die Entdeckung der Kindheit

Bis zum 17. Jahrhundert kannte die mittelalterliche Kunst die Kindheit entweder nicht oder unternahm doch jedenfalls keinen Versuch, sie darzustellen. Es fällt schwer zu glauben, daß diese Tatsache der Ungeschicklichkeit oder Unfähigkeit der Künstler zuzuschreiben ist. Man sollte eher annehmen, daß in jener Welt kein Platz für die Kindheit war. Eine ottonische Miniatur des 11. Jahrhunderts (1) gibt uns auf eindrucksvolle Weise einen Begriff davon, daß der Künstler den kindlichen Körper in einer Weise deformierte, die unserem Empfinden und unserer Anschauungsweise gänzlich unvertraut sein muß. Gegenstand der Miniatur ist die Szene aus dem Evangelium, wo Jesus die Kindlein zu sich kommen läßt; der lateinische Text spricht eindeutig von *parvuli*. Doch umgibt der Miniaturmaler Jesus mit acht normalen Männern, die nicht das geringste kindliche Merkmal aufweisen: es sind einfach verkleinerte Ausgaben von erwachsenen Männern. Lediglich hinsichtlich ihrer Größe unterscheiden sie sich von ihnen. Dasselbe ist auf einer französischen Miniatur vom Ende des 11. Jahrhunderts der Fall: (2) die drei Kinder, die Sankt Nikolaus wieder zum Leben erweckt, sind hinsichtlich der Größe reduzierte Erwachsene; ihr Ausdruck sowie die übrigen Merkmale unterscheiden sich in nichts von denen Erwachsener. In den seltenen Fällen, wo das Kind in seiner Nacktheit dargestellt wird, scheut der Maler keineswegs davor zurück, ihm die Muskulatur eines Erwachsenen zu verleihen. So im Psalter des hl. Ludwig von Leyden (3), der vom Ende des 12. oder vom Anfang des 13. Jahrhunderts stammt: kurz nach seiner Geburt hat Ismael die Bauch- und Brustmuskulatur eines Mannes. Das 13. Jahrhundert hat zwar mehr Sinn für die Darstellung der Kindheit (4), doch bleibt es dieser Darstellungsweise treu. In der illuminierten Bibel des hl. Ludwig werden die Darstellungen von Kindern zwar zahlreicher, doch sind sie immer noch durch nichts anderes gekennzeichnet als durch ihre Größe. Eine Episode aus dem Leben Jakobs: das Bild zeigt Isaak umgeben von seinen zwei Frauen und von fünfzehn anderen Menschlein, die den großen Menschen bis zur Hüfte reichen; es sind ihre

Kinder. (5) Hiob wird für seinen Glauben belohnt, er wird wieder reich, und der Illustrator deutet die Größe seines Vermögens an, indem er Hiob zur Linken etliche Stück Vieh und zur Rechten seine nicht weniger zahlreichen Kinder beigibt: das traditionelle Bild für die Fruchtbarkeit, die vom Reichtum nicht zu trennen ist. In einer anderen Illustration des Buchs Hiob sind die Kinder der Größe nach aufgereiht.

An wieder anderer Stelle, im Evangeliar der Sainte-Chapelle aus dem 13. Jahrhundert, (6) rahmen Christus und ein Apostel im Augenblick der Brotvermehrung einen kleinen Mann ein, der ihnen bis zur Hüfte geht: zweifellos das Kind, das die Fische herbeibrachte. In der romanischen Ausdruckswelt, und darüber hinaus bis zum 13. Jahrhundert, gibt es keine Kinder, die durch einen besonderen Ausdruck gekennzeichnet wären, sondern erwachsene Menschen von kleinerem Wuchs. Diese Weigerung der Kunst, die Morphologie des Kindes zu akzeptieren, trifft man übrigens in der Mehrzahl der archaischen Kulturen an. Eine schöne sardische Bronze des 9. Jahrhunderts v. Chr. (7) stellt eine Art Pietà dar: eine Mutter hält den Körper ihres bereits recht großen Sohnes in den Armen. Doch handelt es sich dabei womöglich um ein Kind, wie aus dem Katalog hervorgeht: »Die kleine männliche Gestalt könnte ebensowohl ein Kind sein, das entsprechend dem Kanon, wie er während der archaischen Epoche auch von anderen Völkern übernommen worden ist, als Erwachsener dargestellt worden wäre.« Es hat tatsächlich ganz den Anschein, als sei die realistische Darstellung des Kindes oder die Idealisierung der Kindheit, ihrer Grazie, ihrer weichen Formen eine Eigentümlichkeit der griechischen Kunst. Die unzähligen Erosknaben sind ein Kennzeichen der hellenistischen Zeit. Mit den anderen hellenistischen Themen verschwand auch die Kindheit aus der Ikonographie, und wie schon die archaischen Epochen vor dem Hellenismus, so weigerte sich auch die Romanik, der Kindheit spezifische Merkmale zuzugestehen. Wir haben darin nicht nur eine schlichte Koinzidenz zu sehen. Wir gehen von einer Vorstellungswelt aus, die keine Kindheit kennt. Die Literarhistoriker (Monsignore Clavé) haben dasselbe in Bezug auf das Epos festgestellt, worin Wunderkinder sich mit der Bravour und der physischen Kraft von Helden schlagen. Das bedeutet zweifellos, daß die Menschen des 10. bis 11. Jahrhunderts dem Bild von der Kindheit keine Beachtung schenkten, daß es für sie kein Interesse, ja nicht einmal Realität besaß. Das legt den Gedanken nahe, daß die Kindheit nicht nur in der ästhetischen Darstellung, sondern auch in der Lebenswirklichkeit nur eine Übergangszeit war, die schnell vorüberging und die man ebenso schnell vergaß.

Das ist unser Ausgangspunkt. Wie kommt man von dort aus zu den Knirpsen von Versailles, zu den Kinderfotos aller Altersstufen in unseren Familienalben?

Gegen Anfang des 13. Jahrhunderts gibt es mehrere Typen von Kindern, die dem modernen Empfinden etwas näherkommen.

Da gibt es beispielsweise den Engel, der das Äußere eines sehr jungen Mannes, eines Adoleszenten oder, wie P. du Colombier sagt, (8) eines Meßknaben hat. Doch welches Alter hat denn der Meßknabe? Es waren Kinder unterschiedlichen Alters, die dazu angeleitet wurden, bei der Messe zu respondieren und die für den Ordensdienst bestimmt waren, eine Art von Seminaristen in einer Epoche, in der es keine Seminare gab und in der die Priesterausbildung ausschließlich den Lateinschulen vorbehalten war. »Darunter«, so ein *Miracle de Notre-Dame,* (9) »gab es Kinder von wenigen Jahren, die kaum mehr als lallen konnten und lieber an der Brust der Mutter gelegen hätten, als den Meßdienst zu versehen« (allerdings fand die Entwöhnung auch sehr spät statt: Shakespeares Julia wurde noch mit drei Jahren gestillt). So ist der Engel von Reims beispielsweise bereits eher ein großer Junge als ein Kind, doch heben die Künstler mit einer gewissen Liebe die weichen und graziösen, ja nahezu etwas femininen Züge sehr junger Männer hervor. Von den Erwachsenen im verkleinerten Maßstab der ottonischen Miniatur sind wir bereits weit entfernt. Dieser Typ jünglingshafter Engel kommt dann im 14. Jahrhundert sehr häufig vor und hält sich noch bis zum Ende des italienischen Quattrocento; dazu sind die Engel Fra Angelicos, Botticellis und Ghirlandaios zu zählen.

Der zweite Kindertypus sollte zum Modell und zum Vorfahren aller kleinen Kinder innerhalb der Geschichte der Kunst werden: es ist das Jesuskind oder auch das Kind Unserer Lieben Frau, denn in diesem Fall ist die Kindheit mit dem Mysterium der Mutterschaft und dem Marienkult verknüpft. Anfangs ist Jesus wie alle anderen Kinder die verkleinerte Ausgabe eines Erwachsenen: ein kleiner Priester-Gott in seiner Herrlichkeit, der von der Theotokos dargeboten wird. Die Entwicklung in Richtung auf eine realistischere und einfühlsamere Darstellung der Kindheit beginnt dann sehr früh in der Malerei: auf einer Miniatur aus der zweiten Hälfte des 12. Jahrhunderts (10) trägt der stehende Jesusknabe ein leichtes, fast durchsichtiges Hemd, er umklammert mit beiden Armen den Hals seiner Mutter und drängt sich an sie, Wange an Wange. Mit der Mutterschaft der Heiligen Jungfrau dringt auch die frühe Kindheit in die Vorstellungswelt ein. Im 18. Jahrhundert inspiriert sie auch andere Familienszenen. In der illuminierten Bibel des heiligen Ludwig (11) kann man Familienszenen finden, bei denen die Eltern von ihren Kindern umringt sind, an denen dieselbe Zärtlichkeit auffällt wie am Lettner von Chartres; so etwa im Fall der Familie des Moses: Mann und Frau halten sich bei der Hand, und die Kinder (kleine Menschen), die sie umringen, strecken ihre Hände nach der Mutter aus. Diese Fälle bleiben jedoch selten: die Empfänglichkeit für den Reiz der frühen Kindheit bleibt bis zum 14. Jahrhundert auf das Jesuskind beschränkt, sie ist, bis dann die italienische Kunst, wie bekannt, zu ihrer Weiterentwicklung und Verbreitung beitragen wird, an die Zärtlichkeit der Mutter geknüpft.

In der gotischen Epoche tritt dann ein dritter Kindertypus auf: das nackte Kind. Das Jesuskind wird fast niemals nackt dargestellt. Meist ist es, wie andere Kinder seines Alters, in züchtige Windeln gewickelt oder mit einem Hemd oder Kleid bekleidet. Erst am Ende des Mittelalters wird es seine Kleider ablegen. Die wenigen Miniaturen der illuminierten Bibeln, die Kinder abbilden, bekleiden sie, es sei denn es handelt sich um die Unschuldigen oder um die toten Kinder, über deren Mütter Salomon Gericht hält. Erst die Allegorie vom Tod und von der Seele sollte das Bild dieser jungen Nacktheit in die Welt der Formen einführen. Bereits in der vorbyzantinischen Ikonographie des 5. Jahrhunderts, in der zahlreiche Merkmale der zukünftigen romanischen Kunst vorkommen, stellte man die Körper von Toten in kleineren Dimensionen dar. In der *Ilias* der Ambrosiana (12) sind die Toten auf dem Schlachtfeld nur halb so groß wie die Lebenden. In unserer mittelalterlichen Kunst wird die Seele durch ein kleines, nacktes, im allgemeinen geschlechtsloses Kind repräsentiert. Das Jüngste Gericht führt die Seelen der Gerechten in dieser Gestalt in Abrahams Schoß. (13) Der Sterbende haucht sie aus: Bild des Scheidens der Seele. So stellt man auch den Eintritt der Seele in die Welt dar, handle es sich dabei nun um eine wunderbare und geheiligte Empfängnis – der Engel der Verkündigung übergibt der Jungfrau ein nacktes Kind, die Seele Jesu – (14) oder um eine ganz natürliche Empfängnis – ein Paar liegt auf dem Bett, in aller Schicklichkeit wie es scheint, aber doch muß irgend etwas vorgegangen sein, denn ein kleines nacktes Kind kommt durch die Lüfte herbei und dringt in den Mund der Frau ein: (15) »die Erschaffung der menschlichen Seele auf natürlichem Wege«.

Im Laufe des 14. und vor allem des 15. Jahrhunderts werden sich diese mittelalterlichen Typen, allerdings in dem bereits im 13. Jahrhundert angedeuteten Sinne, weiter entwickeln. Wir haben gesagt, daß der engelhafte Meßknabe ohne große Abänderungen noch die religiöse Malerei des 15. Jahrhunderts anregen sollte. Dagegen erweitert und wandelt sich das Thema der heiligen Kindheit seit dem 14. Jahrhundert unablässig: seine Beliebtheit und seine Fruchtbarkeit zeugen davon, wie sehr sich dieser Sinn für die Kindheit im kollektiven Bewußtsein entwickelt hat, der sich doch im 13. Jahrhundert nur ausmachen läßt, wenn man sein Augenmerk verstärkt auf dieses Phänomen richtet, und der im 11. Jahrhundert überhaupt nicht existiert hat. An Jesus und seiner Mutter hebt der Künstler fortan die anmutigen, zärtlichen und naiven Aspekte der frühen Kindheit hervor: da ist das Kind, das die Brust der Mutter sucht oder sie gerade umarmen, sie liebkosen will; das Kind, das die Spiele spielt, die man von der Kindheit her kennt oder auch mit einem zahmen Vogel, einer Frucht beschäftigt ist; das Kind, das seinen Brei ißt; das Kind, das in Windeln gewickelt wird. All diese sichtbaren Gesten – sichtbar zumindest für den, der Augen dafür hat – werden nun beschworen. Doch greifen diese Merkmale einer realistischen Gefühlshaltung vorerst nicht über die religiöse Ikonographie hinaus, was einen nicht verwundern darf; mit der Landschaft, der Genreszene verhält es sich bekanntlich nicht anders. Nichtsdestoweniger wandelt sich die Gruppe Jungfrau mit Kind und wird immer profaner: Abbild einer Szene des Alltagslebens.

Zunächst zaghaft und dann immer häufiger beschränkt sich die religiöse Kindheit nicht länger auf die des Jesuskindes; zuerst kommt die Kindheit der Jungfrau Maria hinzu, die zu zwei neuen und häufig behandelten Themen inspiriert: das ist einmal das Thema der Jungfrauengeburt – im Zimmer der Wöchnerin ist man geschäftig dabei, das Neugeborene zu baden, in Tücher zu hüllen, es seiner Mutter vorzuzeigen –, und zum anderen das Thema der Erziehung der hl. Jungfrau, ihres Leseunterrichts – die Jungfrau lernt ihre Lektion aus einem Buch, das die hl. Anna in der Hand hält. Später werden dann auch andere heilige Kindheiten dargestellt: die des hl. Johannes, des Spielkameraden des Jesuskindes, die des hl. Jakob, die der Kinder der heiligen Frauen. Maria Zebedäa und Maria Salome. Auf diese Weise bildet sich eine gänzlich neue Ikonographie heraus, die die Zahl der Kinderszenen vervielfacht und darum bemüht ist, die Gruppe der heiligen Kinder – mit und ohne deren Mütter – in der erwähnten Manier im Bild zu vereinigen.

Diese Ikonographie, die generell bis ins 14. Jahrhundert zurückreicht, koinzidiert mit einer Flut von Geschichten über Kinder in den Legenden und frommen Erzählungen, wie etwa denen der *Miracles de Notre-Dame*. Sie ist bis zum 17. Jahrhundert nicht abgeebbt und findet ihren Niederschlag bald darauf auch in der Malerei, der Teppichknüpferei und der

Bildhauerei. Wir werden im Zusammenhang mit den Andachtsübungen der Kindheit noch Gelegenheit haben, darauf zurückzukommen.

Von dieser religiösen Ikonographie löst sich schließlich im 15. und 16. Jahrhundert eine weltliche Ikonographie. Noch handelt es sich dabei nicht um die ausschließliche Darstellung des Kindes. Die Genreszene entwickelt sich damals aus der Umformung einer konventionellen allegorischen Ikonographie, die von der Naturauffassung des lateinischen Mittelalters inspiriert war: die Lebensalter, die Jahreszeiten, die Sinne und die Elemente gehören zu ihren hauptsächlichen Bestandteilen. Genreszenen und Anekdoten treten an die Stelle statischer Darstellungen von symbolischen Figuren. Wir werden uns mit dieser Entwicklung noch eingehender zu beschäftigen haben. (16) Halten wir fürs erste fest, daß das Kind zu einer der am häufigsten auftretenden Personen dieser kleinen Geschichten wird – das Kind in der Familie, das Kind und seine Spielkameraden, die oft Erwachsene sind, das Kind in der Menge, aber doch gehörig »ins Bild gerückt«, das Kind auf dem Arm oder an der Hand der Mutter, spielend oder auch urinierend, das Kind in der Zuschauermenge der Mirakel-, der Martyrienspiele, während der Predigt oder des liturgischen Rituals wie der Darbietung oder der Beschneidung; das Kind als Goldschmiedelehrling, als Malerlehrling etc. . . ., das Kind in der Schule – ein altes, oft behandeltes Thema, das sich bis ins 14. Jahrhundert zurückverfolgen läßt und die Genreszenen noch bis ins 19. Jahrhundert inspirieren wird.

Doch täuschen wir uns nicht: diese Genreszenen sind, wie schon gesagt, im allgemeinen nicht der ausschließlichen Beschreibung der Kindheit gewidmet, sie zeigen Kinder sehr oft inmitten ihrer Protagonisten, ihrer Meister ebenso wie ihrer Betreuer. Dazu ist zweierlei zu sagen: Einmal waren die Kinder im täglichen Leben mitten unter den Erwachsenen, und an allen alltäglichen Anlässen wie der Arbeit, dem müßigen Umherschlendern oder auch dem Spiel nahmen Kinder und Erwachsene gemeinsam teil, und zum anderen ging es bei der Darstellung der Kindheit insbesondere um deren Anmut, den Aspekt des Pittoresken (der Geschmack am Pittoresk-Anekdotischen entwickelte sich im 15. und 16. Jahrhundert und traf mit dem Sinn für das »Niedliche« der Kindheit zusammen), und man machte sich ein Vergnügen daraus, das Kind in der Gruppe und der Menge besonders hervorzuheben. Wir sind hier zwei Vorstellungen begegnet, deren eine uns heute archaisch vorkommt: wie schon Ende des 19. Jahrhunderts, so neigen wir heute dazu, die Welt des Kindes von der Erwachsenenwelt zu trennen, während die zweite Vorstellung die moderne Einstellung zur Kindheit ankündigt.

Während der Ursprung der Themen des Kindes als Engel und der heiligen Kindheit und ihrer späteren ikonographischen Ausprägungen sich ohne weiteres bis ins 13. Jahrhundert zurückverfolgen läßt, treten im 15. Jahrhundert zwei neue Typen von Kindheitsdarstellungen auf: das Porträt und der Putto. Die Darstellung des Kindes ist, wie wir gesehen haben, dem Mittelalter zumindest seit dem 13. Jahrhundert nicht gänzlich fremd, doch ist sie niemals ein Porträt, das Porträt eines realen Kindes, wie es in einem bestimmten Augenblick seines Lebens gewesen ist.

Auf den Grabbildern, deren Beschreibung in der Sammlung Gaignières (17) aufbewahrt wird, erscheint das Kind erst sehr spät, nämlich im 16. Jahrhundert. Merkwürdig ist dabei, daß es zunächst nicht auf dem Grabstein des Kindergrabes in Erscheinung tritt, sondern auf dem seiner Lehrer. An den Grabstätten der Schulmeister von Bologna hat man die Schulstunde des Lehrers inmitten seiner Schüler lebendig werden lassen. (18) Um 1378 ließ der Kardinal de la Grange, Bischof von Amiens, die beiden Prinzen, deren Tutor er gewesen war, als Zehn- bzw. Siebenjährige an einem »schönen Pfeiler« seiner Kathedrale abbilden. (19) Die Vorstellung, das Bild eines Kindes zu bewahren, ob dieses nun am Leben geblieben und erwachsen geworden oder aber im zarten Alter gestorben war, kannte man nicht. Im ersten Falle war die Kindheit nur eine bedeutungslose Übergangszeit, die man nicht im Gedächtnis zu behalten brauchte; im zweiten Falle, d. h. wenn das Kind gestorben war, fand man nicht, daß dieses kleine Ding, das allzu früh wieder aus der Welt verschwunden war, des Andenkens würdig sei: dafür gab es zu viele, die unter den gleichen Schwierigkeiten am Leben erhalten werden mußten! Die Einstellung, daß man mehrere Kinder haben wollte, um wenigstens das eine oder andere am Leben erhalten zu können, war – und blieb noch lange Zeit – tiefverwurzelt. Noch im 17. Jahrhundert beruhigt in *Le Caquet de l'accouchée* eine Nachbarin, Frau eines Ratsschreibers, die besorgte Wöchnerin und Mutter von fünf »kleinen Kanaillen«: »Ehe sie so weit sind, daß sie dir viel Sorgen machen können, wirst du die Hälfte oder vielleicht alle wieder verloren haben.« (20) Ein seltsamer Trost! Man konnte sich nicht zu sehr an etwas binden, das man als potentiellen Verlust betrachtete. Das erklärt auch andere Äußerungen, die für unser heutiges Empfinden erstaunlich sind, wie etwa die Montaignes: »Ich habe zwei oder drei Kinder im Säuglingsalter verloren, nicht ohne Bedauern, aber doch ohne Verdruß« (21), oder die Molières in Zusammenhang mit der Louison aus dem *Eingebildeten Kranken:* »Die Kleine zählt nicht.« Die öffentliche Meinung mußte ihnen, wie Montaigne, »weder Seelenregungen noch richtige Körperformen zuerkennen«. Madame de Sévigné gibt ohne Überraschung einen ähnlichen Ausspruch Madame de Coetquens wieder, den diese getan hatte, ehe sie über die Nachricht vom Tod ihrer kleinen Tochter in Ohnmacht fiel: »Sie ist sehr betrübt und sagt, daß sie nie wieder eine haben wird, die so hübsch ist.« (22)

Die Vorstellung, daß solch ein Kind bereits eine vollständige menschliche Persönlichkeit verkörperte, wie wir heute allgemein glauben, kannte man nicht. Zu viele starben: »Sie sterben mir alle als Säuglinge weg«, um noch einmal Montaigne zu zitieren. Diese Gleichgültigkeit war eine direkte und unausweichliche Konsequenz der Demographie der Epoche. Auf dem platten Land hält sie sich bis ins 19. Jahrhundert, jedenfalls insoweit sie mit dem Christentum vereinbar war, das die unsterbliche Seele des getauften Kindes achtete. Es wird berichtet, daß man im Baskenland lange an der Gewohnheit festgehalten hat, das ungetauft verstorbene Kind im Haus, unter der Schwelle oder im Garten zu beerdigen. Möglicherweise hat man es dabei mit dem Überleben sehr alter Riten, mit Opfergaben zu tun. Aber wäre es nicht auch denkbar, daß man das zu früh verstorbene Kind einfach irgendwo eingrub, wie man es heute mit einem Haustier, einer Katze oder einem Hund, tut? Es war ein so winziges Ding, so wenig im Leben verwurzelt, daß man nicht fürchten mußte, daß es nach seinem Tode die Lebenden heimsuchen würde. So fällt auf, daß Merian in der Randleistengravur der *Tabula Cebetis* (23) die kleinen Kinder in eine Art Zwischenzone gestellt hat, nämlich zwischen die Erde, aus der sie hervorgehen, und das Leben, in dem sie noch keinen Fuß gefaßt haben und wovon sie durch einen Portikus mit der Aufschrift *Introitus ad vitam* getrennt sind. Sprechen wir nicht heute noch vom Eintritt ins Leben und meinen damit den Abschied von der Kindheit? Diese gleichgültige Haltung gegenüber einer allzu anfälligen Kindheit, die ständig von der Aussicht auf einen frühen Tod überschattet wird, kommt der Unempfindlichkeit der römischen oder der chinesischen Gesellschaft, die die Kindesaussetzung praktizierten, im Grunde ziemlich nahe. Von daher versteht man, welcher Abgrund unsere Auffassung von der Kindheit von derjenigen trennt, die vor der demographischen Revolution oder ihrer Vorläufer geherrscht hat. Wir müssen uns über diese Unempfindlichkeit nicht wundern, sie ist unter den damals herrschenden demographischen Bedingungen nur zu natürlich gewesen. Dagegen sollte es uns überraschen, wie früh sich der Sinn für die Kindheit einstellte, wo doch die demographischen Bedingungen ihm nicht als Nährboden dienen konnten. Statistisch oder objektiv gesehen hätte diese Haltung sich erst viel später einstellen müssen. Der

Geschmack am Pittoresken und der Liebenswürdigkeit dieses kleinen Wesens, der Sinn für das Niedliche der Kindheit, der sich an den Drolligkeiten und Naivitäten, den »kindischen Streichen«, ergötzt, über die wir Erwachsenen uns »zu unserem Zeitvertreib wie über Äffchen« (24) freuen, mögen noch einleuchten. Diese Einstellung vertrug sich durchaus mit der Gleichgültigkeit gegenüber dem wesentlichen und entscheidenden Merkmal der Persönlichkeit des Kindes: der unsterblichen Seele. Der neue Geschmack am Porträt ist ein Anzeichen dafür, daß die Kinder aus ihrer Anonymität heraustreten, zu der sie infolge ihrer geringen Überlebenschancen verurteilt waren. Es ist in der Tat höchst bemerkenswert, daß man in dieser Epoche des Raubbaus an der Bevölkerung den Wunsch verspürt hat, die Züge eines Kindes festzuhalten, um sein Andenken zu bewahren, ob es nun starb oder überlebte. Insbesondere das Porträt des toten Kindes ist ein Beweis dafür, daß dieses Kind nicht mehr generell als unvermeidlicher Verlust angesehen wird. Diese Haltung bedeutet jedoch nicht, daß die gegenteilige Einstellung, d. h. die eines Montaigne, der *Caquets de l'accouchée,* die eines Molière nunmehr verschwunden wäre: bis zum 18. Jahrhundert lassen sich beide Einstellungen nebeneinander feststellen. Erst mit dem Aufkommen des Malthusianismus und der Ausbreitung empfängnisverhütender Praktiken im 18. Jahrhundert sollte die Vorstellung von der notwendigen Vergeudung von Menschenleben verschwinden.

Das Auftreten des Porträts vom toten Kind im 16. Jahrhundert markiert folglich einen sehr wichtigen Augenblick in der Geschichte der Gefühlskultur. Dieses Porträt ist zunächst einmal ein Grabbildnis, und zwar wird das Kind anfangs nicht für sich dargestellt, sondern auf dem Grabstein seiner Eltern. Die Verzeichnisse von Gaignières (25) zeigen das Kind, das sehr klein ist, an der Seite seiner Mutter oder auch zu Füßen der ruhenden Figuren. Diese Grabsteine stammen sämtlich aus dem 16. Jahrhundert, und zwar aus den Jahren 1503, 1530 und 1560. Unter den so merkwürdigen Grabsteinen in Westminster Abbey befindet sich auch der der Marquise von Winchester, die 1586 gestorben ist. (26) Die Marquise ist als ruhende Figur in natürlicher Größe dargestellt. Im Vordergrund sind auf dem Grabstein die verkleinerte kniende Statue des Marquis, ihres Gatten, und der winzige Grabstein eines toten Kindes abgebildet. Gleichfalls in Westminster Abbey sind der Earl und die Countess von Shrewsbury auf einem Grabstein aus den Jahren 1615–20 als ruhende Figuren dargestellt: ihre kleine Tochter kniet mit gefalteten Händen zu ihren Füßen. Dabei ist zu beachten, daß die Kinder, die mit den Verstorbenen abgebildet werden, nicht immer selbst bereits tot sind:

es versammelt sich vielmehr die ganze Familie um ihre Oberhäupter, wie im Augenblick ihres letzten Seufzers. Doch hat man neben den zu der Zeit noch lebenden Kindern auch die abgebildet, die bereits gestorben sind; sie unterscheiden sich dadurch von den lebenden, daß sie kleiner sind und ein Kreuz (Grab John Cokes in Halkham, 1639) oder auch einen Totenschädel in der Hand halten: auf dem Grab Cope d'Ayleys in Hambledone (1633) sind die Verstorbenen von vier Jungen und drei Mädchen umgeben; ein Junge und ein Mädchen halten jeweils einen Totenkopf in der Hand.

Im Musée des Augustins in Toulouse gibt es ein sehr interessantes Triptychon, das aus dem Kabinett Du Mège stammt. (27) Die Flügel sind aus dem Jahr 1610. Die Stifter, der Mann und die Frau knien zu beiden Seiten einer Kreuzabnahme; das Alter beider ist mit 63 Jahren angegeben. Neben dem Mann sieht man ein Kind, das so gekleidet ist, wie damals alle kleinen Kinder bis zu fünf Jahren: es trägt das Kleid und die Schürze der Mädchen (28) und eine große mit Federn geschmückte Haube. Die lebhafte, reiche Farbe seiner Kleidung – ein golddurchwirktes Grün – unterstreicht die Strenge der schwarzen Gewänder der Stifter. Die dort knieende Frau von 63 Jahren kann kein fünfjähriges Kind haben. Es handelt sich um ein verstorbenes Kind, zweifellos um einen einzigen Sohn, dessen Andenken das alte Paar bewahrte: es war ihr Wille, daß er in seinem schönsten Staat bei ihnen sein sollte.

Es war ein frommer Brauch, den Kirchen ein Gemälde oder Kirchenfenster zu stiften. Im 16. Jahrhundert ließ der Stifter sich mit seiner ganzen Familie darstellen. In den deutschen Kirchen hängen an Pfeilern und Wänden noch zahlreiche solcher Familienporträts. Auf einem Gemälde dieses Genres aus der zweiten Hälfte des 16. Jahrhunderts, das in Sankt Sebaldus in Nürnberg hängt, sieht man den Vater und hinter ihm zwei schon große Söhne sowie eine kaum differenzierte Menge von sechs sich drängenden Jungen, die sich hintereinander verstecken, so daß einige kaum zu sehen sind. Sollte es sich hierbei um verstorbene Kinder handeln?

Ein ähnliches, auf 1560 datiertes Gemälde, das im Museum von Bregenz aufbewahrt wird, weist auf den Banderolen das Alter der Kinder auf: es sind drei Jungen von einem, zwei und drei Jahren, fünf Mädchen von einem, zwei, drei, vier, fünf Jahren. Doch ist die Älteste von fünf Jahren ebenso groß und ebenso gekleidet wie die Jüngste von einem Jahr. Man hat ihr ihren Platz innerhalb der Familienszene gelassen, als habe sie das Alter von fünf Jahren erreicht, doch zeigt man sie, wie sie war, als sie gestorben ist.

Diese in Reih und Glied gemalten Familien sind naive unbeholfene, monotone, stillose Werke: ihre Urheber wie ihre Modelle bleiben unbekannt oder im dunkeln. Anders verhält es sich, wenn der Stifter sich an einen renommierten Maler gewandt hat; die Kunstgeschichtler haben mittlerweile das Nötige getan, um die Figuren der berühmten Gemälde zu identifizieren. So im Falle der Familie Meyer, die Holbein im Jahre 1526 zu Füßen der hl. Jungfrau dargestellt hat. Wir wissen, daß von den sechs Personen der Komposition drei im Jahre 1526 bereits tot waren: die erste Frau Jacob Meyers und seine beiden Söhne, wobei der eine mit zehn Jahren gestorben war, der andere in noch zarterem Alter; letzterer ist nackt.

Es handelt sich dabei um einen Brauch, der sich in der Zeit vom 16. bis zur Mitte des 17. Jahrhunderts ausbreitet. Im Museum von Versailles findet man ein Gemälde von Nocret, das die Familien Ludwigs XIV. und seines Bruders zeigt; das Bild ist berühmt, weil zumindest die Männer, d. h. der König und die Prinzen, halbnackt sind wie olympische Götter. Ein Detail ist hier hervorzuheben: zu Füßen Ludwigs XIV. im Vordergrund der Szene hat Nocret ein Bild aufgestellt, das zwei kleine Kinder in seinem Rahmen einschließt, die in zartem Alter gestorben sind. Das Kind erscheint also zunächst in Familienporträts, an der Seite seiner Eltern.

Für die Zeit seit dem Ende des 16. Jahrhunderts vermelden die Verzeichnisse von Gaignières Grabmale, auf denen Kinder einzeln abgebildet sind: das eine stammt von 1584, das andere von 1608. Das Kind ist wie das auf der Kreuzabnahme von Toulouse in der seinem Alter eigenen Kleidung – Kleid und Haube – dargestellt. Als James I. innerhalb von zwei Jahren, 1606 und 1607, zwei Töchter verlor, die eine drei Tage, die andere zwei Jahre alt, ließ er sie auf ihren Grabmälern in Westminster Abbey reich angetan darstellen; die Kleinste hatte nach seinem Willen in einer Alabasterwiege zu liegen, die mit allem Zubehör getreulich nachgebildet werden sollte, um die Illusion des Wirklichen zu geben; dazu gehörten Spitzen an Weißzeug und Haube. Eine Inschrift verrät, welches fromme Empfinden diesem drei Tage alten Kind eine unzerstörbare Persönlichkeit zuspricht: *Rosula Regia prae-propero Fato decerpta, parentibus erepta, ut in Christi Rosario reflorescat.*

Abgesehen von Grabbildnissen kommen Porträts ausschließlich von Kindern bis zum Ende des 16. Jahrhunderts selten vor; eine der Ausnahmen ist der Dauphin Charles Orlando vom Mâitre de Moulins (ein weiteres Zeugnis für die Pietät gegenüber sehr früh verschiedenen Kindern). Zu Beginn des 17. Jahrhunderts werden sie dagegen sehr zahlreich. Man hat den Eindruck, daß man es sich zur Gewohnheit werden ließ, den flüchtigen Aspekt der Kindheit durch die Kunst des Malers festzuhalten. Die Porträts zeigen das Kind getrennt von der Familie, wie sich die Familie ein Jahrhundert früher, anfangs des 16. Jahrhunderts, von der religiösen Szene der Stifterbilder getrennt hatte. Es wird von nun an allein und um seinetwillen dargestellt: das ist die große Neuerung des 17. Jahrhunderts. Das Kind sollte eines seiner bevorzugten Modelle werden. Davon zeugen unzählige Beispiele, darunter Bilder so berühmter Maler wie Rubens, Van Dyck, Franz Hals, Le Nain, Ph. de Champaigne. Die einen stellen kleine Prinzen dar wie die Kinder Charles I. von Van Dyck oder die James II. von Largillière, andere die Kinder von Grandseigneurs, wie jene drei Kinder von Van Dyck, von denen der Älteste ein Schwert trägt, wieder andere zeigen die Kinder wohlhabender Bürger, wie sie Le Nain oder Ph. de Champaigne gemalt haben. Es kommt auch vor, daß eine Inschrift Alter und Namen mitteilt, wie es bei erwachsenen Personen von alters her üblich war. Mal ist das Kind allein (Grenoble: Ph. de Champaigne), dann wieder komponiert der Künstler eine Gruppe aus mehreren Kindern einer Familie. Es handelt sich um einen banalen Porträtstil, der von vielen anonymen Malern übernommen wird und dem man oft in Provinzmuseen oder bei Antiquaren begegnet. Jetzt will jede Familie die Porträts ihrer Kinder besitzen, und zwar schon dann, wenn sie noch Kinder sind. Diese Gepflogenheit entsteht im 17. Jahrhundert und wird nie wieder verschwinden, nur daß im 19. Jahrhundert die Photographie die Malerei abgelöst hat. Das Empfinden, das dahintersteht, ist jedoch dasselbe geblieben.

Ehe wir das Thema Porträt abschließen, sollten wir noch auf die Kinderdarstellungen auf Votivbildern hinweisen. Es gibt deren einige im Museum der Kathedrale von Le Puy, und auf der Ausstellung über das 17. Jahrhundert im Jahre 1958 war eine erstaunliche Darstellung eines kranken Kindes zu sehen, die ebenfalls ein Votivbild sein muß.

Obwohl die demographischen Verhältnisse sich vom 13. bis 17. Jahrhundert nicht sehr gewandelt haben und die Kindersterblichkeit stets sehr groß geblieben ist, gesteht eine neue Einstellung diesen zerbrechlichen und bedrohten Wesen eine Einzigartigkeit zu, die man ihnen zuvor nicht zuerkennen wollte – gerade so, als habe das allgemeine Bewußtsein erst da entdeckt, daß auch die Seele des Kindes unsterblich ist. Die Tatsache, daß der Persönlichkeit des Kindes nun ein solches Gewicht beigemessen wird, hängt mit Sicherheit mit einer tiefergreifenden Christianisierung der Lebensformen zusammen.

Dieses Interesse, das man dem Kind entgegenbringt, ist dem Wandel der demographischen Verhältnisse, den man etwa mit der Entdeckung Jenners ansetzen kann, um mehr als ein Jahrhundert voraus. Briefwechsel des 18. Jahrhunderts wie die des Generals de Martange (29) zeigen, daß es von da an Familien gegeben hat, die darauf geachtet haben, daß ihre Kinder geimpft wurden. Hinter dieser Vorsorge gegen die Pocken muß man eine Einstellung vermuten, aus der heraus man auch anderen Praktiken der Hygiene gewogen war und die die Voraussetzung für einen Rückgang der Sterblichkeitsrate bedeutete, der jedoch teilweise durch eine immer mehr um sich greifende Geburtenkontrolle ausgeglichen wurde.

Eine andere Darstellung des Kindes, die uns aus dem Mittelalter nicht bekannt ist, ist der Putto, das kleine, nackte Kind. Er taucht am Ende des 14. Jahrhunderts auf, und allem Anschein nach hat man darin den wiederentdeckten hellenistischen Eros zu sehen. Das Motiv des nackten Kindes ist selbst in Frankreich, wo der Italianismus auf einigen bodenständigen Widerstand traf, sofort mit außerordentlichem Wohlwollen aufgenommen worden. Der Herzog von Berry besaß seinen Inventarlisten zufolge ein »Kinder-Zimmer«, d. h. ein Zimmer, das mit Teppichen ausgeschmückt war, die lauter Putti zeigten. (30) Van Marle fragt sich, ob die Inventarschreiber »diese halbheidnischen Engelchen, diese ›Putti‹, die so oft das Laubwerk der Teppiche der zweiten Hälfte des 15. Jahrhunderts schmückten (nicht bisweilen als Kinder bezeichnet haben)«. Im 16. Jahrhundert halten die Putti, wie wir wohl wissen, dann Einzug in die Malerei und werden ein bis zum Überdruß wiederholtes dekoratives Motiv. Besonders Tizian hat davon, man muß wohl sagen: übermäßigen, Gebrauch gemacht: man denke nur an den »Triumph der Venus« im Prado.

Das 17. Jahrhundert scheint, sei es nun in Rom, in Neapel oder in Versailles, wo die Putti noch den alten Namen *marmousets* (Knirpse) tragen, ihrer noch nicht müde zu sein. Dank der Umwandlung des mittelalterlichen engelhaften Meßknaben zum Putto entgeht ihnen auch die religiöse Malerei nicht. Von nun an ist der Engel (abgesehen vom Schutzengel) nicht länger jener Ephebe, den man noch auf den Bildern Botticellis sieht; auch er ist zu einem kleinen nackten Amor geworden, wenn man auch, um dem nachtridentinischen Schamgefühl Genüge zu tun, seine Nacktheit durch Wolken, Dunstschleier und Stoffe verhüllt. Die Nacktheit des Putto macht selbst vor dem Jesuskind und den anderen heiligen Kindern nicht halt. Wenn einem diese vollständige Nacktheit widerstrebt, begnügt man sich damit, sie diskreter darzustellen; man vermeidet es jedoch, Jesus allzusehr durch Kleider zu verhüllen oder ihn in Windeln zu wickeln: man zeigt ihn statt dessen in dem Augenblick, wo seine Mutter die Windelbänder löst, (31) oder man entblößt seine Schultern und seine Beine. Schon Pierre du Columbier hat im Zusammenhang mit den Majoliken Andrea della Robbias am Findelhaus bemerkt, daß es nicht möglich ist, die Kindheit darzustellen, ohne ihre Nacktheit zu evozieren. (32) Dieser Geschmack an der kindlichen Nacktheit muß augenscheinlich in Zusammenhang mit dem Geschmack an der antikischen Nacktheit überhaupt gesehen werden, der sich selbst im Porträt niederschlug. Doch hat sich der Geschmack an der kindlichen Nacktheit länger gehalten, und er hat schließlich die gesamte Dekoration beherrscht: man denke nur an Versailles oder an die Deckenausschmükkung der Villa Borghese in Rom. Der Geschmack am Putto hatte tiefere Wurzeln als den Geschmack an der antikischen Nacktheit und muß im Zusammenhang mit einem immer stärker werdenden Interesse an der Kindheit betrachtet werden.

Wie schon das mittelalterliche Kind, d. h. das heilige Kind, das Kind als Allegorie der Seele oder als engelsgleiches Geschöpf, war der Putto weder im 15. noch im 16. Jahrhundert ein reales, historisches Kind. Das ist um so bemerkenswerter, als das Putto-Motiv gleichzeitig mit dem Kinderporträt entstanden ist und sich parallel dazu entwickelt hat. Die Kinder der Porträts des 15. und 16. Jahrhunderts sind jedoch niemals, oder fast niemals, nackt. Entweder sind sie, selbst wenn sie kniend dargestellt sind, in Windeln gewickelt, (33) oder sie tragen die Kleidung ihres Alters und ihres Standes. Man konnte sich das historische Kind, selbst das noch sehr kleine, nicht in der Nacktheit des mythologischen und dekorativen Kindes vorstellen, und bei dieser Unterscheidung ist es lange geblieben.

Die letzte Episode innerhalb der Entwicklung der Ikonographie des Kindes wird also die Anwendung der dekorativen Nacktheit des Putto auf das Kinderporträt sein. Dieser Schritt vollzieht sich im 17. Jahrhundert. Gewiß findet man auch vorher Porträts von nackten Kindern, aber sie sind doch eher eine Seltenheit. Eines der frühesten ist möglicherweise das des in zartem Alter verstorbenen Kindes der Familie Mayer von Holbein (1521). Doch drängt sich dabei der Gedanke an die mittelalterliche Darstellung der Seele auf. In einem der Säle des Innsbrucker Schlosses gibt es ein Fresko, auf dem auf Wunsch Maria Theresias alle ihre Kinder vereint sein sollten. So ist darauf neben den lebenden auch eine tote Prinzessin in ihrer – züchtig drapierten – Nacktheit dargestellt.

Auf einem Gemälde des Tizian von 1571 oder 1575 (34) streckt Philipp II. mit einer Opfergeste der Siegesgöttin seinen völlig nackten Sohn, den Infanten Ferdinand, entgegen. Er ähnelt dem vertrauten Putto des Tizian und macht den Eindruck, als finde er die Situation sehr lustig. Die Putti werden oft als Spielende dargestellt.

Im Jahre 1560 malte Veronese die Familie Cucina-Fiacco, und zwar, wie es Sitte war, vor der Jungfrau mit dem Kind. Die auf diesem Gemälde vereinte Familie bestand aus drei Männern, darunter der Vater, einer Frau – der Mutter – und sechs Kindern. Ganz rechts sieht man eine Frau, die nur noch zur Hälfte auf dem Bild ist. Wie die Jungfrau hält sie ein nacktes Kind in den Armen, und diese Ähnlichkeit wird zusätzlich durch die Tatsache hervorgehoben, daß die Frau nicht die reale Kleidung ihrer Zeit trägt. Die Mutter kann sie nicht sein, sonst wäre sie nicht nur zur Hälfte auf dem Bild. Sollte es sich dabei um die Amme des Letztgeborenen handeln? (35) Auch ein Gemälde des Holländers P. Aertsen aus der Mitte des 16. Jahrhunderts stellt eine Familie dar; dazu gehören: der Vater, ein Junge von etwa fünf Jahren, ein vierjähriges Mädchen; die Mutter sitzt und hält einen nackten kleinen Jungen auf den Knien. (36)

Sicher würden sich bei einer noch intensiveren Suche noch andere Beispiele finden lassen. Sie sind jedoch in jedem Falle nicht zahlreich genug, als daß daraus eine allgemein verbreitete Geschmacksrichtung hätte werden können.

Im 17. Jahrhundert werden die Beispiele dann zahlreicher und bezeichnender für die Haltung gegenüber dem Kind. So trägt Rubens' Hélène Fourment in München ihren gänzlich nackten Sohn auf den Armen, der sich vom gewöhnlichen Putto zum einen durch eine unleugbare Ähnlichkeit mit der Mutter und zum anderen durch eine gefiederte Haube unterscheidet, wie die Kinder sie damals trugen. Das jüngste der Kinder Charles I., die Van Dyck 1673 gemalt hat, liegt nackt, halb in das Leintuch gewickelt, auf dem es sich ausstreckt, bei seinen Brüdern und Schwestern.

»Als Le Brun 1647 den Bankier und Sammler Jabach in seinem Haus in der Rue Saint-Merri malt«, schreibt L. Hautecœur, (37) »zeigt er uns diesen mächtigen Mann, wie er, ohne Prunk gekleidet und mit schlecht sitzenden Strümpfen, seine Frau und seinen Sohn über seine jüngste Erwerbung aufklärt ... Auch seine anderen Kinder sind dabei: das letztgeborene ruht nackt wie ein Jesuskind auf einem Kissen, eine seiner Schwestern spielt mit ihm.« Mehr noch als die nackten Kinder Holbeins, Veroneses, Tizians, Van Dycks, selbst Rubens' hat der kleine

Jabach genau die Pose, die das moderne Baby vor dem Objektiv des Kunstphotographen einnimmt. Die Nacktheit des Kleinkindes wird nunmehr zu einer Konvention des Genres und alle kleinen Kinder, die man zur Zeit Le Nains und Ph. de Champaignes feierlich bekleidet hatte, werden nackt dargestellt. Diese Konvention findet sich ebensowohl bei Largillière, dem Maler des Großbürgertums, wie bei Mignard, dem Hofmaler: das Letztgeborene des Grand Dauphin, das Mignard gemalt hat (Louvre), liegt, wie der kleine Jabach, dicht bei seiner Mutter nackt auf einem Kissen.

Entweder ist das Kind ganz nackt wie auf dem Porträt des Comte de Toulouse von Mignard, (38) wobei seine Nacktheit durch ein gewundenes Band, das man zu diesem Behuf um es geschlungen hat, nur notdürftig verhüllt wird, wie etwa im Falle jenes Kindes von Largillière, das eine Hippe in der Hand hält, (39) oder es ist zwar bekleidet, jedoch nicht mit einem Gewand, das den wirklichen Kleidergewohnheiten entspricht, sondern mit einer Art von Dessous, das seine Blöße nicht gänzlich bedeckt, sondern sie absichtsvoll durchscheinen läßt: so im Falle der Kinderproträts von Belle, die Beine und Füße bloß lassen, oder auch im Fall des Duc de Bourgogne von Mignard, der einfach nur mit einem leichten Hemd bekleidet ist. Wir brauchen diesem Motiv das nun konventionell geworden ist, nicht weiter nachzugehen. Man wird es später in den Familienalben und den Schaufenstern der »Kunstphotographen von gestern wiederfinden: dort werden dann Babys ihr kleines Hinterteil zeigen – nur zur Pose, denn zuvor wird man sie sorgfältig eingehüllt, gewindelt, in Hosen gesteckt haben; man wird kleine Jungen und kleine Mädchen sehen, die man nur zu diesem Anlaß mit einem hübschen durchsichtigen Hemd bekleidet hat. Schließlich gibt es kein Kind mehr, von dem nicht ein Bild existiert, das es als Nackedei zeigt – ein direktes Erbe der Putti der Renaissance: welch seltsames Festhalten des kollektiven Geschmacks, des bürgerlichen ebenso wie des volkstümlichen, an einem Motiv, das ursprünglich dekorativ war; immer noch dient der antike Eros, der im 15. Jahrhundert wiederentdeckt worden ist, den »künstlerischen Porträts« des 19. und 20. Jahrhunderts als Modell.

Es wird dem Leser dieser Seiten nicht entgangen sein, welche bedeutende Rolle das 17. Jahrhundert innerhalb der Entwicklung der Motive der frühen Kindheit gespielt hat. So wurden beispielsweise Einzelporträts von Kindern im 17. Jahrhundert zahlreich und üblich. Auch beginnen im 17. Jahrhundert die Familienporträts, die ja viel älter sind, sich um das Kind herum zu organisieren: es wird zum Mittelpunkt der

Komposition. Diese Konzentration auf das Kind fällt besonders auf bei jenem Familienporträt von Rubens, (40) auf dem die Mutter dem Kind die Hand auf die Schulter legt, während der Vater es an der Hand hält, aber auch bei Frans Hals, Van Dyck oder Lebrun, auf deren Bildern die Kinder sich küssen, umarmen und die Gruppe der ernstblickenden Erwachsenen durch ihre Spiele oder ihre Zärtlichkeit beleben. Der barocke Maler braucht sie, um dem Gruppenporträt die Dynamik zu verleihen, an der es ihm sonst fehlte. Auch räumte die Genreszene des 17. Jahrhunderts der Kindheit einen bevorzugten Platz ein: so finden wir unzählige Kindheitsszenen konventionellen Charakters, wie etwa die Lesestunde, in der wir das Motiv von der Unterrichtsstunde der hl. Jungfrau aus der religiösen Ikonographie des 14. und 15. Jahrhunderts in seiner verweltlichten Form wiedererkennen, oder auch die Musikstunde, lesende, zeichnende, spielende Jungen und Mädchen. Unmöglich, all die Motive aufzuzählen, die, insbesondere in der ersten Hälfte des Jahrhunderts, in der Malerei, später dann auch in der Gravierkunst überaus häufig vorkommen. Außerdem wird, wie wir gesehen haben, in der zweiten Hälfte des 17. Jahrhunderts die Nacktheit zu einer unerläßlichen Konvention des Kinderporträts. Zweifellos beginnt die Entdeckung der Kindheit im 13. Jahrhundert und findet in der Kunstgeschichte und der Ikonographie des 15. und 16. Jahrhunderts ihren Niederschlag. Doch werden die Zeugnisse dieser Entdeckung erst ausgangs des 16. Jahrhunderts und im 17. Jahrhundert besonders zahlreich und signifikant.

Für die Richtigkeit dieser Feststellung spricht auch das offenkundige Interesse, das man dem Kleinkind, seinen Verhaltensweisen und seinem »Jargon« zu dieser Zeit entgegenbringt. Wir haben schon im vorangegangenen Kapitel darauf hingewiesen, daß man ihm damals neue Namen gab: *bambin, pitchoun, fanfan.* Man vergnügte sich damit, seine Redeweise gebührend zu würdigen und sein Vokabular, d. h. dasjenige, dessen sich die Amme im Gespräch mit dem Kind bediente, zu verwenden. In der Literatur, selbst der weitverbreiteten, finden sich jedoch nur wenige Spuren des kindlichen Jargons. So muß es uns erstaunen, daß wir solche in der *Divina Commedia* entdecken. (41) »Hast du dir etwa mehr an Ruhm erworben, wenn du dahinwelkst, als wenn du gestorben wärst, ehe du noch aufgehört, *pappo* und *dindi* zu sagen, ehe tausend Jahre vergangen sind.« *Pappo* ist das Brot. Das Wort existierte zur Zeit Dantes auch im Französischen: *le papin.* Es kommt in einem der *Miracles Notre-Dame* vor, dem vom »kleinen Kind, das dem Bild des Jesuskindes in den Armen Unserer Lieben Frau zu essen gibt«. »So hat es ihm das Brot *(papin)* an den Mund gehalten und gesagt: eßt das Brot *(papez)*, schönes, süßes Kind, wenn es Euch gefällt. Dann knabberte es *(papa)* ein wenig von diesem Brot *(papin)*: eßt das Brot *(papez)*, Kind, sagte der Meßknabe, und Gott möge Euch helfen. Ich sehe, daß du Hungers stirbst. Iß *(papine)* ein wenig von meinem Kuchen.« Aber ist dieses Wort *papin* wirklich der Kindheit vorbehalten oder gehört es nicht vielmehr der familiären Alltagssprache an? Wie dem auch sei, wie andere Texte des 14. Jahrhunderts zeugen auch die *Miracles de Notre-Dame* von einer gewissen Vorliebe für die unmittelbare Wiedergabe kindlicher Spontaneität. Das ändert nichts an der Tatsache, daß Hinweise auf den Kinderjargon bis zum 17. Jahrhundert nur in Ausnahmefällen vorkommen. Im 17. Jahrhundert kommen sie dann überaus häufig vor. Da sind beispielsweise die Legenden einer Sammlung von Stichen von Bouzonnet und Stella, die auf das Jahr 1657 datiert ist. (42) Diese Sammlung enthält eine Reihe von Tafeln, auf denen die Spiele der Putti dargestellt sind. Hinsichtlich der Zeichnung lassen sie alle Originalität vermissen, doch sprechen die schrecklichen Holperverse der Legenden den Jargon des Kleinkindes wie auch das Argot der Schuljugend, denn man hat immer noch eine recht unbestimmte Vorstellung davon, wo die frühe Kindheit aufhört. Putti spielen mit Steckenpferden; das Blatt ist betitelt: *le Dada* (Hottehüh).

Des putti jouent aux dés, l'un est hors du jeu:
Et l'autre, s'en voyant exclu (du jeu)
Avec son *toutou* se console.

Das *papin* des 14. bis 15. Jahrhunderts hat aus dem Sprachgebrauch, zumindest aus dem Französisch des bürgerlichen Kindes, vielleicht deshalb verschwinden müssen, weil es kein spezifischer Ausdruck der frühen Kindheit war. Doch sind andere Wörter der Plappersprache aufgetaucht, die bis heute lebendig geblieben sind: *toutou, dada.*

Neben der Ammensprache sprechen die Putten auch das Argot der Schüler oder der Militärakademien. So heißt es in den Versen über das Schlittenfahren:

Ce populo, comme un César
Se fait traîner dedans son char.

Des putti . . . Putten spielen Würfelspiel, die eine ist schon aus dem Spiel:/ Und als die andere nicht mehr mitmachen kann/ Tröstet sie sich mit ihrem Steckenpferd *(toutou)*.

Ce . . . Dies Völkchen läßt sich ziehen/ Wie ein Cäsar in seinem Wagen

Populo entstammt dem Schullatein. Ganz ähnlich spricht Madame de Sévigné in Bezug auf die Kinder Madame de Grignans von »diesem kleinen Völkchen« *(ce petit peuple)*.

Ein kleiner Spieler macht durch seine Gewitztheit von sich reden: »Dieser Kadett *(cadet)* erscheint tollkühn.« *Cadet* ist ein Terminus aus dem Bereich der Akademie, auf der die jungen Adligen zu Beginn des 17. Jahrhunderts den Umgang mit den Waffen, die Reitkunst und die Kriegskunst erlernten. Das Wort ist im Ausdruck »Kadettenanstalt« erhalten geblieben.

Vom Federballspiel heißt es:

> Aynsi nuds, legers et dispos,
> Les enfans, dès qu'ils *ont campos*
> Vont s'escrimer de la raquette.

Avoir Campos entstammt ebenfalls der Akademie; es ist ein militärischer Ausdruck, der soviel bedeutet wie: die Erlaubnis haben. Im familiären Sprachgebrauch kommt er häufig vor; man begegnet ihm beispielsweise bei Madame de Sévigné.

Über das Baden heißt es (während die einen schwimmen)

> La plupart boivent sans manger
> A la santé des *camarades*.

Camarades: dieser Ausdruck, der ebenfalls neu ist oder doch vom Ende des 16. Jahrhunderts stammt, muß militärischen Ursprungs gewesen sein (vielleicht stammt er von Söldnern deutscher Zunge?) und ging dann durch die Akademien. Im übrigen bleibt er eher der bürgerlichen Umgangssprache vorbehalten. Noch heute wird in der Volkssprache kein Gebrauch davon gemacht; sie zieht das ältere Wort *copain* (das mittelalterliche *compaing)* vor.

Doch kehren wir zur frühkindlichen Sprache zurück. In Cyrano de Bergeracs *Pédant Joué* nennt Granger seinen Sohn sein *toutou:* »Komm, gib mir einen Kuß, komm, mein *toutou.*« Das Wort Bonbon, von dem ich annehme, daß es zur Ammensprache gehört, kommt ebenso in Ge-

Aynsi nuds... So mühen sich die Kinder,/ Sobald sie nur die Erlaubnis haben,/ Leichtbekleidet, behend und munter/ Mit dem Tennisschläger.

La plupart... Trinken die meisten, ohne zu essen/ Auf das Wohl der Kameraden.

brauch wie der Ausdruck *beau comme un ange* oder wie *pas plus grand que cela*, eine Wendung, die Madame de Sévigné gebraucht.

Das Interesse erstreckt sich sogar auf die Onomatopöien des Kindes, das noch nicht sprechen kann, und die Madame de Sévigné sich aus dem Geplapper ihrer Enkeltochter, die sie immer um sich hat, herauszuhören bemüht, um sie Madame de Grignan mitzuteilen, die sich damals in der Provence aufhielt: »Sie spricht sehr niedlich: *titota, tetita, totata.*« (43)

Schon zu Beginn des Jahrhunderts vermerkt Heroard, der Arzt Ludwig XIII., die naiven Äußerungen seines Augapfels, sein Gestammel, seine Art »vela« (voilà) und »equivez« (ecrivez) zu sagen, sorgfältig in seinem Tagebuch.

Als Madame de Sévigné ihre Enkelin, »ihr kleines Liebchen«, »ihr kleines Herzblatt«, beschreibt, malt sie Genreszenen, die denen Le Nains und Bosses nahekommen und zudem von der Affektiertheit der Gravierkunst am Ende des Jahrhunderts und der der Malerei des 18. Jahrhunderts gefärbt waren. »Unsere Tochter ist eine kleine braune Schönheit, sehr hübsch, ja, das ist sie, sie küßt mich sehr ungeschickt, weint jedoch niemals.« »Man küßt mich, man kennt mich, man lacht mich an, kurz, man nennt mich Maman« (und nicht *Bonne Maman*). »Ich liebe sie rundherum. Ich habe ihr gerade die Haare abschneiden lassen: sie ist als Zauskopf frisiert – eine Frisur, die wie für sie geschaffen ist. Ihr Teint, ihr Hals und ihr kleiner Körper sind bewundernswert. Sie tut hundert kleine Dinge: sie liebkost, sie verteilt Klapse, sie macht das Kreuzzeichen, sie bittet um Verzeihung, sie knickst, sie küßt die Hand, sie zuckt die Achseln, sie tanzt, sie schmeichelt, sie faßt einen beim Kinn: kurz, sie ist in jeder Beziehung reizend. Ich vergnüge mich ganze Stunden mit ihr.« (44) Viele Mütter und Ammen hatten schon so gefühlt. Doch hatte bis dahin keine eingestanden, daß ihre Empfindungen eines so ambitionierten Ausdrucks würdig seien. Diese literarischen Kindheitsszenen entsprechen denen der Malerei und des Genrestichs der Zeit. Man hatte das kleine Kind, seinen Körper, seine Verhaltensweisen, sein unverständliches Geplapper entdeckt.

3. Kapitel
Die Kleidung des Kindes

Die ausgeprägte Indifferenz, die man – sofern es sich nicht um das Jesuskind handelte – den spezifischen Merkmalen der Kindheit bezeugte, tritt nicht nur in der Welt der Bilder zutage: an der Kleidung zeigt sich, wie wenig die Kindheit in der Lebenspraxis damals als solche behandelt wurde. Sobald das Kind den Windeln, d. h. der Stoffbahn, die man ihm eng um den Körper wickelte, entwuchs, wurde es wie die anderen Männer und Frauen seines Standes gekleidet. Gerade wir, die wir doch so lange Zeit kurze Hosen getragen haben, dieses nur zu bald als schändlich empfundene Zeichen einer verschleppten Kindheit, können uns diese Vermischung nur mit Mühe vorstellen. In meiner Generation legte man die kurzen Hosen am Ende der vorletzten Gymnasialklasse ab, nachdem man die widerstrebenden Eltern endlich zu diesem Zugeständnis gebracht hatte. Mir predigte man beispielsweise Geduld, indem man mich auf den Fall eines Onkels, eines Generals, hinwies, der sich mit kurzen Hosen im Polytechnikum eingefunden hatte! Mittlerweile hat die Jugend im Guten wie im Schlechten viel Spielraum gewonnen, und der sportliche Aufzug, der zugleich von Jugendlichen und Kindern getragen wird, ist auf dem besten Wege, die Unterscheidungsmerkmale im Bereich der Kleidung abzulösen, wie sie die Kindheit im 19. und zu Beginn des 20. Jahrhunderts gekennzeichnet haben. Wie dem auch sei, wenn der Jugendliche der Epoche von 1900 bis 1920 noch sehr lange eine Kleidung trug, die viele Merkmale der Kinderkleidung aufwies, so kleidete das Mittelalter alle Altersklassen unterschiedslos, einzig besorgt, die Stufen der sozialen Hierarchie auch an den Kleidern erkennbar werden zu lassen. Hinsichtlich seines Aufzuges unterschied sich das Kind in nichts vom Erwachsenen. Eine gegensätzlichere Haltung in bezug auf die Kindheit läßt sich nicht denken.

Im 17. Jahrhundert ist das Kind, zumindest das der höheren Stände, das adlige oder bürgerliche also, dann nicht mehr wie der erwachsene Mensch gekleidet. Das wesentliche Faktum ist dabei folgendes: es trägt von nun an eine Kleidung, die seinem Alter vorbehalten ist und es von den Erwachsenen unterscheidet. Das sieht man auf den ersten Blick, wenn man die zahlreichen Kinderdarstellungen vom Beginn des 17. Jahrhunderts betrachtet. Sehen wir uns das schöne Bild Philippe de Champaignes im Museum von Reims an, auf dem die sieben Kinder der Familie Habert gruppiert sind: das älteste ist zehn Jahre alt, das jüngste acht Monate. Dieses Gemälde ist in unserem Zusammenhang besonders aufschlußreich, weil der Maler das Alter jedes seiner Modelle fast auf den Monat genau angegeben hat. Der Älteste ist mit seinen zehn Jahren bereits wie ein kleiner Mann gekleidet; in seinen Mantel gewickelt, gehört er dem Anschein nach zur Welt der Erwachsenen. Zweifellos ist das nur dem Anschein nach so, denn er muß in dem Alter ein Kolleg besucht haben. Die Schulzeit im Kolleg verlängert auf diese Weise die Kinderzeit, doch wird er vielleicht nicht mehr lange dort bleiben und es bald verlassen, um sich unter die Männer zu mischen, deren Tracht er bereits trägt und mit denen er das Soldatenleben, die Studien oder das Geschäftsleben teilen wird. Die Zwillinge hingegen, die sich liebevoll an Hand und Schulter halten und erst vier Jahre und neun Monate alt sind, sind nicht wie Erwachsene angezogen; sie tragen ein langes Kleid, das sich von dem der Frau unterscheidet, weil es vorne zu öffnen ist und hier mit Knöpfen, in anderen Fällen auch mit Nadeln, geschlossen ist; es ähnelt einer Soutane. Genau dieses Kleid findet sich auch auf dem »Bild des menschlichen Lebens« von Cebes. (1) Das Allerjüngste, das, so hat es den Anschein, erst noch ein richtiger Mensch werden muß, ist nackt; die beiden darauffolgenden Altersstufen sind in Windeln gewikkelt; das nächst größere Kind, das ungefähr zwei Jahre alt sein muß und sich noch nicht allein auf den Beinen halten kann, trägt schon ein Kleid, und wir wissen, daß es sich dabei um einen Jungen handelt. Das vierte, das rittlings auf seinem Holzpferd sitzt, trägt dasselbe lange, in der Mitte geknöpfte Kleid wie die Zwillinge Habert von Ph. de Champaigne, das vorne wie eine Soutane geöffnet ist. Dieses Kleid wurde von den kleinen Jungen während des ganzen 17. Jahrhunderts getragen. Man findet es an Ludwig XIII. als Kind, auf unzähligen Porträts französischer, englischer oder holländischer Kinder und – beispielsweise am jungen Bethisy, (2) der gegen 1710 von Belle gezeichnet worden ist – noch zu Beginn des 18. Jahrhunderts. Auf dem letztgenannten Gemälde ist das Kleid des Jungen nicht mehr vorne geknöpft, unterscheidet sich jedoch nach wie vor von dem der Mädchen und ist nicht mit Leinenzeug besetzt.

Dieses Kleid ist bisweilen einfach wie das des Kindes auf dem Holzpferd auf dem »Bild des menschlichen Lebens«. Es kann aber auch prunkvoll sein und, wie das des jungen Duc d'Anjou auf dem Stich von Arnoult, in einer Schleppe enden. (3)

Dieses Kleid nach Art der Soutane war nicht das erste Kleid, das das Kind trug, nachdem es den Windeln entwachsen war. Kehren wir noch einmal zu Philippe de Champaignes Kindern Habert zurück. Sowohl der dreiundzwanzig Monate alte François als auch der acht Monate alte Benjamin der Familie sind genau wie ihre Schwester, d. h. wie kleine Frauen angezogen: sie tragen Rock, Kleid und Schürze. Diese Zusammensetzung bildet den Habit der kleinsten Knaben, seit es im 16. Jahrhundert üblich geworden war, sie wie Mädchen anzuziehen, wobei diese übrigens weiter gekleidet blieben wie erwachsene Frauen. Eine Trennung zwischen Mädchen und erwachsener Frau gibt es immer noch nicht. Erasmus gibt uns in *Le mariage chrétien* (4) eine Beschreibung dieses Aufzugs, die der Herausgeber der französischen Übersetzung von 1714 mühelos übersetzt, weil es sich dabei um Dinge handelt, die es auch in seiner Zeit gibt: »Man versieht sie (die Kinder) mit einer Unterjacke, ordentlich warmen Strümpfen, einem dicken Unterrock und dem Obergewand, das Schultern und Hüften umhüllt und das aus einer Fülle von Stoff und Falten besteht, und macht ihnen klar, daß sie wunderbar darin aussehen.« Erasmus tadelte diese Mode, die damals noch neu war, und sprach sich dafür aus, daß man dem jungen Körper mehr Bewegungsfreiheit gönnen sollte. Seine Meinung konnte sich jedoch gegen die geltende Sitte nicht durchsetzen, und es dauerte schließlich bis zum Ende des 18. Jahrhunderts, bis die Kleidung des Kindes anpassungsfähiger und weniger beengend wurde und den Kindern erlaubte, sich ungezwungener zu bewegen. Eine Zeichnung von Rubens (5) zeigt uns, daß die Bekleidung des kleinen Knaben immer noch der bei Erasmus beschriebenen ähnelt: er trägt das offene Überkleid, unter dem der Rock hervorschaut. Wenn das Kind zu laufen anfängt, hält man es an einer Art Geschirr, das man zu der Zeit *lisières* (Gängelband) nannte. Im Tagebuch Heroards, dem wir es zu verdanken haben, daß wir die Kindheit Ludwigs XIII. Tag um Tag verfolgen können, liest man unter dem Datum 28. Juni 1602 (Ludwig XIII. war damals neun Monate alt): »Man hatte ihm *lisières* am Kleid befestigt, um ihm das Laufen beizubringen.« (6) Derselbe Ludwig mochte nicht, daß seine Schwester ein ähnliches Kleid trug wie er: »Madame kommt mit einem Kleid, das dem seinen gleicht; eifersüchtig schickt er sie weg.« Solange die Jungen dieses weibliche Kostüm trugen, hieß es, daß sie »mit Lätzchen gingen« *(à la bavette)*. Das dauerte ungefähr bis zum vierten oder fünften Lebensjahr. Jean Rou (geboren 1638) (7) erzählt in seiner Lebensbeschreibung, daß er ein frühreifes Kind gewesen sei und man ihn in Begleitung einer Dienerin ins Collège d'Harcourt geschickt habe: »Da ich damals noch mit Lätzchen ging, d. h. noch nicht das lange Kleid mit Kragen trug, das der Kniehose voranging, ... war ich als einziger auf die beschriebene Weise ausstaffiert (d. h. wie ein Mädchen gekleidet) und damit eine Art an jenem Ort nie gesehenes Phänomen.« Der Kragen des Kleides war ein Männerkragen. Von nun an diktiert die Konvention je nach Alter die Regeln für die Kinderkleidung: Lätzchen und Mädchenkleid, dann »das lange Kleid mit Kragen«, das man auch *jaquette* nannte. Das Reglement einer *petite école* oder Gemeindeschule von 1654 sieht vor, daß die Kinder sonntags in die Kirche geführt werden sollen, um nach der religiösen Unterweisung an der Messe teilzunehmen; (8) es war Vorschrift, daß Kleine und Große, d. h. kurze Kleider und lange Kleider, getrennt voneinander, »die Kleinen im Kleid mit Kragen mit ihresgleichen« zusammensitzen sollten.

Das Tagebuch der Kindheit Ludwigs XIII., in das Heroard täglich seine Eintragungen machte, zeigt, mit welchem Ernst man die Frage der Kinderkleidung mittlerweile behandelte; führte sie doch die Stufen des Heranwachsens sichtbar vor Augen, die das Kind zum Mann werden ließen. Diese Etappen, die man früher gar nicht wahrgenommen hatte, waren gewissermaßen Riten geworden, die man respektieren mußte und die Heroard wie wichtige Dinge sorgfältig in seinem Tagebuch festhielt. Am 17. Juli 1602 befestigt man das Gängelband am Kleid des Dauphin. Er trägt es dann mehr als zwei Jahre; mit drei Jahren und zwei Monaten gibt man ihm »das erste Kleid ohne Gängelband«. Das Kind ist entzückt; es wendet sich an den Hauptmann der Garde und sagte: »*Taine* [von *capitaine;* man beachte diese Wiedergabe der Kindersprache], ich hab' kein Gängelband, ich geh' jetzt ganz allein.« Einige Monate früher war er der Wiege entwachsen und hatte im Bett zu schlafen begonnen; das war eine neue Etappe. An seinem vierten Geburtstag trägt er Kniehosen unter seinem Kleid, und ein Jahr später nimmt man ihm die »Kinderhaube« ab und setzt ihm den Hut der Männer auf. Auch das ist ein bedeutungsvolles Datum: »Jetzt, wo man Ihnen die Haube abnimmt, sind Sie kein Kind mehr, sondern beginnen ein Mann zu werden« (7. August 1606). Doch sechs Tage später ließ die Königin ihm die Haube wieder aufsetzen.

Am 8. Januar 1607 heißt es: »Er fragt, wann er denn Kniehosen [anstelle des Kleides] bekommen wird. Madame de Montgelas antwortet ihm, daß er sie bekommen wird, wenn er acht Jahre alt ist.«

Am 6. Juni 1608, Ludwig ist sieben Jahre und acht Monate alt, notiert Heroard mit einer gewissen Feierlichkeit: »Er ist in Wams und Kniehosen gekleidet, entwächst der Kinderkleidung [d. h. dem Kleid], nimmt Mantel und Degen [wie der Älteste der kleinen Haberts auf dem Gemälde Ph. de Champaignes].« Es kommt jedoch vor, daß man ihm das Kleid wieder anzieht, wie man ihm die Haube wieder aufgesetzt hatte, aber das gefällt ihm gar nicht; wenn er Wams und Kniehosen trägt, »ist er außerordentlich zufrieden und heiter und will sein Kleid nicht mehr anziehen«. Die Kleidergewohnheiten dienen damals also nicht nur einem frivolen Vergnügen. Es ist nicht zu übersehen, daß zwischen der Kleidung und dem Sinn für das, was sie repräsentiert, eine Beziehung besteht.

In den Kollegs tragen die Halbinternen der Pädagogien das Kleid über den Kniehosen. Cordiers Dialoge vom Ende des 16. Jahrhunderts beschreiben uns die Morgentoilette eines Internen: »Nachdem ich aufgewacht bin, bin ich aus dem Bett aufgestanden, habe mein Wams und mein Hemd angelegt; ich habe mich auf einen Stuhl gesetzt, habe meine Kniehose und meine Strümpfe genommen und beides angezogen, ich habe meine Schuhe genommen, ich habe meine Kniehose mit Nadeln an meinem Wams befestigt, ich habe meine Strümpfe mit Strumpfbändern oberhalb des Knies festgebunden, ich habe meinen Gürtel genommen, ich habe mein Haar gekämmt, ich habe meine Mütze genommen, die ich ordentlich zurechtgerückt habe, ich habe mein Kleid angezogen«, dann »bin ich aus dem Zimmer gegangen ...«. (9)

Aus dem Paris des beginnenden 17. Jahrhunderts folgende Beschreibung: »Stellen Sie sich nur vor, wie Francion die Klasse betritt: die Unterhose hängt aus den Kniehosen bis auf die Schuhe, *das Kleid sitzt ganz schief*, und, die Mappe unter dem Arm, versucht er, dem einen einen verfaulten Apfel, dem nächsten einen Nasenstüber zu geben.« (10) Im 18. Jahrhundert sah die Hausordnung des Internats von La Flèche vor, daß zur Ausstattung auch »ein Internatskleid« gehörte, das für zwei Jahre ausreichen sollte. (11)

Diese Unterscheidung hinsichtlich der Kleidung findet man bei den Mädchen nicht. Sie sind, wie einst die Jungen, sofort, nachdem sie den Windeln entwachsen sind, wie kleine Frauen gekleidet. Wenn wir jedoch die Kinderdarstellungen des 17. Jahrhunderts näher betrachten, stellen wir fest, daß das weibliche Gewand der kleinen Jungen wie der kleinen Mädchen eine besondere Verzierung aufweist, die wir am Kleid der Frauen nicht finden: es sind zwei breite Bänder, die in Höhe der Schulterblätter hinten am Kleid befestigt sind und bis zum Rücken herabhängen. Man sieht diese Bänder im Profil am dritten Kind der Haberts (von links betrachtet), an der vierten Altersstufe der *Tabula Cebetis* (dem Kind im Kleid, das mit dem Steckenpferd spielt), an dem zehnjährigen kleinen Mädchen auf der Treppe der Altersstufen vom Beginn des 18. Jahrhunderts mit dem Titel »Das menschliche Elend oder die Leidenschaften der Seele in den verschiedenen Altersstufen«, um uns bei der Auswahl unserer Beispiele auf die Bilder zu beschränken, die wir bereits kommentiert haben; man wird sie bis hin zu Lancret und Boucher häufig auf zahlreichen Kinderporträts entdecken. Sie verschwanden am Ende des 18. Jahrhunderts, in der Epoche also, wo die Kleidung des Kindes sich wandelt. Eines der letzten Kinderporträts, auf dem man diese Bänder am Rücken sieht, ist vielleicht das, welches Madame Gabrielle Guiard für die adligen Fräulein Adelaide und Victoire 1788 gemalt hat. (12) Es stellt ihre Schwester, Madame Infante, dar, die vor etwa dreißig Jahren verstorben war. Madame Infante war zweiunddreißig Jahre alt geworden. Dennoch stellt Madame Gabrielle Guiard sie als Kind mit ihrer Amme dar, und dieses Bemühen, das Andenken an eine »Frau von dreißig Jahren« zu bewahren, indem man sie in die Zeit ihrer Kindheit zurückversetzt, zeugt von einer ganz neuen Einstellung; dieses Kind trägt gut sichtbar jene Bänder am Rücken, die gegen 1730 noch üblich und zu der Zeit, wo das Bild gemalt wurde, aus der Mode gekommen waren.

So waren diese Bänder am Rücken im 17. und zu Beginn des 18. Jahrhunderts zu Zeichen der Kindheit im Bereich der Kleidung geworden, und zwar bei Jungen ebenso wie bei Mädchen. Den Modernen hat dieser Appendix der Kleidung, der der Kindheit vorbehalten war, keine Ruhe gelassen. Man hat ihn mit dem Gängelband (einer Art Geschirr für kleine Kinder, die noch sehr unsicher auf den Beinen waren) verwechselt. (13) Im kleinen Museum von Westminster Abbey hat man einige wächserne Totenbilder ausgestellt, auf denen der Verstorbene dargestellt ist und die man während der Begräbniszeremonie auf den Sarg legte – eine mittelalterliche Praktik, die sich in England bis etwa 1740 hielt. Das eine dieser Bildnisse stellt den kleinen Marquis von Normanby dar, der mit drei Jahren gestorben ist: er trägt einen gelben Seidenrock und darüber ein Samtkleid (die Kleidung kleiner Kinder), sodann die breiten Bänder der Kindheit, die der Katalog als »Gängelband« beschreibt. In Wirklichkeit bestand das Gängelband aus Schnüren, die diesen Bändern nicht ähnlich waren; ein Stich von Guérard, der das »Mannesalter« illustriert, zeigt uns ein im Fontange-Stil frisiertes Kind (Mädchen oder Junge) im Kleid in Rückenansicht: zwischen den beiden Bändern, die von seinen Schultern herabhängen, kann man sehr gut die gewundene Schnur erkennen, die dazu diente, seine Schritte zu lenken: das Gängelband. (14)

Diese Analyse hat uns Aufschluß über die die Kindheit betreffenden Kleidersitten gegeben, wie sie sich am Ende des 16. Jahrhunderts durchgesetzt hatten und dann bis zur Mitte des 18. Jahrhunderts beibehalten wurden. Diese Sitten, die bewirkten, daß der Aufzug des Kindes sich von dem des Erwachsenen unterschied, läßt ein neues Bemühen erkennen, das dem Mittelalter fremd war, das Bestreben, die Kinder abzusondern, sie durch eine Art Uniformierung zu isolieren. Worin haben wir nun den Ursprung dieser uniformen Kinderkleidung zu sehen?

Das Kleid der Kinder ist nichts anderes als das lange Gewand des Mittelalters, des 12. und 13. Jahrhunderts vor jener Umwälzung, die dazu führte, daß der Mann statt des langen ein kurzes Gewand und sichtbare Hosen trug, die Vorläufer unserer heutigen Männerkleidung. Bis zum 14. Jahrhundert trug alles Kleid oder Rock, wobei das Kleid oder der Rock des Mannes allerdings nicht mit dem Frauenkleid identisch war: das Männerkleid war vielmehr oft eine kürzere Tunika oder wurde vorne offen getragen; bei den Bauern auf den Kalenderblättern des 13. Jahrhunderts schließt es mit dem Knie ab. Bei Würdenträgern reicht es bis zu den Füßen. Insgesamt gesehen gab es eine lange Periode, in der die Männer im Gegensatz zum traditionellen drapierten Gewand der Griechen oder der Römer das anliegende lange Gewand trugen: hierin setzen sich die Gewohnheiten der gallischen oder orientalischen Barbaren fort, die während der ersten Jahrhunderte unserer Zeitrechnung Einfluß auf die römische Mode genommen haben. Dieses lange anliegende Gewand ist dann vom Osten wie vom Westen übernommen worden; so ist auch die türkische Tracht daraus hervorgegangen.

Seit dem 14. Jahrhundert tritt beim Mann zum Entsetzen der Moralisten und Prediger, die die Unschicklichkeit dieser modischen Entwicklung als Zeichen der Immoralität der Zeit anprangern, das kurze, ja sogar enganliegende Gewand an die Stelle des Kleides. Tatsächlich tragen Respektspersonen auch weiter das Kleid: zu ihnen gehören solche Männer, die aufgrund ihres Alters (Greise werden bis zum Beginn des 17. Jahrhunderts im Kleid dargestellt) oder ihres Berufsstandes – Beamte, Staatsmänner, Geistliche – einiges Ansehen genießen. Einige dieser Gruppen haben niemals aufgehört, das lange Gewand zu tragen und tragen es, zumindest bei bestimmten Anlässen, noch heute, so etwa Rechtsanwälte, Justizbeamte, Professoren, Geistliche. Die Geistlichen haben das lange Gewand übrigens fast aufgegeben, weil die Soutane – als das kurze Gewand sich endgültig durchgesetzt hat und im 17. Jahrhundert seine ursprüngliche Anstößigkeit völlig vergessen ist – zu sehr mit der Funktion des Geistlichen verknüpft war, um noch als gesellschaftsfähig zu gelten. Ein Priester legte die Soutane ab, um sich in Gesellschaft zu zeigen, oder sogar, wenn er seinen Bischof aufsuchte – wie der Offizier die Militärkleidung ablegte, um bei Hof zu erscheinen. (15)

Auch bei den Kindern, zumindest bei denen von Stande, hat sich das lange Kleid gehalten. Auf einer Miniatur der *Miracles de Notre-Dame* des 15. Jahrhunderts sieht man eine Familie um das Bett einer Wöchnerin gruppiert; (16) der Vater trägt ein kurzes Gewand, Kniehosen und Wams, doch die Kinder tragen lange Kleider. In derselben Folge finden wir auch das Kind, das dem Jesuskind zu essen gibt; es trägt ein an der Seite geschlitztes Kleid.

Hingegen haben in Italien die Künstler des Quattrocento die meisten Kinder mit den enganliegenden Hosen der Erwachsenen gemalt. In Frankreich und in Deutschland nahm man, so scheint es, an dieser Mode Anstoß und ließ die Kinder weiter das lange Gewand tragen. Dieser Brauch kam anfangs des 16. Jahrhunderts auf und wurde zur allgemeinen Regel: von nun an trugen die Kinder stets Kleider. Deutsche Tapisserien aus dieser Epoche zeigen vierjährige Kinder mit langem, vorne geöffnetem Kleid. (17) Französische Stiche von Jean Leclerc (18) haben Kinderspiele zum Gegenstand. Über ihren Kniehosen tragen die Kinder das vorne geknöpfte Kleid, das so zur Uniform ihrer Altersstufe wurde.

Die glatten Bänder am Rücken, die alle Kinder, Jungen wie Mädchen, im 17. Jahrhundert kennzeichnen, haben denselben Ursprung wie das Kleid. Die Mäntel und Kleider des 16. Jahrhunderts hatten oft Ärmel, die man nach Belieben überstreifen oder aber hängenlassen konnte. Auf einem der Stiche von Leclerc kann man einige solche Ärmel sehen, die nur an wenigen Stellen befestigt sind. Der elegante Mann und vor allem die elegante Frau schätzten die Wirkung dieser baumelnden Ärmel; da man sie nicht mehr überstreifte, sind sie zu zweckfreien Verzierungen geworden. Auch haben sie sich zurückgebildet wie Organe, die aufgehört haben, ihren Dienst zu versehen: sie haben die Höhlung im Innern, durch die man den Arm hindurchsteckte, eingebüßt und ähneln, solchermaßen abgeflacht, zwei breiten Bändern, die hinten an den Schultern befestigt sind; die Bänder der Kinder im 17. und 18. Jahrhundert sind die letzten Überreste der falschen Ärmel des 16. Jahrhunderts. Auch begegnet man diesen Ärmelattrappen noch an anderen volkstümlichen oder auch zeremoniellen Gewändern: an dem Bauernumhang, den sich die Schulbrüder zu Beginn des 18. Jahrhunderts zum geistlichen Habit gewählt haben, an der ersten, im eigentlichen Sinne militärischen Tracht, wie der der Musketiere, an der Dienerlivree und schließlich am Pagenkostüm, d. h. an dem zeremoniellen Kostüm von Kindern und Knaben gehobenen Standes, die guten Familien anvertraut waren, um bestimmte häusliche Aufgaben zu übernehmen. Diese Pagen aus der Zeit Ludwigs XIII. trugen die Pluderhosen des 16. Jahrhunderts und die falschen herunterhängenden Ärmel. Dieses Pagenkostüm wurde dann allmählich zum zeremoniellen Aufzug, den man zum Zeichen der Ehrerbietung und des Respekts anlegte: so versehen beispielsweise auf einem Stich von Lepautre (19) Knaben im archaisierenden Pagenkostüm den Meßdienst. Doch sind diese zeremoniellen Kostüme eher selten zu finden, während das flache Band die Schultern aller Kinder, Jungen oder Mädchen, aus Familien von Stande zieren, seien sie nun adlig oder bürgerlich.

So hat man, um das Kind, das früher wie die Erwachsenen gekleidet gewesen war, als solches zu kennzeichnen, zu seinem ausschließlichen Gebrauch Merkmale der alten Kleidung konserviert, die die Großen manchmal schon seit langem aufgegeben hatten. So im Falle des Kleides oder langen Gewandes und der falschen Ärmel. Dasselbe trifft für das Häubchen der Wickelkinder zu: noch im 13. Jahrhundert war es die Kopfbedeckung aller Menschen gewesen, womit sie während der Arbeit das Haar zurückhielten, wie man bspw. im Kalendarium von Notre-Dame d'Amiens sehen kann.

Die erste Kinderkleidung ist die Kleidung gewesen, die etwa ein Jahrhundert früher alle getragen hatten und die fortan nur von Kindern getragen wurde. Offensichtlich konnte man nicht in allen Stücken eine Tracht für sie erfinden; gleichwohl hatte man das Bedürfnis, sie in sichtbarer Weise durch die Kleidung von den Erwachsenen zu trennen. Folglich wählte man für sie das Kostüm, das man bei bestimmten traditionellen Anlässen noch sehen konnte, das aber sonst nicht mehr getragen wurde. Die Einführung einer speziellen Kinderkleidung, wie sie seit dem Ende des 16. Jahrhunderts in den oberen Schichten allgemein üblich wurde, markiert ein sehr wichtiges Datum innerhalb der Entwicklung der Einstellung zur Kindheit, die mehr und mehr dahin tendiert, die Kinder (auf eine von den Initiationsbräuchen sehr verschiedene Weise) in einer von der der Erwachsenen getrennten Gesellschaft anzusiedeln. Dabei ist zu bedenken, welche Bedeutung man der Kleidung im alten Frankreich beimaß. Sie repräsentierte häufig ein bedeutendes Vermögen. Man gab für seine Kleidung sehr viel aus und machte sich, wenn jemand verstorben war, die Mühe, Inventarlisten über die Garderobe aufzustellen, wie man es heute nur noch mit Pelzmänteln tun würde. Die Garderobe war damals sehr teuer, und man bemühte sich, dem Kleiderluxus durch gesetzliche Vorschriften zu steuern, da er die einen ruinierte und es anderen ermöglichte, über ihren wahren Stand und ihre Herkunft hinwegzutäuschen. Mehr noch als in unseren heutigen Gesellschaften, wo das allerdings noch für die Frauen zutrifft, deren äußere Erscheinung das offenkundige und unabdingbare Anzeichen für die Prosperität eines Hausstands und den gesellschaftlichen Rang ist, bezeichnete die Kleidung innerhalb einer komplexen und unangefochtenen Hierarchie unerbittlich den Platz dessen, der sie trug. Man trug die Kleidung seines Standes; die Handbücher der Umgangsformen weisen mit Nachdruck auf die Unschicklichkeit hin, die es bedeutete, wenn man sich anders kleidete, als es einem dem Alter oder der Herkunft nach zukam. Für jede soziale Schattierung stand ein zur Kleidung gehöriges Zeichen. Am Ende des 16. Jahrhunderts wollte es die Sitte, daß die Kindheit, die mittlerweile als solche anerkannt war, ihrerseits eine bestimmte Kleidung haben sollte.

Am Ursprung der Kinderkleidung stößt man auf einen Archaismus: den Fortbestand des langen Gewandes. Diese Neigung zum Archaismus hat sich weiter gehalten. So tragen die kleinen Jungen in der Epoche Louis XVI. Louis-Treize- oder Renaissance-Kragen. In den Darstellungen Lancrets und Bouchers sind die Jungen oft in Verkleidungen nach der Mode des vergangenen Jahrhunderts zu sehen.

Doch gewinnen seit dem 17. Jahrhundert noch zwei andere Tendenzen Einfluß auf die Entwicklung der Kleidung. Die erste betont den Aspekt der Verweiblichung des Knaben. Wie wir weiter oben gesehen haben, trug der Knabe, solange er »mit Lätzchen« ging, d. h., ehe er das »Kleid mit Kragen« anzog, Kleid und Schürze der Mädchen. Diese Verweiblichung des kleinen Jungen, die sich seit der Mitte des 16. Jahrhunderts beobachten läßt, war ein neuer Trend, der sich vorerst nur in einigen Merkmalen abzeichnete. So bewahrt die Kleidung des Knaben beispielsweise, soweit es den Oberkörper betrifft, die Merkmale der Männerkleidung, doch beginnt man bald, dem kleinen Jungen den Spitzenkragen der kleinen Mädchen anzulegen, der wiederum genau dem der Damen entspricht. Es wird unmöglich, einen Jungen von vier oder fünf Jahren von einem Mädchen gleichen Alters zu unterscheiden, und diese Sitte setzt sich schließlich durch und wird etwa zwei Jahrhunderte beibehalten. Erst gegen 1770 hört man auf, den Jungen im Alter von vier, fünf Jahren das Kleid mit Kragen anzuziehen. Bis zu diesem Alter werden sie jedoch auch weiter wie kleine Mädchen gekleidet sein. Diese Gepflogenheit hält sich bis zum Ende des 19. Jahrhunderts. Insgesamt verschwindet diese Neigung zur Verweiblichung erst nach dem Ersten Weltkrieg, und dieser Schritt ist mit dem Verzicht auf das Korsett seitens der Frau zu vergleichen: in beiden Fällen drückt sich in diesem Wandel im Bereich der Kleidung der Sittenwandel aus. Merkwürdig ist auch, daß sich das Bemühen, das Kind gegen den Erwachsenen abzusetzen, hauptsächlich auf die Jungen beschränkt hat; die Mädchenkleidung hat sich von der der Frauen lediglich durch die (bis zum 18. Jahrhundert beibehaltenen) falschen Ärmel unterschieden, gerade so, als habe die Kindheit der Mädchen sich weniger vom Erwachsenenalter unterschieden als die der Jungen. Diese Merkwürdigkeit auf dem Gebiet der Kleidung bestätigt durchaus die anderen Zeugnisse aus dem Bereich der Lebensgewohnheiten: die Jungen sind als erste gesondert als Kinder behandelt worden. Seit dem Ende des 16. und dem Beginn des 17. Jahrhunderts haben sie begonnen, in großer Zahl die Kollegs zu besuchen. Die Ausbildung der Mädchen nimmt erst in der Epoche Fénelons und Madame de Maintenons zaghaft ihren Anfang und entwickelt sich spät und zögernd. Ohne eigene Schulbildung vermischten sich, wie einst die Jungen mit den Männern, die Mädchen sehr früh mit den Frauen, und man kam nicht auf den Gedanken, im Bereich der Kleidung einen Unterschied sichtbar werden zu lassen, der, soweit es die Jungen betraf, konkret zu existieren begann, in bezug auf die Mädchen jedoch nach wie vor überflüssig war.

Wenn man den Jungen vom Mann unterscheiden wollte, weshalb glich man ihn dann dem Mädchen an, das man doch nicht von der Frau unterschied? Weshalb hielt sich eine Sitte, die für eine Gesellschaft, in der man früh ins Leben trat, so neu und überraschend war, allen Veränderungen im Bereich der Lebensgewohnheiten und der Verlängerung der Dauer der Kindheit zum Trotz fast bis in unsere Tage oder jedenfalls doch bis zum Beginn dieses Jahrhunderts? Wir rühren hier an das noch unerforschte Feld des Bewußtseins, das eine Gesellschaft in bezug auf ihr Verhalten entwickelt, insofern es von Alter und Geschlecht bestimmt ist. Bis heute hat man sich lediglich um ihr Klassenbewußtsein gekümmert!

Eine andere Tendenz, die wie der Hang zum Archaismus und zur Verweiblichung zweifellos ebenfalls dem Geschmack an der Verkleidung entspringt, hat zur Folge, daß das Kind der bürgerlichen Familie Merkmale der volkstümlichen Kleidung oder der Arbeitskleidung übernimmt. In diesem Punkt sollte das Kind der Männermode vorgreifen und seit der Regierungszeit Ludwigs XVI., vor der Ära der Sansculotten, lange Hosen tragen. In der Epoche Ludwigs XVI. ist diese Kleidung des schicklich gekleideten Kindes zugleich archaisierend (Renaissance-Kragen), volkstümlich (lange Hosen) und militärisch (Jacke und Uniformknöpfe).

Noch im 17. Jahrhundert gab es keine volkstümliche Tracht im eigentlichen Sinne und folglich schon gar keine regional verschiedenen Trachten. Die Armen trugen die Kleider, die man ihnen gab (20) oder die sie bei Trödlern erstanden. Das Volk bezog seine Kleidung aus zweiter Hand, wie es heute seinen Wagen aus zweiter Hand bezieht (der Vergleich zwischen der Kleidung von gestern und dem Auto von heute ist nicht so rhetorisch, wie es den Anschein hat. Der Wagen hat die gesellschaftliche Bedeutung geerbt, die einst die Kleidung besaß und die sie fast gänzlich verloren hat). Daher war der Mann aus dem Volke nach der Mode gekleidet, die der Mann gehobenen Standes einige Jahrzehnte früher getragen hatte: in den Straßen des Paris Ludwigs XIII. trug er den federgeschmückten Hut des 16. Jahrhunderts, und die Frauen trugen die Kappe derselben Epoche. Diese Rückständigkeit mochte von einem Gebiet zum anderen variieren, je nachdem, mit welcher Geschwindigkeit die Angehörigen der gehobenen Stände des Landes sich der neuesten Mode anpaßten. Zu Beginn des 18. Jahrhunderts trugen die Frauen in bestimmten Gebieten – beispielsweise am Rhein – noch die Kopfbedeckungen des 15. Jahrhunderts. Im Verlauf des 18. Jahrhunderts ist diese Entwicklung dann zu einem Stillstand gekommen, und der Gegensatz in der Kleidung blieb in dieser Form bestehen. Beides war das Ergebnis einer zunehmenden moralischen und physischen Distanz zwischen Reichen und Armen, die ein Jahrtausend der Promiskuität ablöste; die an ein bestimmtes Gebiet gebundene Tracht entspringt zugleich einem neuen Geschmack am Regionalismus (wir haben es mit der Epoche der großen Geschichtsschreibung einzelner Gebiete wie der Bretagne, der Provence usw. zu tun . . ., einer Epoche des wiedererwachten Interesses für die im Verlauf der Fortentwicklung des Französischen zu Dialekten gewordenen Sprachen) und den tatsächlich vorhandenen Unterschieden in der Kleidung, dem unterschiedlichen Zeitpunkt, zu dem die städtische und die höfische Mode jeweils die Bevölkerung der verschiedenen Landstriche erreichte.

In den großen, vom einfachen Volk bewohnten Randgebieten der Städte beginnt man am Ende des 18. Jahrhunderts, eine spezifischere Kleidung zu tragen: damals kam die lange Hose auf, wie die Arbeiterbluse im 19. Jahrhundert oder der blaue Arbeitsanzug von heute; sie war das Zeichen eines Standes und einer Funktion. Es ist recht bemerkenswert, daß die Kleidung der Großstadtbevölkerung im 18. Jahrhundert nicht mehr die des Bettelvolks des 17. Jahrhunderts ist: so verschwinden die unförmigen und überalterten Lumpen, die Gelegenheitskleidung, die abgelegte Kleidung vom Trödler. Man hat darin den spontanen Ausdruck einer kollektiven Besonderheit zu sehen, ein Phänomen, das nicht weit vom Entstehen eines Klassenbewußtseins entfernt ist. Es gibt von nun an somit eine Art Handwerkskluft, die lange Hose. Die lange Hose, das bis zu den Füßen reichende Beinkleid, war bereits seit langem die Kleidung der Küstenbewohner. Wenn dieses Kleidungsstück in der italienischen Komödie vorkommt, dann gewöhnlich an Matrosen wie auch den Anwohnern der Meere und Ströme, den Flamen, Rheinländern, Dänen, Skandinaviern. Letztere trugen die lange Hose noch im 17. Jahrhundert, wenn man den Kleiderverzeichnissen jener Zeit Glauben schenken darf. Die Engländer waren davon abgekommen, hatten sie jedoch im 12. Jahrhundert gekannt. (21) Sie ist zur Einheitskleidung der Kriegsmarinen geworden, als die straffer organisierten Staaten Kleidung und Ausrüstung ihrer Truppen geregelt haben. Von da aus ist sie, wie es scheint, zur gleichen Zeit zur Bevölkerung der Vororte, die es von da an verschmähte, abgelegte Bettelkleider aufzutragen, und zu den Knaben gehobenen Standes gelangt.

Die neugeschaffene Uniform ist dann rasch von den Bürgersöhnen übernommen worden, und zwar zunächst in den privaten Pensionaten, die nach der Vertreibung der Jesuiten zahlreicher geworden waren und häufig auf Militärschulen und -karrieren vorbereiteten. Man hat Gefallen an der Silhouette gefunden, und die Erwachsenen haben ihre Söhne gewöhnlich in eine vom Militär oder der Marine inspirierte Uniform gekleidet. Auf diese Weise entstand der Typus des kleinen Matrosen, der sich vom Ende des 18. Jahrhunderts bis in unsere Tage gehalten hat.

Die Einführung der langen Hose für Kinder war teilweise eine Folge dieses neuen Geschmacks an der Uniform; im 19. Jahrhundert, d. h. in der Epoche, wo sie zum hoffähigen oder zeremoniellen Aufzug wurde, was sie vor der Revolution niemals gewesen war, mußte sie die Erwachsenen für sich einnehmen. Zugleich war die Einführung der langen Hose jedoch zweifellos von dem Bedürfnis inspiriert, das Kind aus den Zwängen seiner traditionellen Kleidung zu befreien, ihm einen ungezwungeneren Aufzug zu verschaffen – und diese Ungezwungenheit erfüllte die Bevölkerung der Vororte fortan mit einer Art Stolz. Dank der langen Hose des Volkes und der Seeleute konnte man dem Knaben künftig zugleich das altmodische oder allzu kindliche Kleid und die allzu feierliche Kniehose ersparen. Man tat es um so lieber, als man es schon immer reizvoll gefunden hatte, die Kleider der Kinder gehobenen Standes mit einigen Attributen der volkstümlichen Kleidung zu versehen, wie es beispielsweise die Mütze der Arbeiter, der Bauern und später der Sträflinge war, die wir »napoletanisch« nennen und die der an der Klassik orientierte Geschmack der Revolutionäre phrygisch getauft hat. Ein Stich von Bonnard zeigt ein Kind mit dieser Kopfbedeckung. (22) Wir erleben heutzutage eine Verschiebung im Bereich der Kleidung, die einige Ähnlichkeiten mit der Einführung der langen Hose für die Knaben in der Zeit Ludwigs XVI. aufweist: aus der blauen Arbeiterkluft, der langen Hose aus grobem Leinen, sind die Blue jeans geworden, die die jungen Leute mit Stolz als sichtbares Zeichen ihrer Jugendlichkeit tragen.

So gelangen wir vom 14. Jahrhundert, wo das Kind wie die Erwachsenen gekleidet war, zur speziellen Kinderkleidung, wie sie uns geläufig ist. Wir haben bereits bemerkt, daß dieser Wandel vor allem die Knaben betrifft. Das Verständnis für die Kindheit hat sich zunächst zugunsten der Knaben geregt, während die Mädchen länger der traditionellen Lebensweise verhaftet blieben, die sie mit den Erwachsenen vermischte. Wir werden noch öfter beobachten können, daß die Frau die sichtbaren Formen der modernen Zivilisation, die im wesentlichen männlich orientiert ist, verspätet übernimmt.

Wenn man sich ausschließlich auf das Zeugnis der Kleidung beruft, dann ist die Sonderstellung, die man der Kindheit eingeräumt hat, lange Zeit den Knaben vorbehalten geblieben. Es steht fest, daß sie zudem ausschließlich den Kindern bürgerlicher und adliger Familien vorbehalten war. Die Kinder des Volkes, der Bauern, der Handwerker, diejenigen, die auf der dörflichen Promenade, in den Straßen der Städte, in den Werkstätten der Handwerker, den Schenken, den Küchen spielen, tragen immer noch die Kleidung der Erwachsenen: niemals werden sie im Kleid, mit falschen Ärmeln dargestellt. Sie konservieren die alte Lebensweise, bei der die Kinder weder hinsichtlich der Kleidung, noch bei der Arbeit oder beim Spiel von den Erwachsenen getrennt waren.

4. Kapitel
Kleiner Beitrag zur Geschichte der Spiele

Dem Tagebuch des Arztes Heroard haben wir es zu verdanken, daß wir uns vorstellen können, wie das Leben eines Kindes zu Beginn des 17. Jahrhunderts ausgesehen hat, welche Spiele es gespielt hat und welcher Phase seiner körperlichen und geistigen Entwicklung diese Spiele jeweils entsprachen. Obwohl es sich in Heroards Aufzeichnungen um einen französischen Kronprinzen, den zukünftigen Ludwig XIII., handelt, haben wir es mit einem exemplarischen Fall zu tun, denn am Hof Heinrichs IV. ließ man den Kindern der königlichen Familie, den legitimen wie den Bastarden, die gleiche Behandlung angedeihen wie allen anderen Kindern von Adel auch, und es gab noch keinen absoluten Unterschied zwischen den königlichen Palästen und den Schlössern der Edelleute. Abgesehen davon, daß er niemals auf einem Kolleg war, das ein Teil der jungen Adligen bereits besuchte, wurde der junge Ludwig XIII. wie seine Altersgenossen erzogen; er hatte denselben Fecht- und Reitlehrer, M. de Pluvinel, der in seiner Akademie die aristokratische Jugend für das Kriegshandwerk ausbildete. Die Illustrationen in M. de Pluvinels Handbuch der Reitkunst, die schönen Stiche von C. de Pos zeigen die Übungen des jungen Ludwig XIII. in der Manege. Auf die zweite Hälfte des 17. Jahrhunderts trifft das dann nicht mehr zu: der monarchische Kult trennte den kleinen Prinzen früher, nämlich schon in der frühen Kindheit von den anderen Sterblichen, selbst von denen hoher Abstammung.

Ludwig XIII. ist am 27. September 1601 geboren. Sein Arzt Heroard hat uns ein minutiös geführtes Tagebuch hinterlassen, das uns über alle Begebenheiten im Leben des kleinen Prinzen Aufschluß gibt. (1) Mit einem Jahr und fünf Monaten, so notiert Heroard, »spielt er Violine und singt dazu«. Bis dahin hatte er sich mit den üblichen Kinderklappern der ganz Kleinen, dem Steckenpferd, der Windmühle begnügt und »sich mit Kreisel und Peitsche versucht«. Mit anderthalb Jahren gibt man ihm bereits eine Violine in die Hand; sie war damals noch kein edles Instrument, sondern schlicht die Fiedel, wie sie bei ländlichen

Hochzeiten und Festen zum Tanz aufspielte. Was in diesem Zusammenhang auffällt, ist die Bedeutung des Gesangs und der Musik in dieser Epoche.

In demselben Alter spielt er Schlagball: »... der Dauphin hat beim Schlagballspielen M. de Longueville durch einen ungeschickten Schlag verletzt.« Das ist gerade so, als ob ein kleiner Engländer im Alter von anderthalb Jahren anfinge, Kricket oder Golf zu spielen. Mit einem Jahr und zehn Monaten, so erfahren wir, »beginnt er, auf seinem Tambourin allerhand Trommelwirbel zu schlagen«; jede Kompanie hatte ihren Tambour und ihren Marsch. Man fängt an, ihm das Sprechen beizubringen: »Man läßt ihn die Silben erst einzeln aussprechen und dann hinterher das ganze Wort sagen.« Ebenfalls im August 1603 »läßt die Königin ihn zum Diner holen und ans Kopfende ihrer Tafel setzen«. Die Stiche und Gemälde des 16. und 17. Jahrhunderts stellen oft das Kind bei Tisch dar, wie es auf einem Kinderstuhl hockt, auf dem es aufrecht sitzen und von dem es nicht herunterfallen kann. Auf einem dieser Stühle für die Allerkleinsten mußte er der Mahlzeit seiner Mutter beiwohnen, wie so viele andere Kinder in anderen Familien auch. Der kleine Kerl ist gerade zwei Jahre alt, da wird er ins Kabinett des Königs geführt und »tanzt dort zur Violine alle möglichen Tänze«. Auffällig ist, wie früh die Kleinen in dieser Zeit mit Musik und Tanz vertraut gemacht werden. Daraus erklärt sich auch, weshalb man in Musikerfamilien so häufig auf ein Phänomen stößt, das wir heute – beispielsweise im Fall des kleinen Mozart – Wunderkinder nennen. Diese Fälle werden dann seltener und erscheinen zugleich in dem Maße wunderbarer, als die Vertrautheit mit der Musik, und sei es auch nur mit ihren elementaren oder ihren Zwitterformen, abnimmt oder verschwindet. Der Dauphin beginnt zu sprechen. Heroard notiert in phonetischer Schreibweise sein Geplapper; so sagt er »a dire à papa« für »je le dirai à papa« (ich werde es Papa sagen), »équivez« für »écrivez« (Schreiben Sie!). Er wird auch oft körperlich gezüchtigt: »Ungezogen, tüchtig Hiebe bekommen (er weigerte sich zu essen); als er sich beruhigt hat, ruft er nach dem Essen und ißt.« »Ist aufgestanden, hat in seinem Zimmer laut geschrien und ist ausgiebig gezüchtigt worden.« Obwohl er mitten unter den Erwachsenen ist, sich mit ihnen vergnügt, mit ihnen tanzt und singt, spielt er weiter Kinderspiele. Zwei Jahre und sieben Monate ist er alt, als Sully ihm eine »kleine Kutsche voller Puppen« schenkt. »Une belle poupée à theu theu (?)«, sagt er in seiner Kindersprache.

Er liebt die Gesellschaft der Soldaten: »Die Soldaten sehen ihn immer sehr gern.« »Er vergnügt sich mit einer kleinen Kanone.« »Er macht kleine militärische Aktionen mit seinen Soldaten. M. de Marsan legt ihm den Ringkragen an, es ist das erste Mal in seinem Leben, und er ist darüber entzückt.« »Er amüsiert sich mit seinen kleinen Edelleuten, mit denen er Krieg spielt.« Auch wissen wir, daß er neben Schlagball häufig Federball spielt – aber immer noch schläft er in einer Wiege. Am 19. Juli 1604 – er ist zwei Jahre und neun Monate alt – »sieht er mit ausgelassener Freude zu, wie sein Bett gerichtet wird; wird dann zum erstenmal in sein Bett gelegt«. Er kennt bereits einige Elemente seiner Religion; Himmelfahrt zeigt man ihm bei der Messe die Hostie: »Das ist der liebe Gott.« Verweilen wir einen Augenblick bei diesem Ausdruck: der »liebe Gott«, der heute immerfort in der Sprache der Priester und der Gläubigen vorkommt, läßt sich in der religiösen Literatur des Ancien Régime nirgends entdecken. Dieser Ausdruck gehört, wie wir gesehen haben, am Anfang des 17. Jahrhunderts und wahrscheinlich noch nicht sehr lange zur Sprache der Kinder oder zur Sprache der Eltern und Ammen, die sie im Umgang mit Kindern verwenden. Er hat dann in der Erwachsenensprache Fuß gefaßt, und mit der Feminisierung der Religion ist aus dem Gott Jakobs der »liebe Gott« der kleinen Kinder geworden.

Der Dauphin kann mittlerweile manierlich sprechen und verfügt auch schon über einige Unverschämtheiten, an denen die Erwachsenen ihr Vergnügen haben: »Der König fragt ihn (indem er ihm eine Rute zeigt): ›Für wen ist das wohl bestimmt, mein Sohn?‹ Zornig antwortet er: ›Für Sie.‹ Der König konnte sich des Lachens nicht erwehren.«

Am Heiligen Abend des Jahres 1604 nimmt er am Fest und an den traditionellen Vergnügungen teil; er ist drei Jahre alt. »Vor dem Souper sah er zu, wie man den Weihnachtsbaumstumpf aufstellte, und er tanzte und sang dabei, weil Weihnachten gekommen war.« Er bekommt Geschenke: einen Ball, »kleine Wunderwerke aus Italien«, ein mechanisches Täubchen – Spielsachen, die für die Königin ebenso bestimmt waren wie für ihn. Während der Winterabende, wo man drinnen bleiben mußte – was in einer Epoche, in der sich das Leben hauptsächlich im Freien abspielte, nicht sehr beliebt gewesen sein mag – »vergnügt er sich mit Schere und Papier«. Musik und Tanz nehmen immer noch viel Raum in seinem Leben ein. Heroard notiert, nicht ohne Bewunderung: »Der Dauphin tanzt alle Tänze.« Er kann sich an die Ballette erinnern, die er gesehen hat, und in denen er alsbald eine Rolle übernehmen wird, soweit er nicht schon damit begonnen hat: »Er erinnert sich an ein Ballett, das vor einem Jahr aufgeführt worden ist [als er zwei Jahre alt war] und fragt: ›Weshalb war denn der kleine Bélier ganz nackt?‹

Ganz nackt spielte er dann den Cupido.« »Er tanzt die Gaillarde, die Sarabande, die alte Bourrée.« Er findet Vergnügen daran, nach der Laute Boileaus zu singen und zu spielen; er singt das Lied von Robin: »Robin s'en va à Tours / Acheter du Velours / Pour faire un casquin / Ma mère je veux Robin.« (»Robin macht sich auf nach Tours / Samt kaufen / Um daraus ein Mützchen zu machen / Mutter mein, ich will Robin.«) »Man ertappt ihn, wie er sich zum Einschlafen ein Lied vorsingt: ›Wer will das Lied hören / Die Tochter des König Louis /Bourbon hat sie so sehr geliebt / Daß er sie schließlich dick gemacht hat.‹« Ein reizendes Kinderlied! In einigen Tagen wird er vier Jahre alt und weiß zumindest, wie die Saiten der Laute heißen, und die Laute ist ein edles Instrument: »Er spielt mit den Fingerspitzen an den Lippen und sagt dazu, das ist der Baß« (Heroard gibt seine Kindersprache, manchmal sogar sein Stammeln immer noch in phonetischer Umschrift wieder). Doch hindert ihn seine noch junge Bekanntschaft mit der Laute nicht daran, den volkstümlicheren Violinen zuzuhören, nach denen sich die Hochzeitsgesellschaft eines der Köche des Königs im Tanz dreht – oder einem Dudelsackspieler, einem der Maurer, »die seinen Kamin ausbesserten«: »Er hört ihm ziemlich lange zu.«

In dieser Zeit bringt man ihm auch das Lesen bei. Mit drei Jahren und fünf Monaten »hat er seinen Spaß an einem Buch mit biblischen Figuren, seine Amme nennt ihm die Buchstaben, und er kennt sie alle«. Danach lehrt man ihn die Vierzeiler von Pibrac, Höflichkeits- und Anstandsregeln, die man die Kinder auswendig aufsagen ließ. Als er etwa vier Jahre alt ist, gibt man ihm Schreibunterricht. Sein Lehrer ist ein Geistlicher namens Dumont von der Schloßkapelle. »Er läßt sein Schreibzeug in den Speisesaal bringen, um unter Dumonts Anleitung zu schreiben, und sagt: Ich nehme mein Exempel vor, ich gehe zur Schule« (das Exempel ist die Schreibvorlage, die er abschreiben soll). »Er schreibt sein Exempel ab, folgt dem Schriftbild auf dem Papier, macht das recht ordentlich und findet Spaß daran.« Er beginnt lateinische Wörter zu lernen. Als er sechs Jahre alt ist, ersetzt dann ein gelernter »Schreiber« den Geistlichen der Kapelle: »Er schreibt sein Exempel ab. Beaugrand, ein Schreiber des Königs, zeigt ihm, wie man schreibt.«

Er spielt immer noch mit Puppen: »Er vergnügt sich mit kleinen Spielsachen und einem kleinen Kabinett aus Deutschland« (hölzerne Miniaturgegenstände, die von Nürnberger Handwerkern hergestellt wurden). »M. de Loménie gibt ihm einen kleinen Edelmann, den sein parfümierter Kragen sehr gut kleidet... Er kämmt ihn und sagt: ›Ich will ihn mit der Puppe von Madame (seiner Schwester) verheiraten.‹«

Er hat immer noch Spaß an Ausschneidearbeiten. Auch Geschichten erzählt man ihm: »Er läßt sich die Geschichten vom Gevatter Fuchs, vom hartherzigen Reichen und vom armen Lazarus von seiner Amme erzählen.« »Als man ihn zu Bett gebracht hatte, erzählte man ihm die Geschichten von Melusine. Ich sagte ihm, daß das Fabeln seien und daß sie nicht wirklich wahr seien« (ein bereits modernes erzieherisches Bemühen). Nicht nur die Kinder hörten Geschichten: auch die Erwachsenen erzählten sie sich am Abend.

Zu derselben Zeit, als es mit Puppen spielte, handhabte diescs Kind von vier bis fünf Jahren Pfeil und Bogen, spielte Karten, Schach (mit sechs Jahren), sowie die Spiele der Großen als da wären *la balle à la raquette, les banes* und die zahllosen Gesellschaftsspiele. Mit drei Jahren spielte er bereits *que met-on au corbillon,* wobei man mit »dauphillon, damoisillon« antworten mußte, ein Spiel, das unter Kindern und jungen Leuten sehr verbreitet war. Mit den Leibpagen des Königs, die älter sind als er, spielt er *la compagnie vous plaît-elle,* dann *bis comme bis;* er übernimmt niemals die Rolle des *maître* [des Spielführers], und wenn er einmal etwas nicht sagen kann, wie es sich gehört, dann fragt er; er spielt bei diesen Spielen mit, als wäre er fünfzehn Jahre alt, spielt mit, wenn es darum geht, mit verbundenen Augen eine Kerze anzuzünden«. Wenn er nicht mit den Pagen spielt, dann mit den Soldaten: »Mit den Soldaten spielt er allerlei Spiele.« Mit sechs Jahren spielte er Beruferaten, Scharaden, d. h. Gesellschaftsspiele, die darin bestanden, die Berufe und Geschichten zu erraten, die man mimisch vorspielte. Auch dies waren Spiele Jugendlicher und Erwachsener.

Mehr und mehr mischt sich der Dauphin unter die Erwachsenen und wohnt ihren Veranstaltungen bei. Er ist fünf Jahre alt: »Er wird in die Halle hinter dem Hundezwinger (in Fontainebleau) gebracht, um dort Bretonen im Ringkampf mit denen zu sehen, die an den Bauwerken des Königs arbeiteten.« »Wird zum König in den *salle du bal* geführt, um dort die Doggen gegen die Bären und den Stier kämpfen zu sehen.« »Er geht zur Federballhalle, um dort ein Dachsrennen zu sehen.« Und vor allem nimmt er an Ballettaufführungen teil. Mit viereinhalb Jahren »läßt er sich maskieren, geht dem König ein Ballett vortanzen, will sich auf gar keinen Fall demaskieren, weil man ihn nicht erkennen soll«. Er verkleidet sich oft »als pikardisches Kammerfräulein«, als Schäferin, als Mädchen (er trug damals noch das Knabenkleid). »Nach dem Souper schaut er zu, als zu den Liedern eines Laforest getanzt wird«, eines Soldaten und Choreographen, der auch Farcen schrieb. Mit fünf Jahren »amüsiert er sich wie ein Alter über eine Farce, in der Laforest den törichten Gatten, der Baron de Montglat das Weibsbild und Indret den Verliebten spielte, der sie zum liederlichen Leben verleitet«; »er tanzt ein Ballett, höchst ansehnlich als Mann gekleidet, mit Wams und Kniehosen unter dem Gewand (er ist sechs Jahre alt)«. »Er wohnt einer Ballettaufführung bei, in der Hexenmeister und Teufel von den Soldaten M. de Marsans getanzt werden und das Jean-Baptiste, der Piemontese (ein anderer Soldat und Choreograph), sich ausgedacht hat.« Er tanzt nicht nur Ballette oder höfische Tänze, die ein Lehrer ihm zur selben Zeit beibringt wie Lesen und Schreiben. Er übt sich auch in dem, was wir heute Volkstänze nennen würden. Darunter war auch der folgende, der mich an einen Tiroler Tanz erinnert, den die Burschen in Lederhosen in den Cafés von Innsbruck vorführen: die Pagen des Königs »tanzen *le branle:* sie sind in Saint-Jean des choux und versetzen sich Fußtritte in den Hintern; er tanzte mit und tat es ihnen gleich! [er ist fünf Jahre alt]«. Einmal war er aus Anlaß eines Unterhaltungsabends als Mädchen verkleidet: »Als die Farce zu Ende ist, läßt er sich das Kleid abnehmen und tanzt: ›sie sind in Saint-Jean des Choux und versetzen ihren Nachbarn Fußtritte in den Hintern.‹ Dieser Tanz hat ihm offenbar gefallen.«

Schließlich war er bei den traditionellen Festen – Weihnachten, Dreikönigstag, Johannistag – mit den Erwachsenen zusammen; in der Johannisnacht zündet er im unteren Hof des Schlosses von Saint-Germain den Reisighaufen an. Über den Abend des Dreikönigstags* berichtet Heroard: »Zum ersten Mal war er der ›König‹. Man schrie: der ›König‹ trinkt. Den Gott zugedachten Anteil läßt man liegen: derjenige, der ihn dann aufißt, gibt ein Almosen.« »Ist zur Königin geführt worden, wo er zuschaut, wie der Maibaum aufgepflanzt wird.«

Die Wende tritt ein, als es auf seinen siebten Geburtstag zugeht: er legt die Kinderkleidung ab, und seine Erziehung liegt von nun an in den Händen von Männern; er verläßt »Mamangas«, Madame de Montglas, und gerät unter die Fuchtel von M. de Soubise. Jetzt bemüht man sich, ihm die Spiele der frühen Kindheit, vor allem das Spielen mit Puppen abzugewöhnen: »Sie dürfen sich nicht länger mit diesen kleinen Spielsachen [Spielsachen aus Deutschland] vergnügen, auch nicht mehr Kutscher spielen, Sie sind groß, Sie sind kein Kind mehr.« Er beginnt zu lernen, wie man reitet und mit den Waffen umgeht, er geht auf die Jagd. Er nimmt an Glücksspielen teil, und wir entnehmen Heroards Aufzeichnungen, daß er dabei sogar große Gewinne macht. Es sieht ganz so aus, als ob mit dem achten Lebensjahr eine ziemlich wichtige

* Zur Bedeutung dieses Festes vgl. S. 140 f., A. d. Ü.

Etappe begann: dieses Alter wird in der moralistischen und pädagogischen Literatur des 17. Jahrhunderts im allgemeinen als Jahr des Eintritts in die Schule oder ins Leben genannt. (2) Überschätzen wir seine Bedeutung jedoch nicht. Wenn der junge Dauphin auch nicht mehr mit Puppen spielt oder jedenfalls eigentlich nicht mehr damit spielen sollte, so setzt er doch sein gewohntes Leben fort; er wird immer noch körperlich gezüchtigt, und seine Zerstreuungen bleiben im wesentlichen die alten; immer öfter und schließlich fast täglich geht er ins Theater. Erstaunlich, welche Bedeutung der Komödie, der Farce, dem Ballett, bei den zahlreichen Veranstaltungen unserer Vorfahren, ob nun in geschlossenen Räumen oder im Freien, zukam! »Er geht in die große Galerie, um dem König beim Ringstechen zuzuschauen.« »Er vergnügt sich, indem er schlechte Geschichten von La Clavette und anderen anhört.« »Hat mit kleinen Edelleuten in seinem Kabinett Kopf oder Zahl und, wie der König, mit drei Würfeln gespielt.« »Verstecken gespielt mit einem Leutnant der leichten Kavallerie.« »Ist dem Glücksspiel zuschauen gegangen und von dort aus zur großen Galerie, um beim Ringstechen zuzuschauen.« »Verkleidet sich, tanzt den Pantalone.« Neun Jahre ist er jetzt alt. »Nach dem Souper geht er zur Königin, spielt *Colin Maillard*, bringt die Königin, die Prinzessinnen und die Hofdamen dazu, mitzuspielen.« »Er spielt *je m'assieds*, die üblichen Gesellschaftsspiele. »Nach dem Souper erzählt die Amme des Königs ihm Geschichten, er findet Vergnügen daran.« Er hat sein dreizehntes Lebensjahr überschritten und spielt *à la cligne musette*, d. h. Verstecken.

Etwas mehr Puppen und Spielzeug aus Deutschland vor dem siebten Geburtstag, mehr Jagd, Reiten, Waffen, vielleicht auch etwas mehr Theater nach dem siebten Geburtstag: innerhalb der langen Kette von Zerstreuungen, die das Kind von den Erwachsenen übernimmt oder mit ihnen teilt, vollzieht sich dieser Wandel unmerklich. Mit zwei Jahren hatte Ludwig XIII. begonnen, Schlagball und Federball zu spielen; mit vier Jahren schoß er mit Pfeil und Bogen; das sind »Ertüchtigungsspiele«, die alle ausübten: so beglückwünscht Mme. de Sévigné beispielsweise ihren Schwiegersohn zu seiner Geschicklichkeit beim Schlagball. Der Romancier und Historiker Sorel schrieb dann schließlich auch eine Abhandlung über Gesellschaftsspiele, die sich an die Erwachsenen richtet. Doch schon mit drei Jahren spielte Ludwig XIII. *que met-on au corbillon?*, mit sechs Jahren Beruferaten und Scharaden, Spiele, die in Sorels *Maison des Jeux* eine wichtige Rolle spielen. Mit fünf Jahren spielt er Karten. Mit acht gewinnt er bei einem Glücksspiel, bei dem ganze Vermögen den Besitzer wechseln.

Nicht anders verhält es sich hinsichtlich der musikalischen oder dramatischen Darbietungen: mit drei Jahren tanzt Ludwig XIII. die Gaillarde, die Sarabande, die alte Bourrée, übernimmt Rollen in den Balletten bei Hofe. Mit fünf Jahren schaut er sich Farcen an, mit sieben Komödien. Er singt, spielt Violine und Laute. Er sitzt in der ersten Zuschauerreihe, um einen Ringkampf, ein Ringstechen, einen Bären- oder Stierkampf, einen Seiltänzer anzusehen. Schließlich nimmt er teil an den großen gemeinsamen Vergnügungen, den religiösen Festen und den Festen der verschiedenen Jahreszeiten wie Weihnachten, dem Maifest, dem Johannistag... Man muß den Eindruck haben, daß man damals noch nicht so rigoros wie heute zwischen Spielen für Kinder und solchen für Erwachsene unterschied. Den einen wie den anderen waren dieselben Spiele geläufig.

Zu Beginn des 17. Jahrhunderts erstreckte sich diese Polyvalenz nicht mehr auf die ganz kleinen Kinder. Wir kennen ihre Spiele genau, denn seit dem Einzug der Putti in die Ikonographie im 15. Jahrhundert haben die Darstellungen kleiner Kinder und ihrer Spiele sich um ein Vielfaches vermehrt. Man erkennt darauf das Steckenpferd, die Windmühle, den Vogel an der Leine und bisweilen, wenn auch weniger häufig, auch Puppen. Es ist ganz offensichtlich, daß diese kleinen Nachbildungen des Menschen ausschließlich den Allerkleinsten vorbehalten waren. Man kann sich allerdings fragen, ob das schon immer so gewesen ist oder ob dieses Spielzeug nicht zuvor zur Welt der Erwachsenen gehört hat. Einige dieser Spielsachen sind dem Geist kindlichen Wetteiferns entsprungen, der darauf drängt, die Errungenschaften der Erwachsenen nachzuahmen, wobei sie dann auf die dem Kind angemessene Größe verkleinert werden. Dazu gehört in einer Epoche, in der das Pferd das hauptsächliche Transport- und Zugmittel war, beispielsweise auch das Steckenpferd. Was die Windmühle angeht, so ist deutlich, daß diese Flügelchen, die sich am Ende eines Stockes drehten, nur die kindliche Nachbildung einer Technik sein können, die, im Gegensatz zur Nutzung des Pferdes, noch nicht sehr alt war, denn die Technik der Windmühle kam erst im Mittelalter auf. Es handelt sich dabei um denselben Reflex, der unsere Kinder heute dazu treibt, Lastwagen oder Autos nachzumachen. Die Windmühlen jedoch sind inzwischen längst aus unseren ländlichen Gebieten verschwunden, während die kleinen Windmühlen für Kinder immer noch in Spielwarengeschäften, an den Buden der Spazierwege oder der Jahrmärkte verkauft werden. Kinder bilden die konservativsten menschlichen Gesellschaften überhaupt.

Andere Spiele scheinen wieder auf einen anderen Ursprung als die Nachahmung der Erwachsenen zurückzugehen. So stellt man beispielsweise oft das Kind dar, wie es sich mit einem Vogel vergnügt: Ludwig XIII. hatte einen Neuntöter, an dem er sehr hing. Einige Leser fühlen sich dadurch vielleicht an den Raben ihrer frühen Kindheit erinnert, dem man die Flügel gestutzt hatte und der dennoch nie recht zahm werden wollte. Der Vogel dieser Spielszenen ist im allgemeinen angebunden, und das Kind hält die Leine in der Hand. Es ist möglich, daß es sich dabei gelegentlich um eine hölzerne Nachahmung handelt. In jedem Falle erscheint der angebundene Vogel, der Ikonographie zufolge, ein sehr verbreitetes Spielzeug gewesen zu sein. So erfahren wir auch von Nilsson, einem auf Griechenland spezialisierten Religionshistoriker, (3) daß es im alten Griechenland Brauch war (und übrigens im modernen Griechenland heute noch ist), daß die Knaben an den ersten Märztagen eine Schwalbe aus Holz bastelten, die sich blumengeschmückt auf einem Stock drehte. Sie gingen dann mit ihr von Haus zu Haus und erhielten Geschenke. Der Vogel oder sein Abbild ist hier nicht ein individuelles Spielzeug, sondern Bestandteil eines gemeinsamen Festes zu Beginn einer bestimmten Jahreszeit, bei dem die Jugend die Rolle übernimmt, die ihrer Altersklasse zukommt. Wir werden weiter unten noch auf diese Form des Festes stoßen. Was später zum individuellen Spielzeug wird, das weder zur Gemeinschaft noch zum Kalender oder sonst zu einem sozialen Inhalt in Beziehung steht, scheint ursprünglich an zeremonielles Brauchtum geknüpft gewesen zu sein, das Kinder und Jugendliche mit den Erwachsenen zusammenbrachte, wobei diese Altersgruppen ohnehin kaum auseinanderzuhalten waren. Derselbe Nilsson zeigt, (4) wie die Wippe, die Schaukel, die noch in der Ikonographie der Spiele des 18. Jahrhunderts so häufig vorkommen, als ritueller Bestandteil eines jener Feste figurierte, die der Kalender vorsah. Es handelt sich um die Aiora, das Fest der Jugend: die Knaben sprangen auf gefüllte Weinschläuche, und die Mädchen bewegte man auf Schaukeln hin und her; diese letzte Szene kann man auf bemalten Vasen erkennen. Nilsson interpretiert sie als eine Art Fruchtbarkeitszauber. Es bestand eine enge Beziehung zwischen der gemeinschaftlichen religiösen Zeremonie und dem Spiel, das Bestandteil ihres hauptsächlichen Ritus war. Später hat sich dieses Spiel dann aus seinem religiösen Symbolzusammenhang gelöst, es hat seinen gemeinschaftlichen Charakter verloren und ist somit zugleich profan und individuell geworden. Damit sollte es dann mehr und mehr den Kindern vorbehalten sein, deren Repertoire an Spielen von nun an eine Art Sammelbecken für kollektive

Äußerungen zu sein scheint, die von der Gesellschaft der Erwachsenen aufgegeben und säkularisiert worden sind.

In der Frage der Puppe und des Miniaturspielzeugs gelangen wir zu ähnlichen Hypothesen. Die Historiker des Spielzeugs, die Sammler von Puppen und Miniaturspielzeug, tun sich immer sehr schwer damit, die Puppe als Kinderspielzeug von allen anderen Bildern und Statuetten zu unterscheiden, die an den Ausgrabungsstätten in geradezu industriellen Quantitäten zutage gefördert werden und zumeist eine religiöse Bedeutung hatten: sie gehörten in den Bereich des Haus- und Totenkults, zu den Votivtafeln frommer Pilger usw. Wie oft hält man nicht etwas für Spielzeug, was in Wirklichkeit die verkleinerte Ausgabe alltäglicher Gegenstände ist, die als Grabbeigaben fungierten? Ich will damit noch nicht gesagt haben, daß kleine Kinder damals nicht mit Puppen oder den Nachbildungen von Gebrauchsgegenständen der Erwachsenen spielten. Doch hatten sie nicht als einzige Verwendung für diese Nachbildungen; was in den modernen Epochen ihr Monopol wurde, teilten sie während der Antike zumindest mit den Toten. Und diese ambivalente Verwendung der Puppe und der Nachbildung sollte sich bis ins Mittelalter und auf dem Lande sogar noch länger halten; auch ist die Puppe das gefährliche Instrument des Zauberers, des Schicksaldeuters. Diese Lust, Gegenstände und Personen des Alltagslebens im verkleinerten Maßstab darzustellen, die heute den kleinen Kindern vorbehalten ist, findet sich in einer volkstümlichen Kunst und dem dazugehörigen Kunsthandwerk wieder, die ebensosehr zum Ergötzen der Erwachsenen wie zur Zerstreuung der Kinder bestimmt sind. Die berühmten napoletanischen Krippen sind eine der Erscheinungsformen dieser Illusionskunst. Insbesondere die deutschen und Schweizer Museen besitzen komplizierte Ensembles aus Häusern, Interieurs und Mobiliar, die vertraute Gegenstände im verkleinerten Maßstab in allen Einzelheiten reproduzieren. Hat man in diesen kleinen Meisterwerken an Erfindungsreichtum und Kompliziertheit Puppenhäuser zu sehen? Aber natürlich haben auch die Kinder diese Art von Erwachsenenvolkskunst zu schätzen gewußt; in Frankreich waren die »Spielwaren aus Deutschland« oder die »kleinen Wunderwerke aus Italien« sehr begehrt. Während die Miniaturgegenstände Monopol der Kinder wurden, hat die Industrie, gleichgültig, ob sie sich damit an Kinder oder Erwachsene richtete, für diese Produkte nur ein Wort: *la bimbeloterie* (Nippesproduktion). Die Nippesgegenstände waren früher zugleich Spielzeug. Die Sprachentwicklung hat das Wort Nippes (bibelot) von seiner kindlichen und volkstümlichen Bedeutung entfernt, während eine veränderte Einstellung zum Kind im

Gegenteil den Gebrauch der kleinen Gegenstände, der Nachbildungen auf die Kinder beschränkte. *Le bibelot* ist im 19. Jahrhundert zum Objekt des Salons, der Vitrine geworden, doch ist es die verkleinerte Ausführung eines alltäglichen Gegenstands geblieben. So findet man eine kleine Sänfte, ein kleines Möbelstück, ein winziges Service, die niemals für Kinderspiele bestimmt waren. In diesem Geschmack an Nippes haben wir die bürgerliche Ausprägung jener Volkskunst zu sehen, der die Krippen Italiens oder die Miniaturhäuser Deutschlands entsprangen. Die Gesellschaft des Ancien Régime blieb dieser Art von Zeitvertreib lange Zeit treu, während wir ihn heute als Kinderei bezeichnen würden, und zwar zweifellos deshalb, weil er inzwischen ausschließlich in die Kindheit gehört.

Noch 1747 schreibt Barbier: »Man hat sich in Paris ein Spielzeug ausgedacht, das man Hampelmann nennt ... Diese kleinen Figuren stellen Arlequin, Scaramouche (die italienische Komödie) oder auch Bäckerjungen, [die verschiedenen Berufe] und [entsprechend dem Geschmack an rustikalen Verkleidungen] Schäfer bzw. Schäferinnen dar. Dieser Firlefanz hat ganz Paris in solchem Maße amüsiert und beschäftigt, daß man in kein Haus kommen kann, ohne an sämtlichen Kaminen einige davon hängen zu sehen. Allen Frauen und Mädchen macht man sie zum Geschenk, und dieser Furor hat ein solches Ausmaß erreicht, daß zu Beginn dieses Jahres sämtliche Läden mit dieser Art von Neujahrsgeschenken vollgestopft sind ... Die Herzogin von Chartres hat für ein von Boucher bemaltes Exemplar 1500 Livres gezahlt.« Der hervorragende Bücherkenner Jacob, der dieses Zitat anführt, stellt fest, daß man zu seiner Zeit auf solche Kindereien nicht gekommen wäre: »Die Angehörigen der guten Gesellschaft, die viel zu beschäftigt sind [was würde er erst heute sagen!], machen bei so etwas nicht mehr mit wie einst in den guten Zeiten des Müßiggangs [?], als die Mode der Stehaufmännchen und Hampelmänner florierte; Holzpüppchen überläßt man den Kindern.«

Das Marionettentheater scheint eine andere Ausprägung derselben volkstümlichen Kunst der täuschend ähnlichen Miniaturnachbildung zu sein, der die Spielwaren aus Deutschland und die napoletanischen Krippen entstammten. Es wird übrigens dieselbe Entwicklung nehmen: der Lyoner Guignol vom Anfang des 19. Jahrhunderts war eine volkstümliche, jedoch erwachsene Theaterfigur. Heute bezeichnet der Guignol das Marionettentheater, das ausschließlich für Kinder bestimmt ist.

Zweifellos erklärt diese fortdauernde Ambivalenz der kindlichen Spiele auch, weshalb die Anziehpuppe den eleganten Damen vom 16. bis noch zum Beginn des 19. Jahrhunderts als Mannequin und Modemuster gedient hat. Die Herzogin von Lothringen will einer Wöchnerin (1571) ein Geschenk machen: »Sie bittet Sie, ihr vier bis sechs nicht zu große Puppen zu schicken, die schönstangezogenen, die Sie finden können, um sie dem Kind der Herzogin von Bayern zu schicken, die vor kurzem niedergekommen ist.« Das Geschenk war für die Mutter bestimmt, aber im Namen des Kindes! Die Mehrzahl der Puppen innerhalb von Sammlungen sind kein Kinderspielzeug – solche Puppen sind im allgemeinen plumper und schlechter erhalten –, sondern Modepuppen. Die Modepuppen verschwinden dann und werden, zum Teil infolge der Erfindung der Lithographie, durch die Modezeichnung ersetzt. (5)

Es haftet also dem Spielzeug der frühen Kindheit und seinem Ursprung eine gewisse Ambivalenz an. Sie verliert sich in der Epoche, von der wir zu Beginn dieses Kapitels ausgegangen sind, d. h. um 1600. Sein Zuschnitt auf das Kind hatte sich bereits durchgesetzt, wenn sich auch im einzelnen einige Unterschiede zu unserem gegenwärtigen Gebrauch feststellen lassen: so war beispielsweise, wie wir in Zusammenhang mit der Person Ludwigs XIII. gesehen haben, die Puppe nicht den Mädchen vorbehalten. Die Jungen spielten genauso damit. Innerhalb der frühen Kindheit war die Unterscheidung zwischen Mädchen und Jungen nicht so klar wie heute: die einen wie die anderen trugen damals dieselbe Kleidung, dasselbe Kleid. Möglicherweise besteht eine Beziehung zwischen der Ausrichtung des Spielzeugs auf das Kind und der Bedeutung, die der frühen Kindheit dank der veränderten Einstellung, wie sie durch Ikonographie und Kleidung seit dem Ende des Mittelalters bezeugt wird, mittlerweile beigemessen wurde. Die Kindheit wird zum Sammelbecken solcher Gebräuche, die die Erwachsenen aufgegeben haben.

Diese Spezialisierung der Spiele erstreckt sich gegen 1600 nur auf die frühe Kindheit; vom dritten oder vierten Lebensjahr an verwischt sie sich und hört dann ganz auf. *Von da an spielt das Kind, sei es mit anderen Kindern, sei es im Kreise der Erwachsenen, dieselben Spiele wie die Großen.* Das können wir vor allem der Ikonographie entnehmen, die vom Mittelalter bis zum 18. Jahrhundert überaus reichhaltig ist, da man in dieser Zeit gerne Spielszenen darstellte – ein Anzeichen dafür, daß die Zerstreuung im sozialen Leben des Ancien Régime eine bedeutende Rolle spielte. Wir haben bereits gesehen, daß Ludwig XIII. von frühester Kindheit an einerseits mit Puppen, gleichzeitig aber auch schon Federball, Schlagball und Hockey spielte, alles Spiele, die uns heute eher Spiele Jugendlicher oder Erwachsener zu sein scheinen. Auf einem Stich von Arnoult (6) vom Ende des 17. Jahrhunderts spielen die Kinder ein Glücksspiel (*tirer la boule*); wenn wir uns auf die falschen Ärmel des kleinen Mädchens verlassen wollen, handelt es sich dabei um Kinder von Stande. Man findet es nicht im geringsten anstößig, Kinder Karten- und Glücksspiele und um Geld spielen zu lassen, sobald sie dazu imstande sind. Einer der Stiche von Stella, der die Spiele der Putti zum Thema hat, (7) beschreibt in teilnahmsvoller Weise das Unglück dessen, der alles verloren hat. Die umherwandernden Maler des 17. Jahrhunderts haben oft eine Rotte von Soldaten gemalt, die in übelbeleumdeten Schenken mit Leidenschaft dem Spiel frönten; neben alten Säufern sieht man ganz junge Burschen von etwa zwölf Jahren, die vom Spiel nicht weniger hingerissen zu sein scheinen. Ein Bild von Bourdon (8) stellt eine Gruppe von Bettlern dar, die sich um zwei Kinder scharen und ihnen beim Würfelspiel zuschauen. Dieses Motiv – Kinder, die um Geld Glücksspiele spielen – hatte für die Öffentlichkeit noch nichts Schockierendes, wie daraus hervorgeht, daß es auch in Szenen vorkommt, die keine Säufer oder Bettler mehr zeigen, sondern seriöse Figuren wie die Le Nains. (9)

Umgekehrt spielten die Erwachsenen Spiele, die aus heutiger Sicht nur für Kinder geeignet sind. Eine Elfenbeinarbeit des 14. Jahrhunderts (10) stellt das Froschspiel dar: ein junger Mann sitzt auf der Erde und versucht, die Männer und Frauen zu fangen, die ihn anrempeln. Das Stundenbuch Adelheids von Savoyen vom Ende des 15. Jahrhunderts (11) enthält einen Kalender, der hauptsächlich mit Spielszenen, und zwar nichthöfischen Spielszenen, illustriert ist. (Die Kalender enthielten zunächst Szenen aus dem Berufsleben, und nur der Monat Mai war für das Liebeswerben reserviert. Dann kamen auch Spiele vor und griffen allmählich immer mehr Raum, Ritterspiele wie die Hetzjagd, aber auch volkstümliche Spiele.) Eines von ihnen ist das Reisigbündelspiel: ein Spieler stellt in einem Kreis von Paaren, bei denen jeweils die Dame hinter ihrem Kavalier steht und ihn um die Hüfte faßt, die Kerze dar. An andrer Stelle ist in diesem Kalender eine Schneeballschlacht der Dorfbevölkerung dargestellt; Männer und Frauen, Kleine und Große sind daran beteiligt. Auf einem Teppich vom Anfang des 16. Jahrhunderts (12) spielen Bauern und Edelleute, letztere mehr oder minder als Schäfer verkleidet, ein Versteckspiel. Kein Kind ist dabei. Holländische Gemälde des 17. Jahrhunderts (vor allem der zweiten Hälfte) zeigen dasselbe Spiel. Auf einem davon (13) gibt es auch einige Kinder, doch sind sie mitten unter Erwachsenen aller Altersstufen; eine Frau, die ihren Kopf unter der Schürze versteckt hält, hält die offene

Hand hinter dem Rücken. Ludwig XIII. und seine Mutter vergnügten sich mit dieser Art Versteckspiel, das *clique musette* hieß. Bei der Grande Mademoiselle im Hôtel de Rambouillet spielte man *colin-maillard,* eine Art Blindekuh. (14) Ein Stich von Lepeautre (15) zeigt, daß es auch von den Bauern immer als Erwachsenenspiel betrieben wurde.

Von daher versteht man auch den Kommentar, zu dem den modernen Historiker Van Marle (16) zu dem seine Studie über die Ikonographie der Spiele inspirierte: »Was die Zerstreuungen der Erwachsenen angeht, so kann man wahrhaftig nicht sagen, daß sie weniger kindlich gewesen seien als die Vergnügungen der Kleinen.« In der Tat nicht, denn es waren dieselben!

Die Kinder wiederum nahmen mit den anderen Altersklassen an den Festen der verschiedenen Jahreszeiten teil, zu denen sich regelmäßig die ganze Gemeinschaft zusammenfand. Es fällt uns schwer, uns vorzustellen, welches Gewicht Spiele und Feste in der alten Gesellschaft hatten, wo doch der Mensch in den Städten und auf dem Lande heute zwischen einer sehr anstrengenden, viel zu aufgeblähten beruflichen Sphäre und den so unausweichlichen wie ausschließlichen familiären Verpflichtungen nur sehr wenig Spielraum hat. Die gesamte politische und soziale Literatur, die die öffentliche Meinung unserer Zeit widerspiegelt, beschäftigt sich mit den Lebens- und Arbeitsbedingungen; ein Syndikalismus, der über die Angemessenheit der Löhne wacht, Versicherungen, die der Krankheit und der Erwerbslosigkeit etwas von ihrem Schrecken nehmen – das sind die wichtigsten populären Errungenschaften oder jedenfalls doch die, die in der öffentlichen Meinung, in der Literatur und in der politischen Auseinandersetzung am meisten in Erscheinung treten. Selbst der Ruhestand wird immer weniger als Möglichkeit zur Muße, sondern oft genug als Gelegenheit zum Mehrfachverdienst genutzt. Die Zerstreuung, deren man sich gewissermaßen schämen muß, ist nur noch bei seltenen, fast heimlichen Gelegenheiten zugelassen; sie kommt nur gezwungenermaßen einmal jährlich als Lebensgewohnheit zum Tragen, nämlich in Gestalt des riesigen Exodus der Ferienzeit – im Fall Frankreichs ist das der August –, wenn ein ganzes Volk sich auf Strände und Berge zubewegt, Wasser, Luft und Sonne zustrebt, ein immer breiterer Strom, der in zunehmendem Maße alle Schichten des Volkes ergreift und mit einer wachsenden Motorisierung einhergeht.

In der alten Gesellschaft nahm die Arbeit weder einen so großen Teil des Tages ein, noch hatte sie für die öffentliche Meinung soviel Gewicht wie heute; sie besaß nicht den existentiellen Wert, den wir ihr seit mehr als einem Jahrhundert beimessen. Man kann eigentlich noch nicht einmal sagen, daß sie denselben Sinn hatte. Dagegen erstreckten sich die Spiele und Zerstreuungen weit über jene verstohlenen Momente hinaus, die wir ihnen zugestehen. Sie bildeten eins der Hauptmittel, über die eine Gesellschaft verfügte, um die gemeinschaftlichen Bande enger zu knüpfen, ein Zusammengehörigkeitsgefühl zu entwickeln. So verhielt es sich mit fast allen Spielen, aber noch deutlicher wird diese gesellschaftliche Rolle an den großen Festen, die sich an den Jahreszeiten und dem Brauchtum orientierten. Sie fanden an festen Tagen innerhalb des Kalenderjahres statt, und ihre Programme folgten in den Grundzügen traditionellen Regeln. Sie sind bislang nur von den Spezialisten der Folklore oder volkstümlicher Traditionen untersucht worden, die sie mit zu großer Ausschließlichkeit im ländlichen Milieu ansiedeln. Dabei gehen sie vielmehr die ganze Gesellschaft an, deren Lebenskraft sie in periodischen Abständen manifestieren. Die Kinder – die Kinder und die Jugendlichen – nehmen mit demselben Recht wie alle anderen Mitglieder der Gesellschaft daran teil und spielen dabei meistens eine Rolle, die ihnen traditionell zugedacht ist. Es kann uns hier selbstverständlich nicht darum gehen, die Geschichte dieser Feste zu schreiben – ein überaus umfangreiches Thema, das für die Sozialgeschichte sicher von sehr großem Interesse ist –, doch sollten wir anhand einiger Beispiele klären können, welchen Platz die Kinder dabei einnahmen. Dokumentarisches Material ist im übrigen reichlich vorhanden, selbst wenn man von den Beschreibungen der volkstümlichen, vor allem der bäuerlichen, Literatur wenig Gebrauch macht; schon die überaus umfangreiche Ikonographie, zahlreiche bürgerliche und urbane Gemälde zeugen davon, welchen bedeutenden Platz diese Feste im Gedächtnis und im Empfinden der Gemeinschaft einnehmen; nur zögernd begann man damit, sie darzustellen und die Erinnerung daran über den kurzen Augenblick ihrer Dauer hinaus zu pflegen.

Eine der bevorzugten Szenen der Künstler und ihrer Auftraggeber war das Dreikönigsfest, wahrscheinlich das größte Fest des Jahres. In Spanien hat es diese Vorrangstellung, die es in Frankreich zugunsten des Weihnachtsfestes eingebüßt hat, bis heute bewahrt. Als Madame de Sévigné, die damals auf ihrem Schloß Les Rochers war, die Nachricht von der Geburt eines Enkels erhielt, wollte sie ihre Dienerschaft an ihrer Freude teilhaben lassen, und schrieb, um zu zeigen, daß sie es dabei an nichts hatte fehlen lassen, an Madame de Grignan: »Ich habe meinen Leuten nicht mehr und nicht weniger zu trinken und zu essen auftragen lassen als am Dreikönigsabend.« (17) Man sagte »Dreikönigsabend«. Eine Miniatur aus dem Stundenbuch Adelheids von Savoyen stellt die erste Episode des Festes dar. (18) Sie bezieht sich zwar auf das Ende des 15. Jahrhunderts, doch blieben diese Riten lange Zeit unverändert. Männer und Frauen, Verwandte und Freunde, sind um den Tisch versammelt. Einer der Gäste hält den Königskuchen. Ein Kind von fünf bis sieben Jahren versteckt sich unter dem Tisch. Der Illustrator gibt ihm eine Art von Banderole in die Hand, deren Inschrift mit Ph... beginnt. Man hat auf diese Weise den Augenblick festgehalten, wo das Kind, wie es Brauch war, den Königskuchen verloste. Man folgte dabei einem festgesetzten Zeremoniell: das Kind versteckte sich unter dem Tisch, und einer der Gäste schnitt ein Stück vom Kuchen ab und rief das Kind: »Phoebe, Domine...« (daher die Anfangsbuchstaben Ph in der Miniatur), und das Kind antwortete, indem es den Namen des Gastes nannte, der bedient werden sollte. Und so ging es weiter. Eines der Kuchenstücke war für die Armen, d. h. für Gott, reserviert, und der, der es aß, kaufte sich durch ein Almosen los. Ist, im Zuge seiner Verweltlichung, aus diesem Almosen dann nicht die Verpflichtung des »Königs« geworden, nicht mehr den Armen, sondern den anderen Gästen ein Pfand oder einen weiteren Kuchen zu bezahlen? Gleichviel. Richten wir unser Augenmerk ausschließlich auf die protokollarisch festgelegte Rolle, die die Tradition einem kleinen Kind anvertraute. Der Ablauf der offiziellen Lotterien des 17. Jahrhunderts ist zweifellos von diesem Brauch inspiriert gewesen: das Frontispiz eines Buches mit dem Titel *Critique sur la loterie* (19) zeigt, wie ein Kind die Ziehung vornimmt, eine Tradition, die sich bis in unsere Tage erhalten hat. Man zieht Lotterielose, wie man die Könige auslost. Daß das Kind diese Rolle gespielt hat, setzt seine Anwesenheit unter den Erwachsenen während der langen Stunden des Dreikönigsabends voraus.

Die zweite Episode des Festes und zugleich übrigens sein Höhepunkt ist der Toast, den sämtliche Gäste auf den glücklichen Finder der Saubohne ausbringen, nachdem er gebührend gekrönt worden ist: der König trinkt. Die flämischen und holländischen Maler haben dieses Thema ganz besonders geschätzt; das berühmteste ist wohl das Bild Jordaens' im Louvre, doch findet man dieses Thema noch bei zahllosen anderen Malern nördlich der Alpen wieder. Nehmen wir beispielsweise das Gemälde Metsus, (20) das einem weniger burlesken und wahrheitsgetreueren Realismus verpflichtet ist. Es zeigt sehr schön, wie diese Versammlung von Menschen aller Altersstufen und zweifellos auch aller Stände, von Dienern und Herren aussah, die sich am Dreikönigsabend um den

König scharte. Man ist um den Tisch versammelt. Der König, ein Greis, trinkt. Ein Kind grüßt ihn, indem es den Hut zieht; zweifellos handelt es sich dabei um das Kind, das gerade die Kuchenstücke verlost hat, wie es dem Brauch entspricht. Ein anderes Kind, das noch zu klein ist, um diese Rolle zu übernehmen, hockt auf einem jener hohen, geschlossenen Stühle, die immer noch sehr verbreitet sind. Es kann sich noch nicht allein auf den Beinen halten, soll aber doch auch am Fest teilnehmen. Einer der Gäste ist als Buffo verkleidet; man war im 17. Jahrhundert ganz vernarrt in Verkleidungen, und bei diesem Anlaß waren die grotesksten gerade recht. Speziell das Buffokostüm findet sich auch in anderen Darstellungen dieser so vertrauten Szenen, denn es war Teil des Zeremoniells: der Buffo war der Narr des Königs.

Es konnte ebensogut geschehen, daß eines der Kinder die Saubohne fand. So notierte Heroard am 5. Januar 1607 (das Fest wurde am Abend des Epiphaniastages gefeiert), daß der künftige Ludwig XIII., der damals sechs Jahre alt war, »zum ersten Male der König war«. Ein Bild von Steen aus dem Jahre 1668 (21) würdigt die Krönung des jüngsten Sohnes des Malers. Er ist mit einem Papierdiadem gekrönt, man hat ihn auf eine Bank gehoben, als sei es ein Thron, und eine alte Frau gibt ihm liebevoll ein Glas Wein zu trinken.

Damit war das Fest aber noch nicht zu Ende. Es begann vielmehr die dritte Episode, die bis zum Morgen dauern wird. Es fällt auf, daß einige Gäste verkleidet sind; an ihren Kopfbedeckungen tragen sie gelegentlich Schilder, die ihre Rolle in der Komödie festlegen. Der »Narr« übernimmt die Spitze einer kleinen Expedition, die sich aus einigen Masken, einem Musikanten – im allgemeinen ein Violinspieler – zusammensetzt, und wieder gehört auch ein Kind dazu. Der Brauch sieht für dieses Kind eine festumrissene Funktion vor: es trägt die Kerze der Drei Könige. In Holland scheint sie schwarz gewesen zu sein. In Frankreich war sie buntscheckig; Madame de Sévigné sagt von einer Frau, sie sei »buntscheckig wie die Dreikönigskerze«. Unter der Führung des Buffo zieht die Gruppe der »Sternsinger« – so nannte man sie in Frankreich – durch die Nachbarschaft, wo sie um Brennmaterial und um Nahrungsmittel bittet, und wo sie zum Wüfelspiel herausfordert. Ein Stich von Mazot aus dem Jahre 1641 zeigt den Zug der Sternsinger: zwei Männer, eine Frau, die Gitarre spielt, und ein Kind, das die Dreikönigskerze trägt. (22)

Dank einem mit Gouachen bemalten Fächer vom Anfang des 18. Jahrhunderts (23) können wir verfolgen, wie dieser Narrenzug in einem Nachbarhaus empfangen wird. Die Halle dieses Hauses sieht man nach

Art der Mysteriendekorationen oder der Gemälde des 15. Jahrhunderts im Aufriß, so daß zugleich das Innere der Halle und die Straße hinter der Tür sichtbar ist. In der Halle trinkt man auf das Wohl des Königs und krönt die Königin. Auf der Straße trifft gerade ein maskierter Trupp ein und klopft ans Türgebälk. Man wird ihm öffnen: Je mehr »Narren«, desto lustiger (»Plus on est de ›fous‹, plus on s'amuse«) – wäre es nicht denkbar, daß wir hierin den Ursprung dieser Redensart zu suchen haben?

Für den ganzen Verlauf des Festes kann man die aktive Teilnahme von Kindern an den herkömmlichen Zeremonien feststellen. Das gilt auch für Heiligabend. Heroard teilt uns mit, daß Ludwig XIII. mit drei Jahren zusah, wie der Weihnachtsbaumstumpf aufgestellt wurde, und dabei sang und tanzte. Vielleicht ist er es auch, der Salz oder Wein auf den Holzstoß wirft, wie es dem Ritus entspricht, der uns für das Ende des 16. Jahrhunderts von dem Deutschschweizer Thomas Platter beschrieben wird, eine Beobachtung, die er während seiner Medizinstudien in Montpellier gemacht hatte. Folgendes geschah in Uzès. (24) Man legt einen großen Baumstumpf auf die Feuerböcke. Wenn er Feuer gefangen hat, versammelt sich das ganze Haus. Das jüngste Kind nimmt in die rechte Hand ein Glas Wein, Brotkrümel und eine Prise Salz, und in der Linken hält es eine brennende Kerze. Man entblößt das Haupt, und das Kind beginnt das Kreuz zu schlagen. Im Namen des Vaters ... wirft es eine Prise Salz ans eine Ende der Feuerstätte, im Namen des Sohnes ... eine weitere ans andere Ende der Feuerstätte usw. ... Die Holzkohle, die eine segenbringende Wirkung hat, bewahrt man auf. Das Kind spielt hier inmitten der versammelten Gemeinschaft noch eine der wesentlichen Rollen, wie sie die Tradition vorsah. Diese Rolle ließ sich auch bei anderen Gelegenheiten wiederfinden, die zwar alltäglicher waren, aber dasselbe soziale Gepräge hatten: bei den Mahlzeiten am Familientisch. Der Brauch wollte es, daß das Tischgebet von einem der jüngsten Kinder gesprochen und der Tischdienst von allen Kindern gemeinsam versehen wurde. Sie servierten die Getränke, deckten die Teller ab, schnitten das Fleisch. Wir werden noch Gelegenheit haben, die Bedeutung dieser Sitten eingehender zu untersuchen, wenn wir uns mit der Familienstruktur beschäftigen werden. (25) Halten wir fürs erste nur fest, wie verbreitet vom 14. bis zum 17. Jahrhundert die Gepflogenheit war, den Kindern innerhalb des Zeremoniells, das die familiären und gesellschaftlichen Zusammenkünfte, seien sie nun alltäglich oder außergewöhnlich, begleitete, eine besondere Aufgabe anzuvertrauen.

Bei anderen Festen war der Jugend, obwohl sie die ganze Gemeinschaft einbezogen, das Monopol der aktiven Rollen vorbehalten, und die anderen Altersstufen wohnten ihrem Treiben nur als Zuschauer bei. Bei diesen Festen scheint es sich bereits um Festtage der Kinder oder der Jugendlichen zu handeln; wir haben bereits gesehen, wie verschwommen die Grenze zwischen diesen beiden Lebensaltern, die heute so scharf voneinander getrennt sind, damals war und wie wenig man ihrer gewärtig war.

Im Mittelalter besetzten die Kinder am Tag der Unschuldigen Kinder die Kirche; (26) eines von ihnen wurde von seinen Kameraden zum Bischof gewählt und leitete die Zeremonie, dic mit einer Prozession, einer Kollekte und einem Festessen zu Ende ging. Die Tradition, die noch im 16. Jahrhundert lebendig war, wollte, daß die jungen Leute ihre Freunde am Morgen jenes Tages mit Rutenhieben im Bett überraschten, um ihnen, wie man sagte, »ein paar Unschuldige zu versetzen«.

Fastnachtsdienstag scheint das Fest der Schüler und der Jugendlichen gewesen zu sein. Fitz Stephen beschreibt diesen Tag im Zusammenhang mit der Jugend seines Helden Thomas Becket, (27) wie er sich im 12. Jahrhundert in London abgespielt hat, als dieser Schüler an der Domschule von Saint Paul's war: »Alle Kinder der Schule brachten ihrem Lehrer ihre Kampfhähne.« Die Kampfhähne, die dort, wo sie sich gehalten haben, immer noch populär sind, beispielsweise in Flandern oder in Lateinamerika, jedoch ausschließlich Erwachsenen gehören, waren im Mittelalter mit der Jugend und sogar mit der Schule verbunden. Ein Text aus Dieppe aus dem 15. Jahrhundert, der die Gebühren aufzählt, die man dem Fährmann schuldig war, zeigt diese Verbundenheit noch ganz deutlich: »Der Lehrer, der in der Schule von Dieppe unterrichtet, schuldet einen Hahn, wenn die Spiele in der Schule oder sonst irgendwo in der Stadt stattfinden und alle anderen Schüler von Dieppe fahren bei dieser Fährfahrt dann umsonst.« (28) In London begann der Fastnachtsdienstag, Fitz Stephen zufolge, mit Hahnenkämpfen, die den ganzen Vormittag andauerten. »Am Nachmittag zog dann die ganze Stadtjugend in die Umgebung, um das berühmte Ballspiel auszutragen... Die Erwachsenen, die Verwandten, die Honoratioren kamen zu Pferde, um den Spielen der Jugend beizuwohnen, und wurden mit ihr wieder jung.« Das Ballspiel, das Spiel mit der Kugel, wie man auf Französisch sagte, führte mehrere Gemeinden zu einer gemeinschaftlichen Veranstaltung zusammen, wobei sich mal zwei Gemeinden und dann wieder zwei Altersstufen gegenüberstanden: »Das *jeu de la soule* oder *boule de chalendas* ist ein Spiel, das gewöhnlich am Weihnachtstag zwischen den Altersgenossen des Ortes Cairac in der

Auvergne [und selbstverständlich auch anderswo] ausgetragen wird; dieses Spiel läßt sich auch so spielen oder aufteilen, daß die Verheirateten auf der einen Seite und die Unverheirateten auf der anderen Seite antreten; die erwähnte *soule* oder *boule* wird dann von einem Ort zum anderen getragen, und man nimmt sie sich gegenseitig weg, um den Preis zu gewinnen, und wer sie am besten trägt, der hat den Preis des nämlichen Tages sicher.« (29)

Noch im 16. Jahrhundert wurde der Karneval in Avignon vom *abbé de la basoche,* dem Vorsitzenden der Bruderschaft der Kanzleischreiber der Notare und Staatsanwälte, organisiert und angeregt: (30) solche Leitfiguren der Jugend waren, zumindest in Südfrankreich, immer auch ein wenig »chef des plaisirs«, wie es ein Gelehrter unserer Zeit ausgedrückt hat (Liebesprinzen, *roi de la basoche,* Abbé oder Hauptmann der Jugend, Abbé der Genossen oder der Kinder der Stadt). In Avignon (31) erfreuten sich die Studenten am Fastnachtsdienstag des Privilegs, die Juden und die Huren zu verprügeln, es sei denn, diese kauften sich frei. Der Geschichte der Universität von Avignon entnehmen wir, daß der Nuntius am 20. Januar 1660 das Lösegeld für eine Hure auf einen *écu* festsetzte.

Die großen Feste der Jugend waren das Mai- und das Novemberfest. Von Heroard haben wir erfahren, daß Ludwig XIII. als Kind auf den Balkon der Königin ging, um zuzuschauen, wie der Maibaum aufgepflanzt wurde. Das Maifest kommt, was den Eifer der Künstler angeht, nach dem Dreikönigsfest; sie beschwören es gern als eines der volkstümlichsten. Unzählige Gemälde, Stiche, Teppiche sind davon inspiriert. A. Varagnac hat dieses Motiv im Botticellis *Primavera* in den Uffizien wiedererkannt. (32) Andere Künstler befleißigen sich bei der Darstellung der traditionellen Zeremonien einer realistischeren Genauigkeit. Ein Teppich von 1642 (33) ermöglicht es uns, uns den Anblick eines Dorfes oder Marktflecken am 1. Mai vorzustellen. Man befindet sich in einer Straße. Ein bereits etwas ältliches Paar und ein Greis sind aus einem der Häuser herausgetreten und warten an der Schwelle. Sie wollen eine Gruppe von jungen Mädchen empfangen, die sich auf sie zubewegt. Eines der Mädchen, das erste, trägt einen mit Früchten und Kuchen bestückten Korb. Diese Gruppe Jugendlicher geht so von Tür zu Tür, und jeder gibt, in Erwiderung der guten Wünsche, irgendwelche Nahrungsmittel; die Haussammlung ist eins der wesentlichen Elemente dieser Feste der Jugend. In erster Linie bekränzen sich kleine Kinder, die wie die Mädchen noch in ein langes Gewand gekleidet sind, mit Blumen und Blätterkronen, die ihre Mütter für sie angefertigt haben.

Auf anderen Bildern schart sich der Zug der jungen Bittsteller um einen Jungen, der den Maibaum trägt; dies ist beispielsweise auf einem holländischen Gemälde von 1700 der Fall. Die Kinderschar durchquert hinter dem Träger des Maibaums das Dorf; die kleinen Kinder sind mit Blumen bekränzt. Die Großen sind vor die Türen getreten, um den Kinderzug zu empfangen. (34) Der Mai wird gelegentlich durch eine von Blättern und Blumen gekrönte Stange symbolisiert. (35) Doch haben uns die Episoden, die mit dem Maibaum verbunden sind, hier wenig zu interessieren. Unsere Aufmerksamkeit gilt lediglich der Sammlung, die von der Gruppe Jugendlicher bei den Erwachsenen durchgeführt wird, und der Sitte, die Kinder mit Blumen zu bekränzen, die man in Zusammenhang mit der Vorstellung von der Wiedergeburt der Vegetation zu sehen hat, wie sie auch durch den Baum symbolisiert wird, den man mit sich trägt oder aufpflanzt. (36) Das Anfertigen und Tragen solcher Blumenkronen ist möglicherweise zu einem verbreiteten Kinderspiel, mit Gewißheit jedenfalls in den künstlerischen Darstellungen zu einem Attribut ihres Alters geworden. Auf den Porträts, seien es Einzel- oder Familienporträts, tragen oder flechten die Kinder Kränze aus Blumen oder Laubwerk. So auch die beiden kleinen Mädchen von Nicolas Maes im Museum von Toulouse: (37) die eine setzt sich einen Blätterkranz auf und nimmt mit der anderen Hand Blumen aus einem Korb, den ihre Schwester ihr hinreicht. Man kann nicht umhin, zwischen den Maizeremonien und dieser Konvention, die die Kindheit mit dem Wachstum der Pflanzen verknüpft, einen Zusammenhang zu sehen.

Eine andere Reihe von Festen der Kinder und der Jugend fand Anfang November statt. »Den 4. und 8. November machte man ›Mumien‹, die man Cherubim nennt. Damit zog auch ich vermaskiert in D. Saportas Haus, wo man Tänze hielt.« So beschreibt der Student Thomas Platter (38) eine Maskerade junger Menschen und nicht nur von Kindern. Dieses Maskenfest ist aus unserem Brauchtum völlig verschwunden, verdrängt durch die bedrückende Nachbarschaft von Allerseelen. Die Öffentlichkeit will die allzu große Nähe eines heiteren Festes verkleideter Kinder nicht mehr dulden. Dennoch hat dieser Festtag im angelsächsischen Amerika unter dem Namen Halloween überlebt. Der Sankt-Martins-Tag war wenig später dann Anlaß zu speziellen Umzügen der Jugendlichen und, genauer gesagt, möglicherweise der Schüler. »Morgen ist Sankt-Martins-Tag«, liest man in einem Schuldialog vom Beginn des 16. Jahrhunderts, der das Treiben an den Schulen von Leipzig lebendig werden läßt. (39) »Wir Schüler, wir halten an diesem Tag eine sehr reiche Ernte ... es ist so Brauch, daß die Armen

(armen Schüler) von Tür zu Tür gehen, um Geld entgegenzunehmen.« Wir finden hier die Haussammlungen wieder, denen wir im Zusammenhang mit der Maifeier begegnet waren: es handelt sich um eine spezifische Praktik der Feste der Jugend, die einmal eine Geste ist, die an die Gastfreundschaft appelliert, und dann wieder echte Bettelei. Man hat den Eindruck, hier auf die letzten Spuren einer sehr alten Gesellschaftsstruktur zu stoßen, die nach Altersklassen organisiert war. Es ist jedoch nur mehr eine Erinnerung daran übriggeblieben, welche wesentliche Funktion der Jugend bei bestimmten großen gemeinschaftlichen Festlichkeiten vorbehalten war. Es fällt im übrigen auf, daß das Zeremoniell kaum einen Unterschied zwischen Kindern und Jugendlichen machte. Dieses Überbleibsel aus einer Zeit, wo sie nicht voneinander getrennt waren, entsprach der Realität der Lebensformen nicht mehr ganz, wie aus der Gewohnheit des 17. Jahrhunderts hervorgeht, nur die kleinen Kinder – die Knaben trugen dabei noch das lange Gewand – mit den Blumen und Blättern zu schmücken, die in den Kalendern des Mittelalters die Heranwachsenden zierten, für die die Zeit des Liebeswerbens gekommen war.

Welche Rolle Kindheit und Jugend gespielt haben mögen – ob die Hauptrolle, wie beim Maifest, oder eine eher zufällige wie beim Dreikönigstag –, sie folgte immer einem überlieferten Protokoll und entsprach den Regeln eines gemeinsamen Spiels, das die soziale Gruppe und alle Altersklassen gemeinsam in Bewegung setzte.

Es gab noch andere Umstände, die dazu führten, daß verschiedene Altersstufen an gemeinsamen Vergnügungen teilnahmen. Vom 15. bis zum 18. und (in Deutschland) bisweilen noch zu Beginn des 19. Jahrhunderts lassen unzählige Genreszenen auf Gemälden, Stichen und Teppichen jene Familienzusammenkunft lebendig werden, bei der Kinder und Eltern ein kleines Kammerorchester bildeten, oder einen Sänger begleiteten. Meistens fand das gelegentlich einer Mahlzeit statt. Bisweilen hatte man bereits den Tisch abgeräumt. Dann wieder fand das musikalische Intermezzo im Verlauf der Mahlzeit statt, wie auf einem holländischen Gemälde, das gegen 1640 entstanden ist: (40) die Gesellschaft sitzt bei Tisch, aber das Auftragen der Speisen ist unterbrochen worden; der Knabe, der diesen Dienst versieht und der einen Teller und einen Weinkrug trägt, hält inne; einer der Gäste, der sich stehend gegen den Kamin lehnt und ein Glas in der Hand hält, singt – zweifellos ein Trinklied –, und ein anderer hat die Laute ergriffen, um ihn zu begleiten.

Wir haben heute keine Vorstellung mehr davon, welche Rolle die

Musik, Musik und Tanz, im Alltagsleben spielte. Der Verfasser einer *Introduction to Practical Music,* die 1597 erschienen ist, berichtet, welchen Umständen er es zu verdanken hat, daß aus ihm ein Musiker geworden ist. (41) Er aß in Gesellschaft: »Als das Abendessen beendet war, und, wie üblich, die Partituren auf den Tisch gelegt wurden, bestimmte die Hausherrin einen Part für mich und bat mich ganz ernsthaft, ihn zu singen. Ich mußte mich vielmals entschuldigen und gestehen, daß ich mich darauf nicht verstand; das schien alle zu verwundern, und einige begannen miteinander zu tuscheln und sich zu fragen, wo ich wohl erzogen worden sei.« Vertrautheit mit Instrumenten oder mit dem Gesang mag im elisabethanischen England noch geläufiger gewesen sein, doch war dieses Phänomen auch in Frankreich, in Italien, in Spanien und in Deutschland verbreitet. Es beruhte auf einer alten mittelalterlichen Sitte, die sich über den Geschmackswandel und die technischen Vervollkommnungen bis ins 18./19. Jahrhundert hielt, wobei sich gebietsweise Unterschiede feststellen lassen. Heute läßt sich ein solches Verhältnis zur Musik nur noch in Deutschland, in Mitteleuropa und in Rußland finden. Man traf es in adligen oder bürgerlichen Kreisen an, wie sich beispielsweise daran zeigt, daß viele Gruppen sich gern als Kammermusiker porträtieren ließen. Doch läßt sich dieses Verhältnis zur Musik auch für volkstümlichere, bäuerliche Kreise oder selbst für das Bettelvolk feststellen; in diesen Schichten spielte man den Dudelsack oder die Leier, die Fiedel zum Tanz, die damals noch nicht die ehrwürdige Position der heutigen Violine erreicht hatte. Die Kinder hatten sehr früh Umgang mit der Musik. Ludwig XIII. sang seit frühster Kindheit volkstümliche oder satirische Lieder, die mit den Kinderliedchen der beiden letzten Jahrhunderte in keiner Hinsicht zu vergleichen sind. Auch wußte er, wie die Saiten der Laute, eines edlen Instruments, hießen. In all diesen Kammerkonzerten, wie sie die alte Ikonographie vielfach reproduziert hat, übernahmen die Kinder ihren Part. Sie musizierten auch miteinander, und es war üblich, sie mit einem Instrument in der Hand zu malen. Sehen wir uns die zwei Knaben von Frans Hals an: (42) der eine begleitet seinen singenden Bruder oder Kameraden auf der Laute; auch gibt es zahlreiche Kinder von Frans Hals oder Le Nain, die Flöte spielen. (43) Mehr oder minder zerlumpte Gassenjungen lauschen begierig der Leier eines Blinden: wir haben es hierbei mit einem im 17. Jahrhundert sehr verbreiteten Motiv aus dem Bereich des Bettelvolkes zu tun. (44) Eher sollten wir unser Augenmerk jedoch auf ein holländisches Gemälde von Vinckeboons (45) richten; hier stoßen wir nämlich auf ein Detail, das kennzeichnend für die neue Einstellung zur

Kindheit ist. Wie auf anderen ähnlichen Gemälden spielt ein Leierkastenmann für ein kindliches Publikum; die Szene ist gewissermaßen eine Momentaufnahme: die Jungen laufen beim Klang seines Instrumentes herbei, und einer von ihnen, der noch zu klein ist, hat ihnen nicht folgen können. Da nimmt sein Vater ihn auf die Arme und holt das Publikum rasch ein, damit dem Kind nur ja nichts von diesem Fest entgeht: fröhlich streckt es seine Arme nach der Leier aus.

Ebenso früh beginnt die Ausübung der Tanzkunst. Wie wir gesehen haben, tanzte Ludwig XIII. mit drei Jahren die Gaillarde, die Sarabande und die alte Bourrée. Vergleichen wir ein Bild von Le Nain (46) und einen Stich von Guérard (47): zwischen ihrer Entstehung ist ungefähr ein halbes Jahrhundert vergangen, doch haben sich die Sitten in dieser Hinsicht in der Zwischenzeit nicht so sehr gewandelt, wie die Kupferstecherei überhaupt eher konservativ ist. Bei Le Nain sehen wir einen Reigen von kleinen Mädchen und Jungen; einer der Jungen trägt noch das »Kleid mit Kragen«. Zwei kleine Mädchen fassen sich bei den hocherhobenen Händen, um eine Brücke zu bilden, unter der der Reigen dann hindurchzieht. Der Stich von Guérard stellt ebenfalls einen Reigen dar, doch wird er diesmal von Erwachsenen gebildet, und eine der jungen Frauen hüpft in die Luft wie ein seilspringendes kleines Mädchen. Zwischen dem Tanz der Kinder und dem der Erwachsenen besteht kaum ein Unterschied. Später, mit dem Aufkommen des Walzers, wird der Tanz der Erwachsenen sich dann endgültig und ausschließlich zum Paartanz umformen. Von der Stadt und vom Hof, der Bourgeoisie und vom Adel aufgegeben, sollten die alten Gemeinschaftstänze zum einen noch in ländlichen Gegenden, wo die modernen Erforscher der Folklore sie dann entdecken werden, und zum anderen in den kindlichen Ringelreihen des 19. Jahrhunderts weiterleben, diese beiden Erscheinungsformen aber sind heute im Aussterben begriffen.

Vom Tanz nicht zu trennen waren die dramatischen Spiele: der Tanz war damals eher ein gemeinschaftliches Vergnügen und unterschied sich daher weniger vom Ballett als unsere modernen Paartänze. An Heroards Tagebuch war uns die Vorliebe der Zeitgenossen Ludwigs XIII. für den Tanz, das Ballett und die Komödie deutlich geworden, Genres, die damals noch ziemlich eng zusammengehörten: man übernahm eine Rolle in einem Ballett, wie man auf einem Ball tanzte (die enge Verwandtschaft der beiden Wörter ist bezeichnend; das Wort hat sich dann in zwei Bedeutungen gespalten: der Ball ist den Amateuren vorbehalten, das Ballett den Berufstänzern). In den Komödien, selbst im Schultheater der Jesuiten, gab es Balletteinlagen. Am Hof Ludwigs XIII. wurden Autoren wie Akteure an Ort und Stelle aus dem Kreise der Edelleute, aber auch der Bediensteten und Soldaten rekrutiert; die Kinder waren als Mitwirkende und Zuschauer an den Aufführungen beteiligt.

Eine höfische Praktik? Keineswegs, sie war ganz allgemein. Ein Text Sorels (48) liefert uns den Beleg dafür, daß man auf den Dörfern niemals davon abgekommen war, dramatische Spiele aufzuführen, die den alten Mysterien und den gegenwärtigen Passionsspielen Mitteleuropas recht ähnlich waren. »Ich denke, daß er [Ariste, den die Berufskomödianten langweilten] großes Vergnügen daran gefunden hätte, wenn er gleich mir gesehen hätte, wie *alle Burschen* eines Dorfes [keine Mädchen?] auf einem Theater, das über die Dächer der Häuser hinausragte, die Tragödie vom reichen Prasser aufführten, wie vor Beginn des Stükkes alle Personen paarweise, den Figuren einer Turmuhr gleich, sieben oder acht Runden drehten, um sich zu zeigen... Wie hat es mein Herz erfreut, noch einmal zu erleben, wie die Geschichte vom verlorenen Sohn und die von Nebukadnezar sowie auch die Liebesgeschichte von Médor und Angélique und schließlich die Höllenfahrt des Radamont von Komödianten aufgeführt wurden, die alle ungefähr die gleiche Kluft trugen.« Sorels Sprachrohr meint das ironisch, er hat für diese volkstümlichen Schauspiele wenig übrig. Fast überall waren die Texte und die Inszenierungen durch mündliche Überlieferungen bestimmt. Im Baskenland hat man diese Tradition vor dem Verschwinden der dramatischen Spiele schriftlich fixiert. So hat man am Ende des 18. und zu Beginn des 19. Jahrhunderts »baskische Pastoralen« geschrieben und veröffentlicht, die ihre Themen zugleich den Ritterromanen und den Schäferspielen der Renaissance entnahmen. (49)

Wie die Musik und der Tanz, so führten auch die Schauspiele die ganze Gemeinschaft, Schauspieler wie Zuschauer aller Altersstufen, zusammen.

Wir wollen jetzt der Frage nachgehen, welche Haltung die traditionelle Moral gegenüber diesen Spielen einnahm, die in den alten Gesellschaften eine so bedeutende Rolle spielten. Diese Haltung erscheint uns in zweierlei Hinsicht widersprüchlich. Zum einen wurden die Spiele vorbehalts- und unterschiedslos von der großen Mehrheit akzeptiert. Auf der anderen Seite und zur selben Zeit traf sie das gleichermaßen absolute Verdammungsurteil einer mächtigen und aufgeklärten Minorität von Rigoristen, die ihre Immoralität anprangerten und fast keine Ausnahmen gelten ließen. Die moralische Indifferenz der Mehrzahl und die Intoleranz einer Erzieherelite bestanden lange Zeit nebeneinander.

Zwischen dem 17. und 18. Jahrhundert bildet sich dann ein Kompromiß heraus, der die moderne Einstellung zum Spiel ankündigt, die sich von der früheren grundlegend unterscheidet. Er ist für uns insofern interessant, als er zugleich auch von einer neuen Einstellung zur Kindheit zeugt; in ihm drückt sich das bis dahin unbekannte Bemühen aus, die moralische Reinheit des Kindes zu erhalten und es zugleich zu erziehen, indem man ihm die Spiele untersagte, die von nun an als verderblich eingestuft waren, und ihm diejenigen empfahl, die als gut galten.

Die Wertschätzung, die man den Glücksspielen noch im 17. Jahrhundert entgegenbrachte, ermöglicht es uns, das Ausmaß dieser moralischen Indifferenz abzuschätzen. Wir betrachten Glücksspiele heute als suspekt und gefährlich, den Spielgewinn als die unmoralischste und am wenigsten vertretbare aller Einkünfte. Wir spielen diese Glücksspiele zwar immer noch, aber mit schlechtem Gewissen. Im 17. Jahrhundert war das noch nicht der Fall: dieses moderne schlechte Gewissen resultiert aus dem tiefgreifenden Bestreben um die Hebung der Sittlichkeit, die aus der Gesellschaft des 19. Jahrhunderts eine Gesellschaft von »Rechtdenkenden« machte.

La Fortune des gens de qualité et des gentilshommes particuliers (50) ist ein Ratgeber für junge Adelige, die Karriere machen wollen. Gewiß, ihr Verfasser, der Marschall de Caillière, ist alles andere als ein Abenteurer; wir verdanken ihm eine erbauliche Biographie des Pater Ange de Joyeuse, des heiligen Ligisten, er ist fromm, wenn nicht gar bigott und entbehrt im übrigen jeglicher Originalität und jeglicher Begabung. Seine Auslassungen spiegeln mithin eine Meinung, wie sie im Jahre 1661, dem Erscheinungsjahr seines Buches, unter wohlhabenden Leute gäbe war. So wird er denn nicht müde, die jungen Leute vor Ausschweifungen zu warnen: wenn das ausschweifende Leben der Feind der Tugend ist, so ist es auch der des Vermögens, denn letzteres läßt sich nun einmal ohne erstere nicht halten: »Dem jungen Wüstling fliegen die Gelegenheiten, seinem Lehrer zu gefallen, zum Fenster des Bordells und der Schenke hinaus.« Den Leser des 20. Jahrhunderts, der über solche Gemeinplätze ein wenig gelangweilt hinwegliest, müssen die Vorstellungen dieses spitzfindigen Moralisten über den gesellschaftlichen Nutzen des Glücksspiels um so mehr überraschen. »Ob ein *particulier* (Abkürzung für *gentilhomme particulier* im Gegensatz zu den *gens de qualité*, d. h. Angehöriger des niedrigen Adels, der mehr oder minder auf den Verdienst aus eigener Arbeit angewiesen ist) sich an Glücksspielen beteiligen soll und auf welche Weise?«, so lautet die Überschrift eines Kapitels. Das Problem ist nicht einfach zu lösen: der Marschall weiß sehr wohl, daß die professionellen Moralisten, die Männer der Kirche, das Spiel formell verdammen. Das könnte unserem Autor einige Verlegenheit bereiten und zwingt ihn in jedem Falle, sich ausführlich über diese Frage zu verbreiten. Er stellt sich auf einen anderen Standpunkt, der der althergebrachten weltlichen Anschauung entspricht und den er sich moralisch zu rechtfertigen bemüht: »Es dürfte sich durchaus beweisen lassen, daß es eher Nutzen als Schaden bringt, wenn man die Voraussetzungen beachtet, die dafür notwendig sind... Ich behaupte, daß das Spiel für einen *homme de qualité* (d. h. für einen reichen Adligen) so gefährlich ist, wie es für einen *particulier* (d. h. für einen mittellosen Adligen) von Nutzen ist. Der eine wagt viel, weil er sehr reich ist, und der andere wagt nichts, weil er es nicht ist, und dennoch kann sich ein *particulier* vom Spiel ebenso den Gewinn eines Vermögens erhoffen wie ein Grandseigneur.« Der eine hat alles zu verlieren, der andere alles zu gewinnen – eine merkwürdige moralische Unterscheidung!

Doch bietet das Spiel, Caillière zufolge, noch andere Vorzüge als den Gewinn: »Ich bin stets der Auffassung gewesen, daß die Liebe zum Spiel ein Geschenk der Natur ist, dessen Nützlichkeit ich erkannt habe... Ich halte es für gegeben, daß wir es von Natur aus lieben... Die Ertüchtigungsspiele [die wir heute eher zu empfehlen versucht wären] sind schön anzusehen, aber wenig dazu angetan, Geld einzubringen.« Und er wird ganz deutlich: »Ich habe die Absicht, vom Karten- und Würfelspiel zu sprechen.« Und er fährt fort: »Ich habe gehört, wie man zu einem vorsichtigen Spieler, der ein ganz beträchtliches Vermögen gewonnen hatte, sagte, daß er, um aus dem Spiel eine Kunst zu machen, kein anderes Geheimnis angewandt habe, als sich zum Meister seiner Leidenschaften zu erheben und an dieses Exerzitium wie an einen Broterwerb heranzugehen.« Der Spieler sei unbesorgt: wenn er Pech im Spiel hat, wird er nicht mit leeren Händen dastehen, denn ein Spieler wird stets leichter Geld borgen können »als ein tüchtiger Kaufmann... Zusätzlich verschafft dieses Exerzitium den *particuliers* Eintritt in die besten Kreise, und ein geschickter Mann kann daraus beträchtliche Vorteile ziehen, wenn er gut damit umzugehen weiß... Ich kenne welche, die als einzige Erwerbsquelle nur ein Kartenspiel und drei Würfel besitzen und in der Welt glänzender dastehen als manche Grundherren in der Provinz mit ihren großen Besitztümern [doch ohne flüssige Geldmittel].«

Und der vortreffliche Marschall beschließt seine für heutige Moralbegriffe erstaunlichen Ausführungen mit folgenden Worten: »Ich rate einem Manne, der das Spiel liebt und sich darauf versteht, sein Geld daran zu wagen, denn weil er wenig zu verlieren hat, riskiert er auch nicht viel und kann doch viel gewinnen.« Für den Biographen des Pater Ange ist das Spiel nicht mehr nur eine Zerstreuung, sondern eine Profession, ein Mittel, ein Vermögen zu machen und Beziehungen zu pflegen, kurz, ein äußerst ehrbares Mittel.

Caillière steht nicht als einziger auf diesem Standpunkt. Der Chevalier de Méré, der als der Typ des Mannes von Welt, des *honnête homme* dargestellt wird, wie er dem Geschmack der Zeit entsprach, äußert sich in *Suite du Commerce du Monde* nicht viel anders: »Darüber hinaus möchte ich bemerken, daß das Spiel gute Wirkungen zeitigt, wenn man sich dabei als Mann von Geschick und Anstand beträgt: auf diesem Wege kann man zu allen Orten Zugang gewinnen, wo gespielt wird, und die Prinzen würden sich oft langweilen, wenn ihnen diese Zerstreuung verwehrt wäre.« (51) Er führt illustre Beispiele an: Ludwig XIII. (der als Kind beim Glücksspiel gewann), Richelieu, »der sich beim Primspiel entspannte«, Mazarin, Ludwig XIV. und »die Königinmutter, (die) nichts anderes mehr tat, als zu spielen und zu Gott zu beten. ... Welche Verdienste man auch haben mag, nur schwerlich ließe sich großes Ansehen erwerben, ohne die große Welt zu treffen, und das Spiel öffnet einem leicht alle Türen. Auch ist es ein sicheres Mittel, oft in guter Gesellschaft sein zu können, ohne reden zu müssen, und zwar insbesondere dann, wenn man sich dabei wie ein galanter Mann aufführt«, d. h., wenn man »bizarres Verhalten«, »launenhaftes Betragen« und Abergläubigkeit vermeidet. »Man muß wie ein *honnête homme* spielen und zum Verlieren wie zum Gewinnen entschlossen sein, ohne daß man sich das eine oder das andere am Gesicht oder an der Art des Vorgehens beim Spiel ablesen ließe.« Doch achte man darauf, daß man nicht seine Freunde ruiniert: man kann sich selbst zur Vernunft mahnen, soviel man will – »irgendwie können wir doch nicht aufhören, denen etwas zu verargen, die uns ruiniert haben«.

Wenn die Glücksspiele nicht die geringste moralische Mißbilligung hervorriefen, so gab es auch keinen Grund, sie den Kindern zu untersagen. Daraus erklären sich diese unzähligen Szenen mit Karten oder Würfeln oder Trictrac usw. spielenden Kindern, die die Kunst uns bis auf den heutigen Tag erhalten hat. Die Schuldialoge, die den Schülern zugleich als Leitfaden des gesitteten Umgangs und als lateinische Vokabelübung dienten, akzeptieren die Glücksspiele bisweilen, wenn auch nicht immer enthusiastisch, so doch zumindest als eine Praktik, die nun einmal sehr verbreitet war. Der Spanier Vives (52) begnügt sich damit, einige Regeln mitzuteilen, die Übertreibungen auf diesem Gebiet verhindern sollen. So sagt er, wann man spielen soll, mit wem (Querköpfen ist auszuweichen), welches Spiel und mit welchem Einsatz: »Der Einsatz soll nicht ganz läppisch sein, weil das albern ist, und auch nicht so groß, daß er vor Beginn des Spiels den Geist verwirrt.« Schließlich sagt er noch, »auf welche Weise« man (als guter Spieler) spielen soll und wie lange.

Selbst in den Kollegs als dem Ort der wirkungsvollsten Bemühungen um die Verbesserung der Moral hielten sich die Spiele um Geld trotz der Empörung der Erzieher noch lange Zeit. Im Reglement des Oratorianer-Kollegs von Troyes am Beginn des 18. Jahrhunderts findet sich folgende genaue Anweisung: »Es wird keinesfalls um Geld gespielt, es sei denn, es handelt sich um sehr wenig und man hat eine Erlaubnis.« Der moderne Universitätsgelehrte, der diesen Text 1880 kommentiert, zeigt sich etwas ungehalten über solche Gewohnheiten, die von den Erziehungsprinzipien seiner Zeit doch sehr weit entfernt waren, und fügt hinzu: »Das bedeutete praktisch, daß man das Spiel um Geld autorisierte.« Oder doch jedenfalls, daß man sich damit abfand. (53)

Noch gegen 1830 spielte man in den englischen *public schools* ganz offen Lotterie und schloß Wetten über große Summen ab. Der Verfasser von *Tom Brown's School Days* schildert uns in höchst anschaulicher Weise das Wett- und Spielfieber, das das Derby damals unter den Schülern von Rugby hervorrief. Die Reform des Dr. Arnold sollte dann später derlei Praktiken, die mehrere Jahrhunderte alt waren und die man einst unbekümmert gutgeheißen hatte, die mittlerweile jedoch als unmoralisch und lasterhaft verschrien waren, aus der englischen Schule verbannen. (54)

Vom 17. Jahrhundert bis heute hat sich die moralische Einstellung gegenüber dem Glücksspiel dann in ziemlich komplexer Weise entwickelt: als die Auffassung, daß das Glücksspiel eine gefährliche Leidenschaft, ein schweres Laster sei, immer mehr an Boden gewinnt, geht die Entwicklung in der Praxis dahin, einige dieser Spiele dahingehend abzuwandeln, daß man den Anteil des Zufalls verringert, ein Faktor, der stets zu Lasten des Kalküls und der intellektuellen Anstrengung des Spielers geht, wenn auch einige Karten- oder Brettspiele dem unwiderruflichen Verdammungsurteil, mit dem das Prinzip des Glücksspiels belegt worden ist, auf die Dauer nicht entgehen können.

Eine andere Zerstreuung hat eine unterschiedliche Entwicklung genommen: der Tanz. Wir haben gesehen, daß der gemeinsame Tanz von Kindern und Erwachsenen im täglichen Leben eine bedeutende Rolle spielte. Unser heutiges moralisches Empfinden sollte daran eigentlich weniger Anstoß nehmen, als an der allgemein verbreiteten Praktik des Glücksspiels. Wir wissen, daß selbst Nonnen und Mönche gelegentlich tanzten, ohne daß die Öffentlichkeit das anstößig fand, zumindest nicht bis zur Ordensreform des 17. Jahrhunderts. Es ist bekannt, wie das Leben in der Abtei von Maubuisson aussah, als die Mutter Angélique Arnaud dort zu Beginn des 17. Jahrhunderts eintraf, um sie zu reformieren. Es war wenig erbaulich, wenn auch damit nicht schon unbedingt skandalös, aber in jedem Falle war es zu weltlich. »An Sommertagen«, so zitiert Cognet die Mutter Angélique de Saint Jean, die Biographin ihrer Schwester, (55) »wenn es schön war, führte die Priorin, nachdem man die Vesper eilig hinter sich gebracht hatte, die Ordensschwestern ein gutes Stück weg von der Abtei, damit sie sich an den Teichen auf dem Wege nach Paris ergehen konnten. Dorthin kamen dann oft die Mönche von Saint-Martin de Pontoise, die nicht weit von dort lebten, um mit den Nonnen zu tanzen und das mit derselben Freizügigkeit, wie man das bei derlei weltlichen Anlässen tun würde, wo man daran nicht das geringste auszusetzen fände.« Diese Reigen von Mönchen und Nonnen entrüsteten Mutter Angélique de Saint-Jean, und wir wollen ihr gerne darin rechtgeben, daß sie nicht dem Geist des Klosterlebens entsprachen, doch hatten sie damals noch nicht solche schockierende Wirkung auf die Öffentlichkeit, wie sie Paare von Mönchen und Nonnen heute hervorrufen würden, wenn sie so entfesselt tanzen würden, wie die neuen Tänze es verlangen. Doch muß man bedenken, daß jene Ordensbrüder und -schwestern kein so schlechtes Gewissen hatten. In der Überlieferung waren Tänze von Geistlichen bei bestimmten Anlässen vorgesehen. So schenkte in Auxerre jeder neue Kanonikus den Gemeindemitgliedern als heiteres Zeichen seines Einstands einen Ball, der dann bei einem großen gemeinsamen Spiel benutzt wurde. Der Ball – oder die Kugel – diente stets dem gemeinsamen Spiel zweier Mannschaften, und zwar kämpften Unverheiratete gegen Verheiratete oder Gemeinde gegen Gemeinde. Das Fest begann in Auxerre mit dem Absingen von *Victimae laudes Paschali* und schloß mit einem Reigen, der von sämtlichen Kanonikern getanzt wurde. (56) Die Historiker haben herausgefunden, daß dieser Brauch, der auf das 14. Jahrhundert zurückgehen soll, noch für das 18. Jahrhundert belegt ist. Es ist wahrscheinlich, daß die Anhänger der tridentinischen Reform diesen Reigen mit genauso mißbilligenden Blicken betrachteten wie Mutter Angélique de Saint-Jean die Tänze der Töchter von Maubuisson und der Patres von Pontoise – andere Zeiten, andere profane Sitten. Die vertrauten Tänze des 17. Jahrhunderts hatten nicht den sexuellen Charakter, den sie sehr viel später im 19. und 20. Jahrhundert hervorkehren sollten. Es gab sogar an bestimmte Berufe, an bestimmte Handwerksstände gebundene Tänze. So kannte man in der Biskaya beispielsweise Ammentänze, bei denen diese ihre Ziehkinder auf dem Arm trugen. (57)

Die weitverbreitete Ausübung der Tanzkunst ist nicht in gleicher Weise wie die Praktik des Glücksspiels dazu geeignet, die Unbekümmertheit der alten Gesellschaft im Hinblick auf die moralische Berechtigung des Zeitvertreibs zu illustrieren. Es läßt sich daran hingegen das Ausmaß der Intoleranz der reformerischen Eliten besser ablesen.

In der Gesellschaft des Ancien Régime nahm das Spiel in allen seinen Erscheinungsformen, ob es sich dabei nun um körperliche Ertüchtigung, um Gesellschafts- oder Glücksspiele handelte, einen enormen Raum ein, den es in unseren technisierten Gesellschaften eingebüßt hat, in primitiven oder archaischen Gesellschaften jedoch heute noch beansprucht. (58) Und dieser Leidenschaft, die alle Altersstufen, alle Stände bewegte, trat die Kirche mit absoluter Mißbilligung entgegen, und mit der Kirche um Zucht und Ordnung bemühte Laien, die ebenfalls alles daran setzten, eine noch ungezügelte Masse zu zähmen und ihre noch primitiven Sitten zu zivilisieren.

Die mittelalterliche Kirche verdammte ohne Ausnahme oder Einschränkung auch sämtliche Formen des Spiels. Insbesondere galt dies für die Gemeinschaften der Priesterstipendiaten, aus denen die Kollegs und Universitäten des Ancien Régime hervorgingen. Ihre Statuten vermitteln uns eine Vorstellung von ihrer unnachgiebigen Strenge. J. Rashdall, den englischen Historiker der mittelalterlichen Universitäten, (59) frappierte an diesen Texten die generelle Ächtung sämtlicher Formen des Müßiggangs, die Weigerung, die Existenz unschuldiger Vergnügungen anzuerkennen, und dies selbst für Schulen, deren Schüler sich doch im wesentlichen aus Knaben zwischen zehn und fünfzehn Jahren rekrutierten. Man tadelte die Immoralität des Glücksspiels, die Unschicklichkeit der Gesellschaftsspiele, der Komödie oder des Tanzes, die Brutalität sportlicher Spiele, die allerdings in der Tat oft in Keilereien ausarteten. Die Statuten der Kollegs wurden schriftlich festgelegt, um der Möglichkeit, sich unter irgendwelchen Vorwänden zu zerstreuen, ebenso Grenzen zu setzen wie der Gefahr der Übertretung. Entsprechend kategorischer und rigoroser fiel dann noch das Verbot für die Ordensmitglieder aus, denen es der Konzilsbeschluß von Sens im Jahre 1485 untersagte, Federball zu spielen, und zwar schon gar nicht öffentlich und in Hemdsärmeln. Nun blieb im 15. Jahrhundert, wenn man ohne Wams oder Gewand und mit aufgehakten Kniehosen spielte, dem

Blick allerdings auch kaum mehr etwas verborgen! Man hat den Eindruck, daß die Kirche, weil sie den Laien, die begeisterte Anhänger turbulenter Spiele waren, noch keine Zügel anlegen konnte, sich um so mehr auf ihre Geistlichen konzentrierte, ihnen deshalb gleich jegliche Teilnahme an Spielen untersagte und damit für einen gewaltigen Kontrast zwischen den beiden Lebensformen gesorgt hätte – wenn das Verbot respektiert worden wäre. Sehen wir uns zum Beispiel an, wie sich die Hausordnung des Collège de Narbonne in der Fassung von 1379 zu den Spielen seiner Stipendiaten stellte: »Daß niemand im Hause Federball oder mit dem Krummstock (eine Art Hockey) oder andere gefährliche *(insultuosos)* Spiele spielt, was mit einer Strafe von sechs Deniers belegt wird, oder gar mit Würfeln oder sonst irgendwelche Spiele um Geld oder auch Tafelspiele (*comessationes:* Fressereien), worauf zehn Sous Strafe stehen.« Spiele und Schlemmerei werden auf dieselbe Ebene gerückt. Also gab es niemals irgendeine Entspannung? »Man mag sich nur bisweilen und selten [welche Vorsicht, doch wie schnell sollte man sich darüber hinwegsetzen! Im Grunde ist das die Hintertür, durch die alle mit dem Bann belegten Exzesse wieder Einzug halten sollten!] anständigen und erholsamen Spielen ergeben [man fragt sich, um welche Spiele es dabei handeln sollte, wo doch selbst das Federballspiel verboten ist; vielleicht um Gesellschaftsspiele?], wobei um eine Pinte oder ein Viertel Wein oder auch um Früchte gespielt wird, und dies nur unter der Bedingung, daß es geräuschlos und nicht gewohnheitsmäßig *(sine mora)* geschieht.« (60)

Am Collège de Seez heißt es 1477: (61) »Es wird angeordnet, daß sich niemand am Würfelspiel oder anderen unanständigen oder verbotenen Spielen und selbst nicht einmal an zulässigen Spielen wie dem Federball beteiligen darf; dies gilt insbesondere für die Gemeinschaftsräume [d. h. das Kloster, den als Refektorium dienenden Gemeinschaftssaal], und wenn man anderswo daran teilnimmt, dann hat das jedenfalls höchst selten zu geschehen *(non nimis continue)*.« Ein Kapitel der Bulle des Kardinals von Amboise, durch die 1501 das Collège de Montaigu gegründet wurde, trägt die Überschrift: *de exercitio corporali.* (62) Was versteht man darunter? Der Text beginnt mit einer allgemeinen, eher ambivalenten Beurteilung: »Die körperliche Ertüchtigung erscheint wenig nützlich, wenn sie mit den geistigen Studien und den religiösen Exerzitien vermischt wird; hingegen ist sie der Gesundheit äußerst zuträglich, wenn sie abwechselnd mit den theoretischen und wissenschaftlichen Übungen durchgeführt wird.« Doch versteht der Verfasser in Wirklichkeit unter körperlichen Übungen weniger Spiele, als manuelle im Unterschied zu geistigen Arbeiten, und den ersten Platz räumt er den häuslichen Verrichtungen ein, denen er damit eine entspannende Wirkung zugesteht. Es handelt sich dabei hauptsächlich um den Küchen-, den Tisch- und den Reinigungsdienst. »Bei all diesen oben genannten Übungen [diesen häuslichen Verrichtungen] achte man stets darauf, daß sie so schnell und tatkräftig wie möglich erledigt werden.« Die Spiele kommen erst nach der Hausarbeit und zudem mit welchen Vorbehalten! »Wenn der Pater [das Oberhaupt der Gemeinschaft] es für angebracht hält, daß die von der Arbeit und den Studien erschöpften Geister irgendwelcher erholsamen Zerstreuung bedürfen, wird er sie dulden *(indulgebit)*.« Einige schickliche Spiele, solche, die weder ermüdend wirken noch gefährlich sind, dürfen in den Gemeinschaftsräumen stattfinden. Im Montaigu gab es zwei Gruppen von Studenten, einmal die Stipendiaten, die man, wie auch in anderen Stiftungen, *pauperes* nannte, und Interne, die eine Pension bezahlten. Diese beiden Gruppen lebten getrennt. Die Vorschriften besagen, daß die Stipendiaten nicht so lange und so häufig spielen dürfen wie ihre Kameraden – zweifellos deshalb, weil sie besser zu sein hatten und infolgedessen nicht so zerstreut sein durften. Die Reform der Universität von Paris im Jahre 1452, (63) die bereits von einem modernen Streben nach Disziplin beseelt ist, hält an der alten Strenge fest: »Die Lehrer [der Kollegs] sollen ihren Schülern nicht gestatten, an Tanzveranstaltungen bei den Festen der Zünfte oder anderswo teilzunehmen, unmoralische und unanständige Tänze zu tanzen, unschickliche und weltliche Kleider [kurze Gewänder oder überhaupt kein Kleid] zu tragen. Sie sollen ihnen stattdessen erlauben, in anständiger und kurzweiliger Weise zu spielen, um sich von der Arbeit zu entspannen, und weil sie eine Ruhepause verdient haben ... Sie sollen ihnen nicht gestatten, während dieser Feste in der Stadt zu trinken oder von Haus zu Haus zu gehen.« Der Reformer hat es damit auf den mit Kollekten verbundenen Gang von Tür zu Tür abgesehen, bei dem man den Hausbewohnern seine Segenswünsche aussprach und die der Jugend bei den verschiedenen festlichen Anlässen innerhalb des Jahres traditionell gestattet waren. In einem seiner Schuldialoge resümiert Vives die Situation im Paris des 16. Jahrhunderts mit folgenden Worten: »Den Schülern wird seitens der Lehrer ausschließlich das Federballspiel gestattet, doch spielt man bisweilen heimlich Karten oder Brettspiele, die Kleinen spielen das Knöchelchenspiel, und die Verdorbeneren würfeln.« (64) Tatsächlich genierten sich die Zöglinge ebensowenig wie andere Jungen, Schenken und Spielhöllen aufzusuchen, zu würfeln oder zu tanzen. Doch änderte die offensichtliche Wirkungslosigkeit der

Verbote niemals etwas an der Härte, mit der sie ausgesprochen wurden – für den mehr um Effektivität als um das Prinzip besorgten modernen Menschen eine erstaunliche Hartnäckigkeit!

Die Justiz- und Polizeibeamten, auf Ordnung, eine tüchtige Verwaltung, Disziplin und Autorität bedachte Juristen unterstützten die Bemühungen der Erzieher an den Schulen und der Männer der Kirche. Jahrhundertelang folgte Erlaß auf Erlaß, die den Schülern den Zugang zu den Spielsälen verwehren sollten. Noch im 18. Jahrhundert gab es diese Erlässe, darunter auch jene Verordnung des Generalleutnants der Polizei von Moulins vom 27. März 1752, die man in Form des zum öffentlichen Aushang bestimmten Plakats im Musée des Arts et Traditions Populaires aufbewahrt und die folgenden Wortlaut hat: »Es wird den Lehrern des Federballspiels wie des Billardspiels hiermit verboten, während der Unterrichtsstunden das Spielen zu gestatten, wie auch allen denjenigen, die sich im Besitz von Boulespielen, Kegelspielen und anderen Spielen befinden, hiermit verboten wird, zu irgendeiner Zeit Schüler und Diener damit spielen zu lassen.« Auffällig ist die unterschiedslose Behandlung von Dienern und Schülern; die Diener hatten oft das Alter der Schüler und wie bei diesen, so fürchtete man auch bei jenen, daß sie Unruhe stifteten und die Selbstbeherrschung verloren. Das Boulespiel und das Kegeln, heute durchaus friedliche Vergnügungen, beschworen solche Keilereien herauf, daß die Polizei sie während des 16. und 17. Jahrhunderts manchmal gänzlich untersagte – ein Versuch, die Restriktionen, die die Männer der Kirche den Geistlichen und Schülern auferlegen wollten, auf die ganze Gesellschaft auszudehnen. Mit diesem Schritt reihten diese Vorkämpfer der moralischen Ordnung die Spiele praktisch unter die quasi kriminellen Handlungen wie Trunksucht und Prostitution ein, die man äußerstenfalls tolerieren konnte, die es jedoch beim geringsten Exzeß zu verbieten galt.

Diese Haltung der absoluten Mißbilligung änderte sich jedoch im Laufe des 17. Jahrhunderts, und zwar war dies insbesondere dem Einfluß der Jesuiten zuzuschreiben. Die Humanisten der Renaissance hatten im Zuge ihrer antischolastischen Reaktion bereits die erzieherischen Möglichkeiten erkannt, die im Spiel steckten. Doch waren es die Jesuitenkollegs, die die auf Anstand und Ordnung bedachten Mitglieder der Gesellschaft nach und nach dazu veranlaßten, in Bezug auf das Spiel eine weniger radikale Haltung einzunehmen. Den Patres war von Anfang an klar, daß es nicht möglich, ja nicht einmal wünschenswert war, die Spiele abzuschaffen oder doch auf einige prekäre und schamhafte Zugeständnisse zu reduzieren. Sie machten es sich vielmehr zur

Aufgabe, sie zu assimilieren, sie offiziell in ihre Programme und Vorschriften aufzunehmen, wobei sie sich allerdings das Recht vorbehielten, sie auszuwählen, ihnen Regeln zu setzen und sie zu beaufsichtigen. Solchermaßen zurechtgestutzt wurden die für gut befundenen Zerstreuungen akzeptiert und empfohlen und galten von nun an als ein erzieherisches Mittel, das nicht weniger wertvoll war als die Studien. Nicht nur, daß man aufhörte, die Immoralität des Tanzens anzuprangern, man erteilte in den Kollegs sogar Tanzunterricht, weil der Tanz, der harmonische Körperbewegungen verlangte, der Tölpelhaftigkeit entgegenwirkte, Geschicklichkeit, Haltung und ein »erfreuliches Aussehen« verlieh. Ebenso hielt die Komödie, die die Moralisten des 17. Jahrhunderts mit ihrem Bannstrahl verfolgten, Einzug in die Kollegs. Man begann bei den Jesuiten mit lateinischen Dialogen über geistliche Themen und ging dann zu französischen Theaterstücken mit profanen Themen über. Dem Widerstand der Autoritäten der Bruderschaft zum Trotz duldete man sogar das Ballett: »Der Geschmack am Tanz«, schreibt Pater de Dainville, »der bei den Zeitgenossen des Sonnenkönigs, der 1669 die Tanzakademie gründen sollte, so ausgeprägt ist, trug den Sieg über die strikten Anweisungen der Patres Generales davon. Nach 1650 gab es kaum eine Tragödie, die nicht durch Balletteinlagen unterbrochen wurde.« (65)

Ein Album mit Stichen von Crispin de Pos, das auf das Jahr 1602 datiert ist, stellt Szenen aus dem Schulleben eines Kollegs »bei den Bataviern« dar. Man erkennt die Unterrichtssäle, die Bibliothek, aber auch die Tanzstunde, Federballpartien und Ballspiele. (66) Eine neue Einstellung läßt sich konstatieren: die Erziehung hat sich der Spiele angenommen, die sie bis dahin geächtet oder als relativ geringfügiges Übel toleriert hatte. Die Jesuiten gaben in lateinischer Sprache Abhandlungen über turnerische Übungen heraus, worin sie die Regeln der empfohlenen Spiele schriftlich fixierten. Mehr und mehr erkannte man die Notwendigkeit körperlicher Übungen an; Fénélon schrieb: »Die (Spiele), die sie (die Kinder) am liebsten haben, sind die, bei denen der Körper in Bewegung ist; sie sind zufrieden, wenn sie nur nicht an einem Platz bleiben müssen.« Die Ärzte des 18. Jahrhunderts (67) erdachten, ausgehend von den alten »Ertüchtigungsspielen«, dem lateinisch geschriebenen Gymnastiklehrbuch der Jesuiten, eine neue Technik der Körperhygiene: die Körperkultur. Im *Traité de l'éducation des enfants* (1722) von de Crousez, Professor der Philosophie und der Mathematik in Lausanne, heißt es: »Es ist notwendig, daß der menschliche Körper während des Wachstums viel Bewegung hat... Meiner Meinung nach sollte man die

Ertüchtigungsspiele allen anderen vorziehen.« Tissots *Gymnastique médicale et chirurgicale* empfiehlt die Bewegungsspiele als die besten Übungen: »Man schult alle Körperteile zugleich ..., ganz davon abgesehen, daß die Lungentätigkeit durch die Zurufe und Schreie der Spieler unablässig verstärkt wird.« Am Ende des 18. Jahrhunderts fanden die Ertüchtigungsspiele noch eine andere, nämlich eine patriotische Rechtfertigung: sie waren eine gute Vorbereitung für den Krieg. Man begriff damals, welche Dienste die Körperschulung für die militärische Ausbildung leisten konnte. Es war die Epoche, in der der Drill des Soldaten nahezu zu einer wissenschaftlichen Technik wurde, und zugleich die Epoche, in der die modernen Ausprägungen des Nationalismus aufkamen.

Es entstand ein enges Verhältnis zwischen den erzieherischen Spielen der Jesuiten, der Gymnastik der Ärzte, der Schulung des Soldaten und den Anforderungen des Patriotismus. Unter dem Konsulat erscheint die *Gymnastique de la Jeunesse* oder der *Traité élémentaire des jeux d'exercices considérés sous le rapport de leur utilité physique et morale.* Unverblümt bezeichnen die Verfasser Duvivier und Jauffret die militärische Übung als »diejenige von allen Übungen, die zu allen Zeiten die Grundlage [der Gymnastik] gebildet hat und der, insbesondere in der Epoche [im Jahre 11] und in dem Land, in dem wir schreiben, alle anderen Übungen untergeordnet sind... Der Natur und dem Geist unserer Verfassung entsprechend von vornherein auf die gemeinsame Verteidigung abgestellt, sind unsere Kinder Soldaten, noch ehe sie geboren werden... Alles Militärische atmet irgendetwas Großes und Edles, das den Menschen über sich selbst hinaushebt.«

So geht man unter dem wachsenden Einfluß der humanistischen Pädagogen, der Ärzte der Aufklärung und der ersten Nationalisten von den gewaltsamen und suspekten Spielen alter Prägung zur turnerischen Übung und zur militärischen Vorbereitung, von den volkstümlichen Raufspielen zu Turnvereinen über.

Diese Entwicklung stand im Zeichen der Sorge um die Moral, die Gesundheit und das Wohl des Ganzen. Eine Parallelentwicklung war die Spezialisierung solcher Spiele, die ursprünglich der ganzen Gesellschaft gemeinsam waren und die nun nur noch bestimmten Altersstufen oder Ständen vorbehalten waren.

Daniel Mornet äußert sich in seiner *Histoire de la littérature classique* in diesem Sinne über die Gesellschaftsspiele: »Wenn die jungen Bürgersöhne und -töchter meiner Generation [Mornet ist 1878 geboren] während der morgendlichen Tanzveranstaltungen ihrer Familien ihre ›Spielchen‹ spielten, so war ihnen im allgemeinen nicht bewußt, daß diese Spiele, die damals noch zahlreicher und ausgeklügelter waren, 250 Jahre früher das Ergötzen der höchsten Kreise der Gesellschaft gewesen waren.« (68) Viel früher noch als vor 250 Jahren! Im Stundenbuch der Herzogin von Burgund vom Beginn des 15. Jahrhunderts finden wir die Beschreibung einer Partie »petits papiers«: eine Dame hält einen Korb auf den Knien, in den junge Leute Papierstückchen hineinlegen. (69) Am Ende des Mittelalters waren Streitgedichte, *jeux à vendre* sehr in Mode. »Eine Dame warf einem Herrn oder umgekehrt ein Herr einer Dame den Namen einer Blume, irgendeines Gegenstandes zu, und die angerufene Person mußte augenblicklich ohne Zögern mit einem Kompliment oder einem gereimten Epigramm antworten.« Es ist nicht weiter verwunderlich, daß uns gerade der moderne Herausgeber von Christine de Pisan die Spielregel beschreibt, denn Christine de Pisan erfand 70 solcher *jeux à vendre*. (70) Ein Beispiel:

Je vous vens la passerose
Belle, dire ne vous ose.
Comment Amour vers vous me tire
Si l'apercevez tant sans dire.

Diese Art zu spielen gehörte zweifellos zur höfischen Manier. Ihre Technik ging später ins Volkslied und in verschiedene Kinderspiele ein, so etwa in das *jeu du corbillon*, das, wie wir wissen, Ludwig XIII. erfreute, als er drei Jahre alt war. Doch wurde es von den Erwachsenen oder den jungen Leuten, die der Kindheit seit längerem entwachsen waren, keineswegs aufgegeben. Eine Bildtafel aus Épinal vom 19. Jahrhundert stellt immer noch dieselben Spiele dar, trägt jedoch den Titel »Spiele von einst«, was darauf schließen läßt, daß sie aus der Mode kamen, provinziell, wenn nicht kindlich oder volkstümlich wurden. Aus den einen wurden Kinderspiele, andere sollten den zweideutigen und wenig harmlosen Charakter wahren, aufgrund dessen sie einst dem Verdammungsurteil der Moralisten, selbst solcher nicht allzu strenger wie Erasmus, anheimfielen. (71)

Sorels *La Maison des Jeux* beleuchtet diese Entwicklung, als sie, in

Je vous... Ich verkaufe Euch die schöne Stockrose/ Wage Ihnen nicht zu sagen/ Wie Amor mich zu Ihnen hinzieht/ So merkt es denn, ohne daß ich Worte mache.

der ersten Hälfte des 17. Jahrhunderts, einen interessanten Punkt erreichte. (72) Sorel unterscheidet die Gesellschaftsspiele von den »Ertüchtigungsspielen« und den »Glücksspielen«. Letztere sind »allen Menschen gemeinsam, da sie von der Dienerschaft nicht weniger praktiziert werden als von den Herren..., den Unwissenden und Ungehobelten ebenso leicht fallen wie den Gebildeten und den Feinsinnigen«. Die Gesellschaftsspiele hingegen sind »geistreiche und unterhaltende Spiele«. Im Prinzip »können sie nur Leuten von Stande gefallen, die mit höflichen Umgangsformen und galantem Betragen großgeworden und einfallsreich genug sind, um auf eine große Zahl von Redensarten und rasche Erwiderungen zu kommen, und über ein hohes Maß an Urteil und Wissen verfügen, was bedeutet, daß andere zu solchen Spielen nicht imstande sind«. Das ist zumindest die Meinung Sorels, seine Vorstellung davon, was aus den Gesellschaftsspielen werden sollte. In Wirklichkeit waren sie auch in jener Epoche den Kindern und dem Volk, den »Unwissenden und Ungehobelten« geläufig. Sorel kann sich dem nicht verschließen: »Wir können die Kinderspiele zu den ersteren zählen ... Einige davon sind Ertüchtigungsspiele...«, aber »es sind auch andere darunter, bei denen es etwas mehr auf den Geist ankommt«, und er führt als Beispiel die »gereimten Dialoge«, die *jeux à vendre* Christine de Pisans an, mit denen sich immer noch Klein und Groß vergnügten. Sorel errät den weit zurückliegenden Ursprung dieser Spiele: »Diese Kinderspiele [das *corbillon* beispielsweise], bei denen einige gereimte Worte vorkommen, entstammen einer sehr alten und sehr schlichten Sprache, und man bedient sich dabei irgendeiner Geschichte oder eines Romans eines vergangenen Jahrhunderts, was beweist, wie man sich einst an einer naiven Darstellung dessen ergötzte, was den Rittern oder den Damen hohen Standes begegnet war.«

Sorel stellt schließlich fest, daß diese Kinderspiele in den unteren Schichten des Volkes zugleich die der Erwachsenen sind, und diese Beobachtung ist für uns von großer Bedeutung: »Weil es sich bei diesen Spielen um Kinderspiele handelt, werden sie auch von bäuerlichen Menschen gespielt, die auf diesem Gebiet keine größeren geistigen Ansprüche stellen.« Doch muß Sorel zugeben, daß sich zu Beginn des 17. Jahrhunderts »bisweilen auch Personen von recht hohem Stande zur Erholung damit beschäftigen mochten«, und daß die öffentliche Meinung dagegen nichts einzuwenden hat; diese »gemischten« Spiele, d. h. solche, die von allen Altersstufen und allen Ständen gemeinsam gespielt werden, »empfehlen sich durch das lebhafte Interesse, das sie stets gefunden haben ... Es gibt bestimmte Arten von Spielen, bei denen der

Geist sich nicht sehr anzustrengen braucht, so daß sich auch eine Jugend ziemlich niedriger Herkunft darin üben kann, obwohl sich tatsächlich auch ältere und sehr seriöse Menschen gelegentlich damit beschäftigen.« Diese alte Gepflogenheit wird nicht mehr von allen akzeptiert. Ariste, der Held der *Maison des Jeux,* hält diesen Zeitvertreib der Kinder und des gemeinen Volkes eines *honnête homme* für unwürdig.

Sorels Sprachrohr verschmäht es jedoch, sie gleich völlig zu ächten: »Selbst jene, die gemein zu sein scheinen, können in ihrem Niveau gehoben werden, indem man einen anderen Gebrauch davon macht, als eigentlich vorgesehen, und den ich nur erwähnt habe, um ein Beispiel zu geben.« Und er versucht das intellektuelle Niveau der »Unterhaltungsspiele« zu heben, die im Zimmer gespielt werden. Und doch vermag der moderne Leser nicht einzusehen, weshalb das *jeux de la Mourre,* bei dem der Spielleiter erst einen, dann zwei, dann drei Finger der Hand zeigt und die Spielrunde seine Geste unverzüglich genau nachahmen muß, weshalb dieses Spiel also ein gehobeneres Niveau aufweisen und geistreicher sein soll als das *corbillon,* das unwiderruflich zum Kinderspiel geworden ist; Ariste, der bereits einen modernen Standpunkt einnimmt, ist jedenfalls dieser Meinung. Noch mehr wird es den Leser von heute jedoch verwundern, wie ein Romancier und Historiker wie Sorel diesem Zeitvertreib und seiner Verbesserung ein dickes Werk widmen kann: ein neuer Beweis dafür, welche bedeutende Rolle die Spiele unter den Beschäftigungen der alten Gesellschaft einnahmen.

Man unterschied also im 17. Jahrhundert einmal Spiele für Erwachsene und Adlige, zum anderen Spiele für Kinder und Personen, die sich nicht gesittet zu betragen wußten. Die Unterscheidung ist alt und läßt sich bis ins Mittelalter zurückverfolgen. Doch betraf sie damals, vom 12. Jahrhundert an, nur bestimmte Spiele, die nicht zahlreich und sehr speziell waren, die Ritterspiele. Zuvor, d. h. ehe sich die Idee des Aristokratischen endgültig durchsetzte, waren die Spiele allen Menschen ohne Ansehen ihres Standes gemeinsam. Einige davon haben diesen Charakter lange Zeit bewahrt. So waren sich Franz I. und Heinrich II. für den Ringkampf nicht zu schade, und Heinrich II. spielte auch Ballspiele – im darauffolgenden Jahrhundert galt das dann bereits als unzulässig. Richelieu betätigt sich in seiner Galerie als Weitspringer wie Tristan am Hof König Markes, Ludwig XIV. spielt Federball. Doch auch diese traditionellen Spiele werden im 18. Jahrhundert von Leuten von Stande nicht länger gespielt.

Seit dem 12. Jahrhundert waren bestimmte Spiele bereits den Rittern und damit eigentlich den Erwachsenen vorbehalten. (73) Ritterspiele neben dem Ringkampf, der allgemein verbreitet war, waren das Turnier und das Ringstechen. Der Zugang zu den Turnieren war den niedrigen Ständen verwehrt, und selbst die Kinder der Adligen waren nicht berechtigt, daran teilzunehmen. Vielleicht zum ersten Male verwehrte der Brauch den Kindern und zugleich dem gemeinen Volk die Teilnahme an Gemeinschaftsspielen. So vergnügten die Kinder sich damit, die Turniere zu imitieren, zu denen sie nicht zugelassen waren. Der Kalender des *Breviarium Grimani* zeigt uns groteske Turniere von Kindern, unter denen man den späteren Karl V. zu erkennen geglaubt hat: die Kinder reiten auf Tonnen.

Es bildet sich also die Tendenz heraus, daß die Adligen den Umgang mit dem gemeinen Volke meiden und nicht länger Zerstreuung in ihrer Mitte suchen sollen – eine Tendenz, die sich nicht allgemein hat durchsetzen können oder jedenfalls nicht bis zu dem Zeitpunkt, da der Adel seine soziale Funktion verloren hat und seit dem 18. Jahrhundert durch das Bürgertum abgelöst worden ist. Für das 16. und den Beginn des 17. Jahrhunderts bezeugen zahlreiche ikonographische Dokumente die Vermischung der Stände bei den Festen des Kalenders. In einem der Dialoge des *Cortegiano* von Baldassare Castiglione, dieses Klassikers des 16. Jahrhunderts, der in alle Sprachen übersetzt worden ist, wird dies Thema diskutiert, ohne daß man sich darüber einig würde: (74) »In unserer Lombardei«, sagt gerade Signor Pallavicino, »kennt man diese Rücksicht [daß der Höfling nur mit anderen Edelleuten spielen soll] nicht; so gibt es etliche Edelleute, die bei den Festen den ganzen Tag mit den Bauern im Sonnenschein tanzen, sich mit ihnen im Pfahlwerfen, im Ringen, Laufen und Springen messen, und wenn ich es recht bedenke, kann ich daran nichts Schlechtes finden.« Daraufhin wird ihm von mehreren Seiten widersprochen. Man ist jedoch zu dem Zugeständnis bereit, daß der Edelmann notfalls mit den Bauern spielen kann, vorausgesetzt daß er ohne sichtbare Anstrengung »die Oberhand behält«; er muß »gewissermaßen sicher sein, daß er auch siegen wird... Es ist doch ein allzu unschöner und unwürdiger Anblick, mitansehen zu müssen, wie ein Edelmann von einem Bauern besiegt wird, und das gilt hauptsächlich für den Ringkampf.« Sportsgeist gab es damals noch nicht, es sei denn bei den Ritterspielen, und dann zeigte er sich in einer anderen, nämlich vom feudalen Ehrbegriff inspirierten Form.

Am Ende des 16. Jahrhunderts gab man die Turniere auf. Bei den Zusammenkünften junger Adliger, bei Hofe, in den Klassen der Akademien, an denen die Edelleute während der zweiten Hälfte des 17. Jahrhunderts den Umgang mit den Waffen und die Reitkunst erlernten, kamen statt dessen andere Ertüchtigungsspiele auf. So etwa das Stechpuppenspiel: vom Pferd aus zielte man auf ein hölzernes Ziel, das an die Stelle der lebenden Zielscheibe der Turniere getreten war, auf einen Türkenkopf. Ein anderes Spiel war das Ringstechen: während des Rennens hatte man einen Ring auszuhaken. Im Buch Pluvinels, eines der Leiter dieser Akademien, findet sich ein Stich von Crispin de Pos, (75) der Ludwig XIII. als Kind beim Stechpuppenreiten zeigt. Der Verfasser schreibt über dieses Spiel, es halte die Mitte zwischen »dem wütenden Gegeneinanderlosbrechen in den Schranken [des Turniers] und der Harmlosigkeit des Ringstechens«. Aus Montpellier berichtet der Medizinstudent Felix Platter in den fünfziger Jahren des 16. Jahrhunderts: »Den 7. Juni hielten die vom Adel ein Ringelrennen in Montpellier: ihre Pferde waren stattlich geziert mit Decken und Federbüschen in allerlei Farben und Kostbarlichkeit.« (76) Heroard berichtet in seinem Tagebuch der Kindheit Ludwigs XIII. oft von Ringstechen, die im Louvre oder in Saint-Germain stattfanden. »In der Kunst des Ringstechens übt man sich alle Tage« (und zwar im Wams, nicht in Waffen), bemerkt Pluvinel, einer der Spezialisten. Das Stechpuppenreiten und das Ringstechen folgten auf die Turniere, auf die Ritterspiele des Mittelalters, und sie waren dem Adel vorbehalten. Und was ist daraus geworden? Sie sind heute nicht völlig verschwunden, wie man denken sollte, doch findet man sie nicht in der Nähe der Tennis- oder Golfplätze, in den Wohnvierteln der Reichen, sondern auf den Jahrmärkten, wo man immer noch auf Türkenköpfe zielt und die Kinder auf hölzernen Pferden im Manegenrund immer noch ringstechen können. Das ist uns von den Ritterturnieren des Mittelalters geblieben: Kinderspiele und Spiele für das Volk.

Es fehlt nicht an weiteren Beispielen für diese Entwicklung, die die alten Spiele in das Reservoir kindlicher und volkstümlicher Spiele hinübergleiten läßt. Da ist beispielsweise das Reifenspiel: ausgangs des Mittelalters war der Reifen nicht nur für Kinder oder jedenfalls nicht nur für kleine Kinder bestimmt. Auf einem Teppich des 16. Jahrhunderts spielen Halbwüchsige mit dem Reifen; einer von ihnen treibt ihn mit einem Stöckchen vor sich her. (77) Auf einem Holzschnitt Jean Leclercs (78) vom Ende des 16. Jahrhunderts sieht man Kinder, die schon recht groß sind und sich nicht damit begnügen, den Reifen rollen zu lassen, indem sie ihn mit dem Stock in Bewegung halten, sondern die wie beim Seilspringen durch den Reifen springen, »denen es besser gefällt durch den Reifen zu springen«, wie die Legende sagt. Der Reifen gestattete akrobatische Kunststücke, Figuren, die manchmal schwierig waren. Er war unter den jungen Leuten verbreitet und überdies alt genug, um bei traditionellen Tänzen Verwendung zu finden, wie etwa bei jenem, den uns 1596 der Schweizer Student Thomas Platter d. J. schildert, der sich zu der Zeit in Avignon aufhielt: Am Tage der Herrenfastnacht kamen Gruppen maskierter junger Leute zusammen, »jede Partei anders als die andere bekleidet, etliche hatten Pilgerkleider an, andere waren gekleidet wie Bauern, andere wie Schweizer, andere wie niederländische Boots- und Schiffsknechte, andere italienisch, andere spanisch, andere kohlenbergisch [elsässisch], andere in Weiberkleidern oder sonst seltsamer Art vermummt, alle maskiert, und sie führten sonderbare Spielleute mit sich... Gegen Abend kam ein schöner Reifentanz. Vier edle, junge Knaben und vier edle, junge Töchter, alle weiß gekleidet und mit Gold überzogen, hielten immer ein Paar einen Reifen, ebenfalls weiß und goldüberzogen, aufrecht in ihren Händen und tanzten durch die Gassen. Danach kamen sie in unser Wirtshaus, da sah ich sie den Reifentanz vollkommen tanzen und auf wunderbare Weise miteinander unter den Reifen hindurchlaufen, im Takt des Saitenspiels.« Tänze dieser Art gehören noch heute zum dörflichen Repertoire des Baskenlandes.

In den Städten, so scheint es, gehörte der Reifen seit dem Ende des 17. Jahrhunderts ausschließlich den Kindern. Ein Stich von Merian (79) zeigt uns ein kleines Kind, das seinen Reifen vor sich her treibt, wie man das während des ganzen 19. und eines Teils des 20. Jahrhunderts getan hat. Zunächst ein Spielzeug für alle, ein Accessoire der Akrobatik und des Tanzes, wird der Reifen von nun an nur noch von immer kleineren Kindern benutzt, bis man schließlich ganz davon abkommt, und es ist gut möglich, daß dies geschieht, weil ein Spielzeug nur so lange die Aufmerksamkeit des Kindes zu fesseln vermag, als es ihm das Gefühl vermittelt, irgend etwas mit Erwachsenen zu tun zu haben.

Wir haben zu Beginn dieses Kapitels erfahren, daß Ludwig XIII. als Kind Geschichten erzählt bekam, so die Geschichten von Melusine, Märchen. Doch richteten sich solche Erzählungen in dieser Epoche auch an die Großen. »Mme. de Sévigné«, so bemerkt E. Storer, der die Geschichte der »Märchenmode« am Ende des 17. Jahrhunderts geschrieben hat, (80) »war voll von Märchenerzählungen.« Sie antwortet nicht auf die Scherze über eine gewisse Cuverdon, mit denen M. de Coulanges sie unterhält, »aus Angst, es könne ihr eine Kröte ins Gesicht springen, um sie für ihre Undankbarkeit zu bestrafen«. Sie spielt damit auf eine Fabel des Troubadour Gauthier de Coincy an, die ihr von der mündlichen Überlieferung her bekannt ist.

Mme. de Sévigné schreibt am 6. August 1677: »Mme. de Coulanges ... wollte uns an den Erzählungen teilhaben lassen, mit denen man die Damen in Versailles unterhält – ›es recht spannend machen‹ nennt sich das. Sie machte es also recht spannend und erzählte uns von einer grünen Insel, wo eine Prinzessin heranwuchs, die schöner war als der Tag. Ohne Unterlaß war sie von Feengesäusel umfächelt usw. ... Dieses Märchen dauerte eine gute Stunde.«

Auch wissen wir, daß Colbert »für seine Mußestunden *eigens zu diesem Zweck ausgesuchte Leute* (Hervorhebung vom Verf.) hatte, die ihn mit Märchen unterhalten sollten, dic so ähnlich waren wie das von der *Eselshaut*«. (81)

In der zweiten Hälfte des Jahrhunderts beginnt man dann jedoch, diese Märchen zu simpel zu finden, und interessiert sich zugleich auf neue Weise für sie: aus den traditionellen, naiven Erzählungen der mündlichen Überlieferung beginnt sich eine modische literarische Gattung herauszubilden. Diese Geschmacksrichtung manifestiert sich zugleich in Ausgaben, die, zumindest im Prinzip, ausschließlich für Kinder gemacht sind wie etwa die Märchen Perraults, wo der Geschmack an den alten Erzählungen sich noch schamhaft versteckt, und in ernsthafteren Publikationen, die für die Großen bestimmt sind und die außerhalb der Reichweite der Kinder und des Volkes bleiben. Diese Entwicklung erinnert an die der Gesellschaftsspiele, wie sie weiter oben beschrieben worden ist. Mme. de Murat wendet sich an die modernen Feen: »Die alten Feen, Ihre Vorfahrinnen, sind im Vergleich mit Ihnen nur noch läppische Figuren. Sie gingen niedrigen und kindischen Verrichtungen nach und trieben ihr Spiel nur mit Dienstmädchen und Ammen. Sie hatten nichts anderes im Sinn, als das Haus ordentlich zu fegen, Eintopf zu kochen, Wäsche zu waschen, die Kinder zu wiegen und zum Einschlafen zu bringen, die Kühe zu melken, zu buttern und tausend andere Armseligkeiten dieser Art... Deshalb ist uns heute von ihrem ganzen Tun und Treiben nichts geblieben als die Geschichten meiner Kinderfrau X. ... Sie hatten nur für Bettelweiber etwas übrig... Doch Sie, Mesdames [die modernen Feen], Sie haben allerdings einen anderen Weg eingeschlagen. Sie beschäftigen sich ausschließlich mit großen Dingen, wie etwa, denen Geist zu verleihen, die keinen besitzen, den Häßlichen Schönheit zu schenken, den Unwissenden Beredsamkeit, den Armen Reichtum – um nur die geringfügigsten zu nennen.«

Andere zeigen sich dagegen weiter empfänglich für die Ausstrahlung der Märchen, die sie einst erzählt bekamen, und suchen eher, sie zu bewahren. Mlle. Lhéritier präsentiert sie mit den folgenden Worten:

Cent fois ma nourrice ou ma mie
M'ont fait ce beau récit, le soir près des tisons;
Je n'y fais qu'ajouter un peu de broderie.

»Sicher nimmt es Sie wunder..., daß diese Märchen, unglaubhaft, wie sie sind, sich über die Zeitalter hinweg gehalten haben bis auf den heutigen Tag, ohne daß man sich auch nur die Mühe gemacht hätte, sie niederzuschreiben.«

Ils ne sont pas aisez à croire,
Mais tant que dans le monde on verra des enfans,
Des mères et des mères grands
On en gardera la mémoire.

Man beginnt, diese Überlieferung, die so lange Zeit ausschließlich mündlich gewesen war, zu fixieren: Bestimmte Märchen, »die man mir erzählt hat, als ich ein Kind war..., sind in den letzten Jahren von gewandten Federn zu Papier gebracht worden«. Mlle. Lhéritier meint, daß ihr Ursprung im Mittelalter zu suchen sei: »Sie [die Überlieferung] scheint mir die Gewähr dafür zu sein, daß die Troubadours oder Erzähler der Provence Finette lange erfunden haben, bevor Abälard oder der berühmte Graf Thibaud de Champagne ihre Romane verfaßten.« So wird das Märchen zu einer literarischen Gattung, die dem philosophischen Märchen oder auch dem archaisierenden wie dem Mlle. Lhéritiers nahekommt: »Sie werden mir zugeben, daß unsere besten Märchen diejenigen sind, die den Stil und die Einfachheit der Ammenmärchen am stärksten imitieren.«

Während aus dem Märchen am Ende des 17. Jahrhunderts eine neue Gattung der geschriebenen und ernsthaften Literatur wird (sei sie nun philosophisch oder archaisierend), wird das mündliche Märchenerzählen selbst von denen, an die sich die Mode des geschriebenen Märchens richtet, nicht mehr gepflegt. Colbert und Madame de Sévigné hörten die Märchen, die man ihnen vorlas; kein Mensch kam damals auf die Idee, dieses Faktum als etwas Besonderes hervorzuheben, wo es sich dabei

Cent fois... Hundertmal hat meine Amme oder meine Freundin/ Mir diese schöne Geschichte erzählt, am Abend beim glimmenden Feuer;/ Ich füge dem nicht mehr hinzu als ein bißchen Stickerei.

Ils ne sont... Es fällt einem nicht leicht, sie zu glauben,/ Doch solange es Kinder auf der Welt gibt,/ Mütter und Großmütter,/ Wird man sich ihrer erinnern.

doch um eine alltägliche Zerstreuung handelte, wie es heute die Lektüre eines Kriminalromans ist. Im Jahr 1771 ist das nicht mehr der Fall, und unter den Erwachsenen der guten Gesellschaft kommt es vor, daß die alten, fast vergessenen Märchen der mündlichen Überlieferung gelegentlich Gegenstand einer Neugier archäologischen oder ethnologischen Charakters werden, die die moderne Vorliebe für die Folklore oder das Argot ankündigen. Die Herzogin von Choiseul schreibt an Madame du Deffand, daß Choiseul »sich den ganzen Tag Märchen vorlesen läßt. Wir sind von dieser Lektüre alle völlig hingerissen. Wir finden sie ebenso wahrscheinlich wie die moderne Geschichtsschreibung.« Es ist fast, als ob einer unserer Staatsmänner nach einem politischen Mißerfolg im Ruhestand Bécassine oder Tin-Tin läse: schließlich sind diese Geschichten auch nicht alberner als die Wirklichkeit! Die Herzogin gibt der Versuchung nach und schreibt zwei Märchen, in denen man, jedenfalls wenn man sich den Anfang des *Prince enchanté* anschaut, den Tonfall des philosophischen Märchens wiedererkennt: »Meine Freundin Margot, die Du mich in meinem Schreibzimmer mit den so hübschen Märchen meiner Kinderfrau zum Schlummern gebracht oder mir die Augen offengehalten hast, de Bellier, mein Freund, erzähle mir irgendeine köstliche Geschichte, an der ich mich ergötzen kann. Nein, sagt Margot, seien wir nicht so anspruchsvoll, für Männer gehören sich nur Kindermärchen.«

Einer anderen Anekdote dieser Epoche zufolge wurde eine Dame eines Tages aus Langeweile von derselben Neugier befallen wie die Choiseul. Sie läutete nach ihrer Dienerin und forderte sie auf, ihr die *Histoire de Pierre de Provence et de la belle Maguelonne* zu holen, die ohne die bewundernswerten Lieder von Brahms heute völlig vergessen wären. »Die erstaunte Kammerzofe ließ sie diesen Auftrag dreimal wiederholen und nahm den bizarren Befehl mit Verachtung entgegen; sie mußte jedoch gehorchen, und so stieg sie zur Küche herunter und brachte ihr errötend die Broschüre.«

Tatsächlich publizierten, insbesondere in Troyes, im 18. Jahrhundert auf dieses Genre spezialisierte Herausgeber gedruckte Ausgaben von Märchen, die für das ländliche Publikum bestimmt waren, wo mittlerweile weite Kreise zu lesen begonnen hatten, die sie dann durch Hausierer erreichten. Doch schuldeten diese Ausgaben, die man *Bibliothèque bleue (contes bleus)* nannte, weil sie auf blauem Papier gedruckt waren, der literarischen Mode am Ende des 17. Jahrhunderts nichts; sie übertrugen vielmehr die alten Erzählungen der mündlichen Überlieferungen so getreulich, wie es die unausweichliche Geschmacksentwicklung zuließ. Eine Ausgabe der *Bibliothèque bleue* von 1784 umfaßt neben *Pierre de Provence et la belle Maguelonne, Robert le Diable, Les quatre fils Aymon,* Perraults Märchen wie auch die von Mlle. de la Force und Madame d'Aulnay.

Neben den Büchern der *Bibliothèque bleue* gab es immer noch die Gelegenheitserzähler der langen Abende wie auch Berufserzähler, die Erben der alten Geschichtenerzähler, Sänger und Jongleure. Malerei und Gravur des 17. und 18. Jahrhunderts, die pittoreske Lithographie zu Beginn des 19. Jahrhunderts haben sich gern dem Thema des Geschichtenerzählers, des Marktschreiers zugewandt. (82) Der Marktschreier thront auf einem Podest; er erzählt seine Geschichte, indem er mit einem Stab auf den geschriebenen Text weist, der auf einem großen Plakat steht. Ein Gehilfe zeigt ihn gelegentlich mit ausgestreckten Armen vor, so daß die Zuhörer ihm folgen können, während sie zuhören. In einigen Provinzstädten kannte das Kleinbürgertum bisweilen noch diese Art von Zeitvertreib. Ein Memoirenschreiber berichtet uns, daß sich die Männer von Troyes am Ende des 18. Jahrhunderts zur Vesperzeit versammelten, und zwar im Winter in den Schenken, im Sommer »in den Gärten, wo man, nachdem man die Perrücke abgelegt hatte, das Käppchen aufstülpte«. (83)

Man nannte das eine *cotterie.* »Jede *cotterie* hatte mindestens einen Erzähler, an dem jeder sein Talent maß.« Der Memoirenschreiber erinnert sich an einen dieser Erzähler, einen alten Schlachter. »Die zwei Tage, die ich (als Kind) bei ihm verbracht habe, vergingen mit Berichten, Geschichten und Märchen, deren Anmut, Wirkung und Naivität von der heutigen Generation, ich will nicht sagen, kaum wiedergegeben, aber doch jedenfalls kaum nachempfunden werden könnte.«

So haben die höheren Stände und dann auch die Bourgeoisie die alten Märchen, die in der Epoche Colberts und Madame de Sévignés alle hörten, allmählich ganz den Kindern und der ländlichen Bevölkerung überlassen. Letztere verlor ebenfalls das Interesse daran, als das *Petit Journal* an die Stelle der *Bibliothèque bleue* trat. Von da an waren die Kinder ihr letztes Publikum und dies im übrigen nur noch für kurze Zeit, denn die Kinderliteratur nimmt heute ebenso neue Wege wie die Spiele und die Umgangsformen.

Das Federballspiel war eines der am meisten verbreiteten Spiele. Von allen Bewegungsspielen war es dasjenige, das die Moralisten am Ende des Mittelalters nötigenfalls mit dem geringsten Widerstreben tolerierten. Es war das volkstümlichste, das während mehrerer Jahrhunderte allen Ständen, den Königen ebenso wie dem niedrigen Volk, gemeinsam war. Diese Einmütigkeit hört am Ende des 17. Jahrhunderts auf, und man muß von da an konstatieren, daß die höheren Stände am Federballspiel keinen Geschmack mehr fanden. Im Jahre 1657 zählte man in Paris 114 Federballhallen, im Jahre 1700 dann trotz des Bevölkerungszuwachses nur noch 10, und im 19. Jahrhundert gab es nur noch zwei, die eine in der Rue Mazarine, die andere auf der Terrasse der Tuilerien; letztere existierte noch im Jahre 1900. (84) Schon Ludwig XIV., so teilt uns Jusserand mit, der eine Geschichte der Spiele verfaßt hat, ließ beim Federball die rechte Begeisterung vermissen. Wenn auch die gebildeten Erwachsenen diesem Spiel nichts mehr abgewinnen konnten, so blieben die Bauern und die Kinder (selbst die der gebildeten Stände) dem Federball in seinen verschiedenen Formen treu; im Baskenland hielt es sich bis zu seiner Wiederbelebung in den verschiedenen perfektionierten Formen der großen oder kleinen *chistera.*

Ein Stich von Merian vom Ende des 17. Jahrhunderts zeigt uns ein Ballspiel, an dem Groß und Klein beteiligt waren: (85) man bläst den Ball auf. Doch das Ball- oder Kugelspiel war den Spezialisten auf dem Gebiet der gesitteten Umgangsformen und der guten Manieren bereits in dieser Epoche suspekt. Thomas Elyot und Shakespeare raten den Adligen davon ab. Jakob I. von England verbot es seinem Sohn. Für du Cange wird es nur noch von den Bauern gespielt: »Die *chole,* eine Art von Ball, den man mit aller Kraft mit dem Fuß tritt und der bei den Bauern unserer Provinzen noch in Gebrauch ist.« Ein Brauch, der sich beispielsweise in der Bretagne bis ins 19. Jahrhundert gehalten hat: »Der Grundherr oder die hochgestellte Persönlichkeit des Dorfes«, so lesen wir in einem Text aus dem Jahre VIII, »warf einen mit Kleie gefüllten Ballon mitten in die Menge, den die Männer der verschiedenen Sprengel sich zu entreißen versuchten... Ich habe in meiner Kindheit [der Autor ist 1749 geboren] gesehen, wie ein Mann sich ein Bein gebrochen hat, als er durch ein Kellerfenster in einen Keller gesprungen ist, um ihn [den Ball] zu fangen. Diese Spiele vermehrten die Kräfte und den Mut, aber ich kann nur wiederholen: Sie waren gefährlich«. Wir haben es hier mit derselben Einstellung zu tun, der das Diktum *Jeu de mains, jeu de vilains* (»Wer sich balgt, zeigt wenig Erziehung«) entsprang. Wie wir wissen, sind die Kinder wie die Bauern dem Ballspiel treugeblieben.

Viele andere Bewegungsspiele sollten so zur Domäne der Kinder und des Volkes werden. So auch das Schlagballspiel, von dem Madame de Sévigné 1685 in einem Brief an ihren Schwiegersohn sprach: (86) »Ich habe zwei Schlagballrunden mit den Spielern [von Les Rochers] mitgemacht. Ah! mein lieber Comte, ich denke dabei immer an Sie und daran, mit welchem Geschick Sie mit dieser Kugel umzugehen wissen. Ich wünschte, Sie hätten in Grignan ein ebenso schönes Spielfeld.« All diese Boule-, Kegel- und Krockettspiele, von denen der Adel und die Bourgeoisie sich abgewandt hatten, sind im 19. Jahrhundert auf dem Land zu Beschäftigungen für Erwachsene, in den Kinderkrippen zu Kinderspielen geworden.

Zu diesen Spielen, die einst von der ganzen Gemeinschaft gespielt wurden und nun nur noch im Volk und von den Kindern geschätzt werden, gehört auch eine der geläufigsten Formen der Zerstreuung der alten Gesellschaft: das Verkleiden. Die Romane vom 16. bis zum 18. Jahrhundert sind voll von Verkleidungsgeschichten; überall stoßen wir auf Jungen, die als Mädchen, auf Prinzessinnen, die als Schäferinnen verkleidet sind usw. Diese Literatur verrät einen Geschmack, der zu jeder nur denkbaren Gelegenheit, d. h. im Rahmen aller möglichen Feste, am Dreikönigstag, am Fastnachtsdienstag, beim Novemberfest ..., seinen Ausdruck fand. Lange Zeit war es die Regel, beim Ausgehen eine Maske zu tragen, und zwar galt dies insbesondere für die Frauen. So ließ man sich auch gern in seiner Lieblingsverkleidung malen. Besonders die Edelleute fanden daran Vergnügen. Seit dem 18. Jahrhundert wurden die Maskenfeste der feinen Gesellschaft seltener und diskreter; damals wurde der Karneval volkstümlich und überquerte sogar den Ozean, er wurde von den schwarzen Sklaven Amerikas übernommen, und das Verkleiden war nunmehr den Kindern vorbehalten. Nur sie maskieren sich noch beim Karneval und verkleiden sich aus Spaß.

In jedem dieser Fälle wiederholt sich monoton dieselbe Entwicklung. Sie gibt Anlaß zu einer wichtigen Schlußfolgerung.

Wir sind von einer gesellschaftlichen Situation ausgegangen, in der alle Altersstufen und alle Stände dieselben Spiele spielten. Das Phänomen, das es hervorzuheben gilt, ist, daß die Erwachsenen der oberen Klassen der Gesellschaft von diesen Spielen Abstand nehmen und diese statt dessen *zugleich* im Volk und bei den Kindern der oberen Klassen weiterlebten. In England sind die Gentlemen der alten Spiele, anders als in Frankreich, zwar nicht überdrüssig geworden, doch haben sie sie modifiziert, und erst in dieser modernen, unkenntlichen Gestalt haben sie im 19. Jahrhundert in die Bourgeoisie und den »Sport« Eingang gefunden ...

Es ist überaus bemerkenswert, daß die alte Spielgemeinschaft zwischen Kindern und Erwachsenen zur gleichen Zeit auseinandergebrochen ist wie die zwischen Volk und Bourgeoisie. Aufgrund dieses Zusammentreffens können wir nunmehr umrißhaft eine Beziehung zwischen der Einstellung zur Kindheit und dem Sinn für Klassenunterschiede erkennen.

5. Kapitel
Von der Schamlosigkeit zur Unschuld

Eines der ungeschriebenen Gesetze unserer heutigen Moral, ein kategorisches und allgemein beachtetes, verlangt, daß die Erwachsenen sich vor Kindern jeglicher Anspielung, insbesondere jeglicher scherzhaften, auf sexuelle Dinge enthalten. Diese Einstellung war der alten Gesellschaft ziemlich fremd. Der moderne Leser von Heroards Tagebuch, worin die kleinen Begebenheiten aus dem Leben des jungen Ludwig XIII. verzeichnet sind, (1) ist seltsam berührt von der Freizügigkeit, mit der man die Kinder behandelte, von der Grobheit der Scherze, der Unschicklichkeit der Gesten, deren Anblick niemanden schockierte und die natürlich erschienen. Nichts könnte uns eine bessere Vorstellung davon vermitteln, daß die moderne Einstellung zur Kindheit in den letzten Jahren des 16. und am Beginn des 17. Jahrhunderts gänzlich unbekannt war.

Ludwig XIII. ist noch kein Jahr alt: »Er lacht aus vollem Halse, als die Kinderfrau mit den Fingerspitzen seinen Piephahn hin und her bewegt.« Ein reizender Scherz, den das Kind sich unverzüglich zunutze macht: »Mit einem Heh! (macht er einen Pagen auf sich aufmerksam), hebt seinen Rock hoch und zeigt ihm seinen Piephahn.«

Er ist ein Jahr alt: »Sehr lustig«, notiert Heroard, »übermütig; läßt jeden seinen Piephahn küssen.« Er ist sich sicher, daß das jedem Freude macht. So hat man denn auch großen Spaß an seinem Auftritt vor zwei Besuchern, dem Herrn de Bonières und seiner Tochter: »Er hat ihn aus vollem Halse angelacht, hebt seinen Rock hoch, zeigt ihm seinen Piephahn, vor allem aber seiner Tochter, denn als er ihn ihr vorzeigt und dazu sein kleines Lachen lacht, schüttelt es ihn am ganzen Leibe.« Man fand das so drollig, daß das Kind sich dazu ermuntert fühlte, die Geste zu wiederholen, die ihm soviel Erfolg eingebracht hatte. Vor »einem kleinen Fräulein ... hat er seinen Rock hochgehoben, und ihr mit einem solchen Eifer seinen Piephahn gezeigt, daß er darüber außer sich geriet. Er legte sich auf den Rücken, um ihn ihr zu zeigen.«

Er ist gerade ein Jahr alt, da ist er schon mit der Infantin von Spanien verlobt; seine Umgebung macht ihm begreiflich, was das bedeutet, und er versteht sie recht gut. Man sagt zu ihm: »Wo ist der Liebling der Infantin? Da legt er die Hand auf seinen Piephahn.«

Während der ersten drei Jahre seines Lebens findet niemand etwas dabei, zum Scherz das Geschlechtsteil dieses Kindes zu berühren: »Die Marquise (de Verneuil) steckt oft die Hand unter sein Kleid; er läßt sich auf das Bett seiner Amme legen, wo sie mit ihm schäkert, indem sie die Hand unter sein Kleid steckt... Madame de Verneuil will mit ihm schäkern und nimmt seine Hoden in die Hand; er stößt sie zurück und sagt: Weg, weg, lassen Sie das, gehen Sie weg. Er will um keinen Preis zulassen, daß die Marquise seine Hoden berührt; seine Amme hatte ihm das eingeschärft: Monsieur, lassen Sie nur niemanden Ihre Hoden anrühren, auch Ihren Piephahn nicht, sonst wird er Ihnen abgeschnitten. Er vergaß diese Worte nicht.«

»Als er aufgestanden ist, will er sein Hemd nicht nehmen und sagt: nicht mein Hemd [Heroard gibt gerne den Jargon und selbst den Akzent des Kindes wieder, das der Sprache noch nicht recht mächtig ist], ich will erst noch Milch aus meinem Piephahn geben; man streckt die Hand aus, er macht, als wenn er daran zöge, mit dem Mund macht er ›pss, pss‹, gibt dann jedoch allen davon, dann läßt er sich sein Hemd geben.«

Ein klassischer, oft wiederholter Scherz besteht darin, daß man zu ihm sagt: »›Monsieur, Sie haben keinen Piephahn‹: er antwortet heiter, indem er ihn mit dem Finger hochhebt: ›Heh, siehst Du ihn denn nicht.‹« Diese Scherze waren nicht etwa der Dienerschaft, einfältigen Jugendlichen oder leichtlebigen Frauen wie der Maitresse des Königs vorbehalten. So heißt es über die Königin, seine Mutter: »Die Königin legt ihre Hand auf seinen Piephahn und sagt: ›Mein Sohn, ich habe Ihren Schnabel weggenommen.‹« Erstaunlicher noch ist folgender Abschnitt: »Entblößt sich ebenso wie Madame [seine Schwester]; sie werden nackt zum König ins Bett gelegt, wo sie sich küssen, miteinander flüstern und dem König großes Vergnügen bereiten. Der König fragt ihn: ›Mein Sohn, wo ist das Paket für die Infantin?‹ Er zeigt es vor und sagt: ›Es hat keinen Knochen, Papa.‹ Da es ein wenig steif ist, sagt er dann: ›Jetzt hat es gerade einen, das ist manchmal so.‹«

Tatsächlich vergnügt man sich damit, seine ersten Erektionen zu beobachten: »Als er um acht Uhr aufwacht, ruft er Mlle. Bethouzay und sagt zu ihr: ›Zezai, mein Piephahn spielt Zugbrücke; jetzt steht er hoch, jetzt hat er sich wieder gesenkt.‹ Und er hob und senkte ihn.«

Als er vier Jahre alt ist, ist seine sexuelle Aufklärung so gut wie abgeschlossen: »Ist zur Königin geführt worden; Madame de Guise zeigt ihm das Bett der Königin und sagt zu ihm: ›Sehen Sie, Monsieur, da sind Sie gemacht worden.‹ Er antwortet: ›Mit Maman?‹ ... Er fragt den Gatten seiner Amme: ›Was ist das?‹ ›Das ist mein Seidenstrumpf‹, sagt er. ›Und das?‹ [wie es bei Gesellschaftsspielen gemacht wird]. ›Das sind meine Kniehosen.‹ ›Woraus sind sie?‹ ›Aus Samt.‹ ›Und das?‹ ›Das ist mein Hosenlatz.‹ ›Und was ist da drin?‹ ›Ich weiß nicht, Monsieur.‹ ›Na, das ist ein Piephahn. Wozu ist der? ›Ich weiß nicht, Monsieur.‹ ›Na, er ist für Madame Doundoun [seine Amme].‹«

»Er stellt sich zwischen die Beine Madame de Montglats [seiner Gouvernante, einer sehr würdigen, hochgeachteten Frau, die sich – wie Heroard – über diese ganzen Scherze, die wir heute für untragbar halten, nicht aufzuregen scheint]. Der König sagt zu ihm: ›Da haben wir ja den Sohn von Madame de Montglat, sie kommt grade nieder.‹ Da macht er sich plötzlich los und drängt sich zwischen die Beine der Königin.«

Als er dann fünf, sechs Jahre alt ist, macht man keine Scherze mehr über sein Geschlechtsteil; dafür fängt er an, sich über die Geschlechtsteile anderer zu amüsieren. Mlle. Mercier, eine seiner Kammerfrauen, die über Nacht bei ihm gewacht hatte, lag noch im Bett, das dicht bei seinem stand (seine Diener, die manchmal verheiratet waren, schliefen in demselben Zimmer wie er, und seine Gegenwart brauchte sie nicht sehr zu genieren). »Er treibt seine Späße mit ihr«, läßt sie die Zehen bewegen, die Beine hochheben, »sagt seiner Amme, sie solle Ruten holen, um sie durchzuhauen, läßt diesen Auftrag ausführen ... Seine Amme fragt ihn: ›Monsieur, was haben Sie bei der Mercier gesehen?‹ Er antwortet ungerührt: ›Ich habe ihren Hintern gesehen.‹ ›Was haben Sie noch gesehen?‹ Er antwortet ebenso ungerührt und ohne zu lachen, daß er ihr Loch gesehen habe.« Ein anderes Mal, so Heroard, »treibt er seine Späße mit Mlle. Mercier, ruft mich und erklärt mir, das sei die Mercier, die ein so großes (zeigt seine zwei Fäuste) Loch habe, und daß darin Wasser sei«.

Ab 1608 kommen solche Scherze nicht mehr vor; er wird ein kleiner Mann – er befindet sich im entscheidenden Alter von sieben Jahren –, und da ist es an der Zeit, daß man ihm anständiges Betragen und eine manierliche Sprache beibringt. So antwortet er, wenn man ihn fragt, wo die Kinder herkommen, von nun an wie Molières Agnès, daß sie aus dem Ohr kämen. Madame de Montglat tadelt ihn, als er »der kleinen Ventelet seinen Piephahn zeigt«. Und als man fortfährt, ihn morgens nach dem Aufwachen ins Bett Madame de Montglats, seiner Gouvernante, d. h. zwischen sie und ihren Gatten zu legen, entrüstet sich Heroard und bemerkt am Rande: *»insignis impudentia.«*

Man forderte dem zehnjährigen Jungen eine Zurückhaltung ab, die von dem fünfjährigen Kind zu verlangen einem nicht eingefallen wäre. Die Erziehung begann kaum vor dem siebten Geburtstag. Auch diese verspätete Besorgnis um die Schicklichkeit ist wieder den ersten Anfängen einer Sittenreform zuzuschreiben, erstes Anzeichen der religiösen und moralischen Erneuerung des 17. Jahrhunderts. Es war, als habe man eine Erziehung erst angesichts des herannahenden Mannesalters für sinnvoll gehalten. Als er vierzehn wurde, brauchte Ludwig XIII. gleichwohl nichts mehr hinzuzulernen, denn bereits mit vierzehn Jahren und zwei Monaten drängte man ihn nahezu gewaltsam ins Bett seiner Frau. Nach der Trauungszeremonie »legt er sich hin und ißt um dreiviertel sieben zu abend. M. de Gramont und einige junge Herren erzählen ihm deftige Geschichten, um ihm Selbstvertrauen einzuflößen. Er läßt sich seine Pantoffeln geben, nimmt seinen Hausmantel und geht um acht Uhr in das Zimmer der Königin, wo er in Gegenwart der Königinmutter zur Königin, seiner Gemahlin, ins Bett gebracht wird; um viertel nach zehn kommt er zurück, nachdem er ungefähr eine Stunde geschlafen und es, so teilt er uns mit, zweimal gemacht hat; es schien zu stimmen, sein P... war rot.«

Mag sein, daß die Heirat von vierzehnjährigen Jungen seltener zu werden begann. Die Heirat dreizehnjähriger Mädchen war immer noch an der Tagesordnung.

Wir haben keinen Anlaß anzunehmen, daß das moralische Klima in anderen adligen oder in nichtadligen Familien anders war: diese familiäre Art, die Kinder in die sexuellen Späße der Erwachsenen einzubeziehen, war allgemein üblich, und die öffentliche Meinung fand daran nichts Anstößiges. Auch in der Familie Pascal dürfte es nicht anders zugegangen sein: Jacqueline Pascal schrieb mit zwölf Jahren Verse über die Schwangerschaft der Königin.

Thomas Platter d. J. berichtet in seinen Erinnerungen an seine Medizinstudentenzeit in Montpellier am Ende des 16. Jahrhunderts: »Die Zauberei [des Nestelknüpfens] wird inzwischen ... auch von kleinen Knaben verrichtet, wie ich einen gekannt habe, der seines Vaters Dienstmagd diesen Schalk getan [bei der Hochzeit ihren Mann mit Impotenz zu schlagen] und auf der Magd dringliches Bitten [den Nestel] wieder aufgelöst hat, so daß ihr Mann alsbald wieder zurecht gekommen und kuriert worden ist.«

Pater de Dainville, Historiker der Jesuiten und der humanistischen Pädagogik, stellt ebenfalls fest: »Der schuldige Respekt gegenüber dem Kinde war damals [im 16. Jahrhundert] etwas gänzlich Unbekanntes. Ihm gegenüber erlaubte man sich alles: rohe Redensarten, schmutzige

Handlungen und Situationen; sie hatten bald alles gehört, alles gesehen.« (2)

Dieser Mangel an Zurückhaltung gegenüber den Kindern, die Art, sie in Späße einzubeziehen, die sich um sexuelle Themen drehten, überrascht uns; zügellose Reden, mehr noch, gewagte Gesten, Berührungen – es fällt einem nicht schwer, sich vorzustellen, was der moderne Psychoanalytiker dazu sagen würde! Doch hätte dieser Psychoanalytiker unrecht. Die Einstellung zur Sexualität und zweifellos auch die Sexualität selbst ist von Milieu zu Milieu und infolgedessen auch von Epoche zu Epoche und von Mentalität zu Mentalität verschieden. Heute scheinen uns Berührungen, wie Heroard sie uns beschrieben hat, hart an sexuelle Anomalie zu grenzen, und niemand würde sie öffentlich wagen. Zu Beginn des 17. Jahrhunderts sah das noch anders aus. Ein Stich von Baldung Grien aus dem Jahre 1511 stellt eine heilige Familie dar. Die Geste der hl. Anna erscheint uns merkwürdig: sie öffnet die Schenkel des Kindes, als wolle sie sein Geschlecht entblößen und kitzeln. Zu Unrecht würde man darin eine recht kecke Anspielung erblicken wollen. (3)

Diese Sitte, mit dem Geschlechtsteil des Kindes zu spielen, gehörte zu einer weitverbreiteten Tradition, die man heute noch in mohammedanischen Gesellschaften findet. Ebenso wie die naturwissenschaftlichen Techniken so ist auch die große Sittenreform an ihnen vorbeigegangen, die, anfänglich christlich, später dann weltlich, die verbürgerlichte Gesellschaft des 18. und insbesondere des 19. Jahrhunderts in England oder auch in Frankreich Disziplin gelehrt hat. So findet man in diesen mohammedanischen Gesellschaften Merkmale, die uns befremdlich erscheinen, den trefflichen Heroard jedoch nicht überrascht hätten. Sehen wir uns beispielsweise einen Auszug aus dem Roman *La Statue de sel* an. Verfasser ist der tunesische Jude Albert Memmi, und sein Buch ist ein merkwürdiges Zeugnis für die traditionale tunesische Gesellschaft und die Mentalität der halbverwestlichten jungen Generation. Der Held des Romans schildert eine Szene in der Straßenbahn, die zur Oberschule in Tunis fährt: »Vor mir ein Mohammedaner und sein Sohn, ein winziges Bürschlein mit der Miniaturausgabe einer rotgefärbten *chechia* in der Hand; zu meiner Linken, den Korb zwischen den Beinen und den Bleistift hinter dem Ohr, ein djerbischer Krämer, der unterwegs war, um Vorräte zu beschaffen. Die brütende Stille innerhalb des Wagens ließ den Djerben unruhig werden. Er lächelte dem Kind zu, das mit den Augen zurücklächelte und seinen Vater ansah. Der dankbare und geschmeichelte Vater ermunterte den Jungen und lächelte den Djerben an. ›Wie alt bist du?‹ fragte der Krämer das Kind. ›Zweieinhalb Jahre‹, antwortete der Vater [das Alter des kleinen Ludwig XIV.]. ›Hat die Katze ihn Dir schon abgebissen?‹ fragte der Krämer das Kind. ›Nein‹, antwortete der Vater, ›er ist noch nicht beschnitten, aber bald ist es soweit.‹ ›Sieh an, sieh an‹, sagte der andere. Er hatte ein Gesprächsthema gefunden. ›Verkaufst Du's mir, Dein Tierchen?‹ ›Nein!‹ sagte das Kind heftig. Offensichtlich kannte es die Szene; es war nicht das erstemal, daß ihm jemand diesen Vorschlag machte. Auch ich [das jüdische Kind] kannte sie, hatte sie früher, von anderen Provokateuren attackiert, mit demselben Gemisch aus Scham und Begehrlichkeit, Auflehnung und komplizenhafter Neugier mitgespielt. Dem Kind strahlte die Freude über die aufkeimende Männlichkeit [Memmi zeigt hier die moderne Einstellung des aufgeklärten Menschen, dem die Erkenntnisse der Forschung hinsichtlich des frühzeitigen Erwachens der kindlichen Sexualität geläufig sind; früher glaubten die Menschen dagegen, daß das Kind vor der Geschlechtsreife keine Sexualität kenne] und die Auflehnung gegen diesen unerhörten Angriff aus den Augen. Es sah seinen Vater an. Sein Vater lächelte, *es war ein altbekanntes Spiel* [Hervorhebung vom Verf.]. Unsere Nachbarn verfolgten die *traditionelle Szene* mit wohlwollendem, billigendem Interesse. ›Ich gebe Dir zehn Francs dafür‹, schlug der Djerbe vor. ›Nein‹, sagte das Kind. ›Na los, komm schon, verkauf mir Deinen kleinen Schw...‹, fing der Djerber wieder an. ›Nein, nein!‹ ›Ich biete Dir fünfzig Francs dafür.‹ ›Nein!‹ ›Ich will mich nicht lumpen lassen: tausend Francs!‹ ›Nein!‹ Der Djerbe setzte eine gespielt genießerische Miene auf: ›Und obendrein noch einen Sack Bonbons!‹ ›Nein! Nein!‹ ›Du sagst nein? Ist das Dein letztes Wort?‹ schrie der Djerbe und spielte den Wütenden, ›Zum letzten Mal: Du sagst nein?‹ ›Nein!‹ Da sprang der Erwachsene unvermittelt mit schreckenerregendem Gesichtsausdruck auf das Kind zu und machte sich in brutaler Weise an dessen kleinem Hosenlatz zu schaffen. Das Kind verteidigte sich mit Fausthieben. Der Vater schüttelte sich vor Lachen, der Djerbe wich nach Kräften aus, unsere Nachbarn lächelten breit.«

Hilft uns diese Szene des zwanzigsten Jahrhunderts nicht, das 17. Jahrhundert vor der Reform der Sitten besser zu verstehen? Wir wollen uns nicht zu Anachronismen versteigen, wie es der letzte Herausgeber Mme. de Sévignés getan hat, als er ihre barocke exzessive Mutterliebe mit dem Inzest erklärt hat. Es handelte sich um ein Spiel, dessen schlüpfrigen Charakter wir nicht überbewerten dürfen: es war nicht schlüpfriger als heute die gepfefferten Anekdoten der Männergespräche.

Dieses halb Unschuldige, das uns verderbt oder naiv erscheint, erklärt die Beliebtheit, dessen sich das Motiv des urinierenden Kindes seit dem 15. Jahrhundert erfreut. Es hat seinen Platz in illustrierten Stundenbüchern und auf den Kirchengemälden. In den Kalendarien der Stundenbücher Hennessys (4) und des Breviarium Grimani (5) vom Beginn des 16. Jahrhunderts wird einer der Wintermonate durch ein verschneites Dorf dargestellt. Durch die geöffnete Tür sieht man die Frau, die näht, und den Mann, der sich am Feuer aufwärmt; vor der Tür, nicht zu übersehen, das Kind, das in den Schnee uriniert.

Ein flämisches *Ecce homo*, das von P. Pietersz (6) stammt und zweifellos für eine Kirche bestimmt ist, zeigt innerhalb einer Menschenmenge auch eine Menge Kinder. Eine Mutter hält ihr Kind mit ausgestreckten Armen über die Köpfe, damit es besser sehen kann; Lausbuben klettern die Torbögen hoch; ein Kind uriniert, und seine Mutter leistet ihm dabei Hilfestellung. Die Magistraten des Parlaments von Toulouse mochten, wenn sie in der Kapelle ihres eigenen Amtsgebäudes der Messe beiwohnten, leicht durch eine Szene desselben Genres abgelenkt werden. Ein großes Triptychon stellte die Geschichte Johannes des Täufers dar. (7) Auf dem Mittelflügel war die Predigt zu sehen. Die Kinder, die darauf abgebildet sind, sind mitten in der Menge: eine Frau stillt, ein Knabe ist auf einen Baum gestiegen; abseits davon hebt ein Kind vor den Augen der Parlamentsabgeordneten sein Gewand und uriniert.

Das häufige Vorkommen und die vielfältige Darstellung von Kindern in Massenszenen im 15. und vor allem im 16. Jahrhundert, wobei bestimmte Motive (das Kind an der Mutterbrust, das urinierende Kind) wiederholt zu sehen, sind sehr wohl als Indiz als für ein spezifisches neues Interesse zu werten.

Es ist im übrigen bemerkenswert, daß wir in der religiösen Ikonographie eine Szene ganz besonders häufig finden: die Beschneidung. Sie wird mit einer gleichsam chirurgischen Genauigkeit dargestellt. Darin darf man keine Bosheit sehen. Es sieht ganz so aus, als habe man die Beschneidung wie auch Mariä Opferung im Tempel im 16. und 17. Jahrhundert als Kinderfeste behandelt: es waren die einzigen religiösen Kinderfeste vor der feierlichen Erstkommunion. In der Pariser Kirche Saint-Nicolas kann man ein Gemälde vom Beginn des 17. Jahrhunderts sehen, das der Abtei Saint-Martin-des Champs entstammt. Die Kinder sind herbeigeströmt, um der Beschneidungsszene beizuwohnen; die einen sind in Begleitung ihrer Eltern, andere klettern die Pfeiler hoch, um besser sehen zu können. Müssen wir es nicht etwas befremdlich, ja nahezu schockierend finden, daß man sich ausgerechnet die Beschneidung, die inmitten von Kindern durchgeführt wird, als Kinderfest ausgesucht hat? Wir mögen das vielleicht schockierend finden, nicht jedoch der Mohammedaner von heute oder der Mensch zu Anfang des 17. Jahrhunderts.

Nicht nur, daß man Kinder anstandslos an einer Operation des Geschlechtsteils, die allerdings unbestreitbar religiöser Natur war, teilnehmen ließ – man gestattete sich auch guten Gewissens und in aller Öffentlichkeit Gesten und Berührungen, die untersagt waren, sobald das Kind in die Pubertät und damit nahezu auch in die Welt der Erwachsenen eintrat. Dafür lassen sich zwei Gründe nennen. Zunächst einmal glaubte man, daß die Sexualität dem Kind vor der Pubertät fremd und gleichgültig war. So blieben Gesten und Anspielungen folgenlos, sie wurden bedeutungslos und verloren ihren sexuellen Charakter, neutralisierten sich. Zum zweiten kannte man die Vorstellung nicht, daß Bezugnahmen auf sexuelle Gegenstände, und zwar selbst solche, die praktisch frei von zweideutigen Hintergedanken waren, real oder doch im Kopfe derer, die sich darüber Gedanken machten, die kindliche Unschuld beflecken könnten: man konnte sich nicht vorstellen, daß diese Unschuld wirklich existierte.

Das war zumindest die landläufige Meinung; die Moralisten und Erzieher, jedenfalls die besten unter ihnen, Neuerer, die im übrigen wenig Gehör fanden, waren bereits anderer Ansicht. Ihre Bedeutung liegt darin, daß sie ihren Anschauungen – und das heißt: den unsrigen – auf lange Sicht zum Triumph verholfen haben.

Diese geistige Strömung läßt sich bis ins 15. Jahrhundert, d. h. bis in die Epoche zurückverfolgen, wo sie einflußreich genug war, um einen Wandel innerhalb der traditionellen Schuldisziplin herbeizuführen. (8) Ihr Hauptvertreter zu der Zeit ist Gerson. Seine Äußerungen lassen an Klarheit nichts zu wünschen übrig. Gemessen an den damaligen Verhältnissen, hat man in ihm einen hervorragenden Beobachter der Kindheit und der kindlichen Sexualpraktiken zu sehen. Diese Beschäftigung mit den spezifischen Verhaltensweisen des Kindes, die Tatsache, daß er ihnen soviel Gewicht beimißt, um ihnen einen Traktat mit dem Titel *De confessione mollicei* zu widmen, (9) zeugen von einer ganz neuen Anteilnahme; sie gehört in eine Linie mit all den Anzeichen, die im Bereich der bildlichen Darstellung und der Kleidung zu verzeichnen sind und auf ein bis dahin unbekanntes Interesse für die Belange des Kindes schließen lassen.

Gerson hat also das sexuelle Verhalten des Kindes studiert. Seine Äußerungen zu diesem Thema sind für die Beichtväter bestimmt, die in ihren kleinen Bußfertigen – im Alter von zehn bis zwölf Jahren – Schuldgefühle wecken sollen. Er weiß, daß die Masturbation und die Erektion ohne Ejakulation, allgemein verbreitet sind. Wenn man also einen Mann hierüber befragt und er die Bekanntschaft mit diesen Praktiken für seine Person bestreitet, so kann man sicher sein, daß er lügt. Für Gerson ein äußerst schwerwiegender Fall. Das *peccatum mollicei* hat, »selbst wenn, aufgrund des zarten Alters, darauf keine Pollution erfolgt ist, verderblichere Auswirkungen auf die Unschuld eines Kindes, als wenn es, in demselben Alter, zu den Weibern gegangen wäre«. Obendrein grenzt es an Sodomie.

In dieser Hinsicht kommt Gerson der modernen wissenschaftlichen Einschätzung der Masturbation als eines unausweichlichen Stadiums einer vorzeitig entwickelten Sexualität näher als die Sarkasmen des Romanciers Sorel, als der Held des *Francion*, der hierin die Folge des Eingesperrtseins in den Internaten erblickt.

Tatsächlich ist das Kind sich ursprünglich seiner Schuld nicht bewußt: *»Sentiunt ibi quemdam pruritum incognitum tum stat erectio*, und sie meinen, es sei erlaubt, daß *se fricent ibi et se palpent et se tractent sicut in aliis locis dum pruritus inest.«* Man hat darin eine Folge der ursprünglichen Verderbtheit zu sehen, etwas, das *ex corruptione naturae* eintritt. Von der Idee der kindlichen Unschuld sind wir noch sehr weit entfernt, nicht aber von der objektiven Erkenntnis des kindlichen Verhaltens, deren Originalität wir, nach allem, was weiter oben gesagt worden ist, nicht verkennen können. Wie soll man das Kind vor dieser Gefahr bewahren? Einmal durch die Ratschläge des Beichtvaters, aber auch, indem man die schlechten Angewohnheiten im Bereich der Erziehung ablegt, sich Kindern gegenüber anders benimmt. So soll man nüchtern mit ihnen sprechen und nur züchtige Worte gebrauchen. Es muß vermieden werden, daß die Kinder sich beim Spielen umarmen, sich mit bloßen Händen berühren oder sich anschauen: *figerent oculi in eorum decore.* Auch muß man die Vermischung von Großen und Kleinen, zumindest im Bett, unterbinden: die *pueri capaces doli, puellae, juvenes* sollen nicht mit älteren Personen, nicht einmal mit solchen des gleichen Geschlechts, in einem Bett schlafen. Die gemeinsame Benutzung eines Bettes war damals eine in allen Ständen gleichermaßen verbreitete Gepflogenheit. Wie wir gesehen haben, hat sie sich selbst am französischen Hof bis zum Ende des 16. Jahrhunderts gehalten. Die Spiele, die Heinrich IV. mit seinem Sohn spielte, den man ihm zusammen mit seiner Schwester ins Bett brachte, rechtfertigen die Vorsicht, die Gerson fast zwei Jahrhunderte später an den Tag legt. Er untersagt spielerische oder sonstige Berührungen *in nudo* und rät zum Mißtrauen *a societaliatibus perversis ubi colloquia prava et gestus impudici fiunt in lecto absque dormitione.*

Gerson kommt auf diese Frage in einer Predigt zum vierten Advent zurück, die sich gegen die Hurerei richtet: das Kind soll sich dagegen verwahren, von anderen berührt oder umarmt zu werden, und wenn es das nicht getan hat, dann soll es das in jedem Falle beichten – *in omnibus casibus,* wohlgemerkt, denn im allgemeinen vermochte man darin nichts Schlechtes zu erblicken. Weiter unten gibt er zu bedenken, daß es »gut sei«, die Kinder während der Nacht zu trennen; er erinnert an den Fall, daß ein neunjähriger Knabe ein Kind gezeugt hat, wie der hl. Hieronymus zu berichten wußte. Doch über die Feststellung, daß es »gut sei«, wagt er sich nicht hinaus, weil es allgemein üblich war, alle Kinder in einem Bett schlafen zu lassen, sofern sie nicht sogar mit einem Diener, einer Dienerin oder den Eltern zusammenschliefen. (10)

Aus dem von ihm verfaßten Reglement der École de Notre-Dame-de-Paris spricht das Bemühen, die Kinder voneinander zu trennen, sie der ständigen Überwachung durch den Lehrer zu unterwerfen. Den Geist dieser neuen Disziplin wollen wir weiter unten in einem anderen Kapitel gesondert behandeln. (11) Der Gesangslehrer soll keine *cantilenas dissolutas impudicasque* lehren, die Schüler sind verpflichtet, eine Kameraden zu melden, wenn er gegen das Anstands- oder das Schamgefühl verstoßen hat (als Delikt galt es u. a. *gallicum* – statt Latein – zu sprechen, zu schwören, zu lügen, zu fluchen, auf dem Bett herumzulümmeln, die Gebetsstunden zu versäumen, in der Kirche zu schwatzen). Die Nachtwache soll den Schlafraum während der Nacht erleuchtet lassen: »Dies ebensowohl, um dem Bild der Hl. Jungfrau die gebotene Frömmigkeit zu bezeugen wie für den Fall, daß jemand ein natürliches Bedürfnis verspürt, und schließlich auch, damit sie sich durch das Licht dazu angehalten fühlen, nichts anderes zu treiben, als was gesehen werden kann und soll.« Kein Kind soll während der Nacht das Bett wechseln; es soll bei dem Kameraden bleiben, den man ihm beigesellt hat. *Conventicula, vel societates ad partem extra alias* sind weder bei Tage noch bei Nacht zulässig. Welches Bemühen, das Entstehen von Freundschaften zu verhindern! Auch schlechter Umgang, insbesondere der mit Bediensteten, soll vermieden werden: »Der Dienerschaft, Geistliche, *capellani,* kirchliches Personal eingeschlossen (von Vertrauen schien man nicht gerade beseelt zu sein), ist jegliche Vertraulichkeit mit den Kindern zu untersagen: sie sollen ausschließlich in Gegenwart der Lehrer das Wort an die Kinder richten.«

Den nicht zum Stift gehörigen Kindern ist es nicht gestattet, mit den Schülern zusammenzubleiben, und sei es auch nur, um mit ihnen zu lernen (außer mit der besonderen Erlaubnis des Priors), »damit unsere Kinder *(pueri nostri)* keine schlechten Angewohnheiten von anderen übernehmen«.

Das ist etwas gänzlich Neues; man darf daraus allerdings nicht schließen, daß die Dinge sich in der Wirklichkeit, in der Schule tatsächlich so abspielten. Im zweiten Teil des Buches werden wir sehen, wieweit es damit her war, und wieviel Zeit und Mühen es kostete, um im 18. Jahrhundert endlich strikte Disziplin in den Kollegs zu erreichen. Gerson war den Institutionen seiner Zeit mit seinen Forderungen weit voraus. An seinen Vorschriften interessiert uns das sittliche Ideal, das ihnen zugrunde liegt, das es bis dahin in dieser Präzision nicht gegeben hatte und das zum Ideal der Jesuiten, Port-Royals, der Frères de la Doctrine chrétienne, kurz, aller rigoristischen Moralisten und Erzieher des 17. Jahrhunderts werden sollte.

Im 16. Jahrhundert sind die Erzieher toleranter und sehr darauf bedacht, bestimmte Grenzen nicht zu überschreiten. Wir wissen das aus den Schulbüchern, mit deren Hilfe die Schüler lesen und schreiben, den lateinischen Wortschatz und schließlich gesittete Umgangsformen lernten, letztere aus Abhandlungen über die Regeln des gesitteten Umgangs und aus Kolloquien, die um der Anschaulichkeit willen aus Gesprächsszenen zwischen mehreren Schülern oder Schüler und Lehrer bestehen. Diese Dialoge sind brauchbare Zeugnisse für die Sitten, die an den Schulen herrschten.

In den Dialogen von Vives geht es um Themen, die nicht nach Gersons Geschmack gewesen wären, die aber von jeher üblich waren: »Welches ist der unanständigste Körperteil, die Vorderpartie (man beachte das Bemühen um Diskretion) oder das Arschloch? – Beide sind sehr unanständig, der hintere wegen seiner Gemeinheit, der andere wegen der Unzucht und der Schande.« (12)

Es fehlt nicht an recht groben Scherzen und an Themen, die nicht den geringsten erzieherischen Wert besitzen, eher im Gegenteil. In den englischen Dialogen von Ch. Hoole geht es um irgendwelche Streitigkeiten. (13) Der eine Streit spielt sich in einer Schenke ab – und die Schenken waren damals weit üblere Etablissements als unsere Kneipen. Des langen und breiten diskutiert man das Problem, in welchem Wirtshaus es das beste Bier gibt. Dennoch ist, selbst bei Vives, ein gewisses Schamgefühl erkennbar. »Der dritte Finger gilt als verrucht. Weshalb?« Der Lehrer sagt, er kenne den Grund, wolle darüber jedoch keine Auseinandersetzung, weil es sich dabei um etwas Schmutziges und Gemeines handle; er wolle der Sache nicht auf den Grund gehen, »denn für ein gutgeratenes Kind (schicke) es sich nicht, so gemeinen Dingen nachzugehen«. Für die damalige Zeit eine durchaus bemerkenswerte Einstellung. Die sprachliche Zügellosigkeit war etwas so Selbstverständliches, daß in späterer Zeit noch die strengsten Reformatoren in ihren an Kinder und Schüler gerichteten Predigten Vergleiche durchgehen ließen, die heute Anstoß erregen würden. So hält der Jesuitenpater Lebrun 1653 die »hochedlen Internatszöglinge des Collège de Clermont« dazu an, sich der Naschsucht zu enthalten: »Sie haben einen heiklen Gaumen, *tamquam praegnantes mulierculae.*« (14)

Am Ende des 16. Jahrhunderts vollzieht sich in diesem Bereich dann jedoch ein sichtbarer Wandel. Bestimmte Erzieher, die sich dann endgültig Autorität verschaffen und ihre Anschauungen und moralischen Vorbehalte zur Geltung bringen, lassen es nicht zu, daß man Kindern zweifelhafte Werke in die Hand gibt. So entsteht dann die Idee des Klassikers, der mit Rücksicht auf den kindlichen Leser gereinigt wird. Erst von da ab läßt sich eigentlich eine gewisse Rücksichtnahme gegenüber dem Kind verzeichnen. Diese Fürsorge läßt sich in dieser Epoche sowohl auf seiten der Katholiken feststellen als auch auf seiten der Protestanten, in Frankreich ebenso wie in England. Bis dahin hat man nichts dabei gefunden, den Kindern Terenz als einen der Klassiker zu lesen zu geben. Die Jesuiten entfernen ihn jetzt aus ihren Lehrprogrammen. (15) In England bediente man sich einer gereinigten Ausgabe von Cornelius Schonaeus, die, 1592 erstmalig erschienen, im Jahre 1674 neu herausgegeben wurde. Brinsley empfiehlt sie in seinem Handbuch für Lehrer. (16)

In den französischen protestantischen Akademien benutzte man die Kolloquien Cordiers (1564), die an die Stelle derer von Erasmus, von Vives, von Mosellanus und anderer traten. Aus ihnen spricht ein echtes Bemühen um Züchtigkeit, der Vorsatz, alle Verstöße gegen die Keuschheit oder die Gesittetheit der Sprache sorgsam zu vermeiden. Man läßt gerade noch einen Scherz über die verschiedenen Verwendungszwecke des Papiers zu – »Schülerpapier«, »Einwickelpapier«, »Konzeptpapier« –, es handelt sich um ein Gesellschaftsspiel. (17) Am Schluß gibt einer der Knaben auf, und dem anderen fällt noch folgender Verwendungszweck ein: »Papier, um sich auf dem Abort den Hintern abzuwischen – und damit habe ich gewonnen.« Ein doch sehr harmloses Zugeständnis an die traditionellen Scherze. Cordier kann tatsächlich »in jedermanns Hände gelegt werden«, der moderne Ausdruck ist nicht länger anachronistisch. Zu den Kolloquien Cordiers kommen dann übrigens religiöse Kolloquien, die von S. Castellion stammen.

Port-Royal gab dann seinerseits eine stark gereinigte Terenz-Ausgabe (18) heraus, »Komödien des Terenz, die bei nur geringen Änderungen nichts Unanständiges mehr haben«.

Was das züchtige Betragen angeht, so werden in den Jesuitenkollegs außergewöhnliche Vorsichtsmaßnahmen getroffen, die in der Hausordnung im Zusammenhang mit den Körperstrafen, der Anwendung der Rute, im einzelnen dargelegt werden. Hier wird genau festgelegt, daß den Opfern, den Jugendlichen »ohne Ansehen von Stand und Alter« (diese Bezugnahme auf den Stand habe ich doch sehr gern) die Hosen nicht heruntergezogen werden dürfen; der Körper durfte nur soweit entblößt werden, als nötig war, damit der Schmerz auch spürbar wurde, nicht mehr: *non amplius.* (19)

Im Verlauf des 17. Jahrhunderts vollzieht sich dann ein Sittenwandel von beträchtlichen Ausmaßen. Mme. de Maintenon duldet gegenüber den Kindern, selbst den Bastarden, der königlichen Familie nicht die geringste der Freiheiten, die man sich am Hof Heinrichs IV. herausgenommen hatte, und in den Häusern der Libertins geht es im übrigen nicht anders zu. Es handelt sich jetzt nicht mehr um einige vereinzelte Moralisten wie Gerson, sondern um eine starke Bewegung, die sich auf allen Gebieten bemerkbar macht, in Gestalt einer umfangreichen moralischen und pädagogischen Literatur ebenso wie in den Praktiken der Religionsausübung und einer neuen religiösen Ikonographie.

Eine wesentliche Vorstellung hat sich durchgesetzt, die von der kindlichen Unschuld. Man findet sie bereits bei Montaigne, der sich über die Keuschheit der Schulknaben allerdings kaum Illusionen machte: »Ehe sie überhaupt bei Aristoteles' Lektion über die Mäßigung angelangt sind, haben sich hundert Schüler schon die Syphilis geholt.« (20) Doch er gibt auch die folgende Anekdote wieder, in der sich bereits eine andere Einstellung ankündigt: »Von den Unbilden des Meeres aufs äußerste bedroht, nahm Albuquerque einen Knaben auf die Schulter, damit ihm angesichts des Verderbens, das ihnen drohte, dessen *Unschuld* gegenüber der göttlichen Gunst als Gewähr und Empfehlung dafür diene, daß er das Ufer erreichte.« (21) Mehr als ein Jahrhundert später ist diese Vorstellung von der kindlichen Unschuld zum Gemeinplatz geworden. Betrachten wir beispielsweise die Legende eines Stichs von F. Guérard, der Kinderspiele (mit Puppen, mit der Trommel) darstellt. (22)

Voilà l'âge de l'innocence
Où nous devons tous revenir
Pour jouir des biens avenirs
Qui sont icy nostre espérance;
L'âge où l'on sait tout pardonner
L'âge où l'on ignore la haine,
Où rien nous peut nous chagriner;
L'âge d'or de la vie humaine
L'âge qui brave les Enfers
L'âge où la vie est peu pénible
L'âge où la mort est peu terrible
Et pour qui les cieux sont ouverts
A ces jeunes plans de l'Église
Qu'on porte un respect tendre et doux
Le ciel est tout plein de courroux
Pour quiconque les scandalise.

Welch ein Wandel! Die Wegstrecke, die die Entwicklung mittlerweile zurückgelegt hat, läßt sich anhand der überaus reichen Literatur verfolgen, von der wir im Folgenden einige Proben geben wollen: *L'Honneste garçon, ou l'art de bien élever la noblesse à la vertu, aux sciences et à tous les exercices convenables à sa condition,* das 1643 von M. de Grenaille, dem Kgl. Stallmeister und Sieur de Chatauniers, 1643 veröffentlicht wurde, (23) ist ein gutes Beispiel. Der Verfasser hatte zuvor bereits *L'Honneste fille* geschrieben. Ein bemerkenswertes Interesse, das man der Erziehung, der »Unterweisung der Jugend« entgegenbringt. Der Autor weiß, daß er sich diesem Gegenstand nicht als einziger zugewandt hat, und entschuldigt sich dafür im Vorwort: »Ich glaube nicht, daß ich M. Faret (24) das Feld streitig mache, wenn ich einen Gegenstand behandle, den er nur gestreift hat, und von der Erziehung derer spreche, deren Fertigkeiten er uns schildert... Ich geleite in diesem Buch

Voilà l'âge... Seht hier das Alter der Unschuld/ In das wir alle zurückkehren müssen/ Um künftige Wonnen zu genießen/ Auf die wir unsere Hoffnung setzen;/ Es ist das Alter, in dem man alles verzeiht/ Das Alter, das den Haß noch nicht kennt,/ In dem nichts uns betrüben kann;/ Das goldene Zeitalter des menschlichen Lebens/ Das Alter, das der Hölle trotzt/ Das Alter, in dem das Leben noch wenig mühselig ist/ Das Alter, in dem Tod wenig Erschreckendes hat/ Und dem die Himmel offenstehen/ Diesen jungen Sprößlingen der Kirche/ Denen man zärtlich seine Achtung erweist/ Der Himmel straft die mit seinem Zorn/ Der sie schimpflich behandelt.

den *Honneste garçon* vom Beginn der Kindheit bis zum Mannesalter. Zunächst handele ich von seiner Geburt und dann von seiner Erziehung. Ich verleihe seinen Sitten und seinem Geist die nötige Gewandtheit, ich erziehe ihn zur Frömmigkeit und zur weltlichen Wohlanständigkeit, damit er weder gottlos noch abergläubisch sei.« Es hatte zuvor bereits Abhandlungen über die *civilité*, die Gesittetheit, gegeben, die lediglich Leitfäden der Lebensart, des schicklichen Betragens gewesen waren. Sie sind bis zum Beginn des 19. Jahrhunderts weiter gefragt. Doch gibt es neben dieser Art von Lehrbüchern über die rechte Lebensart, die sich in erster Linie an Kinder richten, seit Anfang des 17. Jahrhunderts eine pädagogische Literatur, die für den Gebrauch der Eltern und Erzieher bestimmt ist. Wenn sie sich auch auf Quintilian, auf Plutarch und Erasmus beruft, so handelt es sich dabei doch um etwas Neues. Sie ist so neu, daß M. de Grenaille sich der Einwände derer zu erwehren hat, die das Problem der Erziehung ausschließlich praktisch und nicht in Büchern behandelt sehen wollen. Gewiß, da gibt es Quintilian usw., aber es gibt auch anderes, und insbesondere die Frage der Erziehung zur christlichen Lebensweise wird sehr ernst genommen: »Wo doch der Herr aller Herren die unschuldigen Kindlein zu sich kommen läßt, kann ich weder glauben, daß irgendeiner seiner Untertanen das Recht hat, sie von sich zu weisen, noch daß es den Menschen zuwider sein soll, sie großzuziehen, wo sie es darin doch nur den Engeln gleichtun.« Diese Beziehung zwischen Kind und Engel wird zu einem banalen Thema der Erbauungsliteratur: »Es heißt, daß ein Engel in Gestalt eines Kindes den hl. Augustinus erleuchtet hat, aber er fand seinerseits Vergnügen daran, die Kinder an seinen Geistesgaben teilhaben zu lassen, und wir finden in seinem Werk Abhandlungen, die ihnen zugedacht sind, wenn es auch andere gibt, die für die größten Theologen bestimmt sind.« Er zitiert den hl. Ludwig, der ein religiöses Lehrbuch für seinen Sohn verfaßt hat. »Der Kardinal Bellarmin hat einen Katechismus für Kinder geschrieben.« Richelieu, »dieser große Kirchenfürst, hat den Kleinsten Unterweisungen zuteil werden lassen, wie er den Größeren Ratschläge erteilt hat«. Auch Montaigne, den man in so guter Gesellschaft gar nicht erwartet hätte, äußert sich besorgt über die schlechten Erzieher, insbesondere über die Pedanten.

»Man soll sich nicht einbilden, daß stets etwas Schwaches gemeint ist, wenn von der Kindheit gesprochen wird. Ich habe mir im Gegenteil vorgesetzt zu zeigen, daß dieser Zustand, den etliche für verächtlich halten, durchaus etwas Großartiges ist.« Tatsächlich sprach man gerade in dieser Epoche von der Schwäche und der Torheit der Kindheit. Zuvor hatte man sie eher als Übergangsstadium von kurzer Dauer und ohne Bedeutung ignoriert. Daß man nun die verächtliche Seite der Kindheit hervorhebt, ist vielleicht darauf zurückzuführen, daß die Klassik die Vernunft so hoch bewertete, doch hat man darin zweifellos eine Reaktion darauf zu sehen, daß das Kind für die Familie, für das Familiengefühl mittlerweile eine so bedeutende Rolle spielte. Wir werden auf diesen Punkt in den Schlußbemerkungen zu diesem Ersten Teil zurückkommen. Halten wir lediglich fest, daß die Erwachsenen aller Stände Spaß daran hatten, sich mit kleinen Kindern abzugeben. Das war gewiß schon immer so gewesen, doch mittlerweile schenkte man dem so viel Aufmerksamkeit, daß manche darin ein Ärgernis zu sehen begannen. So entstand jene Verdrossenheit über Kindereien, die die moderne Kehrseite der Aufgeschlossenheit gegenüber der Kindheit ist. Hinzu trat die Verachtung, die diese Gesellschaft an ein Leben im Freien gewöhnter, geselliger und weltläufiger Menschen dem Professor, dem Schulmeister des Kollegs, dem »Pedanten« in dieser Epoche entgegenbrachte, wo die Kollegs zahlreicher wurden und mehr Zulauf hatten und die Kindheit für die Erwachsenen bereits mit der Erinnerung an die eigene Schulzeit verknüpft war. Tatsächlich ist das Phänomen, daß ernsthafte oder verdrießliche Geister auf Kinder nicht gut zu sprechen waren, daraus zu erklären, daß man der Kindheit eine bedeutende – in ihren Augen viel zu bedeutende – Rolle zuerkannte.

Für den Autor des *Honnête Garçon* ist die Kindheit durch die Kindheit Christi geadelt. Man interpretierte sie im übrigen als ein Zeichen dafür, in welche Niederungen Christus herabgestiegen war, daß er nicht nur die menschliche Natur, sondern sogar den Status eines Kindes angenommen hatte. Nach Ansicht des hl. Bernhard hat er sich damit noch unter Adam gestellt. Doch gibt es im Gegensatz dazu heilige Kinder: die Unschuldigen Kinder, die heiligen Märtyrerkinder, die sich geweigert hatten, Götzen ihre Achtung zu bezeugen, den kleinen Juden des hl. Gregor von Tours, den sein Vater im Ofen hatte verbrennen wollen, weil er sich bekehrt hatte. »Ich könnte darüber hinaus zeigen, daß der Glaube heute ebenso kindliche Märtyrer schafft wie in den vergangenen Jahrhunderten. In der Geschichte Japans ist von einem kleinen Ludwig die Rede, der als Zwölfjähriger die Großherzigkeit hervorragender Männer bereits um vieles übertraf.« Auf demselben Scheiterhaufen wie Spinola starb eine Frau mit einem Kind, was beweist, daß »Gott sein Lob aus dem Munde der Kinder empfängt«. Und der Autor führt Beispiel um Beispiel im Zusammenhang mit den heiligen Kindern beider Testamente an und fügt schließlich noch eines aus der mittelalterlichen

Geschichte hinzu, das man in der Literatur der Klassik nicht erwartet hätte: »Ich darf die Tugend jener tapferen französischen Knaben, deren Loblied Nauclerus gesungen hat, nicht vergessen. Zwanzigtausend von ihnen unternahmen zur Zeit Papst Innozenz III. einen Kreuzzug, um Jerusalem aus den Händen der Ungläubigen zurückzuerobern.« Der Kinderkreuzzug.

Wir wissen, daß die Kinder in den Heldenliedern und Ritterromanen wie die Ritter ihren Mann standen – für M. de Grenaille ein Beleg für die Tugend und die Vernunft des Kindes. Er führt den Fall eines Kindes an, das beim Gottesurteil als Kämpfer der Kaiserin, der Gattin Kaiser Konrads, gegen einen »berühmten Gladiatoren« antrat. »Man lese im Amadis-Roman nach, was die Renauds, die Tankreds und so viele andere Ritter vollbracht haben: die Fabel wird ihnen keine ungünstigere Kampfsituation bescheren, als die wirkliche Geschichte diesem kleinen Achill beschert hat.«

»Kann man nun nach all dem nicht sagen, daß das erste Lebensalter sich mit allen anderen Altersstufen messen kann, ja, ihnen oft vorzuziehen ist? ... Wer aber wagt es zu sagen, daß Gott den Kindern ebenso wohlgesonnen ist wie den Ältesten?« Er ist ihnen wegen ihrer Unschuld gewogen, »die seiner Unfehlbarkeit sehr nahekommt«. Sie haben weder Leidenschaft noch Laster: »Ihr Leben scheint durchaus vernünftig zu sein, obwohl sie doch weniger befähigt scheinen, ihre Verstandeskräfte zu gebrauchen.« Vom *peccatum mollicei* ist ganz offensichtlich nicht mehr die Rede, und was dies betrifft, so scheint unser Edelmann von 1642 für unser psychoanalytisch geschultes Auge hinter Gerson zurückzufallen. Die bloße Vorstellung von der Schamlosigkeit und der fleischlichen Sünde des Kindes widerstrebt ihm; er sieht darin ein Argument derer, die »die Kindheit für eine törichte Vorstufe des Mannesalters« und für »lasterhaft« halten.

Dieser neue Geist findet sich im Klima Port-Royals und zuerst bei Saint-Cyran wieder. Seine jansenistischen Biographien geben uns ein Bild davon, welche hohe Vorstellung von der Kindheit und von den Pflichten ihr gegenüber er sich machte. »Er bewunderte den Sohn Gottes, der sich noch während der Ausübung der erhabensten Pflichten seines geistlichen Amtes dagegen verwahrt hatte, daß man die Kindlein darn hinderte, zu ihm zu kommen, der sie umarmte und segnete, der uns so dringlich gemahnt hat, sie nicht zu verachten oder zu vernachlässigen und der schließlich von ihnen in so wohlwollenden und erstaunlichen Worten gesprochen hat, daß sie denjenigen, die die Kleinsten schimpflich behandeln, sehr wohl zu denken geben mögen. Auch legte

M. de Saint-Cyran Kindern gegenüber stets eine an Respekt grenzende Güte an den Tag, um ihre Unschuld und den Heiligen Geist, der in ihnen wohnt, zu ehren.« (25) M. de Saint-Cyran ist »sehr aufgeklärt« und »weit davon entfernt, auf diese Maximen der *monde* [die Verachtung gegenüber den Erziehern] etwas zu geben, und weil er wußte, welche Bedeutung dem Bemühen um die Jugend und ihrer Erziehung zukommt, sah er sie ganz anders. Wie anstrengend und erniedrigend diese Aufgabe in den Augen der Menschen auch sein mochte, er übertrug sie dennoch nur angesehenen Personen, und diese wären nicht auf die Idee gekommen, daß sie das Recht hätten, sich darüber zu beklagen.«

Es bildet sich also eine moralische Auffassung von der Kindheit heraus, die eher ihre Schwäche hervorhebt als ihre »Großartigkeit«, wie M. de Grenaille es nennt, diese Schwäche jedoch mit ihrer Unschuld als dem wahren Widerschein göttlicher Reinheit verbindet und der Erziehung den ersten Rang unter den Verpflichtungen gegenüber dem Kind einräumt. Sie richtet sich zugleich gegen die Gleichgültigkeit gegenüber der Kindheit, gegen eine allzu gefühlsbetonte und egoistische Einstellung, die das Kind zu einem Spielzeug der Erwachsenen macht und seinen Launen Nahrung gibt, wie gegen die Kehrseite dieser Einstellung, die Verachtung seitens des rationalen Menschen. Sehen wir uns an, was Coustel in den *Règles de l'éducation des enfants* (1687) schreibt. (26) Man soll die Kinder lieben, heißt es dort, und den Widerwillen überwinden, den sie dem vernünftigen Menschen einflößen: »Wenn man das Äußere des Kindes betrachtet, seine offenkundige körperliche und geistige Schwäche, so hat man wenig Anlaß, ihm große Wertschätzung entgegenzubringen. Doch ändert sich diese Einstellung, wenn man in die Zukunft denkt und sich ein wenig auf seinen Glauben verläßt.« Dann wird man im Kind bereits den »tüchtigen Magistraten«, den »guten Pfarrer«, den »Herren« sehen. Vor allem aber hat man zu bedenken, daß ihre Seelen, die noch die Unschuld des Täuflings besitzen, die Wohnung Jesu sind. »Gott gibt uns ein Beispiel, indem er Engeln befiehlt, sie auf all ihren Wegen zu begleiten und niemals zu verlassen.«

Aus diesem Grunde, schreibt Varet, (27) »ist die Kindererziehung eines der wichtigsten Dinge von der Welt«. Und Jacqueline Pascal sagt in dem die kleinen Pensionatsmädchen von Port-Royal betreffenden Reglement: »Es ist von solcher Bedeutung, sich ständig um Kinder zu kümmern, daß wir dieser Verpflichtung vor allen anderen den Vorzug geben müssen, wenn der Gehorsam uns die Erfüllung dieser Aufgabe abverlangt, zumal wir daraus weit mehr persönliche Befriedigung ziehen können, als wenn es sich um geistige Dinge handelt.« (28)

Es handelt sich hierbei nicht um vereinzelte Äußerungen, sondern um eine wirkliche Doktrin, die von den Jesuiten, den Oratorianern oder den Jansenisten gleichermaßen anerkannt wird – einer der Gründe für das Verschmelzen der erzieherischen Institutionen, der Kollegs, der *petites écoles,* der *maisons particulières,* und die Entwicklung der schulischen Sitten in Richtung auf eine striktere Disziplin.

Einige der allgemeinen Prinzipien, die dieser Doktrin entspringen, figurieren in der Literatur der Zeit als Gemeinplätze. Niemals soll man Kinder allein lassen: dieses Prinzip geht auf das 15. Jahrhundert zurück und entstammt der klösterlichen Erziehung. Wirklich angewendet wird es jedoch erst seit dem 17. Jahrhundert, und zwar deshalb, weil dann eine breite Öffentlichkeit und nicht mehr nur eine kleine Handvoll von Ordensmitgliedern und »Pedanten« seine Notwendigkeit einsieht. »Soweit irgend möglich, muß man sämtliche Öffnungen des Käfigs verschließen ...«, man muß »einige Stäbe weglassen, damit man darin leben und sich wohl fühlen kann; genau das tut man mit den Nachtigallen, um sie zum Singen zu bringen, und mit den Papageien, um sie sprechen zu lehren«. (29)

Dazu gehört ein geschicktes Vorgehen, denn sowohl bei den Jesuiten als auch in den Schulen Port-Royals versteht man sich mittlerweile besser auf die kindliche Psyche. In Jacqueline Pascals Reglement für die Kinder von Port-Royal heißt es: »Die Kinder müssen ständig überwacht werden und dürfen, ob gesund, ob krank, nirgendwo allein gelassen werden.« Doch muß »diese unablässige Bewachung auf sanfte Weise und mit einem gewissen Maß an Vertrauen durchgeführt werden, damit sie eher den Eindruck haben, daß man sie liebt und nur deshalb bei ihnen ist, weil man sie gern begleiten möchte. Das hat dann zur Folge, daß sie diese Überwachung eher lieben als fürchten«. (30)

Dieses Prinzip ist absolut allgemeingültig, doch wird es buchstabengetreu nur in den Internaten der Jesuiten, in den Schulen Port-Royals, in speziellen Pensionaten angewendet, was bedeutet, daß nur eine kleine Anzahl von Kindern sehr reicher Eltern davon betroffen war. Man wollte in den Kollegs, die lange Zeit in schlechtem Ruf standen – in Frankreich dank der Jesuiten nicht so lange wie in England –, die Vermischung der Stände vermeiden. »Sobald die jungen Menschen ihren Fuß an einen dieser Orte setzen«, schreibt Coustel, (31) »verlieren sie [infolge der ›allzu großen Zahl von Schülern an den Kollegs‹] jene Unschuld, jene Einfachheit und Bescheidenheit, die sie vorher vor Gott und den Menschen so liebenswert gemacht hatten.« Man hatte Bedenken, sie einem einzigen Präzeptor anzuvertrauen, weil das der extremen Sozialität, von der die Sitten bestimmt waren, widersprach. Das Kind sollte vielmehr die Menschen kennenlernen, sich mit ihnen unterhalten; das galt als sehr wichtig, wichtiger als Lateinkenntnisse. Man hielt es für besser, »fünf oder sechs Kinder mit einem oder zwei ehrenwerten Männern in einer *maison particulière* leben zu lassen«, eine Idee, die sich schon bei Erasmus findet.

Das zweite Prinzip verlangt, daß die Kinder nicht verhätschelt, sondern frühzeitig an eine strenge Lebensführung gewöhnt werden sollen: »Sagen Sie mir nicht, daß es doch Kinder seien und man Geduld mit ihnen haben müsse, denn die Auswirkungen der Begehrlichkeit zeigen sich in diesem Alter nur allzu früh.« Wir haben hierin die Reaktion gegen das »Gehätschel« von Kindern unter acht Jahren zu sehen, gegen die Ansicht, daß sie noch zu klein seien, als daß es sich lohne, sie zurechtzuweisen. Courtin läßt sich in seiner *Civilité nouvelle* (32) von 1671 ausführlich dazu vernehmen: »Man vertreibt diesen kleinen Schelmen die Zeit, ohne darauf zu achten, ob das nun gut oder schlecht ist, alles ist ihnen gestattet; nichts wird ihnen verwehrt: sie lachen, wenn es am Platze ist zu weinen, sie weinen, wenn es angebracht wäre zu lachen, sie sprechen, wenn sie schweigen sollen und sind stumm, wenn man schicklicherweise eine Antwort von ihnen erwarten sollte [hier geht es bereits um das ›Merci, Monsieur‹ unserer kleinen Franzosen, das die amerikanischen Familienväter überrascht und entrüstet]. Dabei verhält man sich grausam gegen sie, wenn man sie in dieser Weise leben läßt. Die Väter und Mütter sagen, man werde ihnen besseres Benehmen beibringen, wenn sie groß seien. Wäre es nicht angemessener, so zu verfahren, daß erst gar nichts verbessert werden muß?«

Das dritte Prinzip ist Zurückhaltung, »große Sittsamkeit« im Auftreten. In Port-Royal hat man dazu folgendes zu bemerken (33): »Sobald sie sich zu Bett gelegt haben, wird jedes für sich gewissenhaft aufgesucht, damit man feststellen kann, ob sie mit der erforderlichen Sittsamkeit darin liegen, und im Winter auch deshalb, um zu prüfen, ob sie auch gut zugedeckt sind.« Mit einem regelrechten Propagandafeldzug versucht man der eingefleischten Gewohnheit, zu mehreren in einem Bett zu schlafen, Herr zu werden. Das ganze 17. Jahrhundert hindurch wird immer wieder die Forderung laut, dieser Unsitte ein Ende zu machen. Sie findet sich auch in J.-B. de La Salles *Civilité chrétienne*, die zuerst 1713 erschienen ist: »Vor allem soll man, sofern es sich nicht um den Ehegatten handelt [eine Einschränkung, die man heute in einem für Kinder bestimmten Buch nicht finden dürfte; doch waren die für Kinder bestimmten Bücher im Grunde nicht nur für Kinder gedacht, und ungeachtet der gewaltigen Fortschritte auf dem Gebiet des Anstandes und des züchtigen Betragens gestattete man sich weiter Freiheiten, die man heute nicht mehr wagen würde], mit keiner Person vom anderen Geschlecht zusammenschlafen, da das aller Vorsicht und allem Anstand gänzlich zuwiderläuft. Daß Personen verschiedenen Geschlechts in einem Bett schlafen, ist, es sei denn, es handelt sich um *sehr kleine Kinder*, um so weniger statthaft, als es sich doch nicht einmal schickt, daß Personen desselben Geschlechts zusammen schlafen. Das sind zwei Dinge, die der hl. François de Sales Mme. de Chantal im Hinblick auf ihre Kinder besonders empfohlen hat.« Und weiter unten heißt es: »Die Väter und Mütter müssen ihren Kindern beibringen, beim Schlafen ihren Körper zuzudecken.«

Dies Bemühen um Schicklichkeit drückt sich auch in der Auswahl des Lesestoffs und der Unterhaltungen aus: »Sorgt dafür, daß sie in solchen Büchern lesen, die sich zugleich durch sprachliche Reinheit und durch die Auswahl passender Gegenstände auszeichnen ... Wenn sie beginnen, schreiben zu lernen, dürft Ihr nicht dulden, daß in den Exempeln, die ihnen als Vorlage dienen, üble Redensarten vorkommen.« (34) Von den sprachlichen Freiheiten des kleinen Ludwig XIII., die selbst den würdigen Heroard amüsierten, sind wir weit entfernt. Selbstverständlich sind auch Romane, das Tanzen und die Komödie zu meiden, wo man doch selbst den Erwachsenen davon abrät. Auch auf die Lieder soll man ein wachsames Ohr haben – in dieser Gesellschaft, in der die Musik etwas so Vertrautes war, eine sehr wichtige und notwendige Empfehlung. »Bemüht Euch ganz besonders darum zu verhindern, daß Eure Kinder moderne Lieder lernen.« (35) Doch taugen die alten Lieder auch nicht viel mehr: »Lieder, die in der besseren Gesellschaft bekannt sind und die man den Kindern beibringt, sobald sie zu sprechen anfangen ... Sie sind fast ohne Ausnahme voll von den wüstesten Bosheiten und Verleumdungen, beißende Satiren, die weder vor der geheiligten Person des Fürsten, noch vor Beamten und den unschuldigsten und frommsten Menschen haltmachen.« Sie sind der Ausdruck »zügelloser Leidenschaften« und »stecken voller unanständiger Zweideutigkeiten«. (36)

Zu Beginn des 18. Jahrhunderts findet sich dieses Mißtrauen gegenüber schauspielerischen Darbietungen beim hl. Jean-Baptiste de La Salle wieder: (37) »Ebensowenig [wie Komödienaufführungen] soll der christliche Mensch Marionettenvorführungen beiwohnen ... Ein sittsamer Mensch kann derlei Darbietungen nur mit Verachtung anschauen ..., und die Väter und Mütter dürfen ihren Kindern niemals gestatten, ihnen beizuwohnen.« Die »noch gemeineren« Komödien, Bälle, Tänze und Vorführungen der »Gaukler, Possenreißer, Seiltänzer« usw. sind verboten. Einzig erbauliche, d. h. in die Erziehung integrierte Spiele sind erlaubt.

Eine andere Empfehlung, die in dieser aufs äußerste um »Züchtigkeit« bemühten Literatur sehr häufig vorkommt, lautet, daß man die Kinder nicht der Gesellschaft der Bediensteten überlassen soll – eine Empfehlung, die einer absolut üblichen Gepflogenheit zuwiderlief: »Laßt sie so wenig wie möglich mit den Domestiken und insbesondere mit der Dienerschaft allein [unter ›Domestiken‹ verstand man damals anders als heute auch die ›Mitarbeiter‹, wie wir heute sagen würden, sowie auch die Vertrauten]. Diese Personen erzählen den Kindern, um sich bei ihnen beliebt zu machen und sich vor ihnen ins rechte Licht zu rücken, gewöhnlich nur Dummheiten und wecken in ihnen nur die Lust am Spiel und an der Zerstreuung und die Eitelkeit.« (38)

Ebenfalls vom Beginn des 18. Jahrhunderts stammen folgende Äußerungen des – 1715 geborenen – zukünftigen Kardinals de Bernis, der damit auf seine eigene Kindheit Bezug nimmt: »Nichts gefährdet die Sitten und vielleicht auch die Gesundheit so sehr, wie die Kinder zu lange der Obhut der Kammerdiener zu überlassen ... *Gegenüber einem Kind nimmt man sich Dinge heraus, die man sich gegenüber einem jungen Menschen aus Schamgefühl versagen würde.*« (39) Dieser letzte Satz ist eine exakte Beschreibung der Mentalität, wie sie am Hof Heinrichs IV. und in der Straßenbahn von Karthago im 20. Jahrhundert zum Ausdruck gekommen war und die wir weiter oben analysiert haben. Sie sollte sich im Volk auch weiterhin halten, in den kultivierteren Kreisen wurde sie jedoch nicht länger geduldet. Der Nachdruck, mit dem die Moralisten darauf dringen, die Kinder von dieser anders gearteten Welt der »Domestiken« zu trennen, zeigt, wie sehr sie sich der Gefahren bewußt waren, die die Vermischung von Kindern und Dienern, die ja oft selbst noch sehr jung waren, mit sich brachte. Sie wollten das Kind isolieren, um es vor Scherzen und vor Handlungen zu bewahren, die inzwischen als unanständig verschrien waren.

Das vierte Prinzip ist nur eine andere Variante dieses Bemühens um Schicklichkeit, um »Züchtigkeit«: es geht darum, die altgewohnte Vertraulichkeit selbst im Alltagsleben durch große Zurückhaltung im Benehmen und im Reden zu ersetzen. Diese Politik kommt im Kampf gegen das Duzen zum Ausdruck. Aus dem kleinen Jansenistenkolleg von Chesney verlautete: »Sie waren so sehr daran gewöhnt worden, sich gegenseitig mit Ehrerbietung zu begegnen, daß sie sich niemals duzten und man sie auch niemals das geringste Wort sagen hörte, das irgendeinem ihrer Kameraden hätte unangenehm sein können.« (40)

Eine Anstandsfibel von 1671 (41) stellt sich zwar auf den Standpunkt, daß die Schicklichkeit das »Sie« gebietet, muß jedoch dem alten französischen Sprachgebrauch einige Konzessionen machen; das bereitet dem Verfasser allerdings einige Verlegenheit: »Man sagt gewöhnlich Sie und duzt niemanden, es sei denn, es handelt sich um ein kleines Kind und Sie sind sehr viel älter, und es ist selbst unter den Höflichsten und Wohlerzogensten Sitte, so zu reden. Die Väter können sich jedoch, wie die Lehrer gegenüber ihren kleinen Schülern und andere in ähnlicher Stellung, bis zu einem gewissen Alter – in Frankreich etwa bis sie flügge werden – ihren Kindern gegenüber des schlichten Du bedienen, das verbreiteter ist. Und was die vertrauten Freunde angeht, so ist es mancherorts Brauch, im Gespräch das freiere Du zu verwenden; andernorts ist man zurückhaltender und kultivierter.«

Selbst den Lehrern der *petites écoles*, die von kleineren Kindern besucht werden, untersagt der hl. Jean-Baptiste de La Salle den Gebrauch des Du: »Sie sollen mit den Kindern zurückhaltend reden, ohne sie je zu duzen, weil dies eine zu große Vertraulichkeit ausdrücken würde.« Es ist klar, daß der Gebrauch der Anrede »Sie« unter solchem Druck immer mehr an Boden gewinnen mußte. Mit Erstaunen liest man in den Memoiren Oberst Gérards, daß es am Ende des 18. Jahrhunderts durchaus vorkommen konnte, daß die Soldaten sich untereinander siezten, selbst wenn der eine beispielsweise fünfundzwanzig und der andere dreiundzwanzig war. Zumindest kann Oberst Gérard sich des »Sie« bedienen, ohne sich damit lächerlich zu machen.

Am Mädchenstift Mme. de Maintenons in Saint-Cyr sollen die Desmoisellen es vermeiden, »sich zu duzen und ein Benehmen zu zeigen, das gegen die Schicklichkeit verstößt«. (42) »Man darf sich ihnen (den Kindern) niemals anpassen, indem man eine kindliche Sprache spricht oder kindische Manieren annimmt; man soll sie vielmehr zu sich emporheben, indem man stets vernünftig mit ihnen redet.«

Schon in den Dialogen von Cordier siezten sich in der zweiten Hälfte des 16. Jahrhunderts die Schüler im französischen Text, obwohl sie sich in der lateinischen Sprache selbstverständlich duzten.

Trotz der gegenstrebigen Entwicklung einer kindgemäßeren Erziehung und einer freizügigeren, mehr auf Natürlichkeit bedachten Pädagogik, setzte sich dieses Bemühen um ein gesetztes Betragen schließlich durch, wenn auch erst mit Beginn des 19. Jahrhunderts. Der amerikanische Französischprofessor L. Wylie verbrachte sein Urlaubsjahr 1950/51 in einem südfranzösischen Dorf, dessen Alltagsleben er teilte; er verwundert sich über den Ernst, mit dem die Lehrer der Grundschule ihre

Schüler, die Eltern und zugleich Bauern ihre Kinder behandeln. Er sieht darin einen auffälligen Kontrast zur amerikanischen Einstellung: »Jeder Schritt innerhalb der Entwicklung des Kindes scheint von der Entwicklung dessen abzuhängen, was die Leute seine *Vernunft* nennen...«, und weiter unten heißt es: »Das Kind wird von nun an als *vernünftig* betrachtet, und man erwartet von ihm, daß es *vernünftig* bleibt.« Diese Vernunft, diese Selbstkontrolle, diese Ernsthaftigkeit, die man im Hinblick auf die Schulzeugnisse sehr früh von ihm erwartet und die es in den Vereinigten Staaten nicht mehr gibt, sind der letzte Ausläufer des Feldzugs, der von Geistlichen und reformerischen Moralisten seit dem Ende des 16. Jahrhunderts geführt worden war. Diese Geisteshaltung beginnt im übrigen heute aus unseren Städten zu verschwinden; man begegnet ihr nur noch auf dem Lande, wo sie dem amerikanischen Beobachter aufgefallen war.

Der Sinn für die kindliche Unschuld prägt also die moralische Einstellung gegenüber der Kindheit in zweifacher Weise: einmal gilt es, das Kind vor den schmutzigen Erscheinungen des Lebens zu bewahren, d. h. insbesondere vor der Sexualität, die dem Erwachsenen zwar nicht ausdrücklich zugebilligt, aber bei ihm doch toleriert wird; zum anderen gilt es, das Kind zu stärken, indem man für die Entwicklung seines Charakters und seiner Vernunft sorgt. Man mag darin einen Widerspruch erblicken, daß man die Kindheit einerseits bewahren und andererseits das Kind älter machen will, als es ist, doch besteht dieser Widerspruch nur für den Menschen des 20. Jahrhunderts. Das Verhältnis zwischen Kindheit, Primitivismus und Irrationalität oder Prälogismus kennzeichnet unsere heutige Einstellung zur Kindheit. Bei Rousseau ist sie zuerst in Erscheinung getreten, doch gehört sie der Geschichte des 20. Jahrhunderts an. Erst in jüngster Zeit sind Theorien aus dem Bereich der Psychologie, der Pädagogik, der Psychiatrie und der Psychoanalyse von der Öffentlichkeit rezipiert worden. Auf eben diese Einstellung bezieht sich Wylie, wenn er jene andere Haltung bewertet, auf die er in einem Dorf der Vaucluse gestoßen ist und in der wir unsererseits eine andere und ältere Einstellung zur Kindheit wiedererkennen – die nämlich, die im 15. und 16. Jahrhundert entstanden und vom 17. Jahrhundert an allgemein und populär geworden ist.

Innerhalb dieser, von unserer heutigen Mentalität her gesehen alten, im Verhältnis zum Mittelalter jedoch neuen Konzeption, bestand kein Widerspruch zwischen den Begriffen Unschuld und Vernunft. *Si puer prout decet, vixit* ist in einer *Civilité* aus dem Jahre 1671 übersetzt mit: »Wenn das Kind als Mensch gelebt hat.« (43)

Unter dem Einfluß dieses neuen moralischen Klimas kommt eine pädagogische Kinderliteratur auf, die sich von den Büchern für Erwachsene unterscheidet. (44) Es ist sehr schwierig herauszufinden, welche innerhalb der Masse der seit dem 16. Jahrhundert verfaßten Bücher an Erwachsene und welche an Kinder gerichtet sind. Die Ursachen für diese Unklarheit sind in der Familienstruktur und in den Beziehungen zwischen Familie und Gesellschaft zu suchen, die Gegenstand des letzten Teils meiner Untersuchung sind.

Im Verlauf des 17. Jahrhunderts bildet sich dann eine spezielle Kinderliteratur heraus. Die Jesuitenpatres publizieren Bücher über die *civilité* oder übernehmen bereits gebräuchliche, wie sie ja auch die alten Autoren expurgieren oder Traktate über körperliche Ertüchtigung unter ihre Fittiche nehmen. So wird im Jahre 1617 in Pont-à-Mousson die *Bienséance de la conversation entre les hommes* gedruckt, (45) ein Buch, das für die Internatszöglinge der Compagnie de Jésus in Pont-à-Mousson und La Flèche bestimmt ist. Die *Règles de la bienséance et de la civilité chrétienne* zum Gebrauch der Knabenschulen des hl. Jean-Baptiste de la Salle, die 1713 erschienen sind, erleben das ganze 18. Jahrhundert und noch zu Beginn des 19. Jahrhunderts Neuauflagen; dieses Buch, das lange Zeit als verbindlich galt, hat zweifellos beträchtlichen Einfluß auf die Sitten gehabt. Doch richtet sich auch die *Civilité chrétienne* noch nicht direkt und offen an die Kinder. Bestimmte Ratschläge sind vielleicht für die Eltern bestimmt (obwohl es sich durchaus um ein Buch handelte, aus dem die Kinder lesen lernten, das ihnen Schreibvorlagen lieferte, ihnen als Anleitung diente und das sie auswendig lernten) oder für Erwachsene, die sich gute Manieren aneignen wollen. In der zweiten Hälfte des 18. Jahrhunderts verlieren die verschiedenen Ausgaben der Handbücher der gesitteten Umgangsformen dann diese Ambiguität. Zitieren wir ein solches »für Kinder bestimmtes und anständiges« Buch aus dem Jahre 1761: »Zur Unterweisung der Kinder, wobei die Unterrichtung im ordentlichen Lesen, in der Aussprache und im Schreiben am Anfang stehen, neuerlich verbessert [denn alle Bücher dieser Art werden als Neuausgaben der alten *civilités* von Cordier, von Erasmus und von Le Galatée ausgegeben: es ist ein traditionelles Genre, und Neues wird darin nur nach altem Muster gesagt. Daher erklärt sich auch, daß darin immer wieder Anschauungen vorkommen, die ohne Zweifel aus der Mode sind], und schließlich um eine schöne Abhandlung vermehrt, die das Kind Orthographie lehren soll. Zur Unterrichtung der Jugend angereichert durch die Belehrungen und Unterweisungen eines Missionars.« (46) Der Tonfall ist neu; man richtet sich namentlich an die Kinder, und dies auf gefühlsbetonte Weise: »Die Lektüre dieses Buches wird Euch manchen Nutzen bringen, meine lieben Kinder, sie wird Euch belehren ... Habt dennoch acht, meine lieben Kinder, daß ... Liebes Kind, das ich als ein Kind Gottes und als Bruder Christi ansehe, beginnet früh, Euch dem Guten zu verschreiben ... Ich habe mir vorgesetzt, Euch die Lebensregeln eines anständigen Christen beizubringen ... Sobald Ihr aufgestanden seid, schlagt erst einmal das Kreuzeszeichen ... Wenn Ihr im Zimmer Eures Vaters und Eurer Mutter seid, so wünscht ihnen einen guten Tag.« In der Schule: »Achtet darauf, daß Ihr Eure Kameraden nicht plagt ... Plaudert nicht in der Schule ... Macht keinen allzu leichten Gebrauch von der Anrede Du.« Doch tut diese Sanftheit, diese Zärtlichkeit, wie sie für das 18. Jahrhundert so charakteristisch ist, der Idealvorstellung von Charakterfestigkeit, von Vernunft und Würde, die man im Kind wecken will, keinen Abbruch: »Meine lieben Kinder, achtet darauf, daß Ihr nicht zu denen gehört, die ohne Unterlaß reden und anderen keine Zeit lassen zu sagen, was sie denken ... Haltet, was Ihr versprochen habt, wie es sich für einen Ehren*mann* gehört.« Gewiß spricht hieraus immer noch der Geist des 17. Jahrhunderts, aber die Anredeweise – »Meine lieben Kinder« – ist bereits 19. Jahrhundert. Der kindliche Bereich ist sehr wohl von dem der Erwachsenen unterschieden.

Immer noch stößt man auf seltsame Überreste der einstigen Unterschiedslosigkeit zwischen den Altersstufen. Lange Zeit hat man den Kindern Latein und selbst Griechisch mit Hilfe von Distichen beigebracht, die fälschlich Cato zugeschrieben wurden. Der Pseudo-Cato wird im Rosenroman zitiert. Man verwendet ihn zumindest noch das ganze 17. Jahrhundert hindurch, und noch 1802 kommt es zu einer Neuausgabe. Doch spricht aus diesen recht derben moralischen Weisungen der Geist der Spätantike und des Mittelalters, denen die Delikatesse eines Gerson, eines Cordier, der Jesuiten und Port-Royals und schließlich der Öffentlichkeit des 17. Jahrhunderts unbekannt waren. (47) So ließ man also die Kinder weiter Maximen folgender Art übersetzen: »Schenk Deinem Weib keinen Glauben, wenn es sich über Deine Diener beklagt, denn tatsächlich verabscheut das Weib häufig gerade den, den der Mann liebt.« Oder auch die folgenden: »Versuche nicht, Gottes Ratschluß durch Zauberei zu erfahren.« »Fliehe eine Gattin, die unter Berufung auf ihre Mitgift herrschen möchte; halte sie nicht zurück, wenn sie unerträglich wird« usw.

Am Ende des 16. Jahrhunderts hat man diese Moral schon als unzulänglich empfunden; deshalb riet man den Kindern zu den Vierzeilern von Pibrac, die jener Zeit entstammten und in einem christlicheren, erbaulicheren und moderneren Geiste geschrieben waren. Doch lösten Pibracs Vierzeiler den Pseudo-Cato nicht ab, sondern ergänzten ihn bloß bis zum Beginn des 19. Jahrhunderts; bis zu diesem Zeitpunkt enthielten die Schulbücher noch beide Texte. Der Pseudo-Cato und Pibrac sollten gemeinsam in Vergessenheit geraten.

Dieser wachsenden Aufgeschlossenheit gegenüber der Kindheit im 17. Jahrhundert entspricht eine neue Tendenz innerhalb des Glaubenslebens und der religiösen Ikonographie. Auch in diesem Bereich beginnt das Kind, einen nahezu zentralen Platz einzunehmen.

Die religiöse Malerei, Kupferstecherei und Bildhauerei messen seit dem Beginn des 17. Jahrhunderts der Darstellung des Jesuskindes große Bedeutung bei; es wird nun allein und nicht länger mit der Jungfrau Maria oder im Kreise der hl. Familie gezeigt. Wie sich auch an dem Gemälde Van Dycks in Dresden absehen läßt, nimmt das Jesuskind im allgemeinen eine symbolische Haltung ein: es setzt seinen Fuß auf die Schlange, stützt sich auf die Weltkugel, hält in der linken Hand ein Kreuz und vollführt mit der anderen Hand die Gebärde des Segnens. Auch über den Kirchenportalen erhebt sich dieses herrscherliche Kind (an der Kirche Notre-Dame-de-la-Dalbade in Toulouse). Man bringt der hl. Kindheit jetzt in besonderem Maße fromme Verehrung entgegen. Sie war, zumindest ikonographisch, durch die ganzen heiligen Familien, die Darbietungen und Beschneidungen des 15. und 16. Jahrhunderts vorbereitet worden. Doch ist sie im 17. Jahrhundert in sehr unterschiedlicher Weise akzentuiert gewesen. Über diesen Gegenstand gibt es bereits etliche Untersuchungen. Wir möchten an dieser Stelle nur auf die Beziehung hinweisen, die sich zwischen dieser frommen Verehrung der hl. Kindheit und dem außerordentlichen Interesse für die Kindheit, für die Gründung von *petites écoles*, von Kollegs, für die pädagogischen Bestrebungen alsbald ergeben hat. Das Kolleg von Juilly ist vom Kardinal de Bérulle dem Mysterium des Jesuskindes geweiht worden. (48) Jacqueline Pascal nimmt in ihr Reglement für die kleinen Pensionatsmädchen von Port-Royal zwei Gebete auf, wovon eines gleichfalls »dem Mysterium des Jesuskindes zu Ehren« abgefaßt worden ist. (49) Es verdient, zitiert zu werden: »Seid wie neugeborene Kinder ... Herr, macht, daß wir kraft der Einfalt und der Unschuld stets Kinder bleiben, wie die Weltleute Kinder sind aufgrund ihrer Dummheit oder Schwächen. [Wir stoßen hier wieder auf die beiden Aspekte der Einstellung zur Kindheit, wie sie im 18. Jahrhundert geherrscht hat: die

Unschuld, die es zu erhalten gilt, und die Dummheit oder Schwäche, die es zu beseitigen oder durch Vernunft zu ersetzen gilt.] Schenke uns eine heilige Kindheit, die die Jahre uns nicht rauben möge und von der wir niemals in das Greisentum des alten Adam noch in einen Tod in der Sünde geraten mögen, sondern die uns mehr und mehr zu Geschöpfen aus dem Geiste Jesu Christi werden läßt und uns zu seiner glorreichen Unsterblichkeit führt.«

Marguerite du Saint-Sacrement, eine Nonne des Karmeliterklosters von Beaune, war für ihre Verehrung der heiligen Kindheit berühmt. Nicolas Rolland, Gründer von *petites écoles* am Ende des 17. Jahrhunderts, pilgerte zu ihrem Grab. (50) Bei dieser Gelegenheit erhielt er von der Priorin »ein Bild des Jesuskindes, das die ehrwürdige Schwester Marguerite an ihren Gebetsstationen verehrte«. Die Gründungen von Lehranstalten, wie etwa die der Oratorianer-Kollegs des Kardinals de Bérulle, vollziehen sich damals im Zeichen der heiligen Kindheit. Im Jahre 1685 setzt Pater Barré die *Statuts et Règlements* für die christlichen und barmherzigen Schulen des heiligen Jesuskindes auf. Die Dames de Saint-Maur, dem Modell der Lehrkongregationen, geben sich offiziell den Titel: *Institut du Saint-Enfant-Jésus*. Das erste Siegel der *Institution des Frères des Écoles chrétiennes,* der Unwissenden Brüder, war das Jesuskind, das vom hl. Joseph geführt wird.

In der moralischen und pädagogischen Literatur des 17. Jahrhunderts ist auch oft von den Stellen des Evangeliums die Rede, an denen Jesus sich auf Kinder bezieht. So heißt es in dem bereits zitierten *Honnête Garçon:* (51) »Wo doch der Herr aller Herren die unschuldigen Kindlein zu sich kommen läßt, kann ich nicht glauben, daß irgendeiner seiner Untertanen das Recht hat, sie von sich zu weisen.« Das Gebet, das Jacqueline Pascal in ihr Reglement für die Kinder von Port-Royal aufnimmt, paraphrasiert die Worte Christi: »Seid wie die neugeborenen Kinder... Wenn Ihr nicht werdet wie die Kinder, wird das Himmelreich nicht Euer werden.« Und der Schluß dieses Gebetes bezieht sich auf eine Episode des Evangeliums, die im 17. Jahrhundert wieder stark beachtet werden sollte: »Herr, erweist uns die Gnade, uns zu jenen Kindern gehören zu lassen, die Ihr zu Euch ruft, die Ihr sich Euch nähern laßt und aus deren Mund Ihr Euer Lob empfangt.«

Die Szene, auf die hier angespielt wird – Jesus verlangt, daß man die Kindlein zu ihm kommen lassen solle –, war von der früheren Ikonographie her nicht völlig unbekannt. Wir hatten bereits Gelegenheit, auf die ottonische Miniatur hinzuweisen, auf der die Kinder als verkleinerte Erwachsene dargestellt sind, die sich um Christus scharen. (52) Auch in den illuminierten Bibeln des 13. Jahrhunderts erkennt man Darstellungen dieser Szene. Doch sind diese nicht sehr verbreitet und werden als banale Illustrationen behandelt, ohne daß aus ihnen irgendwelche Bedeutung oder Inbrunst spräche. Etwa seit dem Ende des 16. Jahrhunderts kommt diese Szene dann, insbesondere auf Stichen, häufig vor, und es ist ganz offensichtlich, daß sie von da an einer spezifischen und neuen Form von Frömmigkeit entspricht. Das zeigt sich deutlich, wenn man den schönen Stich von Stradan betrachtet, dessen Gravurwerk, wie man weiß, die Künstler der Zeit inspirierte. (53) Der Gegenstand wird durch die Legende definiert: *Jesus parvulis oblatis imposuit manus et benedixit eis* (Matthäus 19; Markus 10; Lukas 18). Jesus ist sitzend abgebildet. Eine Frau bietet ihm ihre Kinder dar; es sind nackte Putti. Andere Frauen und Kinder warten. Es fällt auf, daß das Kind hier von der Mutter begleitet wird. In den mittelalterlichen Darstellungen, die sich näher an den Wortlaut des Textes halten, der die Phantasie nicht so sehr anregte, daß man sich gedrängt gefühlt hätte, ihn auszuschmücken, waren die Kinder allein um Christus versammelt. In der Tatsache, daß das Kind hier nicht von der Familie getrennt ist, haben wir ein Indiz für die neue Bedeutung, die die Familie für das Empfinden der Zeit gewonnen hat. Ein holländisches Gemälde von 1620 gibt dieselbe Szene wieder. (54) Christus kauert inmitten einer Kinderschar, die sich um ihn drängt. Einige werden noch von der Mutter auf dem Arm getragen. Andere, die nackt sind, vergnügen sich, ringen miteinander (das Motiv des Putti-Ringkampfs kommt in der Epoche häufig vor) oder weinen und schreien. Die Größeren geben sich zurückhaltender und falten die Hände. Jesus Christus zeigt ein lächelndes, aufmerksames Gesicht; es ist diese Mischung von Amüsiertheit und Zärtlichkeit, die die Erwachsenen in der modernen Zeit, im 19. Jahrhundert zeigen, wenn sie mit Kindern sprechen. Die eine Hand hat er auf einen der kleinen Köpfe gelegt, die andere hat er erhoben, um ein anderes Kind, das auf ihn zueilt, zu segnen. Die Szene wurde volkstümlich. Wahrscheinlich gab man sie den Kindern in Form eines Stichs zur Andacht in die Hand, wie man es später mit den Bildchen der Erstkommunion machen sollte. Im Katalog einer Ausstellung, die 1947 in Tours stattfand und dem Kinderbild gewidmet war, ist auch ein Stich aus dem 18. Jahrhundert verzeichnet, der dasselbe Thema illustriert. (55)

Es gibt von nun an eine auf das Kind zugeschnittene Religion und eine neue Frömmigkeit, die praktisch dem Kind vorbehalten bleibt, die Anbetung des Schutzengels. »Ich will noch hinzusetzen«, liest man im *Honnête Garçon*, »daß alle Menschen zwar von diesen segenbringenden

Geistern begleitet werden, die ihnen den Weg weisen, ihnen helfen, das Heil zu gewinnen, Jesus Christus jedoch allein den Kindern die Gunst gewährt, Schutzengel zu haben. Nicht, daß diese Gunst nicht auch uns zuteil würde, doch verdankt das Mannesalter sie der Kindheit.« (56) Die Engel wiederum ziehen die »Nachgiebigkeit« des Kindes der »Auflehnung des erwachsenen Menschen« vor. Und Fleury behauptet in seinem *Traité des Etudes* von 1686, »infolge der großen Fürsorge, die die segenbringenden Engel ihnen [den Kindern] zu ihrem Schutz angedeihen lassen, verbietet uns das Evangelium, sie zu verachten.« (57) Das Bild der von einem Engel geleiteten Seele, die in Gestalt eines Kindes oder Jugendlichen dargestellt wird, findet in der Ikonographie des 16. und 17. Jahrhunderts große Verbreitung. Es ließe sich eine große Zahl von Beispielen nennen, darunter auch jener Domenichino in der Pinakothek von Neapel: (58) ein kleines, nur mit einem Hemd bekleidetes Kind wird von einem Engel, einem etwas femininen Knaben von dreizehn, vierzehn Jahren, gegen die Angriffe eines Dämons in Gestalt eines reifen Mannes geschützt, der ihm auflauert. Er hält sein Schild zwischen sich und das Kind – eine unerwartete Illustration des folgenden Satzes aus dem *Honnête Garçon:* »Gott gehört das früheste Alter, doch dem Teufel gehört bei vielen Menschen der beste Teil des Greisenalters wie auch des Alters, das der Apostel das reife nennt.«

Das alte Motiv des Tobias, der von einem Engel geleitet wird, symbolisiert von nun an das Gespann Seele/Kind und Schutzengel als Führer. So auch auf dem schönen Gemälde von Tournier, das 1958 in London und Paris ausgestellt worden ist, und auf dem Stich von Abraham Bosse (59). Auf einem Stich von Mariette (60) zeigt der Engel dem Kind, daß er das Kreuz in den Himmel führt, wo es von anderen Engeln getragen wird.

Dies Motiv, Schutzengel und Seele/Kind, diente zur Ausschmückung von Taufbecken. So habe ich es beispielsweise in einer süddeutschen Barockkirche, der Kreuzkirche in Donauwörth, entdeckt. Auf dem Deckel des Beckens erhebt sich eine Weltkugel, um die sich die Schlange ringelt. Auf der Weltkugel führt der Engel, ein junger Mann mit etwas femininen Zügen, die Seele in Gestalt des Kindes. Es handelt sich also nicht nur um eine symbolische Darstellung der Seele in der traditionellen Gestalt des Kindes (eine merkwürdige und mittelalterliche Vorstellung übrigens, die Seele als Kind darzustellen), sondern um die Illustration einer für die Kindheit spezifischen frommen Verehrung, die sich aus dem Taufsakrament herleitete: der Anbetung des Schutzengels.

Diese Epoche, das 16. und 17. Jahrhundert, war auch die der Musterkinder. Rochemonteix, der die Geschichte des Jesuitenkollegs von La Flèche aufgezeichnet hat, (61) schildert das erbauliche Leben Guillaume Ruffins, wie es aus den Annalen der Bruderschaft von La Flèche aus dem Jahre 1722 hervorgeht (diese Annalen sind wiederum etwa fünfzig Jahre nach dem betreffenden Ereignis geschrieben worden). Guillaume Ruffin ist am 19. Januar 1657 geboren: 1671, also im Alter von 14 Jahren, war er in der dritten Klasse*. Selbstverständlich gehörte er der Bruderschaft an (einer frommen Vereinigung, die den guten Schülern vorbehalten und dem Schutz der Heiligen Jungfrau anbefohlen war: in den Jesuitenkollegs existiert sie wohl heute noch). Er machte Krankenbesuche und verteilte Almosen an die Armen. Im Jahre 1674, er schloß gerade seine erste Philosophieklasse ab (es gab deren zwei), erkrankte er. Die Jungfrau erschien ihm zweimal. »Am Tag des Festes meiner Lieben Mutter«, am Himmelfahrtstag, war ihm das Datum seines Todes verkündet worden. Wie ich zugeben muß, fühlte ich mich beim Lesen dieses Textes, nicht ohne ein gewisses Vergnügen, an meine eigene Kindheit in einem Jesuitenkolleg erinnert. Dort hatten sich einige für die Heiligsprechung eines kleinen Schülers eingesetzt, der einige Jahre zuvor gestorben war und, zumindest nach Ansicht seiner Familie, im Geruch der Heiligkeit gestanden hatte. Man konnte es während eines kurzen Schülerlebens sehr wohl zur Heiligkeit bringen. Dazu bedurfte es weder außerordentlicher Wundertaten, einer besonderen Frühreife, sondern im Gegenteil der schlichten Anwendung kindlicher Tugenden, der schlichten Wahrung der ursprünglichen Unschuld. So auch im Falle des heiligen Ludwig von Gonzaga, der in der mit Erziehungsproblemen befaßten Literatur des 17. Jahrhunderts häufig zitiert wird.

Neben den Berichten über das Leben kleiner Heiliger gibt man den Schülern zur Erbauung Texte zu lesen, die die Jugend der Heiligen oder deren Reue über ihre zügellose Jugend zum Gegenstand haben. In den Annalen des Jesuitenkollegs von Aix aus dem Jahre 1634 liest man: »... unsere Jugend versäumte nicht, während der Fastenzeit zweimal wöchentlich Predigten anzuhören. Pater de Barry, der Rektor, war es, der ihnen die erwähnten Ermahnungen zuteil werden ließ, wobei er die Heldentaten aus der Jugend der Heiligen zum Gegenstand wählte.« In der Fastenzeit des Vorjahres 1633 »hatte er die Reue des hl. Augustinus über seine Jugend zum Thema gewählt«. (62)

Im Mittelalter gab es keine religiösen Kinderfeste, wenn man einmal von den großen Festen des Kalenderjahres absieht, die oft eher heidnisch

* Nach der Zählweise des frz. Schulsystems das drittletzte Schuljahr. A. d. Ü.

als christlich waren. Wie wir bereits bemerkt haben, zeigten die künstlerischen Darstellungen bestimmter Episoden wie der Darbietung der Jungfrau und insbesondere der Beschneidung seit dem 15. Jahrhundert, daß die Kinder bei diesen Ereignissen zahlreicher vertreten waren als es sonst in den Massenszenen des Mittelalters oder der Renaissance der Fall war. Doch konnten diese alttestamentarischen Feste, wenn sie auch in der Ikonographie zu Kinderfesten geworden waren, im realen Glaubensleben, insbesondere dem purifizierten Glaubensleben des französischen 17. Jahrhunderts nicht länger diese Rolle spielen. Die Erstkommunion sollte allmählich in zunehmendem Maße zum großen religiösen Fest der Kindheit werden, was sie heute selbst dort noch ist, wo nicht mehr regelmäßig praktiziert wird. Die Erstkommunion hat heute den Platz der alten vergessenen Volksfeste eingenommen. Daß sie trotz der Entchristianisierung hat überdauern können, ist vielleicht der Tatsache zuzuschreiben, daß sie ein individuelles Fest des Kindes ist, das zwar auch gemeinschaftlich in der Kirche, aber vor allem doch privat innerhalb der Familie begangen wird. Die Feste, bei denen das größte Maß an Gemeinschaftlichkeit herrschte, sind am frühesten verschwunden.

Die feierliche Zelebrierung der Erstkommunion ist eine Folge der Tatsache, daß man, insbesondere in Port-Royal, den notwendigen Voraussetzungen zum Empfang der Eucharistie mehr Aufmerksamkeit zuwandte. Es ging nicht so sehr darum, die Kommunion weniger häufig zu erteilen, als darum, sie besser vorzubereiten, bewußter, effektiver zu machen. Wahrscheinlich hatten die Kinder einstmals die Kommunion ohne spezielle Vorbereitung empfangen, wie sie einfach irgendwann begannen, zur Messe zu gehen, und dies wahrscheinlich ziemlich früh, wenn man von der frühzeitigen Gewöhnung an die Sitten der Erwachsenenwelt und der Vermischung von Kindern und Erwachsenen im Alltagsleben ausgehen will. Jacqueline Pascal ordnet im *Règlement des Enfants de Port-Royal* an, daß man die Kinder sorgfältig auf ihre moralische und geistige Aufnahmefähigkeit prüfen solle, ehe man sie zur Kommunion zuläßt, und daß man sie lange vorher darauf vorzubereiten habe: »Kindern, die noch zu jung sind, und insbesondere solchen, die verspielt, leichtfertig und mit irgendeinem beträchtlichen Makel behaftet sind, soll man keinesfalls die Kommunion erteilen. Man muß abwarten, bis Gott einen Wandel in ihnen herbeiführt, und es empfiehlt sich, einen längeren Zeitabschnitt, etwa ein Jahr oder wenigstens sechs Monate, verstreichen zu lassen, damit man sieht, ob ihre Bemühungen Erfolg gehabt haben. Ich habe es niemals bereut, Kinder zurückgestellt zu haben; es hat die Tugend derer, die gut veranlagt waren, gemehrt und das

Wenige an guter Veranlagung bei denen, die noch nicht soweit waren, erkennbar werden lassen. *Man kann für die Erstkommunion gar nicht genug Vorkehrungen treffen*, denn oft hängen alle weiteren von dieser ersten ab.« (63)

Die Erstkommunion wurde in Port-Royal bis nach der Konfirmation aufgeschoben: »Wenn man uns Kinder schickt, die noch nicht konfirmiert sind ... und auch noch nicht zur Erstkommunion gegangen sind, schieben wir letztere gewöhnlich bis nach der Konfirmation auf, damit sie, vom Geist Jesu erfüllt, desto besser vorbereitet sind, seinen heiligen Leib zu empfangen.«

Die Erstkommunion war im 18. Jahrhundert zu einer Zeremonie geworden, die in den Klöstern und den Kollegs organisiert wurde. Oberst Gérard erzählt uns in seinen Memoiren seine Erinnerungen an eine nur unter Schwierigkeiten zustande gekommene Erstkommunion. Er war 1766 als eines von sechs Kindern einer armen Familie geboren worden. Früh verwaist, arbeitete er seit seinem zehnten Lebensjahr als Dienstbote, bis ihn der Vikar seiner Gemeinde, der sich für ihn interessierte, in die Abtei von Saint-Avit schickte, wo er Hilfskaplan geworden war. Dem Ersten Kaplan, einem Jesuiten, war er ein Dorn im Auge. Er muß etwa 15 Jahre alt gewesen sein, als er zur Erstkommunion zugelassen wurde. Offensichtlich war daran nichts Ungewöhnliches: »Man hatte beschlossen, daß ich *gleichzeitig mit mehreren Internatszöglingen zur Kommunion gehen sollte*. Am Vorabend dieses Tages vergnügte ich mich mit dem Hund vom Hühnerhof, als Monsieur de N., der Jesuit, vorbeikam. ›Haben Sie denn vergessen‹, schrie er, ›daß Sie morgen den Leib und das Blut unseres Herrn empfangen sollen?‹ Die Äbtissin ließ mich rufen und gab mir zu verstehen, daß ich an der *Zeremonie* des nächsten Tages nicht teilnehmen würde... Drei Monate später ging ich, nachdem ich Buße getan hatte, zur Erstkommunion. Nach der zweiten Kommunion befahl man mir, an jedem Sonn- und Feiertag zu kommunizieren.« (64)

So ist aus der Erstkommunion die Zeremonie geworden, die sie heute noch ist. Seit der Mitte des 18. Jahrhunderts war es üblich, die Erinnerung an dieses Ereignis durch eine Erwähnung auf einem Kommunionsbildchen lebendig zu erhalten. In Versailles hat man 1931 einen Stich ausgestellt, der den hl. Franz von Assisi darstellte. (65) Auf der Rückseite stand folgendes: »Zur Erinnerung an die Erstkommunion François Bertrands, die am 26. April 1767, am Tage des hl. Quasimodo, in der Gemeinde Saint-Sébastien de Marly stattgefunden hat. Barail, Pfarrer von Saint-Sébastien.« Es handelte sich nicht nur um einen frommen

Brauch, sondern auch um ein Zertifikat, das von den offiziellen Schriftstücken der katholischen Kirche inspiriert war.

Es fehlte nur noch an einer speziellen Kleidung, die die Feierlichkeit unterstreichen sollte; sie wurde im 19. Jahrhundert eingeführt.

Die Zeremonie der Erstkommunion ist zur sichtbarsten Äußerung der Einstellung zur Kindheit geworden, wie sie für die Zeit zwischen dem 17. und dem Ende des 19. Jahrhunderts festzustellen war: sie feiert die beiden widersprüchlichen Aspekte der Kindheit, ihre Unschuld auf der einen und ihr vernünftiges Verhältnis zu geheiligten Mysterien auf der anderen Seite.

Schlußbemerkung
Die beiden Einstellungen zur Kindheit

Die mittelalterliche Gesellschaft, die wir zum Ausgangspunkt gewählt haben, hatte kein Verhältnis zur Kindheit; das bedeutet nicht, daß die Kinder vernachlässigt, verlassen oder verachtet wurden. Das Verständnis für die Kindheit ist nicht zu verwechseln mit der Zuneigung zum Kind; es entspricht vielmehr einer bewußten Wahrnehmung der kindlichen Besonderheit, jener Besonderheit, die das Kind vom Erwachsenen, selbst dem jungen Erwachsenen, kategorial unterscheidet. Ein solches bewußtes Verhältnis zur Kindheit gab es nicht. Deshalb gehörte das Kind auch, sobald es ohne die ständige Fürsorge seiner Mutter, seiner Amme oder seiner Kinderfrau leben konnte, der Gesellschaft der Erwachsenen an und unterschied sich nicht länger von ihr. Von dieser Erwachsenengesellschaft haben wir heute den Eindruck, daß sie recht häufig kindlich gewesen ist – zweifellos eine Frage der geistigen, aber auch der physischen Reife, denn teilweise setzte diese Gesellschaft sich ja aus Kindern und sehr jungen Leuten zusammen. Die Sprache legte dem Wort »Kind« damals nicht die eingeschränkte Bedeutung bei, in der wir es mittlerweile gebrauchen: man sagte »Kind«, wie man jetzt in der französischen Umgangssprache *gars* sagt. Diese Unbestimmtheit hinsichtlich des Alters erstreckte sich auf alle gesellschaftlichen Aktivitäten, auf die Spiele ebenso wie auf die Berufe und die Kriegskunst. Es gibt keine Darstellung der Gemeinschaft, in der nicht kleine und größere Kinder ihren Platz hätten, ob sie nun in dem »Tragkranz« kauern, den die Frauen um den Hals tragen, (1) ob sie in irgendeinem Winkel urinieren, ihre Rolle bei einem traditionellen Fest ausfüllen, oder auch als Lehrlinge in der Werkstatt, als Pagen im Dienste eines Ritters dargestellt werden usw. ...

Das sehr kleine Kind, das noch zu schwach ist, um am Leben der Erwachsenen teilzunehmen, zählt nicht – so heißt es bei Molière, ein Wort, an dem sich ablesen läßt, daß diese sehr alte Einstellung sich bis ins 17. Jahrhundert gehalten hat. Argan im *Eingebildeten Kranken* hat zwei Töchter; die eine ist bereits im heiratsfähigen Alter, während die kleine

Louison gerade erst zu sprechen und zu laufen beginnt. Bekanntlich droht er seiner älteren Tochter mit dem Kloster, um ihr ihre Liebschaft auszutreiben. Sein Bruder sagt zu ihm: »Wie ist es nur möglich, mein Bruder, daß Sie angesichts des Vermögens, das Sie besitzen und wo Ihre Tochter doch Ihr einziges Kind ist, *denn die Kleine will ich nicht zählen*, wie ist es nur möglich, frage ich also, daß Sie davon sprechen, sie in ein Kloster zu stecken?« (2) Die Kleine zählte nicht, weil es gut sein konnte, daß sie wieder verschwand. »Ich habe zwei oder drei Kinder im Säuglingsalter verloren und dies zwar nicht ohne Bedauern, aber doch ohne Verdruß«, stellt Montaigne fest. (3) Sobald das Kind diese Periode überschritten hatte, in der die meisten Kinder starben, mischte es sich unter die Erwachsenen.

Die Worte Montaignes und Molières zeugen vom Fortleben dieser archaischen Einstellung gegenüber der Kindheit. Es handelt sich dabei um ein zählebiges Überbleibsel, das jedoch immer mehr an Boden verliert. Seit dem 14. Jahrhundert ist im Bereich der Kunst, der Ikonographie, des Glaubenslebens (Totenkult) eine Neigung zu verzeichnen, der Persönlichkeit, die man dem Kind zuerkannte, und der poetischen und familiären Bedeutung, die man seiner Besonderheit zuschrieb, Ausdruck zu verleihen. Wir haben diese Entwicklung im Bereich des Putto, des Kinderporträts, selbst am Porträt des frühverstorbenen Kindes verfolgen können. Sie führt dazu, daß man dem Kind, dem Kleinkind zumindest dort, wo sich diese Einstellung herausbildet, d. h. in den oberen Schichten der Gesellschaft, im 16. und 17. Jahrhundert eine spezielle Kleidung gab, die es von den Erwachsenen unterschied. In einer Gesellschaft, in der die äußeren Formen und also auch die Aufmachung großes Gewicht hatten, mußte eine solche Spezialisierung der Kleidung des Kindes und insbesondere der des kleinen Jungen bedeuten, daß sich das Verhältnis zum Kind gewandelt hatte: es zählt weit mehr, als der Bruder des eingebildeten Kranken glauben will. Tatsächlich kommt in diesem Stück, das kleinen Kindern gegenüber die gleiche Strenge an den Tag zu legen scheint wie gewisse Worte La Fontaines, ein regelrechtes Gespräch zwischen Argan und der kleinen Louison vor: »Sieh mich einmal an, ja? – Was ist, Papa? – Nun? – Was? – Hast Du mir nichts zu erzählen? – Wenn Sie wollen, will ich Ihnen zu Ihrer Zerstreuung das Märchen von der Eselshaut erzählen, oder auch die Fabel vom Raben und vom Fuchs, die man mich kürzlich gelehrt hat.« Hier hat sich der Kindheit gegenüber eine neue Empfindung eingestellt: aufgrund seiner Naivität, seiner Niedlichkeit und Drolligkeit wird das Kind für den

Erwachsenen zu einer Quelle der Erheiterung und der Entspannung, zeigt er ihm gegenüber jenes Verhalten, das wir als »Gehätschel« bezeichnet haben. Es geht ursprünglich von den Frauen aus, von jenen, die für das Wohl der Kinder sorgen sollen, den Müttern oder den Ammen. In der Ausgabe des *Grand Propriétaire de toutes choses* vom 16. Jahrhundert heißt es von der Amme: (4) »Sie freut sich, wenn das Kind fröhlich ist, und bemitleidet es, wenn es krank ist; sie hebt es auf, wenn es fällt, sie wickelt es, wenn es bloßliegt, und wäscht und reinigt es, wenn es schmutzig ist.« Sie zieht das Kind groß »und lehrt es sprechen, sie formt die Worte so, als stottere sie, um es besser und schneller sprechen zu lehren..., auch trägt sie es erst auf dem Arm, dann auf den Schultern und schließlich auf den Knien, um es zu beruhigen, wenn es schreit; sie kaut dem Kind das Fleisch vor, wenn es noch keine Zähne hat, damit es gefahrlos und mit Gewinn schlucken kann; sie lullt das Kind ein, damit es schläft, und wickelt ihm auch die Gliedmaßen, damit sie ganz gerade liegen, so daß sein Körper keinerlei Verkrümmung erleidet, und sie badet und salbt es auch, um seine Haut zu nähren...« Thomas Morus verweilt bei den Bildern der frühen Kindheit, dem Schulknaben, der von seiner Mutter in die Schule geschickt wird: »Als der kleine Knabe nicht rechtzeitig aufgestanden, sondern statt dessen im Bette liegen geblieben war und dann weinte, weil er sich verspätet hatte und sehr wohl wußte, daß er in der Schule Hiebe bekommen würde, erzählte ihm seine Mutter, daß solche Mißgeschicke nur in den ersten Tagen vorkämen, daß er noch rechtzeitig kommen werde, und sagte zu ihm: ›Geh, mein Söhnlein, ich versichere Dir, daß ich selbst mit Deinem Lehrer über alles gesprochen habe; nimm Dein Butterbrot, man wird Dich nicht schlagen.‹ So schickte sie ihn auf den Weg, als er hinreichend getröstet war, um bei der Vorstellung, sie zu Hause zurückzulassen, nicht in Tränen auszubrechen, doch war das Problem damit nicht im mindesten gelöst, und das Kind wird bei seiner Ankunft in der Schule für sein Zuspätkommen sehr wohl Hiebe bekommen haben.« (5)

Das Getändel mit den Kindern müssen die Mütter, die Ammen und Kinderfrauen schon immer geliebt haben, doch gehörte dies in das weite Feld der unartikulierten Empfindungen. Jetzt geniert man sich nicht länger zuzugeben, welches Vergnügen man am Verhalten des kleinen Kindes, am Gehätschel findet. Nicht ohne Affektiertheit gibt Madame de Sévigné zu, daß sie viel Zeit damit verbringt, sich mit ihrer Enkelin zu amüsieren: »Ich lese eine Beschreibung der Entdeckung Westindiens durch Christoph Columbus, die überaus unterhaltsam ist; Ihre Tochter ergötzt mich jedoch noch mehr. Ich liebe sie ... sie liebkost Ihr Porträt und umschmeichelt es auf so entzückende Weise, daß man ihr schnell einen Kuß geben muß... Seit einer Stunde bereits vergnüge ich mich mit Ihrer Tochter; sie ist zu reizend... Ich habe ihr gerade die Haare abschneiden lassen: sie ist als Zauskopf frisiert – eine Frisur, die wie für sie geschaffen ist. Ihr Teint, ihr Hals und ihr kleiner Körper sind bewundernswert. Sie tut hundert kleine Dinge: sie liebkost, sie verteilt Klapse, sie macht das Kreuzzeichen, sie bittet um Verzeihung, sie knickst, sie küßt die Hand, sie zuckt die Achseln, sie tanzt, sie schmeichelt, sie nimmt einen beim Kinn: kurz sie ist in jeder Beziehung reizend. Ich vergnüge mich ganze Stunden mit ihr.« Da sie sich vor ansteckenden Krankheiten fürchtet, fügt sie – mit einer Selbstverständlichkeit, die uns erstaunen muß, weil der Tod eines Kindes für uns etwas Ernstes ist, worüber man keine Scherze macht – hinzu: »Ich möchte auf keinen Fall, daß so etwas stirbt.« (6) Doch vertrug sich die oben bezeugte Empfänglichkeit für die Reize des Kindes, wie wir bei Molière gesehen haben, durchaus mit einer gewissen Gleichgültigkeit oder vielmehr der traditionellen Gleichgültigkeit. Dieselbe Madame de Sévigné beschreibt die Trauer einer Mutter auf folgende Weise: »Madame de Coetquen hatte gerade die Nachricht vom Tod ihres Töchterleins erhalten; sie war daraufhin in Ohnmacht gefallen. Sie ist sehr betrübt und sagt, daß sie nie wieder eine Tochter haben wird, die so hübsch ist.« Allerdings findet Madame de Sévigné möglicherweise, daß es der Mutter an Herz fehlt, denn sie fügt hinzu: »Ihr Gatte ist jedoch untröstlich.« (7)

Wir kennen diese Haltung bereits besser aus den kritischen Reaktionen, die sie am Ende des 16. und insbesondere im 17. Jahrhundert hervorrief. Mancher Griesgram fand es unerträglich, daß man den Kindern soviel Aufmerksamkeit zu schenken begonnen hatte – eine ganz neue Regung, die man als Gegenbild des Verständnisses für die Kindheit, des Gehätschels zu betrachten hat. Diese Verdrossenheit liegt auch der Feindseligkeit Montaignes zugrunde: »Ich habe kein Verständnis für die Leidenschaft, mit der man die Kinder herzt, kaum daß sie geboren sind, d. h. ehe sie auch nur die geringste Seelenregung kennen oder körperlich Gestalt angenommen haben, wodurch sie sich erst beliebt machen könnten, und ich habe es nicht gern gesehen, wenn sie in meiner Nähe gestillt wurden.« Er will nichts davon wissen, daß man die Kinder »wie kleine Äffchen zum Zeitvertreib« liebt, sich an ihrem »Getrappel, ihren kindischen Spielen und Albernheiten« ergötzt. Daraus läßt sich entnehmen, daß man sich in seiner Umgebung allzusehr damit beschäftigte. (8)

Ein Jahrhundert später zeigt dann Coulanges, der Vetter Madame de Sévignés, dieselbe abwehrende Haltung. (9) Man spürt, welchen Verdruß es ihm bereitet haben muß, daß seine Freunde und Verwandten ihre Kinder verhätschelten. Das folgende Lied hat er den »Familienvätern« gewidmet:

Pour bien élever vos enfans
N'épargnez précepteur ni mie;
Mais, jusques à ce qu'ils soient grands,
Faites-les taire en compagnie
Car rien ne donne tant d'ennui
Que d'écouter l'enfant d'autruy.
  Le Père aveugle croit toujours
Que son fils dit choses exquises,
Les autres voudraient être sourds
Qui n'entendent que des sottises,
Mais il faut de nécessité
Applaudir *l'enfant gasté.*
  Quand on vous a dit d'un bon ton
Qu'il est joly, qu'il est bien sage,
Qu'on luy a donné du *bon bon*
N'en exigez pas davantage,
Faites-luy faire serviteur
Aussi bien qu'à son Précepteur.
  Qui croirait qu'avec du bon sens
Quelqu'un put s'aviser d'écrire
A des marmousets de trois ans
Qui de quatre ans ne scauront lire.
D'un père encor dernièrement
Je vis ce fade amusement.
  Sachez encor, mes bonnes gens
Que rien n'est plus insupportable
Que de voir vos petits enfans
En rang d'oignon à la grande table
Des *morveux* qui, le menton gras
Mettent les doigts dans tous les plats.
  Qu'ils mangent d'un autre costé
Sous les yeux d'une gouvernante
Qui leur presche la propreté
Et qui ne soit point indulgente
Car on ne peut trop promptement
Apprendre à manger proprement.

Dazu noch folgendes Billet, das an einen Familienvater gerichtet ist, der M. de Coulanges ein Diner geben will:

Emportez votre fils
Et ne vous montrez pas nourrice,
Qu'on fasse manger les petits
Et leur Précepteur à l'office,
Car aujourd'hui dîne céans
Le fléau des petits enfants.

Es sei noch einmal darauf hingewiesen, daß diese verdrossene Haltung ebenso neu ist wie das Gehätschel und mit der unterschiedslosen Vermischung der Altersstufen in der mittelalterlichen Gesellschaft noch weniger zu tun hat als jenes. Es ist ja gerade die Anwesenheit der Kinder, die Montaigne und Coulanges ebenso wie Madame de Sévigné ins Bewußtsein gedrungen ist. Man muß sogar feststellen, daß Montaigne und Coulanges moderner sind als Madame de Sévigné, insofern sie nämlich die Trennung der Kinder von den Erwachsenen für notwendig hal-

Pour bien ... Wollt Ihr Eure Kinder gut erziehen,/ Dann laßt es Ihnen weder an einem *précepteur* [Die Funktion des *précepteur* wird in Kap. 6, S. 385, erläutert. A. d. Ü.], noch an einer Ziehfrau fehlen,/ Doch sorgt dafür, daß sie, bis sie groß sind,/ Sich in Gesellschaft still verhalten,/ Denn nichts ist verdrießlicher, als anderer Leute Kind zuhören zu müssen./ Der verblendete Vater glaubt stets,/ Daß sein Sohn die köstlichsten Dinge sagt,/ Während die anderen gern taub wären,/ Da sie doch nichts als Dummheiten hören/ Und dem *verwöhnten Kind*/ Doch unbedingt Beifall spenden müssen./ Wenn man Euch in gutmütigem Tone mitgeteilt hat,/ Daß er hübsch ist, daß er artig ist,/ Daß man ihm eine Nascherei gegeben hat,/ Dann verlangt nicht mehr,/ Sorgt dafür, daß er, ebenso wie sein *précepteur*,/ Den anderen zu Diensten steht./ Man sollte es nicht für möglich halten,/ Daß es jemandem, der bei Verstand ist, einfallen kann,/ Knirpsen von drei Jahren zu schreiben,/ Die mit vier Jahren noch nicht werden lesen können./ Tatsächlich habe ich doch neulich einen Vater/ Bei diesem läppischen Vergnügen angetroffen./ Laßt Euch außerdem gesagt sein, meine Lieben,/ Daß nichts unerträglicher ist,/ Als Eure kleinen Kinder/ An der Tafel aufgereiht zu sehen, *Rotznasen*, die mit fettigem Kinn/ Die Finger in alle Schüsseln stecken./ Sie mögen anderswo essen,/ Unter den Augen einer Erzieherin,/ Die ihnen Reinlichkeit predigt/ Und ihnen nichts durchgehen läßt,/ Denn man kann gar nicht früh genug/ Lernen, ordentlich zu essen.

Emportez ... Schafft Euren Sohn weg/ Und erweist Euch nicht als Amme; die Kleinen mögen mit ihrem *précepteur*/ Im Bedientenzimmer essen,/ Denn heute diniert im Hause/ Die Geißel aller kleinen Kinder.

ten. Man hält es nicht mehr für richtig, daß die Kinder sich unter die Erwachsenen mischen und dies insbesondere bei Tisch; zweifellos deshalb, weil man sie durch eine solche Behandlung »verwöhnt«, sie schlecht erzieht.

Die Moralisten und Erzieher des 17. Jahrhunderts teilen im übrigen Montaignes und Coulanges Widerwillen gegen das Gehätschel. Der gestrenge Fleury läßt sich in seinem *Traité des Études* kaum anders vernehmen als Montaigne: »Hat man sie [die kleinen Kinder] irregeführt, indem man ihnen ein falsches Prinzip beigebracht hat, das sie dazu verleitet, eine dumme Folgerung zu ziehen, dann schüttet man sich aus vor Lachen, genießt es, sie getäuscht zu haben, man küßt und liebkost sie, als hätten sie das Richtige getroffen [eben dies verstehen wir unter Gehätschel: Verniedlichung]. Es scheint, daß die armen Kinder zu nichts anderem da sind, als um die Erwachsenen zu zerstreuen, als seien sie Hündchen oder Äffchen [die Äffchen Montaignes].« (10)

Der Autor des *Galatée,* eines in den besten Jesuitenkollegs sehr verbreiteten Handbuchs des gesitteten Umgangs, spricht wie Coulanges: »Diejenigen begehen einen großen Fehler, die niemals etwas anderes im Munde führen als ihre Frau, ihre kleinen Kinder und ihre Amme. ›Wie habe ich über meinen kleinen Sohn lachen müssen! Hören Sie doch ...‹« (11)

In einem Traktat über die Erziehung, genauer gesagt die Erziehung M. de Moncades (1690), beklagt sich auch M. d'Argonne, daß man sich nur für ganz kleine Kinder interessiere, für ihre »Liebkosungen« und ihr »Getändel«; allzu viele Eltern »schenken ihren Kindern nur insofern Beachtung, als sie ihnen Zerstreuung und Vergnügen bereiten«. (12) Dabei ist zu beachten, daß dieses Gehätschel am Ende des 17. Jahrhunderts sich nicht etwa nur auf die Angehörigen der höheren Stände beschränkte: »im Gegenteil, diese begannen vielmehr unter dem Einfluß der Moralisten davon Abstand zu nehmen. Man tadelte das Volk dafür. So stellt J.-B. de La Salle in seiner *Conduite des Écoles chrétiennes* fest, daß die Kinder der Armen besonders schlecht erzogen seien, weil sie »immer nur tun, was sie wollen, die Eltern sich nicht im geringsten darum scheren [dies jedoch nicht aus Nachlässigkeit], weil sie nahezu von ihnen vergöttert werden; was die Kinder wollen, das wollen auch sie«. (13)

Auf seiten der Moralisten und Erzieher des 17. Jahrhunderts bildet sich dann jene andere Einstellung zur Kindheit heraus, die wir im vorangegangenen Kapitel untersucht haben und die, in der Stadt ebenso wie auf dem Lande, im Bürgertum ebenso wie im Volk, die gesamte Erziehung bis zum 20. Jahrhundert inspiriert hat. Die Aufmerksamkeit, die man der Kindheit und ihrer Besonderheit zuteil werden läßt, drückt sich nicht mehr in der amüsierten Spielerei, der »Tändelei« aus, sondern im psychologischen Interesse und in moralischen Bestrebungen. Das Kind ist weder unterhaltsam noch angenehm: »Der Mensch stößt sich an der bloßen Niedlichkeit der Kindheit, die seinem gesunden Verstand zuwider ist; er stößt sich an der Gier der Jugend, die sich kaum je mit etwas anderem beschäftigt als mit greifbaren Gegenständen und die nur ein sehr unfertiger Entwurf des vernünftigen Menschen ist.« So heißt es in *El Discreto,* Balthasar Gracians Traktat über die Erziehung aus dem Jahre 1646, der noch 1723 von einem Jesuitenpater ins Französische übersetzt worden ist. (14) »Nur die Zeit kann von der Kindheit und der Jugend heilen, die wahrhaftig in jeder Hinsicht die Altersstufen der Unvollkommenheit sind.« Es liegt auf der Hand, daß man diese Anschauungen in ihrem historischen Kontext zu sehen und mit anderen Texten zu vergleichen hat, wenn man sie verstehen will. Man hat sie als Beweis für das Unverständnis gegenüber der Kindheit interpretiert. Doch hat man darin vielmehr den Beginn eines ernsthaften und authentischen Verständnisses für die Kindheit zu sehen. Denn schließlich ist es nicht angebracht, sich der Unbekümmertheit der Kindheit einfach nur anzupassen: das wäre der alte Irrtum. Um sie in die richtigen Bahnen lenken zu können, muß man sie zunächst einmal besser kennenlernen, und die Texte vom Ende des 16. und des 17. Jahrhunderts strotzen von kinderpsychologischen Bemerkungen. (15) Man bemüht sich, die kindliche Mentalität zu durchschauen, um die Erziehungsmethoden besser dem kindlichen Niveau anpassen zu können. Schließlich fühlt man sich für die Kinder als den Zeugen der Täuflingsunschuld, den Ebenbildern der Engel, die Christus, der sie geliebt hat, nahe sind, in hohem Maße verantwortlich. Doch erfordert dieses Interesse, daß man ihre noch schwach entwickelte Vernunft entwickelt, daß man vernünftige Menschen und Christen aus ihnen macht. Der Tonfall, in dem solches gesagt wird, ist bisweilen rigide, man legt den Akzent auf die strenge Behandlung, um der Zügellosigkeit, der Leichtfertigkeit im sittlichen Bereich entgegenzuwirken, doch ist das nicht immer der Fall. Selbst bei Jacqueline Pascal lassen sich Humor und eine unverhohlene Zärtlichkeit feststellen. Gegen Ende des Jahrhunderts sucht man Nachgiebigkeit und Vernunft zu vereinen. Für den Abbé Goussault, den Parlamentsrat, stellt sich das im *Portrait d'une honnête femme* folgendermaßen dar: »Man sollte mit seinen Kindern oft vertraulich umgehen, sie über alles sprechen lassen, sie wie vernünftige Menschen behandeln und sie durch Milde zu gewinnen suchen – ein unfehlbares Mittel, um mit ihnen machen zu können, was man will. Sie sind junge Pflanzen, denen man viel Pflege angedeihen lassen und die man oft gießen muß; mit einigen Ratschlägen am rechten Ort, einigen Beweisen der Zärtlichkeit und der Freundschaft, die man ihnen von Zeit zu Zeit zuteil werden läßt, rührt man ihr Herz und nimmt sie für sich ein. Ein paar Liebkosungen, ein paar kleine Geschenke, einige vertrauensvolle und herzlich gemeinte Worte beeindrucken ihr Gemüt, und nur wenige widerstehen diesen sanften und leicht zu handhabenden Mitteln, mit denen man ehrbare und rechtschaffene Menschen aus ihnen macht.« (16) Denn darum handelt es sich stets: aus Kindern sollen ehrbare, rechtschaffene Menschen, vernünftige Menschen werden.

Die erste Einstellung zur Kindheit, die sich im Gehätschel äußert, war im familiären Milieu, im Umgang mit kleinen Kindern aufgetreten. Die Quelle der zweiten dagegen ist außerhalb der Familie zu suchen: bei den Männern der Kirche oder des Rechts, die bis zum 16. Jahrhundert selten in Erscheinung traten, mehr noch bei den Moralisten des 17. Jahrhunderts, die sich für feinere und vernünftige Sitten einsetzen. Auch sie waren zwar auf das einst vernachlässigte Phänomen Kindheit aufmerksam geworden, lehnten es jedoch ab, das Kind als reizendes Spielzeug zu betrachten, denn sie sahen in ihm ein zerbrechliches Geschöpf Gottes, das es zugleich zu bewahren und zu einem verständigen Wesen zu erziehen galt. Diese Auffassung beeinflußte dann ihrerseits das Familienleben.

Im 18. Jahrhundert kommt zu diesen beiden alten Elementen dann ein neues hinzu: das Bemühen um Hygiene und physische Gesundheit. Das Interesse am Wohlergehen des Körpers war den Moralisten und Erziehern des 17. Jahrhunderts nicht unbekannt. Kranke pflegte man mit Hingabe (und ebenso vielen Vorsichtsmaßnahmen, mit denen man Simulanten beizukommen suchte), für den Körper des gesunden Menschen interessierte man sich jedoch nur in moralischer Hinsicht: ein ungenügend abgehärteter Körper neigte zur Verweichlichung, zur Faulheit, zur Lüsternheit, kurzum, zu jedem erdenklichen Laster!

Der Briefwechsel zwischen dem General de Martange und seiner Frau (17) vermittelt uns eine Vorstellung von den hygienischen Vorkehrungen innerhalb des Haushalts, wie sie etwa ein Jahrhundert nach der Zeit Madame Sévignés ausgesehen haben dürften. Martange wurde 1722 geboren. Geheiratet hat er im Jahre 1754. Wir werden Gelegenheit haben, auf diese Texte zurückzukommen. Als verheirateter Mann beschäftigt sich Martange mit allen Belangen, die seine Kinder betreffen, vom

Gehätschel bis hin zur Erziehung. Zudem zeigt er sich sehr um ihre Gesundheit, ja, selbst um ihre Reinlichkeit besorgt. Alles, was die Kinder und die Familie angeht, wird nun gleichermaßen ernstgenommen und der Aufmerksamkeit für würdig befunden. Das Kind, und nicht nur die Zukunft des Kindes, sein zukünftiger Platz im Leben, sondern auch seine Gegenwart und seine bloße Existenz haben einen zentralen Platz innerhalb der Familie eingenommen.

Zweiter Teil
Das Schulleben

1. Kapitel
Junge und alte Schüler im Mittelalter

Die Eigentümlichkeit einstiger Schulsitten, selbst derer am Ende des Ancien Régime, erfaßt man nicht, wenn man keine Vorstellung davon hat, was die Schulbildung im Mittelalter gewesen ist. Zweifellos hat die humanistische Renaissance in den höheren Bereichen des Wissens und der Wissensvermittlung mehr Einfluß auf Lehrprogramme und Kultur gehabt. Doch ist das Leben des Schülers, in der Schule und außerhalb der Schule, lange Zeit, nämlich bis zum Anfang des 19. Jahrhunderts, von allgemein vertrauten Gewohnheiten abhängig gewesen, die sich im Mittelalter eingebürgert hatten. Diese Gewohnheiten hängen von einem kulturellen Gesamtgefüge ab, das der moderne Mensch sich nur schwer vorstellen kann, weil die Mediävisten lange Zeit eher die korporative Organisation der Universitäten und die philosophischen Gedankenströmungen innerhalb der universitären Gesellschaft untersucht haben als die Existenzbedingungen der Schule und ihres Milieus. (1)

Es gibt gleichwohl ein Mittel, die Besonderheiten der mittelalterlichen Schule zu begreifen: es gilt zunächst einmal, ihren Ursprung, aber auch ihre Weiterentwicklung im Verlauf der Geschichte kennenzulernen, denn im Grunde ist ein Phänomen weniger durch seinen Ursprung gekennzeichnet, als durch die Kette anderer Phänomene, auf die es direkt einen bestimmenden Einfluß ausgeübt hat. Erst danach können wir näher auf einige Merkmale des mittelalterlichen Schullebens eingehen, die uns geeignet scheinen, ein erhellendes Licht auf unseren Gegenstand zu werfen.

Die Ursprünge sind wohlbekannt. Es besteht eine Diskussion darüber, ob bestimmte italienische Schulen der Rechtsgelehrsamkeit, bestimmte Privatschulen bis auf die römische Antike zurückgehen. Wie man weiß, hat sich das antike System in Byzanz ohne Unterbrechung erhalten. H. I. Marrou (2) hat gezeigt, daß dieses System seinen weltlichen Charakter nach dem Triumph des Christentums und selbst im theokratischen Byzanz bewahrt hatte. Erbe einer hellenistischen Tradition, unterschied es sich in beträchtlichem Maße von unseren Unter-, Mittel- und Oberstufen. Aus dem gallo-romanischen Bereich waren die Lehranstalten und die Unterrichtstechniken des Oströmischen Reichs jedoch völlig verschwunden. Es interessiert uns hier wenig, ob bestimmte Lehrstoffe, Autoren der Latinität, die man im Mittelalter nicht gekannt hatte, später wieder in die Lehrprogramme aufgenommen wurden: sie sollten auf die Struktur der Schule selbst keinen bestimmenden Einfluß ausüben. In dieser Hinsicht ist zwischen der antiken und der mittelalterlichen Schule ein radikaler Bruch zu verzeichnen. Letztere ist vor allem aus der Notwendigkeit entstanden, Priesternachwuchs heranzubilden. Früher hatte die Kirche der weltlichen Schule hellenistischen Typs die literarische Bildung ihrer Schüler anvertraut, die für den Erwerb nichtweltlicher Kenntnisse innerhalb dieser gelehrten Religion, zu der das Christentum als Religion der Heiligen Schrift und ihrer patristischen Kommentare alsbald geworden ist, unerläßlich war. Seit dem 5. Jahrhundert konnte sie auf diese traditionelle Institution nicht länger zurückgreifen, weil sie vom Zusammenbruch der antiken Kultur erfaßt und durch den Niedergang der städtischen Lebensformen ruiniert worden war. Die antike Schule hatte ausschließlich dem Stadtleben angehört, auf dem Land hatte es sie nicht gegeben. Doch erforderte das priesterliche Amt immer noch ein Minimum an Kenntnissen. Dazu gehörten literarische, d. h. die Kenntnis der liturgischen Texte des Gottesdienstes, Kenntnisse, die man naturwissenschaftliche nennen könnte, wie die des paschalischen Kalenders, und auch künstlerische wie die des Kirchenlieds. Ohne diese Kenntnisse wären die Zelebrierung der Messe, die Erteilung der Sakramente unmöglich geworden und das religiöse Leben verödet. Der Klerus, und das heißt in der Hauptsache die Bischöfe (in bestimmten Ländern wie Irland und England bisweilen auch die Klöster) mußten also selbst für die Ausbildung der jungen Geistlichen sorgen. Im Gegensatz zur antiken Tradition wurde der Unterricht in der Kirche selbst erteilt, und so hieß es lange Zeit: *a juventute in ista ecclesia nutritus, – in gremio sancte matris ecclesie ab annis puerilibus enutritus.* (3) Und mit »Kirche« meinte man nicht nur eine Institution, sondern auch einen Ort, den Portalvorbau der Kirche oder das dazugehörige Kloster.

Dieser Unterricht war also im wesentlichen berufspraktisch oder technisch ausgerichtet. (4) Marrou würde sagen, es war ein Singschule. Man lernt das, was man zum Sprechen und Singen der Messe braucht, d. h. den Psalter, die kanonischen Gebete, und dies selbstverständlich in lateinischer Sprache, d. h. in der Sprache der Manuskripte, in denen diese Texte fixiert waren. Folglich fand dieser Unterricht auch überwiegend mündlich statt und richtete sich an das Gedächtnis, wie es auch in den Koranschulen der mohammedanischen Länder von heute der Fall ist. Wer einmal in der großen Moschee von Kairuan dem Wechselgesang der Verse des Koran zugehört hat, kann sich eine Vorstellung von der mittelalterlichen Schule machen, wie sie an ihrem weitzurückliegenden Ursprung im 6. Jahrhundert, aber, zumindest auf ihrer elementaren Stufe, auch beim Anbruch der modernen Zeiten und darüber hinaus ausgesehen hat. Die Schüler wiederholten und psalmodierten gemeinsam den Satz, den der Lehrer ihnen vorgegeben hatte, und wiederholten diese Übung solange, bis sie ihn auswendig konnten. Die Priester konnten fast sämtliche Meßgebete auswendig aufsagen. Damit war die Lektüre nicht mehr ein unabdingbares Mittel zum Wissenserwerb. Sie diente den Schülern nur noch als Gedächtnisstütze, wenn sie einmal den Text vergessen oder ein schwaches Gedächtnis hatten. Das Lesen diente lediglich dazu, das »wiederzuerkennen«, was man bereits wußte, und nicht dazu, etwas Neues zu entdecken, und die Lektüre verlor auf diese Weise an Bedeutung. (5)

Dieser sehr spezialisierte Unterricht wurde in den Domkirchen, am Sitz der Bischöfe, für die Geistlichen ihrer Gotteshäuser abgehalten. Er ging alsbald in die Hände ihrer Helfer, der Domkanoniker, über, die später dann zu Rivalen der Bischöfe wurden. Doch bestimmten die Konzile in der Blütezeit des Mittelalters, daß auch die Priester der neu gegründeten Kirchen auf dem Lande ihre Nachfolger auszubilden hatten, d. h. sie mußten den Nachwuchs im Psalter, in den kanonischen Gebeten und im Gesang unterweisen. Tatsächlich wurden die Vikare der Kirchen anders als heute nicht vom Bischof, sondern von einem Schirmherrn ernannt, und die Domschule war nicht unbedingt für den priesterlichen Nachwuchs der ländlichen Gemeinden zuständig. Man hat hierin die allerersten Anfänge der Landschule zu sehen, die die antike Welt nicht gekannt hatte.

Soweit es in diesen fernen Zeiten in den ländlichen Gebieten überhaupt einen Schulunterricht gegeben hat, bewegte er sich auf dieser elementaren Stufe. Doch spätestens in der karolingischen Epoche wuchs die Domschule darüber hinaus, und in ihr haben wir die Urzelle unseres gesamten westlichen Schulsystems zu sehen. Zwar wurde man auch weiterhin im Psalter und im Gesang unterrichtet, blieb die Singschule bestehen, wie der Domkanonikus, der *scolasticus*, der für die Schule verantwortlich war, oft genug zugleich der Vorsänger war. Doch kommt jetzt ein neues Unterrichtsgebiet hinzu, das nichts anderes war als die *artes liberales* der Latinität, die, ein Erbe der hellenistischen

Kultur, aus Italien, wo sie vielleicht ohne Unterbrechung in den Privatschulen weitergepflegt worden waren, und aus England oder Irland, wo man diese Tradition in den Klöstern beibehalten hatte, nach Gallien zurückgekommen waren. Von nun an sollte in den mittelalterlichen Schulen die Unterweisung im Psalter und im Gesang durch den Unterricht in den *Artes,* denen des Triviums (Grammatik, Rhetorik, Dialektik) und denen des Quadriviums (Geometrie, Arithmetik, Astronomie, Musik), ergänzt werden. Hinzu kamen auch noch die Theologie, d. h. die Kenntnis der Hl. Schrift, und das kanonische Recht. Daher zog der für die Schule verantwortliche Kanonikus (der Schulhalter oder Scholastikus) bisweilen Adlaten hinzu: einen für den Elementarunterricht – den Psalter –, eine Art Hilfslehrer, andere für bestimmte Fächer wie die einzelnen Zweige der Artes, für die Theologie oder das Recht. Noch war diese Unterscheidung von Fachlehrern jedoch nicht üblich. Sie mußte wohl auf einige Schulen beschränkt bleiben, die besondere Bedeutung gewannen und Lehrer wie Studenten anzuziehen begannen. Sie kamen, wie etwa im Falle der Schulen von Chartres oder Paris, bisweilen von weither. Aller Wahrscheinlichkeit nach kamen die Domschulen lange Zeit mit einem oder zwei Lehrern aus, die in den meisten Fächern, zumindest den Artes, unterrichteten. Seit dem 12. Jahrhundert reichten sie jedoch nicht mehr aus. Die Kapitelherren mußten anderen Kirchen die Erlaubnis erteilen, Schulen zu unterhalten. Sie mußten ihr Einverständnis erteilen, daß – unter der Bedingung, daß sie sie dazu ermächtigt hatten – auch Privatlehrer Unterricht abhielten. Die Tatsache, daß sie das nur widerstrebend taten, ist eine der Ursachen für den Zusammenschluß von Lehrern und Schülern, der gegen sie gerichtet war, d. h. für die Entstehung der Universität. Allmählich entstand im 12. Jahrhundert ein Netz von Schulen; darunter waren hochberühmte, von denen einige sich zu Universitäten entwickelt haben, und dann auch wieder bescheidenere.

Noch ein weiterer Faktor trug dazu bei, dem mittelalterlichen Unterrichtssystem zu seiner endgültigen Struktur zu verhelfen: es ist die Sonderstellung der Theologie und der Rechtswissenschaft. Die Theologie wurde nicht länger in denselben Schulen unterrichtet wie die Artes. Daraus ergab sich eine bemerkenswerte Spezialisierung, die bis zum 19. Jahrhundert bestehen blieb: seit dem 13. Jahrhundert unterscheidet man nun die Lehre der Artes, die in den Universitätsstädten einer Fakultät den Namen gab, der *Faculté des Arts,* der Artistenfakultät, und die, eine Art Propädeutik, auf den Eintritt in die Hochschulen vorbereitete. Diese höheren Lehrfächer waren Theologie, kanonisches Recht oder Dekret, Zivilrecht – später wird man Gesetzeskunde sagen – und Medizin. Die Universitäten des 13. Jahrhunderts legten diese Hierarchie der Wissenschaften endgültig fest. Im allgemeinen faßten sie die Lehrfächer zu wenigstens zwei Fakultäten zusammen: zu einer Fakultät der Artes und zu einer oder mehreren höheren Fakultäten (wie in Paris zur theologischen Fakultät und zur Fakultät für kanonisches Recht); niemals bestand eine Universität jedoch ausschließlich aus der Artistenfakultät. Die Artes waren nämlich kein selbständiges Lehrfach, sondern bereiteten lediglich auf ein anderes Fach vor. Der Einfluß der Universitäten interessiert uns hier vor allem insofern, als er dazu beigetragen hat, die Theologie und die Rechtswissenschaft vollständig von den Artes zu lösen. Tatsächlich standen die höheren Spezialfächer in den Universitätsstädten natürlicherweise im Zentrum der Lehre. Sie hatten Zulauf von berühmten Lehrern und von Studenten, die vom Prestige dieser Lehrer herbeigelockt wurden. Im Gegensatz dazu wurden die Artes, einmal befreit von den parasitären Fächern wie der Theologie oder der Rechtswissenschaft, selbst dann, wenn sie von diplomierten Universitätslehrern gelehrt wurden, nicht immer von den Universitäten absorbiert; überall, wo es überhaupt solche *écoles d'artistes* gab, selbst dort, wo keine Universitäten bestanden, konnten sie sich halten, und gegen Ende des Mittelalters nahmen sie zweifellos an Zahl noch zu. Damit sehen wir uns einer Lehre der Artes gegenüber, die, zugleich universitär und außeruniversitär, im ganzen Land verbreitet ist, mal der Domherrlichkeit, mal dem Bischof und dann wieder dem Abt unterstellt ist und deren Lehrprogramme den Lateinunterricht (einschließlich des Psalters), ausgenommen die Theologie, die beiden rechtswissenschaftlichen Fächer und die Medizin, einbegreifen. Diese Lehre der Artes, wie sie sich im 13. Jahrhundert endgültig herausgebildet hat, hat uns in unserem Zusammenhang bevorzugt zu interessieren.

Während wir zwischen der antiken und der mittelalterlichen Schule einen Bruch konstatieren mußten, können wir eine, von unmerklichen Korrekturen abgesehen, kontinuierliche Fortentwicklung der mittelalterlichen Schule zu unserem heutigen Lehrsystem verzeichnen. Mit dem Vergleich dieser beiden Systeme scheint man sich a priori auf einen monströsen Anachronismus einzulassen, doch ist dieser unmögliche Vergleich zugegebenermaßen unvermeidlich. Wenn wir Texte und Dokumente lesen, die die mittelalterliche Lehre behandeln, können wir nicht umhin, zwischen den damaligen und unseren heutigen Sitten eine Verbindung herzustellen, da wir kein anderes Mittel haben, um uns ein Bild davon zu machen.

Was zunächst ins Auge fällt, sind die Unterschiede. Die mittelalterliche Schule war den Tonsurierten, den Geistlichen und den Mönchen vorbehalten. Seit dem Ende des Mittelalters öffnete sie sich auch für die Laien, und von da ab erfaßte sie immer breitere Schichten der Bevölkerung. Dennoch blieb sie bis zur Mitte des 18. Jahrhunderts eine Lateinschule, und als sie französisch wurde, der Gebrauch der französischen Sprache nicht mehr bestraft wurde, stand das Studium der lateinischen Sprache weiter im Mittelpunkt des Unterrichts der höheren Schulen. Man erklärt diese Bevorzugung des Lateinischen im allgemeinen mit der Ausrichtung unserer Kultur auf die römische Antike. In Wirklichkeit muß man jedoch hinter die Epochen, die bewußt den Kult der römischen Antike pflegten, zurückgehen, und zwar bis ins Mittelalter, wo das Lateinische zunächst die Sprache der Geistlichen und ihrer auf die Priesterausbildung zugeschnittenen Schulen war. Jahrhundertelang lehrte man es weniger als Kultursprache, sondern als lebendige Sprache, auf die der Geistliche ebensowenig verzichten konnte wie der Rechtsgelehrte oder der Gutsverwalter. Erst zu Beginn des 18. Jahrhunderts rückt seine moderne Funktion, zur Allgemeinbildung beizutragen, in den Vordergrund. Das Fortleben des Lateinischen ist im wesentlichen dem mittelalterlichen Ursprung unserer schulischen Tradition zu verdanken.

Der zweite Unterschied besteht im Fehlen des Elementarunterrichts. Wir verstehen darunter heute weder den Erwerb von technischen Fähigkeiten noch die Vermittlung von Allgemeinbildung. Er soll vielmehr dazu dienen, daß man lesen, schreiben und den Gebrauch der französischen Sprache, kurz all das lernt, was man braucht, um sich im Leben zurechtzufinden, ganz gleich welchen Beruf man wählt und welcher Schicht man angehört. Im Mittelalter und zu Beginn des modernen Zeitalters waren diese elementaren und empirischen Kenntnisse jedoch nicht Gegenstand des Schulunterrichts: man erwarb sie in der Familie oder innerhalb der Berufsausbildung, durch eine Art Lehrverhältnis. (6) Die Schule setzte mit dem Lateinunterricht ein und hörte auf, wenn man mit seinem Lateinstudium soweit gekommen war, wie nötig. Der zukünftige Pfarrvikar einer ländlichen Gemeinde konnte sich mit dem Auswendiglernen der liturgischen Texte begnügen; der zukünftige Ordensverwalter mußte es weiterbringen. Gewiß gab es in der mittelalterlichen Schule einen elementaren Lateinunterricht: man lernte den Umgang mit dem Psalter, anhand dessen man lesen lernte, und zweifellos hat er zu Beginn des 17. Jahrhunderts den modernen Primärunterricht beeinflußt, wie wir später noch sehen werden. (7) Doch ist der Psalter nur das Rudiment der Lateinschule, der im Umgang mit dem Lateinischen erforderlichen Techniken. Dadurch, daß man ihn in die französischsprachige *petite école* verpflanzte, änderte man seinen Charakter. Er erhielt damit einen gänzlich anderen Stellenwert.

Den dritten Unterschied sehen wir darin, daß es keinen Hochschulunterricht in den Geistes- und Naturwissenschaften gab. Zwar gab es theologische, juristische und medizinische Fakultäten, und diese haben sich bis heute unter derselben Bezeichnung gehalten. Doch gab es in Frankreich nichts, was man mit der höheren Bildung der hellenistischen Welt, die im wesentlichen naturwissenschaftlich, rhetorisch und philosophisch ausgerichtet war, oder mit unseren geistes- und naturwissenschaftlichen Fakultäten, die zu Beginn des 19. Jahrhunderts mit der napoleonischen Universität entstanden sind, vergleichen könnte. Eine überraschende Lücke, wenn man bedenkt, welche bedeutende Rolle die Philosophie im Geistesleben des Mittelalters gespielt hat. Die Entdekkung unbekannter Werke des Aristoteles, die große thomistische Synthese hätten eigentlich eine von den *artes liberales* und der Theologie unterschiedene philosophische Lehre begünstigen müssen. Tatsächlich nahmen die Ethik und die Metaphysik in den Lehrprogrammen so viel Raum ein, daß ein Teil der Artes in der Philosophie aufging. So verschwand beispielsweise die alte Dialektik des Triviums zugunsten der Logik, die auf Dauer deren Platz in der Schulterminologie einnahm, und die Logik wurde wiederum von da an zum Synonym für Philosophie überhaupt. Wird diese Philosophie neben der Grammatik und den rudimentären Formen der Grammatik bestehen bleiben, oder wird sie sich davon lösen und zu einem Universitätslehrfach werden? In dieser Hinsicht haben die französische und die englische Bildung eine unterschiedliche Entwicklung genommen.

Für England läßt sich feststellen, daß die den Universitäten angegliederten Lateinschulen, d. h. die Colleges von Oxford und Cambridge, sich von den anderen nicht-universitären Lateinschulen unterschieden. Es bürgerte sich ein, daß man bis zum Alter von 14 Jahren zunächst in der nächtgelegenen Lateinschule – das mochte beispielsweise die Domschule von Saint Paul's in London sein – mit dem Studium der Artes begann. Man nannte diese Schulen, die sich von den französischen Lateinschulen in nichts unterschieden, später dann *grammar schools.* Erst wenn der junge Mann die *grammar school* mit etwa 14 Jahren verließ, wurde er nach Oxford bzw. Cambridge geschickt. Diesem Altersunterschied entsprach ein Unterschied im Lehrprogramm: die Philosophie und die Naturwissenschaften blieben, zumindest prinzipiell, den Universitäten vorbehalten, wobei jedoch zu beachten ist, daß diese Unterscheidung erst im 18. Jahrhundert streng gehandhabt wurde. In der Realität war die Grenze fließender. Das hatte zunächst einmal den Grund, daß die zur Universität gehörigen Colleges neben der Philosophie weiter die Regeln und Autoren lehrte, die man schon in der *grammar school* wieder und wieder durchgenommen hatte, d. h. man folgte dem der mittelalterlichen Pädagogik teuren Prinzip der ständigen Repetition. Der andere Grund war, daß es noch im 15. und 16. Jahrhundert vorkam, daß in den *grammar schools* Logik gelesen wurde, über die Zuordnung bestimmter Fächer konnte man sich lange Zeit nicht einig werden, so auch im Falle der Rhetorik, die Brinsley der Universität zusprach, obwohl sie zum Lehrprogramm der *grammar schools* gehörte und dort auch weiter gelehrt wurde. Die Diskussion dauerte zu Beginn des 17. Jahrhunderts noch an. Dennoch entwickelten sich die Dinge entsprechend dem althergebrachten Usus: die *grammar schools* bereiteten für die Universität vor, und die Universität besaß das Monopol des Philosophieunterrichts, der als notwendige Ergänzung der gewöhnlichen Studien angesehen wurde, als ein Unterrichtsfach, das man absolvierte, ehe man das Spezialstudium der Rechtswissenschaft, der Theologie oder der Medizin aufnahm. Die Philosophie wurde damals zur Keimzelle der höheren Bildung im modernen Sinne des Wortes, und dieselbe Entwicklung läßt sich auch für Deutschland feststellen. (8)

In Frankreich dagegen gelang es den an eine Universität angeschlossenen Artistenschulen weder hinsichtlich ihrer Schülerschaft noch hinsichtlich ihres Lehrprogramms, sich von den Artistenschulen der anderen Städte, in denen keine Universitäten entstanden, zu unterscheiden. Zweifellos hätten sich im Paris des 13. Jahrhunderts, also zur Zeit des hl. Thomas, ähnliche Verhältnisse entwickeln können wie in Oxford und Cambridge. An die Pariser Schulen kamen Studenten von weither, die zuvor bereits andere Schulen besucht hatten. Schon im 12. Jahrhundert finden sich Hinweise darauf, daß die besten Schüler nach der Pubertät ihre Schulen verließen, um nach Chartres, nach Tournai, Orléans und Bologna zu gehen. (9) Dennoch nahmen auch die berühmtesten Schulen weiter Anfänger auf, und anders als in Oxford und Cambridge gingen diese Schulen nicht dazu über, nur junge Männer mit Vorkenntnissen aufzunehmen. Was Paris betrifft, so erklärt sich diese Tatsache vielleicht daraus, daß es hier einen größeren Zustrom von ortsansässigen Studenten gab als in den kleinen englischen Städten, was bedeutet, daß bestimmte Schulen sich, analog zu unseren Fakultäten, einerseits nach den Bedürfnissen einer von auswärts kommenden Hörerschaft richten, andrerseits jedoch, wie unsere Kollegs oder Gymnasien, auch denen der lokalen Hörerschaft gerecht werden mußten. In jedem Falle war in diesen Schulen die Philosophie nicht von der Grammatik getrennt, so daß die Schulen in den Universitätsstädten dasselbe Programm hatten wie diejenigen in den Städten ohne Universität, vorausgesetzt, daß sie bedeutend genug waren.

Noch heute sind die Konsequenzen spürbar, die sich aus diesen Verhältnissen ergaben. Die Philosophie verblieb im Programm der Grammatikschulen, und als man vom 14. Jahrhundert an zu einem abgestuften Unterricht, zu einer Einteilung des Unterrichtsstoffs nach dem Schwierigkeitsgrad, der den verschiedenen Altersstufen angemessen sein sollte, überging, geriet die Philosophie ans Ende des Unterrichtszyklus der Lateinschulen; unter den Bezeichnungen Logik und Physik bildete sie den Gegenstand der beiden letzten Klassen, aus denen dann unsere modernen Philosophieklassen wurden.* Die Logik- und Physik-Klassen des 16. Jahrhunderts entsprachen zugleich den englischen Universitätscolleges und unseren modernen geistes- und naturwissenschaftlichen Fakultäten. Daß es gegenwärtig in Frankreich ein zweites *baccalauréat* gibt, ist der Tatsache zuzuschreiben, daß die Philosophie sich in den damaligen Schulen nicht von den übrigen Artes gelöst hat. In England gibt es dagegen keine solche zweite Abiturprüfung, weil es in den *grammar schools* keinen Philosophieunterricht, weder Logik noch Physik, gegeben hat.

Was in England zu einer Angelegenheit der Universitätsbildung wurde, wurde in Frankreich durch das absorbiert, was sich später zur höheren Schule entwickelt hat. Daher konnte sich auch die von Napoleon ins Leben gerufene *Faculté des Lettres* auf keinerlei französische Tradition stützen, und man mußte sich an ausländischen, hauptsächlich deutschen, Vorbildern orientieren. Deshalb gilt die geistes- und naturwissenschaftliche Universitätsbildung bei uns auch nicht als notwendige Ergänzung einer guten Erziehung. Noch am Ende des 19. Jahrhunderts war nicht etwa die Sorbonne das französische gesellschaftliche Äquivalent zu Oxford oder Cambridge, sondern das Louis-le-Grand oder das Stanislas oder ein Jesuitenkolleg. Heute entspräche dem die *École des Sciences politiques*. Wie konservativ muß doch die Geschichte der Bildungsinstitution gewesen sein, wenn sich sehr moderne Merkmale aus soweit zurückliegenden Ursprüngen erklären lassen – fast ebenso konservativ wie die Geschichte der Kirche.

Bislang hat der Vergleich zwischen den mittelalterlichen und unseren

* Die beiden letzten Oberschulklassen, A. d. Ü.

Unterrichtsformen vor allem Unterschiede sichtbar gemacht. Es scheint unmöglich, den Ursprung des einen im anderen zu finden: weder unser Elementar- noch unser Universitätsunterricht gehen direkt auf das mittelalterliche System zurück. Wie die Analyse der Ursprünge des zweiten *baccalauréat* ergeben hat, trifft das auf die höheren Schulen nicht zu. Man hat in unserem, an der Antike orientierten Oberschulunterricht des 19. und des beginnenden 20. Jahrhunderts, der immer noch auf Lateinisch abgehalten wurde, viel mehr die natürliche Weiterentwicklung des *artes liberales* des Mittelalters zu sehen. Diese haben einen tiefgreifenden Wandel durchgemacht, und zwar insbesondere unter dem humanistischen Einfluß des 16. Jahrhunderts, als die klassische Latinität die Stelle der Autoren des oströmischen Reiches einnahm, und dann im 18. Jahrhundert, als Französisch als Schulsprache sowie eine Reihe neuer wissenschaftlicher Fächer eingeführt wurden. Doch waren sie immer noch als solche zu erkennen, und man hielt an ihrer traditionellen Terminologie fest. Zweifellos ist das Wort *artiste* für die Schüler der Schulen, an denen die Artes gelehrt wurden, seit dem 16. Jahrhundert außer Gebrauch gekommen, wenn es auch in einer ausschließlich schriftlichen Verwaltungssprache weiter gebraucht wurde, um die *Faculté des Arts* im Gegensatz zu den anderen Fakultäten der Universität zu bezeichnen. Die Ausdrücke jedoch, derer man sich fast bis in unsere Zeit bediente, um die hauptsächlichen Errungenschaften der höheren Schule – oder dessen, was dann zur höheren Schule wurde – zu bezeichnen, gehören immer noch zum traditionellen Vokabular der Artes. Während der beiden letzten Jahrhunderte des Ancién Régime und noch im 19. Jahrhundert war der normale Zyklus folgendermaßen zusammengesetzt: vier Jahre Grammatik, dann die zweite Klasse oder die der Schönen Wissenschaften *(Humanités)*, dann die erste oder Rhetorik-Klasse, denn die Logik und schließlich die Physik. Bis auf die *Humanités* bezeichneten diese Wörter sämtlich *artes liberales*. Die Grammatik und die Rhetorik sind zwei Zweige des Triviums. Die Logik ist die alte Dialektik, die durch die aristotelische Renaissance des Mittelalters auf eine eher philosophische als im eigentlichen Sinne rhetorische Stufe gehoben worden war. Die Physik ist nichts anderes als das alte Quadrivium. Die *Humanités* stellen den Beitrag des humanistischen Denkens des 16. Jahrhunderts dar, das insbesondere bei den Jesuiten zum Tragen gekommen ist. Im 19. Jahrhundert wurden die Logik und die Physik dann durch unsere Philosophie- bzw. Mathematikklassen ersetzt. Die schlichte Aufzählung der Namen, die unsere Klassen vom 16. Jahrhundert bis heute tragen, ist ein exaktes Resümee der gesamten Geschichte der Lateinschule. Wir finden darin das Trivium und das Quadrivium der Anfangszeit, den philosophischen Niederschlag des Mittelalters ebenso wie den humanistischen der Renaissance und schließlich auch die alte Logik und die Physik, die sich im modernisierten Gewand der neuzeitlichen Philosophie und der Mathematik verbergen. Die einzelnen Etappen heben sich deutlich voneinander ab, gehören als solche jedoch ein und derselben Entwicklung an. Von unserem modernen *lycée* – wie es aussah, ehe die Grenzen zwischen der Oberschule und der ursprünglichen Hochschule sowie den technischen Hochschulen durch Reformen abgebaut wurden – kann man zum Kolleg des Ancien Régime zurückgehen, ohne auf merkliche Veränderungen zu stoßen, und ebenso verhält es sich mit dem Übergang vom Kolleg zur mittelalterlichen Lateinschule, wo »die Grammatik und die Artes« gelehrt wurden. Das bedeutet nicht, daß der mittelalterliche Unterricht der Artes dem unserer Universität entspräche, sondern einfach nur, daß er am Ursprung der Entwicklung steht, die in unsere Universitäsbildung mündet.

Wir haben versucht, den Stellenwert der mittelalterlichen Schule zu bestimmen, indem wir sie zugleich auf ihre Ursprünge und auf ihre Nachfolger bezogen haben. Nun, da sie uns nicht mehr so fremd ist, wollen wir einige ihrer Merkmale gesondert betrachten, die für unsere Analyse des Verhältnisses zwischen den Altersstufen von Belang sind: das Fehlen abgestufter Lehrprogramme, die Simultaneität des Unterrichts, die Vermischung der Altersstufen und die Schülerfreiheit.

Das Fehlen von Unterrichtsstufen

Einen abgestuften Unterricht, der darauf basiert, daß die Unterrichtsfächer nach dem Schwierigkeitsgrad angeordnet sind, so daß mit den einfachsten Fächern begonnen wird, kannte man nicht. Am auffälligsten ist das im Bereich der Grammatik. Heute – oder genauer gesagt, seit dem 15. Jahrhundert – betrachten wir die Grammatik als ein Elementarfach, und tatsächlich ist es im Laufe der Zeit immer mehr vereinfacht worden. In der Antike hingegen war die Grammatik eine Wissenschaft, eine schwierige Wissenschaft, die eher unserer modernen Philologie entsprach. Das Mittelalter hat diese wissenschaftliche Auffassung von der Grammatik als eines der Zweige des Triviums von der Antike geerbt, und auch fortgeschrittene Studenten verschmähten es nicht, dieses Fach zu studieren. So nahm im 12. Jahrhundert Johann von Salisbury drei Jahre lang, d. h. zwischen dem 17. und dem 21. Lebensjahr, an Grammatikübungen teil. Man las und wiederholte die *Commentarium grammaticorum libri XVII* Priscians, eines Lateingrammatikers des 5. Jahrhunderts. Im Jahre 1215 legt ein Statut der Universität von Paris fest, daß man in den Artistenschulen im Verlauf von zwei Unterrichtsjahren mindestens ein Buch Priscians zu lesen habe. (10) Später wurde Priscian dann durch das *Doctrinale puerorum* Alexandre de Villedieus (13. Jahrhundert) abgelöst, das in zwölf Kapitel aufgeteilt war: Deklinationen, die »Heteroklita«, d. h. unregelmäßige Bildungen, die Steigerungsformen, Artikel oder Geschlechtswörter, Präterita und Supina, unvollständige und unregelmäßige Verben, die vier Verbformen, transitive und rückbezügliche Konstruktionen, Kürzen und Längen, der Akzent und die rhetorischen Figuren. Das *Doctrinale* war dann bis zum Ende des 15. Jahrhunderts das übliche Grammatiklehrbuch; danach wurde es in Frankreich durch den *Despautère* abgelöst, der zwar kaum einfacher war, sich jedoch insofern von seinen Vorgängern unterscheidet, als er sich als erster eher als pädagogische Einführung denn als wissenschaftliche Zusammenfassung ausgab.

Zu dieser wissenschaftlichen Grammatik gehörte allerdings auch das, was man unmittelbar nach oder parallel zur Lektüre des Psalter Knaben von etwa zehn Jahren beibrachte. Zweifellos fingen sie nicht mit dem Priscian oder dem *Doctrinale* an. Ihr erstes Buch war der Donat, d. h. das *De octo paribus orationis* Donats, eines Grammatikers des 4. Jahrhunderts. Man nannte dieses Lehrbuch den *Donatus minor*, um es von anderen Büchern Donats zu unterscheiden, oder auch *Ars minor*, was besagen sollte, daß es sich dabei zwar um ein Lehrbuch für Anfänger handelte, daß es jedoch ebenfalls zur Gesamtheit der Artes gehört. Später ist der Donat zum Synonym für die Grundlagen des Lateinischen geworden: wenn man seinen Donat kannte, war man aus dem gröbsten heraus. Bestimmte Privatlehrer hatten vom Kapitel das Recht zugesprochen bekommen, den Donat, aber keine weiteren Autoren zu behandeln.

In zahlreichen Handschriften sind dem Donat allerdings Auszüge aus den Büchern Priscians beigegeben, den man eigentlich als einen Autor für fortgeschrittenere Studenten hätte betrachten können. Zu Beginn des 11. Jahrhunderts schreibt der Angelsachse Aelfric einen lateinischen Dialog mit parallellaufender Übersetzung, der für Anfänger auf dem Niveau des Donat bestimmt war; er fügt ihm *Excerptiones de Prisciano minore vel majore* bei: es handelt sich dabei um eine Art

Kompendium oder eine Anthologie von Texten Donats und Priscians. Andererseits stößt man auf der Inventarliste eines Studenten aus Bologna, der im Jahre 1393 beraubt worden war, auf einen Donat, und dieser befindet sich in unmittelbarer Nachbarschaft zu einem Exemplar des *Doctrinale* und einem Boethius. Boethius behandelte die Dialektik, die Musik, das Quadrivium – es ist, als habe man im Pult eines Schülers der Philosophieklasse von heute unter seinen gewöhnlichen Schulbüchern eine kleine französische Grammatik gefunden. Die Grammatik war also zugleich eine Wissenschaft und ein Elementarfach; den schon fast erwachsenen Priesterzögling von 15 bis 20 Jahren beschäftigte sie ebenso wie den kleinen Tonsurierten von 10 Jahren. Und dabei handelte es sich stets um dieselbe Grammatik, die an Hand der immer gleichen Autoren des oströmischen Reiches studiert wurde. (11)

Ein anderes Beispiel für das Fehlen von Unterrichtsstufen entnehmen wir dem schulischen Werdegang Johann von Salisburys in der Mitte des 12. Jahrhunderts. Johann von Salisbury ist um 1137 geboren. Mit 14 Jahren kommt er nach Paris. Bis zu diesem Alter hatte er bereits einiges gelernt: er kannte den Psalter, den Donat und besaß oberflächliche Kenntnisse in den *artes liberales*. Er kommt nun nach Paris, um seine Ausbildung bei berühmten Lehrern zu vervollkommnen. Diese mochten, beispielsweise im 13. Jahrhundert war das der Fall, auf bestimmte Zweige der Artes spezialisiert sein: so lehrte etwa der eine Lehrer Grammatik, ein anderer Rhetorik, der nächste Dialektik oder Logik und wieder ein anderer das Quadrivium, doch war das keine unumstößliche Regel. Im allgemeinen lehrte ein- und derselbe Lehrer sämtliche Artes, wobei er allerdings auf eine bevorzugte Disziplin besonderes Gewicht legen mochte. So etwa im Falle Odons an der Schule von Tournai, der im 16. Jahrhundert seine zweihundert Schüler in allen Artes unterwies, obwohl *»praecipue tamen in dialectica eminebat«*. Und wenn die berühmtesten Lehrer in Paris und anderen Universitätsstädten im 12. und 13. Jahrhundert bisweilen noch relativ spezialisiert waren, so sollte diese Spezialisierung dann in späterer Zeit doch allmählich verschwinden. Bei seiner Ankunft in Paris wendet sich Johann von Salisbury, unser 14jähriger Scholar, nicht als erstes an einen Grammatiklehrer. Er nimmt an einem Dialektikkurs teil, d. h. er interpretiert im wesentlichen Boethius und Porphyrios bzw. deren Kommentare zum Organon des Aristoteles. Zwei Jahre wird er an diesem Unterricht teilnehmen, doch wenn er dann nach langer Abwesenheit zu diesem Lehrer zurückkehrt, wird er dieselben Studienkameraden vorfinden, die diesen formalen Dialektikübungen weiter treugeblieben sind. Er selbst mag sie dann zwar für überflüssig halten, doch billigte man ihnen schließlich immer noch so viel Interesse zu, daß sie etwa ein Jahrhundert lang ein treues Publikum zu fesseln wußten. Es kam also im 13. Jahrhundert häufig vor, daß man beim Studium einer der *artes liberales* länger verweilte. Die Dialektik hält Johann von Salisbury nicht vom Studium der Grammatik ab, die er keineswegs aufgeben will, wenn er seine Pariser Kurse auch mit der Dialektik begonnen hat. Drei Jahre lang, also bis er etwa zwanzig ist, nimmt er weiter daran teil – ein Beispiel mehr dafür, daß die Grammatik im Mittelalter zugleich Elementarfach und Wissenschaft war. Als Johann von Salisbury zwanzig ist, ist sein Scholarenleben noch keineswegs beendet. Er schreibt sich bei einem Lehrer ein, der den gesamten Zyklus der Artes durchnimmt – *ab eo* (Richard L'Évêque) *cuncta relegi* – und ihn in den Fächern des Quadriviums, das er noch nicht kannte, d. h. in den Schönen Wissenschaften – *et inaudita quaedam ad quadrivium pertinentia* – unterrichtet. Dann geht er zur Rhetorik über, mit der er bereits Bekanntschaft geschlossen hat – *relegi quoque rhetoricam* – und schließt seine Studien mit der Logik ab, wo er erneut dem Organon des Aristoteles begegnete, das er bereits im Rahmen der Dialektik studiert hatte. In der Folgezeit wird er dann seinerseits die Artes lehren, um seinen Lebensunterhalt zu verdienen. Bei seiner erneuten Rückkehr auf die Schulbank wird er dann ein Universitätsfach belegen, nämlich ein Theologiestudium beginnen. Während der langen Jahre, die Johann von Salisbury als *artiste* in Paris verbrachte, folgte er keinem bestimmten Plan; sein Studiengang weist keinerlei Abstufungen auf, Dialektik, Grammatik, Wiederholung des Triviums, Quadrivium, Wiederholung der Rhetorik, Logik – die Reihenfolge hätte auch anders aussehen können. Man kann absolut nicht sagen, daß sie üblich gewesen sei. Jeder Lehrer mußte sein Programm seinen Neigungen entsprechend selbst zusammenstellen, und man unterrichtete gleichzeitig in den Fächern, die man allgemein als gleich schwierig und gleich wichtig einschätzte. (12)

Die auf die Kardinäle von Saint-Marc und Saint-Martin zurückgehende Reform der Universität von Paris im Jahre 1366 läßt dann jedoch auf eine gewisse Neigung zugunsten einer Abstufung der Lehrprogramme schließen, ein Merkmal, das der Reform Robert de Courçons von 1215 sehr fremd gewesen wäre. (13) Der Text, um den es geht, stellt das Programm für die Universitätsprüfungen auf. So werden für die *determinatio*, das künftige *baccalauréat*, folgende Kenntnisse verlangt: 1. Grammatik: *sint in grammatica edocti, et Doctrinale et Graecismum audiverint;* 2. Logik: *veterem artem totam,* nämlich das

Organon wie auch *De anima* von Aristoteles. Für die Erlangung der *licencia docendi* wird folgendes verlangt: die Kenntnis der Physik und der naturwissenschaftlichen Traktate des Aristoteles: *De generatione et corruptione, De caelo et mundo, Parva naturalia;* für die *maîtrise es arts:* die Kenntnis der Ethik und der Meteore, ebenfalls von Aristoteles.

Man könnte hierin Elemente einer Abstufung sehen: sie bestünde zwischen der Grammatik und der Logik, die im Lehrprogramm der Artes gemeinsam den breitesten Raum einnahmen, und dem Quadrivium und der Moralphilosophie. Allerdings bleibt diese Abstufung ziemlich verschwommen, weil sie Grammatik und Logik auf derselben Ebene beläßt; es handelt sich hier eher um eine Klassifizierung, die aus dem Bemühen kommt, den schulischen Werdegang genauer zu umreißen, die Examina besser zu organisieren und, soweit es die *licence* und die *maîtrise* betrifft, Studienfächer festzulegen, die dem Kandidaten der *determinatio* noch nicht abverlangt wurden. Im übrigen sagt diese Aufteilung der Stoffgebiete auf die drei Examina noch nichts über ihre Schwierigkeit, denn das Organon oder *De Anima* sind auch nicht faßlicher als die Physik oder die Ethik; ebensowenig verrät diese Aufteilung etwas über die Reihenfolge, in der diese verschiedenen Fächer unterrichtet wurden, denn die Prüfungen für das Bakkalaureat, das Lizentiat und die Magisterprüfung rückten zu Beginn des modernen Zeitalters, als sie praktisch zu unterschiedlichen Formalitäten ein und desselben Examens wurden, so eng zusammen, daß sie sich fast nicht mehr auseinanderhalten ließen. (14)

Simultaneität

Zwischen den Artes, zumindest zwischen Grammatik und Logik, bestand keine hierarchische Abstufung. Doch hätte der Unterricht, wenn er schon nicht in verschiedene Stufen eingeteilt war, doch immerhin eine zeitliche Einteilung erfahren können. Eine solche Gliederung wurde in den Schulen des 12. und 13. Jahrhunderts, die die Rolle von Artistenhochschulen spielten – auch die von Johann von Salisbury besuchten gehörten dazu – schließlich sogar unumgänglich, doch wissen wir, daß diese Hierarchie der Artistenschulen in Frankreich einem ziemlich raschen Wandel unterworfen war. Sie wurde durch den Zulauf der Stadtkinder wie auch durch die Neigung zur Verkürzung der Studienzeit gefährdet. Die Universitätskarriere Johann von Salisburys erstreckte sich über etwa zwölf Jahre, und dazu kommen dann noch die fünf oder sechs Jahre Elementarschule, die ihnen vorangegangen waren. Die anderen Studenten, die mit ihm das Fach Dialektik studiert hatten, waren dieser Abteilung der Artes nahezu zehn Jahre treu geblieben. Doch läßt sich von dieser Epoche an eine gegenläufige Tendenz beobachten, von der einer der Traktate desselben Johann von Salisbury zeugt, sein *Metalogicon*, das sich gegen diejenigen richtet, die die Studiendauer verkürzen, ja sogar, so behauptet er, auf zwei oder drei Jahre beschränken wollten. (15) Drei Jahre anstelle von zehn oder zwölf – Johann von Salisbury macht aus seiner Verachtung keinen Hehl. Dennoch haben die von ihm Geschmähten schließlich triumphiert, und sein Held Cornificius, der Gegenstand seines Gespötts, erscheint in unseren Augen geradezu als Vorläufer des modernen Unterrichtswesens, das seit dem 15. Jahrhundert dadurch gekennzeichnet ist, daß der Studiengang kürzer ist als der des Mittelalters. Nichtsdestoweniger handelte es sich dabei lediglich um eine Vorwegnahme, und das Mittelalter behielt den langen Studiengang bei, was sich daraus erklärt, daß das Unterrichtsmonopol bei den Geistlichen lag, die oft bereits im Besitz von Benifizien waren und es folglich wenig eilig damit hatten, sich eine Existenz zu schaffen. Die Studiendauer verkürzte sich, als sich die Schülerschaft der Lateinschule in größerem Maße aus Laien rekrutierte. Aber selbst dann blieb die lange Studiendauer weiter ein Modell, dessen man mit Wehmut gedachte. Die Humanisten, die der mittelalterlichen Pädagogik doch so feindlich gesonnen waren, glaubten immer noch, daß die ideale Ausbildung einen großen Teil des Lebens einnehmen und sich über die Kindheit oder die Jünglingszeit hinaus ausdehnen sollte, zumal sie weder dieser Altersgrenzen noch der existentiellen Besonderheit dieser Lebensstufen gewärtig waren.

Indem man die Studiendauer verkürzte, nahm man den Hochschulen, die ja bereits von Anfängern aus der Stadt besucht wurden, den Charakter einer ergänzenden Bildungsstätte, die relativ spezialisierten Lehrern vorbehalten war. Durch eine solche Verkürzung wurde auf der einen Seite eine zunehmende Spezialisierung der Lernenden vereitelt, während diese Schulen andererseits von Anfängern überschwemmt wurden. Daher wurden die Hochschulen alsbald so vielseitig, wie es die Mehrzahl der außeruniversitären Artistenschulen immer gewesen war. Ein Professor unterrichtete (wie heute der Volksschullehrer) sämtliche Fächer der Artes oder doch wenigstens Grammatik, Logik und das Quadrivium. Bestimmte Fächer, die nicht zum Grammatik-Logik-Grundzyklus gehörten, waren in Paris lange Zeit Gegenstand eines Spezialkurses: so wurde die Ethik noch Ende des 15. Jahrhunderts, als

Standonc dafür zuständig war, gesondert unterrichtet. Standonc beklagte sich übrigens, daß die Anwärter auf das Bakkalaureat an dem Kurs nicht mehr teilnahmen. Zwischen 1492 und 1517 wurde er endgültig abgeschafft. (16)

Selbst im Falle solcher abgegrenzten Spezialkurse blieb der Unterricht stets simultan, wie es der Tradition entsprach, die in der von Robert de Courçon verfaßten Reformschrift der Universität von Paris von 1215 beschrieben ist und im wesentlichen ganz dem Geist der mittelalterlichen Pädagogik entsprach. Diesem Text können wir entnehmen, daß die Artes in zwei Unterrichtszyklen aufgeteilt waren: der eine wurde in den *scolae ordinarie* gegeben und bestand in Grammatik und Logik, d. h. im Priscian und im Organon, der andere erfolgte *ad cursum*, und in diesen *cursariae* las man die Rhetorik, die *quadrivilia* (die Physik des Aristoteles, Boethius' Traktat über die Musik etc...), aber auch einen Grammatiktraktat, Donats *Barbarismum* (wohingegen das *De octo partibus* Teil des erstgenannten Zyklus war), und schließlich gab es noch eine Art Wahlfach: *ethicam, si placet.* Zum ersten Zyklus gehörten die Grunddisziplinen, und der Reformer von 1215 wacht darüber, daß sie nicht übermäßig ausgedehnt werden. Dem zweiten Zyklus waren die ergänzenden Kenntnisse vorbehalten. Diese beiden Zyklen folgten jedoch nicht aufeinander, sie fanden vielmehr gleichzeitig statt, d. h. die Grundkurse fanden an Werktagen statt, während die *cursariae* nur an Feiertagen abgehalten wurden, die im übrigen sehr zahlreich waren. Es hat ganz den Anschein, als seien die Stundenpläne darauf abgestellt gewesen, daß die Schüler an beiden Zyklen gleichzeitig teilnehmen konnten. Das erklärt auch, weshalb der Schüler aus Bologna gleichzeitig einen Donat und einen Boethius in seinem Gepäck hatte. Man teilte die Disziplinen nach den Studiengegenständen ein, ließ sie jedoch zeitlich nicht aufeinanderfolgen. Die älteren Schüler unterschieden sich von den neuen nicht hinsichtlich der Gegenstände, die sie studierten – denn die waren für alle gleich –, sondern hinsichtlich der Anzahl der Wiederholungen desselben Stoffes. Ein Grund für dieses ständige Wiederkäuen war allerdings auch die Seltenheit von Manuskripten, die es erforderlich machte, hauptsächlich mit dem Gedächtnis zu arbeiten.

Vermischung der Altersstufen und Scholarenfreiheit

Das Fehlen von abgestuften Lehrprogrammen, die Simultaneität des Unterrichts, die Methoden mündlicher Wiederholung – das alles sind Merkmale dieser Pädagogik, die man im Auge behalten muß, wenn man die erstaunliche demographische Struktur der mittelalterlichen Schule verstehen will.

In welchem Alter kam man in die Schule? Was dies betrifft, so ergeben die Angaben der Historiker ein widersprüchliches Bild, da aus ihnen, sofern sie französische Verhältnisse behandeln, oft nicht recht ersichtlich wird, ob sie sich auf die Elementarschule oder auf die Hochschule beziehen. Bei englischen Angaben versteht man dagegen besser, wovon die Rede ist, weil die Unterscheidung zwischen elementaren und höheren Artistenschulen über das 13. Jahrhundert hinaus fortbestand und heute noch besteht. Doch selbst in den Fällen, wo die Angaben so präzise sind wie möglich, ist eine gewisse Ambiguität nicht zu übersehen.

Chaucer läßt in der »Prioress's Tale« innerhalb seiner *Canterbury Tales* (17) (14. Jahrhundert) einen kleinen Schüler auftreten: »Unter diesen Kindern war nun der Sohn einer Witwe, der wohl sieben Jahre alt war – ein kleiner Chorknabe – und regelmäßig alle Tage zur Schule kam.« Er war früh dran für seine Zeit. Im Pariser Collège de l'Ave Maria waren die Jüngsten im Jahre 1339 acht bis neun Jahre alt. (18) Auch ins Winchester College trat man zwischen acht und siebzehn Jahren ein. (19) Das Datum, das Adamson, der Historiker des englischen Bildungswesens angibt, scheint auf die meisten Fälle zuzutreffen: neun bis dreizehn Jahre. Man kann davon ausgehen, daß der kleine Priesterzögling durchschnittlich etwa mit zehn Jahren mit seinem Psalter begann. Halten wir fest, daß er heute in diesem Alter in die sechste Klasse käme, wenn er nicht gar weiter voraus wäre, und daß er bereits vier bis fünf Jahre Grundschule hinter sich hätte, ja bisweilen, nämlich dann, wenn er die Vorschule besucht hätte, sogar mehr. Der mittelalterliche Priesterzögling ist vier oder fünf Jahre hinter dem Zehnjährigen unserer Zeit zurück, und diese vier oder fünf Lebensjahre waren damals, relativ gesehen, sehr viel länger als heute. Man kam also spät in die Schule. Und wieviel Zeit verbrachte man dort? Auch hier gilt es wieder sorgfältig zu unterscheiden: bis etwa zum 12. Jahrhundert dürfte man das dreizehnte bis vierzehnte Lebensjahr, die Pubertätszeit, wohl kaum überschritten haben. Im 12. und 13. Jahrhundert etablierte sich dann zugleich mit der universitären Bewegung eine längere Schulzeit, die die

Grundschulzeit verlängerte und den Knaben, wenn er mit etwa dreizehn/vierzehn Jahren zum Studenten geworden war über das Jünglingsalter hinaus, d. h. bis er etwas jünger oder etwas älter als zwanzig war, nicht losließ. Die englische Regelung sah folgendermaßen aus: Grundschule oder, wie man später sagen wird, *grammar school* bis vierzehn, und dann das Universitätscollege von vierzehn bis achtzehn Jahren; danach spezialisierte man sich dann auf die Theologie oder absolvierte ein Rechtspraktikum. Wir haben gesagt, daß die zeitliche Zweiteilung des Unterrichts in den Artes in Frankreich das dreizehnte Jahrhundert nicht überlebt hat. Die Pariser Universitätsschulen dürften einen bestimmten Anteil von Schülern gehabt haben, die älter als vierzehn Jahre alt waren, so daß sich das Durchschnittsalter ihrer Schüler erhöhte. Es dürfte sich dabei um Studiosi gehandelt haben, die von der Berühmtheit der Lehrer der Stadt angezogen worden waren. Doch nahmen diese Schulen bestimmt auch jüngere Anfänger auf, da es ihnen nicht gelang, sich als weiterbildende Schulen durchzusetzen, zu denen man erst nach einer elementaren Vorbildung Zugang hatte. Hierin hat man den Hauptunterschied zu den englischen Schulen zu sehen. Die Studenten verweilten im 12. und 13. Jahrhundert lange auf ihren Schulen, und dies in immer steigendem Maße, je mehr der lange Studiengang sich durchsetzte, d. h. sie blieben bis sie zwanzig und älter waren. Es gibt mehrere Anzeichen dafür, daß die Lehre der Artes die Professoren anzog und zum Bleiben veranlaßte: berühmte Lehrer zogen sie der Rechtswissenschaft oder der Theologie vor, weil diese Fächer einträglicher waren, folglich mehr Zulauf von Erwachsenen hatten und länger von ihnen belegt wurden. Dagegen wissen wir, daß die Schulmeister seit dem 14. Jahrhundert nur noch solange die *artes liberales* lehrten, wie sie nichts Besseres hatten. Anders als im 12. und 13. Jahrhundert wurden sie nicht mehr zu hervorragenden Spezialisten, wie Anselmus und Abälard es waren, sondern zu Gelegenheitsprofessoren, die die Artes lehrten, während sie sich gleichzeitig auf die Erlangung der Universitätgrade in Theologie, Rechtswissenschaft oder Medizin vorbereiteten. Diese Regelung setzte sich immer mehr durch, bis die Jesuiten dem Lehrkörper sein – ohnehin stets relatives Prestige – wiederverschafften. Die Lehrer waren zumeist Studenten der höheren Fächer, die sich auf diese Weise ihren Lebensunterhalt verdienten, wie heute Studenten der geistes- oder naturwissenschaftlichen Fachrichtungen Repetitorien oder Privatkurse abhalten. Diese Nivellierung hinsichtlich der Qualifikation des Lehrkörpers bedingt eine Verschiebung innerhalb der Zusammensetzung des Auditoriums. Sie entspricht dem Übergang von der langen zu einer kürzeren Schulzeit, der Studienzeitverkürzung. Entsprechend der Tatsache, daß das Durchschnittsalter der Schüler immer niedriger wurde, war der Lehrer nicht mehr ein Gelehrter oder ein Denker, ein Dialektiker oder Logiker, der für die Originalität seines Denkens berühmt war, sondern er wurde zum Pädagogen, zum Pedanten, zum Schulfuchs, zu einer Art wenig respektiertem Pauker. Diese Entwicklung setzt sich am Ende des Mittelalters endgültig durch, als die Befürworter einer kürzeren Schulzeit, die etwa mit dem Beginn des fünfzehnten Lebensjahr enden sollte, den Sieg davongetragen hatten.

Dennoch sollte man dieser Spekulation über die Altersstufen auch nicht mehr Bedeutung beimessen, als sie verdient. Zweifellos führen wir mit der Frage nach der Entsprechung zwischen Alter und Studien in diese Analyse einen ganz und gar modernen Gesichtspunkt ein. Dem Mittelalter war er in der Tat gänzlich fremd. Nur sehr selten findet man in den Texten genaue Hinweise auf das Alter der Schüler. Als die Privatschulen ungeachtet des Widerstands der Kapitel an Zahl zunahmen und das Monopol der Domschule bedrohten, versuchten die Kanoniker sich dagegen zu schützen, indem sie der Aktivität ihrer Konkurrenten Grenzen setzten. Diese Grenzen waren allerdings niemals Altersgrenzen. Man begnügte sich damit, den Privatschulen jeglichen Unterricht zu untersagen, der über den Donat, d. h. die Anfangsgründe der Grammatik, hinausging. Dieses Fehlen von Altersangaben läßt sich übrigens sehr lange beobachten: noch bei den Moralisten des 17. Jahrhunderts kommt es manchmal vor, daß solche Angaben völlig fehlen. In den Pensionsverträgen, einer Art von Lehrverträgen, durch die die Familien die Pensionsbedingungen für ihren Sohn festlegten, der die Schule besuchte, findet das Alter des Betreffenden selten Erwähnung: es scheint so, als sei es ohne Bedeutung gewesen. Das wesentliche psychologische Element dieser demographischen Struktur ist die Indifferenz gegenüber dem Alter derer, aus denen sie sich zusammensetzt, während das Alter eines Menschen seit dem 19. Jahrhundert immer mehr Bedeutung gewonnen hat. Wir können feststellen, daß die Anfänger im allgemeinen etwa zehn Jahre alt waren. Doch schenkten die Menschen der damaligen Zeit dieser Tatsache fast keine Beachtung und hielten es für ebenso selbstverständlich, daß ein lernbegieriger Erwachsener sich unter ein kindliches Auditorium mischte, denn was zählte, war der Unterrichtsstoff, das Alter der Schüler war nebensächlich. So konnte ein Erwachsener dem Donat folgen, während ein früh eingeschulter Knabe bereits das Organon wiederholte: man vermochte daran nichts Befremdliches zu entdecken.

Wenn wir diese Indifferenz gegenüber dem Alter bedenken und uns vergegenwärtigen, was weiter oben in Bezug auf die damals gebräuchlichen pädagogischen Methoden, die Simultaneität und die Wiederholung als Unterrichtsprinzipien gesagt worden ist, dann kann es uns nicht erstaunen, im Auditorium der mittelalterlichen Schule alle Altersstufen gleichzeitig anzutreffen. Diese Beobachtung ist für unser Thema überaus bedeutsam. Die Schule verfügte damals nicht über weitläufige Räumlichkeiten. Der Lehrer richtete sich im Kloster ein, das er zu diesem Zweck von den üblichen parasitären Zaungästen befreit hatte, oder auch in der Kirche oder an der Kirchentür. Später jedoch, als die genehmigten Schulen zahlenmäßig zunahmen, begnügte er sich gelegentlich mit einer Straßenecke, nämlich dann, wenn ihm nicht genügend Mittel zur Verfügung standen; der hl. Thomas läßt bei passender Gelegenheit seine Verachtung für diese armen Schlucker durchblicken, die *coram pueris in angulis* sprechen. (20) Im allgemeinen mietete der Lehrer einen Saal, eine *schola.* In den Universitätsstädten war dafür übrigens ein bestimmter Mietpreis festgesetzt, und in Paris bezogen diese Schulen in einer bestimmten Straße, der Rue du Fouarre, Quartier: *vicus straminis.* Selbstverständlich waren diese Schulen voneinander unabhängig. Man legte den Boden mit Stroh aus, und die Schüler ließen sich unmittelbar darauf nieder. Später, seit dem 14. Jahrhundert, stellte man dann einige Bänke auf, obwohl dieser neue Brauch zunächst suspekt erschien. Dann erwartete man die Schüler wie der Händler die Lieferanten. Es kam vor, daß man dem Nachbarn die Schüler abspenstig machte. In einem solchen Saal versammelten sich damals Knaben und Männer aller Altersstufen, von zehn bis zwanzig Jahren und mehr. »Ich sehe die Schüler in der Schule vor mir«, sagt Robert de Salisbury im 12. Jahrhundert. (21) »Sie sind sehr zahlreich [es mochten mehr als zweihundert sein]. Ich sehe darunter Männer unterschiedlichen Alters: *pueros, adolescentes, juvenes, senes*«, d. h. alle Altersklassen, denn es gab ja kein Wort, um den Erwachsenen zu bezeichnen, und man kam übergangslos von den *juvenes* zu den *senes.*

Noch im 15. Jahrhundert richteten sich die Schulmeister des *Doctrinale* Pierre Michaults zugleich an die Kleinen und die Großen, aus denen ihr Auditorium zusammengesetzt war: (22)

> Bons escoliers, entendemens ouverts
> Tant soiez *vieux ou josnes, meurs ou vers . . .*

Bons escoliers . . . Liebe Schüler, aufgepaßt,/ Ob Ihr nun alt seid oder jung, reif oder grün . . .

»Und diese [die allegorische Figur Rapine, die einem Schulmeister der *Ecole de Faulceté* glich] las unzähligen Schülern, *jungen wie alten*, das Kapitel über die Konstruktionen vor [aus dem *Doctrinale* Alexandre de Villedieus, des Nachfolgers von Priscian und Vorläufers von Despautère].« Wie hätte es anders sein sollen, wo es doch keine abgestuften Programme gab und die Älteren lediglich öfter wiederholt hatten, was die Jungen erst einmal gehört hatten – der einzige Unterschied, der zwischen ihnen bestand!

Diese Vermischung der Altersstufen bestand aber auch außerhalb der Schule. Die Schule schirmte den Schüler damals nicht ab. Der einzige Lehrer, dem bisweilen ein Hilfslehrer zur Seite stand, war, auf eine einzige Lokalität verwiesen, nicht dazu gerüstet, das tägliche Leben seiner Schüler zu kontrollieren. Mit dem Ende der Unterrichtsstunde waren sie seiner Autorität entzogen. Doch war diese Autorität, die »Gerechtsame« des Lehrers, die einzige, die sie anerkannten. Sie waren, »ob alt oder jung«, sich selbst überlassen. Einige, sehr wenige, wohnten bei ihren Eltern. Andere lebten zu Bedingungen, die durch einen dem Lehrvertrag ähnlichen Kontrakt festgelegt worden waren, beim Lehrer selbst, bei einem Priester oder einem Kanonikus. Sie wurden am meisten überwacht oder doch wenigstens beobachtet. Sie gehörten zu einem Haus, zur Familie des Geistlichen, dem sie anvertraut worden waren; es bestand in diesem Falle eine Art Kompromiß zwischen der Erziehung durch das Lehrverhältnis, das wir weiter unten untersuchen wollen, (23) und der schulischen Erziehung modernen Typs. Dies war die einzige Art von Internat, die man damals kannte. Die Mehrzahl jedoch wohnte, wo immer es möglich war, bei einem Ortsansässigen, und dann zu mehreren in einem Zimmer. Auch hier mischten sich wieder Alte und Junge; keineswegs entstand durch den Altersunterschied eine Kluft, sondern ihre Beziehungen mußten vielmehr gemäß den Traditionen der Initiation geregelt werden, die eine enge Verbindung zwischen Kleinen und Größeren herstellten. Wir werden auf diesen Punkt im Zusammenhang mit der schulischen Disziplin zurückkommen. (24)

Diese Vermischung der Altersstufen überrascht uns heute, wenn wir daran nicht sogar Anstoß nehmen; die Zeitgenossen hingegen waren für dieses Problem so wenig empfänglich, daß sie sie, wie es mit äußerst vertrauten Dingen üblich ist, gar nicht bemerkten. Aber wie sollte man denn auch in der Vermischung der Altersstufen ein Problem sehen, wenn man dem Faktum des Alters selbst so indifferent gegenüberstand?

Mit seiner Einschulung trat das Kind zugleich in die Erwachsenenwelt ein. Diese Verwechslung, die so naiv war, daß man sich ihrer gar nicht bewußt war, scheint eines der charakteristischsten Merkmale der alten Soziologie und insofern zugleich eines der zählebigsten zu sein, als ihm etwas im Leben Verwurzeltes entspricht. Es sollte manchen Strukturwandel überleben. Seit dem Ausgang des Mittelalters lassen sich Ansätze zu einer umgekehrt verlaufenden Entwicklung beobachten, die in unsere gegenwärtige, so differenzierte Auffassung von den Altersstufen des Menschen münden wird. Doch wird zumindest bis zum Ende des Ancien Régime etwas von dieser mittelalterlichen Einstellung zurückbleiben.

Ihre Resistenz gegenüber anderen Faktoren des geistigen Wandels dient uns als Beweis dafür, daß wir es hier mit einer grundsätzlichen Lebenshaltung zu tun haben, die einer langen Reihe von Generationen vertraut war.

2. Kapitel
Eine neue Institution: Das Kolleg

Die Texte der bischöflichen Reformer der Universität von Paris (von 1215 und 1366), von denen wir im vorangegangenen Kapitel Gebrauch gemacht haben, kannten nur die Schule, den Saal also, in dem der Lehrer an gewöhnlichen Tagen zweimal täglich die Grundkurse, an Feiertagen die Ergänzungskurse für seine Schüler abhielt und ihnen die üblichen Autoren vorlas oder sie für sie kommentierte. Der Eingriff der Reformer beschränkte sich darauf, dafür zu sorgen, daß den traditionellen Programmen Respekt bezeugt und die Examina ordnungsgemäß durchgeführt wurden. Nach den Reformen von 1215 und 1366 fand dann 1462 eine neue Reform statt, die auf den Kardinal d'Estouteville zurückging. Sein Reformtext ist der letzte, in dem die päpstliche Autorität mittels seines Legaten interveniert. (1) Die nächste Reform der Universität von Paris im Jahre 1598 wird das Werk Heinrichs IV. und seiner Beamten sein, und sie wird die Unterrichtsbedingungen bis in die Mitte des 18. Jahrhunderts festlegen. Die Reform von 1452 zeugt allerdings von einem Geist, der sich von dem des Hochmittelalters beträchtlich unterscheidet. In diesem Text treten neue Ausdrücke auf: *collegium, paedagogium, domus artistorum.* Neue Figuren nehmen den Platz des ehemaligen *maître* ein; es sind dies der *magister principalis,* der *paedagogus,* der *regens.* Und es handelt sich dabei nicht um episodische Erwähnungen: laut diesem Dokument setzt sich die *Faculté des arts* künftighin aus *collegia, paedogogia, domus artistorum,* zusammen, die in den älteren Texten gar nicht vorkamen oder keine Beachtung fanden. Die so bezeichneten Institutionen ziehen den gesamten Unterricht an sich; die Verordnung des Kardinals betrifft ausschließlich ihre Belange und richtet sich direkt an die *magistri principales,* die zu den Angelpunkten der neuen schulischen Organisation geworden sind. Diese ist im Zeitraum zwischen den Reformen des 13. und 14. Jahrhunderts und der Reform von 1452 entstanden. Die Schule alten Typs, die Domschule oder die Schule der Rue du Fouarre ist vom Kolleg oder dem Paedagogium abgelöst worden. Der Kardinal spricht von ihnen wie von etwas, das so vertraut ist, daß man gar nicht auf die Idee kommt, den doch noch nicht lange zurückliegenden Ursprung dieser Institutionen anzugeben oder sie gegen das frühere System abzusetzen. Seine Zeitgenossen waren sich jedenfalls über die Bedeutung im klaren, die das Kolleg innerhalb des Universitätslebens gewonnen hatte, und versäumten nicht, bei passender Gelegenheit darauf hinzuweisen. So mußte die Universität in einer Adresse an den König im Jahre 1445 anerkennen, daß sie mittlerweile fast gänzlich – *quasi tota* – auf ihren Kollegs basierte; sie mußte eingestehen, daß sie während der letzten Wirren – nämlich während des Hundertjährigen Krieges – untergegangen wäre, wenn sie nicht in den Kollegs verankert gewesen wäre. (2)

Im 16. Jahrhundert liefert Etienne Pasquier dann ein einprägsames Bild von diesem Wandel, der nicht viel länger zurückliegt als ein Jahrhundert. Zunächst vergegenwärtigt er sich, »an was für Orten die Schüler vor der Einführung des Kollegs unterrichtet wurden«, und er zeigt sich entsetzt über die ungeordneten schulischen Verhältnisse. Damals ging es auf diesem Gebiet »drunter und drüber«, »die Räume wurden einmal für Schüler und dann wieder für Freudenmädchen gemietet, unter einem Dach fanden sich eine reputierliche Schule und die Hurerei zusammen«. (3) Pasquier verwundert sich darüber, »daß man damals nicht mehr auf Ordnung gehalten hat und die Universität von Paris sich desungeachtet soviel Ansehen hat erwerben können.« Aus diesem Zeugnis geht hervor, wie weit man sich inzwischen von der mittelalterlichen Freiheit entfernt hatte, die man nicht länger duldete oder auch nur verstand. Das galt für die Freiheit des Lehrers, zu lehren, wo und wie es ihm paßte, ebenso wie für die Freiheit des Scholaren, außerhalb der Vorlesungen unbeaufsichtigt zu leben. Man vermochte darin nichts anderes mehr zu erblicken als Zügellosigkeit und Anarchie. Solcher mißbilligenden Einstellung entsprang »die Einrichtung von Kollegs, die dem Unterricht ein neues Gesicht verliehen«. Pasquier zufolge entstand diese Institution in zwei Etappen. Zunächst einmal »bewirkte eine neue Religiosität, daß weltliche Herren und vor allem Geistliche dieser Universität Häuser bauen ließen [die Kollegs genannt wurden]. Dies geschah zugunsten der Armen, die nach ihrem Willen unter der Bezeichnung Stipendiat* auf Kosten der Einkünfte des Hauses darin wohnen, ernährt und unterrichtet werden sollten«. Danach nahmen dann auch

* Frz. *boursier;* dem Wort *bourse,* von dem es sich herleitet, entspricht das deutsche Wort *Burse:* der Fonds, aus dem die Stipendiaten unterhalten wurden. A. d. Ü.

die wohlhabenden Familien die Gewohnheit an, ihre Söhne in diese Stipendiatenkollegs zu schicken, deren Ordnung man schätzte, und so kam es, daß sie sich vom »Drunter-und-Drüber« der Rue du Fouarre gänzlich abwandte: »Man war so angetan von der Disziplin, die sich an den armen Stipendiaten beobachten ließ, die eingesperrt waren, daß die Mehrzahl der Väter und Mütter den Wunsch hatten, daß ihre Kinder, die sie nach Paris auf die Schule schickten, ebenfalls in Kollegs wohnen sollten, damit sie kein liederliches Leben führen konnten«. Wir begegnen hier einem neuen Faktor, einer modernen Einstellung, die das Mittelalter nicht kannte, und die bis zum Ende des 19. Jahrhunderts dann immer mehr an Boden gewinnen sollte: mit der Entstehung des Kollegs läßt sich auch erstmals eine ablehnende Haltung gegenüber der Vermischung der Altersstufen feststellen; von nun an wird man bestrebt sein, die Schüler von der Gesellschaft der Erwachsenen zu trennen, indem man sie einer auf ihren Status zugeschnittenen Disziplin unterwirft. Das erklärt sich daraus, daß der gute Ruf der mittellosen Stipendiaten hauptsächlich von ihrer »Einsperrung« herrührte. Wohlgemerkt, die Unabhängigkeit, die diese von Pasquier als »Eingesperrte« bezeichneten Schüler immer noch genossen, würde die Eltern von heute nicht ruhig schlafen lassen! Immerhin waren sie aber doch einer gewissen Kontrolle oder eher dem Bemühen um Kontrolle ausgesetzt, die ihren Vorgängern im 13. Jahrhundert unbekannt gewesen war. Damit war eine wichtige Etappe zurückgelegt. Der Übergang von der freien mittelalterlichen Schule zum reglementierten Kolleg des 15. Jahrhunderts ist das sichtbare Zeichen der parallelen Bewegung in der Gefühlswelt: er ist Ausdruck einer neuen Einstellung gegenüber der Kindheit und der Jugend, die sich damals manifestiert.

Das Kolleg entspringt den Asylen für arme Schüler, die seit dem Ende des 12. Jahrhunderts im Rahmen der Hospize gegründet wurden. So erwirbt im Jahre 1180 ein Engländer nach seiner Rückkehr aus Jerusalem eine Reihe von Kammern im Hôtel-Dieu, um darin 18 arme Schüler unterzubringen, die mit Hilfe einer Stiftung versorgt werden. (4) Das ist der Ursprung des Collège des Dix-huit, das dann 1231 nach der Zerstörung des alten Hôtel-Dieu ein unabhängiges Haus beziehen wird. In späterer Zeit wird das Collège des Dix-huit dann dem Louis-le-Grand angeschlossen werden.

Vom Hospiz wird das Kolleg dann bald zu einer Anstalt für Stipendiaten: ein Prälat oder ein Abt zahlt einen ständigen Beitrag, damit einige arme Schüler seiner Diözese oder seines Geburtslandes kostenlos eine Universität besuchen können und legt den Modus der Verwaltung dieses Fonds fest. Eine solche Stiftung gewährleistet eine dauerhafte finanzielle Basis.

Sie ermöglicht es insbesondere, daß die kleine Gruppe von Stipendiaten dauerhaft in Räumlichkeiten untergebracht werden kann, die oft weitaus geräumiger sind, als es uns die kleine Anzahl der Bewohner zu erfordern scheint. Dank dieser Beständigkeit, dieser soliden Basis sollten die Stipendiateninstitutionen den gesamten Unterricht der Artes an sich ziehen, der dann bis zur Revolution bei diesen Institutionen verbleiben wird. Dieses Stipendiatenheim ist vom Kolleg des Ancien Régime noch sehr weit entfernt. Die Institute, die die Bettelorden im Laufe des 13. Jahrhunderts für ihre Mönche in der Nähe der Universitäten gründeten, kommen ihm schon näher. »Das reguläre Kolleg«, sagt der englische Historiker Rashdall, »hat möglicherweise viel dazu beigetragen, daß die Idee von weltlichen, organischeren Stiftungen aufkam, wie sie in der Mitte des 13. Jahrhunderts in Erscheinung zu treten beginnen«. Was den Unterricht der Artes betrifft, so nahmen sie zu Beginn des 14. Jahrhunderts an Zahl zu. Von da an geht es nicht mehr nur darum, armen Studenten den Lebensunterhalt in einer Universitätsstadt zu sichern, sondern man nimmt sich darüber hinaus vor, sie zu einer Lebensführung zu zwingen, die sie vor weltlichen Versuchungen schützt, man unterwirft sie einem Gemeinschaftsleben, das vom Geist der religiösen Praktiken bestimmt ist und durch dauerhafte Statuten festgelegt wird. So sind sie beispielsweise zur gemeinschaftlichen Mahlzeit, die mancherorts schweigend stattzufinden hat, und zu Exerzitien verpflichtet. Diesen Statuten zufolge, die zumindest, was die Lebensführung sowie das moralische und soziale Verhalten betrifft, sehr präzise sind, leiten und verwalten diese Gemeinschaften sich selbst, abgesehen von der aus der Ferne erfolgenden und wenig wirkungsvollen Kontrolle des Stifters oder der Person, die er zu seinem Nachfolger bestimmt hat. Sie werden auf sehr demokratische Weise von einem der erwachsenen Stipendiaten geleitet, den seine Gefährten im allgemeinen aus dem Kreis der Theologiestudenten gewählt haben. So bewahren diese Stiftungen die armen Schüler, die bislang von der Barmherzigkeit lebten, vor dem Elend und dem Leben mit den bunt zusammengewürfelten Bewohnern der Hospize oder den Gelegenheitsquartieren, und fügen sie in den Rahmen einer organisierten Gruppe mit ihren Einkünften, ihren Regeln, ihrer hierarchischen Ordnung ein. In diesen Gemeinschaften erkennt man ohne weiteres den Ursprung des Typs von Gemeinschaft, der später das schulische Milieu konstituieren wird. Es fehlen diesen Gruppen allerdings noch drei spezifische Merkmale des modernen Kollegs: zunächst einmal handelt es sich lediglich um Pensionen oder Internate, in denen keinerlei Unterricht erteilt wurde. Die Stipendiaten nahmen an den Unterrichtsstunden der traditionellen Schulen teil, besuchten die Schulen der Rue du Fouarre. Außerdem umfaßten diese Gemeinschaften nur eine sehr kleine Anzahl von Stipendiaten, während die Kollegs des 16. bis 18. Jahrhunderts über eine beträchtliche Anzahl von Schülern das Regiment führten: von einigen Dutzend Schülern geht man zu mehreren hundert oder sogar mehreren tausend Schülern über. Und schließlich bleibt das Selbstverwaltungssystem dieser Gemeinschaften sehr weit von der autoritären Disziplin entfernt, die sich vom 15. Jahrhundert an durchsetzen wird. Gehen wir nun der Frage nach, wie die einzelnen Etappen aussahen, die das Stipendiatenkolleg des 13. und 14. Jahrhunderts vom »Kolleg mit Lehrbefugnis« (d. h. dem Kolleg, an dem die Lehrer ihren Unterricht abhielten) des 16. und 18. Jahrhunderts trennen.

Im Verlauf des 14. und 15. Jahrhunderts geht die reale Unterrichtsausübung von den traditionellen Schulen der Rue du Fouarre auf die Kollegs über, die ursprünglich einfache Stipendiatengemeinschaften waren. Diese Verschiebung hat bei den Jüngsten angefangen, was dadurch möglich wurde, daß man innerhalb der *artes liberales* eine Abstufung zugunsten der Grammatik vorzunehmen begann. Man beginnt – und das zeichnet sich, wenn auch vorerst nur zaghaft, seit dem Ende des 13. Jahrhunderts ab –, die Grammatik als eine Übung für Anfänger zu begreifen, die vor der Beschäftigung mit der Philosophie beendet sein soll. Gewiß hat man diesen Entwicklungsstand nicht auf Anhieb erreicht. Noch lange Zeit nennt die Schulsprache in ihren stereotypen Wendungen Grammatik und Logik in einem Atemzug. So legt Gerson in den Statuten für die Magisterprüfung an der École de Notre-Dame fest, (5) daß die Kinder *in grammaticalibus et logicalibus* Unterricht erhalten sollen, obwohl es sich, wie wir bereits wissen, um eine Grammatikschule nach dem neuen Modus handelt. An anderer Stelle spricht man stattdessen von *parva logicalia*. So enthalten die Statuten des Kollegs von Seez aus dem Jahre 1450 die Vorschrift, daß die Stipendiaten bereits Unterricht *in grammaticalibus et in summulis et parvis logicalibus* erhalten haben sollen. (6) Es liegt auf der Hand, daß man sich damals noch schwer tat, bis in die letzte Konsequenz eine Abstufung vorzunehmen, die bis dahin unbekannt gewesen war. Dennoch handelt es sich dabei nur um Relikte: von nun an orientiert man sich in Richtung auf eine Spezialisierung der Grammatik. Im Jahre 1315 wird das Collège de

Navarre, (7) das bedeutendste der Pariser Kollegs vor dem Louis-le-Grand, dem Gründungstext zufolge in drei klar voneinander getrennte Gruppen eingeteilt, die der Autorität dreier voneinander unabhängiger Lehrer unterstellt sind. Die eine umfaßt die Theologen, die andere die Logiker, und die letzte die Grammatiker. Letztere wird von einem *grammaticus* von untadeliger Lebensführung geleitet, dem ein *submagister* assistiert und dessen Aufgabe es ist, die Kinder *in primitivis scientiae grammaticae* zu unterrichten, wobei die Grammatik hier als ein elementares Fachgebiet verstanden wird und nicht länger als eine unter den gleichwertigen Disziplinen der Artes. Es gibt also zu Beginn des 14. Jahrhunderts im Collège de Navarre eine unabhängige Grammatikschule. Ebenso hat William of Wykeham im englischen Winchester neben einem Kolleg für Studenten der Rechtswissenschaft, der Artes – d. h. für die Logiker – und für Theologen 1379 eine *grammar school* für 70 Stipendiaten gegründet. (8)

Im Reformtext des Kardinals d'Estouteville von 1452 wird genau festgelegt, wie die Spezialisierung der Grammatiker und ihr Platz innerhalb der neuen Abstufung der Lehrprogramme auszusehen hat. Der Reformer untersagt den Lehrern, ihre Schüler an *logicales lectiones* teilnehmen zu lassen, wenn sie noch nicht genug Kenntnisse in Grammatik und Prosodie *(in arte metrificandi)* oder, wie man später sagen wird, den schönen Wissenschaften vorweisen können. Die Sonderstellung der Grammatik führt zur Entstehung einer Anfängerschule, der Lateinschule für Grammatik. In den allegorischen bildlichen Darstellungen des 15. Jahrhunderts nehmen am Grammatikunterricht jüngere Kinder teil als am Unterricht der anderen Artes, und die Grammatik ist mit der Peitsche oder der Zuchtrute bewaffnet.

Wahrscheinlich ist der Unterricht in elementarer Grammatik zunächst in Privatschulen im Umkreis der Universitäten oder der Domschulen erteilt worden, und zwar von denselben Lehrern, die von den Kanonikern oder den Universitäten ermächtigt waren, den Donat zu lehren. Eine Verordnung der Universität von Paris aus dem Jahre 1276 untersagt Vorlesungen *in locis privatis*, außer *in grammaticalibus et logicalibus* (wohlgemerkt: *parvis logicalibus*). (9) Diese Schulen entwickelten sich dann weiter und blieben nicht auf das elementare Stadium des Anfängerunterrichts beschränkt. Sie gingen in die universitäre Organisation ein, und wurden zu *paedagogia* und zu *domus*, die der Kardinal d'Estouteville von den Kollegs oder Stipendiatenstiftungen unterscheidet. So etwa das paedagogium Monsignore Guillaume Verlets, wo *parvi scholares, tanquam in collegio, aluntur*. (10) In diesen Pädagogien hätte man also private Grammatikschulen ohne finanzielle Zuschüsse zu sehen, die sich aus dem Lehrer, seinen Assistenten und externen Schülern zusammensetzten. Nur gründete sich die Existenz solcher Institutionen nicht auf Satzungen.

Im Verlauf eines Jahrhunderts wird sich die Bedeutung des Wortes Pädagogium ändern, und im 16. Jahrhundert wird es dann nicht länger eine Schule bezeichnen, an der Unterricht stattfindet, sondern eine Pension ohne Lehrveranstaltungen, die ihre Schüler zum Unterricht in ein anderes Kolleg schickt. Das bedeutet so viel, wie daß das Pädagogium des 14. Jahrhunderts dann an ein Stiftungskolleg angeschlossen ist, was, falls das nicht schon vorher der Fall war, zur Folge hat, daß dieses Kolleg dann Unterricht erteilt; zu diesem Zeitpunkt läßt sich das Pädagogium vom Kolleg nicht mehr scharf trennen.

Diese Einführung des Grammatikunterrichts in die Kollegs hat sich auf sehr unterschiedliche Weise vollzogen.

Im allgemeinen waren die Lehrer der privaten Pädagogien ältere Stipendiaten der Kollegs und wohnten in Kollegs. Die Grammatikschule wurde damals zu einer Art Annex der Kollegs, der in den Satzungen nicht vorgesehen war. Im Collège du Cardinal Lemoine, (11) das 1315 gegründet worden ist, war ein Teil der Räumlichkeiten an einen Stipendiaten vermietet, der darin Unterricht abhielt. Es gab also in diesem Falle gleichzeitig ein Stipendiatenkolleg ohne Lehrveranstaltungen und ein Pädagogium mit Lehrveranstaltungen, das im Kolleg selbst untergebracht war. Der Prinzipial des Pädagogiums gewann eine solche Bedeutung innerhalb des Kolleglebens, daß er Anspruch auf das Amt des *Grand Maître* erhob und auch vor gerichtlichen Schritten nicht zurückschreckte, um sich diese Autorität bestätigen zu lassen. Doch erst im Jahre 1647 erkannte ein Schiedsspruch dem *Grand Maître* des Kollegs unwiderruflich »auf Lebenszeit« »das Prinzipat und das Pädagogium des Kollegs« zu. Wir haben es hier mit einem Beispiel für die Fusion eines privaten Pädagogiums mit einem Stiftskolleg zu tun, das damit auch die Funktion einer Lehranstalt übernahm.

Ein ähnliches Beispiel haben wir zweifellos im Fall des Collège d'Harcourt zu sehen. (12) Bestimmte Fakten des 17. Jahrhunderts lassen auf die Existenz eines Grammatikunterrichts im 14. Jahrhundert schließen. Einem verläßlichen Inventar von 1434–50 zufolge hatte man ein Gebäude des Kollegs zur Schule der »Grammatiker« bestimmt. Ältere Stipendiaten des Kollegs erteilten hier Grammatikunterricht.

Es kam auch vor, daß ein freies Pädagogium, d. h. eines ohne satzungsmäßig festgelegte Finanzmittel, durch eine Dotation und eine Stiftung zum Kolleg wurde. So etwa im Fall des Sainte-Barbe. Gegen 1450 gründet M. Lenormant, ein Grammatikschulmeister des Collège de Navarre, mit seinem Bruder in einem von ihm gekauften Gebäude ein Pädagogium: einmal mehr rief also ein Kollegstipendiat – denn die Lehrer, Prinzipale, Provisoren usw. können mit demselben Recht als Stipendiaten bezeichnet werden wie die Schüler – eine Privatschule ins Leben. Das Collège de Navarre war über diese Konkurrenz jedoch beunruhigt; die Theologen des Kollegs, die die Gemeinschaft leiteten, machten Schwierigkeiten. Sie wollten die Brüder Lenormant zwingen, im Kolleg zu schlafen, wie die Statuten es vorsahen, um sie auf diese Weise daran zu hindern, ihre Schüler zu beaufsichtigen – was, nebenbei gesagt, beweist, daß diese Pädagogien zugleich Pensionate waren. Es gelang den Brüdern Lenormant jedoch, ihre Unabhängigkeit zu wahren. Allerdings blieb die Lage dieses Pädagogiums, wie die einer freien Lehranstalt heute, stets prekär, bis dann der König von Portugal ihm 1576 durch eine Dotation von 50 Stipendien dieselbe Stabilität sicherte, wie das Stiftskolleg sie besaß. (13)

Nicht immer ist es das private Pädagogium gewesen, das die Lehrtätigkeit ins Kolleg eingeführt hat. Bestimmte Stiftungen des 14. Jahrhunderts bezogen sie in ihre Statuten ein. (14) So im Falle des Collège de Navarre, in dessen Statuten festgelegt ist, daß ein *grammaticus* und ein *submagister* die *juniores in primitivis scientiae grammaticae* unterrichten sollten. Ebenso sollen am Collège de Dormans-Beauvais, das 1370 für die Stipendiaten des Gebiets von Dormans (12 im Jahre 1370, 24 im Jahre 1373) gegründet worden ist, ein Lehrer und ein Hilfslehrer »die Kinder zumindest in die Anfangsgründe der Grammatik einweihen«. (15)

Der Unterricht ist also von den Grammatikern, d. h. von den *parvi scholares*, in die Stipendiatengemeinschaften eingeführt worden. Diese Einrichtung vollzieht sich im Zusammenhang mit der Abstufung der Lehrprogramme, die wiederum einer Spezifizierung nach Altersklassen entspricht: der kleine Scholar ist der erste, den man von der bunt zusammengewürfelten Population der mittelalterlichen Universität gesondert hat.

Der Philosophieunterricht und die Naturwissenschaften brauchten nicht so früh an die Kollegs zu emigrieren wie die Grammatik. Noch 1456 ist von Logiklehrern die Rede, die ihre Schüler in die Rue de Fouarre führen: *regens habens proprios scolares quos continue ducat ad vicum straminis et quibus legat libros logicales.* (16) In einer bestimmten Epoche, am Ende des 14. bis ins 15. Jahrhundert hinein, muß der Logikunterricht in den *Écoles des Nations** der Rue de Fouarre verblieben sein, während der Grammatikunterricht den Kollegs und Pädagogien vorbehalten war. In England hielt sich diese Regelung, wie wir wissen, in Gestalt der Aufteilung der Schulzeit auf den Unterricht der *grammar schools* und den der Universitätscolleges. In Frankreich schlossen sich die Logiker dagegen den kleinen Grammatikschülern in den Kollegs an, wo man bereits damit begann, durch Repetitionen die Logikübungen der traditionellen Schulen zu vervollständigen, denen vorerst noch das *quadrivium* und alsbald dann nur noch die Morallehre vorbehalten blieb.

Am Collège du Cardinal Lemoine finden wir Anzeichen für den Beginn eines Logikunterrichts. (17) In den Statuten von 1320 – die die Grammatikschüler nicht berücksichtigen, weil es sich bei ihnen um Schüler des dem Kolleg angeschlossenen privaten Pädagogiums handelt – ist vorgesehen, daß zwei zur Stiftung gehörende *magistri artium* Logikunterricht erteilen und zwei Stipendiaten ohne Magistertitel Physik und Morallehre unterrichten sollen. Der Unterschied, der hinsichtlich des akademischen Grades zwischen den beiden Repetitoren besteht, ist interessant. Derjenige mit dem höheren akademischen Grad unterrichtet Logik, was anzudeuten scheint, daß sein Unterricht umfassender war; der für die Physik und die Morallehre zuständige Lehrer brauchte dagegen keinen Magister vorzuweisen, weil er seine Schüler zweifellos zu den dafür qualifizierten Lehrern in der Rue de Fouarre führen mußte. Hier zeichnet sich bereits ansatzweise eine alle Artes umfassender Unterricht ab.

Am Collège de Navarre (18) waren die Logiker unter der Leitung eines *magister in artibus* zu einer gesonderten Abteilung zusammengefaßt: zu diesem Zeitpunkt waren *in logico* und *in artibus* bereits Synonyme. Dabei legen die Statuten fest, daß kein Logikschüler an den Übungen der Rue de Fouarre teilnehmen darf, ehe er nicht die dafür erforderlichen Voraussetzungen mitbringt. Es muß also am Kolleg selbst Logikübungen gegeben haben, und die Physik und die Morallehre verblieben weiterhin in der Rue de Fouarre und waren den Bakkalaureaten vorbehalten, die sich auf die Magisterprüfung vorbereiteten. Ein bereits verspätetes Beispiel gibt uns das Collège de Seez, eine kleine Stiftung von sechs Stipendiaten, die aus dem Jahre 1427 stammt. (19) Sie ist für Knaben über fünfzehn bestimmt, die bereits eine Grammatikschule absolviert haben: *nullus recipiatur nisi sufficienter fuerit in grammaticali-*

* Die Scholaren schlossen sich auf landsmannschaftlicher Basis zu Nationen zusammen. A. d. Ü.

bus eruditus, et in summulis et parvis logicalibus. Es handelt sich um ein Relikt aus der Ära, als kleine Grammatikschüler und ältere Logikschüler noch strikt getrennt waren. Von einem Unterricht an Ort und Stelle kann bei einer so kleinen Anzahl von Stipendiaten nicht die Rede gewesen sein. Bedeutet das, daß sie an den Unterrichtsstunden in der Rue de Fouarre teilgenommen haben? Nicht direkt. Zunächst einmal haben sie jeden Tag das nächstgelegene Kolleg aufgesucht: *adeat paedagogium satis prope;* in diesem Text wird Pädagogium als Synonym für Kolleg verwendet, und der Stifter macht keine Unterscheidung zwischen beiden Wörtern. Doch tritt dieses Kolleg, das relativ gut besucht gewesen sein muß, nicht gänzlich an die Stelle der Schulen der Rue de Fouarre. Selbstverständlich müssen die Stipendiaten hinreichend vorgebildet sein, damit man ihnen auch die Teilnahme an den Unterrichtsstunden der Rue de Fouarre erlauben kann: *adeo quod ad vicum straminis eundem ad audiendum libros sufficienter sit doctus.* Jedenfalls gehen sie *ad vicum* nicht allein und unabhängig voneinander, sondern mit ihren Kameraden aus dem Kolleg, *cum sociis pedagogii,* und, entsprechend dem Brauch des Kollegs, unter der Aufsicht ihres Prinzipals: *juxta morem bursariorum dicti collegii.* Sie nehmen an den normalen Lehrveranstaltungen, an den Feiertagen an den Lektionen der Morallehre und auch an Disputationen teil. Zweifellos müssen überdies Repetitorien und Disputationen im Kolleg stattgefunden haben.

Diese Beispiele geben uns Aufschluß darüber, wie der Logikunterricht in die Kollegs verlagert worden ist. Zunächst gab es nur Repetitorien, die noch keinen Ersatz für die Teilnahme an den Lektionen darstellen, zu denen die Schüler von ihren Schulmeistern geführt wurden; dann wurde der Logikunterricht im Kolleg selbst abgehalten. Man ging dann weiter in die Rue de Fouarre, um bestimmten Disputationen oder Lehrveranstaltungen des Fachs Morallehre beizuwohnen, die wiederum zu Beginn des 16. Jahrhunderts von der Szene verschwanden.

Diese Verlagerung hat sich umso leichter vollziehen können, als die erwachsenen Stipendiaten der Kollegs auch in der Rue de Fouarre Unterricht abhielten; 1452 fordert der Kardinal d'Estouteville, daß die Schulmeister der Kollegs sich in die Rue de Fouarre begeben sollen, um zu festgesetzten Zeiten und an bestimmten Tagen Unterricht zu erteilen, wie es dort üblich war. In einem Text von 1456 ist die Rede von Schulmeistern, die ihre Schüler zugleich in die Rue de Fouarre führen und ihnen dann dort die Texte der Logik vorlesen. (20) Dem Widerstand der Traditionalisten zum Trotz wird dann irgendwann der Augenblick kommen, wo sie es einfacher finden, im Kolleg zu bleiben und dort sämtliche Lektionen zu erteilen und auf diese Weise das Verlassen des Kollegs zu vermeiden, was Gelegenheit zur Unruhe und zum Radau gab.

Von Etienne Pasquier gibt es einen guten Abriß dieser Entwicklung, in deren Verlauf die Pariser Kollegs den vollständigen Unterricht zunächst der Grammatik, dann der Philosophie übernahmen. Er erinnert sich, daß die Stipendiaten zur Zeit der Entstehung des Kollegs an den Kursen der traditionellen Schulen teilnahmen: »Damals versammelten sie sich im allgemeinen in den Grandes Écoles der Rue de Fouarre.« Er weist darauf hin, daß ein Teil der Lehrtätigkeit, auch als der Unterricht allmählich an die Kollegs verlagert wurde, weiter bei den Schulen der Rue de Fouarre lag: »Trotzdem fanden an den Grandes Écoles der Rue de Fouarre damals [in der Regierungszeit Karls V.] und noch lange Zeit danach weiter Unterrichtsstunden statt, und zwar insbesondere Philosophiestunden, an denen man teilnahm, um sich auf den *Magister artium* vorzubereiten.« Er stellt fest, daß die Verschiebung bei den Kleinsten begonnen hat und bei den Unterrichtsfächern, die man künftighin als *Humanités,* als Schöne Wissenschaften, bezeichnen wird: »Doch wie die Lehrveranstaltungen der Schönen Wissenschaften nach und nach in den Kollegs Fuß gefaßt hatten, so geschah es auch mit denen der Philosophie, ein Vorgang, über den der Kardinal d'Estouteville gelegentlich der Reform unserer Universität Klage führte..., weil von dieser langen Tradition nichts übriggeblieben war, als daß man dort weiterhin den Magisterhut aufgesetzt bekam.« (21)

Die Grammatikschüler, d. h. die jüngsten Schüler von acht bis höchstens fünfzehn Jahren, blieben also in Frankreich nicht für alle Zeiten von den Philosophieschülern getrennt, die etwa fünfzehn Jahre alt waren. Diese wurden alsbald in das Kolleg, d. h. an die Seite der Grammatikschüler gedrängt. Wenn man von der Einteilung nach Altersstufen ausgeht, scheint, zumindest was den verkürzten Studiengang angeht, die Situation des Cornificius, des Helden Johann von Salisburys, wiederhergestellt zu sein. Aber wenn sie auch wieder hergestellt sein mag, so hat sie sich zugleich doch auch umgekehrt. Ich meine damit, daß im 12. und 13. Jahrhundert die Kinder von zehn und die Halbwüchsigen von fünfzehn Jahren mit den Erwachsenen vermischt waren, während sie seit dem 14. Jahrhundert und insbesondere im 15. Jahrhundert, nach einem fehlgeschlagenen Trennungsversuch, zumindest in Frankreich zwar immer noch vermischt waren, dann jedoch gemeinsam von den Erwachsenen getrennt wurden, und zwar durch die Einschließung in die Kollegs.

Diese Trennung von Erwachsenen und Kindern existiert nur, was das Kolleg betrifft. In der Gesellschaft derselben Epoche ist der Knabe von dreizehn und fünfzehn Jahren bereits ein fertiger Mann und teilt das Leben der Älteren, ohne daß jemand etwas Erstaunliches dabei fände. Und dieses gesellschaftliche Faktum wird noch lange fortbestehen. Das Kolleg scheint also, gemessen an der gesellschaftlichen Realität, eine Sonderstellung einzunehmen und ihr voraus zu sein. In der schulischen Institution drückt sich eine modernisierungswillige Haltung aus, über deren Fortschrittlichkeit man sich zweifellos kaum im klaren ist, die isoliert bleiben, aber doch auf das soziale Milieu einwirken und schließlich bewirken wird, daß die Elemente einer neuen Sensibilität zu gären beginnen.

Diese auch im Kolleg nur begrenzte Trennung nach Altersstufen bedeutet, daß Kinder von etwa zehn und Heranwachsende von fünfzehn Jahren ein und derselben Gruppe angehören. Der Kardinal d'Estouteville faßte alle »Artisten« im *regimen puerorum* zusammen. Es ist gerade so, als habe man die Kindlichkeit noch der ältesten Schüler übertrieben, um sie besser von den Erwachsenen unterscheiden zu können. Wir können hier den Ursprung einer Tendenz beobachten, die zu einem üblichen Merkmal des Erziehers werden und eines der wesentlichen Kennzeichen seiner Berufspsychologie ausmachen wird. In der Folgezeit, nicht jedoch vor dem 19. Jahrhundert, wird diese pädagogische Tendenz auch auf die Eltern übergreifen. Sie wird allerdings im 19. Jahrhundert, wenn sie sich endgültig durchsetzt, zugleich dem geheimen Wunsch entsprechen, den so zweifelhaften Eintritt der Pubertät hinauszuzögern. Derlei der Sexualmoral entspringende Rücksichten sind den Reformern des 15. und 16. Jahrhunderts durchaus fremd. Doch rührt der Wunsch, die Schüler zu verkindlichen, nicht immer von einem Sexualtabu, einem puritanischen Gebot her. Er ist ihm vielmehr vorausgegangen, scheint ein Ausdruck der modernen Bestrebungen zu sein, in einer Gesellschaft, wo sich alle Altersklassen mischten, Grenzen zwischen den einzelnen Gruppen zu ziehen.

Die Unterrichtstätigkeit hat in Institutionen Fuß gefaßt, die ursprünglich ausschließlich Pensionate waren; die Erträge der Stiftung oder die Pensionszahlungen garantierten ihnen Einkünfte und infolgedessen Stabilität und Dauerhaftigkeit. Auf der anderen Seite war die Pensionatsregelung auch geeigneter, das Gemeinschaftsleben und eine Disziplin zu fördern, die vom Beispiel der regulären Orden inspiriert war. Die Kollegs und Pädagogien verdankten ihren Erfolg tatsächlich ihrem Pensionatscharakter. Dennoch entsprach das Internat, wenn es auch für eine kleine Gruppe von Geistlichen sehr geeignet war, nicht den sozialen Bedingungen der Epoche. Wir werden darauf noch ausführlich zu sprechen kommen. Die Historiker des Erziehungswesens haben ihm einst übermäßig viel Bedeutung beigemessen, weil sie sich von der Tatsache haben irreführen lassen, daß die einzigen schriftlichen Dokumente, die uns erhalten geblieben sind, eine Internatsordnung – die Statuten des Kollegs – beschreiben und daß die einzige lebensfähige Lehranstalt, das Stipendiatenkolleg, auf Internate zurückging. In Wirklichkeit hat das Internat dieser Lehranstalt lediglich eine räumliche und strukturelle Grundlage verliehen. Die Anzahl der Pensionäre blieb lächerlich gering. Dies trifft insbesondere auf die Zahl der Stipendiaten zu, die einzige, die wir genau kennen. Im Jahre 1304 waren am Collège de Navarre nur zwanzig Grammatik-, dreißig Artes- und zwanzig Theologiestipendiaten vorgesehen. In Dormans-Beauvais gab es 1373 vierundzwanzig Grammatikstipendien; am Collège d'Harcourt im Jahre 1311 achtundzwanzig für die Artes und zwölf für Theologie, in Winchester im Jahre 1375 siebzig für Grammatik. An anderen Kollegs zählte man nur etwa zehn und manchmal noch weniger Stipendien. Die Prinzipale und Schulmeister hatten zwar ihre privaten Zöglinge, doch konnten das nicht mehr sein, als die räumlichen Gegebenheiten zuließen, d. h. höchstens zwanzig. Gemessen an der Masse der Pariser Scholaren sind diese Zahlen bedeutungslos.

Dürfen wir daraus folgern, daß die Externen den Lehrern der Rue de Fouarre treublieben? Keineswegs. Auch sie nahmen den Weg in die Kollegs und Pädagogien mit Lehrtätigkeit, und strömten so zahlreich in diese Institutionen, daß die Internen der Stiftung, die Pensionäre des Prinzipals darin völlig untergingen. Die Kollegs, die ursprünglich Pensionate waren, wurden im Gegenteil zu ausgedehnten Externaten, an denen Schulmeister eine sehr beträchtliche Zahl von Schülern unterrichteten, die dort wohnten, wo sich ihnen eine Möglichkeit bot, während die Internen auf eine bedeutungslose Minderheit von Privilegierten beschränkt blieben.

Die Statuten des Kollegs von Beauvais-Dormans (22) geben uns eine Vorstellung von dem zahlenmäßigen Verhältnis zwischen Internen und Externen im Jahre 1373. Die Stiftung stellte die finanziellen Mittel für fünfundzwanzig Stipendien zur Verfügung, zu denen in der Folgezeit noch weitere hinzukamen. Es geschah häufig, daß wohlhabende Benefiziaren diese für arme Schüler gedachten Stipendien gegen Geld an sich brachten und sich dann im Kolleg wie an einem Amtssitz einrichteten, ohne am Unterricht teilzunehmen. Doch waren den Statuten zufolge außer den Stipendiaten noch andere Pensionäre vorgesehen: »Wenn einige gute und anständige, nicht zum Kolleg gehörige Schüler den Wunsch hegen sollten, dort zu wohnen und auf ihre Kosten mit unseren Stipendiaten unter der Autorität der Lehrer zu leben [man beachte, daß vom Unterricht keine Rede ist]..., wie es an bestimmten Kollegs von Paris üblich ist, so sei ihnen die Aufnahme unter der Bedingung gestattet, daß den rechtmäßigen Stipendiaten dadurch nichts Nachteiliges widerfährt, sie ihr Zimmer dadurch nicht verlieren, an ihrer gewohnten Lebensweise nicht im geringsten gehindert werden und diese Aufnahme sich auf die allgemeine Ordnung des Hauses nicht im geringsten nachteilig auswirkt.« Dormans-Beauvais war ein Kolleg für Grammatikschüler, und dennoch konnten seine Pensionäre ebenso Rechtswissenschaft oder Theologie studieren. Man verlangt nicht mehr von ihnen, als daß sie Scholaren sein sollen und denkt noch nicht daran, ihnen Bedingungen zu stellen, wie im Falle der Priester: »Diese fremden Scholaren sollen entweder Theologie, Rechtswissenschaft, Logik oder Grammatik studieren oder aber Priester sein, und in diesem Falle sollen sie von Zeit zu Zeit in der Kapelle die Messe abhalten.« Im weiteren legen die Statuten dann die Höhe des Pensionspreises fest und fordern, daß die Pensionäre sich der Disziplin des Kollegs unterwerfen und insbesondere an der gemeinsamen Tafel speisen sollen. Es handelt sich also nicht unbedingt um kleinere Knaben, die an den Grammatikstunden teilnehmen und von den materiellen und moralischen Vorzügen der Stipendiatengemeinschaft profitieren wollen. Dies muß sogar selten der Fall gewesen sein, denn die Pensionäre rekrutierten sich aus fortgeschrittenen Studenten oder Benefiziaren, die im Kolleg lebten, wie unsere modernen Studenten auf dem Campus. Von dort aus besuchten sie dann beispielsweise die Kurse der Sorbonne, d. h. der theologischen Fakultät. Sie dürften niemals sehr zahlreich gewesen sein: im Jahre 1496 zählte man 18 Pensionäre, darunter einen Benediktinermönch.

Das Kolleg war zwar zu einer Lehranstalt geworden, blieb jedoch auch weiterhin eine Gemeinschaft, die durch eine Art Ordensregel regiert wurde, und als solche betrachtete man sie auch zu Beginn des 16. Jahrhunderts in der *familia pauperum studentium* Standoncs am Montaigu. (23) Es sollte noch eine lange Zeit vergehen, bis dieser ursprüngliche pseudomonastische Charakter endgültig verschwunden war.

Immerhin enthält ein anderer Artikel derselben Statuten von Dormans-Beauvais die Erlaubnis, daß das Kolleg seinen Unterricht auf Externe ausdehnt. Nicht daß der Stifter die feste Absicht gehabt hätte, einen für jedermann zugänglichen Unterricht einzurichten, der das Ziel der Jesuiten am Ende des 16. Jahrhunderts sein wird. Er gestattete lediglich den Lehrern der kleinen Stipendiaten, die selbst wiederum erwachsene Stipendiaten waren, zu ihren Unterrichtsstunden Schüler zuzulassen, die nicht zum Kolleg gehörten, und ihnen eine Gebühr abzuverlangen: »Bereitwilligst gestatten wir den gegenwärtigen und künftigen Lehrern und Hilfslehrern [die direkt am Kolleg unterrichten] den Kindern, die dieserhalben bei ihnen vorsprechen, Unterricht zu erteilen und sie unter der Bedingung zu den Unterrichtsstunden unserer Stipendiaten zuzulassen, daß diese Kinder sich nur tagsüber im Kolleg aufhalten und der Reinlichkeit des Hauses nicht abträglich sind.« Es war diesen Externen also untersagt, im Kolleg zu übernachten. Weit davon entfernt, ein Pensionat für Grammatikschüler einzurichten, war man vielmehr darum bemüht, die Anzahl der am Grammatikunterricht teilnehmenden Pensionäre ausschließlich auf die Stipendiaten zu beschränken, die Externen vom Kolleg selbst fernzuhalten, indem man es ihnen verwehrte, dort zu wohnen. Diese seltsame Haltung ist sicher daraus zu erklären, daß man die Disziplin und den Ordenscharakter der Gemeinschaft wahren wollte. Diese vorsorglichen Maßnahmen wurden jedoch nicht genügend respektiert. Eine gewisse Anzahl von Schülern war bei ihren Lehrern untergebracht, und diese Lehrer lebten ebenfalls im Kolleg. Es war also unvermeidbar, daß Pensionäre, Lehrer und Stipendiaten zusammen wohnten. Nicht anders sah es am Collège de Navarre aus, wo darüber hinaus eine bestimmte Anzahl dieser Externen ihre Mahlzeiten im Kolleg einnahmen und so zu Halbpensionären wurden. Im Jahre 1459 kam eine königliche Kommission infolge der unvermeidbaren Zwischenfälle, die das Leben dieser Gemeinschaften junger Menschen kennzeichneten, zu der Auffassung, daß die Absichten des Stifters nicht mehr respektiert wurden und die Ruhe des Gemeinschaftslebens gestört war. Sie argumentierten im Hinblick auf diese schulische Institution wie die Reformer einer Ordensgemeinschaft. Auch hier zeigt sich wieder, daß sich am ambivalenten Charakter des Kollegs noch nichts geändert hat. Die Mitglieder der Kommission wollten damals die Schüler der einzelnen Lehrer aus dem Kolleg entfernen, indem sie ihnen untersagten, mit den Stipendiaten zusammen zu wohnen. Daraus geht hervor, daß es vorher ein solches Zusammenleben gegeben hatte. Ebenso ließen sie die Halbpension nur für diejenigen zu, die im Kolleg und im Nachbarhaus wohnten, einem Haus, das von einem der Lehrer für seine Pensionäre gemietet werden mußte. Dieses Bestreben, die Stipendiaten von den anderen Schülern zu trennen, das noch in den Statuten der armen Studenten Standoncs am Montaigu zum Ausdruck kommt, hat sich in Frankreich angesichts der massiven Invasion von Externen generell nicht halten können. Diese Externen zählten nicht mehr nach Dutzenden, sondern nach Hunderten und bald sogar nach Tausenden. Zunächst nur als Hörer der erwachsenen Lehrer-Stipendiaten geduldet, *sind sie dann zum tragenden Bestandteil der Schülerschaft der Kollegs geworden:* sie haben die Kollegs gänzlich erobert, die zumindest seit dem 15. Jahrhundert den Eindruck großer Externate erwecken. Das Externat mit seinem vollen Lehrprogramm verleiht dem Kolleg, der ehemaligen Stipendiatenstiftung, schließlich den Charakter einer modernen Lehranstalt.

Das Kolleg erfaßte von dieser Zeit an die gesamte Schülerschaft der Artes. Wo es keine Kollegs gab, in den Städten ohne Universität, wandelte die große Domschule des Mittelalters sich nach ihrem Vorbild und die Magistraten der Städte ahmten sie nach, wenn sie im 15. und 16. Jahrhundert Stiftungen ins Leben riefen. Damit ist dann der Augenblick gekommen, wo der Schulbesuch nicht länger auf die Kreise gebildeter Geistlicher beschränkt bleibt und die Familien die Gewohnheit annehmen, ihre Kinder wenigstens für einige Jahre aufs Kolleg zu schicken. Die Entwicklung hin zum Externat nahm ihm viel von seinem monastischen Geist, der es ursprünglich inspiriert hatte und dann durch eine autoritäre Disziplin abgelöst werden sollte.

Es wäre denkbar, daß diese Menge externer Schüler nur einfach an den Unterrichtsstunden der Lehrer des Kollegs teilgenommen hätte und dem Leben des Kollegs und seiner Lebensweise im übrigen fremdgeblieben wäre. In diesem Falle wäre dem Kolleg die Freiheit erhalten geblieben, die die Schüler einst an den Écoles der Rue de Fouarre genossen hatten. Anfänglich ist das übrigens auch der Fall gewesen: bis zum Ende des 16. Jahrhunderts führt man Beschwerde über diese *martinets* (Schwalben) oder *galoches* (Galoschen), die, so Pasquier, »an den Unterrichtsstunden dieses oder jenes Kolleglehrers teilnehmen, wie es ihnen gerade einfällt«. Buchanan beschreibt, (24) wie sie lärmend Einzug in eine Klasse halten, »während der Lehrer sich die Lunge aus dem Leib schreit: Da sind sie also, die Rotten von Flaneuren, die die Stadt uns schickt; sie kündigen sich durch das Klappern ihrer mit Nägeln beschlagenen Pantinen an. Sie treten ein und sperren so intelligent die Ohren auf wie Marsyas, als er Apollo zuhörte. Sie sind ungehalten, weil sie die Ankündigung des Unterrichts, die an den Straßenecken angeschlagen ist, nicht gesehen haben [eine Übernahme aus dem studentischen Bereich, die es im 13. und 14. Jahrhundert noch gab, im 15. und 16. Jahrhundert dann jedoch nicht mehr, wenn diese ›Studenten‹ ungefähr desselben Alters zu kleinen Schülern werden], entrüsten sich, weil dem *Doctrinale* Alexandres [Alexandre de Villedieu] in dieser Unterrichtsstunde nicht die Ehre gegeben wird, regen sich über einen Lehrer auf, weil er nicht aus einem großen, mit Randglossen übersäten Buch vorliest [es handelt sich bei diesen Besuchern um ältere Scholaren oder *galoches*, die Traditionalisten sind und die neuen Methoden der humanistischen Schulmeister ablehnen]. Sie machen sich wieder davon und begeben sich lärmend zum Montaigu oder an irgendeine andere dieser weihevollen Stätten, wo es nach Kohl duftet.« Diese herumziehenden Scholaren verschwinden erst zu Beginn des 17. Jahrhunderts gänzlich von der Bildfläche. Aber bereits im 15. und 16. Jahrhundert, wo es sie noch gibt, und vielleicht sogar in großer Zahl, werden sie von der Öffentlichkeit nicht mehr gebilligt. Die universitären Autoritäten bemühen sich, dies Phänomen zu unterbinden oder diese Art von Scholaren zur Disziplin zu zwingen, indem sie ihre Vermieter kontrollieren oder auch den Wechsel von einem Lehrer zum anderen innerhalb eines Schuljahres untersagen. Gewiß waren diese Maßnahmen nicht neu, und aus ihrer wiederholten Anwendung läßt sich eher auf ihre Wirkungslosigkeit schließen. Es war nur natürlich, daß sie solange nicht befolgt wurden, bis sie nicht mehr den allgemeinen Sitten entsprachen und die Öffentlichkeit nicht länger gewillt war, eine solche Unabhängigkeit der Scholaren zu dulden. Man ging damals dazu über, von den Schülern, d. h. den Externen, nicht nur die Teilnahme an den Unterrichtsstunden, sondern an sämtlichen Exerzitien des Kollegs zu verlangen.

Wie wir gesehen haben, besuchten die Stipendiaten von Seez das nächstgelegene Kolleg. (25) Sie hätten es nur zu dem Zweck aufsuchen können, um an den Unterrichtsstunden oder den Repetitorien teilzunehmen. Die Statuten verlangten jedoch, daß sie sich den ganzen Tag über an diesem Kolleg mit seinem vollständigen Unterrichtsbetrieb aufhielten: *omni die*. Und diese Gepflogenheit setzte sich überall durch, weil das größere Ansehen des Kollegs in den Augen der Familien und der Erzieher vor allem von dem Reglement herrührte, dem es unterworfen war. So läßt sich Gerson, einer der ersten modernen Erzieher, im Zusammenhang mit der Neuorganisation der Pariser Grammatikschule von Notre-Dame, folgendermaßen vernehmen: »Vor allem anderen wollen wir, daß die Kinder eine Hausordnung bekommen *sicut habent communiter in domibus paedagorum*«, d. h. nicht nur die Kollegs, sondern auch alle Grammatikschulen sollen einer solchen Ordnung unterworfen sein. Die Unterordnung unter ein gemeinschaftliches Reglement ist zu einem wesentlichen Erziehungsprinzip geworden. Die Vorschriften, die gegen Anfang des 14. Jahrhunderts von den Stiftern der Stipendiatengemeinschaften formuliert worden waren, entsprachen nun nicht mehr den Forderungen nach erzieherischer Strenge und Kontrolle, wie sie Erzieher des 15. Jahrhunderts, etwa Gerson, erhoben. Die älteren Statuten, die lange Zeit nachgeahmt und reproduziert worden waren, legten die Verwaltungsbestimmungen, die Anzahl und die Dauer der Stipendien (am Cardinal Lemoine waren das acht Jahre für die Artisten, zehn Jahre für die Theologen) sowie das Verfahren fest, nach dem die einzelnen Ämter verteilt wurden (am Collège de Navarre wurden die drei Lehrer der Grammatik, der Logik und der Theologie von einem Wahlausschuß gewählt, der sich aus den Delegierten der Schüler zusammensetzte; das waren: drei Grammatiker, sechs Artisten und sechs Theologen; am Collège de Seez wurde der Verwalter für ein oder zwei Jahre von der Gemeinschaft gewählt.); darüber hinaus regelten sie die Organisation des Meßdienstes in der Kapelle und des Hausdienstes, d. h. insbesondere der Hausverwaltung. Für dieses Amt ernannte man nicht auf längere Zeit einen Verantwortlichen, sondern die Stipendiaten übernahmen ihn abwechselnd jeweils für eine Woche. Danach übergab der Betreffende – man bezeichnete ihn als *praepositus* – Schlüssel und Rechnungsbücher dem Kameraden, der nach ihm an der Reihe war. Diese Statuten waren darum bemüht, das Leben des Kollegs zu regeln und es durch einen Strafkodex zu sanktionieren. So war es verboten, in der Schenke zu trinken und übelbeleumdete Häuser aufzusuchen, es war verboten, außerhalb des Hauses zu schlafen, es war verboten, Lärm zu machen, geräuschvolle Spiele zu spielen, zu singen; es war verboten, Frauen mit ins Haus zu bringen, »es sei denn«, so heißt es in den Statuten von Harcourt einschränkend, »sie seien in so ehrbarer Begleitung, daß der Prior des Hauses und die Stipendiaten überzeugt sind, daß es keinen Anlaß zum Argwohn geben kann«.

Am Collège de Seez ist es sogar ausdrücklich untersagt, körperlichen Kontakt zu einer Frau aufzunehmen, die man ja unter dem Vorwand, daß sie sich um das Wasser und das Feuer kümmern soll, womöglich mit ins Haus bringen könnte. Verboten war es auch, ohne triftigen Grund das Haus zu verlassen: *nisi causa lectionis sermonis* (die Predigt war wie die Unterrichtsstunde ein Bildungsmittel, und zwar insbesondere eines für die Theologen), *aut praepositurae* (d. h. zu Zwecken der wirtschaftlichen Versorgung des Kollegs). Ebenso war es verboten, Küchengegenstände und das Eigentum der Gemeinschaft, insbesondere die aus Handschriften bestehende Bibliothek zu beschädigen. Am Harcourt wurde gefordert, »daß niemand irgendwelchen Unrat auf den Boden werfen [solle], es sei denn an dem dafür vorgesehenen Ort«. Am Collège de Narbonne durfte man kein Stroh und Heu in die Latrinen werfen. Man empfahl »allen zum Kolleg gehörigen« oder »zum Haus zählenden« Personen, sich insbesondere zur Teilnahme an den Mahlzeiten anständig zu kleiden: sie sollten darauf achten, nicht mit nackten Füßen zu erscheinen, keine zerlumpten, kurzen oder sonst unschicklichen Kleider zu tragen. Vor allem aber sollten sie – und hier haben wir das Grundprinzip, auf dem diese ganze Moral aufbaute – sich freundschaftlich verhalten, *amicaliter*, und infolgedessen die Gepflogenheiten des Gemeinschaftslebens respektieren, womit in erster Linie die gemeinsamen Mahlzeiten gemeint waren, zu denen man pünktlich sein mußte (wenngleich man auch für die, die zu spät kamen, eine Portion aufhob); man sollte auch nicht zu oft fremde Gäste und niemals Frauen mitbringen, auch keine anständigen. Ebenfalls in den Statuten des Collège de Narbonne heißt es: »Es soll im Haus keine gesonderte Tafel geben, sondern alle sollen in demselben Speisesaal essen.« Eine andere Anordnung lautete, daß man Schikanen unterlassen und den Älteren und den bereits Graduierten Ehrerbietung bezeugen sollte. All diese Vorschriften berührten jedoch nicht den eigentlichen Status des Stipendiaten, den des Lernenden oder Lehrenden, abgesehen davon, daß gelegentlich darauf hingewiesen wird, daß bei Tisch Latein gesprochen werden muß, sofern es nicht vorgeschrieben ist zu schweigen. Keine dieser Vorschriften betraf die Studien. Sie waren im übrigen von Ordensregeln inspiriert, die auf Erwachsene zugeschnitten waren. Daher machten sie naturgemäß keinen Unterschied zwischen erwachsenen Männern und Kindern. Im 13. bis 14. Jahrhundert bedeuteten sie zwar einen erheblichen Fortschritt gegenüber der nahezu schrankenlosen Scholarenfreiheit, insofern sie die Schüler mehr oder minder zu mönchischem Leben zwangen, für die Bedürfnisse des 15. Jahrhunderts blieben sie jedoch zu egalitär, zu wenig auf eine hierarchische Ordnung bedacht. Daher wurden sie, entsprechend diesen Bedürfnissen, schließlich im autoritären Sinne modifiziert: es entwickelte sich ein Befehlsverhältnis. Die *lectores* waren anfänglich als Kameraden betrachtet worden, denen die Statuten zweifellos ein gewisses Maß an Respekt verschafften, denen man jedoch mit einer reichhaltigen Mahlzeit oder, ökonomischer, mit einem Umtrunk Anerkennung zollte, mit dem Freundschaftstrunk, *potum amicabilem*, wie er in der offiziellen Charta des Collège d'Harcourt genannt wird. Die Kluft zwischen dem Lehrer und seinen Schülern beginnt nun, sich zu vertiefen. Der frühere Kamerad wird zum Schulmeister, der mit der Fuchtel oder der Rute über sein Volk regiert. Ebenso wird das Kolleg

nicht mehr von einem durch seinesgleichen ernannten Provisor, einem *primus inter pares*, verwaltet. Auch wird die höchste Befehlsgewalt alsbald von einem Prinzipal ausgeübt werden, der das »Prinzipat« innehat. Dieser Lehrer wird sich seine Schulmeister aussuchen und sie kontrollieren, wie diese wiederum ihre Schüler überwachen und bestrafen werden.

Die neuen Reglements wie die der *familia pauperum studentium* des Montaigu aus dem Jahre 1501 begnügen sich nicht damit, die allgemeinen Bedingungen des Kolleglebens festzulegen. (26) Sie beschäftigen sich noch mit dem kleinsten Detail des Alltagslebens und sind auf eine penible Zeiteinteilung bedacht, auf ein zügiges »Vorrücken«, wie man heute in der Militärsprache sagt. Standonc stellt mit der ganzen, der damaligen Zeit überhaupt zu Gebote stehenden Genauigkeit sogar einen Stundenplan für den ganzen Tag auf, der den Zeitraum vom Aufstehen bis zum Schlafengehen erfaßt. Und diese Genauigkeit, die uns heute doch recht unzulänglich und lückenhaft erscheint, ist für die damalige Epoche überaus bemerkenswert, ja gewissermaßen revolutionär. Sie führt ein neues Interesse an der Zeit als solcher ein, bindet den Schüler an eine Kette von Verpflichtungen, die den ganzen Tag über nicht abreißt und seine Initiative einschränkt. Das Wecken ist für etwa *(circa)* 4 Uhr angesetzt. Dann folgt eine Unterrichtsstunde bis zur Messe um 6 Uhr. Wie wir dem Text entnehmen können, wurden diese Abläufe durch die Glocke, *pulsu*, geregelt. Standonc beschreibt, auf welche Weise man sich einzufinden hatte: beim Glockenschlag kommen die Schüler in die Unterrichtsräume, *publica loca*, herunter. Der Schulmeister tritt ein. Die Repetitoren, die ihm assistieren, überwachen und notieren die Abwesenden und die Delinquenten. Alles läuft nach einem strikten Plan ab, der den alten Statuten fremd war, die sich im übrigen nicht um eine Regelung der Studien und der Arbeitsbedingungen gekümmert hatten. Nach der Messe, d. h. von etwa 8 bis 10 Uhr, findet dann eine Unterrichtsstunde, die »große« Vormittagsstunde statt (es war Tradition, daß am Vormittag und am Nachmittag jeweils eine große Unterrichtsstunde stattfand). Um 11 Uhr versammelt man sich zur gemeinsamen Mahlzeit im Refektorium. Ungefähr um 3 Uhr beginnt dann die große Nachmittagsstunde, die bis 6 Uhr dauert.

Auch das Sainte-Barbe hat einen ähnlichen Stundenplan aus derselben Epoche vorzuweisen. Die Kollegs des Ancien Régime werden diese Art von Ordnung, von wenigen Änderungen abgesehen, bis zur Revolution beibehalten.

Man geht also von einer Hausordnung, die Leitprinzipien moralischer Art und bestimmte, die Lebensweise betreffende Verordnungen enthielt, zu einer Ordnung über, die den ganzen Tag einer strikten Einteilung unterwirft, von einer kollegialen Verwaltung zu einer autoritären Leitung, von einer Gemeinschaft aus Lehrern und Schülern zu einem straffen Regime der Lehrer über die Schüler.

Diese Distanz zwischen Lehrern und Schülern, dieses Übermaß an autoritärem Geist liefen den alten Traditionen zuwider, die in den ursprünglichen Statuten verankert waren. Doch entsprach diese Entwicklung dem gesellschaftlichen Wandel, der sich auf die politischen Formen des Absolutismus zubewegte, wie sie im 15. Jahrhundert, zur Zeit Ludwigs XI., Commines und Macchiavellis im Entstehen begriffen waren. Diese Entwicklung wird ihren Höhepunkt erreicht haben, wenn die Lehrer sich aus einer Ordensbruderschaft rekrutieren und damit natürlicherweise von ihren Schülern unterschieden sein werden, wenn die Leitung des Kollegs mit der Leitung der religiösen Bruderschaft der Lehrer zusammenfallen wird, und dies insbesondere dann, wenn diese aus Lehrenden bestehende Bruderschaft vornehmlich bestrebt ist, den Geist des Gehorsams zu befördern, und den säkularen disziplinarischen Prinzipien einen neuen Charakter quasi militärischer Wirksamkeit verleiht. Dies wird am Ende des 16. Jahrhunderts bei den Jesuiten der Fall sein, und ihre *ratio studiorum*, das Reglement ihrer Kollegs, markiert den Endpunkt dieser Entwicklung in Richtung auf ein autoritäres Regime und eine Absonderung der Jungen – eine Absonderung, die, gemessen an den Verhältnissen des 19. und frühen 20. Jahrhunderts, zwar recht relativ ist, gemessen am 12. und 13. Jahrhundert jedoch eine einschneidende Neuerung darstellt. In diesen letzten Jahren des 16. Jahrhunderts hatte man wieder eine bestimmte Etappe hinter sich gebracht; der Erfolg der Jesuitenkollegs im 17. Jahrhundert verdankt sich denselben Ursachen wie der der Stipendiatengemeinschaften zu Beginn des 14. Jahrhunderts, der Existenz einer Hausordnung, und die der Jesuiten war weit rigoroser und wirkungsvoller. Wie die ursprünglichen Kollegs den Schulunterricht aufgesogen hatten, so zogen nun die Jesuitenkollegs die bürgerlichen Schüler und selbst die Söhne der unteren Schichten des Volkes an sich, und ihr Erfolg, der auf ihre disziplinarische Strenge zurückzuführen war, stellte eine Bedrohung für die Universitätskollegs dar, die aus Respekt vor den alten Statuten, die gleichwohl im Laufe der Zeit verbessert worden waren, immer noch an einer allzu großen Freiheit festhielten, die mittlerweile im Verdacht stand, der reine Schlendrian zu sein. Um der siegreichen Konkurrenz der Jesuiten entgegenzuwirken, gab sich die Universität von Paris in den ersten Jahren des 17. Jahrhunderts eine Reform. (27) Diese zielte darauf ab, alle alten, auf Stiftungen beruhenden Kollegs der Universität den strengen Ordnungsprinzipien zu unterwerfen, die die Familien bei den Jesuiten suchten und die in der Universität nicht mehr in ausreichendem Maße, d. h. in dem Maße wirksam waren, wie es den neuen Vorstellungen der Zeit entsprach. Daher sind diese *Leges et instituta in usum academiae et Universitatis parisiensis* ein Abklatsch des Reglements, das an den Jesuitenkollegs galt, wie dieses wiederum das Endstadium einer Entwicklung war, dessen erste Etappe vom Statut Standoncs am Montaigu oder auch dem der *Frères de la vie commune* in Lüttich gekennzeichnet gewesen war. Dieses Dokument verlieh den Kollegs von Paris, was ihre Statuten ihnen zu geben versäumt hatten: eine Studienordnung, *»eine Disziplinarordnung«*. Dieses neue und überaus aufschlußreiche Wort, das im 17. Jahrhundert aufkommt, schlägt sich 1680 in den Statuten des Collège de Bourgogne nieder. Ein älteres Reglement dieses Kollegs war auf das Jahr 1624 datiert. Bestimmte Paragraphen dieses Reglements von 1624 (28) sind noch vom partikularistischen Geist der alten Statuten des 14. Jahrhunderts geprägt. So heißt es beispielsweise, daß der Prinzipal nicht zur Ernennung des Pförtners berechtigt sei, daß er dazu die Einwilligung des Hauptkaplans in seiner Eigenschaft als »Mitverwalter« oder sogar die der Stipendiatengemeinschaft einholen muß (allerdings gab es an diesem Kolleg nur ältere Schüler, da nur Logik- und Physikunterricht erteilt wurden). Die Relikte der aus dem 13. Jahrhundert ererbten Traditionen ließen sich nicht ohne weiteres beseitigen, und es sollte einige Zeit vergehen, bis die Reform von 1598 in diese, auf alten Stiftungen beruhenden Kollegs Einzug hielt, in denen sich mittlerweile etliche Mißstände eingebürgert hatten: so etwa die Unsitte, die Stipendien als käufliche Pensionen zu betrachten. Es bedurfte dazu nicht weniger Zeit, als es brauchte, bis der Geist des Konzils von Trient die Ordensgemeinschaften erfaßte, ein Prozeß, der sich auch nur unter erheblichem Widerstand seitens der Klöster vollziehen konnte. Im übrigen muß man den Text von 1624 als Grundlage für die Reform eines Kollegs ansehen, eine Prozedur, die es dem Geist der *leges et statuta* der Universität von Paris aus dem Jahre 1598 öffnen und den Widerstand beugen, auf den diese stießen. Das ausschließliche Ziel dieses Textes war es, Ordnung herzustellen und Mißständen zu Leibe zu rücken. Gewiß hatte die Reform Erfolg, denn sie wurde in die Tat umgesetzt, doch geschah dies erst 1680, als eine »Disziplinarordnung« aufgestellt wurde, die den Pensionären einen rigorosen Stundenplan diktierte, der sich im übrigen wenig von dem des Montaigu oder des Collège de Cardinal Lemoine unterscheidet, den man Ende des 16. Jahrhunderts in den

Jesuitenkollegs angewendet hatte. Es fällt auf, daß die Disziplinarordnung, was die Unterrichtsstunden betrifft, darauf beschränkt bleibt, auf die Regelung zu verweisen, die seit 1598 an den Kollegs der Universität von Paris in Kraft war, ein Beweis dafür, daß sie seitdem fleißig angewendet worden war. So heißt es: »Der Unterricht beginnt zur selben Zeit wie der Universitätsunterricht.« Tatsächlich schrieb die Reform von 1598 den Kollegs, wie immer ihr Ursprung und ihre Statuten auch aussehen mochten, eine Unterrichtsdisziplin und einen Stundenplan vor. Die alten Statuten, die trotz ihrer Überalterung weiter in Kraft blieben, wurden dadurch nicht verletzt, weil sie bei weitem nicht so detailliert gewesen waren, wie es die neuen Vorschriften der universitären Autorität oder auch die *Ratio studiorum* der Jesuiten waren. Die Reform vervollständigte sie einfach nur, indem sie sie um eine Disziplinarordnung erweiterte. Der Text von 1598 wiederholt bündig die traditionellen Vorschriften wie etwa das Verbot zu fluchen, sich zu schlagen und die Verpflichtung, an den gemeinsamen Mahlzeiten teilzunehmen, ohne sich lange damit aufzuhalten. Unverzüglich kommt er dann auf die eigentlichen Disziplinarfragen zu sprechen. Dazu gehören Strafmaßnahmen wie auch die Pflicht des Schülers, sich für einen Lehrer zu entscheiden, damit er sich nicht mehr durch einen Wechsel einer Bestrafung entziehen kann. Vor allem aber legt dieser Text den Studiengang fest, die Zwischenprüfungen, die Pausenordnung, die Aufsicht während und außerhalb des Unterrichts, die Anwesenheitskontrolle, die Autorität des Prinzipals, die Lehrprogramme und die Stundenpläne. Täglich hatten sechs Unterrichtsstunden in den Klassenräumen *(in auditoriis)* stattzufinden, drei am Morgen und drei am Nachmittag. Darüber hinaus war für 10 Uhr morgens und 5 Uhr nachmittags eine tägliche Übung in der *disputatio* oder der *versificatio* vorgesehen. Jeden Samstag fanden Wiederholungsübungen statt und mußten dem Prinzipal die Noten der vergangenen Woche vorgelegt werden.

Damit hatte man, für die Jesuitenkollegs ebenso wie für die solchermaßen reformierten Stiftskollegs der Universität eine Formel gefunden, die für nahezu zwei Jahrhunderte Geltung haben sollte und von anderen pädagogisch tätigen Ordensgemeinschaften wie den Oratorianern nachgeahmt wurde. Es hat sich das Kolleg des Ancien Régime konstituiert, das von den ersten Stipendiatenkollegs des 14. Jahrhunderts noch weiter entfernt ist als von unseren Collèges und Gymnasien, deren direkter Vorläufer es ungeachtet beträchtlicher Unterschiede (insbesondere des Verschwindens des Internats) gewesen ist. Die endgültige Einführung einer Disziplinarordnung ist der Schlußpunkt einer Entwicklung, die von der mittelalterlichen *Schola,* dem einfachen Unterrichtsraum, zum modernen Collège führte, dieser komplexen Institution, die nicht nur Unterrichtszwecken, sondern auch der Beaufsichtigung und Kasernierung der Jugend dient.

Diese Entwicklung der Institution Schule geht einher mit der Entwicklung der Einstellung zu den Altersstufen und der Kindheit. Ursprünglich hatte die Öffentlichkeit die Vermischung der Altersstufen ohne weiteres akzeptiert, dann kam jedoch ein Zeitpunkt, wo man diesen Zustand, und zwar zunächst nur, was die Jüngsten betraf, zu mißbilligen begann. Die kleinen Grammatikschüler wurden als erste von den anderen abgesondert. Doch hat diese Mißbilligung bei ihnen nicht haltgemacht, sie hat sich auch auf die Größeren, die Logik- und Physikschüler, auf sämtliche Artisten, erstreckt, obwohl darunter etliche waren, die das Alter erreicht hatten, in dem man außerhalb der Schule bereits die den Erwachsenen vorbehaltenen Aufgaben übernahm. Das bedeutet, daß es bei dieser Trennung, wenn sie auch mit den Jüngsten begonnen hatte, weniger um die Kinder als solche, sondern mehr um die Schüler und anfänglich hauptsächlich um die Priesterzöglinge ging, denn fast alle waren tonsuriert. Deshalb unterwarf man sie, um sie von den Erwachsenen zu unterscheiden, auch keiner Lenkung, die dem Kind oder dem Jugendlichen angemessen gewesen wäre, ganz davon abgesehen, daß man sich unter solch einem System, für das es kein Vorbild gab, gar nichts hätte vorstellen können. Man wollte sie lediglich gegen die Versuchungen des weltlichen Lebens abschirmen, das immer noch viele Geistliche führten, man wollte sie gegen verderbliche moralische Einflüsse schützen. Man orientierte sich also am Geist der dominikanischen und franziskanischen Ordensgründungen des 13. Jahrhunderts, die die Prinzipien der monastischen Tradition hochhielten, die klösterliche Abgeschiedenheit, das, was von der ursprünglichen Askese übriggeblieben war, jedoch aufgaben. Gewiß waren die Schüler durch keinerlei Gelübde gebunden. Doch waren sie während ihrer Schulzeit der spezifischen *Lebensweise* dieser neuen Gemeinschaften unterworfen. Dank dieser Lebensweise wurde die Schuljugend von der übrigen Gesellschaft getrennt, die immer noch an der Vermischung der Altersstufen wie der Geschlechter und der Stände festhielt. So stellte sich die Situation während des 14. Jahrhunderts dar.

Später verschob sich dann das Ziel, das mit dieser Existenzform auf halbem Wege zwischen dem weltlichen und dem klösterlichen Leben verbunden war. Zunächst hatte es darin bestanden, dem jungen Geistlichen auf diese Weise ein ehrenhaftes Leben zu ermöglichen. Danach wurde es zu einem inneren Wert, zur Bedingung jeglicher guten Erziehung, auch der weltlichen. Die Idee der Erziehung war den Konzeptionen vom Beginn des 14. Jahrhunderts fremd. Der Kardinal d'Estouteville spricht im Jahre 1452 dagegen vom *regimen puerorum* und der moralischen Verantwortung der Lehrer, denen das Seelenheil ihrer Schüler anvertraut war. Es kommt ebensosehr auf die Bildung an wie auf die Belehrung, weshalb es auch angebracht ist, die Kinder einer strengen Disziplin zu unterwerfen, der traditionellen Disziplin der Kollegs, die sich inzwischen jedoch im Sinne einer autoritären Führung und einer strengeren Hierarchie gewandelt hat. Das Kolleg wird damals zum Instrument der Erziehung der Kindheit und der Jugend im allgemeinen.

Zu diesem Zeitpunkt, d. h. im 15. und insbesondere im 16. Jahrhundert, ändert sich die Zusammensetzung des Kollegs, und es erweitert sich. Während es einst aus einer kleinen Minderheit gebildeter Geistlicher bestanden hatte, öffnet es sich nun einer wachsenden Zahl von Laien, adligen wie bürgerlichen, aber auch den Kindern aus einfacheren Familien, wie wir später noch sehen werden. Es wird damit zu einer unentbehrlichen Einrichtung der Gesellschaft: es ist das Kolleg mit dem von den Schülern getrennten Lehrkörper, mit der strengen Disziplin, den sehr zahlenstarken Klassen, in dem sämtliche Generationen von Gebildeten des Ancien Régime heranwachsen werden. Das Kolleg schafft, vielleicht nicht in den naturwüchsigen Bereichen des Lebens, aber doch zumindest in der rationaleren Einschätzung der Erzieher, der Eltern, der Mönche und Beamten eine massive Altersgruppe, die die Acht- oder Neunjährigen bis hinauf zu den fünfzehnjährigen und noch älteren Kindern umfaßt und die einer anderen Ordnung unterworfen ist als die Erwachsenen.

3. Kapitel
Die Anfänge der Schulklassen

In der Umgangssprache unserer Zeitgenossen, zumindest derer, die mit der höheren Schule in Berührung kommen, handele es sich nun um die öffentliche oder um eine Privatschule, stellt sich die Schulklasse als die wesentliche Einheit dar, die die Situation des Kindes oder des jungen Menschen kennzeichnet. Kaum je sagt man von seinem Sohn, er besuche die Oberschule – eine zu allgemeine Definition –, sondern man sagt, er gehe in die 5. Klasse. Die Jungen selbst bezeichnen den Platz, den sie innerhalb ihrer Alltagswelt einnehmen, mit Hilfe der Klasse, zu der sie gehören. Diese Vorstellung ist uns heute so vertraut, daß man meinen könnte, sie sei so alt wie das Kolleg und die höhere Schulbildung. Dabei läßt sich diese Struktur, ohne die man sich das Kollegleben nicht mehr vorstellen kann, kaum bis ins 16. oder allenfalls in die letzten Jahre des 15. Jahrhunderts zurückverfolgen, und erst zu Beginn des 17. Jahrhunderts hat sie zu ihrer endgültigen Gestalt gefunden.

Gewiß war den Alten die Einteilung in Klassen nicht gänzlich unbekannt. Das Wort selbst, das sich zumindest in Frankreich, und zwar innerhalb des Einflußbereichs der Jesuiten, durchgesetzt hat, haben die Humanisten von Quintilian übernommen – *pueros in classes distribuere* –, und die Autoren, die es verwenden, sind sich über seinen Ursprung im klaren. So auch Etienne Pasquier, der in seinem Tableau der Geschichte des Schulwesens das Auftreten von Schulklassen erwähnt: »Ein Wort, dessen sich Quintilian im 1. Buch seiner *Institutiones* im Hinblick auf die Schüler bediente.« (1) Dennoch blieb die Einteilung in Klassen in der antiken Schule ein oberflächlicher disziplinarischer Vorgang. H. I. Marrou hat der Geschichte der antiken Erziehung ein umfangreiches Buch widmen können, ohne diesen Tatbestand auch nur zu erwähnen – ein Beweis dafür, daß die Schulklassen innerhalb der Schulstruktur kaum eine Rolle spielen. Im übrigen verschwand das Wenige, das sie in der Epoche Quintilians bedeutet haben mochten, dann im Mittelalter, als die Prinzipien der Simultaneität und der Repetition eine unaufhörliche Fluktuation hervorriefen und jeglichen Versuch einer Einteilung nach Altersklassen oder Fähigkeiten unmöglich machten.

Heute zeichnet sich die Schulklasse als konstitutive Zelle der schulischen Struktur durch genau umrissene Merkmale aus, die absolut gültig sind: innerhalb des fortschreitenden Wissenserwerbs entspricht sie einer bestimmten Etappe (einem Programm), einem Durchschnittsalter, das man nicht gern über- oder unterschreiten möchte, einer physischen und einer räumlichen Einteilung, denn jede Altersgruppe hat neben ihrem speziellen Lehrprogramm auch einen bestimmten Raum, und das Wort »Klasse« bezeichnet zugleich den Raum und den Inhalt dieses Raums, der für die Dauer eines Schuljahres stets gleich bleibt, bis dann am Ende dieses Jahres die Belegschaft der Klasse wechselt.

Die sehr enge Beziehung zwischen dem Alter der Schüler und der organischen Formation, zu der sie zusammengefaßt sind, verleiht jedem Lebensjahr eine eigene Persönlichkeit: man hat das Alter seiner Klasse, und jede Klasse verdankt wiederum ihrem Programm, ihrem Klassenraum und ihrem Lehrer ihr spezielles Gesicht. Daraus ergibt sich eine weitgehende Differenzierung zwischen den einzelnen Altersklassen, die doch sehr nahe beieinander liegen. Wie die Klasse, so wechselt man jährlich das Alter: das ist etwas Neues! Früher »behielt« man sein Alter länger, und die Dauer des Lebens, der Kindheit wurde nicht in solche hauchdünnen Scheiben zerteilt. Die Schulklasse ist mithin zu einem bestimmenden Faktor des Prozesses der Differenzierung zwischen den Altersstufen der Kindheit und der frühen Jugend geworden. Wo es sie nicht gibt, wo sie auf eine vage Einteilung beschränkt bleibt, der kein struktureller Wert zukommt, wie es häufig noch in unseren Grundschulen und infolgedessen auch in den unteren Schichten der Fall ist, wahren die Altersstufen viel von ihrer alten Unbestimmtheit.

Daraus erklärt sich, wie wichtig die Schulklasse für unser Thema ist. Wir haben uns zunächst zu fragen, wie der Übergang von der mittelalterlichen Unbestimmtheit zur Rigidität des modernen Konzepts ausgesehen hat, wie und wann die Schulklasse ihr gegenwärtiges Gesicht einer Altersklasse angenommen hat.

Die Reform der Universität von Paris im Jahre 1452, die für das Studium an den Kollegs und den Pädagogien von so großer Bedeutung war, weiß noch nichts von Klassen: weder das Wort noch die Sache finden in diesem Reformtext Erwähnung. Allerdings bedeutet diese Tatsache noch nicht, daß sie absolut unbekannt waren. Vielmehr hielten es Pädagogen, die so gut unterrichtet waren wie der Kardinal d'Estouteville, der über alle neuen Institutionen wie das Kolleg auf dem laufenden war, für überflüssig, die Rezepte der pädagogischen Küche schriftlich festzuhalten oder gar für verbindlich zu erklären und zu kodifizieren.

Dagegen taucht weniger als ein Jahrhundert später das moderne Wort »Klasse« auf, und zwar nicht, wie manche Historiker seit Thurot immer wieder behaupten, im Jahre 1539, sondern bereits 1519, als Erasmus sich dieses Wortes in einem Brief an Justin Jonas bedient. Der Humanist beschreibt die Schule von Saint-Paul's in London: jede Klasse hat 16 Schüler – *quaeque classis* –; der Klassenerste sitzt auf einem kleinen Podest, von dem aus er die anderen überschauen kann – *qui in sua classe.* (2) Die Vorstellung ist viel älter als das Wort selbst, und sie war längst vertraut, als die Terminologie sich herausgebildet hat. Am Ende des 16. Jahrhunderts hat die Einteilung nach Klassen dann die Periodizität angenommen, die sie gegenwärtig hat, wie man der *Ratio studiorum* der Jesuiten und den *Leges et Statuta* der Universität von Paris entnehmen kann. Die Entwicklung ist also im Verlauf des 15. und zu Beginn des 16. Jahrhunderts in den Kollegs mit vollem Unterrichtsprogramm zum Abschluß gekommen.

Wie die Lehrtätigkeit, so ist auch die Klasse in den Grammatikschulen entstanden. Daraus erklärt sich, weshalb die numerische Bezeichnung der Reihenfolge der Klassen mit der Rhetorik, d. h. in Frankreich mit der ersten Klasse, in England mit der siebten *form* anfängt, während die Philosophie-, Logik- und Physikklassen von dieser Numerierung nicht erfaßt worden sind.

Zu Beginn des 15. Jahrhunderts ließen der *grammaticus* und sein Assistent, sofern er einen hatte, in ein und demselben Raum mehrere Dutzend oder mehrere hundert Schüler repetieren, die ohne Ansehen ihres Alters zu dieser Übung zusammenkamen. Im Verlauf des 15. Jahrhunderts kommt ein neues Unterscheidungsprinzip auf. Zwar bleibt diese heterogene Schülerschaft immer noch in einem einzigen Saal, in dem sie von den Lehrern gemeinschaftlich beaufsichtigt wird, doch ist sie entsprechend dem Wissensstand in Gruppen aufgeteilt, und die Lehrer nehmen die Gewohnheit an, diese einzelnen Gruppen getrennt anzusprechen. Dieses pädagogische Verfahren ist die Folge des – im übrigen unvollständigen – Übergangs von der simultaneistischen Pädagogik der mittelalterlichen Tradition zur stufenweise vorgehenden Pädagogik, die sich schließlich durchsetzen wird.

Das System einer solchen Einteilung, die sich noch im Embryonalzustand befindet, ergibt sich zwangsläufig aus der fortschreitenden Behandlung der verschiedenen Kapitel des Donat oder des *Doctrinale* Alexandre de Villedieus, auf denen der Grammatikunterricht beruht. Ein italienisches Dokument von 1444 (3) zeigt uns einen neuen Aspekt der Schule: der Vertrag zwischen der Kommune von Treviso und ihrem Schulmeister legt das Schulgeld anhand einer Numerierung der Schulklassen fest, und wir stellen fest, daß die Höhe dieses Schulgeldes sich danach richtet, wieweit die Schüler fortgeschritten sind. Das Dokument sieht vier Kategorien vor: die erste reicht von der Erlernung des Alphabets bis zu den ersten Anfängen des Donat; das sind die Anfangsgründe, die einen halben Dukaten wert sind. Die zweite Kategorie geht vom Anfang des Donat oder der Grammatik überhaupt bis zu den Artikeln, das sind die vier ersten Kapitel des *Doctrinale*, die Deklinationen, die Steigerungsformen, die Gattungen, die Demonstrativ- und die Possessivpronomina ... Die Teilnahme an dieser Klasse kostet ein Dukaten. Die dritte Kategorie, die anderthalb Dukaten einbringt, schließt die Grammatik ab. Die vierte Kategorie – zwei Dukaten – ist der zweiten Stufe des Lateinunterrichts, d. h. den Stilübungen und der Rhetorik, gewidmet. Dieser Text verrät uns diese Einteilung nur deshalb, weil sie der Festsetzung der Schulgebühren zugrunde liegt. Daß der Kardinal d'Estouteville kein Wort über die Schulklasse verliert, erklärt sich also auch aus der Tatsache, daß er in einem die allgemeine Disziplin betreffenden Dokument nicht auf Einzelheiten der Honorarfrage einzugehen brauchte.

In dieser Einteilung, die sich bereits eingebürgert haben mußte, müssen wir den fernen Ursprung unserer Einteilung nach Klassen sehen. Zwischen den vier Kategorien von Treviso und den Lehrplänen der Klassen, die uns bekannt sind, sei es der Melanchthons in Basel (4) oder auch der Baduels in Nîmes (5) im ersten Drittel des 16. Jahrhunderts oder auch der des Pariser Collège de Narbonne vom Ende desselben Jahrhunderts, nämlich aus dem Jahre 1599, als es das volle Lehrprogramm übernahm, (6) besteht durchaus eine Beziehung. Die erste Kategorie von Treviso entspricht der untersten der vier Klassen Melanchthons und der sechsten von Nîmes. Im Jahre 1599 kennen die Anfänger des Narbonne die Anfangsgründe oder sollen sie kennen.

Die zweite Kategorie von Treviso entspricht der fünften von Nîmes und der sechsten des Collège de Narbonne: innerhalb eines halben Jahrhunderts sind die Anfangsgründe des Lateinunterrichts vor die sechste verlegt worden.

Die dritte Kategorie von Treviso entspricht den beiden mittleren Klassen Melanchthons, der vierten und der dritten von Nîmes und der fünften, vierten und dritten des Narbonne auf einmal.

Die letzte Kategorie von Treviso schließlich entspricht der obersten Klasse Melanchthons, der zweiten und der ersten von Nîmes sowie der ersten vom Narbonne, wo es seltsamerweise keine zweite gibt.

Es besteht allerdings ein Unterschied zwischen der Aufteilung der Schule von Treviso und den Klassen, die daraus hervorgehen werden. Erstere ist ganz und gar empirisch und hängt vom Lehrer ab, auch wenn sich bestimmte Traditionen allmählich durchzusetzen beginnen. Diese Unsicherheit wird noch lange Zeit fortbestehen, die Lehrpläne und die Anordnung der Klassen werden von einem Kolleg zum anderen anders aussehen. So nehmen am Collège de Guyenne und am Collège de Navarre beispielsweise die unteren Klassen rapide zu, gibt es am Collège de Narbonne keine Zweite. In den letzten Jahren des 16. Jahrhunderts schreibt ein Student aus Montpellier während eines Besuchs in Tournon über das Kolleg: »Es zählt ungefähr acht Klassen.« (7) Ungefähr! Erst nach und nach wird die Klasse von der einfachen empirischen Formation zum Element eines regelmäßigen und endgültigen schulischen Zyklus, der für das gesamte Unterrichtswesen und den gesamten Bereich der westlichen Zivilisation allgemeine Gültigkeit erlangt. Zunächst einmal mußte sie einen Zivilstand erlangen, einen spezifischen Namen. Im Jahre 1466 gibt Michault in seinem *Doctrinal du Temps Présent* eine Beschreibung der Schule, die, da es sich um eine Allegorie handelt, zweifellos retuschiert ist, aber doch realistische Elemente enthält. Noch gibt es jedoch keinen Namen, zumindest keinen französischen, um das »*parquet* aus mit Schülern vollbesetzten kleinen Bänken« zu bezeichnen, das den Stuhl eines jeden Schulmeisters umgibt. (8) Das *parquet* ist durchaus eine Klasse: »in diesem *parquet* wird dekliniert«; »der Schulmeister in diesem zweiten *parquet*«. Im Jahre 1477 begegnet man wiederum der lateinischen Bezeichnung *lectio* in einem Sinne, der durchaus dem der schulischen Einteilung nach Klassen nahekommt: *in prato clericorum ubi lectio contra lectionem insurgere solebat.* (9) Es sieht nicht so aus, als handele es sich darum, daß ein Kolleg gegen ein anderes, eine Schule gegen eine andere steht.

Im Jahre 1501 geht das Wort *lectio* in den Pariser Sprachgebrauch ein. Innerhalb der Statuten des neuen Collège de Montaigu (10) bezeichnet es eine organische Einheit. Es heißt dort, daß in jeder *lectio* einer der Artigsten *caeteros suae lectionis* überwachen soll. Ein Chefrepetitor soll von der *suprema artium lectione* gewählt werden, was im übrigen impliziert, daß die Artes selbst, die Logik und die Physik zumindest am Montaigu in *lectiones* aufgeteilt waren. Außerdem ist vermerkt, daß jede *lectio* ihren speziellen *excitator* hat. Das Collège de Montaigu scheint also durchaus in *lectiones* gegliedert zu sein, ohne daß die Statuten, die die Stundenpläne einigermaßen präzis festlegen, Genaueres über deren Anzahl oder Zusammensetzung sagten. Jedenfalls gehen die Verfasser der Statuten nicht mehr stillschweigend über die Einteilung in *lectiones* hinweg, sondern beziehen sich darauf wie auf etwas Bekanntes und Vertrautes.

Das Wort *lectio* wird dann in Frankreich bald zugunsten des modernen Terminus »Klasse« aufgegeben. Wir sind ihm bereits in einem Brief des Erasmus von 1519 begegnet. Er ist von den Humanisten eingeführt worden, die von den Alten, in diesem Falle ist es Quintilian, gern Termini übernahmen, die das mittelalterliche Latein nicht gekannt hatte. Die reformierten Humanisten wie Baduel und Sturm, beide Gründer von Modellkollegs, sollten diesen Terminus dann ihrerseits verwenden, und ihre Texte aus dem Jahre 1538 und 1539 gelten allgemein als erste Zeugnisse für die moderne Verwendung des Wortes »Klasse« im Sinn von Schulklasse. Es wird dann wiederum von den Jesuiten und der Universität von Paris übernommen. Auf diese Weise ist aus der *lectio* des 15. Jahrhunderts die »Klasse« vom Ende des 16. Jahrhunderts geworden.

Nachdem sie einmal durch eine eigene terminologische Abgrenzung bestimmt worden ist, wird die Klasse von den Erziehungstheoretikern als wesentliches Element eines Schulsystems anerkannt. Einer dieser Theoretiker war Baduel. Gaufrès, der die Biographie dieses Mannes geschrieben hat, (11) analysiert die Ankündigung, die er 1538 zum Zweck der Einrichtung eines Kollegs in Nîmes veröffentlicht hat; es sollte sich dabei um ein »Kolleg, eine Schule und Universität (handeln), in der ausschließlich die Fächer der Grammatik und der Artes unterrichtet werden«. Er stellt in aller Deutlichkeit fest, daß die Einteilung in Klassen für eine ordentlich funktionierende Schule unerläßlich ist; früher, so sagt er, »war alles durcheinander gegangen und vermengt worden«. Von nun an »soll die Schule entsprechend dem Alter und dem Entwicklungsstand der Schüler in verschiedene Klassen eingeteilt werden«. Es handelt sich bei den Schulklassen nicht mehr um eher zufällige Gebilde, sondern um etwas Grundsätzliches und Notwendiges. Wie Baduel nach Nîmes, so transportierte in derselben Epoche Sturm dieses System nach Straßburg, das schon in den Kollegs von Paris und in den Häusern der Frères de la Vie commune, am Saint-Jérôme von Lüttich, aus dem Standonc (vom Collège de Montaigu) und Sturm (vom Straßburger Kolleg) hervorgegangen waren, praktiziert worden war.

Allerdings war Baduel noch nicht der Auffassung, daß dieses System über den Bereich der Grammatik hinaus angewendet werden sollte. Nach der Rhetorik »nimmt (der Schüler) an öffentlichen Vorlesungen teil und läßt sich in die Geheimnisse der höheren Wissenschaften und der Artes einweihen«. Dies entsprach der im eigentlichen Sinne humanistischen Auffassung vom Studium, das nicht länger nur der Jugend vorbehalten sein soll, sondern sich ins spätere Leben ausdehnen kann: eine außerschulische Bildung. Daher »sind diese Studien weniger stark reglementiert und werden nicht mehr auf verschiedene Klassen verteilt«. Dieselbe Unterscheidung des Studienprogramms nach Klassen und nach Vorlesungen finden wir auch in Sturms Straßburger Programm: sechs Klassen entsprechen den vier Klassen des Grammatikunterrichts, der Schönen Wissenschaften und der Rhetorik (Baduel wird dann dasselbe theoretische Konzept vorlegen, doch kam man in der Praxis dann direkt in die vierte Klasse). »Die zweite«, schreibt J. Sturm, »beschränkt sich auf öffentliche Vorträge [Kurse und Vorlesungen nach der Vorstellung der Humanisten] und die erste auf die Theologie.« (12) Dabei fällt auf, daß Sturm bei seiner Numerierung nicht von der Rhetorik ausgeht, wie es an der Universität von Paris bereits üblich war und bis heute üblich ist.

Wie Baduel und die Humanisten unterscheidet Sturm zwischen einem Unterricht in Klassen, der den Schülern im eigentlichen Sinne, d. h. denen bis zu etwa 15 Jahren vorbehalten ist, und den höheren Studien, die in Form von öffentlichen Lehrveranstaltungen stattfinden und im übrigen bis ins reife Alter ausgedehnt werden. Wenn man dabei stehengeblieben wäre, so hätte sich wahrscheinlich nur der Unterricht in der Schulklasse gehalten, wie es in England der Fall ist, wo man mit der siebten *form*, d. h. mit der Rhetorik aufhört. Pater de Dainville behauptet zu Recht, daß die Ausdehnung der Klassenregelung auf die Logik, auf die Physik und bisweilen sogar auf die Theologie das Werk der französischen Jesuiten gewesen sei, die damit eine von ihren spanischen Confratres erneuerte Scholastik am Leben erhalten und vor der humanistischen Kritik retten wollten.

So hat sich in der zweiten Hälfte des 16. Jahrhunderts unser moderner Zyklus, der sich von der sechsten oder fünften Klasse bis zur ersten erstreckt und in der Philosophie ihren krönenden Abschluß findet, endgültig herausgebildet, Schlußpunkt einer Entwicklung, die sich innerhalb eines Zeitraums von etwa anderthalb Jahrhunderten vollzogen hat.

In Italien hat die Schule noch lange das Aussehen gehabt, das wir dem Kontrakt von Treviso aus der Mitte des 15. Jahrhunderts entnommen haben. Noch im 16. Jahrhundert begnügt sich Rapinius bei seinen Empfehlungen zur Einrichtung eines Kollegs in Venedig damit, Kindern, Jugendlichen und Erwachsenen unterschiedliche Plätze zuzuweisen. (13) Wenn sich die Klasse dann doch von der einfachen Unterteilung ein und desselben Auditoriums zu einer organischen Einheit entwickelt hat, so ist das dem Lehrer zu verdanken, der speziell für sie zuständig war.

Wie wir beim Collège de Navarre schon gesehen haben, hatten die Grammatikschulen ursprünglich ein oder zwei Lehrer. Wenn es zwei waren, hieß der eine *grammaticus,* der andere *submagister,* im Englischen *high master* und *usher.* In der französischen Sprache kommt eigentlich immer nur die Bezeichnung *régent* vor, was zweifellos darauf zurückzuführen ist, daß es dieses kollegiale System zweier Lehrer dort nicht lange gegeben hat. Dem *submagister* fiel häufig die Aufgabe zu, den Kleinsten und Dümmsten die Anfangsgründe des Lateinischen einzupauken, während der *grammaticus* sich ausschließlich um die Fortgeschrittenen kümmerte. Diese Spezialisierung war allerdings nicht sehr ausgeprägt, und die Aufgaben der beiden Lehrer waren damit noch keineswegs erschöpft. So teilte Gerson im 15. Jahrhundert den beiden Lehrern an der Domschule von Paris eine gemeinsame Aufgabe zu – *ambo taliter ordinent horas diurnas et nocturnas* –, obwohl er durchaus anzuerkennen schien, daß beide Lehrer auf unterschiedliche Fächer, die Grammatik und den Gesang, spezialisiert waren. (14)

John Colets Schule von Saint-Paul's, die Domschule von London, vermittelt uns eine Vorstellung davon, wie der Lehrer und sein Assistent dazu gekommen sind, sich die Klassen aufzuteilen. Wir kennen diese Schule aus verschiedenen Texten, insbesondere dem Brief des Erasmus an Justin Jonas, den wir weiter oben bereits zitiert haben. Auch wissen wir, daß diese Schule 153 Schüler hatte, die kein Schulgeld zahlen mußten. Laut Erasmus waren sie in drei Klassen eingeteilt. Die erste bildeten die Anfänger, die er mit den Katechumenen gleichsetzt; sie gehörten noch nicht richtig zur Schule und waren der Obhut des Kaplans anvertraut. Wir kennen andere Fälle, in denen der Pförtner den Anfangsunterricht erteilt; so etwa am Gray im Jahre 1583. (15) Die zweite Klasse hat der *usher* unter sich, oder, wie Erasmus schreibt, der *hypodidascalus,* ein Wort, das er dem Sprachgebrauch Ciceros in den *Briefen* entnimmt. Für die dritte Klasse ist der *master,* oder wie Erasmus sagt, der *superior,* zuständig. So haben die zwei Lehrer, die wir seit dem Entstehen der Grammatikschule im 14. Jahrhundert kennen, jeweils eine Klasse übernommen. Man hat lediglich darüber hinaus dem Kaplan eine Lehraufgabe übertragen, dessen Amt, wie in jeder schulischen Gemeinschaft, bereits existierte, und brauchte auf diese Weise nicht noch eine Stelle für einen dritten Lehrer einzurichten. Tatsächlich hat man in England lange Zeit gezögert, die Zahl der Lehrer zu erhöhen. Noch im Jahre 1560 gab es in Eton nicht mehr als zwei Lehrer, den *master* und den *usher,* die nicht etwa jeder eine Klasse, sondern jeweils eine Gruppe von mehreren Klassen unter sich hatten. Die *lower school* des *usher* bestand aus den drei ersten *forms.* Die *upper school* des *master* umfaßte die fünfte, die sechste und die siebte *form* – ein Relikt aus der ersten Periode der Geschichte des schulischen Zyklus mit seiner Zweiteilung, die seit der Vervielfältigung der Klassen im 16. Jahrhundert überholt war. Die vierte *form,* d. h. die letzte Grammatikklasse, die unserer dritten entsprach, nahm abwechselnd an den Unterrichtsstunden des *master* und denen des *usher* teil, die im übrigen mit Bestimmtheit in demselben Raum erteilt wurden. Für jede Klasse nahm der Lehrer einen Repetitor zu Hilfe, der unter den Schülern ausgesucht wurde.

In Frankreich hat die Spezialisierung der Lehrer und ihre zahlenmäßige Verstärkung zumindest in den bedeutenden Schulen weit früher begonnen. Das läßt sich ohne weiteres dem *Doctrinal du temps présent* von Michault entnehmen, das auf das Jahr 1466 datiert ist. (16) Das *Doctrinale puerorum* war bekanntlich die Grammatik des Mittelalters. Seit dem 13. Jahrhundert faßten bestimmte Moralisten auch andere Bücher in der klassischen Form des *Doctrinale* ab. Es handelte sich dabei um eine Art von allegorischen Handbüchern, um »Breviere« der Höflichkeit, des »gesitteten Lebens« oder einfach um didaktische Traktate; zu letzteren gehörten das Doctrinale der Natur, das Doctrinale der einfachen Leute, das der Messe, das Doctrinale der Höflinge oder des Adels und Gersons *Donatus moralisatus.*

Michault denkt sich zwei Schulen aus, die des Lasters oder der Falschheit *(école de Faulceté)* und die der Tugend *(école de Vertu),* an der man das Doctrinale des Lebens lehrt. So hat die *école de Faulceté* zwölf Lehrer, ebenso viele wie das Doctrinale Alexandre de Villedieus Kapitel und das Jahr Monate hat, und jeder Lehrer ist die Allegorie eines Lasters, beispielsweise der Prahlsucht, der eitlen Ruhmsucht, der Habsucht ... Gewiß kann man eine solche allegorische Beschreibung nicht wörtlich nehmen, doch muß man ihr ein gewisses Maß an Wahrscheinlichkeit zugestehen, ohne das die Allegorie nicht verstanden würde.

In dieser Schule »gab es dreizehn Lehrer, nämlich einen Rektor und zwölf andere, die ihm untergeben waren«. Das Dutzend ist ganz offensichtlich nur dazu da, um zwölf verschiedene moralische Entwicklungen zuzulassen. Die *école de Vertu* weist im übrigen nur die üblichere Zahl von vier Lehrern auf. Worauf es hier vor allem ankommt, ist die hierarchische Ordnung zwischen Rektor und Lehrern, die wir bereits aus einem Dokument kennen, das fast aus derselben Zeit stammt und auf das wir uns oft bezogen haben: der Reformtext des Kardinals d'Estouteville. Man hat es mit einem Kolleg oder einem Pädagogium, mit dessen autoritärer Hierarchie zu tun.

In einem Text von 1539, J. Sturms Lehrplan für das Gymnasium von Straßburg, (17) wird berichtet, wie es im Collège de Saint-Jérôme in Lüttich dazu gekommen war, daß die zunächst freien Lehrer der Autorität eines Rektors unterstellt wurden: ursprünglich »versuchte jeder Lehrer, Schüler zu gewinnen, lehrte nicht das, was am besten war, sondern das, was am meisten Spaß machte, und richtete sich weniger nach der Vernunft als nach dem Geschmack der Schüler«. Diese Lehrer »lasen Autoren, die dem Alter ihrer Schüler nicht entsprachen, und dies selbst dann, wenn diese Lektüre ihren Sitten oder ihrem Urteil schaden konnte«. Daher mußte man diese allzu unabhängigen Lehrer einer Autorität unterstellen: »Um diesen Mißständen abzuhelfen, hatte man einen Rektor ernannt und die Unterrichtsstunden, die Übungen und sämtliche Studien seiner Kontrolle unterstellt.« Die *école de Faulceté* hatte jedoch schon 1466 einen Rektor.

In dieser Schule hatte jeder Lehrer seine bestimmte Klasse oder *lectio:* »Am Eingang befand sich ein Pförtner namens Dünkel, der den Eintretenden kaum einen Blick gönnen mochte... Am Fuße eines jeden Pfeilers befand sich ein *parquet* aus kleinen Bänken, die vollbesetzt waren mit Schülern. Und oben am Pfeiler war eine Schrifttafel befestigt, der man entnehmen konnte, welcher Stoff an diesem Platz unterrichtet wurde.«

In den bescheideneren Schulen war, wie schon im 16. Jahrhundert in Eton, derselbe Lehrer für mehrere Klassen zuständig. Noch im 17. Jahrhundert, als sich das System der Einteilung nach Klassen in seiner endgültigen Form herausgebildet hatte, teilten sich in der Schule der kleinen Stadt Belley (18) drei Lehrer in die sechs traditionellen Klassen, die paarweise zusammengefaßt waren: der erste unterrichtete die Klassen Rhetorik und Schöne Wissenschaften, der zweite die vierte und die dritte Klasse, der letzte die fünfte und sechste. Merkwürdigerweise hingen diese drei Lehrer nicht von einer einzigen übergeordneten Autorität ab, sondern bildeten eher drei parallel arbeitende Schulen, die aus unterschiedlichen Quellen finanziert wurden: die eine aus der präzeptorialen Präbende, die andere vom Magistrat der Stadt und die dritte von den Provinzialständen.

In Frankreich akzeptierte man jedoch am Ende des 16. Jahrhunderts das Prinzip der Zuordnung je eines Lehrers zu einer Klasse, es sei denn, in einem Kolleg seien nicht alle Klassen vertreten gewesen, was bei unbedeutenderen Schulen vorkommen konnte. Dieses Prinzip hatte am Ende des 16. Jahrhunderts in solchem Maße Schule gemacht, daß man gezwungen war, eine bestimmte Praktik zu verbieten, die sich damals einzuschleichen begann: man war mancherorts dazu übergegangen, nicht mehr einem Lehrer mehrere Klassen, sondern einer einzigen Klasse gleich zwei Lehrer zuzuteilen, d. h. man vertraute eine Klasse bisweilen zwei Lehrern an, wobei der eine für den Vormittagsunterricht und der andere für den Nachmittagsunterricht zuständig war. (19) Bereits in seinem Programm von 1539 bestimmt J. Sturm, daß die ersten sechs Klassen der Straßburger Schule, die dem Zyklus von der sechsten bis zur Rhetorik entsprachen, jeweils nur einen einzigen Lehrer haben sollten. Er ist dagegen damit einverstanden, daß für die Fächer der öffentlichen Kurse, die Philosophie und die Theologie, mehrere anerkannte Spezialisten herangezogen werden.

Die Klasse hat ihren Lehrer bekommen. Es fehlt ihr nur noch ein Merkmal, das die Schulklasse unserer heutigen Lehranstalten kennzeichnet: die Spezialisierung der Räumlichkeiten.

Lange Zeit waren die Lehrer und ihre *lectiones* innerhalb eines einzigen Saals vereinigt gewesen, den man im übrigen *schola* nannte. Pro Schule gab es nur einen Unterrichtssaal, und man meinte mit ein und demselben Wort zugleich den Saal und die Institution, wie es später dann auch bei unserem Wort »Klasse« der Fall sein wird. Ebenso verhielt es sich auch bei der *école de Faulceté:* »Die Schule war übermäßig groß und zählte der Länge nach zwölf Pfeiler... Am Fuße eines jeden Pfeilers« versammelten die Schüler sich um den Lehrer. Die *école de Vertu* »war ganz rund« – wie später auch Colets Schule von Saint-Paul's –, »und es gab darin vier große Katheder..., die sich, eine Art Rechteck bildend, an den Wänden der Schule befanden.«

In der Beschreibung des Erasmus stellt sich Colets Schule von Saint-Paul's in London folgendermaßen dar: sie bestand aus einem einzigen runden Saal, über dessen terrassenförmig abgestuftem Fußboden die Schüler sich verteilten. Erasmus gibt zu dieser ringförmigen Anordnung die Erklärung, man habe auf diese Weise verhindern wollen, daß in den Ecken Betten oder Eßtische aufgestellt wurden – in den Schulen jener Zeit zweifellos eine weitverbreitete Gepflogenheit. Dieser Saal war in vier Teile geteilt, d. h. in die drei Klassen und eine Art Kapelle mit einem Altar, und diese Unterteilung wurde durch Vorhänge vorgenommen, die man nach Belieben öffnen oder schließen konnte – Zeichen für ein gewisses Bedürfnis nach Abgeschlossenheit, das jedoch noch nicht so ausgeprägt war, daß man die vollständige Trennung anstrebte. Die Sitte, in den Klassen einen Altar aufzustellen, hat sich, nebenbei bemerkt, noch lange Zeit gehalten. Man begegnet ihr im 18. Jahrhundert am

Collège de Mauriac wieder, das von Marmontel beschrieben worden ist. In Eton gab es 1517 nach wie vor nur einen einzigen Unterrichtssaal. Etwa in derselben Epoche führte der Schweizer Thomas Platter in Deutschland das Vagabundenleben eines fahrenden Scholaren, der sich mit Betteln durchschlug. Er blieb eine Weile an der Grammatikschule von Breslau – in jeder Pfarrgemeinde gab es eine solche Schule. Zusammen mit den jüngsten seiner Kameraden schlief er im Klassenraum, und gerade dies wollte J. Colet in der Schule von Saint-Paul's zweifellos verhindern. Er beschreibt die Sankt-Elisabeth-Schule mit folgenden Worten: »In der Schule zu St. Elisabeth lasen immer in einer Stube zu derselben Stunde neun Baccalaureen zusammen.« Neun »Baccalaureen«, damit sind wir von den zwölf Lehrern der *école de Faulceté* nicht mehr allzu weit entfernt – nicht auszudenken, was für ein Tumult dort geherrscht haben muß. (20)

In England wird die Schule diesen Aspekt noch lange wahren. Im Jahre 1612 will John Brinsley in seinem *Ludus Litterarius,* (21) einer Art Leitfaden für den Schullehrer, das Recht zur Strafe ausschließlich dem *master* vorbehalten sehen; der *usher* soll möglichst keine Bestrafungen vornehmen, es sei denn, er unterrichtet »vom *master* getrennt, an einem anderen Ort«, ein Fall, der wohl nur selten eintrat. (22) Noch 1894 hatte Max Leclerc englische Schulen gesehen, die aus einem einzigen Raum bestanden, der von dem Pult des *master* beherrscht wurde, während sich die Podeste der Hilfslehrer in den vier Ecken befanden – ganz ähnlich wie in Pater Michaults *école de Vertu* im Jahre 1466.

In Paris und in Lüttich versuchte man dagegen sehr früh, jeder Klasse einen bestimmten Raum zuzuteilen. Es ist denkbar, daß die *lectiones* des Montaigu seit 1501 jeweils ihren eigenen Raum hatten. Im Reglement von 1501 wird erwähnt, daß jeder nach dem Mittagessen im gemeinsamen Refektorium sich wieder in die *scholae* zu begeben habe; mit Bedacht wählt der Verfasser den Plural: es handelt sich um Unterrichtsräume.

J. Sturms Memorandum von 1538, (23) das den Organisationsplan für das Gymnasium von Straßburg betrifft, behandelt auch die Trennung der Unterrichtsräume, und die seltsamen Einwände, die Sturm dagegen vorbringt, beweisen zumindest, daß er sich mit dieser Frage auseinandersetzen mußte, wie er übrigens trotz seiner theoretischen Präferenzen genötigt war, sie in dem Sinne zu regeln, wie das künftig der Fall sein wird.

»Es ist besser«, stellt er fest, »die Klassen an einem einzigen Ort zu versammeln, als sie auf mehrere zu verteilen. Es wäre doch sinnlos, wenn man zehn Ziegen hätte, jede für sich einem Schäfer und einer Weide zuzuteilen, wenn eine einzige Wiese genügt. Nicht weniger sinnlos wäre es, zahlreichen und getrennt voneinander unterrichtenden Lehrern die Schüler anzuvertrauen, die ein einziger Lehrer unterrichten kann. Die Gemeinschaftlichkeit und die große Zahl verleihen dem Beispiel doch viel mehr Wirkung, sind ein besserer Boden für den Wunsch nach Bildung ... *vorausgesetzt, daß eine allzu große Menge von Kindern nicht einen weiteren Raum erforderlich macht,* sollen sämtliche Studien in einem einzigen Raum stattfinden.« Als Beispiel führt er die Universität von Paris an: »Daß die große Zahl die Studien befördert, läßt sich aus dem schließen, was in Paris vorgeht. Die große Menge von Schülern, die dorthin strömen, hat zur Gründung einer großen Anzahl von Kollegs geführt. Dabei war den Studien in den Kollegs, wo es am wenigsten Schüler gab, am wenigsten Erfolg beschieden, waren die geringsten Fortschritte zu verzeichnen. Dagegen sind die Schüler dort, wo sie sehr zahlreich sind, am lebhaftesten und erzielen die besten Erfolge, denn dort fühlen sich Schüler und Lehrer zum Wetteifern angespornt.«

In den Lehranstalten der Frères de la Vie commune, »in Lüttich, in Deventer, Zwolle und Wesel hat man für alle Klassen nur einen Raum eingerichtet«, wie es traditionell üblich war. »Als ich in Lüttich war«, fährt Sturm fort, »kam es zu Zwistigkeiten zwischen den Lehrern, und *einige begannen, getrennt zu unterrichten.* Wenn es bei dieser Praktik geblieben wäre, wäre es um das berühmte Gymnase de Saint-Jérôme geschehen gewesen.« Tatsächlich hatte diese Unabhängigkeit zur Folge, daß die bereits übliche reguläre Struktur der Klassen und ihrer Lehrpläne durch den Konkurrenzgeist zwischen den Lehrern und ihr Bestreben zu glänzen, eine gelehrtere Zuhörerschaft zu gewinnen, aufgelöst worden wäre. »Die alte Ordnung wurde schließlich wiederhergestellt«, doch wissen wir nicht, ob es sich dabei lediglich um die Lehrpläne der Klassen handelt, oder ob die Klassen auch wieder in einem einzigen Raum zusammengeführt werden. Wir wissen andererseits, daß Sturm ungeachtet seines theoretischen Standpunkts in Straßburg getrennte Unterrichtsräume einrichten mußte. Im Jahre 1540 wurde Thomas Platter damit beauftragt, in Basel eine Schule zu gründen. Er geht nach Straßburg, um das Funktionieren der Sturmschen Lehranstalt zu studieren, die als Modellschule galt: »Ich kam denn wieder herauf [nach Basel] und richtete meine vier Klassen ein [es handelt sich um die vier Melanchthonschen Klassen]; denn vorher befanden sich alle Schüler in der unteren Stube.«

Die Aufteilung der Unterrichtsräume nach Klassen erscheint also als

Notwendigkeit, eine Folge der zahlenmäßigen Zunahme der Schülerschaft, der man gezwungenermaßen nachkam. Die Klassen des Saint-Jérôme zählten jeweils mehr als zweihundert Schüler, und auch die Klassen der großen Kollegs wie etwa des Louis-le-Grand bewegen sich bis zum Ende des 18. Jahrhunderts in diesen Dimensionen. Man hat sich also zunächst einfach nur einer Notwendigkeit gefügt. Im übrigen war die Konzentration der Machtbefugnisse in den Händen eines Rektors, eine natürliche Tendenz des modernen Kollegs, diesem Prozeß förderlich. Die Autorität, die der Prinzipal gegenüber seinen Lehrern genoß, war so groß, daß er die Gesamtheit der Schüler nicht mehr unablässig selbst zu kontrollieren brauchte. Allmählich mochte man die disziplinarischen Vorteile, die ein weniger bevölkerter Unterrichtsraum mit sich brachte, nicht mehr missen, doch sprach man wenig darüber, ging in den Texten und den theoretischen Schriften stillschweigend darüber hinweg, bis sich diese Regelung dann im 17. Jahrhundert endgültig einbürgerte. In Cordiers Dialogen vom Ende des 16. Jahrhunderts wendet sich ein Schüler an den Rektor: »Maître, in der sechsten Klasse ist niemand. – Was heißt das? Wo ist Monsignore Philip? – Er liegt krank im Bett. – Sagt dem Lehrer der zweiten Klasse, er möge jemanden von seinen Leuten schicken«, d. h. von seinen älteren Schülern. (24) Ein Wortwechsel, aus dem man die Trennung der Unterrichtsräume erschließen kann. Ebenso sagte man schon in der Epoche Francions, daß man »in die Klasse ging«. Bei den Oratorianern, bei denen der Unterrichtssaal »das Zimmer« hieß, ein Wort, das kurioser und zugleich eingängiger war als »Klasse«, begriff man unter derselben Vokabel zugleich den Ort, das *curriculum* und die Schüler: das sechste oder das zweite Zimmer. (25) In den Kollegs der Jesuiten oder der Universität von Paris hatte die Trennung der Klassen sich durchgesetzt.

Diese letzte Etappe hat uns vom gemischten Auditorium der mittelalterlichen Schule zur modernen Klasse geführt. Seit dem Beginn des 15. Jahrhunderts hat man die einem einzigen Lehrer anvertraute und an einem einzigen Ort versammelte Schülerschaft in Gruppen von gleichem Wissensstand aufgeteilt, und Italien ist dieser Übergangsregelung lange treu geblieben. Im Verlauf des 15. Jahrhunderts hat man jeder einzelnen dieser Gruppen einen eigenen Lehrer zugeteilt, wobei sie jedoch weiter gemeinsam in demselben Raum verblieben, eine Anordnung, die sich in England bis in die zweite Hälfte des 19. Jahrhunderts gehalten hat. Schließlich hat man dann die Klassen und ihre Lehrer isoliert voneinander untergebracht, eine Maßnahme, die zuerst an flämischen und

Pariser Schulen ergriffen worden war und aus der dann die moderne Struktur der Klasse entstand. Wir haben es hier also mit einem Prozeß der Differenzierung der Schülermasse zu tun, die bis zum Ende des 15. Jahrhunderts keine Organisation aufwies. Dieser Prozeß entspricht dem noch neuen Bestreben, den Unterricht des Lehrers auf das Niveau des Schülers zuzuschneiden. Dies ist der springende Punkt. Dies Bemühen, sich auf die Auffassungsgabe des Schülers einzustellen, verträgt sich weder mit den mittelalterlichen, auf Simultaneität und Wiederholung basierenden Methoden, noch mit der humanistischen Pädagogik, die zwischen dem Kind und dem erwachsenen Menschen keinen Unterschied machte und den Schulunterricht – eine Vorbereitung für das Leben – mit der Kultur – der Errungenschaft eines Lebens – verwechselte. Diese Einteilung in Klassen zeugt also davon, daß man sich der Sonderstellung der Kindheit oder der Jugend bewußt geworden ist und sich der Auffassung nicht länger verschließt, daß es innerhalb dieser Kindheit oder auch dieser Jugend wieder bestimmte Kategorien gibt. Diese Institution des hierarchisch aufgebauten Kollegs hatte seit dem 14. Jahrhundert die Schulkinder aus dem Wirrwarr der Altersklassen, wie er für die übrige Gesellschaft charakteristisch war, herausgelöst. Die Einrichtung von Klassen im 16. Jahrhundert bildete den Schlußpunkt der Einteilungen innerhalb der Schülerschaft.

Hatte man in diesen Kategorien, die bisweilen nur umrißhafte Andeutungen der späteren Einteilung waren und die man einer Zweckmäßigkeit zuliebe einführte, die wiederum mit der späteren Potenz dieses Systems hinsichtlich Ordnung, Disziplin und pädagogischer Effizienz noch nicht zu vergleichen war, damals schon Alterskategorien zu sehen? Gewiß sah Baduel 1538 in der Klassenregelung ein Mittel, die Schüler »ihrem Alter und ihrer Entwicklung entsprechend« einzuteilen. In diesem ersten Drittel des 16. Jahrhunderts verschlug es Thomas Platter am Ende seiner Vagabundenjugend an eine gute Schule in Schlestadt, die zu der Zeit von 900 *discipuli* besucht wurde; und schon damals konnte er es offenbar nicht ganz angemessen finden, daß er aufgrund seiner Unwissenheit als Achtzehnjähriger unter Kindern sitzen sollte, denn er fühlte sich gedrängt, dieses Merkmal als Anomalie ausdrücklich hervorzuheben: »Als ich nun in die Schule kam, konnte ich nichts, nicht einmal den Donat lesen. Ich setzte mich unter die kleinen Kinder, war aber wie eine Gluckhenne unter den Hühnlein.«

Lassen wir uns dennoch durch diese wenigen Indizien nicht täuschen: sie gewinnen leicht zuviel Gewicht, wenn man sie isoliert betrachtet. Gelegentlich fallen Alter und Unterrichtsstufe zusammen, aber nicht immer, und wenn zwischen beiden ein Mißverhältnis bestand, so wunderte man sich allenfalls ein wenig darüber, oft aber auch nicht einmal das. Tatsächlich schenkte man der Unterrichtsstufe stets mehr Aufmerksamkeit als dem Alter. Zu Beginn des 17. Jahrhunderts besaß die Klasse nicht die demographische Homogenität, die sie seit dem Ende des 19. Jahrhunderts kennzeichnet, wenn sie sich dieser auch immer mehr annäherte. Die Schulklassen, die sich aus nichtdemographischen Gründen gebildet hatten, gaben dann in zunehmendem Maße dazu Anlaß, daß man auch Alterskategorien berücksichtigte, die ursprünglich nicht vorgesehen waren. Es bestand also eine Beziehung zwischen der Strukturierung der Fähigkeiten und der Altersstufen, die bis dahin unbemerkt geblieben war und dies deshalb, weil sie für die allgemeine Lebenspraxis keine Rolle spielte. Das neue Bedürfnis nach einer Analyse, einer Einteilung, das die Geburt des modernen Bewußtseins in seinem am meisten intellektualisierten Bereich, d. h. auf dem Gebiet der pädagogischen Entwicklung kennzeichnet, rief dann seinerseits identische Bedürfnisse und Methoden hervor, und zwar ebensowohl im Bereich der Organisation der Arbeit – die Arbeitsteilung –, wie auf dem Gebiet der öffentlichen Meinung, wo es sich in der Weigerung äußerte, allzu unterschiedliche Geister und Altersstufen zu vermischen. Doch ist dieses Bemühen um die Trennung der Altersstufen erst später theoretisch anerkannt und bestätigt worden, als es sich in der Praxis nach einem langen empirischen Vorwärtstasten bereits durchgesetzt hatte. Das veranlaßt uns dazu, das Problem der Altersstufen innerhalb der Schülerschaft und ihres Verhältnisses zu den Schulklassen eingehender zu untersuchen.

4. Kapitel
Die Altersklassen

In diesem Kapitel versuchen wir eine Vorstellung davon zu gewinnen, wie alt die Schüler waren, was ihr Alter bedeutete und welche Entwicklung die Altersklassen im Verlauf der letzten Jahrhunderte des Ancien Régime genommen haben. Was unsere eigene Schul- und Studienzeit betrifft, so wissen wir aus persönlicher Erfahrung, welches Gewicht eine Verzögerung von einigen Jahren in unserer Jugend und Kindheit hatte. Als ehemalige Oberschüler wissen wir, wie es auf uns wirkte, wenn einige Schulkameraden das für unsere Schulklasse typische Alter, das uns als Maßstab diente, unter- oder überschritten. Unsere Vorstellung von der Kindheit, der Jugend oder der Jünglingszeit beruhte auf einer schulischen Hierarchie, die so aussah, daß zunächst Klasse auf Klasse folgte und darauf dann der Übergang von der Oberschul- zur Universitätsbildung oder die Vorbereitung auf die Grandes Écoles. All diese Unterscheidungen, die man an sich selbst erfahren hat, hatte ich vor Augen, als ich das dokumentarische Material für dieses Kapitel zusammenstellte. Das sind zunächst die Erinnerungen der Memoirenschreiber an Kindheit und Schulzeit, d. h. an den Zeitabschnitt, den sie vielleicht am aufrichtigsten behandeln. Man kann sich fragen, ob diese Zeugnisse nicht ein wenig außergewöhnlich, d. h. für die Mehrzahl nicht immer repräsentativ sind. Allgemeinere statistische Übersichten sollen es uns ermöglichen, ihnen ihren Stellenwert zuzuweisen, ohne ihren Sinn zu verfälschen, und einige übergreifende Entwicklungstendenzen zu betrachten.

Thomas Platter (1) ist 1499 »auf der Pfaffen Herrenfastnacht, eben als man zur Messe läutete«, in einem Walliser Dorf geboren. Er gehörte zu einer vielköpfigen Familie (vom Typus jener Pflanzstätten des Schweizer Söldnertums, aus dem sich die europäischen Armeen rekrutierten: zwei seiner Brüder kamen im Krieg um). Da seine Mutter eine mittellose Witwe war, verließen ihre Kinder früh das Haus. Seit er sechs Jahre alt war, hütete Thomas, den das Soldatenleben noch nicht zu reizen vermochte, die Ziegen eines Verwandten. Mit acht Jahren war er immer noch Hirte: »Im Sommer lag ich im Heu, im Winter auf einem Strohsack voll Wanzen, oft voll Läuse; so liegen gewöhnlich die armen Hirten, die bei den Bauern in den Einöden dienen.« Aus unserer modernen Sicht können wir uns nichts anderes vorstellen, als daß er damit endgültig den beruflichen Weg der ungebildeten Schichten eingeschlagen hat. Seine Mutter, die davon träumte, einen Priester aus ihm zu machen, vertraute ihn jedoch, als er 9½ Jahre alt war, einem Verwandten an, der ebenfalls Priester war, und ihm Lesen und Schreiben beibringen sollte. Selbst wenn man die Hoffnung auf schulische Bildung nicht aufgeben wollte, war es also nicht unbedingt nötig, daß man sofort in die Schule eintrat, wenn man mit fünf oder sechs Jahren selbständig genug war, um sich vom Rockzipfel der Mutter oder der Amme zu lösen. Man gewährte den Kindern durchaus eine vorschulische Periode, durch die der erste Unterricht bisweilen bis über das zehnte Lebensjahr hinausgezögert wurde. Die Schule galt damals noch nicht eindeutig als Vorbereitung auf das Leben, sie verschmolz noch mit Lebensweisen, die wir heute bis nach dem Schulabschluß aufschieben, mit der Lehrzeit. Daher gab es auch lange Zeit keine feste Regelung, wann die Schulzeit zu beginnen hatte.

Thomas verließ diesen brutalen Lehrer: »Er schlug mich grausam übel, nahm mich vielmal bei den Ohren...« Zufällig kam damals gerade ein Vetter von Thomas durchs Dorf. Er hatte bereits die Schulen von Ulm und von München besucht und führte das unstete, nimmer endenwollende Leben des mittelalterlichen fahrenden Scholaren. Als er zu einer weiteren Scholarenfahrt aufbrach, nahm er unseren jungen Thomas mit, der zu der Zeit zehn Jahre alt gewesen sein muß und bei seinem Priester nichts weiter gelernt hatte, als das *Salve* zu singen. Für Thomas war dies der Beginn eines etwa zehn Jahre währenden Herumvagabundierens durch die Schulen Deutschlands, der Schweiz und des Elsaß, das er fortführte, bis er zwanzig war. Ohne je länger an einem Ort zu verweilen, durchquerte er Schlesien, Sachsen, machte in Halle, in Dresden und in Breslau Station. Über Breslau heißt es: »Da gingen wir zuerst im Dom zum heiligen Kreuz in die Schule. Als wir aber vernahmen, daß in der obersten Pfarre zu St. Elisabeth etliche Schweizer waren, zogen wir dahin.« Selbstverständlich handelte es sich dabei um Lateinschulen. In der Sankt-Elisabeth-Schule, in der, wie wir im letzten Kapitel gesehen haben, in einem einzigen Saal neun *baccalaurii* lasen, besaß einzig der Präzeptor (einer der Lehrer oder auch einer der aus dem Kreise der Schüler ausgesuchten Repetitoren) einen gedruckten

Terenz. Die anderen transskribierten ihn nach Diktat, dann erfolgten »Distinguieren«, »Konstruieren« und schließlich »Exponieren«. Thomas und sein Vetter verließen Breslau, kehrten nach Dresden zurück und nahmen dann in München Quartier. Nach fünf Jahren des Herumvagabundierens beschloß der Vetter, »wir wollten heim ziehen; denn wir waren in fünf Jahren nicht zu Hause gewesen. Wir zogen also heim nach Wallis.« Danach machte man sich dann wieder nach München auf. Dort folgte Thomas, der mittlerweile 15 Jahre alt war, dem Drang, sich unabhängig zu machen, verließ seinen Vetter und schlug sich allein durch. Über Passau, Ulm und Konstanz gelangte er nach Zürich, wo er einige Monate lang ältere Scholaren dazu zu bewegen versuchte, ihm Unterricht zu erteilen: vergeblich; er lernte dort nichts. Er nahm sein Vagantenleben wieder auf, und es verschlug ihn nach Schlettstadt, wo die Sache ernster wurde: Johannes Sapidus ließ ihn zu seiner Schule zu, einer florierenden Schule, an der es bis zu neunhundert Schüler gab (ohne Aufteilung in Klassen). Während der langen Jahre, die er als fahrender Schüler unterwegs war, hatte er nichts gelernt; mit 18 Jahren konnte er noch nicht einmal lesen. »Als ich nun in die Schule [des Sapidus] kam, konnte ich nichts, nicht einmal den Donat lesen. Ich setzte mich unter die kleinen Kinder, war aber wie eine Gluckhenne unter den Hühnlein.« Und dennoch blieb er nicht in Schlettstadt – zweifellos deshalb, weil er seinen Unterhalt nicht bezahlen konnte und der Hunger ihn weitertrieb.

Er kehrte also auf das Land, in sein heimatliches Wallis zurück, um mit dem zu beginnen, was er zehn Jahre früher hätte tun sollen, um den Elementarunterricht einer Volksschule zu besuchen: »Ich ... ging zu einem Herrn in die Schule, der mich ein wenig schreiben und andres lehrte, ich weiß schier nicht was... In derselben Zeit lehrte ich das Büblein meiner andern Base ... das ABC in einem Tage.« Am Ende seiner langen Scholarenzeit, mit 19 Jahren, lernte er lesen und schreiben. Ehe er lesen lernte, hatte er allerdings den Donat auswendig gelernt, ein letztes Relikt aus jener Zeit, in der die mündliche Überlieferung weit mehr Raum einnahm als die schriftliche Kommunikation.

Er kehrte nach Zürich zurück: »Zu dieser Zeit sagte man, es werde ein Schulmeister kommen..., ein gar gelehrter Mann..., aber schrecklich wunderlich«: Myconius, *pater Myconius,* dessen Schüler, Zögling und sogar Jünger er wurde. Derselbe Thomas Platter, der 18 Jahre gebraucht hatte, um lesen zu lernen, nimmt nun ein leidenschaftliches Interesse am Humanismus; er stellt einen gewaltigen Bildungshunger unter Beweis. In zwei oder drei Jahren lernt er Latein und darüber hinaus Griechisch und Hebräisch. Nachdem er selbst Privatunterricht erteilt hat, ist er so weit, daß er in seinem heimatlichen Wallis eine Schule aufmachen kann. Er hat das vierzigste Lebensjahr bereits überschritten, als man ihm das Rektorat einer bedeutenden Schule in Basel anträgt, an der er das neue System der getrennten Schulklassen einführen wird.

Dieses Scholarenleben, das Thomas Platter zu Beginn des 16. Jahrhunderts in deutschsprachigen Ländern führt, versetzt uns wieder ins Mittelalter mit seinen schier endlosen Schulzeiten zurück, bei denen es auf die Ergebnisse nicht ankam und die noch keine Aufteilung nach Klassen und keine abgestuften Lehrpläne kannten. Die tatsächlichen Kenntnisse werden im wesentlichen in den letzten beiden Jahren einer zehnjährigen Schulzeit gesammelt, d. h. zwischen 18 und 20 Jahren, denen acht Jahre vorangegangen waren, die aus der heutigen Perspektive steril erscheinen mögen, in denen der junge Analphabet sich jedoch unablässig mit den Fächern des Triviums abgemüht hatte, die nach altem Brauch mündlich unterrichtet wurden. Halten wir vor allem fest, daß das tätige Leben für Thomas Platter nicht mit der Schule begonnen hat – er war bis zum neunten Lebensjahr Hirte –, daß er sich stets unter älteren oder jüngeren Kameraden befunden hat, die nicht nach Altersstufen getrennt waren, daß der Humanismus auf dem mittelalterlichen Boden seines Wissens mühelos hat Wurzeln schlagen können, weil der Humanismus, wie wir bereits mehrfach bemerkt haben, ungeachtet der Erneuerung der Bildungsmethoden und der Einführung neuer Autoren das mittelalterliche System des langandauernden und simultanen Unterrichts fortsetzte.

Dieser spezielle Fall mag die Antiquiertheit des deutschen Schullebens unterstreichen: für Frankreich hatte er allerdings keine Gültigkeit mehr.

Olivier Le Fèvre d'Ormesson (2) gehört der nächsten Generation an. Er wird im Jahre 1525 geboren und ist der Sohn eines Angestellten in der Kanzlei des Parlaments; seine Mutter war die Tochter eines *procureur* beim Rechnungshof. Er hatte zwei Brüder und drei Schwestern, die bis auf seinen Bruder Nicolas sämtlich starben. Er verlor seinen Vater, als er fünf Jahre alt war. Mit acht Jahren trat Olivier ins Collège de Navarre ein. In Frankreich gab es die mittelalterlichen Schulen vom deutschen Typus, wie sie Thomas Platter besucht hatte, nur noch in kleinen Provinzstädten, und sie beschränkten sich ausschließlich auf den lateinischen Anfangsunterricht. Differenziertere Kollegs hatten sie abgelöst, die eine immer größere Schülerschaft anzogen. Das Collège de Navarre in Paris wurde bis zur Gründung des Louis-le-Grand von den

Kindern des Hochadels und selbst von solchen von königlichem Geblüt besucht.

Bei den Le Fèvres, einer Familie des niedrigen Amtsadels, war das Geld jedoch knapp, und die Witwe konnte den Kollegbesuch ihrer beiden Kinder nicht länger bezahlen. Sie mußten sehr früh ins Berufsleben eintreten: »Sie wurden beide nach Ablauf von drei Jahren (vom Kolleg) heruntergenommen, weil es an den nötigen Mitteln fehlte, um ihren Schulbesuch auch weiterhin zu bezahlen.« Olivier blieb also nur ungefähr vom achten, neunten bis zum elften Lebensjahr auf dem Kolleg. Mit elf Jahren »wurde er der Obhut eines Rechnungsbevollmächtigten anvertraut, um schreiben zu lernen (d. h. um ›tadellos schreiben zu lernen‹, um Schriftstücke aufzusetzen – so wie man heute Maschine schreiben lernt) und seinen Lebensunterhalt zu verdienen«. Danach wurde er dann Angestellter beim Schatzmeister des Dauphin, des späteren Heinrich II., der von da an seinen Lebensunterhalt und den seiner Familie sicherstellte.

Im schulischen Werdegang Thomas Platters haben wir die ausgedehnte Schulzeit des mittelalterlichen Scholaren wiedererkannt, der ein spezialisierter »Schriftkundiger« war: wie später der Humanist, so war auch er der Ansicht, daß das Studium einen Teil seines Berufslebens ausmachte, und wollte es nicht auf eine erzieherische Funktion, die Rolle der Vorbereitung für ein solches Leben, beschränkt sehen. Diese Studienzeit zog keinen Trennstrich zwischen dem Kind und dem Erwachsenen.

Die Schulzeit Olivier Le Fèvres hat eine ganz andere Bedeutung. An ihr läßt sich ablesen, daß das Kolleg nicht mehr den ausgedehnten Studien der Geistlichen oder der Humanisten vorbehalten war. Es wurde zu einem Instrument der Erziehung, der Bildung, das den Eintritt ins Berufsleben vorbereitete und ihm voranging. Dennoch trat es noch nicht an die Stelle jenes anderen Bildungs- und Erziehungsmodus, wie er für Laien üblich gewesen war, ehe sie dazu übergingen, das Kolleg zu besuchen, das früher den Geistlichen vorbehalten war: die Lehrzeit.

Bis zum Ende des Mittelalters und in vielen Fällen auch darüber hinaus erwarb man vor dem Eintritt in einen Beruf, wie immer der aussehen mochte – ob es nun der des Höflings, des Soldaten, des Verwaltungsbeamten, des Handeltreibenden oder des Arbeiters war, nicht zuvor die zu seiner Ausübung notwendigen Kenntnisse, sondern trat unverzüglich ins Berufsleben ein. Wenn man erst einmal berufstätig war, erwarb man mit Hilfe der Lebens- und Arbeitsgemeinschaft mit bereits berufserfahrenen Erwachsenen die notwendigen Kenntnisse durch die Alltagspraxis. So wurde Olivier »der Obhut eines Rechnungsbevollmächtigen [anvertraut], um schreiben [zweifellos auch rechnen] zu lernen«. Dieser Bildungsweg war absolut üblich und der ganzen Gesellschaft gemeinsam, galt für die aristokratischen Berufe ebenso wie für die »mechanischen«. Als das Prinzip der Schulbildung über die Welt der Geistlichen hinaus auch die Laien erfaßte, verschwand das Lehrverhältnis aus den aristokratischen Berufssparten und wurde allmählich in die mechanischen Berufe – die Handwerksstände – abgedrängt, bis es schließlich heute, infolge der im übrigen sehr schleppend und verspätet erfolgten Entwicklung des technischen und berufsvorbereitenden Unterrichts zu einem Relikt oder einer Art Praktikantenzeit verkümmert ist. Allerdings ist diese Ablösung des Lehrverhältnisses durch den Schulunterricht, wie sie sich in den höheren und mittleren, aristokratischen und bürgerlichen Ständen vollzog, nicht auf einen Schlag erfolgt. Anfänglich hat man nur zwei oder drei Jahre auf dem Kolleg verbracht, wo man ausschließlich am Unterricht der unteren Klassen teilnahm, da die höheren Klassen auch weiter der »lateinischen« Laufbahn, d. h. der klerikalen oder der des höheren Amtsadels vorbehalten waren. Dieser Kollegbesuch dispensierte den Schüler nicht von einer Lehrzeit in den Schreiber- und Angestelltenberufen, die ihm den Weg zum niedrigen Amtsadel erschloß und die er etwa zwischen zwölf und fünfzehn Jahren absolvierte. Allmählich verlängerte sich dann die Schulzeit auf Kosten der Lehrzeit. Einer der aristokratischen Berufe, die am längsten an eine Lehrzeit geknüpft waren, war das Kriegshandwerk. Die Gemälde des 17. Jahrhunderts, die das Soldatenleben illustrieren, stellen sehr junge Burschen, wir würden sagen: Kinder, mitten unter wenig vertrauenerweckenden Haudegen dar: es war dies sogar eines der bevorzugten Themen der Caravaggio-Schule. Noch am Ende des 17. Jahrhunderts geschah es häufig, daß ein junger Edelmann, der für das Kriegshandwerk bestimmt war, sich mit zwei oder drei Jahren Kolleg begnügte. So tritt etwa Claude de Bonneval (3), der 1675 geboren ist, mit 9 Jahren in ein Jesuitenkolleg ein. Er verläßt es mit 11 Jahren – in demselben Alter, wie ein Jahrhundert früher Olivier Le Fèvre –, um als Wachmatrose in den Dienst der königlichen Flotte zu treten. Mit 13 Jahren ist er Leutnant zur See. Ebenso tritt Chevert, geboren 1695, mit elf Jahren in den Militärdienst ein, wie sich seiner Grabinschrift in Saint-Eustache entnehmen läßt. Die Gründung der Akademien im 17. und insbesondere der Militärschulen im 18. Jahrhundert lassen diese kleinen Soldaten, die mit 11 und 12 Jahren das Lagerleben der Älteren teilten, allmählich verschwinden. Im 19. Jahrhundert dehnen die Hochschulen und die Universität die Dauer der Studienzeit dann noch weiter aus.

Ein anderer (weniger aristokratischer!) Berufsstand, der heute eine Mittelstellung zwischen einem kaufmännischen und einem freien Beruf einnimmt, hat die Praxis des Lehrverhältnisses noch länger, nämlich bis zum Beginn des 19. Jahrhunderts, beibehalten: der Apothekerstand. Im 18. Jahrhundert begann der Apothekerlehrling seine Lehre mit 14 Jahren, und sein Lehrvertrag lief über vier Jahre. Dabei mußte er genug Grammatikkenntnisse vorweisen, um ein lateinisches Rezept lesen zu können; er mußte infolgedessen die unteren Kollegklassen oder die lateinischen Grundkurse besucht haben. Seine Schulzeit nahm damals noch den schmalen Raum zwischen der schulfreien Kindheit und dem Beginn seiner Lehrzeit ein, mit der er dann in die Erwachsenenwelt eintrat. Im 19. Jahrhundert war die Lehrzeit immer noch üblich: Claude Bernard begann die seine mit 13 Jahren.

Im allgemeinen jedoch hat die Schulzeit die Lehrzeit seit dem 18. Jahrhundert praktisch eliminiert. Sie ist von dieser Zeit an den Handwerksständen vorbehalten, die aus dem lateinischsprachigen Kolleg herausgedrängt werden, zu dem sie noch am Ende des Ancien Régime Zugang hatten.

Die Schulzeit Henri de Mesmes (4) war ebenfalls nur von kurzer Dauer, aber nicht aus denselben Gründen wie im Falle Olivier Le Fèvres. Letzterer war ein Beispiel für die Koexistenz von Kolleg und Lehrzeit. Henri de Mesmes wird keine Lehrzeit durchmachen, ist jedoch ein typisches Beispiel für bestimmte Fälle von frühzeitigem Schulabschluß.

Er wurde 1532 geboren; seine Familie gehörte zum Amtsadel. »Mein Vater gab mir J. Maludan zum Präzeptor, einen Schüler des Dorat, der ein gelehrter Mann war, und den er wegen seiner untadeligen Lebensführung ausgesucht hatte und weil er das richtige Alter hatte, um mir die Lenkung zu geben, deren ich in meiner Jugend bedurfte ... [er] legte seine Aufgabe erst nieder, als ich ein Amt antrat«, d. h. er begleitete Henri de Mesmes, bis er 18 Jahre alt war. Dem Präzeptor oblag damals nicht der gesamte Unterricht, er war kein Ersatz für das Kolleg. In den ersten Jahren, als sein Schützling fünf bis sieben oder neun Jahre alt war, lehrte er ihn lesen und die Anfangsgründe des Lateinischen. Doch war seine Aufgabe mit dessen Eintritt ins Kolleg nicht beendet. Er begleitete ihn aufs Kolleg, wo er ihm als Repetitor diente, während er, möglicherweise zusammen mit den Dienern seines jungen Herrn, zu seiner eigenen Weiterbildung an Übungen teilnahm. So ist denn auch im Reglement der Pensionäre des Collège de La Flèche festgelegt, daß die *famuli* der Schüler das Alter und die Bildung haben müssen, um am Unterricht der 4. Klasse teilnehmen zu können. (5)

H. de Mesmes bezog mit seinem Erzieher und seinem Bruder das Kolleg: »Im Jahre 1542 tat man mich auf das Collège de Bourgogne.« Er war zu diesem Zeitpunkt zehn Jahre alt, und in diesem Alter kam er direkt in die dritte, d. h. die letzte Grammatikklasse, ließ also die unteren Klassen aus. Nachdem er die dritte Klasse absolviert hatte, übersprang er die zweite und kam in die erste: »Dann besuchte ich nicht weniger als ein Jahr lang die erste.« Dieser schulische Werdegang scheint für die damalige Zeit nichts Außergewöhnliches gewesen zu sein: er gleicht dem Nicolas' de Beauvais-Nangis (6). 1582 geboren, war dieser zwölf Jahre alt, als er zu Beginn des Jahres 1595 ins Collège de Navarre eintrat. »Ich kam in die dritte Klasse, in der ich bis Saint Rémy [2. Okt. 1595] blieb [im allgemeinen besuchte man eine Klasse von Ostern bis Saint-Rémy oder von Saint-Rémy bis Ostern]. Dann kam ich in die erste, in der ich bis Mai 1596 blieb; darauf trat an besagtem Kolleg die Pest auf, und ich kam wieder nach Nangis, wo ich mit Hilfe eines Präzeptors einen Philosophiekurs absolvierte.«

Henri de Mesmes beendete seine Schulzeit nach Abschluß der ersten Klasse; seine Zeit auf dem Kolleg hatte nicht länger als 18 Monate gedauert. Mit zwölf Jahren hatte er die Artes abgeschlossen. Wenn er seine Schulzeit in diesem Geschwindschritt hinter sich gebracht hatte, so war das dennoch nicht geschehen, damit er möglichst rasch sein Studium der Rechtswissenschaft beginnen konnte. Daß er ein solcher »Überflieger« war, war vielmehr seiner natürlichen Frühreife und dem Unterricht seines Präzeptors zu verdanken. Solche Fälle von Wunderkindern gab es vom 15. bis 17. Jahrhundert häufig. So kam Pater Ange de Joyeuse mit zehn Jahren in die Rhetorikklasse (7), wenn auch »zum Erstaunen seiner Lehrer«, wie uns sein Biograph Callière wissen läßt. Baillet spricht in seinen *Enfants devenus célèbres* (1688) von anderen Kindern, die »mit zwölf oder dreizehn Jahren mit unerhörter Strebsamkeit die Grundkurse des Kollegs hinter sich gebracht hatten«. (8)

Ein so frühzeitiger Schulabschluß mochte gewährleisten, daß der Eintritt ins Berufsleben rechtzeitig erfolgte und man die jungen Leute, die nicht das Kolleg besucht hatten, einholen konnte. Im 16. und zu Beginn des 17. Jahrhunderts ermöglichte er es jedoch den kleinen Wunderknaben auch, sehr ausgedehnte Universitätsstudien zu betreiben. So etwa im Falle Henri de Mesmes: nach seinen 18 Monaten am Kolleg geht er mit zwölf Jahren, immer noch begleitet von seinem Bruder und seinem Erzieher, nach Toulouse an die juristische Fakultät, (in Paris wurde kein Zivilrecht gelehrt), wo sie sechs Jahre mit angestrengtester Arbeit verbrachten: »Als wir dann unseren Doktorgrad in zivilem und kanonischem Recht erworben hatten, machten wir uns wieder nach Hause auf.« Zu dem Zeitpunkt war er 18 Jahre alt und übernahm dann das Amt eines Rats beim Cour des Aydes, weil »ich so jung war, daß man mich nirgendwo sonst angenommen hätte«. Von acht Studienjahren waren zwei der Grammatik und den Artes und die restlichen der Rechtswissenschaft gewidmet. Fälle dieser Art werden dann im 17. Jahrhundert selten und zwar nicht nur deshalb, weil der vorzeitige Schulabschluß, wie wir sehen werden, in den Augen der Öffentlichkeit als Anomalie galt, sondern auch deshalb, weil das Universitätsstudium zugunsten des Kollegunterrichts zu verschwinden drohte, da das Kolleg mehr und mehr den gesamten Studiengang an sich riß und den jungen Mann auf diese Weise, d. h. indem es immer mehr Zeit beanspruchte, schließlich bis an die Schwelle seines zukünftigen Berufsstandes führte. Ungeachtet dieser Entwicklung haben die juristischen Fakultäten im 16. Jahrhundert ihr Prestige gewahrt, ja, sie befinden sich sogar auf ihrem Gipfelpunkt! Auch gilt es noch nicht als höhere Notwendigkeit, die einzelnen Klassen in ununterbrochener Reihenfolge durchzumachen; man kann ohne weiteres eine Klasse überspringen oder auch nur ein Semester in einer Klasse bleiben. Tatsächlich verhielt es sich so, daß das Lehrprogramm für die Erzieher am Ende des Semesters abgeschlossen war, auch wenn das nicht im Sinne seiner Urheber sein mochte. Die Versetzungen in die nächsthöhere Klasse fanden Ostern oder aber zu Saint-Rémy, d. h. am Ende eines jeden Semesters statt. In Wirklichkeit gab es zweimal im Jahr einen Schulbeginn, nämlich an diesen beiden Daten, während es seit dem 19. Jahrhundert nur noch den einen im Oktober gibt. Die Gepflogenheit, die Lehrpläne nach Semestern aufzuteilen, hielt sich bis zum Ende des Ancien Régime. (9) Diese Regelung war ein Bestandteil der Pariser Universitätsreform durch Heinrich IV. In England bestand sie noch Mitte des 19. Jahrhunderts: der Verfasser von *Tom Brown's Schooldays* zählt nach *half-years,* wie wir mittlerweile nach Schuljahren zählen. Auch diese halbjährlich erfolgenden Versetzungen begünstigten bis zu einem gewissen Grade ein schnelleres Vorankommen. Doch war das nicht mehr dasselbe wie im 16. Jahrhundert, was sich wieder aus der prä-schulischen Einstellung erklärt, auf die ich schon im Zusammenhang mit dem Lehrverhältnis hingewiesen habe. Vergessen wir nicht, daß der Schulbesuch selbst in der Mitte des 16. Jahrhunderts noch im Anfangsstadium steckte und in vielen Fällen, sei es auf wenige Schuljahre, sei es auf wenige Personenkreise oder Stände beschränkt war. Außerhalb des Kollegs, in den Soldatenlagern, in den Kanzleien der Juristen oder der Verwaltungsbeamten, an den

Gerichtshöfen der Grundherren oder der Staatsmänner, dort wo Politik und Diplomatie zu Hause waren ebenso wie in den Werkstätten der Handwerksberufe waren Jungen von 10 bis 14 Jahren durch eine schrankenlose Familiarität und insbesondere durch die aus den gemeinsamen Aufgaben erwachsende Solidarität mit den Erwachsenen verbunden. Zwar mochten einige dieser Kinder eine für ihr Alter ungewöhnliche Geschicklichkeit an den Tag legen: das erregte im Kreise von Technikern, die daran gewöhnt waren, ihre beruflichen Qualitäten ohne Ansehen des Alters zu entwickeln, kein übermäßiges Aufsehen. Die früh erworbenen Fertigkeiten mancher Lehrlinge unterschieden sich also kaum von den anderen naturbedingten Verschiedenheiten, von der außergewöhnlichen Geschicklichkeit eines Erwachsenen. Unter solchen psychologischen Bedingungen war das überdurchschnittlich rasche Vorankommen eines Schülers nicht ungewöhnlicher als die Geschicklichkeit eines kleinen Handwerkers, die Gewandtheit und der Schneid eines Kindes bei der Truppe oder die Virtuosität eines jungen Musikers. Zwischen den Schülern der Kollegs und der übrigen kindlichen Bevölkerung hatte sich noch kein so großer Unterschied herausgebildet. Solche außergewöhnlichen schulischen Karrieren sind erst dann nicht mehr zulässig, wenn man sie als der kindlichen Eigenart abträglich betrachtet, und man wird zunächst der bürgerlichen Schuljugend eine solche Eigenart zugestehen, ehe man sie dann auch den Kindern der unteren Schichten zubilligt.

Mit der schulischen Laufbahn des späteren Marschalls de Bassompierre am Ende des 16. Jahrhunderts nähern wir uns der normalen Schulzeit von heute. (10)

Bassompierre wurde 1579 geboren. Bis zum Alter von 12 Jahren blieb er, abgesehen von der fünfmonatigen Abwesenheit seiner Mutter, zu Hause, und als seine Mutter nicht da war, wurde er der Obhut einer Tante, einer Äbtissin, anvertraut. Im Laufe dieser Periode häuslicher Erziehung lernte er lesen und schreiben »und danach die Anfangsgründe«. Dazu verhalf ihm ein Präzeptor, zu dem sich dann im Jahre 1588 (als er neun war) zwei junge Männer gesellten »die Clinchamps und de la Motte hießen, ersterer, damit er uns Schönschreiben lehrte [d. h. ›tadelloses Schreiben‹; Clinchamps war ein ›Schreibmeister‹], und der andere, um uns das Tanzen, das Lautenspiel und Musik zu lehren«. Eine solche Ausdehnung der häuslichen Erziehung bis ins 13. Lebensjahr war nicht außergewöhnlich, doch standen die Moralisten des 16. und 17. Jahrhunderts ihr ablehnend gegenüber, weil ihnen das enge Zusammenleben mit Bediensteten nicht gefiel, von denen der Erzieher sich nicht eindeutig unterschied; sie mißbilligten diese Gepflogenheit um so mehr, wenn das Kind unter Frauen blieb: »Wie tadelnswert«, schrieb der Jansenist Coustel 1687, »ist doch die unvernünftige und grausame Zärtlichkeit gewisser Eltern, die ihren Kindern etwas Gutes zu tun glauben, wenn sie sie bis zu zwölf oder dreizehn Jahren den oft wenig ehrbaren Umarmungen und Zärtlichkeiten der Ammen und Gouvernanten überlassen«. Allerdings wäre, außer im Falle der Söhne des Königs, niemand auf die Idee gekommen, diese häusliche Erziehung über den zwölften oder dreizehnten Geburtstag hinaus auszudehnen: in diesem Alter ging alles aufs Kolleg.

Mit zwölf Jahren kam Bassompierre zu den Jesuiten nach Freiburg i. Br.; er wurde begleitet von seinem Bruder, dem Präzeptor, dem Schreiblehrer und dem Tanzlehrer. Wir »gehörten zur dritten Klasse«. Mit zwölf Jahren in der dritten: das war damals für Familien von guter Herkunft und mittlerem Vermögen ein normales Alter. Eine kleine Skandalmeldung: die Ermordung des Tanzlehrers durch den Präzeptor verkürzte diese dritte Klasse auf fünf Monate, nach deren Ablauf die Söhne Bassompierre zu ihren Eltern zurückkehrten, »von wo aus uns unsere Mutter in demselben Jahr [1592] zu den Jesuiten nach Pont-à-Mousson brachte, damit wir dort unsere Studien fortsetzten. Wir blieben nur sechs Wochen in der dritten Klasse [sie waren damit ein ganzes Semester in der dritten gewesen und konnten sie als abgeschlossen betrachten], dann brachen wir auf, um die Ferien mit der Familie in Harouel zu verbringen. Wieder zurückgekehrt, wechselten wir in die zweite, in der wir ein Jahr blieben«. Im Jahre 1593 »rückten wir in die erste auf«. Im folgenden Jahr, nach den Ferien, »kehrten wir in dieselbe Klasse zurück«. Es kam oft vor, daß man eine Klasse, und insbesondere die erste, zweimal durchmachte, und zwar weniger deshalb, weil die Leistungen nicht ausreichten, als um die Schulzeit zu verlängern. Hier haben wir es mit einer ganz anderen Haltung zu tun als im Falle der langen mittelalterlichen Schulzeiten eines Thomas Platter und der kurzen, zwischengeschalteten Schulbesuche Olivier Le Fèvres oder Henri de Mesmes. Man war bestrebt, das Kind, den jungen Mann lange auf dem Kolleg zu lassen. Die Einteilung in Klassen, der Weg von Klasse zu Klasse, der doch mittlerweile recht deutlich vorgezeichnet war, war weniger wichtig als die Dauer des Aufenthalts auf dem Kolleg.

Diese wiederholte erste Klasse wurde »während der anstrengenden Fastenzeit« durch eine Reise nach Deutschland und Österreich unterbrochen. Man maß dem Reisen, vor allem nach Deutschland und Italien, damals großen erzieherischen Wert bei. Die jungen Aristokraten, die von den Korrespondenten ihrer Eltern aufgenommen wurden, lernten die Sprachen des jeweiligen Landes und wurden in das höfische Leben, in das Milieu der Diplomaten oder der Militärs eingeführt: es handelt sich dabei um einen anderen Aspekt des Lehrverhältnisses. Diese Auslandsreisen hören dann anfangs des 17. Jahrhundert auf, wenn die Akademien die Schüler nach dem Verlassen des Kollegs unter ihre Fittiche nehmen.

Bei seiner Rückkehr aus Deutschland war Bassompierre etwa 16 Jahre alt. »Wir setzten unsere Studien [in Pont-à-Mousson] bis Oktober fort und verließen dann die Physikklasse, als wir bei *De anima* angekommen waren: damit begann das Philosophiejahr.« Viele Schüler verließen das Kolleg vor der Philosophieklasse, die im allgemeinen den zukünftigen Rechtsgelehrten und den Männern der Kirche vorbehalten war. Danach absolvierte Bassompierre das, was er, *»un stage«* nennt, ein Wort, dessen Bedeutung mir nicht recht klar ist. In jedem Falle handelt es sich dabei um einen Ersatz für die Universitätsstudien, der die Stelle der Fakultäten der Jurisprudenz, des kanonischen Rechts oder der Medizin einnahm: »Und weil wir noch sieben Monate *stage* vor uns hatten, begann ich gleichzeitig [d. h. mit einem Präzeptor] die *Institutes* [Justinian] zu studieren, auf die ich eine Unterrichtsstunde verwendete; eine weitere Stunde widmete ich mich der Kasuistik [merkwürdige Kenntnisse für einen zukünftigen Soldaten!], eine den Aphorismen des Hippokrates und dann noch eine der Ethik und Politik des Aristoteles.« Er verschaffte sich damit über die scholastische Philosophie hinaus oberflächliche Kenntnisse des Rechts und der Medizin. »Damit befaßte ich mich den restlichen Teil des Jahres 1595 und zu Beginn des Jahres 1596. Mein *stage* endete Ostern.«

Das ergibt (ungefähr) folgendes Bild:

1591/2: dritte Klasse mit 12/13 Jahren
1592/3: zweite Klasse mit 13/14 Jahren
1593/4: erste Klasse mit 14/15 Jahren
1594/5: erste Klasse mit 15/16 Jahren
1595/6: Physik, Logik mit 16/17 Jahren

Auffällig sind dabei der verspätete Eintritt in die dritte Klasse, der kontinuierliche Besuch der folgenden Klassen, der zweimalige Besuch der ersten. Die Entsprechung zwischen Altersstufen und Klassen kommt einem Typus ziemlich nahe, der so häufig vorkam, daß Sorel ihn für eine seiner Figuren, für Dorilas, übernommen hat, der von 14 bis 16 Jahren in der Rhetorikklasse war. (11)

Einen analogen schulischen Werdegang und dieselben Altersstufen finden wir bei André Le Fèvre d'Ormesson, dem Sohn desselben Olivier, mit dem wir uns weiter oben beschäftigt haben. (12) »Im Jahre 86 [d. h. 1586; er war damals zehn Jahre alt] kam ich ans Collège du Cardinal Lemoine, unter die Obhut Monsieur Le Dieus, eines Pikarden; sieben meiner Cousins waren zu der Zeit bereits dort.« Weiter unten heißt es dann, daß »unser Lehrer M. Le Dieu« während der Belagerung von Paris nicht wußte, »womit er uns ernähren sollte«. Die Le Fèvres waren damals also keine Pensionäre des Kollegs, das zweifellos nur Stipendiaten hatte, sondern waren bei einem der Lehrer des Kollegs – der möglicherweise im Kolleg selbst wohnte – in Pension. Es kam kaum vor, daß ein Internat dieser Art von der Verwaltung des Kollegs abhängig war. Wenn man nicht bei seiner Familie wohnte, aß man mit am Tisch eines Lehrers, und das geschah selbst dann, wenn die Familie in derselben Stadt ansässig war wie das Kolleg.

Im Jahre 1586 kam André in die siebte Klasse. Er behielt denselben Lehrer, Monsignore Jard, wie es damals bei der sechsten und der fünften Klasse üblich war; es ist wahrscheinlich, daß die siebte eine Unterabteilung der sechsten war, wie es möglich ist, daß die siebte und die sechste an die fünfte angeschlossen waren und sich mit ihr einen einzigen Unterrichtsraum teilten.

In der vierten Klasse bekam er einen anderen Lehrer: er kam »zu M. Seguin, der danach Arzt der Königin Anna von Österreich war«. M. Seguin war für die Zeit der Dauer seiner Medizinstudien Kolleglehrer. Wir haben bereits in einem früheren Kapitel gesehen, daß die Grammatiklehrer sich häufig aus den Reihen der Studenten der Universitätsfakultäten, aus Rechts-, Theologie- und Medizinstudenten rekrutierten. André war 1589 in der vierten Klasse. Das bedeutet, daß er seit der siebten jährlich eine Klasse absolvierte. »Als die Belagerung von Paris begonnen ... und mein Vater uns vom Kolleg genommen hatte«, weil der Lehrer, bei dem er in Pension war, seine Zöglinge nicht mehr ernähren konnte, nahm dieser seine beiden Söhne mit und behielt sie bis Oktober 1590 zu Hause; danach ging er mit seinem Bruder auf das Collège de Navarre, wo M. Raquin für sie zuständig war; er kam in die erste Klasse. Es hat also den Anschein, daß die Brüder die dritte und die zweite Klasse übersprangen. In Wirklichkeit übersprangen sie jedoch nur die dritte, denn am Navarre gab es keine zweite. Wir haben es hier mit einer seltsamen Anomalie hinsichtlich der regulären Abfolge der Klassen zu tun, die man, wie es scheint, sonst nirgends antreffen kann. Wenn es auch keine zweite Klasse gab, so muß es dagegen zwei erste Klassen gegeben haben. Wenigstens kann man den folgenden Satz in diesem Sinne interpretieren: »Da das Schuljahr 1591 im Oktober anfing, hielt M. Gauthier, der später Doktor der Theologie war [dieselbe Bemerkung wie im Falle M. Seguins, des zukünftigen Doktors der Medizin], die *erste Erste und die zweite Erste* für das zweite Jahr ab.« Es gab dort also zwei erste Klassen, die der Schönen Wissenschaft und der Rhetorik der anderen Kollegs entsprechen mußten. Auf jeden Fall steht fest, daß André die erste Klasse noch ein zweites Jahr besuchte und daß diese Wiederholung als regulär galt. »Im Oktober 1592 ging ich zu den Jesuiten [und nicht länger ins Collège de Navarre], um unter Pater Gaspard Seguiran Logik zu studieren; dieser Lehrer ist dann später der hervorragende Prediger und Beichtvater von König Ludwig XIII. gewesen. Mit der Logik beendete André das Studium der Artes im Alter von sechzehn, siebzehn Jahren. Dann begannen für ihn wie für Henri de Mesmes die ausgedehnten Studien der Rechtswissenschaft. »Zunächst studierte er unter M. Marsibus die Institutes [Justinians; zweifellos eine Art Privatunterricht], dann an der Universität von Orléans bei Doktor Luillier, dem Dekan und gelehrtesten aller Doctores von Orléans, und zwar bis zum September 1595, dann bis zu meiner Aufnahme in den *Grand Conseil* am 17. Dezember 1598«: das sind sechs Jahre Rechtsstudium, ebensoviele wie bei H. de Mesmes.

Das ergibt folgende schulische Laufbahn:

1586: zehn Jahre, siebte Klasse
1587: elf Jahre, sechste Klasse
1588: zwölf Jahre, fünfte Klasse
1589: dreizehn Jahre, vierte Klasse
1590: vierzehn Jahre, erste Klasse
1591: fünfzehn Jahre, erste Klasse
1592: sechzehn Jahre, Logik
1593–1598: siebzehn bis zweiundzwanzig Jahre, Studium der Rechtswissenschaft.

Wenn man von der Auslassung der Dritten absieht, hat man eine reguläre Schulzeit: elf Jahre – sechste Klasse, fünfzehn Jahre – Rhetorik, sieben Jahre Kolleg und, vor dem Eintritt ins Berufsleben, sechs Jahre Studium der Rechte.

Die Fälle, denen wir seit dem 17. Jahrhundert begegnen werden, sind im allgemeinen regulärer und nähern sich, trotz einer gewissen Vorzeitigkeit im Abschluß, dem klassischen Typus an, der sich im 19. Jahrhundert durchsetzen wird.

Bei dem Fall Descartes wollen wir deshalb etwas länger verweilen, weil er bezeichnend ist für das, was wir heute den Bildungsgang eines

Intellektuellen nennen. Dabei war dieser Bildungsweg ausschließlich »schulisch«, ohne daß die Abfolge der Kollegklassen durch ein Hochschulstudium oder durch Universitätsstudien ergänzt worden wäre. Wir wissen, daß Descartes im Jahre 1604 im Alter von acht Jahren in die sechste Klasse des Jesuitenkollegs von La Flèche gekommen ist, daß er im Mai 1610 sein erstes Philosophiejahr begann und daß sein Schülerleben im August 1612, am Ende seines dritten Philosophiejahres, beendet war: zu dem Zeitpunkt war er fünfzehn Jahre alt.

Von 1604 bis 1609 durchlief er also in fünf Jahren den Zyklus der Artes, der von der sechsten bis zur Philosophieklasse ging. Er muß entweder eine Klasse übersprungen oder aber in zwei Semestern zwei Klassen absolviert haben, was, wie wir bereits gesagt haben, nichts Außergewöhnliches war. Mit acht Jahren Schüler der sechsten Klasse – das ist ziemlich jung, doch findet man in allen sechsten oder fünften Klassen einige Schüler von acht oder neun Jahren; es sind zwar nicht viele, aber immerhin einige. Daß man bereits mit zwölf Jahren Rhetorik macht, fängt an, seltener zu werden, doch werden wir auch für diesen Fall noch andere Beispiele finden.

Der Philosophieunterricht erstreckt sich in diesem Falle über drei Jahre, er entspricht einem Universitätsgrad. An diesem Beispiel zeigt sich, in welchem Maße das Kolleg in Frankreich nicht nur die Grammatikschule, sondern auch die Artesschulen aufgesogen hat, aus denen in England ein Universitätsunterricht hervorgegangen ist, der von den *grammar schools* deutlich unterschieden war und ihn ergänzen sollte. Das Kollegleben hat sich in Frankreich auf den gesamten Unterricht ausgedehnt, bisweilen sogar auf die Theologie: die jungen Jesuiten hatten damals kein vom Kolleg getrenntes Noviziat, sie absolvierten ihre drei Jahre Philosophie und ihre Theologie im Kolleg selbst (desungeachtet hielt die Sorbonne, wie die Pariser theologische Fakultät hieß, ihren Lehrbetrieb bis zum Ende des Ancien Régime aufrecht). Daß man dem erst nach der Rhetorik beginnenden Unterricht soviel Bedeutung beimißt, fällt mit dem Niedergang der Fakultäten zusammen, wenn dieses Faktum auch anders als im Falle der Artes zu diesem Niedergang nicht unmittelbar beigetragen hat. Eine gute intellektuelle Schulung erhält man durch einen langen Aufenthalt im Kolleg und insbesondere in den Philosophieklassen: diese sind tatsächlich einer kleinen Zahl von Schülern, den Spezialisten für Philosophie und Theologie, vorbehalten.

Die lange Schulzeit Descartes' (acht Jahre) zerfällt also in eine Pseudo-Oberschulzeit von fünf Jahren (bis zur Rhetorik) und eine Pseudo-Universitätsstudienzeit von drei Jahren. In der Folgezeit wird sich der Unterricht in den klassischen Grundfächern, der unserm Oberschulunterricht entspricht, um ein Philosophiejahr ausweiten. Der vollständige Zyklus geht dann bis zur Logik. Nur die Spezialisten, die zukünftigen Diener der Kirche und die zukünftigen »Intellektuellen« werden ihn um ein oder – ausnahmsweise – zwei Jahre überschreiten.

Wir wollen hier die chronologische Folge unserer biographischen Beispiele unterbrechen und den Fall Descartes' an einem anderen Fall messen, der uns ebenfalls als Veranschaulichung dafür dienen kann, welche überragende Stellung das Kolleg für die Bildung selbst der »Rechtsgelehrten« eingenommen hat, wie sich andererseits auch der Niedergang der eigentlichen Universitätsfächer daran ablesen läßt. Es handelt sich um das Beispiel Charles Perraults, des Autors der *Contes.* (13)

Ch. Perrault ist, wie Descartes, der Typ des guten Schülers.

Er wurde 1628 geboren: »Meine Mutter mühte sich, mich lesen zu lehren, und danach schickte man mich im Alter von achteinhalb Jahren auf das Collège de Beauvais [er hat also das Alter Descartes' und kommt, wie dieser, in die sechste Klasse]. Dort verbrachte ich, ebenso wie meine Brüder, meine gesamte Schulzeit, ohne daß wir jemals die Rute zu schmecken bekommen hätten.« Für ihn ein bemerkenswertes Faktum, offensichtlich war das höchst ungewöhnlich. »Ich kam in die Sechste, als ich noch nicht lesen konnte.« In dieser Modellfamilie, wo der Vater den Sohn nach dem Abendessen sein Latein repetieren ließ, konnte ein Junge von achteinhalb Jahren noch nicht lesen, was ihn jedoch nicht hinderte, in die sechste Klasse einzutreten: man kann den kleinen Kandidaten, die sich heute für die Aufnahmeprüfung in die sechste Klasse vorbereiten, seinen Respekt nicht versagen! Tatsächlich war die Sechste eine Anfängerklasse, die manche wiederholten, weil sie von sehr vielen Schülern besucht wurde, die man in diese Klasse steckte, damit sie erst einmal Lesen, Schreiben und die Anfangsgründe des Lateinischen lernten. In diesem Falle wurde zu dem Zweck noch eine Siebte eingerichtet, die in einem Raum mit der Sechsten unterrichtet wurde. Der Gegensatz zwischen diesen Achtjährigen, die noch nicht lesen konnten, und dennoch gute Schüler waren, und den kleinen Wunderknaben desselben Alters, die bereits die vierte oder dritte Klasse besuchten, erstaunte die Zeitgenossen nicht mehr als der spät entschlossene Fünfzehnjährige, der die Bank der Sechsten oder der Fünften drückte.

Was die Schulzeit Ch. Perraults angeht, so wissen wir lediglich, in welchem Alter er auf das Kolleg gekommen ist und in welche Klasse und in welchem Alter er es verlassen hat, nämlich mit 17 oder 18 Jahren nach Abschluß seines zweiten Philosophiejahres. Wenn man die Klassen auf der Grundlage von jeweils einem Jahr pro Klasse nachrechnet, stellt man fest, daß er wenigstens ein, wahrscheinlich zwei Jahre zuviel gemacht hat, während Descartes' Schulzeit um ein Jahr verkürzt ist. Ch. Perrault mußte eine oder zwei Klassen wiederholen und überschritt damit den Durchschnitt von einem Jahr pro Klasse. Wir werden weiter unten sehen, daß das der üblichere Fall war. Ch. Perrault hört nach dem zweiten Philosophiejahr auf, denn er hat nicht vor, die kirchliche Laufbahn zu ergreifen. Er will in die Rechtspraxis, doch fällt es ihm nicht ein, in eine der Städte zu gehen, wo es eine juristische Fakultät gibt, um an den Lehrveranstaltungen eines ihrer Lehrer teilzunehmen, wie es Mesmes 1545 in Toulouse oder Ormesson gegen 1593 in Orléans taten: die Zeiten hatten sich geändert. Drei Jahre lang nahm er privaten Unterricht in Rechtswissenschaft, wie es zu der Zeit allgemein üblich war. Die juristischen Fakultäten taugten nichts mehr, die zukünftigen Juristen, Rechtsgelehrten und Justizbeamten studierten die *Institutes* zu Hause in Form von Privatunterricht und wurden bei den Fakultäten nur vorstellig, um ihr Diplom in Empfang zu nehmen, denn das Examen war schlicht zu einer ebenso beschwerlichen wie lächerlichen Formalität geworden. Im Juli 1651, erzählt Ch. Perrault, »machte ich mich mit zwei Kameraden, von denen der eine Generalvikar von Sens wurde, nach Orléans auf, um meine Lizenz entgegenzunehmen«. Sie kamen um zehn Uhr abends dort an; es war spät, aber für das, dessetwegen sie gekommen waren, immer noch zeitig genug. Daher verloren sie keine Minute; sofort nach ihrer Ankunft klopften sie an das Schultor: »Ein Diener, der vom Fenster aus mit uns sprach, fragte uns, sobald er verstanden hatte, was wir wünschten, ob wir unser Geld bereit hätten.« Das war ein ausreichender Grund, um die drei Doctores aus dem Bett zu holen, die »mit der Nachtmütze unter dem Doktorhut« herbeikamen. »Ich glaube, daß das Klingeln unseres Geldes, das man hinter unserem Rücken zählte, während man uns abfragte, nicht wenig dazu beitrug, daß sie unsere Antworten besser fanden, als sie waren.« Am anderen Tag ging es nach der Besichtigung der Stadt und der berühmtesten Denkmäler wie der Statue der Jungfrau von Orléans zurück nach Paris: Charles Perrault, der Dreiundzwanzigjährige, war als Advokat zugelassen.

Daß der Niedergang der Universitätsfakultäten mit dem Prestigezuwachs der Kollegs zusammenfällt, kann nicht zufällig sein. In einer Epoche, wo selbst der Unterricht in den Spezialfächern sich weniger technisch gestaltet und man sich vom Ideal der Allwissenheit, wie es am Ende des Mittelalters und im Humanismus Geltung hatte, entfernt, wird das Kolleg zum einzigen Bildungsinstrument. Man ist mehr darauf bedacht, die Dauer der Schulzeit auszudehnen, als sie zu ergänzen – es sei denn durch Privatstunden.

Dennoch gibt es auch weiterhin immer wieder Fälle von überdurchschnittlich rasch absolvierten Schulzyklen, die dem Typus der Beispiele aus dem 16. Jahrhundert entsprechen. Bussy (14) war nur wenige Jahre älter als Charles Perrault.

»Als ich neun Jahre alt war, schickte mein Vater meinen Bruder und mich mit einem Präzeptor auf das Jesuitenkolleg von Autun.« Über die Klasse, in die sie kamen, macht er keine Angaben. Unter dem Präzeptor hat man einen etwas älteren und weniger begüterten Studienkameraden zu verstehen. »Wenig später [als der Krieg mit den Hugenotten des Languedoc ausbrach] ... nahm mein Vater meinen [älteren] Bruder vom Kolleg, wo er keine großen Fortschritte machte, und machte ihn zum Leutnant seiner Kompanie«: der Knabe muß zwölf Jahre alt gewesen sein, genauso alt wie Bonneval und Chevert, als sie in den Militärdienst eintraten. Wir haben es hier wieder mit einem Fall von kurzem Kollegeaufenthalt in den unteren Klassen zu tun, der der unmittelbaren Lehre des Lagerlebens voranging. Man gönnte dem Ältesten, weil er für den Kriegsdienst bestimmt war, keine gründlichere Ausbildung, sondern kürzte seine Schulzeit lieber ab. »Ich bekam Gesellschaft von einem meiner jüngeren Brüder, der zum Ritter des Malteserordens bestimmt war. Mir gefiel das Lernen wohl, und meine Lehrer waren sehr zufrieden mit mir. Indessen hatte der Krieg jedoch vom Languedoc nach Piemont übergegriffen, und als mein älterer Bruder [den der Vater, als er etwa zwölf war, in seine Kompanie eingereiht hatte] in Brigueras an der Pest starb, war ich mit seinem Tode zum Ältesten des Hauses geworden.«

Es ergab sich, daß die Familie nach Paris übersiedeln mußte, »einmal um einen Prozeß abzuwickeln, und dann noch aus anderen Gründen... Als mein Bruder, der Ritter, und ich nun in Paris waren, wohnten wir mit meinem Vater und meiner Mutter in einem auf kürzere Dauer gemieteten Logis in der Rue de la Harpe, von wo aus wir ins Collège de Clermont [zu den Jesuiten] gingen. Ich kam in die Zweite, als ich erst 11 Jahre alt war, und ich war ein so guter Humanist, daß man mir, als ich *zwölf Jahre alt* war, zubilligte, unmittelbar in die Philosophieklasse vorzurücken, ohne die Rhetorik durchzumachen.« Er absolvierte nur das Logikjahr: »Am Ende des Logikjahres gab mir mein Vater, der Ordre hatte, sein Regiment wieder in Marsch zu setzen, dessen erste Kompanie, und statt mich mein Physikjahr beenden zu lassen [das zweite Philosophiejahr, das er folglich schon begonnen hatte], schickte er mich im Jahre 1634 mit diesem Regiment zur Belagerung von La Motte in Lothringen.« Er war dreizehn Jahre alt, ebenso alt wie mehrere seiner Offizierskameraden, doch hatte er den gesamten Schulzyklus bis auf die Rhetorik durchlaufen, die er übersprungen hatte, weil er in der zweiten Klasse den anderen so weit vorausgewesen war. Später wird man die Rhetorik nicht mehr überspringen, weil sie dann eine äußerst wichtige, gelegentlich sogar die Abschlußklasse sein wird. Dieses Verfahren des Überspringens war bereits ein wenig überholt.

Was den Duc d'Enghien, den späteren Grand Condé betrifft, (15) so können wir feststellen, daß seine Schulzeit regulär verlief, wenn sie auch immer noch ziemlich rasch absolviert wurde. Es tritt nun jedoch eine neue nachschulische Institution auf den Plan, die Akademie, die für die Aristokratie des 17. Jahrhunderts große Bedeutung gewinnt. Sein prinzliches Geblüt verbot es dem Prinzen von Condé nicht, das Kolleg zu besuchen. Nur die Kinder des Königs wurden ausschließlich von Hauslehrern erzogen. Die Söhne des Hochadels besuchten das Kolleg oder vielmehr das Jesuitenkolleg von Clermont, das im 17. Jahrhundert die Stelle des Collège de Navarre einnahm, an dem die Söhne des Hochadels bis dahin erzogen worden waren.

Condé, der 1621 geboren worden war, fing mit fünf Jahren an, bei einem Präzeptor Latein zu lernen. Mit acht Jahren kam er ins Jesuitenkolleg von Bourges und zwar bereits in die vierte Klasse. Er begann mit einem Trimester Verspätung, das er mühelos aufholte. In diesem Alter waren Descartes und Perrault in der Sechsten. Aus den Bemerkungen seiner Lehrer gehen seine Meriten hervor: »Schüler in der zweiten Grammatikklasse [d. h. in der Vierten]; es ist erstaunlich, mit welcher Sorgfalt und welchem Eifer er sich den Explikations-, Kompositions- und Diktionsübungen hingibt. Beim täglichen Kräftemessen [Übungen, bei denen die in zwei Lager geteilte Klasse einen Wettstreit austrug], ist er den anderen ein Ansporn.«

Er absolviert den Elementarzyklus mit der Geschwindigkeit von einer Klasse pro Jahr, so daß er mit elf Jahren (in demselben Alter wie Pater Ange de Joyeuse im 16. Jahrhundert) in die Rhetorikklasse, mit dreizehn Jahren in die Physikklasse kommt. Insgesamt blieb er sechs Jahre auf dem Kolleg und besuchte alle Klassen von der vierten bis zur zweiten Philosophieklasse.

Im August 1635 verließ er im Alter von 14 Jahren das Kolleg. Dann studierte er wie Ch. Perrault Rechtswissenschaft bei einem Präzeptor. Dieser junge Prinz absolviert also das Kolleg, verschmäht jedoch das Universitätsstudium und nimmt statt dessen Privatstunden. Gleichzeitig mit der Jurisprudenz lernte er bei einem Lehrer, einen Festungsingenieur, Mathematik (ein Fach, das auf dem Kolleg praktisch nicht gelehrt wurde), um seinen Eintritt in die »Königliche Akademie für die adlige Jugend« des Sire de Pluvinel vorzubereiten; dazu kam es, als er fünfzehn Jahre alt war.

Mit der Akademie kommt eine halb schulische, halb militärische neue Institution auf, die für das 17. Jahrhundert und insbesondere seine beiden letzten Drittel kennzeichnend ist. Sie kommt einem bis dahin unbekannten Bedürfnis nach.

Im 16. Jahrhundert nahm der junge Mann nach einer vollständigen oder, was häufiger vorkam, abgekürzten Schulzeit nur dann den Weg auf die Universität, wenn er sich für die juristische, die kirchliche oder die medizinische Laufbahn entschlossen hatte. Und wir wissen zudem bereits, daß es um die juristischen Fakultäten in der Folgezeit schlecht bestellt war. Wenn er einen anderen Beruf ergreifen wollte, trat er wie ein Lehrling umgehend in eine Kompanie, in ein herrschaftliches oder ein Handelshaus ein. Außerhalb des in seiner Blütezeit befindlichen Kollegs, einer auf wenige Fächer spezialisierten und teilweise im Niedergang begriffenen Universität gab es nur das Lehrverhältnis. Eine jener Traditionen im Zusammenhang mit dem Lehrverhältnis, die insbesondere in aristokratischen Familien lebendig war, bestand darin, die Knaben in andere Familien und zwar bevorzugt ins Ausland zu schikken. Damals ging man dann vom Aufenthalt in einer befreundeten Familie zu einer etwas anders gearteten und didaktischeren Regelung über, der Auslandsreise in Begleitung eines Präzeptors (so im Falle Bassompierres). Man betrachtete die Auslandsreise zunehmend als ein Mittel, die Bildung um jene Bereiche zu ergänzen, die vom Kolleg und den Fakultäten außerachtgelassen wurden. Gewisse dieser Künste oder Techniken waren einst zu Hause gelehrt worden und gehörten zur traditionellen häuslichen Erziehung und zum gesitteten Umgang, wie man ihn den Pagen, den Knappen angedeihen ließ. Dazu gehörten: der Tanz (wichtiger und notwendiger als heute), die Musik (der Umgang mit Instrumenten wie der Laute war verbreiteter als am Ende des 19. Jahrhunderts das Klavierspielen), die auf Geschicklichkeit basierenden Sportarten und die Reitkunst. Andere dieser Kenntnisse, die man im Ausland zu erwerben suchte, begannen jedoch bereits einen didaktischeren und bisweilen auch schon gelehrsamen Charakter anzunehmen:

Arnoult: Der Herzog von Anjou als Kind
Callot: Das Gesindel

Ph. de Champaigne:
Die Kinder von Henri-Louis Habert de Montmort

Il faut aller rondement en besongne
risse son maistre.
lhomme taque, dvn
pauure il est chacun
persone aband

H. Holbein d. J.: Bürgermeister Meyer und seine Familie

Leclerc: Das Kinderspiel »à la fossette« (links oben)
Lagniet: Handwerker mit seinem Kind (links unten)

F. Floris: Die Familie von Berghem

Lagniet: Die Schenke (rechts oben)
Stella: Die Abendstunde [Der Winter] (rechts unten)

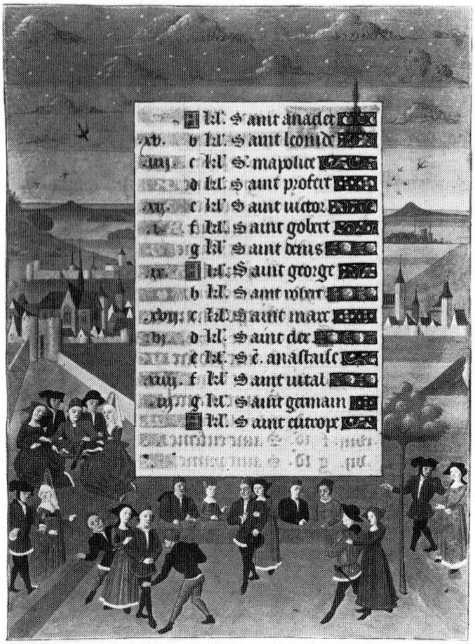
Saint anaclet
Saint leonide
S. mapolite
Saint profit
Saint victor
Saint gobert
Saint denis
Saint george
Saint robert
Saint marc
Saint clet
S. e. anastaise
Saint vital
Saint germain
Saint eutrope

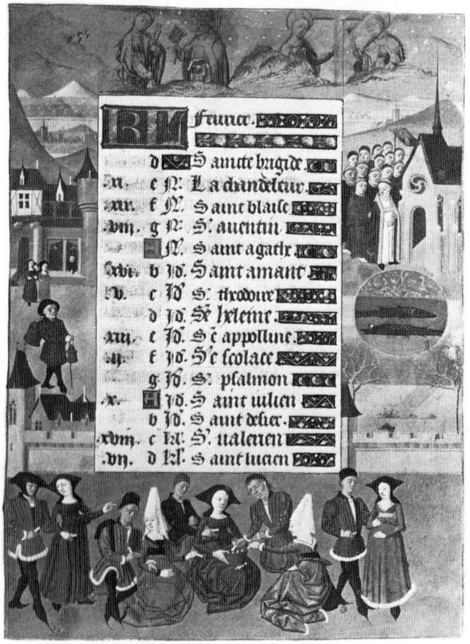
Fevrier
Sainte brigide
La chandeleur
Saint blaise
S. aventin
Saint agathe
Saint amant
S. theodore
S. helene
S. e appolline
S. e scolace
S. psalmon
Saint julien
Saint didier
S. valerien
Saint lucien

Stella: Der Hochzeitszug
Stradan: Das Tischgebet

Spielszenen aus dem Stundenbuch der Herzogin von Burgund (links)

C. de Pos: Eine Klasse
C. de Pos: Aufbruch zur Schule

H. Holbein d. J.: Schulszenen (rechts)

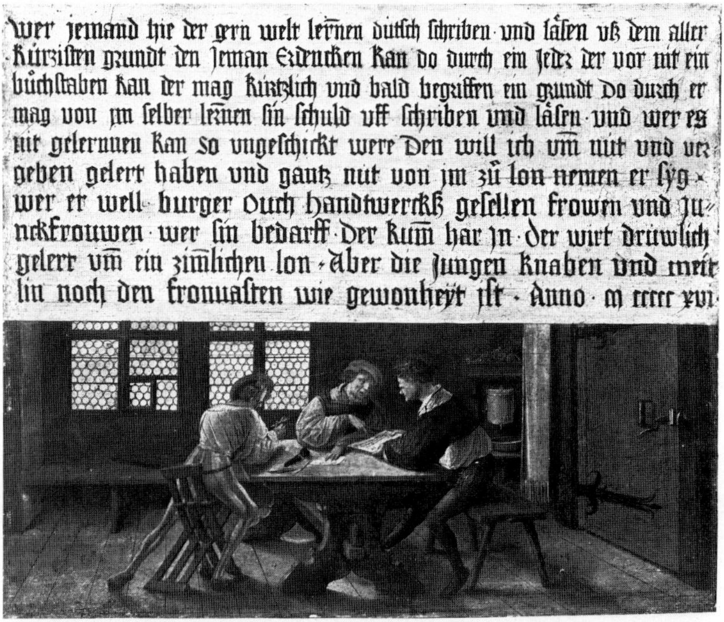
wer jemand hie der gern welt lernen dütsch schriben vnd läsen vß dem aller
kürzisten grundt den jeman erdencken kan do durch ein jeder der vor nit ein
büchstaben kan der mag kürtzlich vnd bald begriffen ein grundt do durch er
mag von jm selber lernen sin schuld vff schriben vnd läsen · vnd wer es
nit gelernnen kan so vngeschickt were den will ich vm̄ nüt vnd ver
geben gelert haben vnd gantz nüt von jm zů lon nemen er syg
wer er well burger ouch handtwercks gesellen frowen vnd jun
ckfrouwen · wer sin bedarff · der kum̄ har jn · der wirt drüwlich
gelert vm̄ ein zimlichen lon · aber die jungen knaben vnd meit
lin noch den fronuasten wie gewonheyt ist · anno · m cccc xvi

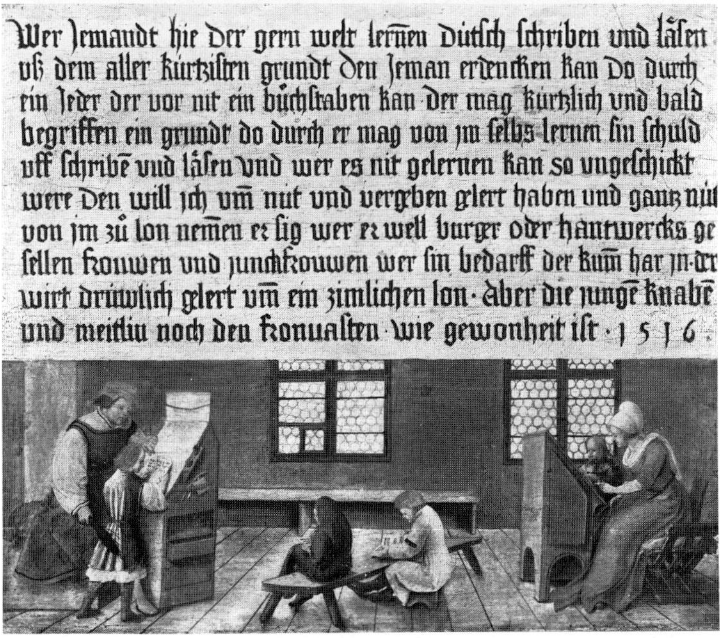
Wer jemandt hie der gern welt lernen dütsch schriben vnd läsen
vß dem aller kürtzisten grundt den jeman erdencken kan do durch
ein jeder der vor nit ein büchstaben kan der mag kürtzlich vnd bald
begriffen ein grundt do durch er mag von jm selbs lernen sin schuld
vff schribē vnd läsen vnd wer es nit gelernen kan so vngeschickt
were den will jch vm̄ nüt vnd vergeben gelert haben vnd gantz nüt
von jm zů lon nemen er sig wer er well burger oder hantwercks ge
sellen frouwen vnd junckfrouwen wer sin bedarff der kum̄ har jn der
wirt drüwlich gelert vm̄ ein zimlichen lon · aber die jungē knabē
vnd meitlin noch den fronasten wie gewonheit ist · 1 5 1 6 ·

La belle Ecriture est Enseignée par Mons.r
La Classe de l'Ecriuain Pour l'Exposition de la belle Ecriture.

trone de bacu
Credy est mors
Rèlle mon reste
fans san Soucis

Das Kind spielt mit dem jungen Diener
Die Lebensalter

Die Klasse des Schreibmeisters (links oben)
Le Camus: Mädchen beim Weinhändler (links unten)

Jan Steen: Der hl. Nikolaus

Nocret: Die königliche Familie (rechts oben)
Le Nain: Die Kartenspieler (rechts unten)

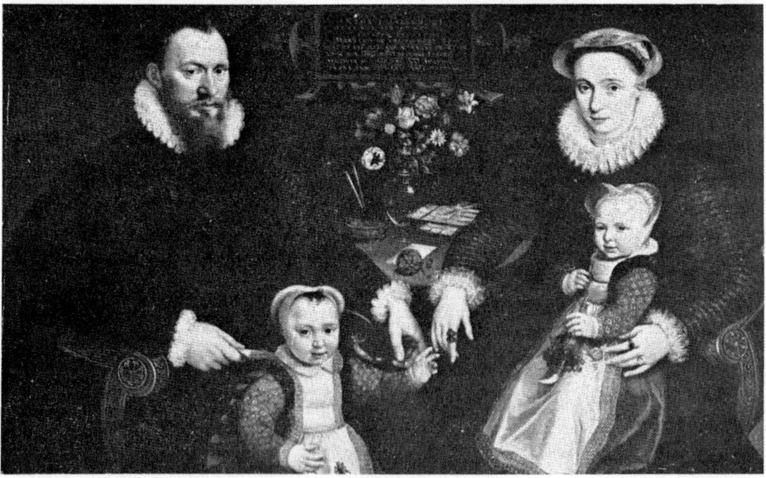

Kindergrab
Antoine Anselme mit seiner Familie

so etwa die lebenden Sprachen, das Italienische und das Spanische als große Kultursprachen, aber auch das Deutsche, und zwar wohl deshalb, weil die Söldner sich aus den deutschsprachigen Ländern rekrutierten und der zukünftige Offizier folglich ein praktisches Interesse daran haben mußte, diese Sprache zu sprechen; neben den Sprachen gehörten dazu die Geographie, die zeitgenössische Geschichte, die für den Mann aus dem Schwertadel, wie für den etwas ambitionierten Höfling unerläßlich waren, und schließlich die Mathematik oder, wie man sagte, »die Befestigungskunst«, unabdingbare Kenntnisse in einer Epoche, wo das Kriegshandwerk bereits ein gewisses Maß an höherer Bildung voraussetzte.

Diese Auslandsreisen waren sehr kostspielig, und in einer Epoche, da die Einkünfte und die Liquidität der Aristokratie bereits im Abnehmen begriffen waren, konnten sie dem Bedürfnis nach praktischer, nicht an der Latinität orientierter Bildung nicht in dem Maße genügen, wie das nötig gewesen wäre. Die Akademie kam diesem Bedürfnis nach einer nachschulischen Ausbildung zwischen Kolleg und Berufsleben nach; sie war auf die Ansprüche der jungen Edelleute, insbesondere (aber nicht ausschließlich) der zukünftigen Offiziere, zugeschnitten, deren Familien die Kosten für einen Auslandsaufenthalt nicht aufbringen konnten.

Diese Institution entstand in der zweiten Hälfte des 16. Jahrhunderts in Paris. Nicolas de Beauvais-Nangis weiß folgendes über seinen Vater zu berichten: »Antoine de Brichanteau wurde im Jahre 1564 im Alter von elf oder zwölf Jahren ins Collège de Lisieux eingeschult [keine Klassenangabe], wo er bis zu den Unruhen des Jahres 1657, bis zur Schlacht von Saint-Denis blieb, als man meinte, er habe nun genug Kraft und Beherztheit, um Waffen zu tragen, und ihn an die Akademie von Paris schickte, wo er ungefähr ein Jahr lang seine Übungen machte.« Unter diesen »Übungen« verstand man den Aufenthalt an einer Akademie. Nicolas de Beauvais-Nangis selbst hat seine schulische Ausbildung mit fünfzehn Jahren beendet. Sein Vater weigert sich, ihn an der Belagerung von Amiens teilnehmen zu lassen. Er will zunächst seine Erziehung vervollkommnen. Es ist die Zeit der traditionellen Auslandsreise. »Zu Beginn des Jahres 1598 holte mich mein Vater für eine Weile zu sich nach Paris, damit ich mich an den Anblick der Kompanien zu gewöhnen begann, und im nächsten April kam ich zum Zweck der Übungen nach Paris [d. h. an eine Akademie], wo ich bis Ende September blieb.« ... »Mein Vater hatte Anstalten getroffen, mich nach Italien zu schicken, denn in jener Zeit schickte man die Jugend dorthin, damit sie dort ihre praktische Ausbildung erhielt«: die Reise erwies sich jedoch als zu kostspielig, und so nahm der Aufenthalt an der Akademie ihre Stelle ein. (16)

Die berühmteste dieser Einrichtungen war die 1594 gegründete Akademie Pluvinels. Ein Zeitgenosse läßt sich darüber folgendermaßen vernehmen: »Ganz Frankreich ist dem Sieur de Pluvinel unendlich verpflichtet, der sich in seiner maßlosen Güte der Aristokratie in hingebungsvoller Weise zur Verfügung gestellt hat, um ihr als Steigbügel zu den höchsten und ruhmreichsten Fähigkeiten zu dienen. [Das Kolleg ist niemals auf die Aristokratie beschränkt gewesen; es war weitgehend öffentlich. Hingegen scheint die Akademie in den Augen der Zeitgenossen gewissermaßen ausschließlich der Aristokratie zugänglich gewesen zu sein. Es war der Zeitpunkt, wo diese sich ihrer speziellen militärischen Aufgabe bewußt wurde und angesicht des aufkommenden Bürgertums bestrebt war, auf diese Weise ihre Privilegien zu rechtfertigen. Die Akademie ist das erste dieser Institute für junge Aristokraten, von denen Richelieu träumte und die das 18. Jahrhundert verwirklichte. Die die Erziehung der Mädchen betreffenden Vorstellungen Madame de Maintenons leiten sich von ihr her] ... Er [Pluvinel] enthebt uns der Notwendigkeit, in Scharen nach Italien zu reisen, wo wir uns unter einem unglaublichen Kostenaufwand hinbegeben, um einen bloßen Anstrich von Kultiviertheit und die ungeschmälerte Lasterhaftigkeit zu erwerben.« (17)

Halten wir nebenbei fest, daß aus diesen Worten das neue, im 16. Jahrhundert unbekannte Bemühen spricht, die Moral der Jugend zu wahren, die im Verlauf dieser Reise sehr gefährdet war. Bei Pluvinel lernt man das Bahnreiten oder das »Voltigieren« (Pluvinel ist der Verfasser eines Traktats über das Dressurreiten, das in pittoresker Weise von Crispin de Pos illustriert worden ist), den Umgang mit den Waffen, das Tanzen, Mathematik, Befestigungslehre und die unterhaltenden Künste wie Malerei, das Tanzen und das Lautenspielen. Und unser Autor vermag, für unsere Augen unerwartet, an der Akademie noch einen weiteren Vorzug zu entdecken, an dem sich ablesen läßt, daß unsere moderne Vorstellung von einer umfassenden höheren Bildung für die oberen Klassen noch keine ihrem Rang gemäße Notwendigkeit war: »... die jungen Herren können dort [in die Akademie] ab dem zehnten und elften Lebensjahr eingeführt werden, während sie doch nach Italien weder gehen können noch wollen, ehe sie nicht siebzehn bis achtzehn Jahre alt sind.«

Das bedeutet, daß der junge Edelmann sich mit einer oder zwei der unteren Klassen des Kollegs begnügen und direkt in die Akademie eintreten kann, um dort die nötige Bildung zu erwerben, während er zuvor entweder überflüssige schulische Studien hätte fortsetzen müssen, bis er das Alter für die Reise erreicht hatte, oder aber mit etwa elf Jahren unmittelbar am Soldatenleben hätte teilnehmen müssen. Tatsächlich widerstrebte es den Familien, die Kinder allzu früh ins Feld oder auch zu Lehrgängen in die Ferne zu schicken. Dank der Akademie konnte man sie über die Kollegzeit hinaus mit Hilfe einer an der Schule und dem Militär orientierten Disziplin unter Kontrolle behalten. Die Akademiezeit ist eine Übergangszeit zwischen dem Schüler- und dem Erwachsenenleben. Hier wird der Ansatz einer Abgrenzung der Jünglingszeit gegen die übrigen Altersklassen erkennbar.

Die Akademie ist kein ausschließlich französisches Phänomen. In England hat sich diese Einrichtung allerdings allem Anschein nach nicht entwickeln können, weil man nach Abschluß der *grammar school* nach wie vor nach Oxford und Cambridge ging, um seine Studien auf Universitätsebene fortzusetzen. In Deutschland hat die Akademie nach Ansicht der Historiker des Bildungswesens, wie des Engländers Adamson, (18) jedoch große Bedeutung gehabt. Die Akademien sollen dort am Ursprung bestimmter universitärer Bildungsinstitutionen gestanden haben, die dann aufgrund ihres modernen Charakters den Universitätsreformen des 19. Jahrhunderts, den französischen ebenso wie den englischen, als Vorbild gedient haben. In Frankreich haben die Akademien sich nicht in diese Richtung entwickelt, obwohl sie nicht die mindeste Konkurrenz seitens der bereits im Niedergang begriffenen Universität erleben mußten. Auch sie werden wieder teilweise vom Kolleg absorbiert, das sie im 18. Jahrhundert zu einer Art von vorbereitenden Militärschulen umformte, während die spezialisierteren Offiziers- und Ingenieurschulen in derselben Epoche zum Grundstein unserer zukünftigen Fachhochschulen wurden.

Die Akademien nahmen innerhalb der französischen Gesellschaft des 17. Jahrhunderts einen bedeutenden Platz ein. Der Abbé Michel de Morolles fühlt sich folglich gehalten, ihnen in seinem *Paris ou Description de cette ville* von 1677 einen Platz einzuräumen. (19) Er widmet ihnen ein Kapitel, das wie das übrige Buch in holprigen Versen abgefaßt und folgendermaßen überschrieben ist: »Akademien, wo man reiten und all die anderen schicklichen Übungen lernt, auf die die adlige Jugend sich versteht«:

Pour faire l'exercice à la jeune noblesse
On a l'Académie où l'on monte à cheval;
Elle y court dans la lice, on luy donne un rival
Pour augmenter son cœur et former son adresse.

Elle y trouve toujours l'honneste discipline,
Les sages écuyers qui la font observer;
Par leur propre vertu tout s'y peut préserver
Joignant à la morale une saine doctrine.

Diese Betonung des moralischen Aspekts findet sich auch in anderen zeitgenössischen Texten, wie beispielsweise in R. Barys 1675 veröffentlichtem *Nouveau Journal de Conversation.* (20) »In den Seminaren lernt man nicht nur, den Meßdienst zu versehen, sondern auch, sich gesittet zu betragen [es handelt sich um die ersten Seminare wie um die ersten Akademien]; in den Akademien lernt man nicht nur, wie man mit Pferden umzugehen hat, sondern auch, seine Leidenschaften zu zügeln.« Das Bedürfnis nach moralischer Disziplin war der Ausgangspunkt für die Organisation der Kollegs gewesen und hatte ihre autoritären Reglements im 15. und 16. Jahrhundert inspiriert. Bald wird die moralische Erziehung, insbesondere bei den Jesuiten zum Hauptziel des Schullebens, das noch über der Wissensvermittlung rangiert. Jetzt sehen wir, daß sie sich im 17. Jahrhundert auf die nachschulischen Institutionen wie die Akademien ausdehnt, auf die jungen Edelleute, die man nicht mehr unvorbereitet in die höfische und soldatische Welt zu entlassen wagt.

M. de Morolles zählt die berühmten Akademien seiner Zeit auf:

Au-dessus des fossez de Condé, La Vallée
Occupe son maneige à monter à cheval
Mais sans pensionnaire, il y fait tout égal
Ce qui n'empêche pas chez lui une grande assemblée.

Pour faire ... Zur Ertüchtigung der adligen Jugend/ Gibt es die Akademie, wo man reiten lernt;/ Dort tritt sie in die Schranken, läßt man sie gegen einen Rivalen antreten,/ Um ihren Mut und ihr Geschick zu mehren.

Stets findet sie dort die gebotene Disziplin,/ Besonnene Rittmeister, die darauf achten, daß ihr Genüge getan wird./ Das Beispiel ihrer eigenen Tugend hat die besten Wirkungen:/ Moral und eine verständige Lehre gehen Hand in Hand.

Au-dessus ... Oberhalb der Kanäle des Condé unterhält La Vallée/ Seine Reit-Schule,/ Jedoch ohne Pensionäre, dort sind alle gleichberechtigt,/ Was nicht hindert, daß er großen Zulauf hat.

Über Faubert in der Rue Sainte-Marguerite heißt es:

Avec un cœur entier
Avec un cœur enthier
Pour bannir de chez lui la licence interdite.

Unter diesen Akademien finden wir auch die des Königs: die Pagenschulen, die in die Écuries«, die »Vénerie«, die »Chambre« und die »Chapelle« aufgeteilt sind. (21) Die bekanntesten und beim Adel beliebtesten sind die beiden Écuries. Zur Grande-Écurie gehören ein Hofmeister, zwei Unterhofmeister, ein Präzeptor, ein Schulgeistlicher, ein Finanz- und Proviantmeister und etliche Lehrer, die folgende Fächer unterrichten: Fechten, Reitkunst, Tanzen, Kriegskunst, Schreibkunst (auch hier handelt es sich wieder um »tadelloses Schreiben« und nicht schlicht um die Fertigkeit dessen, der nach heutiger Auffassung schreiben kann), Mathematik, Zeichnen. Marolles nennt bei seiner Aufzählung die Grande Écurie in einem Atemzug mit den anderen Privatakademien:

Deux Écuyers d'office [qui en ont l'office] ont la Grande Écurie
Du Plessis, Bournonville, ou trois sous-écuyers
Henault, Fevre et Boiseul, cavalcadans premier
Dressent les beaux chevaux pour la cavallerie.

Tous les pages du Roi font sous eux l'exercice
Ils montent à cheval, tous y sont bien appris,
La Grande, la Petite [Écurie] et la Chambre à ce pris
Se forment aux travaux de la belle milice.

Avec un... Er setzt alles daran, um unzulässige Zügellosigkeit aus seinem Hause zu verbannen.

Deux Écuyers... Zwei diensthabende Rittmeister haben die Grande Écurie unter sich,/ Du Plessis, Bournonville, wo drei Unterrittmeister/ Henault, Fevre und Boiseul als erste Zureiter/ Die schönen Pferde für die Kavallerie abrichten.

Alle Pagen des Königs vollführen/ Unter ihrer Leitung ihre Übungen/ Sie reiten, alle verstehen sich gut darauf/ Die Grande, die Petite [Écurie] und die Chambre vermitteln auf diese Weise/ Die Fertigkeit für die Aufgaben des schönen Kriegshandwerks.

Und Marolles fährt fort:

Sur des chevaux de bois, on court aussi la bague
On la courait à pied chez La Vergne autrefois . . .

Er schließt mit einer Art versifizierter Bibliographie der Werke der Leiter der Akademie:

L'écuyer Pluvinel a traité du manège . . .
Charnizé fit l'escript dont l'on eut connaissance . . .
Le seigneur de la Brosse a traité de la guerre . . .

In seiner *Maison de Jeux* erzählt Sorel die Geschichte Dorilas'. (22) Dorilas schloß am Kolleg seine Studien ab, soweit es die klassischen Fächer betrifft: »Ich war noch in den Klassen, die von den Schönen Wissenschaften [den *Humanités*, A. d. Ü.] handeln sollen, als ich meinte, daß die menschlichste Beschäftigung [l'occupation la plus *humaine*, A. d. Ü.] darin bestünde, bald am Ziel anzukommen.« Dorilas war kein solcher »Überflieger« wie der Grand Condé, der mit zwölf Jahren in die Logikklasse kam. Als er am Unterricht der Schönen Wissenschaften teilnahm, muß er vierzehn Jahre alt gewesen sein, und in jener Epoche vermochte ein Knabe dieses Alters durchaus die wahre Bedeutung von Ovids Liebeskunst und der anderen Autoren zu verstehen, die man ihnen einbimste: »Man gab uns die Rute, wenn wir uns auch nur um eine Silbe geirrt hatten.« In der Rhetorikklasse lernt Dorilas »die Kunst, durch Beredsamkeit zu überzeugen«; mit sechzehn Jahren »steigt er in die Philosophieklasse auf«; zweifellos war dieses Alter üblicher als die Fälle von allzu raschem Vorankommen, denen wir in unseren biographischen Beispielen begegnet sind. »Als ich meinen Philosophiekurs im Alter von 17 Jahren absolviert hatte, fand man, daß ich mehr als genug davon verstünde, um dem Troß folgen zu können wie mein Vater, dessen Wunsch es war, daß ich denselben Beruf ergreifen sollte wie er.« Tatsächlich hätte er seinen Aufenthalt auf dem Kolleg um ein Jahr Physikunterricht verlängern können, wenn er auch »bereits

Sur des chevaux . . . Auf Holzpferden übt man sich im Ringstechen,/ Bei La Vergne tat man es einst zu Fuß . . .

L'écuyer Pluvinel . . . Rittmeister Pluvinel hat über die Reitkunst eine Abhandlung verfaßt . . ./ Charnizé die weithin bekannte Schrift . . ./ Der Seigneur de la Brosse hat über den Krieg geschrieben . . .

mehr als genug davon verstand«: im Gespräch und in Büchern *sagt* man zwar weiter, daß das Kolleg den späteren Militärs nichts nütze, doch handelt man oft so, als sei das nicht mehr wahr, und läßt seine Söhne alle Klassen durchmachen, die erste Philosophieklasse eingeschlossen.

»Man tat mich außerhalb des Kollegs in Pension, in einem Haus, wo ich fechten, tanzen, das Lautenspiel und Mathematik« wie auch Sprachen lernte: eine moderne Ausbildung. Man begreift, weshalb sie in Deutschland den Grundstein zu einem Unterricht in der Vulgärsprache legte, die dann neue, den traditionellen Artes fremde Begriffe einführte. »Und jeden Morgen ging ich zu einem Reitlehrer, um reiten zu lernen.« Diese Pension hatte Lehrer, die den Umgang mit Waffen lehrten, einen Musiklehrer, einen Fechtlehrer usw., doch besaß sie keine Reithalle. Neben den von Marolles aufgeführten Grandes Académies gab es also weniger perfekte, bescheidenere und weniger kostspielige »Pensionen« wie die Dorilas'.

Das beweist, wie sehr der Aufenthalt an einer Akademie oder in einem »Haus« desselben Genres den jungen Leuten aus guter Familie im 17. Jahrhundert zur Pflicht wurde. Selbst Antoine Arnauld brachte, obwohl seine Vorliebe für Literatur und Theologie bereits feststand, einen sechsmonatigen Aufenthalt bei Pluvinel hinter sich. Diese Art Aufenthalt war Teil der guten Erziehung. Als Madame de Sévigné die Erfolgschancen eines jungen Mannes abschätzt, sagt sie, er »komme von der Akademie«; Monsieur de Locmaria »kann, dafür verbürge ich mich, allen Höflingen die Stirn bieten, ja, sie beschämen. Er hat 60 000 Livres Einkommen und kommt von der Akademie«. In Frankreich würde man heute sagen, er komme von den »Sciences Po«, in England, er sei in Oxford oder in Cambridge gewesen. (23)

An anderer Stelle beschreibt Madame de Sévigné einen Streit zwischen dem Prinzen d'Harcourt und La Feuillade, ein halbernstes Gerangel zwischen großen Jungen: »Daraufhin warf der Prinz einen Teller nach seinem Kopf, der andere warf ein Messer nach ihm; keiner von beiden traf sein Ziel. Man geht dazwischen und bringt sie dazu, sich zu umarmen. Am Abend reden sie im Louvre miteinander, als wenn nichts gewesen wäre«, und Madame de Sévigné fügt hinzu: »Wenn Sie jemals das Auftreten von *Akademisten in ihrer Freizeit* gesehen haben, dann werden sie finden, daß dieser Streit große Ähnlichkeit damit hat.« Das Wort »Akademist« ist ebenso in die Umgangssprache eingegangen wie die Sitten der Akademisten, die Sitten der Schüler – oder auch der Rekruten. Die Marquise und ihre Briefpartner übernehmen auch den Ausdruck »avoir campos«, (»frei haben«), der dem Argot der Akademie oder des

Militärs entlehnt und zweifellos allgemein gebräuchlich gewesen zu sein scheint.

Nicht anders sind ja auch in der heutigen Zeit Wörter der Kasernensprache in die bürgerliche Konversation eingegangen.

Kehren wir jedoch zur Laufbahn des zukünftigen Grand Condé zurück, der uns Gelegenheit gegeben hat, die Bedeutung der Akademie für die Sitten der Jugend des 17. Jahrhunderts ins rechte Licht zu rücken. Er blieb ein Jahr und vier Monate bei Pluvinel: »Ich habe begonnen«, schrieb er, »Festungen zu Papier zu bringen, ich habe die Proportionsregeln und Meßkunde gelernt und mit Festungsbaukunde begonnen. Auch beschäftige ich mich mit der Weltkarte«. Mit sechzehn Jahren verließ er die Akademie, um seinen Gouverneursposten in Burgund anzutreten; mit neunzehn Jahren heiratete er die erst dreizehnjährige Nichte Richelieus. Er hat, mit der Vierten beginnend, sämtliche Schulklassen einschließlich der zwei Philosophiejahre absolviert, die er durch Privatunterricht in Rechtskunde und durch mehr als ein Jahr Akademie vervollständigte. In der ersten Klasse war er erst elf Jahre alt, ein Beispiel für eine sehr rasch durchlaufene Schulzeit.

Unter dem Regime des Edikt von Nantes ähnelten die protestantischen Akademien den katholischen Kollegs: (24) nur gelegentlich kam es vor, daß die Philosophie zugunsten einer den zukünftigen Pastoren vorbehaltenen Theologie beiseite gedrängt wurde. Im großen und ganzen blieb der Schulzyklus unverändert.

Im folgenden zwei Beispiele für die protestantische Schulzeit. Das erste entstammt einem Auszug des *Journal* des Marquis d'Asson, das von Waddington in einer Anmerkung zu seiner Ausgabe von Rous *Mémoires* zitiert wird: (25) »Ich begann meine Studien vor acht Jahren unter der Aufsicht meines seligen Vaters. Einige Jahre danach folgte ich meinen drei älteren Brüdern ans Collège de Saumur; ich war so jung [er muß zwischen acht und zehn Jahren alt gewesen sein], daß man es für angebracht hielt, unsere erwachsene Gouvernante mitzuschicken, die mich vom Erwachen bis zum Schlafengehen begleiten sollte, damit die Trennung mir nicht so schwer fiele, und sie schlief bei mir, wie ich es gewohnt war. Bald war ich gut genug, um am Unterricht der zweiten Klasse [zweifellos der Unterricht der Schönen Wissenschaften; hat man daraus nicht zu schließen, daß diese reformierten Akademien eine spezielle Zählung eingeführt hatten?] teilnehmen zu können, dem ich unter der Leitung des Gelehrten M. Lefebvre drei Jahre beiwohnte.« Wir sind bereits auf analoge Fälle solcher Wiederholung von Klassen gestoßen.

Es sieht ganz so aus, als sollten solche Wiederholungen den allzu früh erfolgten Schulbeginn ausgleichen. Danach »rückte ich in die dritte Klasse [Rhetorik] auf. Ich beendete meine Studien überaus früh«, d. h. zweifellos mit etwa dreizehn, vierzehn Jahren. Er nahm nicht am Philosophieunterricht teil, sondern absolvierte eine Akademie für Aristokraten: »Ende des Jahres 1668 wechselte ich vom Kolleg zur Akademie von Paris über, um dort meine Übungen zu machen.«

Das zweite protestantische Beispiel ist dasjenige Jean Rous (1638 bis 1711). (25) Auch er ist ein bemerkenswerter Fall von geistiger Frühreife: »Ich lernte so mühelos und so rasch lesen, daß ich mit vier Jahren imstande war, im Anschluß an das Nachtessen [ein Kapitel der Bibel] vorzulesen ... Diese erfreulichen und so raschen Fortschritte bewirkten, daß ich mit fünf Jahren ... in Begleitung einer Dienerin, die mich morgens hinbrachte und abends abholte, auf das Kolleg geschickt wurde«, auf das Collège d'Harcourt. Dort galt er als Phänomen, denn nur wenige seiner Kameraden waren so jung, und man war eher daran gewöhnt, sie von Präzeptoren, einer Art älterer Kameraden, als von Dienerinnen begleitet zu sehen. Anders als andere, zweifellos begütertere Schulkameraden, hatte Jean Rou jedoch niemals einen Präzeptor. Als er etwas älter war, ergänzte er den Schulunterricht von Harcourt durch private »Repetitorien«, die er mit einigen Kameraden teilte. Mit »drei oder vier anderen, jüngeren Schülern« traf er sich bei seinem Schulkameraden Lecoq, dem Sohn eines Parlamentsrats, wo ein »Repetitor«, wie es dort wörtlich heißt, mit ihnen arbeitete. Man kann in diesen Repetitoren die Vorläufer der privaten Pensionate sehen, die im 18. Jahrhundert sehr zahlreich werden.

Im Jahre 1652 schickte man ihn auf das protestantische Collège de Saumur. Der Prinzipal, zugleich der Stadtpfarrer, stufte ihn in die erste Klasse ein: vierzehn Jahre, erste Klasse; er hat seinen anfänglichen Vorsprung verloren und ist nun zwei Jahre älter als es der Prince de Condé in derselben Klasse war. Man legte keinen Wert mehr darauf, die Schulzeit in überdurchschnittlicher Geschwindigkeit absolvieren zu lassen. Ja, man fand sogar, daß Jean Rou mit vierzehn Jahren noch zu jung sei, um in die Philosophieklasse versetzt zu werden: »Am Ende des Jahres sollte ich in die Philosophieklasse aufrücken.« Sein Tutor ließ ihn jedoch seine erste Klasse wiederholen, weil er, so Rou, der Ansicht war, daß er für die Schönen Wissenschaften noch nicht alt genug sei. Descartes dagegen war einige Jahre früher in diesem Alter bereits in die Philosophieklasse gekommen. Hier läßt sich eine bereits moderne

Abneigung gegen ein übereiltes Vorankommen feststellen. Nach seiner Philosophieklasse machte Jean Rou den Baccalaureus und den Doctor Artium (man legte diese beiden Prüfungen damals gleichzeitig ab; beide Ernennungen waren zwei verschiedene Formalitäten ein- und derselben Prüfung), was nur derjenige noch tat, der Universitätsfächer wie Theologie oder Medizin studieren wollte.

So ist Jean Rou zwar mit fünf Jahren aufs Kolleg gekommen, hat seinen Vorsprung dann jedoch eingebüßt, so daß man ihn mit vierzehn und fünfzehn Jahren in der Ersten, die er wiederholt, und mit sechzehn Jahren in der Philosophieklasse findet.

Dank der Studie eines Jesuitenpaters, der Zugang zu den Archiven der Bruderschaft hatte, kennen wir die schulischen Karrieren von Sohn und Enkel des Grand Condé, die beide Jesuitenzöglinge waren. (26) Sein Sohn, der 1643 geboren wurde, fing mit sieben Jahren mit dem Despautère, d. h. mit der lateinischen Grammatik, an. »Er zitiert Cato [den Pseudo-Cato, einen Autor des 4. Jhr. n. Chr., den das Mittelalter wiederentdeckt und dessen Sentenzen es Cato dem Älteren zugeschrieben hatte] und lateinische Sentenzen, und seit er das *Galathée* [das an den Jesuitenkollegs übliche Handbuch des gesitteten Umgangsformen] gelesen hat, bemerkt er sehr wohl jeden Verstoß gegen die Regeln der Höflichkeit und der Schicklichkeit.« So unterrichtet sein Erzieher seinen Vater über seine Fortschritte: »Er schreibt sehr hübsche Sätze, und wenn es Ihnen recht ist, wird er Ihnen bisweilen auf Lateinisch schreiben, und wenn ich seine Wendungen mit denen Ciceros vergleiche, dann muß ich sagen, daß er sich auf das Lateinische bereits sehr gut versteht.« Diese Vertrautheit mit dem Lateinischen bei einem Kind von sieben Jahren ist damals nichts Außergewöhnliches gewesen. Man lernte Latein als lebende Sprache, gesprächsweise, man gab dem Kind einen Lateinisch sprechenden Hauslehrer, wie man es vor noch nicht allzu langer Zeit einer englischen oder deutschen »Nurse« anvertraute. Das liegt ganz innerhalb der auf mündlicher Überlieferung beruhenden mittelalterlichen Tradition. Mehr als ein Jahrhundert früher schlägt Vives in seinen die Erziehung Maria Tudors betreffenden Ratschlägen, die er der Königin Katharina erteilt, vor, dieses kleine Mädchen von acht Jahren mit Lateinisch sprechenden Begleitern zu umgeben; (27) um es recht gut zu machen, hätte man damit beginnen müssen, als Maria ein Jahr jünger, also sieben Jahre alt, war: das Alter des Enghien. Dieselbe Sitte pflegt man am Ende des 16. Jahrhunderts im Genf Calvins, wo Cordier unterrichtet. (28) Dazu folgendes Gespräch zweier Schüler, die Cordier auftreten läßt: »Wie alt ist Ihr Bruder denn? – Fünf Jahre. – Was Sie nicht sagen! Und er spricht bereits Latein! [Ein Fünfjähriger vermochte also doch noch Erstaunen hervorzurufen!] – Weshalb wundert Sie das? Wir haben stets einen Erzieher im Haus, der ebenso gelehrt wie sorgfältig ist [Er ist das Äquivalent zur englischen Nurse]. Er hält uns stets dazu an, Latein zu sprechen, und spricht nur dann Französisch, wenn er uns etwas erklären will. Selbst unseren Vater wagen wir nicht anders anzusprechen als auf Lateinisch [Dieser Gesprächspartner ist zwölf Jahre alt]. – Sie sprechen also niemals Französisch? – Nur mit meiner Mutter, und das auch nur zu bestimmten Stunden, wenn sie uns zu sich kommen läßt. – Wie halten Sie es mit der Familie? [Mit ›Familie‹ ist die Gruppe der Vertrauten, der Geschäftsfreunde, der Hausangestellten und Diener gemeint]. – Wir sprechen kaum mit jemandem vom Hause und wenn, dann nur ganz beiläufig, und die Diener des Hauses sprechen jedenfalls Lateinisch mit uns.« Es handelt sich dabei zweifellos weniger um das Dienstpersonal als um »Mitarbeiter«, wie man im modernen Jargon sagt. Allerdings hatten bestimmte Diener, die ihren Herrn begleiteten, ebenfalls die Schule besucht und konnten ohne große Mühe Lateinisch radebrechen. Das beweist übrigens, daß man nicht allzu anspruchsvoll war, was die Qualität dieses Latein betraf. Doch kehren wir zu der Unterhaltung unserer beiden Schulknaben zurück: »Und die Kammerzofen? – Wenn es überhaupt vorkommt, daß wir mit ihnen sprechen müssen, dann sprechen wir Französisch, wie wir es mit unserer Mutter zu tun pflegen. – Ah, wie glücklich Sie doch sind, daß Sie so sorgfältig erzogen werden.«

So sorgfältig die Erziehung des Condé auch erscheinen mag, sie ist keine Ausnahme und läßt sich auch in anderen gesellschaftlichen Kreisen als den fürstlichen wiederfinden, wenngleich der Lateinunterricht auf dem Wege der Konversation, d. h. als Unterricht einer lebenden Sprache, damals bereits aus der Mode gekommen sein muß; am Ende des 17. Jahrhunderts wird dieser Brauch verschwinden.

Mit neun Jahren kommt der junge Condé in die vierte Klasse des Collège de Bordeaux (wir befinden uns in der Epoche der Fronde), das er sogleich wieder verläßt, um seinem Vater nach Namur ins Exil zu folgen. Im Dezember 1653 wird er in die dritte Klasse des Jesuitenkollegs von Namur eingeschult. Die dritte Klasse war die zahlenstärkste: 97 Schüler bei einer Gesamtzahl von vier- bis fünfhundert. Der junge Prinz war innerhalb der Rangfolge seiner Klasse siebter von 97, d. h. er gehörte zu den Guten. Die Aufsatzhefte sind erhalten geblieben und ermöglichen eine Einschätzung des schulischen Niveaus der führenden

Schüler. Der Jesuitenpater und Historiker der Condé, der sie studiert hat, vergleicht dieses Niveau mit dem der Schüler seiner Zeit, d. h. der achtziger Jahre des 19. Jahrhunderts. Er schätzt es als fast gleichwertig ein.

Von der dritten Klasse kommt Condé 1654 in die Schönen Wissenschaften und 1655 dann in die Rhetorik. Die Universität von Löwen hat den Jesuiten von Namur den Philosophieunterricht an ihrem Kolleg nicht gestattet (ein weiteres Beispiel für diese Doppelfunktion der Philosophieklassen, die zugleich den Stoff des Universitätsunterrichts und das behandelten, was später den Oberschulunterricht in diesem Fach ausmachen sollte). Man ist mit dieser Schwierigkeit allerdings insofern fertig geworden, als man, zumindest in Antwerpen, die Philosophiekurse im Prinzip auf die Zöglinge der Bruderschaft, d. h. auf die zukünftigen Mönche beschränkte. Auch der Prinz nahm an diesem Unterricht teil. Er war zu dem Zeitpunkt dreizehn Jahre alt. Er absolvierte das Logik- und das Physikjahr und war nach Abschluß seiner Schulzeit etwas älter als sein Vater damals gewesen war:

1652/53: neun Jahre, vierte Klasse
1653/54: zehn Jahre, dritte Klasse
1654/55: elf Jahre, zweite Klasse
1655/56: zwölf Jahre, erste Klasse
1656/57: dreizehn Jahre, Logik
1657/58: vierzehn Jahre, Physik

Auffällig ist dabei die Regelmäßigkeit, mit der die jährlichen Versetzungen erfolgen.

Sein Sohn, der Herzog von Bouillon, war sieben Jahre alt, als er im Jahre 1675 aus der Obhut der Frauen entlassen wurde und zwei jesuitische Erzieher »innerhalb seiner Dienerschaft« bekam. Die Familie der Condé bleibt der Bruderschaft auch weiterhin treu. Mit acht Jahren kam der Herzog von Bouillon ans Collège de Clermont; er begann mit der Klasse, die man als sechste bezeichnen könnte, da sie der fünften voranging; sie hatte jedoch keine Nummer: »Ein Raum, in dem man Kinder unterrichtet, die noch keine Klasse besuchen können.« Viele mußten zunächst einmal Lesen und Schreiben lernen. Dann absolvierte er den Zyklus der klassischen Fächer, wobei man für jede Klasse ein Jahr ansetzen muß:

1676/77: acht Jahre, sechste Klasse
1677/78: neun Jahre, fünfte Klasse
1678/79: zehn Jahre, vierte Klasse

1679/80: elf Jahre, dritte Klasse
1680/81: zwölf Jahre, zweite Klasse
1681/82: dreizehn Jahre, erste Klasse
1682/83: vierzehn Jahre, Logik
1683/84: fünfzehn Jahre, Physik

Innerhalb dieser drei aufeinanderfolgenden Generationen beendet jeder Condé seine Klassen ein Jahr später als der Vater. Condé kommt mit elf Jahren in die Rhetorikklasse, sein Sohn mit zwölf und sein Enkel mit dreizehn. In dieser Familie, in der das Lernen als eine ernsthafte Angelegenheit betrachtet wird, mit der man gar nicht früh genug beginnen kann, läßt sich zugleich ein Hinauszögern des Schulabschlusses beobachten.

Der Zyklus der Schulklassen wird nun regelmäßiger und nähert sich dem klassischen Typus unserer modernen Schulzeit an. Für das 18. Jahrhundert wollen wir uns mit drei Beispielen, einem aristokratischen, einem bürgerlichen und einem aus dem bäuerlichen Milieu, begnügen.

Der Kardinal de Bernis ist 1715 geboren. In seinen Memoiren beschreibt er seine Kindheit im günstigsten Licht, mit jenem Selbstgefühl, wie es seiner Zeit eigen war: »Das entscheidende Merkmal meines Geistes ist also die Neigung zur Reflexion gewesen.« (29) Er lebte auf dem Land, wohin sein Vater, ein ehemaliger Hauptmann, sich zurückgezogen hatte, weil es ihm nicht gelungen war, ein Kavallerieregiment zu erhalten. Zwischen dem achten und dem elften Lebensjahr »verbraucht« er fünf oder sechs Erzieher, die seine Familie hatte kommen lassen. Hieraus wird bereits ersichtlich, welchen Aufschwung die häusliche Erziehung durch Hauslehrer im Vergleich zum 17. Jahrhundert genommen hat. Der erste war ein Medizinstudent, der ihn bald wieder verließ, »um seine Prüfungen an der medizinischen Fakultät von Paris abzulegen«; darauf folgte ein Seminarist, der ihm ungeheuerliche Bußen auferlegte: »Man schickte diesen launischen Frömmler wieder fort, und ich ging dann noch durch die Hände von drei oder vier weiteren unwissenden, brutalen oder sittenlosen Erziehern ... Ohne übermütiger gewesen zu sein als andere auch, habe ich drei Jahre lang mit der Rute gelebt.« Als er zehn Jahre alt war, schickte man ihn aufs Collège des Barnabites, nach Bourg-Saint-Andéol im Vivarais, auf ein kleines Provinzkolleg, wo er vier Jahre blieb. Mit zwölf Jahren bekam er eine Tonsur, das übliche Alter für diejenigen, die für die kirchliche Laufbahn bestimmt waren. Gleichzeitig kam sein älterer Bruder, der die militärische Laufbahn einschlagen sollte und etwa fünfzehn Jahre alt sein mochte, »zu den Pagen des Königs [d. h. an die Écurie], um seine Übungen zu machen«, wie es der Tradition der im übrigen im Niedergang begriffenen Akademien entsprach.

Mit vierzehn Jahren gelangte Bernis am Ende der Grammatikklassen oder der Schönen Wissenschaften von Bourg-Saint-Andéol an. Ob aus dem Grunde, weil das Kolleg keine über die Grammatik hinausgehende Klassen und keine Rhetorikklasse hatte, oder deshalb, weil die Familie Bernis ihm eine Pariser Ausbildung und die dazugehörigen Verbindungen verschaffen wollte – jedenfalls schickte man ihn an das Louis-le-Grand: »Im Monat August des Jahres 1729 kam ich bei den Jesuiten an. Ich hatte den Vorsatz, nach den Ferien in die Rhetorikklasse einzutreten; als der Präfekt mich auf meine Fähigkeiten hin geprüft hatte, kam er jedoch zu dem Urteil, daß ich nicht würdig sei, in die dritte Klasse einzutreten. [Der Unterricht bei den Barnabitern des Vivarais muß in den Augen der Patres der Bruderschaft nicht gerade überzeugend gewesen sein!] Dieses Urteil verletzte meine Eigenliebe [Hier haben wir es mit einer neuen Empfindung zu tun: früher hatten die häufigen Wiederholungen von Klassen als natürlich gegolten, den Schüler nicht gedemütigt]; ich fing mit solcher Hingabe an zu studieren, gönnte mir keinen Schlaf, las und schrieb im Mondschein, daß man mir nach zwei Monaten [zwei Monaten in der dritten Klasse zweifellos] erlaubte, mich für die Aufnahme in die Rhetorikklasse prüfen zu lassen, und ich ohne Schwierigkeiten in diese Klasse aufgenommen wurde.«

»Meiner Eigenliebe verdankte ich einen weiteren Erfolg: ich kam mit dem Akzent des Languedoc nach Paris; die Hänseleien meiner Kameraden brachten mich dazu, ihn innerhalb von drei Monaten abzulegen.«

Er schloß seine Rhetorikklasse mit einem lateinischen Diskurs über die Überlegenheit der Beredsamkeit über die Philosophie ab. »Dieser Diskurs war ein großer Erfolg und führte zu einer Art Spaltung zwischen den Rhetorikern und den Philosophen. Auf meinen Diskurs erfolgte eine Erwiderung. Ich bat darum, meinerseits auf diese Erwiderung antworten zu dürfen, doch der Pater Prinzipal, der eine Ausweitung dieses Disputs fürchtete, verdammte mich zum Schweigen. Dieser Streit endete mit Fausthieben von beiden Seiten. Die Philosophen waren zwar die Stärksten, zahlenmäßig jedoch unterlegen.« Zu Beginn des 18. Jahrhunderts war die Klasse eindeutig zu einer organischen schulischen Einheit geworden, und die Schüler waren sich dessen völlig bewußt.

Bernis macht keine Mitteilung darüber, ob er ein oder zwei Jahre Philosophie betrieb. Vermutlich jedoch zwei, da er ja Geistlicher werden wollte. Er teilt uns lediglich mit, daß er sich nach Verlassen des Kollegs beim Seminar von Saint-Sulpice vorstellte, wo seine Bewerbung jedoch abgelehnt wurde. Infolge der zunehmenden Verbreitung der Seminare, die mittlerweile als unerläßliche Voraussetzung für den Beruf des Geistlichen betrachtet wurden, wurde man bei der Auswahl der zukünftigen Priester heikler.

Unser zweites Beispiel einer Schulzeit im 18. Jahrhundert entstammt dem Provinzbürgertum. (30) Grosley wurde 1718 in Troyes geboren; seine Familie gehörte zum niedrigen Amtsadel: der Vater war Advokat, die Mutter Tochter eines Beisitzers beim Schöffengericht. Als er laufengelernt hatte, übernahm seine Großmutter die Aufgabe seiner Erziehung, doch sah das praktisch so aus, daß die alte Dienerin des Hauses ihn unter ihre Fittiche nahm: »Eine alte Dienerin war also zugleich mein Lehrer, mein Erzieher und mein Präzeptor.« »Obwohl sie gar nicht lesen konnte [Sie mußte anhand von Gestalt und Ähnlichkeit der Buchstaben die Bedeutung bekannter Geschichten, wie der Episoden der Bibel, die immer aus demselben Buch vorgelesen wurden, erraten oder vielmehr sich daran erinnern], hat sie es mir beigebracht«, nämlich anhand der Bibel.

Danach »unterrichtete mich ein alter Schullehrer in den Anfangsgründen des Lateinischen.« Es war ein ehemaler Leiter, d. h. Verwalter, des Hôpital Général von Paris, der sich nach Eintritt in den Ruhestand nach Troyes zurückgezogen und dort eine *petite école* oder *régence latine* aufgemacht hatte«. Es sieht ganz so aus, als hätten diese elementaren Lateinschulen, die zu Beginn des 17. Jahrhunderts noch selten waren, an Zahl zugenommen. Diese Art der Vorbereitung ermöglichte es, die unteren Klassen der Kollegs zu überspringen – die es übrigens manchmal gar nicht gab. Dank seiner Fürsorge »kam ich mit sieben Jahren in die fünfte Klasse des Kollegs«, des Collège de l'Oratoire von Troyes, das wir etwas besser kennen als die meisten anderen, weil seine Archive und insbesondere die Schülerverzeichnisse erhalten geblieben sind; wir werden weiter unten noch darauf zurückkommen.

Grosley durchlief den nunmehr als regulär anerkannten Zyklus von einer Klasse pro Jahr bis zur Rhetorik. Er mußte jedoch zwei Klassen zweimal machen, zunächst die Rhetorik, danach die Logik (die Physik erwähnt er nicht). »Ich habe die Rhetorik zweimal gemacht ... In Logik konnte ich noch nicht mithalten [was er schlechten Lehrern verdankte]. ... Ich wiederholte diese Klasse unter Pater Verdier, der mich so weit voranbrachte, daß ich am Ende des Jahres meine These verfechten konnte.« Diese These am Ende der Philosophie, die man nicht mit den zu schlichten Formalitäten gewordenen Prüfungen des Baccalaureats und des Doktorats der Artes verwechseln darf, stellte das letzte Überbleibsel der mittelalterlichen Prüfungen dar: für die guten Schüler verlieh sie dem Ende der Kollegstudien die nötige Weihe.

Der Schüler Grosley war seinen Altersgenossen immer noch sehr weit voraus, und kam dann 1729 in demselben Alter in die Rhetorikklasse wie ein Jahrhundert früher der Prince de Condé.

Sieben Jahre: fünfte Klasse
Acht Jahre: vierte Klasse
Neun Jahre: dritte Klasse
Zehn Jahre: zweite Klasse
Elf Jahre: Rhetorik
Zwölf Jahre: Rhetorik (Wiederholung)
Dreizehn Jahre: Logik
Vierzehn Jahre: Logik (Wiederholung)

Er verließ das Kolleg nach acht Jahren Unterricht in den klassischen Fächern im Alter von fünfzehn Jahren.

Mit Marmontel (31) begeben wir uns in eine bäuerliche Welt, der der Memoirenschreiber oft einen sentimentalen Anstrich nach der Manier Greuzes oder Restif de la Bretonnes verleiht: »Was für ein Geschenk des Himmels ist es doch, wenn er uns gute Eltern gibt« und dazu noch eine achtzigjährige Großmutter, »die am Feuer ihr Gläschen Wein trinkt und sich alter Zeiten erinnert«.

Marmontel, geboren 1723, war der Sohn eines kleinen Dorfkrämers. »Ich hatte in einem kleinen Nonnenkloster, wo meine Mutter gute Freundinnen hatte, lesen gelernt ... Eine Demoiselle von Stande, die seit langem zurückgezogen in diesem Hospiz lebte, war so gütig, sich meiner anzunehmen ... Von dort kam ich in die Schule eines Priesters der Stadt, der sich, unentgeltlich und aus Neigung, der Aufgabe verschrieben hatte, Kinder zu unterrichten.« Es handelte sich um eine *petite école latine* derselben Art, wie sie der junge Grosley in Troyes besuchte. Doch blieb Marmontel zweifellos länger auf dieser Schule, da er erst mit elf Jahren aufs Kolleg kam. Sein Vater konnte kein Latein und sah auch nicht recht, wozu es gut sein sollte. Seine Mutter hegte jedoch den leidenschaftlichen Wunsch, »daß wenigstens ihr ältester Sohn studieren sollte«: »studieren«, das ist bereits ein moderner Ausdruck, und modern oder »19. Jahrhundert« ist auch der häusliche Einfluß der Mutter und ihre Bedeutung für die Erziehung der Kinder und ihren sozialen Aufstieg, eine Funktion, die noch vor gar nicht langer Zeit ausschließlich dem Vater zugestanden hatte.

Marmontels Vater gab dem Drängen seiner Frau nach und brachte seinen Sohn zu Pferde nach Mauriac, indem er ihn hinter sich aufsitzen ließ. Der Junge war elf Jahre alt, als er in die vierte Klasse des Jesuitenkollegs der Stadt kam; mit zwölf Jahren war er in der dritten, mit dreizehn in der zweiten und mit vierzehn kam er in die Rhetorikklasse. Dann mußte er aufgrund von Meinungsverschiedenheiten mit seinem Lehrer das Collège de Mauriac verlassen, und nach einigen schicksalbestimmenden Ereignissen finden wir ihn als »maître d'études«, d. h. als Repetitor, am Collège de Clermont in Paris wieder, wo er seine beiden Philosophiejahre absolvierte. Mit 17 Jahren hat er seine Schulzeit beendet.

Wir wollen diese Reihe biographischer Beispiele mit einem Fall vom Ende des 18. Jahrhunderts abschließen, der dem Provinzbürgertum entstammt und die Atmosphäre der letzten Jahre des Ancien Régime wiedergibt.

Jacques Lablée wurde zwischen 1765 und 1772 in einer kleinen Stadt am Ufer der Loire – möglicherweise war es Beaugency – geboren. (32) Sein Vater, ein Sechziger, der mit einer jungen Frau von 27 Jahren verheiratet war, betrieb einen Weinhandel. Seine ersten Lebensjahre verbrachte er unter Aufsicht einer »Gouvernante«, die ihm und seinen Brüdern anhand des Psalters das Lesen beibrachte: »Mit sechs Jahren wurde ich zum Lateinunterricht geschickt. Bis dahin waren die frommen Bücher die einzigen, die ich gelesen hatte.« Er blieb sechs Jahre in einer *petite école* oder *régence latine:* diese erste Stufe des Lateinunterrichts war im 18. Jahrhundert allgemein üblich geworden.

Mit zwölf Jahren »wurde ich Pensionär des Seminars von Me ..., zwei knappe Wegstunden von meiner Geburtsstadt entfernt«. Nicht alle Schüler dieses Seminars mußten notwendigerweise den Beruf des Priesters ergreifen. In diesen Jahren, d. h. zwischen 1775 und 1780, ist das bereits die übliche Regelung des *petit séminaire,* das im höheren Bildungswesen zu Beginn des 19. Jahrhunderts eine bedeutende Rolle spielen und den Kollegs und Gymnasien der neuen Universität Konkurrenz machen sollte.

Lablée kam in die vierte Klasse des Seminars. Da er von einer *régence* kam, brauchte ihm vor der Konkurrenz seiner Klassenkameraden nicht bange zu sein, wie er bemerkt. Allerdings wurde er des Lateinunterrichts, dem das ausschließliche Interesse seiner Lehrer galt, überdrüssig. Man zog damals eine modernere Ausbildung vor. Er rühmt sich sogar seiner

Unbedarftheit: »Als ich in die Zweite vorgerückt war, konnte ich meine lateinischen Autoren nur explizieren oder übersetzen, indem ich fleißig mein Wörterbuch zu Rate zog [Heißt das, daß andere direkt vom Blatt gelesen haben?].« Er verläßt das Seminar nach Abschluß der zweiten Klasse. »Ich war fünfzehn Jahre alt, als ich am Collège de l'Oratoire von Vendôme meine Rhetorikklasse absolvierte... Im darauffolgenden Jahr [Er ist sechzehn] kam ich ans Seminar von O. [Orléans?], um dort meine Philosophieklassen durchzumachen.« Er wird nach Hause geschickt, weil er den Lieblingsschüler des Lehrers verdroschen hat, seine Studien aber sind ohnehin abgeschlossen.

Weil sie aus Memoiren stammen, beschreiben die Fälle, die wir nacheinander vorgestellt haben, Lebensläufe, die, wenn sie nicht außergewöhnlich sind, doch wohl immerhin über dem Durchschnitt liegen: der Durchschnittsmensch schreibt keine Memoiren. Wir haben es also mit Beispielen von – in einigen Fällen sogar glänzenden – gesellschaftlichen Erfolgen zu tun.

So wie sie seit dem 16. Jahrhundert aufeinander folgen, kann man an ihnen die Regulierung des Schulzyklus verfolgen. Der mittelalterliche und deutsche Thomas Platter kannte noch keine Einteilung in Klassen, keine Versetzung von einer Klasse in die nächste. Im Frankreich des 16. Jahrhunderts gibt es zwar bereits eine Stufenfolge von Klassen, doch wird sie nicht strikt eingehalten. Es hat nichts Überraschendes, wenn jemand von der dritten in die erste, von der vierten in die erste Klasse aufrückt, oder auch erst spät aufs Kolleg kommt, wie Bassompierre, der mit der dritten beginnt. Das Kolleg hat die alten zum Lehrverhältnis gehörenden Bräuche noch nicht völlig abgelöst.

Nach Beginn des 17. Jahrhunderts kann man diese Unregelmäßigkeiten zwar noch gelegentlich antreffen, doch werden sie seltener; man unterwirft sich allgemein dem regelmäßigen Rhythmus von einer Klasse pro Jahr. Man sucht das Überspringen von Klassen zu vermeiden; statt dessen kommt es oft vor, daß man die oberen Klassen, vor allem die Rhetorik, zweimal macht, weil man eher dazu neigt, den Kollegaufenthalt zu verlängern. Das Kolleg mit seinem Zyklus der klassischen Fächer tendiert, zumindest was die nicht-manuellen Berufe betrifft, dahin, die alten Formen der Erziehung über das Lehrverhältnis abzulösen. Gleichzeitig bürgert sich auch der Brauch der Versetzung immer mehr ein, bildet sich eine Art Hierarchie der schulischen Einrichtungen heraus: sie umgreift die *petites écoles latines* über die ersten Grammatikklassen der Kleinstadtkollegs, die letzten Grammatikklassen, die Schönen Wissenschaften und bisweilen die Rhetorik der großen Kollegs bis hin zur Rhetorik oder zu den zwei Philosophiejahren – mit der Einschränkung, daß die Kleinstadtkollegs bemüht waren, ihre Schüler zu halten und ebenfalls ein vollständiges Unterrichtsprogramm zu bieten. (33)

Schließlich ist im 17. Jahrhundert mit den Akademien dann eine nachschulische Lehranstalt zumindest für die jungen Adligen entstanden; diese konnte sich nichtsdestoweniger im 18. Jahrhundert nicht halten. Als die juristischen Fakultäten immer mehr an Bedeutung verloren und ihre Lehrveranstaltungen für die zukünftigen Juristen durch Privatunterricht abgelöst wurden, war das Kolleg die einzige allgemeine und gemeinschaftliche Bildungsinstitution, der einzige Ort, an dem eine bereits voneinander unterschiedene Kindheit und Jugend zusammengeführt wurden.

Im Verlauf dieser mehr als zwei Jahrhunderte umfassenden Periode sind die Altersstufen der Schüler ziemlich variabel, ohne daß sich eine eindeutige Tendenz zur Verlängerung oder zur Abkürzung der Schulzeit erkennen ließe. Immerhin läßt sich feststellen, daß das Kind, an unserem modernen Stundpunkt gemessen, ziemlich früh in die Schule kommt und sie entsprechend früh verläßt. Das läßt sich jedoch nicht sagen, wenn man den Durchschnitt der damaligen Epoche zum Maßstab nimmt, wie wir sogleich sehen werden. Wir sind Rhetorikschülern von zehn bis vierzehn, fünfzehn Jahren begegnet; keiner war jedoch älter als fünfzehn Jahre. Das ist das Alter, in dem, den englischen Schriftstellern des 16. bis 18 Jahrhunderts zufolge, der Schüler die *grammar school* verläßt und sein Universitätsstudium beginnt.

Die obenstehenden biographischen Beispiele, die wir analysiert haben, sind sehr bezeichnend für bestimmte Aspekte der Sitten von Kindheit und Jugend und können in vielen Punkten verallgemeinert werden. Sie vermitteln gleichwohl eine falsche Vorstellung von der altersmäßigen Zusammensetzung der Kollegs und ihrer Klassen, von der Entsprechung zwischen den einzelnen Altersstufen und den Klassen und müssen zumindest was diesen, übrigens überaus wichtigen, Punkt betrifft, durch Dokumente anderer Herkunft berichtigt werden, deren statistische Angaben mehr auf den Durchschnitt bezogen sind. Es sind dies die »Verzeichnisse«, in die die Prinzipale oder die Lehrer der Kollegs die nach Alter und Klasse gegliederten Schülerlisten eintragen. Bedauerlicherweise scheint es jedoch nicht viele solcher Verzeichnisse zu geben. Zwei davon berücksichtigt Pater de Dainville in einer sehr wichtigen Studie mit dem Titel *Effectifs des collèges et scolarité aux XVIIe et XVIIIe*

siècles (34): es ist einmal das Verzeichnis des Jesuitenkollegs von Châlons aus den Jahren 1618–1620 und zum anderen das des Collège des Oratoriens von Troyes aus dem Jahre 1638, das bereits am Ende des 19. Jahrhunderts von Carré ausgewertet worden ist. (35) Schließlich befinden sich in der Handschriftenabteilung der Bibliothèque Nationale zwei Verzeichnisse des Jesuitenkollegs von Caen, die sich auf die Jahre 1677 und 1692 beziehen und auf die Pater de Rochemonteix in seiner Monographie des Collège Henri IV von La Flèche hingewiesen hat. (36) Diese Muster dienen uns als Material für vier Stichproben, die nahezu das gesamte 17. Jahrhundert erfassen.

Sehen wir uns zunächst die konstanten demographischen Merkmale des 17. Jahrhunderts an. Was bei der ersten Betrachtung der Ziffern frappiert, ist der große Unterschied zwischen den Altersangaben dieser Stichproben und denen der biographischen Fälle, die wir oben analysiert haben. Unsere Memoirenschreiber hatten die Rhetorikklasse sämtlich zwischen elf und vierzehn Jahren erreicht. Hier dagegen ist die Schülerschaft insgesamt älter: es gibt keine Rhetorikschüler von elf oder zwölf Jahren. Nur zwei sind dreizehn und vierzehn Jahre alt. Im Lichte dieses Vergleichs muß uns die schulische Frühreife unserer Memoirenschreiber als außergewöhnliches Phänomen erscheinen. Wenn es außergewöhnlich ist, so ist es deshalb nicht weniger signifikant. Es hat ganz den Anschein, als sei der frühzeitige Schulabschluß ein Merkmal glänzender Karrieren

Alter der Schüler am Collège de Caen

Endes des Jahres 1692	9	10	11	12	13	14	15	16	17	18	19	20	Gesamt
5. Klasse	2	9	19	24	17	15	12	5	1				104
4. Klasse	1	3	11	20	35	24	19	15	2	3			133
3. Klasse		1	5	20	24	35	42	22	15	7			171
2. Klasse				1	3	10	18	21	15	3	1		87

Alter der Schüler am Collège de Caen

1677	9	10	11	12	13	14	15	16	17	18	19	20
Ende der 5. Kl.	2	9	24	37	23	17	14	11	2			
Ende der 4. Kl.		1	6	12	23	15	40	22	2	4		
Ende der 3. Kl.		1	3	8	15	34	37	25	28	6	2	1
Ende der 2. Kl.					1	4	6	11	16	4	2	1
Ende der 1. Kl.					1		12	12	39	20	4	12

und sozialer Erfolge gewesen. Er scheint im übrigen ein schulisches Ideal des späten 16. Jahrhunderts widerzuspiegeln, denn er entspricht dem in der *Ratio studiorum* der Jesuiten von 1586 vorgesehenen Minimalalter von elf Jahren für die Rhetorikklasse; dieses Alter hatten Pater de Joyeuse oder auch der Grand Condé, als sie in dieser Klasse waren. (37)

In der zweiten Hälfte des 17. Jahrhunderts trat das Phänomen des überdurchschnittlich frühen Schulabschlusses in hinreichendem Maße in Erscheinung und war für die Fälle von herausragendem gesellschaftlichem Erfolg kennzeichnend genug, um zum Gegenstand von Untersuchungen seitens der Moralisten zu werden. So wird dieses Thema in Baillets *Les Enfants devenus célèbres* (38) und in Pater Nicerons *Les Hommes illustres* (39) behandelt. Baillet berichtet von Fällen, die den von uns ausgewählten analog sind. Da ist beispielsweise Melanchthon, der Reuchlin mit 13 Jahren eine Komödie widmet: »Mit vierzehn wurde er zum Bakkalaureus, mit siebzehn zum Doktor ernannt.« Am Rande sei auf das neue Interesse an der genauen Altersangabe verwiesen. Über den 1555 geborenen Pierre de Lamoignon heißt es: »Sein Vater stellte ihm eine Equipage für seine Reise nach Italien zusammen ..., er war

Alter der Schüler in Châlons (1618–1620)
(nach F. de Dainville) (34)

	5.	4.	3.	2.	1.	
8 Jahre	4	4				
9 Jahre	11	6	1			
10 Jahre	28	18	1			
11 Jahre	26	11	5			
12 Jahre	29	12	2			
13 Jahre	21	9	9		1	
14 Jahre	26	15	8	3	2	
15 Jahre	12	12	11	5	4	
16 Jahre	5	15	8	6	2	
17 Jahre	1	1	5	1	4	
18 Jahre	2	5	6	2	2	
19 Jahre		2	2	0	1	
20 Jahre		3	5	4	0	
21 Jahre		1	3	1	2	
22 Jahre			1	1		
23 Jahre			2			
24 Jahre			1			
	165	114	70	23	18	390

damals erst fünfzehn Jahre alt«, d. h. er muß mit etwa elf, zwölf Jahren in der Rhetorikklasse gewesen sein. Justus Lipsius beendet seine Schulausbildung bei den Jesuiten in Köln mit vierzehn Jahren. Pieresc verläßt ebenfalls die Jesuiten mit 15 Jahren nach Abschluß seiner beiden Philosophieklassen. In diesem Alter kommt er auf die Akademie, »um den Umgang mit den Waffen, das Reiten und Tanzen zu lernen«. Und da ist auch noch der junge Rhetoriker von dreizehn, vierzehn Jahren, der in Toulouse zur Schule ging und eine allgemeinhistorische Abhandlung schrieb. Pater Niceron zufolge »absolvierte [Raymond Merille] seine Studien mit einer solchen Geschwindigkeit, daß er seine Schulzeit mit fünfzehn Jahren beendet hatte und mit sechzehn sein Studium der Rechtswissenschaft aufnahm«. Der 1673 geborene François de Clugny kommt mit dreizehn Jahren in die Rhetorikklasse und absolviert mit vierzehn Jahren am Oratoire seine Philosophieklasse.

Der folgende Satz Baillets sagt recht deutlich, welche Vorstellung man sich im Jahre 1688 von einer frühzeitig absolvierten Schulzeit machte: es gibt Kinder, so sagt Baillet, »die mit zwölf oder dreizehn Jahren in außergewöhnlicher Tatkraft das Kolleg durchlaufen haben«. Ob sie nun auf der Begabtheit des Kindes beruht, wie im Falle von

Alter der Schüler in Troyes (1638–1639)
(nach F. de Dainville) (34)

	5.	4.	3.	2.	1.	Gesamt
9 Jahre	3					3
10 Jahre	7					7
11 Jahre	12	1	1			14
12 Jahre	28	4	2			34
13 Jahre	21	5	5			31
14 Jahre	19	15	6	3		43
15 Jahre	14	13	14	16		57
16 Jahre	4	15	14	16	4	53
17 Jahre	1	1	7	10	5	24
18 Jahre	3	2	11	16	10	42
19 Jahre	1	3	5	1	7	17
20 Jahre	0	2	0	3	1	6
21 Jahre	0	1	0	1	5	7
22 Jahre	1	1	1		3	6
23 Jahre	0					0
24 Jahre	1	1				2
	115	64	66	66	35	346

Descartes, oder die Folge einer sehr frühen Einschulung ist, wie im Falle der Condés, der überdurchschnittlich schnelle Schulabschluß bringt in jedem Falle eine Überlegenheit mit sich, die den Weg zur »Auszeichnung«, zu einer großen Karriere öffnet. Wenn sie also, gemessen am Durchschnitt der Kollegabsolventen selten vorkommt, so läßt sich diese schulische Blitzkarriere in der Lebensgeschichte arrivierter Persönlichkeiten doch häufig antreffen. Und das erklärt sich übrigens aus der Tatsache, daß am Anfang und oft auch noch am Ende des 16. Jahrhunderts viele Ämter bei Hofe nicht mit Schülern besetzt wurden, die einen vollständigen Schulzyklus durchlaufen hatten, sondern mit solchen Männern, die nur eine Lehrzeit oder eine mit einem kurzen Kollegaufenthalt von ein bis zwei Jahren kombinierte Lehrzeit hinter sich hatten. In einer Epoche, in der insbesondere in den militärischen Berufen Alter und Dienstunfähigkeit sehr früh, nämlich vor dem 40. Lebensjahr, begannen und das Berufsleben von sehr kurzer Dauer war, konnte es anfänglich keine großen Altersunterschiede geben. Mit den »Lehrlingen« konnten nur die Schüler es aufnehmen, die ihre Studien sehr jung abgeschlossen hatten. Wenn es, wie wir weiter unten sehen werden, zu einem relativen Älterwerden der Schülerschaft gekommen ist, dann betraf dieses folgerichtig die bescheideneren sozialen Kreies; die mittelalterliche Gepflogenheit eines frühzeitigen Schulabschlusses dagegen, die in anderen sozialen Bereichen bereits aufgegeben worden war, mußte sich in höfischen Kreisen länger halten.

Wenn unsere Verzeichnisse nur wenige Fälle eines überdurchschnittlich raschen Schulabschlusses aufweisen, so lassen sie auf der anderen Seite auf eine erstaunliche Anzahl »alter« Schüler schließen. In der vierten Klasse von Troyes machen die Schüler, die älter als achtzehn Jahre sind, fünf Prozent der Gesamtzahl aus, die über hundert liegt. Die Vorstellung von einer vierten Klasse, in der junge Männer von 19 bis 24 Jahren neben Kindern von 11 bis 13 saßen, erscheint uns heute befremdlich. In der dritten Klasse von Châlons liegt der Anteil der Schüler über 18 bei 20 Prozent, wovon fünf 20 Jahre alt sind, drei 21 und zwei 23 ... So finden sich auch die Altersstufen 17 und 18 Jahre über alle Klassen verteilt. In Caen findet man im Jahre 1677 ebenso viele achtzehnjährige Schüler in der vierten wie in der zweiten Klasse (die vierte ist allerdings dreimal so stark besucht wie die zweite); in Troyes sind mehr achtzehnjährige Schüler in der vierten und dritten Klasse als in der zweiten und der ersten. Dagegen sind die Altersstufen von zehn bis fünfzehn Jahren eher in den Grammatikklassen konzentriert. In diesem beträchtlichen

Anteil älterer Schüler, ihrer Gegenwart in fast sämtlichen Klassen von der fünften bis zur ersten, haben wir die hauptsächliche Anomalie zu sehen, die das Kolleg des Ancien Régime von unserem heutigen Modell des höheren Schulwesens trennt. Unserem heutigen Empfinden widerstrebt diese unterschiedslose Vermischung von Studenten und Gymnasiasten, von unreifen Kindern und jungen Männern in denselben Klassen. Ein solches Empfinden war dem 17. Jahrhundert und zumindest auch noch der ersten Hälfte des 18. Jahrhunderts fremd.

Wer waren diese älteren Schüler? »Die ältesten«, bemerkt Pater de Dainville, »sind gewöhnlich junge Männer, die erst spät zu ihrer Berufung gefunden haben, junge Mönche aus den benachbarten Klöstern und Abteien, die Latein lernen wollen, um darauf ein theologisches Studium zu beginnen«. Man fand nichts dabei, diese Art von »Abendschülern« im Verein mit der Masse von Kindern, die ihre normale Schulzeit absolvierten, die Schulbank drücken zu lassen.

Doch waren diese zwanzigjährigen Jungen nicht immer deshalb spät aufs Kolleg gekommen, weil sie erst verspätet zu ihrem Beruf gefunden hatten. Der Chevalier de Méré (40) steht als Beispiel für eine Schulzeit, die deshalb verspätet abgeschlossen war, weil sie länger ausgedehnt wurde, was nichts Außergewöhnliches gewesen sein dürfte. Wir wissen, daß der Chevalier de Méré sich zu Beginn der Epoche Ludwigs XIV. bei Hofe und in der Stadt als Fachmann für gute Manieren, Konversation, gesitteten Umgang, kurz, für »Weltläufigkeit« einen Namen machte. Wenn er auch keinen großen sozialen Aufstieg zu verzeichnen hatte, so war diese Randfigur doch auch nicht der Typ des Versagers. Er wurde im Jahre 1607 geboren. Einer seiner Figuren legt er eine Anspielung auf seine eigene Jugend in den Mund, die Aufschluß über die Nachteile einer allzu ausgedehnten Schulzeit gibt: »Ich habe einst mehr studiert, als ich wollte, weil ich einen Vater hatte, der [obwohl Adliger – innerhalb seines Standes ein Fall von direktem Lehrverhältnis], da er nicht studiert hatte, sämtliche Mißerfolge seines Lebens auf seine Unwissenheit zurückführte. Er sah sich also gehalten, *mich bis zum Alter von 22 Jahren auf dem Kolleg zu lassen,* und als ich es verlassen hatte, lehrte mich die Erfahrung alsbald, daß abgesehen vom Lateinischen, dessen Kenntnis mir gut anstand, alles, was man mich gelehrt hatte, nicht nur nutzlos, sondern sogar schädlich für mich war.« Lassen wir diese Kritik an der Schulbildung – ein Gemeinplatz des *honnête homme* des 17. Jahrhunderts, die ihn nicht hinderte, seine Kinder aufs Kolleg zu schicken – außer acht. Richten wir unser Augenmerk ausschließlich auf die Altersangaben. Méré ist mit etwa neun oder zehn Jahren zu den Jesuiten von

Poitiers gekommen. Mit der sechsten oder fünften Klasse hat er sie als Zweiundzwanzigjähriger nach zwölfjährigem Aufenthalt verlassen. Die Dauer dieses Aufenthalts bedeutet, daß er durchschnittlich nahezu zwei Jahre für jede Klasse gebraucht hat. Wir müssen annehmen, daß es in seiner schulischen Laufbahn zahlreiche Wiederholungen von Schuljahren oder Schulhalbjahren gegeben hat. Doch waren wir bei den Memoirenschreibern, selbst bei Descartes, auf mehrere Fälle solcher Wiederholungen gestoßen, und die Wiederholung einer Klasse schien nicht immer eine Sanktion gewesen zu sein. Übrigens sagt uns Méré selbst, daß er als Siebzehnjähriger als guter Schüler galt: »Als ich 17 Jahre alt war, hörte ich, wie einige Leute sagten: ›Das ist einmal ein ordentlicher junger Mann, ich wünschte, mein Sohn wäre ihm ähnlich.‹« Allgemein hatte man nichts dagegen einzuwenden, daß die durchschnittliche Dauer der Schulzeit sieben oder acht Jahre überschritt, der Tatsache entsprechend, daß sie mit der Sechsten oder Fünften begann und zwei Jahre Philosophie einschloß. Baillet definiert in seinem Buch *Les Enfants devenus célèbres par leurs études* die französische Einstellung zu dieser Frage folgendermaßen: »Bis heute haben die Ökonomie und die Praxis der Universität von Paris und der anderen Kollegs in Frankreich folgendermaßen ausgesehen: ein Kursus der Schönen Wissenschaften (im weiten Sinne, d. h. er umfaßte Grammatik und Rhetorik) und ein Kursus Philosophie bilden gewöhnlich über neun oder zehn Jahre lang die ausschließliche Beschäftigung der Jugend.« Diese Zahl überschreitet die von der Einteilung in Klassen bestimmte Dauer um ein bis drei Jahre. Ein bestimmter Prozentsatz der »alten« Rhetorikschüler von zwanzig Jahren in unseren Verzeichnissen muß solchen Schülern entsprechen, die von ihrer Familie absichtlich über die normale Schulzeit hinaus auf dem Kolleg gelassen wurden, weil sie in der langen Studiendauer die beste Form der Ausbildung sah. Es muß noch eine dritte Kategorie von älteren Schülern gegeben haben, die zwischen die der Spätentschlossenen und die der überlangen Schulzeit einzuordnen ist. Unter den zwanzigjährigen Rhetorikschülern befinden sich einige, die mit etwa fünfzehn oder sechzehn Jahren in die unteren Grammatikklassen eingetreten waren und nicht unbedingt die Laufbahn des Geistlichen einschlagen wollten. In Caen waren 7% der Schüler in der fünften Klasse 16 Jahre alt, das normale Alter für das *premier baccalauréat* in den dreißiger Jahren unseres Jahrhunderts. Es läßt sich erraten, welchem sozialen Typus diese Jünglinge entsprachen, die in einem Alter aufs Kolleg kamen, in dem man sich noch gestern anschickte, es zu verlassen, wenn das nicht sogar heute noch der Fall ist. Der Vater des Bildhauers Girardon (41) war Kupferschmied.

Dieser Handwerker wollte aus seinem Sohn einen Staatsanwalt machen. Dahinter steckt genau derselbe Ehrgeiz, der heute den Schornsteinfeger oder den Bergmann dazu bewegt, seinen Sohn Lehrer oder Ingenieur werden zu lassen. An diesem Vergleich ist nichts Anachronistisches. So unterschiedlich die Epochen sein mögen, seit dem Ende des 17. Jahrhunderts hat sich weder der Wunsch, über Funktionen, die der Bourgeoisie oder der Aristokratie offenstehen, in eine höhere Klasse aufzusteigen, noch das Mittel für einen solchen Aufstieg, d. h. Ausbildung und Schule, geändert. Was sich geändert hat, ist die Altersgrenze für die Schulbildung. Heute wird ein ehrgeiziger Vater bestrebt sein, seinen Sohn sofort auf die Oberschule zu schicken. Wenn er zu lange gezögert hat, ist der Zug abgefahren und der Junge, der über das Alter hinaus ist, wird zum Gymnasium nicht mehr zugelassen. In unserer heutigen Gesellschaft gibt es also eine gesetzlich vorgeschriebene oder gewohnheitsmäßige Altersgrenze, jenseits derer der Zugang zu den unteren Klassen der Oberschule versperrt ist.

Diese Vorstellung von einer solchen Altersgrenze war im 17. und 18. Jahrhundert gänzlich unbekannt. Girardon ist 16 Jahre alt, als sein Vater ihn (den 1625 Geborenen) in die sechste Klasse schickt, in der man zu jener Zeit noch die Anfangsgründe des Lateinischen lernte und in der etliche Schüler noch nicht lesen konnten. Zweifellos konnte der junge Girardon bereits lesen und schreiben, was er anhand des Psalters bei einem alten Priester, in einer französischsprachigen *petite école* gelernt haben mochte, aber immer noch muß das nicht unbedingt der Fall gewesen sein. Wir dürfen davon ausgehen, daß er höchstwahrscheinlich nicht darauf gewartet hat, bis er mit sechzehn Jahren in die sechste Klasse eintrat, um sich nützlich zu machen und etwas zu leisten: er wird seinem Vater oder einem anderen Handwerker in der Werkstatt geholfen und seine Lehre gemacht haben. Mit seiner Handwerkslehre, die bis zum sechzehnten Lebensjahr dauerte, war das letzte Wort über seinen zukünftigen Werdegang noch nicht gesprochen, denn in diesem Alter bekam er ja mit seinem Eintritt ins Kolleg eine zweite Startchance: eine alte mittelalterliche Gewohnheit, der wir bereits im 16. Jahrhundert bei Thomas Platter begegneten. Man hatte damals viel mehr Spielraum bei der Lebensgestaltung, während dieses Leben selbst weniger lang war und die Altersstufen dichter beieinander lagen. Wenn Girardon auf dem Kolleg geblieben wäre, hätte er die Rhetorikklasse ungefähr mit 20 erreicht. Auf einige der älteren Schüler in unseren Verzeichnissen muß das zugetroffen haben. In Wirklichkeit verließ er das Kolleg am Ende der sechsten, um bei einem Müller in die Lehre zu gehen. Diese beiden Fälle, der eines Girardon, der weiter auf der Schule geblieben wäre, und der der verspäteten Schüler wie des realen Girardon, die sich mit einer Art Schulaufenthalt von ein oder zwei Jahren begnügten, ehe sie eine Lehre begannen oder weiterführten, müssen häufig vorgekommen sein.

Es ist im übrigen nicht schwer zu begreifen, weshalb die Handwerker und die einzelnen Arbeiter infolge der Lebensbedingungen der Zeit ihre Kinder nicht allzu früh aufs Kolleg schicken konnten: sie mußten abwarten, bis der Junge alt genug war, um sich, fern von der Familie, in der Stadt selbständig und – abgesehen von ein bißchen Mundvorrat, der ihm von Zeit zu Zeit an den Markttagen gebracht wurde – fast völlig mittellos zurechtzufinden. Wenn er kleiner gewesen wäre, hätte es einer geeigneteren Pension bedurft als irgendeines Zimmervermieters, aufwendigerer und infolgedessen kostspieligerer Fürsorge. Doch stand dieser verspätete Beginn der Schulzeit im Einklang mit den Sitten der Zeit.

Obwohl sie häufiger und weiter verbreitet gewesen zu sein scheinen als die verfrühten Einschulungen, die in unseren Verzeichnissen fehlen, machen die verspäteten oder übermäßig verlängerten Schulzeiten nur einen kleinen Teil der Gesamtzahl aus. Untersuchen wir nun die Altersstufen, die näher am Durchschnitt liegen, ohne uns zu verhehlen, daß sie weniger charakteristisch für die Besonderheiten der damaligen Zeit sind als die oben untersuchten extremen Fälle.

Zunächst fallen die Schwankungen innerhalb der Schülerzahl von einer Klasse zur anderen ins Auge. Im allgemeinen hat man nach der fünften und dann wieder nach der dritten Klasse eine Abnahme zu verzeichnen, die auf den Abgang solcher Schüler wie Bonneval oder Girardon, deren Aufenthalt nur von kurzer Dauer war, zurückzuführen ist. Gelegentlich steigt die Zahl in der ersten Klasse wieder (Caen 1677), was durch den Zugang von Schülern solcher Schulen verursacht worden ist, die keine Oberklassen hatten. Die auf Abgänge zurückzuführenden Schwankungen wären noch ausgeprägter, wenn sie nicht in allen Klassen, unteren wie oberen, durch die Zugänge von Schülern aller Altersstufen ausgeglichen worden wären. Der Neuzugang von Schülern war damals nicht in demselben Maße wie heute auf die unterste Klasse beschränkt.

Unter diesen Bedingungen nimmt es nicht wunder, daß es in jeder Klasse nicht nur eine vorherrschende Altersstufe gibt, sondern mehrere.

In der fünften Klasse von Châlons erreicht im Jahre 1618 keine Altersgruppe 20 % der Gesamtzahl der Klasse. Fünf Gruppen von 10 bis 14 Jahren sind etwa gleich stark vertreten:

zehn Jahre: 16 %
elf Jahre: 15 %
zwölf Jahre: 17 %
dreizehn Jahre: 12 %
vierzehn Jahre: 15 %

Über die Fächerung der Altersstufen hinaus fällt das Absinken der Schülerzahl zwischen zwei aufeinanderfolgenden Altersgruppen ins Auge: es ist die Zahl der Dreizehnjährigen im Verhältnis zu den Zwölf- und Vierzehnjährigen. Diese Merkmale lassen sich, mehr oder minder akzentuiert, überall wiederfinden. Es existiert nicht nur in jeder Klasse ein großer Zwischenraum zwischen den beiden extremen Altersstufen (acht und achtzehn, neun und neunzehn), sondern der demographische Kern wird zudem von vier oder fünf nahezu gleich stark vertretenen Altersgruppen gebildet. Im Gegensatz zu dieser erstaunlichen Heterogenität der Zusammensetzung jeder einzelnen Klasse steht der sehr schwach ausgebildete Unterschied *zwischen* den Klassen: von einigen Abweichungen abgesehen sind in sämtlichen Klassen dieselben Altersstufen vertreten. Sehen wir uns noch einmal die Verzeichnisse von Châlons aus dem Jahre 1618 an: die Gruppe der Vierzehnjährigen macht 15 % der fünften, 13 % der vierten, 11 % der dritten, und 4 % der zweiten Klasse aus. In jeder dieser vier Klassen (der fünften, der vierten, der dritten und der zweiten) finden wir eine beträchtliche Anzahl von vierzehn-, fünfzehn- und sechzehnjährigen Schülern.

Wenn auch die Klasse seit dem 16. Jahrhundert zum strukturellen Merkmal des Kollegs geworden ist, zum hauptsächlichen Element der Unterscheidung der Studienjahre des Schülers, so bleibt doch das Verhältnis zwischen Altersstufe und Klasse weiter sehr unbestimmt oder sehr flexibel.

Vom Beginn des 17. bis zum Beginn des 19. Jahrhunderts hat sich die demographische Struktur der Schulklassen gewandelt, und wir wollen versuchen, der Bedeutung dieser Entwicklung auf die Spur zu kommen, obwohl es einigermaßen verwegen ist, aufgrund einer allzu mageren und vor allem zu irregulären und zeitlich zu weit auseinandergezogenen Dokumentation derartige Schlüsse zu ziehen. Den vorangegangenen Informationen, die aus den Kollegs von Châlons (1618), von Troyes (1638) und von Caen (1677 und 1692) stammen, wollen wir für das 18. Jahrhundert ein recht unvollständiges Dokument zur Seite stellen: das Aufnahme-Register des Louis-le-Grand, aus dem nach dem Auszug der Jesuiten ein Pensionat und eine Lehranstalt für Stipendiaten geworden war. Sein Mangel besteht darin, daß es nicht immer gleichzeitig das Alter des Schülers und die Klasse angibt, in die er bei seinem Eintritt ins Kolleg eingestuft wurde. Doch interessiert uns gerade das Zusammentreffen dieser beiden Angaben. Diese Quelle ist bereits von Dupont-Ferrier in seiner Monographie über das Louis-le-Grand ausgewertet worden. (42)

Das zweite Dokument, um das wir die Reihe vermehren wollen, ist viel genauer. Es ist das Verzeichnis der Schüler des Sainte-Barbe in Paris, das aus den ersten Jahren des 19. Jahrhunderts stammt. (43) Nach vielen Wechselfällen war aus dem Sainte-Barbe ein Pensionat geworden, das seine Schüler entweder zum Unterricht aufs Gymnasium schickte oder aber innerhalb des Hauses, in Klassen, die man die »inneren« nannte, am Unterricht teilnehmen ließ. Die Verzeichnisse von Sainte-Barbe werden in den Archives de la Seine aufbewahrt. Man findet dort Listen von Schülern, die nach Klassen eingeteilt sind, wobei man jedem Schüler eine Seite eingeräumt hat, auf der seine Jahresabschlußzensuren und die Kopien der Briefe niedergeschrieben sind, in denen die Lehrer den Eltern über Verhalten und Fleiß ihrer Pensionäre Mitteilung machten. Bedauerlicherweise fehlen für die ersten Jahre des Jahrhunderts die Altersangaben. Man hat sich nicht die Mühe gemacht, sie aufzuschreiben. In der Folgezeit achtet man dann jedoch darauf, daß sie nicht ausgelassen werden. Ich habe das Schuljahr 1816/17 gewählt.

Die folgende Tabelle und die entsprechenden Graphiken sollen es ermöglichen, den prozentualen Anteil der einzelnen Altersstufen zu vergleichen, wobei wir 100 % als Gesamtzahl zugrunde legen.

Als erste Beobachtung können wir festhalten, daß die Fälle von verfrühter und verspäteter Schulzeit zwischen dem 17. und 19. Jahrhundert verschwunden sind.

Die Indizien für Fälle von Verfrühung nehmen ziemlich bald und ziemlich rasch ab. Der Anteil der Neunjährigen in der Fünften und der Zehnjährigen in der Vierten verringert sich bereits zwischen 1618 und 1638, wie sich aus den Verzeichnissen von Châlons und Troyes ersehen läßt. Dann bleibt er bis zum Ende des 17. Jahrhunderts etwa konstant. Die Zahl der Zehnjährigen geht von 16 % (in Châlons) auf 6 % (in Troyes) zurück, und sie hält sich in Caen in den Jahren 1677 und 1692 bei 6 und 8 %. Die Elfjährigen machen in der Fünften etwa 15 % aus – eine Zahl, die das ganze 17. Jahrhundert hindurch konstant bleibt. Aus dem Aufnahmeregister des Louis-le-Grand aus den Jahren 1760–70 können wir nur auf sehr wenige überdurchschnittliche junge Schüler schließen. Ich habe nur einen einzigen Fall entdeckt: einen

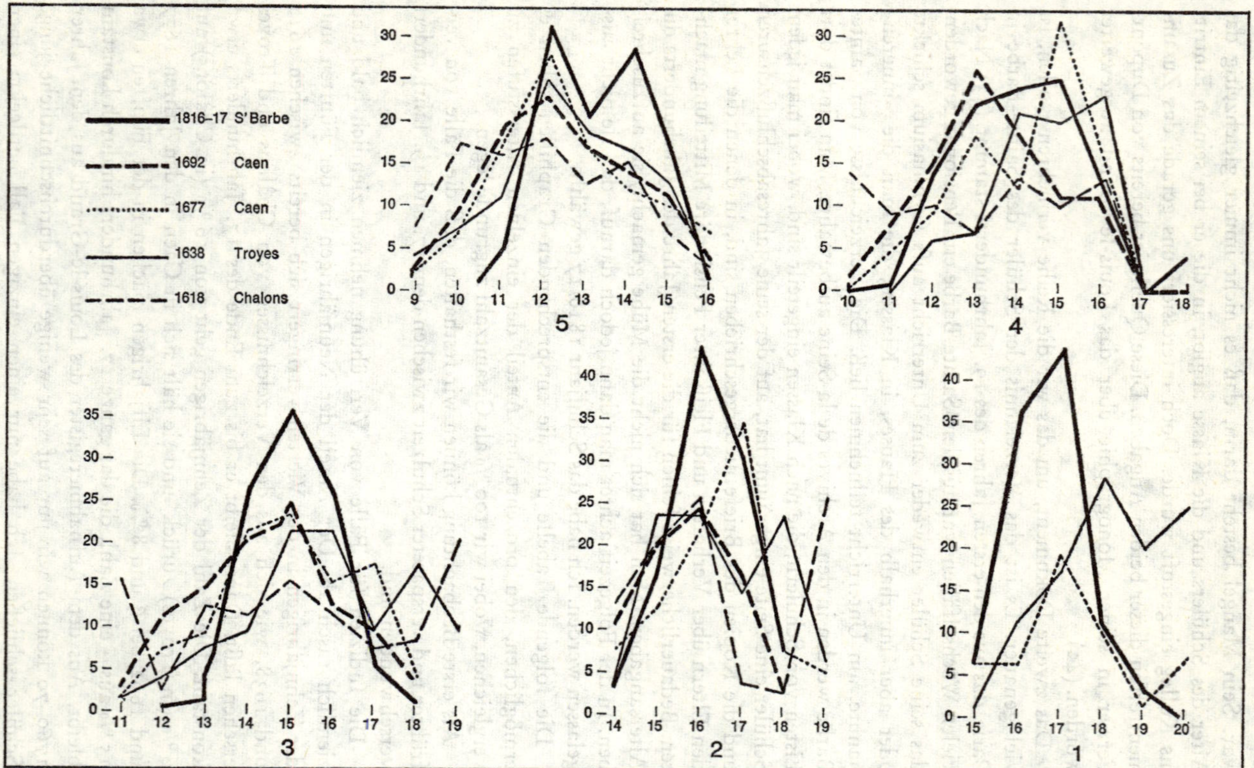
1816–17 S'Barbe
1692 Caen
1677 Caen
1638 Troyes
1618 Chalons
5
4
3
2
1

Schüler von dreizehneinhalb Jahren in der Zweiten. Von den Schülern, die in die Fünfte gekommen sind und von denen Altersangaben vorliegen, ist der Jüngste dreizehn. Man muß für das 18. Jahrhundert insgesamt ein Abnehmen dieser Fälle vermuten, und diese Vermutung wird durch die Angaben von Sainte-Barbe aus dem Schuljahr 1816/17 bestätigt. Die Zehnjährigen in der Fünften, die 1692 noch 8% ausmachten, sind 1816 völlig verschwunden. Der Anteil der Elfjährigen in der Fünften geht von 15% im 17. Jahrhundert auf nur 4% im Jahre 1816 zurück.

Wie wir weiter oben gesehen haben, erschien es Baillet im Jahre 1688 »außergewöhnlich«, daß es Kinder gab, die mit zwölf oder dreizehn Jahren das Kolleg durchlaufen haben. Außergewöhnlich zwar, aber doch eher bewundernswert. Zu Beginn des 19. Jahrhunderts betrachtet man diese schulische Frühreife mit Mißtrauen. Die Lehrer vom Sainte-Barbe lassen es sich angelegen sein, die Versetzung von zu jungen Schülern, soweit es ihre eigene Klasse betrifft, zu verhindern. So im Falle eines Schülers, der mit elf Jahren und sieben Monaten in der sechsten Klasse ist. Sein Vater möchte, daß er in die fünfte aufrückt: »Wir sind der Meinung, daß ein so rasches Aufrücken seiner Entwicklung im we-

Alter der Schüler am Sainte-Barbe
(1816–1817)

	8. 2. Abt.	8. 1. Abt.	7.	6. 2. Abt.	6. 1. Abt.	5.	4.	3.	2.	1.	Gesamt
20											
19									1	1	2
18								1	2	3	6
17								3	9	11	23
16						1	7	15	17	10	50
15					1	8	16	21	7	2	56
14			1	7	7=14	13	15	16	2		61
13	1	3	2	4	3= 7	10	14	4	1		42
12	2	3	9	4	8=12	15	9				50
11	4	3	9	4	12=17	2	1				35
10	8	5	4								17
9	12	9	7								29
8	8	1	1								10
7	4										4
6	1										1
	40	24	33	19	32	49	62	60	39	27	386

sentlichen schaden würde. An einer wohlfundierten Sechsten sollte uns also mehr gelegen sein als an einer mittelmäßigen Fünften.« Ein anderer Schüler von dreizehneinhalb Jahren gehört zu den Jüngsten einer dritten Klasse, die sich zu etwa 85 % aus Jungen von 14, 15 und 16 Jahren zusammensetzt (gegenüber nur 1 % Dreizehnjährigen). Die Lehrer mißbilligen seine Flegeleien, sein kindliches Lärmen im Kreise der zwei bis drei Jahre älteren Kameraden, und als moderner Mensch weiß man aus Erfahrung, daß für einen Dreizehnjährigen ein Unterschied von zwei oder drei Jahren sehr viel ausmacht. »Man versucht, mit den Großen mitzuhalten«, man »hat etwas für die Streitigkeiten, die Fehden unter Schülern übrig, man mischt sich in Dinge ein, die einen nichts angehen, und versucht sich in private Diskussionen zu drängen. Er sucht den Kampf, boxt gern: das ist eines großen Jungen wenig würdig.«

Ein Schüler von dreizehn Jahren und 10 Monaten hat sich in die zweite Klasse verirrt: »Der extreme Unernst dieses Schülers ... seine Schwatzsucht« lassen ihn für eine solche Klasse nicht geeignet erscheinen; »von seinem Alter her hätte er in die dritte gehört«. Er wird seine Zweite wiederholen.

Selbst bei einem Jungen von vierzehneinhalb Jahren hat man noch Bedenken, ihn aus der Dritten in die Zweite zu versetzen: »Die Dritte ist, insbesondere dann, wenn es auf das Ende des Schuljahres zugeht, eine ziemlich anspruchsvolle Klasse; da braucht es Urteilskraft und die Einbildungskraft beginnt eine Rolle zu spielen. *Die geistigen Fähigkeiten dieses Schülers können bei seinem Alter noch nicht hinreichend entwickelt sein.*« Man steht mittlerweile auf dem Standpunkt, daß zwischen Alter, geistigen Fähigkeiten und Klasse eine Entsprechung besteht, die strikt beachtet werden soll, und hält es, insbesondere in Hinblick auf das Wohl der zu jungen Schüler, nicht für angebracht, an diesem Verhältnis etwas zu ändern.

Während die Wunderknaben und die Fälle schulischer Frühreife im Verlauf des 18. Jahrhunderts ganz verschwunden sind, haben es die älteren Nachzügler schwerer gehabt als früher. Man nahm sie allerdings immer noch ohne Bedenken auf, während man den frühzeitigen Schuleintritt bereits mit mißtrauischem Auge betrachtete. Die Kategorie der Neunzehn- bis Einundzwanzigjährigen besteht zumindest innerhalb der zweiten und der Rhetorikklasse bis zum Ende des Ancien Régime fort. Zweifellos ruft ihre Anwesenheit in den Grammatikklassen mittlerweile größeres Erstaunen hervor: die Zunahme der *petites écoles latines* auch in den abgelegenen ländlichen Gegenden hat zur Entlastung der Unterklassen der Kollegs mit komplettem Unterrichtsprogramm beigetragen. Doch gewannen diese ihr Kontingent in Gestalt der Zwanzigjährigen zurück, die in die zweite oder die Rhetorikklasse gingen. In der Rhetorikklasse von Caen sind 1677 19% der Schüler älter als neunzehn. Die Aufnahmeregister des Louis-le-Grand sehen in der zweiten Hälfte des 18. Jahrhunderts in dieser Hinsicht nicht anders aus. Immer noch gibt es zahlreiche ältere Schüler: achtzehn, zwanzig- und dreiundzwanzigjährige in der Rhetorikklasse, achtzehn-, neunzehn- und zwanzigjährige in der Dritten und siebzehnjährige in der Vierten. Als man anfangs des 19. Jahrhunderts bei der Neuorganisation der Universität und des konfessionsgebundenen Unterrichts sich ausgiebig mit Schulproblemen befaßt, kommen die Spezialisten auch auf diese älteren Schüler zu sprechen, die die allzu buntzusammengewürfelten Klassen des Ancien Régime bevölkerten. So schrieb der Abbé Liautard (44), der Gründer des Collège de Stanislas, 1829 in einem Memorandum über »das öffentliche Erziehungswesen in Frankreich«: »Ein Kolleg ist keine Akademie [wir würden heute, um denselben Sachverhalt auszudrücken, sagen: keine Universität, doch hatte das Wort Universität, wie schon im Ancien Régime, so auch damals noch eine ›sekundäre‹ Bedeutung]. Wir müssen uns davor hüten, daß wir nicht wieder den lächerlichen Fehler der alten Universität von Paris begehen, die, um gegen die Jesuiten besser abzuschneiden [?], mit großem Kostenaufwand sechste Klassen für Fünfundzwanzigjährige und Rhetorikklassen unterhielt, in denen Vierzigjährige saßen.«

Aus der Ungehaltenheit des Abbé Liautard geht deutlich hervor, daß man zu Beginn des 19. Jahrhunderts diese Vermischung der Altersstufen nicht mehr akzeptierte. Die alten Spätanfänger verschwinden völlig aus den Grammatikklassen des Collège de Sainte-Barbe. Nur in der zweiten und der ersten Klasse findet man noch vereinzelt Schüler von höchstens neunzehn oder zwanzig Jahren. Doch ist an diesem Wandel auch die Abänderung der Rhetoriklehrpläne beteiligt. In dieser Epoche findet am Sainte-Barbe nicht einmal mehr andeutungsweise irgendwelcher Philosophieunterricht statt, und die Ältesten erhalten lediglich innerhalb der Rhetorikklasse im Anschluß an den lateinischen oder auch nur französischen Rhetorikunterricht Lektionen in Logik, während sie sich gleichzeitig auf ihren Eintritt in die École de droit oder das Polytechnikum vorbereiten. Wie dem auch sei, jedenfalls dulden die Lehrer des Sainte-Barbe diese bärtigen Schüler mit der allzu losen Zunge, die die Ungezwungenheit halberwachsener Burschen in das Kolleg hineintragen, nicht länger. Sehen wir uns an, was sie von einem Schüler der Schönen

Wissenschaften im Alter von achtzehn Jahren und drei Monaten halten: »Wie alt er auch sein mag, er ist dem jugendlichen Alter vorzeitig entwachsen. (?) *Sein Bart nimmt sich in der Bank des Kollegs nicht ziemlich aus,* und seine Redeweise, die oft genug schamlos und ungezügelt ist, zeugt von weltlichem Eigensinn.« Er wird das Kolleg verlassen. Von einem anderen Schüler der Schönen Wissenschaften des Jahres 1807, dessen Alter wir nicht kennen, heißt es: »Dieser Schüler ist ein wenig alt für die Schulbank.« So will man ihn auch nicht in die Rhetorikklasse versetzen: »Ich bitte Sie, Monsieur«, schreibt man seinem Vater, »mir mitzuteilen, welchen Beruf Sie für ihn ausgesucht haben, wie Ihre Wünsche, Ihre Absichten aussehen... Bei seinem Alter kann er es sich nicht leisten, mit Lernen Zeit zu verlieren!« Die Zeit der »alten« Kollegschüler ist vorüber, und statt dessen wird alsbald die Zeit der Universitätsstudenten, die der »écoliers« Mussets, beginnen.

Untersuchen wir nun, worin die wesentliche Veränderung der altersmäßigen Zusammensetzung der Klassen besteht. Wie unvollständig und unzusammenhängend unsere Quellen auch sein mögen, der Vergleich der die einzelnen Altersstufen betreffenden Prozentangaben pro Klasse läßt bestimmte interessante Tendenzen sichtbar werden. Erstaunlich ist zunächst einmal der unterschiedliche Verlauf der Kurven des 17. Jahrhunderts und der von 1816/17. Verweilen wir kurz bei den Kurven des 17. Jahrhunderts: hier finden wir die Anzeichen für die bereits festgestellten Phänomene wieder. Sie weisen zwei gemeinsame Kennzeichen auf:

In der fünften Klasse ist die Streuung am ausgeprägtesten: in den vier Fällen des 17. Jahrhunderts, die hier berücksichtigt werden, liegen fünf Altersstufen über der 10 %-Grenze. Das bedeutet, daß sich in diesen vier fünften Klassen des 17. Jahrhunderts die Gesamtschülerzahl der Klasse auf Schüler zwischen zehn und fünfzehn Jahren verteilte; diejenigen, die jünger als zehn Jahre oder älter als fünfzehn Jahre sind, machen weniger als zehn Prozent aus. Außer im Jahre 1618, wo die Kurve sehr flach verläuft, sind die Kurven der anderen Klassen weniger auseinandergezogen. Insbesondere in den Schönen Wissenschaften der Jahre 1638 und 1677 überschreiten drei Altersstufen – im Unterschied zu den fünf in der fünften Klasse – die 10 %-Grenze. Man könnte auf eine relative demographische Konzentration in den höheren Klassen schließen, wenn dem nicht gelegentlich ein anderes Phänomen widerspräche: der beträchtliche Anteil der verspäteten Schüler von 18 bis 20 Jahren.

Die Aufnahmeregister des Louis-le-Grand lassen darauf schließen, daß es bei dieser Streuung der Altersstufen auch im 18. Jahrhundert geblieben ist. Von dreizehn bis sechzehn Jahren geht man in die fünfte und die sechste Klasse, von dreizehn bis achtzehn in die dritte, von dreizehn bis neunzehn in die zweite, von fünfzehn bis dreiundzwanzig in die Rhetorikklasse.

Aufschlußreich an diesen Kurven ist die Lage der Gipfel. Es kommt vor, daß es sozusagen überhaupt kein Maximum gibt. Dieser Extremfall läßt sich für die fünfte, die vierte und die dritte Klasse von 1618 feststellen.

Wenn die Gipfel stark in Erscheinung treten, sind mehrere verschiedene Fälle zu berücksichtigen. Zunächst einmal das Zusammentreffen der Gipfel unterschiedlicher Jahres- und Gebietskurven. So liegt der Gipfelpunkt aller Kurven der fünften Klasse bei zwölf Jahren, der der Kurven der Dritten bei fünfzehn Jahren, wobei sie im übrigen steiler verläuft. Dieses statistische Maximum rückt in die Nähe der Altersstufe, die im 19. Jahrhundert zum typischen Alter dieser Klasse werden wird. An ihm läßt sich eher eine künftige Tendenz ablesen als ein gegenwärtiges Merkmal, wie es bei sogenannten Durchschnittsfällen weit häufiger vorkommt, als man glaubt.

Es kann ebenso vorkommen, daß die Gipfel der verschiedenen Kurven nicht zusammenfallen; so etwa im Falle der vierten Klasse. Die Gipfel der Kurven der vierten Klasse gehen von dreizehn Jahren im Jahre 1692 über zu siebzehn Jahren im Jahre 1638 (wobei wir die durch ihren flachen Verlauf abweichende Kurve von 1618 unberücksichtigt lassen), die drei Gipfel aufweist: zehn, vierzehn und sechzehn Jahre! Das bedeutet, daß die gewichtigste Fraktion einer vierten Klasse – mehr als zwanzig Prozent der Klasse – von einer Epoche zur anderen oder von einem Gebiet zum anderen zwischen dreizehn und siebzehn Jahren schwanken kann.

Für den Bereich der oberen Klassen, der dritten, der zweiten und der ersten, tritt ein anderes Phänomen in Erscheinung: die Verdoppelung der Gipfel. Gewiß geschieht es oft, daß bei drei aufeinanderfolgenden Altersstufen die mittlere abfällt. Die Unregelmäßigkeit des Aufnahmeverfahrens – eine Folge der wirtschaftlichen Bedingungen – und die Gleichgültigkeit dem Verhältnis zwischen Alter und Klasse gegenüber erklären in hinreichendem Maße die Wellenbewegung des oberen Abschnitts der Kurve. Wir wollen hier von einem eigentümlicheren Phänomen sprechen. Wir haben bereits bemerkt, daß die Kurven der dritten und der höheren Klassen eine spitzere Form annahmen als die der unteren Klassen. Das trifft jedoch nur auf den Teil der Kurven zu, die den Altersstufen von dreizehn/vierzehn bis siebzehn/achtzehn Jahren entsprechen. Eine andere Kurve folgt dabei oft dem abfallenden Verlauf der ersten und provoziert ein Wiederansteigen in Richtung auf einen zweiten Gipfel von achtzehn, neunzehn, zwanzig Jahren. Dieser zweite Gipfel entspricht einem Zustrom von neuen Schülern, der sich von dem durch die jährlichen Versetzungen verursachten unterscheidet und ziemlich massiv in Erscheinung tritt: es handelt sich dabei um die verspätet eingeschulten Schüler, die bisweilen von anderen *régences latines* dazu gekommen sind.

Kehren wir jetzt zu den Kurven des Collège de Sainte-Barbe vom Jahre 1816/17 zurück; in welchem Maße unterscheiden sie sich von denen des 17. Jahrhunderts, deren Merkmale, so nehmen wir zumindest an, im 18. Jahrhundert nahezu unverändert geblieben sind?

Allgemein gesagt, sieht es auf den ersten Blick so aus, daß die Kurven vom Sainte-Barbe steiler sind und höher ansteigen, d. h. daß die Altersstufen im Umkreis des Gipfels einen größeren Anteil der Gesamtsumme ausmachen. So übersteigen in der fünften Klasse drei Altersstufen die 20 %, während es im 17. Jahrhundert nur eine Altersstufe war. In der dritten, zweiten und ersten Klasse überschreiten zwei oder sogar drei Altersstufen die 25 %, während im 17. Jahrhundert keine Altersstufe diese Größenordnung erreicht hat. Die Schülergemeinschaft einer Klasse erstreckt sich nun über eine kleinere Zahl von Altersstufen und tendiert dahin, sich um ein charakteristisches Alter zu konzentrieren.

Dennoch sind diese Aufblähung und diese Regularisierung der Kurven des 19. Jahrhunderts nicht für alle Altersstufen gleich stark ausgeprägt. In der fünften und der vierten Klasse verlaufen sie etwa glockenförmig und behalten etwas von der Streuung des Ancien Régime. In der vierten Klasse gibt es fast so viele siebzehnjährige wie zwölfjährige Schüler. In der fünften Klasse machen vier Altersstufen jeweils mehr als fünfzehn Prozent aus. Erst ab der dritten Klasse gewinnen die modernen Merkmale die Oberhand: in der dritten sind mehr als 80 % der Klasse vierzehn, fünfzehn oder sechzehn Jahre alt, in der zweiten sechzehn oder siebzehn Jahre alt.

So prägt sich zu Beginn des 19. Jahrhunderts die Entsprechung zwischen Altersstufen und Klassen in ganzer Schärfe vorerst nur in den oberen Klassen aus. Es ist gut möglich, daß das noch lange so bleiben wird. Doch glaube ich mich nicht zu täuschen, wenn ich die Feststellung wage, daß sich die Situation heute – in den fünfziger Jahren – ins Gegenteil verkehrt hat: zu Anfang, d. h. in der sechsten Klasse, läßt sich hinsichtlich des Alters ein einigermaßen homogenes Bild feststellen, das durch die Konkurrenz der Kandidaten beim Eintritt in die höhere Schule verursacht wird, während Mißerfolge bei den Zwischenprüfungen und beim Baccalauréat dazu führen, daß Klassen wiederholt werden, und ausgeprägtere Altersunterschiede in den Abschlußklassen hervorrufen. Dennoch läßt sich erkennen, daß die Lehrer selbst in den Unterklassen mit dieser Vermischung der Altersstufen nicht einverstanden sind, obwohl sie sie nicht ganz abschaffen können. Im Jahre 1816 bekunden sie die Absicht, eine neue Abteilung der sechsten Klasse schaffen zu wollen; sie soll den Nachzüglern vorbehalten sein, die zuvor mit ihren jüngeren Schulkameraden vermischt waren: »Wir wollen eine Nachholabteilung der *Sechsten* bilden ... um sie (die Nachzöglinge) gesonders unterrichten und auf ihre Fähigkeiten und Bedürfnisse eingehen zu können, ... eine Klasse, die sich fast gänzlich aus Kindern zusammensetzt, die im Lernen sehr weit zurück, altersmäßig jedoch den anderen voraus sind.«

Eine letzte Frage ist noch offen. Wir haben soeben gesehen, daß sich die Belegschaft der einzelnen Klassen zu Beginn des 19. Jahrhunderts um eine spezifische Altersstufe konzentriert. Bedeutet das typische Alter, das sich damals herausgebildet hat, im Verhältnis zu den recht unbestimmten Gepflogenheiten des Ancien Régime einerseits und zu den strikter beachteten Sitten des beginnenden 20. Jahrhunderts andererseits nun eine Verjüngung oder ein Ansteigen des Durchschnittsalters?

Allgemein läßt sich sagen, daß die Kurven der Klassen von 1816 die Kurven des Ancien Régime in der Weise schneiden, daß die niedrigsten und die höchsten Altersstufen aus ihren Bereichen herausfallen. Sie nähern sich also hinsichtlich ihrer (sehr ausgeprägten) Gipfel tendenziell den flacheren und schwächer ausgeprägten Gipfeln des Ancien Régime an. Es sieht also ganz so aus, als würden die Durchschnittsalter des Ancien Régime, die in ihrer Epoche wenig charakteristisch waren und die eine eher abstrakte statistische Analyse erst herausarbeiten muß, zu Beginn des 19. Jahrhunderts zu den vorherrschenden und spezifischen Altersstufen. Doch trifft dieses Phänomen des Zusammenfallens von alten und neuen Gipfeln nicht gleichermaßen für die unteren und die oberen Klassen zu.

Wir haben festgestellt, daß die Altersverteilung der unteren Klassen des 17. Jahrhunderts oft zweigipflig verlief und die Gipfel bei einer flach verlaufenden Kurve stets undeutlich hervortraten. Die Kurven von 1816 sind ausgeprägter, doch fallen sie im Verhältnis zu denen des 17. Jahrhunderts steiler ab; ihre Gipfel fallen mit den am schwächsten ausgebildeten Gipfeln des 17. Jahrhunderts zusammen. Nehmen wir z. B. die fünften Klassen. In den fünften Klassen des 17. Jahrhunderts machen die Vierzehnjährigen lediglich zwölf bis sechzehn Prozent einer insgesamt jüngeren Belegschaft aus, deren Kulminationspunkt bei zwölf Jahren liegt. Im Jahre 1816 liegen die Zwölfjährigen immer noch an der Spitze, da sie dreißig Prozent erreichen, doch sind die Vierzehnjährigen fast genauso zahlreich vertreten und kommen auf 28 Prozent. Dasselbe läßt sich für die vierte Klasse sagen, wo die Fünfzehnjährigen im Jahre 1816 die Spitze bilden. Man muß also für die ersten Grammatikklassen im Verhältnis zum Ancien Régime ein Ansteigen des Durchschnittsalters feststellen.

Diese demographische Zusammensetzung reicht in der fünften Klasse von zwölf bis *vierzehn,* in der vierten Klasse von dreizehn bis *fünfzehn* Jahren, wobei der Gipfel in diesen beiden Klassen bei vierzehn bzw. fünfzehn Jahren liegt. Die Fünfzehnjährigen der fünften Klasse kämen normalerweise mit 18 Jahren in die Erste und würden, wenn wir einmal den günstigsten Fall annehmen und uns unserer heutigen Verwaltungsterminologie bedienen wollen, mit neunzehn Jahren Bakkalaureaten, die ihre Philosophie- oder Mathematikprüfung mit 20 Jahren geschafft hätten. Sie wären in den Augen unserer Zeitgenossen also ziemlich spät dran, zumindest für diejenigen, die, wie der Autor dieses Buches, ihre Oberschulzeit unseligerweise vor 1940 hinter sich gebracht haben, denn nach 1940 kommt es nach meinem Dafürhalten neuerlich zu einem Ansteigen des Durchschnittsalters, das wiederum auf die Konkurrenz zurückzuführen ist, die aus einem, wenn auch entwerteten, Baccalauréat eine Art Wettbewerb macht. Derlei Wettkampfcharakter war, zumindest in diesem Ausmaße, dem Ancien Régime jedoch ebenso fremd wie dem 19. und dem beginnenden 20. Jahrhundert. Die Untersuchung der Altersstufen in den Unterklassen läßt also darauf schließen, daß das Durchschnittsalter zu Beginn des 19. Jahrhunderts im Verhältnis zum 17. und ebenfalls zum Ende des 19. bzw. zum Beginn des 20. Jahrhunderts gestiegen ist.

Wenn wir von den Gegebenheiten am Collège de Sainte-Barbe ausgehen, hört dieses tendenzielle Ansteigen des Durchschnittsalters mit der dritten Klasse auf. In den Kurven von der dritten bis zur ersten Klasse fallen die sehr akzentuierten Gipfel von 1816 mit den ersten Gipfeln des 17. Jahrhunderts zusammen (die zweiten Gipfel des 17. Jahrhunderts verschwinden mit der Kategorie der alten Schüler von 20 und mehr Jahren, die sie graphisch repräsentieren). Diese Situation ergibt: vierzehn/*fünfzehn*/sechzehn Jahre in der dritten, *sechzehn* und siebzehn Jahre in der zweiten und sechzehn/*siebzehn* in der ersten Klasse, ein Ergebnis, das sehr nahe an die Verhältnisse im 19./20. Jahrhundert herankommt. Diese Feststellungen sind für uns nicht ohne Wert. Es ist nicht sicher, daß sie für die Zusammensetzung der Schülerschaft wie auch für die Mentalität der Epoche repräsentativ sind. Vergessen wir nicht, daß Sainte-Barbe ein Pensionat war, in dessen oberen Klassen die Gesamtschülerzahl rapide abnimmt. Es gibt vielmehr viele Hinweise dafür, daß das Ansteigen des Durchschnittsalters, das wir für die ersten Schuljahre festgestellt haben, sich in vielen Fällen auch auf die nachfolgenden Klassen erstreckte. Selbst am Sainte-Barbe lassen die Lehrer in ihren Mitteilungen an die Eltern erkennen, daß sie einem relativ fortgeschrittenen Alter durchaus geneigt sind. Einem überdurchschnittlich raschen schulischen Vorankommen waren sie, wie wir wissen, rundheraus feindlich gesonnen. Auch haben wir festgestellt, daß ihnen, wie allen Erziehern ihrer Zeit, die Anwesenheit von nahezu erwachsenen Männern in ihren Klassen mißfiel. Dagegen legen sie eine ausgesprochene Vorliebe für solche Schüler an den Tag, die in unseren Augen zu spät dran waren. Ein Achtzehnjähriger in der zweiten Klasse wird folgendermaßen benotet: »Kommt ausgezeichnet mit, macht gute Fortschritte.« Von seinem Mitschüler von siebzehneinhalb Jahren heißt es: »Wir dürfen nicht vergessen, daß er in eine Klasse eingestuft worden ist, für die er noch zu jung und leistungsmäßig zu schwach war«; zu jung für die zweite Klasse mit siebzehneinhalb Jahren!

In der Fünften haben wir einen Schüler von sechzehn Jahren; seine Lehrer finden, daß er allzu zügig vorgerückt ist: »Ein Schüler, der alle Aufmerksamkeit verdient... Der Papa *[sic]* hatte gewollt, daß sein Sohn eine Klasse überspringen sollte [nur zu verständlich!]; wir haben seinem Wunsch nachgegeben [wenn auch widerstrebend, weil man von vorzeitigen Versetzungen nichts hält]. Was ist dabei herausgekommen? Als er in die fünfte Klasse kam, hat sich gezeigt, daß er noch nicht die notwendige Reife besaß, um in dieser Klasse mithalten zu können.« Wir stehen dieser Einstellung einigermaßen betroffen gegenüber: heute würden wir entweder sagen, daß er unfähig ist, oder daß er die verlorene Zeit aufholen und zusehen soll, daß er rasch vorankommt.

Die Lehrer vom Sainte-Barbe finden es dagegen positiv, wenn irgendwelche Klassen wiederholt werden. Sie empfehlen es oft, und wenn manche Eltern dagegen auch bereits einen modernen Widerstand zeigen, so sind viele andere mit den Wünschen der Erzieher mehr als einverstanden: »Gratuliere zu dem Entschluß, [ihn] die Rhetorikklasse wiederholen zu lassen.« Insbesondere die höheren Klassen wurden oft zweimal gemacht, und dies wurde sogar empfohlen. Im Jahre 1807 (dem Jahr, für das wir in den Verzeichnissen des Sainte-Barbe keine Altersangaben finden) »ist die Rhetorikklasse des Gymnasiums«, wie man am Sainte-Barbe feststellt, *voll von Veteranen* [Halten wir nebenbei fest, daß das Wort Veteran damals aus der militärischen in die Schulsprache übergegangen ist]«. Heute würde man von einer Oberschulklasse, in der die »Sitzenbleiber« in der Mehrzahl sind, nichts Gutes erwarten. Im Jahre 1807 war das Gegenteil der Fall: »[Die Rhetorikklasse des Gymnasiums] wird auf diese Weise durch Schüler verstärkt, die bereits einige Übung haben.« Diese »Veteranen« des Gymnasiums treten jedoch, weil sie keine Pensionäre waren, in unseren Statistiken nicht in Erscheinung.

Allerdings gab es bei einigen dieser Veteranen Anzeichen für einen gewissen Überdruß, und der wackere Lehrer mußte doch einräumen, daß er gerechtfertigt sein mochte: »Dem Schüler scheint es zu widerstreben, die Rhetorikklasse *dreimal* durchzumachen. Wir können uns der Ansicht nicht verschließen, daß er dadurch tatsächlich kostbare Zeit verlieren würde, denn es gibt auf dem Kolleg für ihn auf diesem Gebiet nichts mehr zu lernen.« Die Anwesenheit dieser überdurchschnittlich fortgeschrittenen – wenn nicht verspäteten – Schüler erklärt auch die Unruhen, die die Einberufung an den Gymnasien und Kollegs hervorrief. Das sah damals nicht anders aus, als es heute unter den Studenten der Fall wäre, wenn die Einberufung nicht normalerweise durch eine Zurückstellung aufgeschoben würde. Immer noch herrscht Verwirrung in Bezug auf die mittlerweile deutlich gegeneinander abgegrenzten Begriffe »Gymnasiast« und »Student«. Allerdings hatten die Universitäten zu Beginn des 19. Jahrhunderts immer noch keinen großen Zustrom von Studenten zu verzeichnen, und die nachschulische Ausbildung hatte etwa so wenig Gewicht wie im Ancien Régime. Erst später, am Ende des 19. Jahrhunderts, hat die Vorbereitung auf die Hochschulen, auf das Lizentiat oder den Erwerb des Doktortitels der juristischen und medizinischen Fakultäten, die zur unerläßlichen Voraussetzung für die freien Berufe geworden waren, den Schüler gezwungen, die Dauer seiner Oberschulzeit abzukürzen.

Wenn die höheren Klassen des Collège de Sainte-Barbe also kein so fortgeschrittenes Durchschnittsalter aufwiesen, wie man es von der Zusammensetzung der unteren Klassen her vermuten würde, läßt sich dies folglich nicht auf die bewußte Absicht der Lehrer zurückführen. Diese neigten im Gegenteil dazu, ihre Schüler möglichst spät aus dem Kolleg zu entlassen, und diese Haltung scheint damals dem Geist ihrer Zeit entsprochen zu haben.

Aus anderen Zeugnissen geht deutlich hervor, daß man sich über die Zunahme des Durchschnittsalters der Schüler im ersten Drittel des 19. Jahrhunderts, die wir zumindest im Vergleich zur zweiten Hälfte desselben Jahrhunderts feststellen müssen, im klaren war. So heißt es beispielsweise in den Kindheitserinnerungen von F. Bouquet über seine Schulzeit am Lycée von Rouen um 1830: »Zu jener Zeit *kam man zwei oder drei Jahre später als heute in die Schule,* nämlich bevor man dreizehn wurde«, (45) d. h. zwischen zwölf und dreizehn Jahren. »Die vollständige Schulausbildung beendete man mit etwa 19 oder 20 Jahren [was dem ›Gipfel‹ der Fünfzehnjährigen in der vierten Klasse des Sainte-Barbe entspricht]. Ein Bakkalaureat von weniger als 16 Jahren mit einer Ausnahmebewilligung wäre ein Phänomen gewesen, das niemand in den Sinn gekommen wäre.« Dieses Ansteigen des Durchschnittsalters der Schüler erklärt vielleicht die Unruhen an den Schulen, die in der ersten Hälfte des 19. Jahrhunderts recht zahlreich wurden und die übrigens mit einer Verschärfung der Disziplin und der Ausdehnung der Internatserziehung einhergingen.

Man kann also feststellen, daß das Verschwinden der Fälle von überdurchschnittlich raschem schulischem Aufstieg, wie wir sie aus dem 16. und vom Beginn des 17. Jahrhunderts kennen, wie auch der Fälle von allzu großer Verspätung (bis zum Ende des 18. Jahrhunderts) der Konzentration der Schülerschaft um solche Altersstufen entspricht, die zugleich älter sind als die durchschnittlichen Altersstufen des Ancien Régime und auch als die typischen Altersstufen vom Ende des 19. und vom Beginn des 20. Jahrhunderts.

Am Ende dieser Analysen können wir einige wesentliche Punkte herausarbeiten.

Die Fälle von ungewöhnlich rasch absolvierten Schulkarrieren im 16. und zu Beginn des 17. Jahrhunderts haben sich uns als Relikte mittelalterlicher Schulsitten dargestellt, aber zugleich auch als Relikte allgemeiner Gebräuche in Zusammenhang mit dem Lehrverhältnis, innerhalb dessen die unterschiedlichsten Altersstufen Seite an Seite arbeiteten und eine frühreife Fertigkeit nicht mehr Erstaunen erregte als der außergewöhnliche Charakter bestimmter Talente. Wir haben im übrigen festgestellt, daß die glänzenden Karrieren, diejenigen unserer Memoirenschreiber, noch durch eine relativ große schulische Frühreife gekennzeichnet waren; diese ist für eine bestimmte Zeit ein Merkmal des Erfolges geblieben. Die allgemeine Bewunderung hat sich jedoch bald, d. h. spätestens im Verlauf des 18. Jahrhunderts, von diesen Wunderkindern abgewandt. Die Mißbilligung der Frühreife ist das Anzeichen dafür, daß in die unterschiedslose Behandlung der unteren Altersklassen eine erste Bresche geschlagen wurde. Die Schulpolitik, die die allzu jungen Kinder, so begabt sie auch sein mochten, zurückstellte, sei es, indem man ihnen den Eintritt in die Schule verwehrte, sei es – was häufiger vorkam –, daß man sie auf die untersten Klassen verwies oder sie bestimmte Klassen zweimal durchmachen ließ, verrät eine neue Haltung, die zwischen einer verlängerten frühen Kindheit und der Schulzeit im eigentlichen Sinne zu differenzieren sucht. Bis zur Mitte des 17. Jahrhunderts war man geneigt, die frühe Kindheit für beendet anzusehen, wenn der Knabe mit fünf bis sechs Jahren aus der Obhut seiner Mutter, seiner Kinderfrau oder der Dienerinnen entlassen wurde. Mit sieben Jahren konnte er ins Kolleg eintreten, und zwar sogar schon in die fünfte Klasse. In der Folgezeit wurde der Beginn des Schulalters, zumindest der Zeitpunkt des Eintritts in die drei Grammatikklassen, auf etwa neun bis zehn Jahre hinausgeschoben. Die ersten zehn Jahre verbrachte das Kind also diesseits des Kollegs. Man gelangte damit dahin, eine frühe Kindheit bis zu neun, zehn Jahren von der Schulzeit zu trennen, die erst dann einsetzte. Das verbreitetste Argument, mit dem man die Notwendigkeit rechtfertigte, den Eintritt ins Kolleg hinauszuzögern, ist die Schwäche, »die Einfältigkeit« oder das Unvermögen der ganz Kleinen. Nur selten wird die Gefährdung ihrer Unschuld als Argument ins Feld geführt, und wenn dies doch geschieht, dann will man diese Gefahr nicht nur auf die frühe Kindheit beschränkt sehen.

Die Ablehnung der frühzeitigen Einschulung bedeutet also, daß die Kindheit durch das Kolleg eine erste Zäsur erfährt: die frühe Kindheit wird bis zum zehnten Lebensjahr ausgedehnt.

Doch wenn auch die frühe Kindheit in dieser Weise abgegrenzt wird, innerhalb der übrigen Schülerschaft bleibt die archaische Vermischung der Altersstufen im 17. und 18. Jahrhundert bestehen, besuchen Kinder von zehn und vierzehn Jahren, Jünglinge von fünfzehn bis achtzehn Jahren und junge Männer von neunzehn bis fünfundzwanzig Jahren dieselbe Klasse. Bis zum Ende des 18. Jahrhunderts kam man nicht auf die Idee, sie nach Altersgruppen zu trennen. Noch zu Beginn des 19. Jahrhunderts entfernte man zwar endgültig die allzu erwachsenen Männer, die »Bärtigen« von über zwanzig Jahren, aus der Schule, hatte jedoch gegen die Anwesenheit von Nachzüglern im Jünglingsalter nichts einzuwenden, nahm keinen Anstoß an der Vermischung weit auseinanderliegender Altersstufen, solange nur die Kleinsten nicht davon betroffen waren. Man hatte tatsächlich noch nicht das Bedürfnis, die zweite

Phase der Kindheit, die Zeit jenseits des zwölften, dreizehnten Lebensjahres, von der Jünglingszeit oder dem frühen Mannesalter zu trennen. Diese beiden Alterskategorien blieben weiter vermischt. Sie werden erst im späteren 19. Jahrhundert getrennt, als sich beim Bürgertum die universitäre Ausbildung durchsetzt, als die Universitäten oder Hochschulen an Bedeutung gewinnen. Während des ersten Kaiserreichs vermochte nicht einmal der Zeitpunkt der Einberufung zum Wehrdienst, der von den bürgerlichen Ständen mühelos umgangen wurde, diese lange Altersperiode, der die Merkmale unserer modernen Abstufung noch gänzlich fehlten, in zwei Abschnitte zu teilen.

Innerhalb des Bürgertums hat sich diese Trennung zwischen dem zweiten Abschnitt der Kindheit und dem Jünglingsalter im 19. Jahrhundert dann allmählich herausgebildet. In den Unterschichten, denen die höhere Schule versperrt bleibt, hat sie bis heute nicht stattgefunden. Die Mehrzahl der Grundschulen bleibt dem alten Brauch des simultanen Unterrichtens treu. Nach Empfang seines Abgangszeugnisses tritt der junge Arbeiter, wenn er nicht ein Technikum oder eine Lehrwerkstätte durchläuft, unverzüglich in die Arbeitswelt ein, die die im schulischen Bereich übliche Unterscheidung nach Altersstufen immer noch nicht kennt. Die Altersspanne, innerhalb deren er sich seine Bekannten auswählen kann, erstreckt sich über weit mehr Jahre, als die innerhalb einer Schulklasse vertretenen eng beieinander liegenden Altersstufen umfassen. Zwischen dem Ende der Kindheit, dem Jünglingsalter und dem Beginn der Reife besteht kein so großer Gegensatz wie innerhalb des Bürgertums, das durch die Praxis der höheren Schulen und der Universitätsbildung (oder auch vergleichbarer Institutionen) geprägt ist.

Diese Periode – zweiter Abschnitt der Kindheit/Jünglingszeit – hat sich in dem Maße differenziert, als sich schrittweise und zögernd eine Beziehung zwischen Altersstufe und Schulklasse herausgebildet hat. Lange Zeit, während des 16. und selbst im 17. Jahrhundert, blieb diese Beziehung äußerst unbestimmt.

Erst als man sich auf ein Schuljahr mit jährlicher Versetzung festlegte und dazu überging, alle Schüler die gesamte Stufenfolge der Klassen statt nur einiger weniger durchmachen zu lassen und als eine neue Pädagogik, die auf weniger zahlenstarke und homogenere Klassen zugeschnitten war, dies erforderte, ging man schließlich zu Beginn des 19. Jahrhunderts dazu über, immer strikter auf die Übereinstimmung zwischen Alter und Klasse zu achten. Die Lehrer machten es sich damals zur Gewohnheit, ihre Klassen entsprechend dem Alter der Schüler zusammenzustellen. Auch die einst vermischten Altersstufen begannen, sich in dem Maße voneinander zu trennen, als sie bestimmten Klassen entsprachen, denn seit dem Ende des 16. Jahrhunderts war die Klasse als strukturelle Einheit anerkannt. Ohne das Kolleg und seine lebendigen Zellen würde das Bürgertum den winzigen Altersunterschieden seiner Kinder nicht die Aufmerksamkeit zuwenden, die es ihnen mittlerweile bezeugt, und die relative Gleichgültigkeit der Unterschichten in dieser Hinsicht teilen.

5. Kapitel
Die Fortschritte der Disziplin

Die Statuten der Universität von Aix zu Beginn des 15. Jahrhunderts geben uns Einblick in den Vorgang der Initiation eines »Novizen«, wir würden heute sagen eines Fuchses, während man damals in der Umgangssprache von einem Beanen* sprach. Die Aufnahme der Neuen war etwas Wichtiges: innerhalb jeder Landsmannschaft *(nationes)* ernannte man jährlich einen Promotor, der sie zu organisieren hatte. Der Beane mußte gleichzeitig eine Gebühr für den »fröhlichen Einstand« entrichten und zu einem Bankett, man würde heute sagen einer »Fresserei« bitten, an der einige seiner Kameraden und Lehrer, der Pedell, der Promotor sowie der Rektor – damals ein Student – teilnahmen. Wer sich um diese Verpflichtung zu drücken versuchte, mußte damit rechnen, daß er *in studio,* im Schulsaal seine Unreife ausgetrieben bekam, und zwar »indem ihm, wie Sitte und Brauch es vorsahen, mit einem Buch Hiebe auf den Hintern versetzt wurden« und zweifellos auch noch durch andere Schikanen, über die das Dokument stillschweigend hinweggeht. (1)

Nach beendigtem Mahl fand die Reinigung des Beanen statt, die aus ihm einen Scholaren machte. In Deutschland wurde der Beane R. F. Seybolt (2) und Rashdall (3) zufolge gewaschen, dann wurde ihm die Beichte abgenommen, und schließlich kleidete man ihn ein: eine Art Äquatortaufe. In Aix versetzte ihm jeder Gast – der Promotor eröffnete mit einer Bratpfanne den Reigen – nicht mehr als drei Schläge *supra anum aut femora bejonarum,* wobei die anwesenden Damen eine mildere Behandlung für ihn erwirken konnten. Das offizielle Dokument versucht allem Anschein nach, diese Schikane herunterzuspielen, die oft genug brutaler und von ausschweifenden Szenen begleitet gewesen sein muß. Bestimmte Universitäten, wie etwa die von Wien, gehen dann schließlich sogar so weit, derlei für ihre Gewalttätigkeit und Immoralität bekannten Praktiken zu untersagen; es ist die Rede davon, daß man den Beanen Schuldverschreibungen abverlangte und ungesetzliche For-

* Beane von frz. béjaune = Gelbschnabel. A. d. Ü.

derungen an sie stellte, daß es zu Verletzungen und Schlägen kam. Ebenso verbieten die Statuten des Collège de Narbonne von 1379 (4) den Stipendiaten, von den *noviter intrentibus* etwas zu verlangen, das gegen die Ehre oder den Nutzen des Kollegs verstößt oder sich bei dieser Gelegenheit »lasterhaften Praktiken oder anderen Unschicklichkeiten (hinzugeben), von denen zu sprechen man ihnen untersagen würde«. Dieses Verbot mußte zweifellos ein toter Buchstabe bleiben: die Schweigepflicht, die die alten Scholaren den Neuankömmlingen auferlegten, ist ein eindeutiges Zeichen für den geheimen Charakter der Initiation, die einen an andere Bräuche dieser Art wie die der Templer denken lassen, wenn man einmal davon ausgehen will, daß die Geständnisse, die man ihnen bei ihrem Prozeß abzwang, einen wahren Kern enthalten.

Die Satzungen der Studentenkorporation der juristischen Fakultät von Avignon aus dem Jahre 1441, die von Fournier veröffentlicht worden sind, handeln zugleich von den Initiationsbräuchen, von der Mißbilligung, die diese seitens der kirchlichen Autoritäten erfuhren und von den Studentenvereinigungen, zu denen man durch diese Initiation Zugang erhielt. (5)

Diese Vereinigung ist religiösen Charakters: sie untersteht dem Patronat des heiligen Sebastian, und an seinem Fest werden die Prioren und die Räte gewählt. Sie ist nicht alt, sondern vielmehr die erneuerte Folgeorganisation einer Vereinigung, die sich, den religiösen Autoritäten von Avignon zufolge, von ihrer traditionellen Mission entfernt hatte. Tatsächlich konstatiert die Präambel des Dokuments die Faulheit und die Disziplinlosigkeit der Schüler des *studium generale* von Avignon. Im einzelnen heißt es, es werde nicht mehr für die Toten gebetet, es werde die Meinung vertreten, daß die *voluptates corporales* glücklich machten und es würden gelegentlich der Aufnahme der Novizen oder der Reinigung der Beanen unablässig »verbotene und unvorstellbare Handlungen« begangen.

Die neue Bruderschaft scheint also als ein Instrument zur Wiederherstellung der Disziplin konzipiert gewesen zu sein. Dennoch werden die Statuten, zumindest dem Schein nach, nicht autoritär verordnet und beruhen auf der freien und einstimmigen Entscheidung aller Confratres. Wir erkennen darin die demokratische Verfahrensweise der mittelalterlichen Vereinigungen und ihr Bemühen um Einstimmigkeit wieder, die einzige Gewähr für Frieden: eines der Merkmale der ungeordneten Gesellschaft des Hochmittelalters, von dem im 15. Jahrhundert nur mehr Spuren zurückgeblieben sind.

Jedes Jahr wählt man den Prior und seine Räte, die eine Art Ehrentribunal, ein Schiedsgericht bilden, sowie zwei Promotoren, deren Aufgabe im wesentlichen darin bestand, die Confratres zu den Beerdigungen von Schülern zusammenzurufen und die Aufnahme der Beanen zu organisieren.

Die Korporation soll also gleichzeitig für Frieden unter ihren Mitgliedern sorgen und darüber wachen, daß sie sich angemessen betragen. Niemand soll etwas Schlechtes über seinen Bruder sagen; jeder soll statt dessen versuchen, denjenigen, der gesündigt hat, mit Milde zur Besserung anzuhalten. Wenn das nicht gelingt, soll er insgeheim den Prior darüber verständigen. Wenn alle Mittel versagen, wird das schwarze Schaf durch einen Mehrheitsbeschluß aus der Bruderschaft ausgeschlossen. Die hauptsächlichen Pflichten der Confratres bestehen darin, an der Beerdigung von Schülern teilzunehmen, die während ihres Aufenthalts an der Universität gestorben sind, kranke Kameraden zu besuchen, auf diese Weise Nachforschungen über deren Seelenzustand anzustellen, dem *corpus domini* das Geleit zu geben ...

Eine Ordonnanz des Priors setzt die Bedingungen fest, unter denen der Beane in die Korporation aufgenommen wird: kein Novize, der gemeinhin Beane genannt wird, hat Anspruch auf die *purgatio suae infectionis* und den ehrwürdigen Titel eines *studens*, ehe er sich nicht mit der gebotenen Demut und Ehrerbietung dem Prior und seinem Leutnant vorgestellt und ihm sechs Grossi für seine Aufnahme in die Bruderschaft übergeben hat. Die Reichen, d. h. die Adligen oder die Pfründeninhaber, sollen mehr bezahlen; Fälle von Bedürftigkeit werden vom Prior geprüft. Dann wird dem Beanen gestattet, den Eid zu leisten, und er wird aufgenommen: *volumus jocose et benigne*. Was hat man unter diesem fröhlichen Einstand zu verstehen? Ein langer Paragraph versucht die Confratres davon zu überzeugen, daß die Entrichtung von Gebühren die Stelle der traditionellen Bankette eingenommen hat: jene führten nur zur Verderbnis von Seele und Körper, so heißt es. Der Preis für das unnütze Bankett, *superflue cene*, soll zur Ehre Gottes und des Schutzheiligen an die Bruderschaft entrichtet werden. Diese Argumente scheinen die Schüler jedoch nicht überzeugt zu haben. Der Prior stellt, wenn auch widerstrebend, fest, daß man »den Magen dem Geist vorzieht«, und verlangt, daß wenigstens er selbst oder sein Leutnant am Bankett teilnehmen sollen, um über Sitte und Anstand zu wachen, *viciorum macula* zu verhindern. Insbesondere bedingt er sich aus, daß die Beanen keine Kurtisanen mitbringen sollen, damit die Confratres nicht zu Kuppelbrüdern werden.

Es zeichnet sich hier also die Tendenz ab, die Bankette und die Schikanen, die die Reinigung des Beanen begleiteten, durch eine wie auch immer geartete Aufnahmegebühr zu ersetzen. Doch hatte man keineswegs die Absicht, die Bedeutung des Prinzips der Initiation selbst zu schmälern: die Aufnahme der Neuen war eine der Hauptaufgaben der Promotoren der Bruderschaft von Sankt Sebastian. Bestimmte Kollegstatuten erkennen die Bedeutung der Aufnahme des Anfängers an, wollen jedoch nichts von den Schikanen und übertriebenen Bußgeldern wissen. So findet sich in den Statuten des Collège d'Harcourt von 1311 (6) die Vorschrift: »Weder in seinem Zimmer noch im Refektorium soll irgendein neuer Stipendiat ein Eintrittsbankett geben.« Auf das Prinzip des gemeinsamen Umtrunks will man dennoch nicht verzichten: »Er kann gleichwohl jedem *socius* einen Schoppen Wein ausgeben, wobei dieser Wein preiswert sein sollte.« Wie soll man glauben, daß man es immer bei diesem vorschriftsmäßigen Schoppen bewenden ließ?

In den Statuten des Collège de Seez von 1427 (7) heißt es: »... er soll nicht gezwungen werden, bei seinem fröhlichen Eintritt ins Kolleg mehr als zwanzig Sous zu zahlen«, sondern wird vielmehr soviel spendieren, »wie es seinem Stande entspricht«. Der Eid und die Geheimhaltungsregel haben weiter Gültigkeit, nur daß die Geheimhaltung hier nicht die Fakten und Vorgänge der Initiation betrifft, sondern das Leben der Gemeinschaft, in die er eintreten wird. Er verpflichtet sich durch den Eidschwur, die Statuten zu beachten und »keinem Außenstehenden *(nulli extraneo)* die Geheimnisse des Kollegs zu enthüllen«. Er wird zum *de novo receptus*. Sein Eid wird durch Brief und Siegel bekräftigt. Dann überreicht er der Gemeinschaft zwei Tischtücher, in denen wir wohl das Symbol des traditionellen Banketts zu sehen haben.

Die Dokumente, die wir zitieren, zeugen von Trinkgelagen und Initiationsschikanen in einer Epoche, in der diese bereits von aufgeklärten geistlichen Kreisen mißbilligt wurden (die Moralisten und die Theologen hatten sie, wenn auch erfolglos, zweifellos schon immer mißbilligt, weil sie im Geruch des Heidnischen und Lasterhaften standen) und es den Kritikern dieser Bräuche bis zum gewissen Grade gelang, sie zu kontrollieren oder abzuschaffen. Doch zeugen die Hartnäckigkeit, mit der sie darum kämpfen mußten, damit sie gänzlich untersagt wurden oder auch, wie in Avignon, ihre resignierte Toleranz davon, in welchem Maße die Masse diesen Praktiken verbunden war, die eine lange Vergangenheit hatten und noch im 14. und 15. Jahrhundert einem Sittenkodex entsprachen, den man sich heute nur schwer vorstellen kann. Es wäre falsch, diesen Aufnahmeritus mit den Aufnahmeriten gleichzusetzen, wie sie gegenwärtig an unseren Hochschulen oder in den Ateliers der École de Beaux Artes praktiziert werden. Es handelte sich dabei um etwas gänzlich anderes und sehr Tiefgreifendes, etwas, das mit der Gesellschaftsstruktur selbst verknüpft war. A. Varagnac hat gezeigt, daß während des Ancien Régime und noch bis zum Triumph der Agrarrevolution im 18. und 19. Jahrhundert auf dem flachen Land eine nach Altersklassen eingeteilte Organisation des Gemeinschaftslebens bestanden hat: eine sehr alte Organisation, die wir in der homerischen und griechischen Welt ebenso wiederfinden wie in den Gesellschaften von Schwarzafrika. (8) Der Eintritt in die Klasse der Erwachsenen erforderte eine Initiation. Allgemeiner gesagt, man mußte sich, um in die Gesellschaft einzutreten, einer Art Operation religiösen, manchmal magischen und immer rituellen Charakters unterziehen, die das Wesen des Novizen selbst veränderte, ihn naturalisierte und ihn somit durch ein unlösliches Band an seine Brüder knüpfte. Dies traf auf die Schülerverbindungen, aber zweifellos auch auf die der Gesellen zu, und was von deren Bräuchen im 18. und 19. Jahrhundert übriggeblieben war, mußte zumindest bis ins Mittelalter zurückreichen. Diese Operation bestand zunächst einmal in einem Trinkgelage, einer *potacio,* wie es die Texte über die Gilden nennen, die von E. Coornaert zitiert werden, (9) und dann in gewalttätigen Handlungen und Schikanen, die gelegentlich von sexuellen Ausschweifungen begleitet waren. Die Schikane brach den Willen des Mannes, sie demütigte ihn und lieferte ihn der Gnade seiner Besieger aus; er wurde gezähmt und gehörte von nun an unwiderruflich der Gemeinschaft an, die ihn in solcher Weise niedergezwungen hatte. Gleichzeitig wurde er dank der gemeinsamen Mahlzeit zum Bruder seiner Folterknechte. Damit war die Verbindung, in die er eintrat, keine Zweckgemeinschaft, sondern eine Bruderschaft, eine Vereinigung von Genossen. Diese Bruderschaft mußte periodisch durch Kommunionsriten, durch gemeinsame Mahlzeiten und Trinkgelage erneuert werden. Eine der Hauptgelegenheiten für ein Trinkgelage war für die Schüler die *déterminance* genannte Prüfung. In seinem Text zur Reform der Universität von Paris im 15. Jahrhundert (10) macht der Kardinal d'Estouteville zwar kein Hehl aus seiner Mißbilligung, wagt es jedoch nicht, so sehr verbreitete Bräuche zu untersagen, und begnügt sich damit, Mäßigung zu predigen: »Die Prüflinge sollen keine Bankette veranstalten, *es sei denn,* dies geschieht mit Mäßigung und Zurückhaltung und es werden nur *socii* und ihre Lehrer dazu geladen.« Lehrer und Schüler, die sich oft altersmäßig kaum unterschieden, tranken an einem Tisch: sie gehörten derselben Bruderschaft an.

Die Theologen selbst hatten gegen die Gepflogenheit solcher fröhlichen Gastmähler nichts einzuwenden. Robert de Courçon (11) hatte in seiner *Réforme de l'Université* im 13. Jahrhundert nicht gewagt, ihnen die Bankette zu verbieten. Er stellte lediglich die Vorschrift auf, daß sie »einigen wenigen Kameraden und Freunden« vorbehalten sein sollten.

Außerhalb der großen Anlässe wie der Reinigung des Beanen oder der *déterminance* gab es noch viele andere Gelegenheiten zum *convivio* oder doch wenigstens zur *potacio*. Welche Bedeutung man dem gemeinsamen Umtrunk beimaß, geht aus den Satzungen der Stipendiatenkollegs hervor. Am Collège d'Harcourt will es der Brauch – und die Statuten (1311) akzeptieren dies –, daß die Lektoren ihren Hörern ein Glas ausgeben: »Wir wollen, daß die Zöglinge des Hauses dem Kolleg zu Ehren den *lectores* Ehrerbietung bezeugen... Diese können ihren Mitschülern, wenn sie wollen, zu Beginn und am Ende ihrer Übungen den Freundschaftstrunk *(potum amicabilem)* anbieten, vorausgesetzt, daß jeder der Eingeladenen nicht mehr als einen Schoppen bekommt.« (12)

In vielen Fällen wurden die kleinen Verstöße innerhalb des Gemeinschaftslebens an den Kollegs dadurch geahndet, daß man eine Runde ausgeben mußte. So wurden im Jahre 1380 am Collège de Cornouailles die Schüler, die während der Mahlzeit nicht zu schreien, zu lachen und zu spielen aufhören wollten, mit einer Buße »von einem Viertel einfachen Weins *(mediocris)*, der unter Kameraden getrunken werden soll« (diese Spezifizierung zielte zweifellos darauf ab, fremde Burschen – und Mädchen – fernzuhalten) belegt. Am Zisterzienserkolleg von Paris (13) wurden die Schüler, die sich nicht lateinisch unterhielten, dadurch bestraft, daß sie eine Pinte Wein ausgeben mußten, »die *illico [sic]* an die anwesenden Kameraden verteilt werden (sollte)«. Ebenso wurde das Tragen von Schnabelschuhen mit einer Buße in Höhe von einer Pinte Wein belegt.

Die Stipendiatenverbindungen, die bestrebt waren, die Bankette einzuschränken oder abzuschaffen, zwangen die *socii* an der gemeinsamen Mahlzeit teilzunehmen, indem sie ihnen untersagten, getrennt von den anderen in ihrem Zimmer zu essen. Die gemeinsame Mahlzeit vertiefte die Freundschaft, die die Gruppenmitglieder verbinden sollte.

Die Merkmale dieser Studentenkorporationen erinnern an die beruflichen, wirtschaftlichen oder anderweitigen Vereinigungen, die E. Coornaert in seinem schönen Artikel »Les Ghildes médiévales« (14) untersucht hat: es sind dies die Bedeutung der *compotacio*, der Freundschaft und der Verpflichtung, unter den Mitgliedern Frieden zu halten, die Teilnahme an den Beerdigungen der Mitschüler, religiöse Verpflichtungen und die Bedeutung des Eides. So wie wir heute eingestellt sind, müssen wir das als seltsame Mischung empfinden. Die Verquickung von Existenzweisen, die heute sorgfältig voneinander getrennt gehalten werden, will uns nicht einleuchten. Heute sind das Intimleben, die Familie oder die Freundschaft, das Privatleben, die Muße, die Zerstreuung, das religiöse Leben, die kulturelle oder fromme Betätigung oder auch die korporative Lebensweise, der Zusammenschluß derer, die denselben Beruf ausüben, zu dem Zweck, ihn entweder zu erlernen, Gewinn daraus zu ziehen oder seine Interessen zu schützen, deutlich gegeneinander abgegrenzt. Das Leben des modernen Menschen zerfällt in ein Berufs- und ein Familienleben, die sich häufig den Rang streitig machen, während alles übrige – religiöse und kulturelle Betätigungen und schon ganz und gar Vergnügungen und Zerstreuung – bloßes Beiwerk ist. Die Zusammenkünfte von Freunden, die gemeinsamen Essen und der freundschaftliche Umtrunk sind zu einer schlichten Entspannung geworden, die der Organismus braucht wie eine rasch heruntergeschlungene Mahlzeit, doch ist das für die achtbare Organisation des Lebens ohne Belang: es ist eine überflüssige Dreingabe, ein Luxus, den man gewiß nicht missen möchte, dem man jedoch keine Bedeutung zugestehen will oder dessen man sich womöglich sogar schämt. Im Mittelalter nahm dieser ganze Bereich der gemeinschaftlichen Muße, der heute individualisiert und beschnitten ist, einen wesentlichen Platz innerhalb des Gemeinschaftslebens ein. Es braucht uns hier nicht weiter zu interessieren, daß sein religiöser Ursprung in den mediterranen oder germanischen orgiastischen Kulturen zu suchen ist. Worauf es uns hier vor allem ankommt, ist, daß man sich damals noch keine Vereinigungen vorstellen konnte, die ohne das öffentlich anerkannte verbindende Element der Freundschaft auskommen konnten, ohne die gemeinschaftliche Mahlzeit und die *potacio*, die gelegentlich zwar durch den Rausch besiegelt wurde, jedoch nicht ausschließlich um des sinnlichen Vergnügens willen – auch heute wissen die Menschen einen anständigen Schluck unter Freunden zu schätzen! –, sondern auch deshalb, weil dieses Vergnügen transzendiert wurde und die sinnliche, physische Gestalt einer religiösen oder rechtlichen Verbundenheit annahm, eines durch den Eidschwur bekräftigten Vertrages, auf dem das gesamte Gemeinschaftsleben beruhte, wie es heute auf unseren Institutionen des privaten und des öffentlichen Rechts beruht. Die moderne Lebensweise wird dann das Resultat zugleich der Trennung von Elementen sein, die einst eng miteinander verbunden waren, der Trennung von Freundschaft, Religion, Beruf, wie der Einschränkung einzelner dieser Elemente, etwa der Freundschaft und der Religion, und schließlich auch der Entwicklung eines anderen Elements, dem das Mittelalter nur sekundäre Bedeutung beimaß: der Familie. Wir werden noch sehen, inwiefern sich diese Entwicklung an der Geschichte der Einstellung zur Kindheit und zur Familie besonders gut verfolgen läßt.

Die mittelalterlichen Schülergemeinschaften sind von unseren Vorstellungen über die Organisation menschlicher Zusammenschlüsse, insbesondere solcher von Kindern oder Jugendlichen, weit entfernt. Sie sind nicht autoritär; kein Oberhaupt zwingt den Mitgliedern eine Entscheidung auf, sondern diese ist zumeist das Ergebnis eines mehrheitlichen – gelegentlich auch einstimmigen – Beschlusses der gesamten Gemeinschaft. Sie sind jedoch auch nicht demokratisch oder egalitär, denn sie zeichnen sich durch Privilegien, Unterschiede zwischen Graduierten, alten und neuen Mitgliedern aus. Sie gründen sich eher auf persönliche Beziehungen und auf die freundschaftliche Verbundenheit der Mitglieder als auf einen Zweck. Die Idee der Autorität oder vielmehr der Delegierung von Autorität, die moderne Vorstellung von einem disziplinarischen Kodex, auf dessen Einhaltung zu achten die Verwalter der Autorität beauftragt sind, waren ihnen fremd. Dennoch wäre es falsch, aus diesem Fehlen des modernen Prinzips der Hierarchie und der Befehlsgewalt zu folgern, daß in diesen Schülerorganisationen anarchische Zustände herrschten. Die Schüler waren vielmehr fest in diese Gemeinschaften eingefügt, die die Struktur der gesellschaftlichen Organisationen ihrer Zeit konstituierten. Anstelle des Verhältnisses Lehrer/Schüler, Chef/Untergebener findet man andersgeartete Bande, die rechtlich nicht so genau definiert waren und die Existenz des einzelnen unmittelbarer berührten, von der Öffentlichkeit jedoch genauso anerkannt wurden und ebenso eng waren: die Beziehungen zwischen den älteren und den neuen Mitgliedern, oder wie man damals sagte, zwischen Bacchanten und Beanen. Was dieses Thema betrifft, verfügen wir über ein umfassendes und sehr ausführliches Dokument vom Ende des 16. Jahrhunderts, von dem ich bereits im Zusammenhang mit der Altersstruktur der Schülerschaft Gebrauch gemacht habe: die Autobiographie des Schweizers Thomas Platter. (15) Man wird einwenden, daß sie uns über deutsche Sitten informiere. Darauf läßt sich erwidern: wenn diese sich damals von den französischen Sitten unterschieden, dann vor allem aufgrund ihres Archaismus. Es ist sehr wahrscheinlich, daß die Unterschiede ein Jahrhundert früher weniger ausgeprägt waren, so daß die Schilderung Thomas Platters nicht nur für das Deutschland des beginnenden 16. Jahrhunderts, sondern auch für einen Teil der westlichen Welt des 15. Jahrhunderts Gültigkeit hat. Wir haben bereits erfahren, daß Thomas Platter mit neun Jahren bei einem Dorfpriester das *Salve* singen lernte. Einer seiner Vettern ersten Grades, Paulus, der die Schulen von Ulm und von München besucht hatte, verbrachte damals einige Tage in Platters Familie. Thomas genoß einen guten Ruf: »Da meine Verwandten ihm von mir sagten, versprach er ihnen, mich mit sich zu nehmen, und in Deutschland der Schule nachzuführen.« Paulus willigte ein, und damit kam es zu der Verbindung zwischen dem Beanen Thomas und dem Bacchanten Paulus. Ersterer sorgte für den Lebensunterhalt des letzteren, der seinerseits für seinen Schutz sorgte. »Also zogen wir aus dem Lande. Da mußte ich für mich heischen und meinem Bacchanten, dem Paulus, auch geben; denn wegen meiner Einfalt und meiner ländlichen Sprache gab man mir viel.« Die Schüler lebten oft vom Betteln, und der Beane, oder, wie wir in Platters Falle besser sagen, der Schütze, bettelte für seinen Bacchanten. Die beiden Vettern zogen über Luzern nach Zürich, wo Paulus sich mit Kameraden verabredet hatte, mit denen er die Wanderung durch die deutschen Lande antreten wollte. »Unterdessen ging ich heischen, daß ich den Paulus auch schier unterhielt; denn wo ich in ein Wirtshaus kam [vergessen wir nicht, daß das Wirtshaus in der damaligen Zeit ein übel beleumundeter Ort war, in dem leichte Mädchen und grobe Gesellen verkehrten; ein neun bis zehn Jahre alter Bursche konnte dort dennoch auf seine Kosten kommen!], hörten mich die Leute gern die Walliser Sprache reden, und gaben mir willig.« Doch konnte man dort auch bittere Enttäuschungen erleben: ein Strolch, der in Zürich dasselbe Haus bewohnte wie unsere Schar von Schülern, spielte Thomas einmal übel mit: »...dieser Karle kam einmal zu mir und sagte, ich solle mir Streiche auf den bloßen Hintern geben lassen; er wollte mir einen Züricher Sechser geben.« Der Handel schien ihm verlockend genug: »Ich ließ mich bereden. Da faßte er mich gar wohl, legte mich über einen Stuhl und strich mir gar übel« ... und nahm seinen Sechser wieder an sich!

Nach acht oder neun Wochen des Wartens machte die Schar sich nach der Markgrafschaft Meißen auf. »Wir zogen also, unserer acht oder neun miteinander, drei kleine Schützen, die anderen große Bacchanten, wie man sie da nannte, unter welchen ich der allerkleinste und jüngste Schütze war. Wenn ich nicht wohl vorwärts konnte, so zwickte mich Vetter Paulus, der hinter mir ging, mit einer Rute oder einem Stecken an den bloßen Beinen; denn ich hatte keine Hosen [er trug also einfach nur Hemd oder Kittel, wenn er nicht gar mit nacktem Hinterteil herumlief!] und schlechte Schuhe an.« Dennoch hielt er mit, und ohne Paulus wäre er sicher auf der Strecke geblieben; allerdings hätte Paulus dann seine Erwerbsquelle verloren. Es kam zu einigen kleinen Zwischenfällen: Thomas hörte seine älteren Kameraden davon reden, wie leicht es sei, in Meißen Gänse zu fangen. Als er der ersten Gans ansichtig wurde, versuchte er es und schlug sie mit einem Stein nieder, entkam jedoch nur mit knapper Not den Bauern, die ihn verfolgten. »Wie die Bauern wieder in das Dorf kamen, fanden sie unsere Bacchanten im Wirtshaus... diese meinten, sie sollten die Gans bezahlen.« Die Sache wurde bereinigt: »Wie sie [die Bacchanten] nun wieder zu uns kamen [denn die Schützen hatten kein Recht, in der Herberge zu wohnen], lachten sie und fragten, wie es gegangen wäre? Ich entschuldigte mich, meinte, es wäre so Landesbrauch. Sie sprachen, es sei noch nicht Zeit.« Unterwegs schliefen die Bacchanten zusammen in einem Herbergszimmer und die Schützen im Stall.

All diese Geschichten aus seiner Vagabundenzeit erzählt Thomas Platter, der, als er sie niederschrieb, ein Schulmeister und ein angesehener Lehrer der Schönen Wissenschaften war, mit gar nicht oder nur schlecht verhohlenem Vergnügen. Über seine Zeit in Naumburg sagt er: »... etliche, die singen konnten, sangen, ich aber ging heischen.« So gelangten sie nach Halle in Sachsen: »... und wir gingen in die Schule zu St. Ulrich. Da aber unsere Bacchanten uns so ungebührlich behandelten, verabredeten sich etliche von uns mit meinem Vetter Paulus, wir wollten den Bacchanten entlaufen.« Es handelt sich zweifellos um die Bacchanten von St. Ulrich, die die Neuankömmlinge, ob jung oder alt, schikanierten, den kleinen Thomas ebenso wie den großen Paulus. Die Truppe verließ Halle in Richtung Dresden. In Dresden kam es zu einem kurzen Schulaufenthalt: »... unsere Schlafkammern (waren) voll Läuse, daß wir sie nackt im Stroh unter uns knistern hörten.« Es hat den Anschein, als seien die Lehrer dort nicht gut gewesen: Man machte sich wieder nach Breslau auf. Unterwegs hatte die Schar viel auszustehen, denn niemand wollte sie bei sich aufnehmen, und man hetzte ihnen die Hunde auf die Fersen.

In Breslau gab es sieben Schulen, die den sieben Pfarrgemeinden der Stadt entsprachen, und jede Gemeinde war ein Revier für sich: »Es durfte kein Schüler in einer andern Pfarre singen gehn, oder sie schrieen: *Ad idem! ad idem!* und die Schützen liefen dann zusammen, und schlugen einander gar übel.« Es heißt, daß es in Breslau zeitweise mehrere tausend Schützen gegeben habe, die alle von Almosen lebten; mancher unter ihnen soll zwanzig oder dreißig Jahre und mehr auf der Schule geblieben sein, weil sein Unterhalt während dieser Zeit dank den Schützen gesichert war. »Ich habe meinen Bacchanten oft eines Abends fünf bis sechs Trachten in die Schule getragen, wo sie wohnten.«

»Im Winter liegen die Schützen auf dem Herde in der Schule, die Bacchanten aber in den Zellen.« Alle wurden jedoch gleichermaßen von Läusen geplagt: »... Ich hätte schier, so oft man gewollt, drei Läuse auf einmal aus dem Busen gezogen.« Im Sommer dagegen schliefen Bacchanten und Schützen unter freiem Himmel, auf dem Friedhof. Wenn es regnete, zog man sich in die Schule zurück. Nachdem sie einige Zeit in Breslau verbracht hatten, kehrten die acht Kameraden nach Dresden zurück. Für die Zeit der Reise teilte die Schar sich in zwei Gruppen auf, wobei die eine für die Gänsejagd, die andere für die Beschaffung von Rüben und Zwiebeln zuständig war. »... Wir Kleinen aber sollten in die Stadt Neumarkt gehen, die nicht weit von da auf der Straße lag, und Brot und Salz besorgen. Abends wollten wir vor der Stadt wieder zusammenkommen, dort uns lagern und kochen, was wir dann hätten. Es war ein Büchsenschuß von der Stadt ein Brunnen, da wollten wir die Nacht bleiben. Aber als man in der Stadt das Feuer sah, kam man zu uns heraus, doch traf man uns nicht mehr ...«

Es gelang der Schar dennoch, nach Dresden zu kommen. Dort verstanden sich die Bacchanten, wenn es darum ging, die Schüler auszunutzen, glänzend mit dem Schulmeister, der ungefähr so alt gewesen sein muß wie sie. Er wirkt nicht wie der Chef der Schüler, sondern wie einer von ihnen: »Als wir nun wieder nach Dresden gekommen, schickten der Schulmeister und unsre Bacchanten etliche von uns Buben aus, wir sollten uns nach Gänsen umsehen; ... wir brachten zwei Gänse davon. Diese verzehrten die Bacchanten mit dem Schulmeister zum Abschied.« Platter teilt uns nicht mit, ob den Schützen wenigstens die Überreste vergönnt waren.

Die Schar verließ Dresden und brach nach Nürnberg und dann nach München auf, wo sie sich besser befand und sich niederließ. »Da kamen ich und Paulus zu einem Seifensieder ... diesem Meister half ich mehr Seife sieden als daß ich ihm schuldig bin; ... Paulus aber ging in der Pfarre zu Unser Frauen in die Schule, so auch ich, aber selten; allein darum, daß ich auf der Gasse um Brot singen durfte, und meinem Bacchanten Paulus präsentieren, das ist zutragen.« Das ging so fort, bis man unsere beiden Vettern aus dem Haus schickte, weil Paulus der Dienerin zu nahe getreten war. Nach fünf Jahren des Herumvagabundierens durch die Schulen Deutschlands bekam Paulus damals Heimweh: »Da beschloß Paulus, wir wollten heimziehen; denn wir waren in fünf Jahren nicht zu Haus gewesen. Wir zogen also heim nach Wallis.« Thomas muß damals fünfzehn Jahre und Paulus älter als zwanzig gewesen sein. Sie blieben nicht lange in ihrem Dorf, sondern brachen wieder auf und nahmen, gerade so, wie es Thomas fünf Jahre vorher gegangen war, einen kleinen Jungen namens Hildebrand mit, der »eines Pfaffen Sohne« und damit von Geburt her dazu bestimmt war zu studieren! Unter dem Kommando von Paulus gingen die drei nach Ulm. Thomas hatte sich große Geschicklichkeit im Betteln erworben, »dazu hatten mich die Bacchanten von Anfang an gebraucht, mich gar nicht zur Schule gehalten, nicht einmal lesen gelehrt.« Hildebrand und er mußten den Bacchanten den gesamten Ertrag ihrer Rundgänge abliefern. Es kam jedoch vor, daß Hildebrand für sich etwas zum Essen zurückbehielt: »Diesem gingen sie darum auf der Gasse nach, daß sie ihn beim essen fänden, oder sie hießen ihn das Maul mit Wasser schwenken und in eine Schüssel mit Wasser ausspucken, daß sie sahen, ob er etwas gegessen habe. Dann warfen sie ihn in ein Bett, legten ihm ein Kissen auf den Kopf, daß er nicht schreien konnte; beide Bacchanten schlugen ihn dann, bis sie nicht mehr konnten.«

Der ältere erscheint uns also wie ein Bandenchef, der die Jungen souverän beherrscht, die ihn ernähren und die er ausnutzt, die er jedoch auch schützt oder vielmehr gewaltsam an eine Organisation bindet, die ihnen, so hart sie auch sein mag, Halt gibt und durch ihre bloße Existenz verhindert, daß sie sich einzeln durchkämpfen müssen. Auch in der heutigen Gesellschaft kennt man solche Bandenbildungen, die darauf basieren, daß die Jüngeren die Oberherrschaft von Älteren trotz oder wegen ihrer Brutalität anerkennen; dieses Phänomen ist insbesondere in den Vereinigten Staaten untersucht worden. (16) Doch bei der mittelalterlichen Vereinigung von Beanen und Bacchanten spielte noch ein anderer Faktor eine Rolle. Die Familie wollte ein zehnjähriges Kind nicht gern den Gefahren der Straße und der großen Städte aussetzen; sie vertraute es also einem Älteren und damit erfahreneren Schüler an, der für ein derart gefährliches Leben besser gerüstet war. Dieser Ältere übernahm also als moralische Bürde die väterliche Autorität. Ungeachtet aller Mißbräuche wurde seine Autorität nicht nur von seinen Untergebenen – oder seinen Opfern –, sondern darüber hinaus auch von der Öffentlichkeit anerkannt. Die Öffentlichkeit ließ es nicht zu, daß dieses Abhängigkeitsverhältnis zwischen dem Beanen und dem Bacchanten beendet wurde – schon gar nicht seitens des Beanen. Es scheint tatsächlich die einzig mögliche Form der Unterordnung gewesen zu sein, die das Kind vor der Anarchie, der Landstreicherei, dem moralischen und physischen Elend bewahrte.

Das können wir jedenfalls Thomas Platters Bericht über seine Befreiungsversuche entnehmen. Der erste schlug fehl. Er findet in Breslau statt. Ein Mitglied der Familie Fugger interessiert sich für den kleinen Bettler, der durch die Straßen irrt. Er bietet ihm an, ihn bei sich aufzunehmen. Willigt Thomas unverzüglich ein? Nein, er ist nicht frei. Er wird zunächst Paulus um Erlaubnis bitten, ihn freizugeben, damit er in das Haus Fugger eintreten kann. Paulus verweigert die Erlaubnis: »Ich habe dich aus der Heimat geführt und will dich den Deinen wieder überantworten...«, sagt er zu ihm und wir können daraus auf das Verantwortungsgefühl schließen, das diese großen Rohlinge ihren Prügelknaben gegenüber empfanden.

Der zweite Befreiungsversuch hat Erfolg: Thomas ist älter, er muß über fünfzehn Jahre alt sein, und das Gehorchen beginnt ihm schwerzufallen. Sein Emanzipationsversuch vollzieht sich in München. Thomas wohnt nicht mehr bei seinem Bacchanten. Er hat sich bei einer braven Metzgersfrau eingemietet, die ihm den Rat gibt, Paulus zu verlassen. Eines Sonntags nach der Vesper spricht ihn Paulus jedoch auf der Straße an: »Du Schütz, du kommst nicht zu mir; ich will dich einmal mit Füßen treten.« In dem Alter, in dem sich Thomas befand, der Zeit des Stimmbruchs, war es mit seinem Talent als Straßensänger nicht mehr weit her. Thomas war also für seinen Bacchanten nicht mehr von großen materiellem Nutzen. Dieser wollte jedoch nicht dulden, daß der Beane das Weite suchte, weil das seine Autorität in Frage gestellt hätte. Beunruhigt über diese Drohung, beschließt Thomas zu fliehen. Es wäre nur natürlich gewesen, wenn er seiner redlichen Vermieterin, die ihm hätte helfen können, seinen Plan mitgeteilt hätte. Doch davor hütet er sich wohl: »Ich durfte ihr nicht sagen, was ich im Sinn hatte; denn ich fürchtete, *sie würde es von mir sagen.*« Wenn sie es weitergesagt hätte, obwohl sie Paulus' Gemeinheiten nicht billigte, so deshalb, weil es ihr möglicherweise unmoralisch erschienen wäre, ein als legitim und unabdingbar anerkanntes Band auf so brutale Weise zu zerreißen. »Ich ging also mit traurigem Herzen von München, teils weil ich von meinem Vetter lief, mit dem ich so weit umhergezogen, der aber so hart und unbarmherzig gegen mich war; dann aber auch empfand ich Schmerz wegen der Metzgerin, die mich so freundlich gehalten hatte.« Was Paulus betraf, so hatte er ihm und den anderen oft gedroht, »wenn einer ihm wegliefe, so wolle er ihm nachziehen und wenn er ihn wiederbekäme, ihm alle Viere abschlagen.« Tatsächlich warnt man ihn in Freising vor der Ankunft von Vetter Paulus, der ihm auf den Fersen ist. »Dein Bacchant von München ist hier und sucht Dich«, teilen ihm die Schützen in der Schule mit. Er flieht nach Ulm, wo Paulus ihn einholt: »Da war er mir achtzehn Meilen nachgezogen.« In Zürich, wohin er sich flüchtete, suchte ihn ein Abgesandter seines Bacchanten auf, sein Landsmann Hildebrand, eben der, der Prügel erhielt, weil er einen Teil des Erbettelten selbst aufgegessen hatte: »Nach etlichen Monaten schickte Paulus von München seinen Schützen, den Hildebrand, ich solle wiederkommen, er wolle mir verzeihen; aber ich wollte nicht, sondern blieb in Zürich.« Der Ältere gab also seinen Anspruch auf und erkannte damit die Selbständigkeit des Jüngeren an! Thomas wird nun das Leben des fahrenden Schülers allein fortsetzen. Wenn die Umstände es erfordern sollten, kann er immer noch von den Diensten irgendeines Schützen Gebrauch machen ...

Der Schüler war also vor dem 15. Jahrhundert keiner außerkorporativen disziplinarischen Autorität, keiner schulischen Hierarchie unterworfen. Er war jedoch ebensowenig auf sich selbst gestellt. Er wohnte entweder in der Nähe einer Schule bei seiner eigenen Familie oder eher noch in einer anderen Familie, der man ihn auf der Grundlage eines Lehrvertrages anvertraut hatte, wobei dieser Lehrvertrag dann auch den Besuch einer Schule, einer Lateinschule selbstverständlich, vorsah. Er trat also in diese Vereinigungen, Korporationen, Bruderschaften ... ein, die durch religiöse oder heitere Exerzitien, durch fromme Taten, durch Trinkgelage und Bankette den Sinn für ihr Gemeinschaftsleben pflegten.

Oder aber der kleine folgte dem älteren Schüler, zu dem er gehörte und mit dem er durch Dick und Dünn ging, wofür der ihn oft genug schikanierte und ausnutzte. In jedem Falle gehörte der Schüler zu einer Vereinigung oder einer Schar von seinesgleichen, deren bisweilen zwar brutale, aber verläßliche Kameradschaft weit mehr Einfluß auf sein tägliches Leben hatte als die Schule und sein Lehrer und die, weil sie von der Öffentlichkeit akzeptiert wurde, einen bestimmten moralischen Wert besaß.

Seit dem Ende des Mittelalters begegneten einflußreiche Kreise der Öffentlichkeit diesem auf der Kameradschaft beruhenden System mit wachsender Mißbilligung. Es funktionierte auch immer schlechter, bis es schließlich ungeordnete und anarchische Formen anzunehmen schien. Angesichts solcher Unzulänglichkeit wird die Schuljugend dann auf der Grundlage der neuen Prinzipien des Befehlens und der autoritären Hierarchie organisiert. Gewiß ist diese Entwicklung nicht spezifisch für den Bereich der Schule, sie erfaßt die ganze Gesellschaft, und die Errichtung der absoluten Monarchie ist einer ihrer Aspekte. Innerhalb der Schule bildet sie jedoch die Voraussetzung – oder ist sie eine Folge –

einer parallellaufenden Veränderung der Einstellung zur Kindheit, die im Zusammenhang mit unserem Thema besonders interessant ist.

Wir wollen uns jetzt mit den Fortschritten dieser neuen disziplinären Prinzipien beschäftigen.

Sie manifestieren sich zuallererst in der Ablehnung der traditionellen Schülersitten, die auf der Kameradschaft und der Selbstbestimmung beruhten. Tatsächlich kennen wir diese Sitten und insbesondere ihre Ausprägungen am Ende des Mittelalters fast ausschließlich aus den Texten, in denen man sie kritisiert und in dem Maße toleriert, wie sie unangreifbar waren und man sich damit begnügen mußte, sie einzuschränken. Diese Äußerungen wurden in klerikalen Kreisen schon ziemlich früh laut. Sie finden sich bereits im Text zur Reform der Pariser Universität aus dem 13. Jahrhundert, wobei man allerdings sagen muß, daß dieser Reformtext seiner Zeit weit voraus war. Es ist seltsam, daß wir bei diesen Klerikern auf die Anfänge einer damals noch unzeitgemäßen Entwicklung stoßen, die zu den modernen Lebensanschauungen führte. Sie kündeten eine ihrer Epoche fremde Geisteshaltung an, die sich vielen Widerständen und eingefleischten Relikten zum Trotz mit dem 15. Jahrhundert durchsetzen, die Gesellschaft insgesamt jedoch nicht vor dem 18., 19. Jahrhundert prägen wird: die bereits technizistische und technokratische Einstellung, den Cartesischen Geist, das Bemühen um Ordnung, Regelmäßigkeit, Klassifizierung, hierarchische Gliederung und Organisation. Der erste Angriff aus diesem neuen Geiste heraus galt den Gemeinschafts-Bräuchen, die dem mittelalterlichen Menschen als etwas Wesentliches galten und die nun ins Feld der Nebenbeschäftigungen abgedrängt werden. Noch zu Beginn des 17. Jahrhunderts gibt es Zeugnisse dafür, daß sie sich ungeachtet der Feindseligkeit der Erzieher und ganz allgemein der Verfechter der Ordnung und ihrer Hüter, der Polizei, zäh gehalten haben. Die Autoritäten der Stadt von La Flèche mußten der Tatsache Rechnung tragen, daß sich innerhalb ihrer Mauern eine beträchtliche Ansammlung von Schülern befand, die der Ruf des Jesuitenkollegs herbeigelockt hatte. Wie heute in unseren Garnisonsstädten oder Sperrgebieten ergriff man dort spezielle Maßnahmen zur Aufrechterhaltung der Ordnung. So war es beispielsweise Prostituierten verboten, dort Wohnung zu nehmen, die Gastwirte durften keine Schüler beherbergen, die Schüler keine Waffen tragen usw. Unter diesen Verboten finden wir dann auch das folgende: »Es ist den Schülern untersagt, irgendeinen *duc*, *procureur* oder *chef de nation* zu wählen.« Auch das Parlament von Dijon verhängt 1623 über die

Schüler das Verdikt, »irgendeine Versammlung oder ein Monopol in ihren Reihen zu bilden, oder einen Abbé, Prior oder andere ihren Ausschweifungen förderliche Führer zu wählen«. (17) Hier wird also die gesamte traditionelle korporative Organisation, einschließlich sogar der gesetzlich noch zulässigen Landsmannschaften, verdammt. (18) In derselben Epoche fallen die Bankette und die gesamte Praktik der *compotacio* der Reform der Pariser Universität durch Heinrich IV. endgültig zum Opfer.

Seit dem 15. Jahrhundert, also während der Zeit ihres Kampfs gegen die auf der korporativen Solidarität beruhenden Schülersitten, versuchen diese Männer der Ordnung, diese aufgeklärten Organisatoren, einer neuen Vorstellung vom Kind und seiner Erziehung zum Durchbruch zu verhelfen. Die Haltung Gersons oder auch des Kardinals d'Estouteville ist bezeichnend für diesen Geist. Nach Auffassung des Kardinals d'Estouteville (19) können die Kinder nicht gefahrlos einer Freiheit ohne hierarchische Zwänge überlassen werden. Sie befinden sich in einer *etas infirma,* die »ein größeres Maß an Disziplin und striktere Prinzipien verlangt«. Für ihn sind die Schullehrer – die *principales* – nicht länger nur die Ersten unter gleichrangigen Kameraden. Sie unterscheiden sich vielmehr von den *infirmi,* die sie anleiten. Ihre Aufgabe besteht nicht allein darin, ihnen, wie ältere ihren jüngeren Mitschülern, erste Kenntnisse zu vermitteln. Sie sollen darüber hinaus und in erster Linie ihren Geist formen, bestimmte Tugenden in ihnen entwickeln, nicht nur unterrichten, sondern ebenso auch erziehen. Diese Zielsetzung tritt in den älteren Texten nicht so explizit in Erscheinung.

Diese Erzieher sind von einem anderen Geist beseelt: *monemus omnes et singulos pedagogos presentes et futuros ... ut sic indentant regimini suorum demesticorum puerorum et scolarium.* Es ist für sie eine Gewissenspflicht, ihre Mitarbeiter, die anderen Lehrer und *submonitores* sorgfältig auszusuchen: *viros bonos, graves et doctos,* von ihrem Recht zu tadeln und zu verbessern ohne sträfliche Nachsicht Gebrauch zu machen, denn es handelt sich um das Seelenheil derer, für die sie vor Gott verantwortlich sind: *ne eorum dampnationem.*

Zwei neue Vorstellungen kommen gleichzeitig auf: die Vorstellung von der Gebrechlichkeit der Kindheit und die von der moralischen Verantwortung der Lehrer. Das diziplinarische System, das sie fordern, konnte in der alten mittelalterlichen Schule nicht Fuß fassen, wo der Lehrer sich für das Betragen seiner Schüler außerhalb der Unterrichtsstunden nicht interessierte, oder wo das nicht so sehr in seiner Eigenschaft als Vorgesetzter, sondern als Älterer innerhalb des Rahmens der

Korporationen oder der Bruderschaften und ihrer Feste geschah. Zu Beginn des 13. Jahrhunderts wurde, wenn in Paris ein Student verhaftet worden war, sein Lehrer verständigt, der ihn identifizieren sollte, damit er der Gerichtsbarkeit des *Prévôt* entging und in den Genuß seiner Universitätsprivilegien kam. (20) Im Jahre 1289 wurde dann jedoch die Inskription in die *Matricula* des jeweiligen Lehrers obligatorisch. Im 14. Jahrhundert mußte man dann zudem noch einer Landsmannschaft angehören. Deren Organisation ist der erste Versuch einer systematischen Erfassung der Studenten. Sie ähnelte im übrigen den spontanen Zusammenschlüssen der Schüler und besaß dieselbe korporative Struktur. Zweifellos war sie anfänglich kaum etwas anderes als die Korporation von Schülern, die aus demselben Gebiet stammten. Der Zusammenschluß von Landsleuten innerhalb der Schülerschaft stieß auf heftige Ablehnung, und den Satzungen des Kollegs läßt sich entnehmen, daß die Schüler aus demselben Ursprungsland voneinander getrennt werden sollten, weil man Feindseligkeiten zwischen den verschiedenen ethnischen Gruppen befürchtet hat. Wie der Prinzipal der Stipendiatenvereinigungen, so wurde auch der *Procureur* der Landsmannschaft gewählt. Diese Funktion nahm jedoch allmählich einen autoritären Charakter an. Zu Beginn des 15. Jahrhunderts übte er zumindest theoretisch die Disziplinargewalt über seine Landsmannschaft aus. Die Reform von 1452 bestätigt den *Procureurs* der Landsmannschaften, daß sie berechtigt sind, den Kollegs und Pädagogien der Universität von Paris Besuche abzustatten und Beanstandungen vorzubringen: eine Art Generalinspektion. Doch war die mittelalterliche Landsmannschaft infolge ihrer korporativen Natur den Anstrengungen der Reformer zum Trotz zu einer solchen Konzentration der Machtbefugnisse in den Händen ihrer gewählten *Procureurs* in der Tat wenig geeignet. Die neue Disziplin setzt sich daher eher mittels der bereits modernen Organisation der Kollegs und Pädagogien mit vollem Unterrichtsprogramm durch. Der Prinzipal oder der Lehrer sind dort nicht länger *primi inter pares*, sondern werden zu den Verwaltern einer übergeordneten Autorität. Die autoritäre und hierarchisch strukturierte Leitung der Kollegs ist die Grundlage dafür, daß sich seit dem 15. Jahrhundert ein immer rigoroseres Disziplinarsystem herausbilden kann.

Dieses System ist hauptsächlich durch folgende drei Merkmale gekennzeichnet: ständige Überwachung, die zum Erziehungsprinzip und zur Institution erhobene Anzeigepflicht und die verstärkte Anwendung von Körperstrafen.

Bereits 1315 stellten die Statuten der Grammatikschule des Collège de Navarre (21) das Prinzip auf, daß kein *puer* (es handelte sich zweifellos um etwa zehnjährige Jungen) allein ausgehen sollte. Wenn ein dringender Fall vorliegt (*lectio* oder Predigt außerhalb des Kollegs) und keiner der beiden Lehrer ihn begleiten kann, so sollen sie dem Knaben einen ordentlichen, verläßlichen Mitschüler, *bonum puerum socium*, als Begleiter mitgeben. Man hat überdies darauf zu achten, daß diese als Begleiter fungierenden Mitschüler oft wechseln, weil sonst zu befürchten ist, daß die beiden Gesellen irgendeine Schandtat, ein *turpefactum*, aushecken. Dieselbe Besorgnis findet sich in Gersons *Doctrina pro pueris ecclesiae parisiensis*, einer Art Leitfaden für das richtige Verhalten des Lehrers. Einer der beiden Lehrer soll die Kinder stets begleiten und bewachen: »Im Hause ebenso wie draußen, überhaupt überall dort, wo sie sich aufhalten mögen.« (22)

Diese Überwachung war zweifellos ein Erbe der Ordensbruderschaften. Im 14. und 15. Jahrhundert mußte sie auf die Grammatikschulen, auf die untersten Altersstufen beschränkt bleiben: was die Größeren betraf, so vertrug sie sich nicht mit dem Prinzip der Schülerfreiheit. Im 16. und 17. Jahrhundert wird sie dann jedoch zu einem der wesentlichen Prinzipien der schulischen Erziehung überhaupt. Die Jesuiten legten, insbesondere in den Hausordnungen ihrer Pensionate, großes Gewicht auf die Aufsichtspflicht der Präfekten. So bestand für die Zeitspanne, die den Schülern zur Verrichtung ihrer Notdurft zugemessen war, am Collège de La Flèche folgende Vorschrift: »Einer der Präfekten hat sich unten in den Aborten der Zöglinge aufzuhalten und sie nicht eher zu verlassen, bis alle Zöglinge wieder draußen sind.« (23) Das alte Prinzip der Überwachung war allerdings nie zuvor so systematisch zur Anwendung gelangt, und so sehen sich die Verfasser der Reglements veranlaßt, es zu rechtfertigen: »Lassen Sie es sich nicht verdrießen, Messieurs, wenn eine große Zahl von Präfekten und anderen Leuten, die sie beobachten, Sie niemals aus den Augen lassen ... Diese *ewige Bewachung* ist zwar beschwerlich, aber notwendig.« (24) In den Externaten des 16. und 17. Jahrhunderts mit ihren zahlenstarken Klassen, die manchmal mehrere hundert Schüler zählten, konnte sie dennoch nicht sehr effektiv sein. Das ist einer der Gründe, die die Pädagogen von Port-Royal dazu bewogen haben, die großen Kollegs zu kritisieren und kleinere Schulen vorzuziehen, in denen die Lehrer, weil sie nicht für soviele Schüler zuständig waren, besser und intensiver auf sie aufpassen konnten. Die kleinen Schulen von Port-Royal waren allerdings Ausnahmen, ein Luxus, den sich nur begüterte Familien leisten konnten, weil das Schulgeld sehr hoch war. Im allgemeinen hatte ein einziger Lehrer mit den überfüllten Klassen fertigzuwerden. Selbst am Kolleg konnte er seiner Aufsichtspflicht nicht ständig nachkommen, ohne sich Unterstützung aus dem Kreis seiner Schüler zu holen. Daher erklärt sich auch die Bedeutung der Anzeigepflicht am modernen Kolleg, die man im Mittelalter nicht gekannt hatte. Sie wurde notwendig, damit eine sehr kleine Zahl von Schulmeistern eine relativ beträchtliche Zahl von Schülern kontrollieren konnte. Sie diente zugleich dazu, die alte korporative Solidarität zu durchbrechen, die heimlich immer noch fortlebte.

An der École Notre-Dame macht Gerson es dem kleinen Grammatikschüler zur Pflicht, den Kameraden *(suum socium)* zu denunzieren, den er dabei überrascht, wie er Französische *(Gallicum:* die Normalsprache war das Lateinische) spricht, lügt, flucht, Schmähungen hören läßt, gegen den Anstand oder das Schamgefühl verstößt, morgens im Bett herumfaulenzt, die Gebetsstunden versäumt oder in der Kirche schwatzt. Wenn er es unterläßt, den Kameraden zu melden, soll er bestraft werden, als habe er die Verfehlung selbst begangen. Die auf diese Weise zum Prinzip erhobene Denunziation schien den Lehrern das einzig probate Mittel zu sein, jeden Augenblick im Leben ihrer Schüler zu kontrollieren, was nun, da sie als *infirmi* galten, die sich allein nicht zu benehmen wußten, unerläßlich geworden war. Allerdings nimmt man bald davon Abstand, jeden beliebigen Schüler mit der Aufgabe des Überwachens und des Rapportierens zu betrauen. Seit dem 16. Jahrhundert war diese Aufgabe bestimmten Schülern vorbehalten, die von ihren Lehrern als Helfer ausgesucht wurden. Zuvor waren die Schüler mehr oder minder der Leitung von Kameraden unterstellt gewesen, die sie selbst für diese Aufgabe ausgesucht hatten. Zwar erfüllen die Schüler auch weiter materielle und moralische Aufgaben innerhalb des Kollegs, doch beziehen sie nun ihre Autorität von oben, von dem Lehrer, dessen Delegierte sie sind. (25)

Ihre Autorität wird sanktioniert durch das Anzeigerecht, von dem sie Gebrauch machen können, während das Recht zu strafen den Lehrern vorbehalten ist. Es ist das System der Monitore, das sich in den englischen Public Schools bis in unsere Zeit gehalten hat.

Am Montaigu heißt dieser Monitor *excitator.* (26) Es gibt nur einen *excitator publicus,* der aus der letzten Artes-Klasse ausgewählt wird, einen Philosophieschüler – er weckt die Zöglinge, inspiziert ihre Zimmer – und soviele *excitatores particulares,* wie es Klassen gibt: einen für die Gesamtheit zuständigen Aufseher, einen Repetitor für jede Klasse.

Andernorts nennt man ihn *custos* oder *asinus*. Thomas Platter war *custos* an Myconius' Schule in Zürich. (27) »(In England) ist es allgemein üblich, an den Schulen *custodes* oder *asini* zu ernennen ..., die die Schüler beaufsichtigen sollen.« (28) In Eton hatte im Jahre 1560 jede Klasse oder *form* ihren *custos*, der dem *excitator particularis* am Montaigu vergleichbar ist. Darüber hinaus wählten die Lehrer unter ihren älteren Schülern achtzehn *praepositores* aus: vier hatten die Aufgabe, im einzigen Unterrichtssaal die Fehlenden zu notieren, vier hatten Aufsicht im Schlafsaal, vier Aufsicht beim Spielen, zwei bei den Gottesdiensten in der Kapelle, einer überwachte das Kommen und Gehen in der *hall*, zwei waren für die Tischgäste *(oppidani)*, d. h. für die zahlenden Pensionäre im Unterschied zu den Stipendiaten verantwortlich und einer für die Hausarbeit und die Sauberkeit. (29)

An Cordiers Kolleg in Genf (30) werden sie *observateurs* oder auch *nomenclateurs* genannt. Und der gute Schüler, den Cordier in seinen Dialogen als Vorbild hinstellt, soll ihnen ihre Aufgabe erleichtern, indem er ihnen die Unruhestifter meldet: »Wir essen im Speisesaal, bleiben dabei ruhig auf unseren Plätzen, ohne Gemurmel, ohne Lärmen. Ich habe freundlich diejenigen zurechtgewiesen, die ich albern lachen, grundlos reden oder Unsinn treiben gesehen habe. Diejenigen, die meine Warnung außer acht gelassen haben, habe ich dem *observateur* gemeldet, damit er sie notieren konnte. ... Der Hilfslehrer hält sich mit einem Buch in der Hand in der Mitte des Saales auf und macht den *observateur* zu wiederholten Malen darauf aufmerksam, daß er die Namen derer aufschreiben solle, die Unsinn treiben.«

»Als wir zu Ende gegessen haben, läutet die Glocke zum letztenmal; jeder nimmt seine Bücher, und wir gehen in den Gemeinschaftsraum, wo wie gewöhnlich die Namensliste einer jeden Klasse verlesen wird; die Anwesenden antworten, wenn ihr Name genannt wird, auch ich antworte, und die Fehlenden werden in die Listen der *nomenclatures* eingetragen.« Am Ende der Woche übergaben die *observateurs* die Liste der Delinquenten dem Lehrer, der die Beurteilungen abfaßte und die Strafen zumaß, denn der Monitor selbst war nicht berechtigt, Strafmaßnahmen zu ergreifen.

Bei den Jesuiten am Collège de Mauriac, das Marmontel absolvierte, war der Klassenerste im 18. Jahrhundert der »Zensor«. Seine Aufgabe bestand vor allem darin, die Klasse während der Abwesenheit des Lehrers, also während der Erledigung der Schulaufgaben, wie man es später nennen wird, zu beaufsichtigen.

Dies Prinzip des Anzeigens und das beschriebene Überwachungssystem galten als so effektiv, daß Jean-Baptiste de la Salle es im 18. Jahrhundert ohne Zögern oder Skrupel übernahm, obwohl er einigen landläufigen Praktiken seiner Epoche, wie beispielsweise der körperlichen Züchtigung, durchaus ablehnend gegenüberstand. In seiner *Conduite des Écoles chrétiennes* (31) basiert die Disziplin auf der Denunziation. »Da der Lehrer nur das überblicken kann, was sich in der Straße vor der Schule abspielt, wird der Bruder Direktor (zum Zweck der Überwachung des Kommens und Gehens) einigen Schülern Weisung geben, auf das acht zu geben, was in den weiter entfernten Straßen, insbesondere dort, wo es viele Schüler gibt, geschieht und redlich zu berichten, was ihnen aufgefallen ist. Es ist allerdings wichtig, daß die Schüler nur die Augen offenhalten, ohne dazu etwas zu bemerken, andernfalls sie bestraft werden oder eine Buße auferlegt bekommen, weil sie gesprochen haben.«

Im Innern der *petite école* gibt es zwei »Inspektoren«, die damit beauftragt sind, dem Lehrer alles mitzuteilen, was sie, »insbesondere ganz unten«, gesehen haben. Der Inspektor wird wiederum von zwei ihm unbekannten »Überwachern« bespäht. »In allen Stadtvierteln und auf allen größeren Straßen soll es (Überwacher) geben, die beobachten, was dort vorgeht, und dem Lehrer unverzüglich unter vier Augen davon Mitteilung machen.«

Von dem modernen Widerwillen gegen das »Verpetzen«, der Lehrern und Schülern gemeinsam ist, sind wir weit entfernt! Allerdings dürften wohl schon damals viele der Schüler diese Aufgabe gehaßt haben, die sie ihren Mitschülern entfremdete, doch löste das auf seiten der Erzieher keine Gewissensbisse aus. In Cordiers Dialogen (32) ruft ein Lehrer seinem Schüler zu: »Heh, Martin! – Hier bin ich, Herr Lehrer! – Schick mir die fünf *observateurs publiques* her, die ich gestern für den nächsten Monat ausgesucht habe [sie werden vom Lehrer ausgesucht und offenbar jeden Monat durch andere Schüler ersetzt].« Dann hält er ihnen eine kleine Predigt: »Wie gemein und niederträchtig die Dummköpfe und die Prahlsüchtigen sie auch finden mögen, seht Eure Aufgabe dennoch als etwas Ehrenwertes und Heiliges an!«

Der durch die Denunziation gewährleisteten Überwachung entspricht ein immer härter werdender Strafkodex, der auf der körperlichen Züchtigung basiert. In den Vereinigungen und Kollegs des Mittelalters und auch noch im 14. Jahrhundert (gelegentlich, aber sehr selten sogar noch später) enthielten die Statuten Strafbestimmungen für den Fall, daß die Mitglieder die Statuten mißachteten oder daß ihr Lebenswandel zu wünschen übrig ließ. Diese Strafen bestanden darin, daß man entweder eine Runde Wein ausgeben oder eine Buße zahlen mußte (die dann wiederum dazu verwendet werden mochte, besseren Wein zu kaufen). Die Statuten setzten einen Tarif fest. Wir haben bereits Beispiele solcher Vergehen kennengelernt, für die man den Kameraden eine Runde ausgeben mußte. Es gibt eine große Anzahl von Fällen, in denen eine Geldbuße verlangt wird. Am Collège de Seez ist es beispielsweise 1425 (man beachte das späte Datum) den *iuvenes*, von bestimmten Ausnahmen abgesehen, bei Strafe von vier Deniers verboten, allein aus dem Haus zu gehen. (33) Am Collège de Navarre kostet es zweieinhalb Sous, wenn man sich nachts nicht ordentlich zudeckt. Am Collège d'Harcourt muß man im Jahre 1311 sechs Deniers Strafe zahlen, wenn man ins Wirtshaus trinken geht (34). Die schwerste Sanktion ist der Schulverweis.

Im Verlauf des 15. und 16. Jahrhunderts tritt dann jedoch im Zuge eines tiefgreifenden Sittenwandels die Körperstrafe an die Stelle der Geldbuße – eine Parallelentwicklung zur Errichtung der absoluten Autorität des Kollegprinzipals, zur Einführung der Anzeigepflicht, des Monitorialsystems und des Prinzips der ständigen Überwachung.

Eine dieser Körperstrafen ist der Karzer. Am Montaigu war diese Einrichtung beispielsweise vorhanden, doch war sie insgesamt selten. In den allermeisten Fällen handelt es sich um Bestrafung mit der Rute. Sie wird zum Zeichen des Schulmeisters, zumindest dessen der Grammatikschule, zum Zeichen der Abhängigkeit, in der die Schüler mittlerweile vom Lehrer gehalten werden wie umgekehrt auch zum Zeichen des Untertanenstatus, in den das Kind – *infirmus* – geraten ist. Bis zum Ende des 14. Jahrhunderts findet man nur selten einen Hinweis auf die körperliche Züchtigung. Sie hatte zu jener Zeit auch noch keinen demütigenden Charakter, weil sie ebensowohl in den Bereich mönchischer Askese, wie er in den illuminierten Bibeln dargestellt ist, als auch zur Selbstkasteiung der Heiligen gehörte, wie in der Szene aus dem Leben des hl. Ludwig, wo der König die Rute bekommt. Seit dem 15. Jahrhundert nimmt die Bestrafung mit der Rute einen demütigenden, brutalen Charakter an und kommt zunehmend häufiger vor.

Zunächst einmal ist diese Form der Strafe nur für die *parvuli*, die kleinen Grammatikschüler, bestimmt. Darunter, daß »der Lehrer die Kinder mit Hilfe der Rute gefügig machen soll«, versteht Gerson, daß »die Kinder wissen sollen, daß man sie für ihre Sünden mit der Rute schlagen wird«, und zwar ausschließlich mit der Rute und »nicht mit dem Stock oder anderen Instrumenten, die dazu angetan sind, gefährliche Verletzungen herbeizuführen«. (35) Eine Miniatur vom Anfang des 15. Jahrhunderts (36) stellt die Szene der Züchtigung dar: das Opfer, ein etwa zwölf- bis dreizehnjähriges Kind, dem man die Hosen gerade so weit heruntergezogen hat, wie nötig, liegt über dem gebeugten Rücken seines Schulkameraden, ein anderer Schüler hält seine Beine fest, und der Lehrer hat die Rute bereits zum Schlag erhoben. Bestimmte Statuten vom Anfang des 16. Jahrhunderts bestimmen, daß die traditionellen Strafmaßnahmen nicht für die *parvuli* gelten sollen: »Was diese Geldstrafen betrifft, so meinen wir, daß sie nicht gegen die *parvuli* verhängt werden sollen. Wir wollen, daß sie statt dessen für dasselbe Delikt mit der Rute bestraft werden, wobei man jedoch Mäßigung walten lassen soll und ihnen keine Verletzungen zufügen darf.« (Collège de Tours, 1450) (37) Ein Jahrhundert zuvor wären solche Vorbehalte gewiß niemandem in den Sinn gekommen. Ebenso nahm die Rute die Stelle der Geldbußen ein, wenn es um die Bestrafung armer Schüler ging, und zwar selbst dann, wenn sie über das Alter der *parvuli* hinaus, d. h. bereits in einem Alter waren, in dem ihre wohlhabenderen Kameraden bereits nur noch Geldstrafen zahlen mußten. Diese Armen mochten beispielsweise zum Dienstpersonal des Kollegs gehören, das lange Zeit aus mittellosen Schülern bestand. So dauert es z. B. bis zum 17. Jahrhundert, bis der Pförtner des Collège de Beauvais nicht länger aus dem Kreis der mittellosen Stipendiaten stammt, sondern ein eigens dafür angestellter Diener ist. (38) Auch die persönlichen Bediensteten der reicheren Schulkamaraden mögen von dieser Regelung betroffen gewesen sein. Rashdall zufolge reservierten die Statuten der Universität Wien wie auch die von Queen's College die Rute für die armen Schüler. Betrachtete man sie als zahlungsunfähig oder einfach als inferior? Die Mönche straften ihre weltlichen Diener mit der Rute. Im Hochmittelalter war es auf dem Domänen üblich, die »Gemeinen« körperlich zu züchtigen, während die öffentlichen Gerichte diese Art der Bestrafung noch nicht kannten. Noch im 17. Jahrhundert weisen die Moralisten auf die Pflicht des Herren hin, seine Diener zu züchtigen, und wir wissen zumindest durch Molière oder La Fontaine, worin diese Züchtigung bestand: in Stockhieben. Man hat den Eindruck, daß einunddieselbe Entwicklung die Rute in die Schule und das Strafrecht einführt. Sie wird im Ancien Régime zu einer der Strafen, zu der die Gerichte Menschen verurteilen, die nicht viel besitzen. (39)

Im Laufe des 15. Jahrhunderts wird die Rute dann zur Unterdrükkung von Gewalttätigkeiten eingesetzt. Am Montaigu werden die leichten Vergehen zu Beginn des 16. Jahrhunderts mit Geldbußen belegt oder dadurch vergolten, daß der Sünder auf Wasser und Brot gesetzt wird. Derjenige jedoch, der Gewalt gegen Sachen oder Personen anwendet, erhält die Rute, kommt in den Karzer oder wird sogar exmittiert. (40) Zu Anfang mußten die Schüler, die weder *parvuli* noch arm waren, sich der körperlichen Züchtigung nur in Fällen von Gewaltanwendung, von Schlägereien und Beleidigungen unterziehen.

Diese ganzen Einschränkungen sollten jedoch bald verschwinden. Im 16. Jahrhundert hat die Rute die traditionellen Geldstrafen abgelöst, die als überholt galten und auf die man allenfalls noch aus Ehrerbietung gegenüber den alten Texten zurückkam. Die körperliche Züchtigung ist zur »poena scolastica« par excellence geworden: dies ist die euphemistische Bezeichnung, die dafür verwendet wird. Sie ist nicht mehr nur für die Kleinen, die Armen und für diejenigen bestimmt, die sich einer Gewalttat schuldig gemacht haben. Sie gilt jetzt für alle Delikte, alle Altersstufen, selbst für die ältesten Schüler. Wir haben darin das wesentliche Faktum dieser Entwicklung zu sehen. Es ist bereits von dem englischen Historiker Rashdall hervorgehoben worden. »Insgesamt gesehen«, so schreibt er, »war der *undergraduate*, der nicht zu einem Kolleg gehörte, zu Beginn des 14. Jahrhunderts ein freier Edelmann. Am Ende des 15. Jahrhunderts ist er nichts anderes mehr als ein schlichter Schüler – in Deutschland weniger als in Paris und in Oxford.« Er ist ein Schüler, der denselben Strafmaßnahmen ausgesetzt ist wie der kleine Grammatikschüler. Rashdall fährt fort: »Diese breitangelegte Revolution der universitären Disziplin, die im 16. Jahrhundert ihren Höhepunkt erreicht, ist eine Folge der Entwicklung der Kollegs.« Die Statuten von Brasenose (1509) seien die ersten in England gewesen, die die älteren Artesschüler auf dieselbe Ebene stellten wie die Grammatikschüler. (41) An den Universitätskollegs erhielten *undergraduates* nach dem Belieben des Dozenten die Rute, wie es andernorts nur den Grammatikschülern geschehen konnte. Die Statuten des Dr. Caius in Cambridge setzen das Alter, von dem ab die Bestrafung am eigenen Leibe durch die Geldstrafe abgelöst werden sollte, auf achtzehn Jahre fest. Am Cardinal College, in den Statuten Wolseys, liegt diese Grenze sogar bei zwanzig Jahren.

In Frankreich wurde die Rute seit Beginn des 16. Jahrhunderts mit solcher Ausgiebigkeit angewendet, daß das in den Statuten vorgesehene Maß noch übertroffen wurde. Zumindest trifft das auf Standonc am Montaigu zu, wo die Statuten die *susceptio disciplinae* ausdrücklich nur für Fälle von Gewaltanwendung vorsehen. Von seinen Zeitgenossen wissen wir jedoch, daß Standonc »diejenigen, die er eines Vergehens überführt hatte, züchtigen ließ; diejenigen, die sich schwere Verstöße zuschulden kommen lassen hatten, mußten nackt vor der gesamten Schulgemeinschaft antreten, und dann ließ er sie bis aufs Blut schlagen.« (42)

In diesem 16. Jahrhundert denkt man an seine Kindheit nicht selten mit Bitterkeit als an eine Art Gefängnisaufenthalt zurück. Montaignes diesbezüglicher Text ist wohl der bekannteste und deckt sich inhaltlich etwa mit dem, was wir vom Collège de Montaigu wissen. Thomas Tusser gibt gegen 1560 folgenden Abriß seiner Schulzeit (43):

> From Powles I went, to Aeton sent
> To learne straightways the Latin phraise
> Where fiftie three stripes given to mee at once I had.

Andere englische Texte aus derselben Epoche beschreiben die Schule als »place of execution« (44) und bedienen sich damit etwa desselben Ausdrucks, den Montaigne gebraucht hatte. Diese Brutalität blieb übrigens nicht auf die Schüler beschränkt. L'Estoile berichtet, wie der König im Jahre 1583 eines Tages »im Louvre in Paris bis zwanzig nach zehn Pagen wie Lakaien züchtigen ließ (man beachte die unterschiedslose Behandlung von Pagen, die ja Söhne von Höflingen waren, und der Dienerschaft), die im unteren Saal des Louvre die Prozession der Büßer nachgeäfft hatten«. (45)

Im 17. Jahrhundert legte sich diese repressive Leidenschaft. Die Rute, die zumindest bei den Jesuiten öffentlich von einem *corrector* verabfolgt wurde, von einem älteren Schüler also, da die *Ratio* den Patres nicht gestattete, die Strafe eigenhändig zu vollziehen, blieb auch weiter die *poena scholastica,* die ohne Rücksicht auf die Altersunterschiede gegen alle verhängt wurde. In den Annalen der Zeit finden sich zahlreiche Beispiele dafür, daß junge Männer von wenigstens sechzehn bis zwanzig Jahren zur Rutenstrafe verurteilt wurden, und uns sind dabei im allgemeinen nur die Fälle von Widersetzlichkeit bekannt. In Aix-en-Provence bekamen 1646 ein Schüler der Philosophieklasse und einer der Schönen Wissenschaften die Rute. (46) In Orléans erhielt 1672 ein zwanzigjähriger Rhetorikschüler, der seine Klasse gegen den Lehrer aufgewiegelt hatte, drei Rutenhiebe – sehr wenig für die damalige Zeit! In Dijon mußten sich im Jahre 1634 die Logikschüler dieselbe Strafe ge-

From Powles... Von Powles schickte man mich nach Eton,/ Damit ich dort unverzüglich Latein lernte./ Dort bekam ich gleich dreiundfünfzig Hiebe versetzt.

fallen lassen. (47). Die *Ratio* der Jesuiten legt genau fest, unter welchen Bedingungen die Züchtigung zu erfolgen hatte. Das Reglement des Collège de Bourgogne von 1624, das Stipendiaten vorbehalten war, die »sich in der Grammatik bereits sehr gut auskannten ... und bereits imstande (waren), dem Logik- und Philosophieunterricht zu folgen«, droht diesen Schülern »die Entrichtung eines Geldbetrags [die alte Geldbuße] oder die körperliche Züchtigung« an. Noch im 18. Jahrhundert verläßt Marmontel die Rhetorikklasse des Collège de Mauriac, (48) um dem *corrector* zu entgehen.

Diese Geschichte der Körperstrafe vom 14. bis 17. Jahrhundert führt uns zu zwei wichtigen Erkenntnissen.

Zunächst einmal steht fest, daß die Strafe erniedrigend war. Die ins Belieben des Lehrers gestellte Bestrafung mit der Rute, die gegenseitige Bespitzelung zugunsten des Lehrers sind an die Stelle des Modus eines korporativen Zusammenschlusses getreten, der für die jungen Schüler und für die anderen, die erwachsenen Mitglieder gleichermaßen verbindlich gewesen war. Gewiß ist diese Entwicklung kein besonderes Kennzeichen der Kindheit, und die körperliche Züchtigung setzt sich im 15. und 16. Jahrhundert gleichzeitig mit einer autoritären, hierarchisch orientierten – absolutistischen – Gesellschaftsauffassung allgemein durch. Doch selbst, wenn man dies einräumt, bleibt ein wesentlicher Unterschied zwischen der Züchtigung des Kindes und der des Erwachsenen bestehen, wie es ihn in diesem Maße im Mittelalter nicht gegeben hatte. Unter den Erwachsenen gab es solche, die sich der körperlichen Züchtigung nicht zu unterziehen brauchten: den Angehörigen der oberen Schichten blieb die Rute erspart, und dieser Modus trug zur Vertiefung der Standesunterschiede bei. Die Kinder und die Jugendlichen waren dagegen ohne Ansehen des Standes alle denselben Strafmaßnahmen ausgesetzt und bekamen die Rute. Das soll nun keineswegs bedeuten, daß es in der Welt der Schüler keine Standesschranken gegeben hätte – weit gefehlt. Sie existierten dort wie überall sonst und waren genau so ausgeprägt. Doch müssen wir konstatieren, daß die Tatsache, daß die Adligen die körperliche Züchtigung als erniedrigend empfanden, sie nicht hinderte, sie an ihren Kindern vollziehen zu lassen. Es wird dieses Merkmal des Erniedrigenden geradezu ein Merkmal der neuen Einstellung zur Kindheit.

Das zweite Phänomen, das unsere Analyse sichtbar werden läßt, ist die Heraufsetzung der Altersgrenze für Prügelstrafen im schulischen Bereich: ursprünglich nur für kleine Kinder bestimmt, erfaßt sie seit dem 16. Jahrhundert die gesamte Schülerschaft, deren obere Altersgrenze oft bei zwanzig Jahren liegt und manchmal sogar darüber hinaus geht. Man ist also bestrebt, die Unterscheidungen zwischen Kindheit und Jünglingsalter abzubauen und die Adoleszenz näher an die Kindheit heranzurücken, indem man sie der gleichen Züchtigung unterwirft. Innerhalb der schulischen Welt – denn für den außerschulischen oder von der Schule wenig berührten Werdegang trifft das nicht in demselben Maße zu – wird der Jüngling also stärker als bisher vom Erwachsenen unterschieden und statt dessen verkindlicht, denn er teilt die Degradierung durch die körperliche Züchtigung, die Züchtigung der unteren Stände mit dem Kind.

Es ist diese in die Adoleszenz verlängerte Kindheit, die sich vom Jünglingsalter nicht deutlich unterscheidet, also durch ihre willentlich herbeigeführte Erniedrigung gekennzeichnet. Die gesamte Kindheit ist ohne Ansehen von Standesunterschieden der degradierenden Bestrafung ausgesetzt, wie sie innerhalb der Erwachsenenwelt nur das niedrige Volk erfährt. Dem Sinn für die Besonderheit der Kindheit, für ihre Verschiedenheit von der Welt der Erwachsenen lag die elementarere Erkenntnis ihrer Unzulänglichkeit zugrunde, die sie mit den untersten sozialen Schichten auf eine Ebene stellt.

Das Bestreben, die Kindheit zu demütigen, um sie zu unterscheiden und in Dienst zu nehmen, läßt im Verlauf des 18. Jahrhunderts nach, und wir können anhand der Geschichte der schulischen Disziplin verfolgen, welcher Wandel im kollektiven Bewußtsein sich in dieser Hinsicht vollzieht. Es ist interessant zu vergleichen, welchen Weg die Entwicklung in Frankreich und England jeweils genommen hat. Der Ausgangspunkt des 16.–17. Jahrhunderts war für beide Länder der gleiche: absulute Autorität des Lehrers – Denunziation – körperliche Züchtigung. Seit dem 18. Jahrhundert nimmt die Entwicklung trotz der Verwandtschaft der moralischen Prinzipien, von denen sie bestimmt war, in beiden Ländern einen unterschiedlichen Weg.

In Frankreich zeigte die Öffentlichkeit eine wachsende Ablehnung des schulischen Disziplinierungssystems, die dazu führt, daß es 1763 abgeschafft wird, als man sich die Verbannung der Jesuiten zunutze macht, um das Schulsystem zu reorganisieren. G. Rigault, der Historiker der »Frères de la Doctrine chrétienne«, zitiert das Reglement einer der ersten *petites écoles,* die denen von Saint Jean-Baptiste de La Salle in Moulins zu Beginn des 18. Jahrhunderts als Modell dienen sollte. (49) Das Reglement enthält Anweisungen bezüglich der Prügelstrafe: Man muß noch energischer strafen, wenn das Kind unter den

Rutenhieben zu schreien anfängt. Und zwar aus folgendem Grund: seine Schreie versetzen die Nachbarschaft in Aufruhr: »Da die Kinder sich nämlich in der Hoffnung, dadurch ihrer Züchtigung zu entgehen, einen Spaß daraus machen, sehr laut zu schreien. Das ist dann der Grund, weshalb die Bewohner der den Schulen benachbarten Häuser und die Passanten Lärm schlagen und glauben, daß man denen, die bestraft werden, sehr wehtut.« G. Rigault sieht hierin das Eingeständnis, daß das »brutale Repressionssystem bereits zu Beginn des 18. Jahrhunderts zahlreiche Gegner hatte«. Einer von ihnen war Saint Jean-Baptiste de La Salle. Er verbietet die Rute zwar nicht, rät jedoch von ihrem Gebrauch ab: »Von der Möglichkeit zu schlagen, macht man nur aus schlechter Laune oder aus Unfähigkeit Gebrauch«, stellt er fest. »Denn Schläge sind eine knechtische Züchtigung, die selbst in dem Falle, daß sie eine Besserung des Betragens herbeiführen – *wenn* sie eine solche überhaupt herbeiführen – die Seele verderben, weil sie gewöhnlich die Wirkung haben, den Menschen störrisch zu machen.« (50) Auch will man den knechtischen und verderblichen Charakter der Körperstrafe nicht länger als der kindlichen Unzulänglichkeit angemessen betrachten. Er ruft vielmehr eine zunächst noch diskrete Mißbilligung hervor, die dann immer mehr Raum greift. Allmählich bildet sich die Vorstellung heraus, daß die Kindheit nicht mit knechtischer Unterwürfigkeit gleichzusetzen ist und der methodischen Demütigung nicht bedarf.

Diese Mißbilligung, die hier die Züchtigung der jüngsten Schüler betrifft, ist noch viel ausgeprägter, wenn es sich um ältere Schüler handelt. Allmählich setzt sich die Regel durch, keine Rhetorikschüler mehr zu schlagen. Im elsässischen Schlettstadt schändeten 1748 acht Schüler den jüdischen Friedhof. Auf Verlangen des Bürgermeisters verurteilte der Rektor sie zur *poena scholastica.* – Ehe sie sich der öffentlichen Vollstreckung dieser Strafe unterzogen, wie das Zeremoniell es gewöhnlich vorsah, wollten sie lieber die Schule verlassen. Ein Jahrhundert früher hätten die Vorgesetzten sie gewaltsam herbeigeführt, während in diesem Falle der Bürgermeister Mitleid bekam und sich beim Rektor dafür verwendete, die Strafe herabzumildern. Die Schuldigen sollten nicht geschlagen werden. Etwa um dieselbe Zeit läßt der Präfekt des Collège de Mauriac, (51) wo Marmontel seine Schulzeit absolviert, seine Zöglinge immer noch durch den *corrector* abstrafen. Doch sind manche Lehrer mit dieser Praktik bereits nicht mehr einverstanden. Einer von ihnen setzt das Prinzip durch, daß Rhetoriker nicht mehr geschlagen werden.

Dies war übrigens auch Rollins Standpunkt. Als das Louis-le-Grand

1762 nach der Vertreibung der Jesuiten in eine Art Musterkolleg umgewandelt werden soll, werden die körperlichen Züchtigungen abgeschafft. Aus dem Reglement von 1762 können wir entnehmen, mit welcher Begründung dies geschah – es ist dieselbe, die schon Jean-Baptiste de La Salle vorgebracht hatte: sie »verderben nur und bessern nicht«. (52) Nahezu überall in Frankreich wird man nun auf die traditionelle *poena scholastica* verzichten und nie wieder zu ihr zurückkehren. Im Jahre 1770 wurde ein Lehrer des Collège de Vendôme entlassen, »weil er mit der Zuchtrute gegen die Rhetoriker vorgegangen war«. (53)

Zur selben Zeit gab man die alten denunziatorischen Praktiken auf. Bereits die *petites écoles* von Port-Royal und die jansenistische Schule, die als Vorreiter figuriert, nahmen davon Abstand. Gegen 1700 übernahm das neue Collége de Sainte-Barbe die Methoden von Port-Royal. (54) In seiner Gründungsschrift wurden die Körperstrafen, die von den verhaßten Jesuiten akzeptierten mittelalterlichen Konkurrenzprinzipien und die Einrichtung der *observateurs* für abgeschafft erklärt. Darüber hinaus nahm an den allwöchentlichen Lehrerversammlungen, auf denen über Strafen und Tadel entschieden wurde, ein »Tribun« der Schüler teil, der seine Kameraden verteidigte. Wir haben es hier mit einem neuen Geist zu tun. Nach 1763 wird er auch ins Louis-le-Grand Einzug halten und sich innerhalb unseres gesamten Schulsystems durchsetzen.

Die Abschaffung der Späher mußte auch eine Reform des Lehrkörpers nach sich ziehen. Ohne ihre Monitoren waren die Lehrer zahlenmäßig zu schwach vertreten, um den Überblick zu behalten. Wenn die jansenistische Schule auf die Monitoren verzichtete, so geschah dies auch deshalb, weil sie zu der kostspieligen Einrichtung der kleinen Schulen von Port-Royal überging: acht oder zehn Kinder pro Lehrer – ein luxuriöser Standard. An den Kollegs geht man dazu über, das Lehrerkollegium zu erweitern und hierarchisch zu strukturieren. In dieser Absicht wurde 1766 die *agrégation* als Ausleseprüfung eingeführt, während man auf der untersten Stufe der Hierarchie die Monitoren durch niedriger gestellte Lehrer ersetzte. Das ist der Ursprung des Repetenten: man nannte ihn damals bereits Repetitor oder Aufseher, aber auch *maître de conduite*. (55)

Bedeutet diese Reform der Disziplinarordnung nun schlicht, daß liberale Ideen in die Welt des Kindes eingeführt wurden? Eine solche Erklärung wäre zu simpel und zugleich zu allgemein. Denn wenn die Rute auch aus dem Kolleg verschwindet, so wird sie dafür vom Militär übernommen, wo die körperliche Züchtigung nach dem Vorbild der Armee Friedrichs II., aber auch der der Hannoveraner in England systematisch angewendet wird. Ebenso ist es wahrscheinlich, daß die Disziplin in den ersten Industriewerkstätten ziemlich stramm war – auch ohne körperliche Züchtigung!

Die Lockerung der alten schulischen Disziplin entspricht einem anderen Phänomen: einer Umorientierung in der Einstellung zur Kindheit, die sich nicht mehr an die Vorstellung seiner Unzulänglichkeit knüpft und die Notwendigung der Erniedrigung des Kindes nicht mehr anerkennen will. Es handelt sich jetzt darum, im Kind das Verantwortungsgefühl des Erwachsenen, den Sinn für Würde zu wecken. Das Kind nimmt weniger eine Gegenposition zum Erwachsenen ein (obwohl es sich hinsichtlich seiner Sitten deutlich von ihm unterscheidet), sondern wird vielmehr auf das Erwachsenenalter vorbereitet. Diese Vorbereitung findet nicht schlagartig und auf brutale Weise statt. Sie bedarf der Sorgfalt und kann sich nur in Etappen, in Form eines allmählichen Heranbildens vollziehen. Dies ist die neue Auffassung von Erziehung, die dann im 19. Jahrhundert ihren endgültigen Siegeszug antreten wird.

In England bildet sich diese Einstellung später heraus. In den Annalen der englischen Schulen stellt sich das 18. Jahrhundert als eine Epoche der Gewalttätigkeit und der Brutalität dar. Das *flogging* wird immer häufiger praktiziert. Laut H. Cook, dem Historiker des Winchester College, (56) wurde die Prügelstrafe im 17. Jahrhundert nur am Samstag, dem *bloody day*, vollzogen. Später fand sie täglich statt. Georg III. geht in der Nähe von Windsor spazieren und begegnet einem Jungen von Eton: »Well, well, my boy, when were you flogged last, eh eh?« Man erzählt, Keats, der zu Beginn des 19. Jahrhunderts *head-master* von Eton war, habe sich an so einem für die Prügelstrafe vorgesehenen Tag einmal in der Liste geirrt und sämtliche zur Erstkommunion vorgesehenen Schüler gezüchtigt! Dazu muß allerdings auch gesagt werden, daß diese Lehrer mit der lockeren Hand es mit schrecklichen Bengeln zu tun hatten, die keine Gelegenheit zur Revolte ausließen. Die Berichte aus jener Zeit vermitteln uns einen Eindruck von den Besserungsanstalten, wo noch die brutalsten Repressionen nicht ausreichten, um der Jugendlichen und der wüstesten Laster Herr zu werden. Sicher finden wir viel von diesen Zuständen auch in unseren französischen Kollegs des 16. Jahrhunderts wieder, aber die Reform der Jesuiten, der Oratorianer und der Universitäten führte immerhin dazu, daß die auf Gewaltanwendung und Erniedrigung basierende Disziplin, wie sie im

17. Jahrhundert üblich war, sich mit ihren Maßnahmen innerhalb sehr enggestreckter Grenzen bewegte. In England gab es keine solchen Reformen, die eine gewisse Mäßigung zur Folge hatten. *Tom Brown's Schooldays* enthält eine Beschreibung der Sitten, wie sie zum Beginn des 19. Jahrhunderts in Rugby herrschten. Eine Reform schien vonnöten. Sie vollzieht sich am Ende des ersten Drittels des 19. Jahrhunderts; ihr geistiger Vater ist Thomas Arnold, der *head-master* von Rugby.

Diese Reform ist von denselben Prinzipien inspiriert wie die französische Reform der sechziger Jahre des vorangegangenen Jahrhunderts. Sie zielt in der Hauptsache darauf ab, daß das Kind zum Erwachsenen herangebildet werden soll. Die Mittel der Erziehung bleiben in England jedoch die alten. Die englischen Schulen halten an den alten Disziplinierungsmaßnahmen – körperliche Züchtigung und Monitorialsystem – fest, doch gelingt es ihnen, sie mit einem völlig neuen Geist zu erfüllen. So bleibt man zwar bei der Rute, doch ist diese nicht mehr nur eine Strafe, sie wird vielmehr zum erzieherischen Mittel, soll dem Knaben Gelegenheit geben, seine Selbstkontrolle, die erste Tugend eines Gentleman, zu schulen, indem er sich der Rute unterwirft.

Ebenso hat man es, trotz der Beibehaltung der alten Bräuche, geschafft, die Praktiken der Denunziation, des Monitorialsystems zu unterhöhlen. Anders als bestimmte Historiker meinen, die die Radikalität der Reformen der dreißiger Jahre des 19. Jahrhunderts hervorzuheben bestrebt sind, unterscheiden die Monitoren des 19. Jahrhunderts sich nicht von den *praepositores* des 16.–17. Jahrhunderts. Sie haben jedoch nicht länger die Aufgabe, ihre Kameraden bei ihren Lehrern zu denunzieren. Für einen zukünftigen Gentleman schickt sich so etwas nicht. Merkwürdigerweise förderten die Privatschulen, die erst nach den *public schools* von der Schulreform erfaßt wurden, noch zur Zeit von Tom Brown die Denunziation, die es in Rugby schon nicht mehr gab. Wenn die Monitoren auch nicht mehr denunzierten, so spielten sie doch weiter die Rolle einer Hilfskraft des immer noch sehr kleinen Lehrkörpers. Man stellte sich nämlich vor, daß diese frühzeitige Gewöhnung ans Befehlen dazu angetan wäre, den Sinn für Autorität und das Verantwortungsgefühl zu fördern, zu denen der zukünftige Gentleman oder Chef erzogen werden mußten. Man fragt sich allerdings, wie er sich denn bei seinen Kameraden Autorität verschaffen konnte, wo er doch des Vorrechts, sie beim Lehrer zu denunzieren, verlustig gegangen war. Ganz einfach: man räumte ihm statt dessen das Recht ein, die Strafe selbst zu vollstrecken, was ihm die alten Bräuche niemals zugestanden hatten. Früher hatte der *praepositor* dem Lehrer Meldung gemacht, und der hatte dann die Strafe vollzogen. Von nun an verabreicht der Monitor dem Mitschüler, den er bei einem Vergehen ertappt hat, selbst eine Tracht Prügel, und seine Strafmaßnahme wird von der Hierarchie gedeckt.

Wir brauchen diese Beschreibung nicht bis ins einzelne fortzusetzen, um zu begreifen, daß der Wandel der schulischen Disziplin trotz der unterschiedlichen Methoden auf eine neue Einstellung zur Kindheit hindeutet.

Ich habe soeben zu zeigen versucht, inwiefern die Liberalisierung der schulischen Disziplinarordnung im 18. Jahrhundert das Produkt einer neuen Einstellung zur Kindheit ist. Man sollte eigentlich annehmen, daß dieser Liberalismus, derjenige Rollins, sich in Übereinstimmung mit den allgemeinen Vorstellungen der Epoche in der Folgezeit dann immer mehr ausgebreitet und erweitert hat. Das war jedoch nicht so: mit Beginn des 19. Jahrhunderts war die liberale Tradition der schulischen Disziplin vom Ende des Ancien Régime und selbst die der Revolutionszeit wieder verloren gegangen, und an ihre Stelle waren Regimentsmethoden und ein Kasernenhofstil getreten, die sich lange Zeit, fast bis zum Ende des Jahrhunderts, halten sollten. Ohne daß wir hier näher darauf eingehen wollen, sei noch einmal auf das Bestreben Napoleons I. hingewiesen, dem höheren Schulwesen, das mittlerweile in die getrennten Bereiche Kolleg und Gymnasium aufgeteilt war, die Prinzipien der Exaktheit und der Unterordnung aufzuzwingen, die sich der militärischen Disziplin verdankten und die übrigens in den Gymnasien des Kaiserreiches wahrscheinlich strenger beachtet wurden als in der Armee! Man war damals der Meinung, daß die militärische Disziplin an sich erzieherisch wertvoll war, und diese Vorstellung tauchte nach vielen Umwegen, die Raoul Girardet aufgezeichnet hat, in Frankreich am Ende des 19. Jahrhundert, also gerade zu dem Zeitpunkt, als die offizielle Pädagogik sich von ihr losgesagt hatte, in den pädagogischen Anschauungen rechtsgerichteter Kreise wieder auf. »Ohne militärische Disziplin«, sagte Napoleon, »läßt sich eine genaue Befolgung der Ordnung und der Regeln der Anstalt schwerlich einhalten.« So stellten sich innerhalb unserer Schulsitten Gewohnheiten ein, die in England gänzlich unbekannt blieben, sich in Frankreich jedoch nicht nur auf den Bereich der napoleonischen Universitätsgründen beschränkten. Trotz des Widerwillens, mit dem die kirchliche Hierarchie dieser Militarisierung begegnete, übernahmen auch Institutionen geistlichen Ursprungs wie die *petits séminaires* einige dieser militärischen Gewohnheiten: den Gebrauch der Trillerpfeife, das Exerzieren, das Antreten in Reih und Glied und bisweilen auch den Karzer, denn zu den körperlichen Züchtigungen aus der Zeit vor 1763 wagte man nie wieder zurückzukehren.

Am Louis-le-Grand hat der militärische Charakter der Disziplin alle Regierungswechsel und Umschwünge der öffentlichen Meinung ebenso überstanden wie die heftigen Proteste der Gymnasiasten, die bis zur Meuterei gingen. Erst durch das neue Reglement von 1890 wurden der Karzer und die napoleonische Disziplinarordnung abgeschafft, die sich also fast ein Jahrhundert lang gehalten hatte. So kehrte man, wie Dupont-Ferrier als Historiker des Louis-le-Grand bemerkt, zu der Situation zurück, in der sich Rollin im 18. Jahrhundert befunden hatte.

Der Liberalismus des 18. Jahrunderts ist also auf eine Gegenströmung gestoßen, die teilweise die Oberhand gewann und der Schuljugend einen paramilitärischen Status aufzwang.

Hat man nun diese Tendenz ausschließlich dem Vorgehen Napoleons I. zuzuschreiben? In Wirklichkeit ist sie viel älteren Ursprungs: die ganze zweite Hälfte des 18. Jahrhunderts hindurch gibt es Anzeichen dafür, daß die militärische gleichzeitig mit der liberalen Idee in der Schule Fuß faßt. Das ist etwas völlig Neues: die einzigen Institutionen, die die Schule geprägt hatten, waren bis dahin kirchliche und monastische Einrichtungen gewesen. Die Knaben, die für die militärische Laufbahn bestimmt waren, hatten sich als letzte in den Schulen eingefunden, um den vollständigen Schulzyklus zu durchlaufen, und im 17. Jahrhundert hatte man für sie als zusätzliche Bildungseinrichtung die Akademien schaffen müssen, damit sie sich dort Kenntnisse erwerben konnten, die nicht auf dem klassischen Programm des Kollegs standen. Nach der Vertreibung der Jesuiten richtete sich das systematische reorganisierte Unterrichtswesen dagegen auf die Vorbereitung für die Militärschulen aus, die in derselben Epoche gegründet wurden, und das gesamte Schulwesen nahm etwas von dieser militärischen Attitüde an.

Das Jesuitenkolleg von Tournon wurde (ebenso wie das Collège de La Flèche) zu einer Militärschule, die von den Oratorianern geleitet wurde. Hier stößt man auf die seltsame Mischung aus einem Liberalismus à la Rollin und einem Kasernenhofgeist à la Bonaparte. In Zügen zu 24 Mann absolviert man hier militärische Übungen. Diejenigen, die bestraft werden sollen, müssen eine Art groben braunen Drillich tragen und bekommen Arrest. Die Schüler, die am Ende des Schuljahres zur École militaire – der Vorläuferin von Saint-Cyr – zugelassen werden, erhalten einen Hut mit Kokarde und eine Uniform. Andere werden von der Schule direkt in die Korps der Truppen dirigiert. Diese Tendenz ist nicht nur auf öffentliche Einrichtungen beschränkt, die wie Tournon aus Stiftungen finanziert werden. Nach 1762 werden beispielsweise in Rouen neue Privatpensionate eröffnet. (57) Ihre Zöglinge erhalten eine Uniform, die nicht mehr das geistliche Gewand der armen Stipendiaten des 17. Jahrhunderts ist, sondern eine Nachahmung der Offiziersuniformen. An diesen Schulen wird auch weniger Latein und statt dessen mehr »Modernes« unterrichtet, d. h. Geschichte, Geographie und Mathematik. Die alten Lehrer beklagen diesen Wandel. Für einen von ihnen, der von Beaurepaire zitiert wird, reduziert sich diese »prunkliebende Erziehung« nur darauf, »daß man den Kindern eine Art militärischer Uniform anzieht, ihnen Waffen in die Hand gibt, all diese Kerlchen unterschiedslos militärische Übungen ableisten läßt.«

Infolgedessen militarisiert sich die Schule, oder doch zumindest diejenige, die unserer höheren Schule entspricht, schon einige Zeit, bevor das napoleonische Gymnasium entsteht. Das entspricht zweifellos dem Rang, den die Armee innerhalb der Gesellschaftsordnung einzunehmen beginnt und den sie in Frankreich zwar während der Restauration verliert, dann jedoch nach einer Unterbrechung von einem halben Jahrhundert im Zweiten Kaiserreich wiedergewinnt, während sie in Mitteleuropa diese Stellung ununterbrochen gewahrt hat. (58) Das Bild vom Offiziersstand begann damals mit der Vorstellung von der *noblesse* zu verschmelzen. Die Armeeuniform wurde zum Repräsentationsaufzug der Könige und der Prinzen, wie E. G. Léonard so überzeugend gezeigt hat. Unter diesen Umständen ist es nur natürlich, daß die Erziehung der jungen Männer der besseren Gesellschaft einen militärischen Charakter annahm. Selbst in den englischen Public Schools, die sich dieser Entwicklung erfolgreich widersetzten, nahm die Hierarchie der Monitoren neue Bezeichnungen wie beispielsweise *captain, caporal* an. Wir begegnen hier offensichtlich einer grundsätzlichen Tendenz der Sensibilität der Zeit. Noch ein anderes Phänomen läßt sich feststellen, das speziell mit den Lebensstufen zu tun hat. Das neue Interesse, das man dem Offizier und dem Soldaten entgegenbringt, hat unleugbar eine wenn auch konfuse Angleichung zwischen dem frühen Jünglingsalter und dem soldatischen Typus zur Folge. Der Rekrut ist nicht länger der schlampig gekleidete und oft vorzeitig gealterte Haudegen, wie wir ihn von den holländischen, spanischen, den Gemälden der Caravasco-Schule des 17. Jahrhunderts kennen. Er wird zum jungen Soldaten Watteaus, dem Modell des hübschen Burschen.

Die mittelalterliche Schule machte keinen Unterschied zwischen Kind und Erwachsenem. Das Kolleg zu Beginn der modernen Zeiten hatte

Jünglingsalter und Kindheit unterschiedslos derselben schulischen Disziplin unterworfen. Im 18. Jahrhundert führen die Offiziere und der Soldat den neuen Begriff der Jünglingszeit ins allgemeine Bewußtsein ein. Ein Jüngling, das ist ein Cherubim in Uniform, ein männlicher gewordener Cherubim.

Diese Vorstellung vom Jünglingsalter sollte einen Wandel innerhalb der Pädagogik herbeiführen. Die Erzieher erkennen der Uniform und der militärischen Disziplin nunmehr einen moralischen Wert zu. Die Assimilation von Jüngling und Soldat in der Schule hat zur Folge, daß Merkmale wie Härte, Männlichkeit, die bis dahin keine Beachtung gefunden hatten, von nun an als solche erstrebenswert sind. Ein neues, wenn auch noch unentwickeltes Interesse hat sich herausgebildet, das nicht mit dem Interesse an der Kindheit zu verwechseln ist: der Sinn für die Jünglingszeit. Dasselbe haben wir im übrigen an anderer Stelle schon in Bezug auf den Rekruten feststellen können.

6. Kapitel
Vom Externat zum Internat

Wir kennen heute nur drei Kategorien von Erziehung: die Einzelerziehung durch Hauslehrer, die in der bürgerlichen Epoche des 19. Jahrhunderts verbreiteter war als heute, und vor allem zwei Arten von kollektiver Erziehung, die Externats- und die Internatserziehung. Bis zum 18. Jahrhundert existierten diese Kategorien jedoch nicht oder jedenfalls nicht in der heutigen Bedeutung.

Auf den ersten Blick sollte man annehmen, daß man sich im Ancien Régime gern des Hauslehrers bediente, weil die aristokratischen Strukturen der damaligen Gesellschaft und die Isoliertheit vieler Aristokraten auf dem Lande diese Kategorie der Erziehung zu begünstigen schien. Dies war jedoch nicht der Fall. Nicht, daß man die Vorstellung von der Erziehung im eigenen Hause überhaupt nicht gekannt hätte: in der pädagogischen Literatur von der Renaissance bis zum 18. Jahrhundert, von Erasmus bis zu Rousseau, kommt sie sogar sehr häufig vor, und die Autoren werden nicht müde, die Einzelerziehung als die beste aller möglichen Formen der Erziehung zu propagieren. Allerdings kam es innerhalb dieser theoretischen Diskussionen auch vor, daß man einer Erziehung in kleinen Gruppen von höchstens zehn Schülern, d. h. einer individuellen erzieherischen Betreuung von wenigen Kindern den Vorzug gab: diese Regelung hat man während einer sehr kurzen Zeitspanne an den *petites écoles* von Port-Royal angewandt, und sie ist dann später am Sainte-Barbe wieder aufgenommen worden.

Tatsächlich hatte diese Literatur, obwohl sie sehr reichhaltig war, weder auf die Sitten noch auf die Institutionen irgendwelchen Einfluß. Es ist gelegentlich vorgekommen, daß moderne Historiker diese rein literarischen Beispiele ernst genommen haben, ohne sich recht darüber im klaren zu sein, daß in diesen Fällen zwischen theoretischer Literatur und Realität keinerlei Beziehung bestand. So geschieht es häufig, daß sie Erasmus, Rabelais oder Port-Royal mehr Bedeutung zumessen als den Jesuiten oder den Oratorianern! Im Ancien Régime oder jedenfalls bis zur Mitte des 18. Jahrhunderts hörte die häusliche Erziehung vor Vollendung des zehnten Lebensjahres auf. Die Ausnahme waren die Söhne des Königs, die einzigen Jungen Frankreichs, die nicht aufs Kolleg gingen. Selbst die Prinzen, wie etwa die Condés, besuchten das Kolleg: es war die einzige schulische Einrichtung, die allen gemeinsam war.

Dennoch war das Wort Hauslehrer oder Erzieher *(précepteur)* allen vertraut. Man verstand allerdings im 16. und 17. Jahrhundert darunter nicht einen Lehrer, der das Kolleg ersetzte und seinen Schüler damit zugleich vor dessen Promiskuität und dessen Disziplin bewahrte. Man verwendete das Wort *précepteur* vielmehr in zwei anderen Bedeutungen, wovon die eine ziemlich präzis und die andere eher vage ist. Mit *Précepteur* konnte ein älterer Kamerad gemeint sein (im Unterschied zum Diener, der oft gleichaltrig und bisweilen sogar ein Milchbruder war), den wohlhabende Familien zu dem Zweck auswählten, daß er ihre Kinder aufs Kolleg begleiten sollte. Dort teilte er dann ihr Leben und ihre Studien mit ihnen, paßte auf sie auf, beschützte sie und half ihnen. Er ersetzte das Kolleg nicht, sondern ergänzte es und war insbesondere dazu da, die physischen und moralischen Gefahren zu vermindern, denen seine Schützlinge solange ausgesetzt waren, wie das Kolleg noch Züge der mittelalterlichen Schülerfreiheit wahrte. Ein Stich Crispin de Pos' vom Anfang des 17. Jahrhunderts zeigt uns eine Abschiedsszene zwischen dem Schüler, der mit seinem *précepteur* zum Kolleg aufbricht, und den Eltern. Den Ranzen geschultert, brechen die Jungen auf und lassen die an der Schwelle versammelte Familie zurück. Auf dem Weg, den sie nehmen werden, streben andere Jungen – mit und ohne *précepteur* – in Gruppen demselben Ziel zu. (1)

»Mein Vater«, sagt H. de Mesmes (geboren 1532), »gab mir J. Maludan zum Präzeptor, einen gelehrten Mann und Schüler des Dorat, den er ob seiner tadellosen Lebensführung und weil er im richtigen Alter war, dazu ausersehen hatte, mir jungem Blut solange die nötige Lenkung zuteil werden zu lassen, bis ich mich, gleich ihm, selbst würde zurechtfinden können ... Dieses Amt hatte er inne, bis ich eine Stellung antrat ... *Mit ihm* und meinem jüngeren Bruder ... wurde ich aufs Collège de Bourgogne geschickt.« (2) Auch der zukünftige Marschall de Bassompierre (geboren 1589) wurde von einem *précepteur,* einem Tanz- und einem Schreiblehrer auf das Kolleg von Freiburg begleitet – von den Bediensteten ganz zu schweigen. (3)

Mit demselben Wort *précepteur* bezeichnete man aber auch den Kolleglehrer, dem man seine Kinder als Pensionäre anvertraute. Am Collège des Grassins, so berichtet Loménie de Brienne (geboren 1636) »hatten wir (mein Bruder und ich) als Präfekten und *précepteur* zugleich

M. Le Haulx, der Unterprinzipal jenes Kollegs war und sich unserer Erziehung mit besonderer Sorgfalt annahm«. (4) In seinem *Francion* verwendet Sorel *précepteur* als Synonym für Lehrer: »Präzeptoren sind Leute, die nahezu unmittelbar von der Pflugschar auf den Schemel kommen und ein wenig die Rolle der *cuistres* spielen [d. h. Diener von Schulmeistern sind], während sie ihrem Herrn einige Stunden, während derer sie ihm eigentlich zu Diensten stehen sollte, stehlen, um nebenbei selbst etwas zu lernen ...«

Was nun die Unterscheidung zwischen Internen und Externen betrifft, so läßt sich feststellen, daß auch sie damals noch nicht die Bedeutung hatte, die wir ihr heute beilegen. Allgemein kann man sagen, daß Internate in unserer heutigen Form selten waren. In den Jesuitenkollegs nannte man die Zöglinge, deren Status dem unserer Internatsschüler am nächsten kam, *convictores*. Der Begriff des Externen war verbreiteter und präziser, weil er der am meisten verbreiteten Praktik entsprach. In jedem Fall bleibt die Terminologie jedoch schwankend. Bei den Jesuiten meinte man mit *externii* die Schüler, die nicht zur Bruderschaft gehörten, die die keine *scholastici* waren; die Nicht-Pensionäre oder außerhalb des Hauses lebenden Schüler nannte man *auditores*. Doch wissen wir wiederum von Sorel, daß man am Collège de Lisieux das Wort Externer bereits als Synonym für das ältere Wort *galoche* verwandte: derselbe Schüler wird im Abstand von wenigen Zeilen einmal als *galoche* und dann als *externe* bezeichnet. (5)

In Wirklichkeit gab es statt unserer eindeutigen Kategorien – Pensionär, Halbpensionär, Externer – eine ganze Skala von Lebensformen, die ich nun zu unterscheiden und zu klassifizieren versuchen will.

Danach werde ich darstellen, wie das klassische Internat des 19. Jahrhunderts an die Stelle dieser alten Formen getreten ist.

Der einfachste Fall, der jedoch zweifellos auch am seltensten vorkommt, ist, daß die Familie nahe bei einer Lateinschule oder einem Kolleg wohnt. Die Dialoge von Vives skizzieren die entsprechende Szene: die Dienerin hilft dem Kind, sich anzukleiden. (6) Das Kind verabschiedet sich von Vater und Mutter; es nimmt seinen Proviantkorb in Empfang: »ein Stück Butterbrot, getrocknete Feigen oder auch getrocknete Weinbeeren« für die Mittagspause. Dann macht es sich auf den Schulweg. Ab und zu gibt man ihm kleine Aufträge; so bleibt es unterwegs stehen, um ein altes Weib zu fragen: »Wir wüßten gern, um wieviel Ihr Eure Kirschen feilbietet? – Um sechs Deniers das Pfund, doch weshalb wollt Ihr das wissen? – Weil meine Schwester mir heute früh aufgetragen hat, welche zu kaufen.« Es schlendert den Weg entlang und spielt Himmel und Hölle oder auch Karten. Er kommt zu spät, seine Kameraden haben bereits ihr Pausenbrot gegessen (es handelt sich dabei vielleicht um die Pensionäre des Lehrers): »Kinder [sagt der Lehrer], wann kommt Ihr denn endlich, wir haben bereits gegessen.«

In einem der Dialoge von Cordier (7) kommt folgendes Gespräch zwischen zwei Jungen vor: »Ich habe um halb neun zu Abend gegessen. – Ihr eßt also schon so zeitig? – Das ist bei uns im Sommer gewissermaßen so Brauch, und wie haltet Ihr es? – Wir essen keinesfalls vor halb elf, bisweilen sogar um elf. – Warum denn nicht früher? – Wir müssen warten, bis mein Vater vom Gericht zurückgekehrt ist. – Kann denn Eure Mutter Euch Euer Nachtmahl nicht auftischen, ehe Euer Vater von der Sitzung zurückkehrt? – Gewiß doch, aber mein Vater wünscht, daß ich auf ihn warte.«

In einem anderen Dialog Cordiers befragt der Lehrer einen seiner Schüler, der ihn bei seiner Ankunft begrüßt: »Guten Tag, Herr Lehrer. – Auch ich wünsche Euch einen guten Tag, mein allerliebster Stephanio. – Wann seid Ihr aufgestanden? – Etwas vor vier Uhr, Herr Lehrer. – Da steht Ihr ja sehr früh am Morgen auf. Wer hat Euch geweckt? – Mein Bruder. – Habt Ihr auch ordentlich gebetet? – Sobald mein Bruder mich gekämmt hatte, habe ich gebetet.«

Unter den Lebensbedingungen des Ancien Régime konnte diese Kategorie von Schülern, die bei ihrer Familie wohnten, nur eine Minderheit ausmachen. Die Schülerschaft rekrutierte sich nicht nur aus den Städten und den Marktflecken, wo sich die Schulen befanden, sondern auch aus den ländlichen Gebieten, und viele von ihnen, ob aus den Dörfern oder den Schlössern, ob Bauernburschen, Geistliche oder Adlige, wohnten zu weit weg, um abends nach Hause zurückzukehren und zweimal täglich zu Fuß dieselbe Wegstrecke zurückzulegen.

Zahlreiche Schüler wohnten also getrennt von ihren Familien: sei es als Pensionäre, Kammerdiener oder sonstige Bedienstete in den Kollegs selbst, sei es als Externe, *martinets* oder *galoches* bei irgendwelchen Bürgersleuten.

Unter denen, die innerhalb der Räumlichkeiten des Kollegs selbst wohnten, waren auch diejenigen, für die das Kolleg ursprünglich gegründet worden war, die Stipendiaten. Am Montaigu nannte man sie im 16. Jahrhundert die *pauperes*, und so hießen sie auch im 17. Jahrhundert am Louis-le-Grand. Aber die Stipendien wurden alsbald zweckentfremdet verwendet. Entweder rissen die reichen Familien sie dank ihres Einflusses an sich – dies war etwa in den englischen *public schools* der Fall, so daß aus diesen Stiftungen für arme Schüler schließlich Pflanzschulen für Edelleute wurden –, oder aber sie wurden wie Ämter gekauft, und zwar sogar von Nicht-Studenten, insbesondere von Geistlichen, die auf diese Weise aus den Lebensbedingungen des Kollegs die Vorteile einer Pfründe zogen. Im Jahre 1652 fand man im Zuge einer Enquête des Parlaments am Kolleg von Autun heraus, daß aus der Stipendiatengemeinschaft eine Art bürgerlicher Pension geworden war! (8) Man kaufte die Stipendien für ungefähr 200 Livres: »Die Mehrzahl der Stipendiaten tun weder in der Kapelle noch an ihrem Studienplatz ihre Pflicht ... und verbringen dort Jahre, ohne am Unterricht teilzunehmen.« Viele haben ihre Klassen bereits absolviert oder jedenfalls angeblich absolviert. Die Neuen zahlten den ausscheidenden Stipendiaten eine Art Ablössumme: »Monsignore Paul, Priester und Stipendiat, hat gesagt, daß ihm, als er sein Stipendium bekam, derjenige, der es bis dahin gehabt hatte, 60 Écus abverlangt habe, die zu Händen des Herrn Prinzipals hinterlegt worden seien.« Unter solchen Bedingungen konnten die Stipendiaten nicht als Zöglinge betrachtet werden. Dies war insbesondere in den Kollegs der Fall, wo es kein volles Unterrichtsprogramm gab und die Schüler folglich (im Prinzip) die Klassen eines anderen Kollegs mit vollem Unterrichtsprogramm besuchen mußten. Sie schienen mehr die Kollegen des Prinzipals zu sein statt seine Untergebenen, je nachdem, in welchem Maße sie am Gemeinschaftsleben der Anstalt teilnahmen.

Am Louis-le-Grand – damals noch Jesuitenkolleg – wurden die ursprünglichen Bedingungen auch im 17. Jahrhundert respektiert, lebten die *pauperes* nach denselben Regeln wie die Pensionäre, d. h. die wohlhabenderen unter den Kindern, galt für die Reichsten und die Ärmsten dasselbe Statut. Allerdings unterschieden die *pauperes* sich von den übrigen Pensionären durch die Kleidung: eine triste graue Soutane.

Insgesamt hat das alles nur wenig Bedeutung: die Stipendiaten machten nur einen geringen Bruchteil der Schüler aus, und daß ihre Bedeutung oft überschätzt wird, ist darauf zurückzuführen, daß sie in den Gründungsvorschriften der Kollegs eine so große Rolle spielen, weil diese ursprünglich ausschließlich für solche Stipendiaten gedacht waren. Wie wir gesehen haben, haben die Kollegs in der Folgezeit dann eine breitgefächerte Schülerschaft angezogen. Dieser gilt unser Interesse.

Unter denen, die neben den Stipendiaten innerhalb der Kolleggebäude wohnten, waren die »Pensionäre«, die zahlreicher waren; laut Pasquier waren es »diejenigen, die beim Lehrer in Pension sind« – oder auch beim

Prinzipal, dem Leiter des Kollegs. (9) Cordiers Texten läßt sich entnehmen, wie sehr sie um ihren Status beneidet wurden: »Ich will ins Kolleg übersiedeln«, sagt ein Schüler, woraus wir schließen können, daß er außerhalb des Kollegs wohnt und nur zum Unterricht dorthin kommt. »Was, ins Kolleg, um dort zu wohnen? – Nicht, um dort als *locatif* und *forain* zu wohnen [zwei andere Möglichkeiten, innerhalb der Kolleggebäude zu wohnen, die ich weiter unten analysieren werde], sondern als einer von Euch und als *Pensionär am Tisch* des Lehrers.« Die Frau des Lehrers kümmert sich um ihre Sachen und um ihre Reinlichkeit: »Darf ich wohl ausgehen? – Wohin? – Ich möchte nach Hause gehen. – Wie? Was läufst Du denn so oft nach Haus? [Das Elternhaus war also nicht so weit entfernt, daß ein Kind es nicht auf diese Weise erreichen konnte, aber doch zu weit, als daß es jeden Tag dorthin zurückkehren konnte und nicht im Kolleg in Pension zu wohnen brauchte.] – Meine Mutter hatte gesagt, daß mein Bruder und ich heute zu ihr kommen sollten, damit das Kammermädchen unsere Kleider reinigen kann. – Weshalb denn das? Habt Ihr Flöhe? – Ja viele. – Weshalb habt Ihr das denn meiner Frau nicht gesagt? – Wir haben uns nicht getraut. – Als wenn sie so garstig wäre! Sie hat eine Kammerfrau, die hauptsächlich dazu da ist, für die Sauberkeit Eurer Kleidung zu sorgen, und das wißt Ihr sehr wohl. Aber Ihr laßt natürlich keine Gelegenheit aus, um Eure Mutter besuchen zu können. Darum werdet Ihr hierbleiben. Morgen lasse ich Eure Kleider reinigen.« (10)

Im Jahre 1549 schreibt Baduel, der Rektor und Gründer des Kollegs von Nîmes, (11) an den Gerichtsrat Séguier in Toulouse folgenden, dessen Sohn betreffenden Brief: »Wenn Sie mir Ihren Sohn schicken, werde ich ihn ... in den Kreis meiner Tischgäste ... oder Pensionäre aufnehmen.« Daher ist es auch nicht notwendig, daß er von einem Präzeptor begleitet wird: »Ich weiß nicht, welche Gefährten [der Präzeptor wird eher als Gefährte denn als Lehrer betrachtet] oder Diener sie ihm mitgeben wollen. Ein *petit garçon* für alles, was seine persönliche Bedienung betrifft, wäre ausreichend [es handelt sich um einen etwa gleichaltrigen Kammerdiener, der oft ein Milchbruder war]. Alles übrige, d. h. seine Erziehung und seine Gesundheit, wird zu unseren Obliegenheiten gehören.« Der Lehrer übernimmt die volle Verantwortung für ihn.

Dieser Status eines Pensionärs des Prinzipals hielt sich im 17. Jahrhundert in vielen der älteren Kollegs. In den Kollegs hingegen, die von neuen, um das Erziehungswesen bemühten Bruderschaften wie den Jesuiten oder den Oratorianern gegründet worden waren, wandelte sich der Status des Pensionärs. Er verlor den Charakter einer persönlichen Beziehung zwischen dem Schüler und dem Prinzipal. Die Pensionäre waren nicht länger die des Prinzipals, sondern die des Kollegs und damit einem Statut unterworfen, das über die allen Schülern einschließlich der Externen gemeinsamen Verpflichtungen hinaus ihren Tagesablauf und ihr Kommen und Gehen regelte. Diese Regelung kündigt das moderne Internat an, wenn man einmal davon absieht, daß diese Lösung eher außergewöhnlich, d. h. wenigen Privilegierten vorbehalten war. Diejenigen, die wohlhabender oder besserer Herkunft waren, begnügten sich nicht mit einem Alkoven in einem Gemeinschaftsschlafsaal. Sie kamen in den Genuß einer eigenen Wohnung. So etwa im Falle des Condé. Auch ein Verwandter des Erzbischofs von Aix, der in den Annalen des Kollegs von Aix für das Schuljahr 1731 erwähnt wird, genoß diesen Vorzug: »Monsignore, der Erzbischof, hat für den jungen Grafen d'Agout, den Sohn seiner Frau Schwester, einen Präfekten [d. h. einen Präfekten, der unter den Lehrern des Kollegs ausgewählt wurde] und einen Kammerdiener um eine Wohnung im Kolleg gebeten. Monsignore Cachard, der bislang für die Pension zuständige Geistliche, wird das Amt des Präfekten übernehmen. Wir haben nicht umhin gekonnt, Monsignore die ersten beiden Zimmer der Galerie der Lehrer abzutreten. Es hat allerdings auch so gewichtiger Gründe bedurft, wie sie in diesem Falle vorliegen, damit man sich zu dieser Unbequemlichkeit bereit erklärt hat.« (12)

In der Lehranstalt, die Cordier beschreibt (das Kolleg von Genf), (13) gab es neben den Pensionären des Lehrers noch die *locatifs,* die, gelegentlich zu mehreren, im Kolleg Zimmer mieteten, in denen sie auch aßen; sie nahmen am Unterricht teil, waren aber nicht derselben Disziplin unterworfen, wie sie für die Pensionäre des Maître galt. »Der Maître hat uns überrascht . . ., als wir heimlich tranken, gesteht einer der Schüler von Cordier. – Wo denn? – In den Zimmern der Fluviaus. – Weshalb habt Ihr denn dies gemeinsame Trinkgelage abgehalten? – Die beiden sind keine Pensionäre an unserer Tafel . . . Man hatte ihnen von zu Hause allerhand Leckerbissen gebracht. Ich wollte, daß sie unterwegs verlorengegangen wären . . . Und weil ich jedoch gelegentlich unterrichte [in den sehr zahlenstarken Klassen dienten einige Schüler ihren Kameraden als freiwillige Repetitoren], wenn ich die Muße habe, haben sie mich gestern nach dem Essen für heute mittag zu diesem Bankett eingeladen.«

Schließlich wohnten außer den Pensionären und den *locatifs* innerhalb der Kolleggebäude auch noch die Schüler, die Etienne Pasquier *cameristes* nennt und »die von ihren Erziehern verpflegt werden«; (14) Cordier nennt noch die *écoliers domestiques,* die bei den Lehrern wohnen. »Herr Lehrer«, sagt ein Schüler Cordiers zum Prinzipal, »in der sechsten Klasse ist niemand. – Wie das! Wo ist Monsignore Philip? – Er liegt krank zu Bett. – Woher wißt Ihr das? – Einer seiner *écoliers domestiques* ist gekommen, um Bescheid zu sagen.«

Die Lehrer, die im Kolleg wohnten, hielten sich private Pensionäre: das ist das *tutoral system*, das sich an den englischen *public schools* bis in unsere Tage gehalten hat. Durch Sorel kennen wir die Pension eines dieser Lehrer. Francions Vater wollte seinen Sohn aufs Kolleg schicken: »Und weil die Kollegs in unserem Lande [der Bretagne] nicht nach seinem Geschmack waren, nahm er mich, als er in Paris zu tun hatte, trotz der Betrübnis meiner Mutter nach dorthin mit und gab mich zu einem Lehrer des Collège de Lisieux in Pension, den ihm irgendjemand genannt hatte«; er hieß Le Heurteur. »Mein Wirt war ein unerträglich ruhmrediger und impertinenter junger Mann. Er ließ sich (nach römischer Art) Hortensius nennen.« Mit seinem Diener oder *cuistre* bewohnte er einen Pavillon, dessen Haupteingang auf den Hof des Kollegs hinausführte, während der andere auf die Straße ging. »In einigen Klassen waltete er seines Amtes als Lehrer.« Einige der Wirte des Kollegs mögen den Status eines Stipendiaten gehabt haben, auf Hortensius traf das jedoch nicht zu. Seine Zöglinge, acht an der Zahl, wohnten in Zimmern oder »Studierstuben«. Hortensius sparte »den größten Teil unserer Pension und ernährte uns nur von dem, was wir zusätzlich geschickt bekamen ... mittags und zur Vesper waren wir auf die Barmherzigkeit eines bösartigen *cuistre* angewiesen, der, um uns unsere Ration vorenthalten zu können, zu der Zeit, wo die Vesper stattfinden sollte, auf Geheiß seines Herrn spazierenging, damit um so mehr gespart würde und wir uns bis zum Nachtmahl davontrollten. Dann aber war es zu spät, um zu verlangen, was uns zustand« ... (15)

Wie die »Pensionäre« des Prinzipals waren diese *écoliers domestiques* der Disziplin des Kollegs und seiner relativen Abriegelung unterworfen: »Ich war damals«, sagt Francion, »mehr eingesperrt als ein Mönch in seinem Kloster und war verpflichtet, mich beim Glockenton, durch den dort alles auf die Minute geregelt wurde, zur Andacht, zum Essen und zum Unterricht einzufinden.«

Diese Pensionäre, *locatifs, caméristes* oder *domestiques*, die im Kolleg, innerhalb seiner Mauern, wohnten und seiner Disziplin unablässig unterworfen waren, machten nur einen kleinen Teil der Schülerschaft aus. Die große Mehrzahl der Schüler wohnte weder bei ihrer Familie noch im Kolleg selbst, sie wohnte bei Bürgersleuten: »Abgesehen von jenen [den Pensionären und *caméristes*]«, sagt Pasquier, »gibt es noch Schüler, die in der Stadt wohnen und am Unterricht dieses oder jenes Regens teilnehmen, wie es ihnen gerade in den Sinn kommt... Die kleinen werden von uns *martinets* genannt und die anderen *galoches*.« Wie wir bereits gesehen haben, wird der Terminus *galoche* noch von Sorel als Synonym für den Externen verwendet; im Laufe des 17. Jahrhunderts sollte er dann außer Gebrauch kommen. Diese Externen nennt Cordier *forains:* die von draußen. Sorels Francion spricht auch von einem »mir befreundeten *écolier de ville*«, einem Schüler, der in der Stadt wohnt. Diese Kategorie, die am zahlreichsten vertreten und für die Schülerschaft insgesamt am charakteristischsten ist, entspricht ungefähr unseren heutigen Externen, mit dem Unterschied, daß man nicht bei seiner Familie, sondern zur Untermiete wohnte. Manche begnügten sich mit einer kleinen Kammer, die sie alleine belegten; sie waren vielleicht am schlechtesten dran. In Cordiers Dialogen beklagt sich ein Junge, daß er immer die Zeit verschlafe: der Wirt, ein Kaufmann und ein alter Freund seines Vaters, hatte bereits das Haus verlassen, die Kammerzofe war zerstreut, und die Hausfrau »ist schon früh am Morgen, sobald sie aufgestanden ist, ... immerfort beschäftigt, zum Teil mit ihren Kindern, zum Teil mit ihren häuslichen Aufgaben«. Er ist allein, ohne Kameraden. »Ich kann nicht lernen, wie es mir gefällt, wegen der großen Zahl von Kaufleuten, die in diesem Hause ein und aus gehen und den ganzen Tag Lärm machen.« Seine Kammer liegt »so dicht bei der Wendeltreppe, daß nicht einmal eine Katze herauf oder herunterklettern könnte, ohne daß ich das Geräusch hören würde«. Darüber hinaus »gibt es einen großen Ladenraum, wo man die Waren stapelt«. Sein Vater begreift seinen Kummer nicht, »weil er niemals zur Schule gegangen ist und infolgedessen nichts davon versteht, was es heißt, zu lernen«.

Im allgemeinen wohnten die Schüler zu mehreren in einem Zimmer oder doch bei demselben Wirt in einem Haus. In diesem Jahr (1605) schreibt der Kanonikus Jacques de Baune in seinen Memoiren, »gab es in Tournon 700 Schüler, zum größeren Teil Edelleute, die nicht nur aus den benachbarten, sondern auch aus entfernteren Provinzen kamen«. (16) Sie wohnten fast alle bei den Bürgern der Stadt: »In der Unterkunft, wo ich zur Pension war, waren wir zwanzig Schüler«, zwanzig Geistliche, zukünftige Prälaten und Kanoniker, die nicht leicht zu verpflegen waren. »Alexandre will, daß ich ihm Fisch geben soll, wo ich doch selbst noch keinen Fisch bekommen habe.«

Bei den Einheimischen zu wohnen war bis in die letzten Jahre des Ancien Régime und gelegentlich noch einige Jahre darüber hinaus üblich. Marmontel kommt 1734 nach Mauriac, um in die vierte Klasse des Jesuitenkollegs einzutreten: »Wie es am Kolleg Brauch war, wohnte ich mit fünfzig anderen Schülern bei einem braven Handwerker der Stadt zur Miete.« (17) Für Ordnung sorgte dort eine »von den Schülern zu ihrer eigenen Überwachung organisierte Polizei«. »In den Schlafsälen fanden sich Schüler aus unterschiedlichen Klassen zusammen, und diejenigen, die vom Alter und von der Begabung her dafür geeignet waren, ... brachten Ordnung und Disziplin in die Studien und die Sitten ... Man arbeitete gemeinsam an einem Tisch.«

Der »Bürger« sorgte für das Nachtlager und das Gedeck, aber nur zum Teil für die Verpflegung. An den Markttagen ruht an Cordiers Schule der Unterricht, damit die Schüler ihre Einkäufe machen und das Geld ausgeben können, das ihre Eltern ihnen durch Durchreisende zukommen ließen. »Wie viele wollen denn ausgehen?« fragt der Lehrer. »Fast alle. – Was hat denn das zu bedeuten? – Heute ist doch Markt, und da will jeder etwas kaufen.«

»Kehrt Ihr noch einmal auf den Markt zurück?«, fragt ein Schüler seinen Kameraden ... »Um diese Stunde? Vor der Metzgerei herrscht ein solches Gedränge, daß ich kaum bis dorthin gekommen bin. – Was für Fleisch habt Ihr uns denn für morgen mitgebracht?«

Marmontel in Mauriac hielt es genauso: »Mein Vater ... ließ mich dort mit meinem Bündel und Lebensmitteln für die Woche zurück.« Das waren: ein Roggenbrot, ein Käse, ein Stück Speck, ein Dutzend Birnen, der Proviant für die Woche, den die Eltern an jedem Markttag erneuerten; von diesen Zutaten »kochte unsere Bürgersfrau uns das Essen«. Die Schüler hüteten ihre kleinen Reserven mit Argusaugen. Der Vermieter, der gelegentlich versuchte, einige Bröckchen für sich selbst abzuzweigen, brachte sich damit um seine Miete. Die Jungen kannten die Preise. Einer dieser Vermieter äußert sich 1601 in Lariveys Komödie »Les Écoliers« zu diesem Punkt: »Der größte Teil dieser Schüler paßte scharf auf. Wer aus ihnen etwas herausholen wollte, konnte ebensogut versuchen, den Bock zu melken. Ich habe in meinem Hause welche gehabt, die noch das Restchen Brot aufbewahrten, das ihnen mittags oder abends übriggeblieben war.«

Noch zu Beginn des 19. Jahrhunderts kamen im Gebiet der Somme, wo es noch einige ländliche Lateinschulen gab, (18) die Jungen mit ihrer Verpflegung für die Woche zur Schule, die sie in ihrer *besace* (einer Art Beutel) bei sich trugen; sie wurden *besaciers* genannt.

Die einzigen beiden Verfahren, die im Ancien Régime praktiziert wurden, waren also das *tutoral system* und das Externat mit Pension bei einem Bürger. Die einzige Form von Internat, die unserem modernen

Internat nahekam, der Status der *convicti* der Jesuiten oder der Oratorianer, blieb eine Ausnahmeerscheinung und wurde von den Erziehern an den Kollegs widerwillig nur deshalb akzeptiert, weil man eine aristokratische Kundschaft zufriedenstellen mußte, die darauf bedacht war, ihre Nachkommenschaft gegen die Promiskuität des Schullebens abzuschirmen. Die Jesuiten trachteten niemals danach, die Zahl ihrer Pensionäre zu erhöhen: das Externat blieb ihr Ideal.

Es ist im übrigen leicht einzusehen, daß das allgemeine Klima der damaligen Gesellschaft einer totalen Kasernierung kaum förderlich war. Die Versorgungs-, Transport- und Hygienebedingungen waren nicht dazu angetan, die Konzentration und die totale Versorgung einer allzu beträchtlichen Schülerschaft an einem einzigen Ort zu begünstigen. Man hätte dadurch das Risiko der Epidemien wie auch der Aufstände und Unruhen vergrößert, denn diese Schüler, die ja sehr unterschiedlichen Altersstufen zugehörten, waren rauhbeinig, gewalttätig und leicht reizbar.

Die autoritäre Tendenz, die wir bereits an der Entwicklung der Kollegs und der Straffung der Disziplin verfolgt haben, mußte dazu führen, daß die Schülerfreiheit eingeschränkt und das Privatleben des Schülers einer rigoroseren Kontrolle unterworfen wurde. Dabei ist allerdings bemerkenswert, daß diese Entwicklung nicht von den *convicti* der Jesuiten, von einer Ausdehnung des Internatssystems, das uns doch als die modernere Lösung erscheint, ihren Ausgang genommen hat.

Den Ursprung des modernen Internats haben wir anderswo zu suchen: in der fortschreitenden Umwandlung der *paedagogia* zu privaten Pensionaten, wo eine ähnliche Disziplin herrschte wie an den Kollegs.

Wir haben gesehen, daß die Mehrzahl der Kollegschüler bei Bürgern untergebracht war. Damit waren diese Externen der Autorität des Kollegs keineswegs entzogen, denn diese erstreckte sich bald auch auf die Vermieter. Wir haben bereits zu wiederholten Malen festgestellt, daß sich die Entwicklung im 16. Jahrhundert auf die absolute Macht des Schulmeisters zubewegte. Wie hätte diese Macht jedoch wirksam ausgeübt werden können, wenn die Mehrzahl der Schüler sich außerhalb des Unterrichts und der Gottesdienste einer schrankenlosen Freiheit erfreut hätten? Die Prinzipale und Lehrer waren also bemüht, diese Freiheit dadurch einzuschränken, daß sie die Vermieter kontrollierten, bei denen ihre Schüler in der Stadt in Pension waren. Dieses Recht wurde ihnen im übrigen von den Hütern der Ordnung zugestanden, die in dieser Frage ein Wörtlein mitreden konnten. Dazu gehörten beispielsweise im 16. Jahrhundert ein Kardinal, der Reformer der Universität von Paris, sowie die Gerichts- und Verwaltungssprengel, denen im 17. Jahrhundert in der Stadt, wo sich das Kolleg befand, die Polizei unterstand. Die Vermieter selbst mußten ein Interesse daran haben, diese Kontrolle zu akzeptieren, garantierte sie ihnen doch, daß ihre Pensionen ordentlich funktionierten, was ihnen wiederum eine Kundschaft aus gehobenen Schichten sicherte. Die Prinzipiale und Lehrer waren geneigt, bestimmte Vermieter zu begünstigen, und zwar insbesondere die Priester unter ihnen, die sich nicht mehr damit begnügten, dafür zu sorgen, daß die Schüler ein Dach über dem Kopf hatten, sondern ihren Pensionären darüber hinaus als Repetitoren dienten und ihnen unter Zuhilfenahme der Zuchtrute Respekt für die Schuldisziplin abnötigten. Wir haben weiter oben gesehen, daß der Kanonikus Jacques de Barne 1605 in Tournon bei einem »Pädagogen« in Pension war, wie er seinen Vermieter nennt. (19) Das Wort Pädagoge bezeichnet nicht mehr nur ein Dienstverhältnis. »Bei dem Vermieter, wo ich in Pension war, waren wir zwanzig Schüler, darunter arge Schelme, die zu jedem Streich aufgelegt waren und auch nicht davor zurückscheuten, lange Finger zu machen. Sie verließen nachts häufig das Bett, und es kam vor, daß sie den Schrank des Erziehers ausplünderten, der sich nicht anders zu helfen wußte, als zur Rute zu greifen: ›Wer sich durch Zureden nicht zum Lernen und zum Gehorchen bewegen lassen will, dem muß man mit der Rute nachhelfen.‹« Ein Erzieher, der mit der Rute vorgeht, ist kein schlichter Vermieter mehr.

In La Flèche stand dem Rektor und dem Präfekten des Jesuitenkollegs zu Beginn des 17. Jahrhunderts das Recht zu, die *paedagogia* zu inspizieren; sie statteten ihnen regelmäßig Besuche ab. Eine Anordnung des *lieutenant de sénéchaussée* verpflichtet die »Bewohner und Präzeptoren« (man beachte das Wort »Präzeptoren«) der Stadt, innerhalb von drei Tagen die Namen der neuangekommenen Pensionäre nicht nur der Kanzlei des Bürgermeisters zu melden – das wäre eine polizeiliche Maßnahme gewesen, wie sie etwa für die Fremdenheime üblich war –, sondern sogar den Präfekten des Kollegs. (20) Aus dem bloßen Vermieter wurde damals der Leiter einer Privatpension, eines *paedagogium*, wie man zu Beginn des 17. Jahrhunderts sagte – später wird man es dann eine Lehranstalt oder ein Pensionat nennen –, die ihre Zöglinge zum Unterricht und zur Messe auf das Kolleg schickten und während der übrigen Zeit über ihre Hausarbeiten und ihr Betragen wachten. In Pater de Rochemonteix' Monographie des Collège de La Flèche finden wir ein Beispiel für ein solches *paedagogium*. Es wird im Zusammenhang mit der Geschichte eines Iren namens Jean Callaghan beschrieben, der dank der Erwähnung, die er in der Reihe der Nachrufe von Port-Royal findet, für seine jansenistische Aktivität bekannt geworden ist. Vom Kolleg in Quimper kommend, tritt er in die zweite Klasse des Collège de La Flèche ein. Da er völlig mittellos ist, zahlen die Patres ihm ein kleines Salär dafür, daß er fegt und die Aufgabe des *correcteurs* (d. h. des Knecht Ruprecht) übernimmt: »18 Livres Bargeld als Lohn, eine Soutane und ein Mantel, um besagtes Amt des *correcteurs* auszuüben, und seine Verpflegung, wie sie auch die anderen Bediensteten des nämlichen Kollegs erhalten.« Nachdem er seine Philosophieklasse abgeschlossen hatte, setzte er seine Studien fort und nahm im Jahre 1630 am Theologieunterricht teil. Immer noch gab man ihm im Kolleg Essen und Trinken. Darüber hinaus gab ein Priester, *der im Hause einer Witwe eine Pension unterhielt,* »ihm ebenfalls aus Mitleid zu essen und ließ ihn mit an der Tafel sitzen«. Der Text ist interessant, denn er beweist, daß bis zu einem gewissen Grade eine Spezialisierung stattgefunden hat: die Besitzerin des Hauses existiert neben dem Leiter des *paedagogium.* Der Priester hat das Haus von der Witwe gemietet, um dort Schüler empfangen, um für ihre Mahlzeiten und die Überwachung der Schularbeiten sorgen zu können. Einige dieser Schüler wohnen im Hause selbst: »Einer, der Moreau hieß, ein Schüler, der im Haus selbst eine Kammer hatte, teilte mit ihm [Callaghan] das Bett.« Andere Schüler waren zwar anderswo untergebracht, zwei von ihnen beispielsweise bei einem Metzger, nahmen jedoch ihre Mahlzeiten im Haus des Priesters ein und wohnten seinen Repetitorien bei. Dieser Priester war zwar kein Lehrer des Kollegs, figurierte aber dennoch als professioneller Erzieher. Das war damals also ein Beruf. Im Jahre 1633 gibt er dann sein Amt als Pensionsleiter in La Flèche auf und übernimmt die Stelle eines Lehrers für die Novizen einer Abtei von Le Mans. Bei seinem Aufbruch schlägt er Callaghan vor, »er wolle ihm seine Schüler überlassen, damit er auf diese Weise seinen Unterhalt bestreiten könne«.

Wir haben hierin eine der Wurzeln jener Pensionate oder Institute zu sehen, die sich dann im 18. Jahrhundert herausbilden sollten: Internate, die ihre Schüler am Unterricht eines Kollegs teilnehmen lassen. Der Schüler ist nicht mehr der *martinet* oder *galoche* des 15. und 16. Jahrhunderts. Er ist ebensowenig der seltene wohlhabende *convictus* des Jesuitenkollegs. Er wird zum Pensionär (oder bisweilen auch zum Halbpensionär, nämlich dann, wenn er nicht reich genug ist, die vollständige Pension zu bezahlen und sich mit einer Schlafstelle bei einem Handwerker oder Kaufmann begnügt), eines *paedagogium,* das für Disziplin und für die Erledigung der Schularbeiten sorgt. Diese Art von Pensionat ist ein Annex des Kollegs und steht allen Altersstufen offen.

Aus dem *Traité historique des Écoles episcopales et ecclésiastiques* von Claude Joly erfahren wir, daß es im 17. Jahrhundert zumindest in Paris noch eine andere Art von privatem Internat gab, das ausschließlich für die Jüngsten bestimmt war. (21) Claude Joly war Domkantor von Notre-Dame und damit auch »Patron, Richter und Direktor der Grammatikschulen oder *petites écoles* der Stadt und der Vororte von Paris und der umliegenden Ortschaften«. Es war folglich seine Aufgabe, das Recht des Kapitels und des Kantors gegen alle zu verteidigen, die es bedrohten: gegen die Universität, die Landpfarrer, die Schreibmeister, die Orden ... Sein 1678 erschienener Traktat ist Anklageschrift und Plädoyer zugleich. Tatsächlich beschuldigten die Universität, d. h. die Faculté des Arts, oder auch seine Kollegen den Kantor, er wolle ihnen ihr Monopol streitig machen. Claude Joly gibt diese Tatsache zu: »Als die Kantoren der Kirche von Paris vor ungefähr 60 Jahren [um 1610] von einigen Privatlehrern, die verheiratet waren und in den Vororten von Paris geräumige Häuser mit Gärten erworben hatten, um die Erlaubnis ersucht wurden, dort Pensionen für Kinder aufzumachen und sie zu unterrichten, kamen sie diesem Ersuchen gern nach ... Die *maîtres de quartier* [Leiter der *petites écoles,* die vom Kantor abhängig waren] (22), konnten keine Pensionäre aufnehmen, und zwar nicht, weil sie nicht dazu berechtigt gewesen wären, sondern weil es ihnen an den nötigen Mitteln fehlte [ihre Häuser zu klein waren usw.], ... deshalb kamen sie zu der Ansicht, daß eine solche Einrichtung vielen Personen von Stande sehr gelegen käme, die jüngere Kinder hatten, welche noch zu zart waren und der Fürsorge von Frauen bedurften, weshalb die Väter und die Mütter sie nicht auf die Kollegs der Universität schicken, aber dennoch vermeiden wollten, daß ihre Kinder im Elternhaus dem verderblichen Einfluß der Diener ausgesetzt waren ... Die Unschuld dieser kleinen Kinder, *die auf solchen Schulen quasi nur unter Gleichaltrigen sind,* würde sich dort besser schützen lassen als unter den älteren Schülern der Universitätskollegs, wie aufmerksam die Prinzipale und Lehrer auch darüber wachen mögen.«

Diese Pensionate nennt man entweder *permissionnaires,* weil sie vom Kantor genehmigt worden sind, oder *petits collèges,* weil die Faculté des Arts sie als Konkurrenz empfindet und ihre Abschaffung fordert. Sie verdankten ihre Existenz dem Wunsch der Familien, ihre zehn bis dreizehn Jahre alten Kinder als Pensionäre auf dem Lande sorgfältiger beaufsichtigt zu sehen, als das auf den Kollegs der Fall sein konnte, wo die

Zahl der Schüler insgesamt zu groß war. »Da die Bevölkerung von Paris seit 50 Jahren quasi um ein Drittel zugenommen hat, hat man die Anzahl der *permissionnaires* ebenfalls zu Recht vermehrt.«

Wir haben es also mit zwei Arten von Internat zu tun: den *paedagogia,* die die kleinen Schüler zum Unterricht aufs Kolleg schicken, und den *permissionnaires,* die sie bis zur vierten Klasse direkt unterrichten. Im Laufe des 18. Jahrhunderts kommt es dann vor, daß diese beiden Typen miteinander verschmelzen und sich ergänzen. Private, nicht zur Universität gehörende Lehranstalten nehmen dann Pensionäre aller Altersstufen auf. Sie sorgen für den Elementarunterricht bis zur vierten Klasse. Von der vierten Klasse ab schicken sie sie in den Unterricht eines Kollegs mit vollem Unterrichtsprogramm und ergänzen ihn durch Repetitorien. So im Falle der Bruderschaft der Gillotins, die einen Teil der Gebäude des Collège de Sainte-Barbe gemietet und kurz vor dessen Übernahme durch die Jansenisten im Jahre 1730 einhundertsechzig Zöglinge hatte, sämtliche Pensionäre, die am Unterricht des Collège du Plessis teilnahmen. (23) Diese hundertsechzig Schüler waren von fünfundzwanzig Lehrern umgeben, für die damalige Zeit eine beträchtliche, ungewöhnlich hohe Anzahl, die sich daraus erklärt, daß das Sainte-Barbe das auf kleine Gruppen beschränkte *paedagogium* Port-Royals übernommen hatte.

Diese Pensionate trugen die Bezeichnung Pension oder Institut, und dann folgte der Name ihres Gründers. So auch im Falle des Instituts Savouré, das 1729 von zwei Lehrern des Sainte-Barbe gegründet worden war. Seine Pensionäre besuchten den Unterricht des Collège de Dormans-Beauvais und dann den des Collège de Lisieux, wo sie von einem *maître de conduite* hingeführt wurden. (24) Dieser Usus hat sich bis in die heutige Zeit gehalten.

Solche Privatpensionen gab es in ganz Frankreich. Jacques Lablée, der damals als fünfzehnjähriger Rhetorikschüler am Kolleg der Oratorianer in Vendôme war, wurde 1775 »zu Monsieur Favin . . ., einem gutartigen Menschen von etwas leichtlebigem Charakter, der eine kleine Schwäche für den Wein hatte . . ., in Pension gegeben. Wir waren sechzig Pensionäre. Auch viele andere Schüler gehörten verschiedenen Pensionen an, und zum Unterricht gingen wir aufs Kolleg«. (25)

Es scheint, daß die Zahl der Privatpensionen nach der Vertreibung der Jesuiten zunahm. Etliche Lehrer profitierten von dem Fluktuieren der Schülermassen, das auf die Schließung von vielen Kollegs oder aufgrund der Ablösung ihrer bisherigen Leiter erfolgte, und machten Pensionate auf, die sich nicht mehr darauf beschränkten, die Schüler am

Unterricht der Kollegs teilnehmen zu lassen und ihn zu ergänzen, sondern einen kompletten Unterricht erteilten, der moderner war und sich auf die Vorbereitung für die neuen Militärschulen ausrichtete. Es existierte also am Ende des 18. Jahrhunderts ein relativ bedeutendes Internat, das großen Zulauf hatte. Es hatte sich allerdings am Rande der großen traditionellen schulischen Einrichtungen konstituiert. Schematisch kann man sagen, daß es damals zwei komplementäre Typen von Institutionen gab: auf der einen Seite die Stiftskollegs, die man nur zum Unterricht aufsuchte, auf der anderen Seite die Privatpensionen, die speziell als Internat dienten und im allgemeinen keinen Unterricht erteilten. Diese beiden Kategorien entsprechen zwei entgegengesetzten Auffassungen von der Erziehung: das Kolleg dem Geist der Renaissance, die dem Internat nichts abzugewinnen vermochte, die Privatpension dagegen einem neuen Geist, der dem Internat einen moralischen Wert zuerkannte.

Zu Beginn des 19. Jahrhunderts galt die Abkapselung des Kindes gegen die Welt und die eigene Familie als eine ideale Form der Erziehung. Sie sollte eine Einzelerziehung durch den Präzeptor sein, wie sie durch Rousseaus *Émile* berühmt geworden ist. Präzeptorat und Internat wurden zur gleichen Zeit Bestandteil der damaligen Lebensformen. Nur scheinbar handelt es sich dabei um ein Paradox: das eine wie das andere entsprachen der Überzeugung, daß es sittlich notwendig sei, das Kind einer gründlicheren Beaufsichtigung zu unterwerfen. Jesuiten und Jansenisten empfahlen seit langer Zeit die ständige Überwachung der Zöglinge, hatten dieses Prinzip jedoch solange nicht anwenden können, wie sie sich damit gegen eine öffentliche Meinung, die noch den alten freiheitlichen, wenn nicht anarchischen Gewohnheiten verhaftet war, nicht hatten durchsetzen können. Seit dem Ende des 18. Jahrhunderts erkannte man hingegen den sittlichen und erzieherischen Wert der Einsperrung an. Schon Rollin schrieb: »Eine sehr vernünftige Regel, die an mehreren Kollegs eingeführt worden ist, ist es, die Pensionäre an Sonn- und Festtagen keinesfalls mehr ausgehen zu lassen.« (26) Als man nach der Vertreibung der Jesuiten das Louis-le-Grand zu einem Modellkolleg umorganisierte, schaffte man das Externat ab, das, wie Dupont-Ferrier es ausdrückte, als »Vehikel der Disziplinlosigkeit« galt. (27)

Den Briefen der Lehrer des Sainte-Barbe an die Eltern von Zöglingen können wir entnehmen, daß man dem Internat in den ersten Jahren des 19. Jahrhunderts den Vorzug gab. (28) So hatte es beispielsweise im Jahre 1807 eine Familie vorgezogen, daß der Sohn zu Hause wohnte, obwohl er die achte Klasse des Sainte-Barbe besuchte. Der Lehrer äußert sich mißbilligend darüber: »Wir möchten der Familie vor Augen halten, was für ein schlechtes Beispiel er seinen Schulkameraden dadurch gibt, daß er übertriebenen Gebrauch von seiner Stellung als Externer macht.« Da sollte man sich lieber an jenem anderen Knaben in der achten Klasse ein Beispiel nehmen, »dem zuliebe seine Familie sich zu dem Opfer entschlossen hat, ihn gänzlich dem Pensionat zu überantworten« (die moderne Bedeutung des Wortes »Pensionär« hat sich bereits eingebürgert), so heißt es lobend. Tatsächlich wird ihm »diese Zurückgezogenheit und die spezielle Fürsorge, die wir ihm angedeihen lassen, sehr zum Vorteil gereichen«.

Man riet sogar dazu, diese »absolute Zurückgezogenheit« auf die Ferien auszudehnen. Im 16. und 17. Jahrhundert mobilisierten die Familien für die Erntezeit, insbesondere für die Weinernte, alles was Beine hatte. In Cordiers Dialogen erzählt ein Schüler seine Erlebnisse bei der Weinernte. Vielleicht hat man in dieser alljährlichen Requirierung die ursprüngliche Begründung für die Einrichtung von Sommerferien zu sehen. Diese Gepflogenheit, die keine Rücksicht darauf nahm, ob der Schüler sich überanstrengte und auf Effektivität abzielte, begünstigte die Großen, insofern sie ihnen eine ausgedehntere Ferienzeit zugestand als den Kleinen. Doch stand das Kolleg von 1800 im allgemeinen nicht mehr in so engem Kontakt zum Landleben, wie er sich für die Grundschulen noch bis weit ins 19. Jahrhundert hinein und darüber hinaus feststellen läßt. Die Ferien bedeuteten mittlerweile lediglich, daß die Arbeit für die Schule beendet war und die Erholung begann; sie wurden den Erziehern bald suspekt. (29) Die Lehrer des Sainte-Barbe waren folglich darum bemüht, sie einzuschränken. Im Jahre 1816 schrieben sie dem Vater eines neunjährigen Kindes: »Monsieur Bonaire weiß wohl, daß lange Ferien diesem Alter nicht angemessen sind.« In einem anderen Brief an den Vater eines Schülers der dritten Klasse heißt es: »Ferien im ersten Jahr [des Kollegaufenthalts] dünken mir gewagt; das ist weder am Kolleg so Brauch noch im Interesse des Schülers.«

In Prozent	1817/18	1837/38	1861/62	1888/89	1908
Pensionäre der Gymnasien	65	49,5	58	24	18
Pensionäre der Pensionen	19,5	40	24	18	
Externe	15,5	10,5	14	35	69

Die Statistiken des Louis-le-Grand, die von Dupont-Ferrier publiziert worden sind, veranschaulichen die Entwicklung des Internats während der ersten Hälfte des 19. Jahrhunderts. (30)

Bis gegen 1870 betrug die Schülerzahl der an die Gymnasien angeschlossenen Internate oder der Pensionen, die ihre Zöglinge zum Unterricht aufs Gymnasium schickten, mehr als 80 % der Gesamtzahl. Die Externen machten nur eine kleine Minderheit von 10 bis 15 % aus, d. h. es verhielt sich genau umgekehrt wie am Kolleg des Ancien Régime. Diese Situation inspirierte Taine zu folgenden bitteren Zeilen: »Um eine höhere Schulbildung zu erwerben, machte mehr als die Hälfte der französischen Jugend das kirchliche oder weltliche Internat durch, ein Internat mit der Disziplin der Kaserne oder des Klosters.« Diese Ausdehnung des Internats am Ende des 18. und zu Beginn des 19. Jahrhunderts ist übrigens ein allgemein verbreitetes Phänomen, dem man ebenso im Deutschland Friedrichs II. wie im England der *public schools* wiederbegegnet. Die *public schools* wurden ausschließlich zu Internaten, und darin unterschieden sie sich von der Gesamtheit der *grammar schools*, den aus Schenkungen finanzierten Schulen, die, wie die französischen Kollegs, eine aus der näheren Umgebung stammende Schülerschaft von Externen zu verzeichnen hatten.

In Frankreich verlor das Internat seit der zweiten Hälfte des neunzehnten Jahrhunderts immer mehr an Boden. Die Zahl der Pensionäre der Institutionen, die zum Unterricht aufs Gymnasium geschickt wurden, wurde geringer, ja nahezu unbedeutend. Auch das Internat des Gymnasiums selbst verlor an Bedeutung. Dieser Rückgang wird aus der Tabelle des Louis-le-Grand ganz deutlich. Die Zahl der Pensionäre fällt von 82 % im Jahre 1861 auf 30 % im Jahre 1908. Die Zahl der Externen steigt von 14 % im Jahre 1861 auf 69 % im Jahre 1908, d. h. auf mehr als zwei Drittel der Gesamtzahl. Dabei ist zu berücksichtigen, daß der Anteil der Pensionäre am Louis-le-Grand größer sein mußte als anderswo – aufgrund der Tatsache, daß es einen starken Zustrom von Kindern aus der Provinz zu verzeichnen hatte, die am Vorbereitungsunterricht für die Hochschulen teilnahmen. Das bedeutet, daß das Internat in Frankreich den Wert einer Institution zur moralischen und menschlichen Bildung eingebüßt hat, den ihm die Erzieher des 18. Jahrhunderts zugesprochen hatten. Man greift darauf nur noch zurück, wenn es unumgänglich ist, d. h. aus Gründen der Entfernung wegen familiärer Schwierigkeiten oder zum Zwecke der Vorbereitung auf die Hochschulen. Man nimmt es in Kauf, aber man wählt es nicht mehr.

Die wohlhabendsten Familien bewahren noch eine Zeitlang ihre Anhänglichkeit an das Internat, und zwar weniger für das des staatlichen Gymnasiums als für ein im allgemeinen geistlich geführtes Privatinstitut. Sie bleiben in der Tat der Konzeption des 18. bis 19. Jahrhunderts verhaftet, die auf die Überwachung der Kindheit abzielte: die Kinder sollen getrennt von den Erwachsenen mit einer speziellen Disziplin groß werden. Hierbei handelt es sich jedoch um ein archaisierendes Merkmal, das rasch verschwinden wird. Die Pensionate vom Typ der *public school* haben in Frankreich nicht heimisch werden können. Diese ablehnende Haltung gegenüber dem Internat bedeutet keineswegs die Rückkehr zu den moralischen Bedingungen des Externats, wie sie im 16. und 17. Jahrhundert geherrscht hatten. Es handelt sich um etwas gänzlich anderes. Die moderne Familie will sich nicht einmal um den Preis einer bestimmten Art von Erziehung mehr von ihren Kindern trennen. Das Kind bleibt länger zu Hause als früher.

Damit sind wir also am Schlußpunkt dieser Entwicklung angekommen. Wir sind von einer Situation ausgegangen, in der es kein Internat gab, die Schüler, frei von jeglicher väterlichen wie akademischen Autorität, bei Bürgersleuten in der Stadt wohnten. Ihre Lebensweise unterschied sich nahezu in keiner Hinsicht von der der erwachsenen Junggesellen. Lehrer und Eltern hielten diese Freiheit dann bald für übertrieben. Eine autoritäre und hierarchisch organisierte Disziplin etablierte sich am Kolleg; man war der Meinung, daß sie sich darüber hinaus ausdehnen und den Schüler dort erreichen sollte, wo er den größten Teil seiner Zeit verbrachte. So entstand ein vom Kolleg getrenntes Internat, das anfänglich keine strenge Ordnung kannte. Man erwartete von der schulischen Erziehung mittlerweile mehr als die Vorbereitung des Kindes auf das Erwachsenenleben: die Bildung eines bestimmten Typus von Individuum (in den *public schools* war es der *gentleman*), was man früher weniger von der Schule als von der Gesellschaft verlangt hatte, aus der das Kind, der sehr junge Mann damals nicht ausgeschlossen waren. Dieses Bildungsstreben, das in den napoleonischen Gymnasien, den französischen *petits séminaires*, ebenso spürbar war wie in den britischen *public schools*, war den Pädagogen des 16. und 17. Jahrhunderts fremd gewesen. Diese vermittelten eine zugleich humanistische und christliche Kultur und trachteten nicht danach, ihre Schüler mit den Merkmalen eines gesellschaftlichen Idealtyps auszustatten. Der *honnête homme* des 17. Jahrhunderts ist keine Kreation der Schulen. Er wurde im Gegenteil von allen Autoren, Romanciers wie Moralisten, als

Gegenstück des Pedanten am Kolleg dargestellt. Man wird *honnête homme* trotz des Kollegs – oder jedenfalls bildete man sich das ein! Auch hatten die Erzieher nicht das Bedürfnis, eine Disziplin durchzusetzen, die über das Minimum hinausging, das erforderlich war, um die traditionelle Aufsässigkeit der Schüler zu zügeln. Noch weniger waren sie darum bemüht, die Einschließung der Schüler als Selbstzweck durchzusetzen. Selbst die *paedagogia* für Pensionäre des 17. Jahrhunderts, die von den Präfekten und Prinzipalen der Kollegs überwacht wurden, hatten noch viel von dem Schlendrian früherer Jahrhunderte.

Die Herausbildung des Internats am Ende des 18. Jahrhunderts zeugt von einer veränderten Auffassung der Kindheit und ihrer Einfügung in die Gesellschaft. Man ist nun darum bemüht, die Kinder von den anderen Altersstufen innerhalb der Gesellschaft zu trennen. Zumindest das Bürgertum legt Wert darauf, das Kind in eine Welt für sich, die Welt des Internats, einzuschließen. Die Schule ist das Mittel für diese Abkapselung. Sie tritt an die Stelle einer Gesellschaft, in der alle Altersstufen vermischt waren; man verlangt von ihr, daß sie die Kinder nach dem Modell eines menschlichen Idealtypus bilden soll.

Wenn dann am Ende des 19. Jahrhunderts sich die Zusammensetzung der Schülerschaft zugunsten der Externen verschiebt, so bedeutet das nicht, daß die Neigung zur Abtrennung der Kindheit von der übrigen Gesellschaft nicht mehr besteht, sondern daß sie sich jetzt eher auf das Familienleben richtet. Die Familie übernimmt hinsichtlich der moralischen Beaufsichtigung die Rolle der Schule (und dies zu dem Zeitpunkt, wo die Schule eine immer gewichtigere Rolle für die Berufsbildung zu spielen beginnt). Die Vorstellung von einem menschlichen Idealtypus, die in Frankreich immer noch weniger scharf ausgeprägt war als in England, blieb einem ständigen Wandel unterworfen. Die Familie, die auf die Gattenfamilie reduziert ist, konzentriert sich auf die Kinder, die ihren Kern bilden. Wir haben hierin den Triumph des demographischen Malthusianismus zu sehen. Wenn die ökonomischen oder gesellschaftlichen Bedingungen eine Lockerung der Kontrolle durch die Familie herbeiführen, können Kindheit und Jugend der Isolierung entrinnen, zu der sie infolge einer zumindest bis ins 18. Jahrhundert zurückreichenden Tradition verurteilt waren; diese Stufe ist heute zweifellos erreicht, wo die Kindheit bestimmte Eigenheiten zugunsten einer neuen Altersklasse einbüßt: der der Jugend.

7. Kapitel
Die »Petites Écoles«

Bis zum 17. Jahrhundert gab es keinen Elementarunterricht in der Vulgärsprache, der unserem Grundschulunterricht entsprochen hätte. Die Bezeichnung *petite école,* im Englischen *petty school* genannt, taucht nicht vor dem 17. Jahrhundert auf. Der Kantor Joly behauptet in seinem Plädoyer zugunsten der Schulmeister von 1678, (1) dieser Ausdruck sei noch nicht alt, er sei frühestens im 16. Jahrhundert entstanden und im übrigen – »im Gegensatz zur früheren Form« – unzutreffend. Joly zufolge mußte es »Grammatikschule« heißen. Wir wissen jedoch, daß die Grammatikschule ebenfalls mit dem Kolleg verschmolz, und Joly machte sich die Verschwommenheit dieser Terminologie zunutze, um das, was zur *petite école* werden sollte, d. h. eine Form des Primärunterrichts, gegen die Universität und die unteren Klassen der Kollegs, d. h. die höhere Schulbildung, abzusetzen.

Im Mittelalter und mindestens noch bis ins 16. Jahrhundert gab es tatsächlich nur eine Lateinschule, die Grammatikschule, eine »Schule zur Unterweisung der Jugend«. (2) Allerdings waren diese Schulen nicht alle im gleichen Maße ausgebaut. Aus einigen sollten sich Kollegs oder auch Universitäten entwickeln, die Mehrzahl verharrte jedoch auf einer elementaren Stufe. Viele von ihnen beschränkten sich im 15. Jahrhundert auf zwei Schulmeister, wovon der eine Singen sowie Lesen und Schreiben lehrte und der andere die Artes liberales. Manche von ihnen hatten sogar nur einen einzigen Lehrer, der sowohl Singen als auch Lesen und Schreiben unterrichtete. Dank Chaucers Erzählung der Priorin können wir uns vorstellen, wie diese auf den Elementarunterricht beschränkten Lateinschulen ausgesehen haben: »Die christliche *petty school* lag am äußersten Ende der Straße; dorthin kamen viele Kinder aus christlichen Familien, die in der Schule jahrelang all das lernten, was man zum Singen und Lesen braucht, wie es Kinder in diesem zarten Alter zu tun pflegen.« D. h. man lernt Lesen anhand des Psalters oder des Stundenbuches, und ehe man noch lesen konnte (wobei im übrigen nicht sicher ist, daß man es immer richtig lernte), lernte man die liturgischen Gebete auswendig, indem man sie im Chor wiederholte (wie es noch heute in den Rabbiner- oder Koran-Schulen gehandhabt wird). Chaucer fährt fort: »Unter diesen Kindern war nun der Sohn einer Witwe, der wohl sieben Jahre alt war und regelmäßig alle Tage zur Schule kam... Dieses kleine Kind saß in jener Schule vor seinem Büchlein und lernte das ABC, als es plötzlich das Alma Redemptoris singen hörte, das andere Kinder aus ihrem Antiphonarium ablasen.« So also haben wir uns den Unterrichtsablauf vorzustellen: die einen lernten buchstabieren, die anderen singen. Das Kind »wagte sich näher und näher (an diejenigen, die sangen) heran und hörte den Worten wie auch den Tönen zu, bis es die erste Zeile auswendig konnte. Es wußte nicht im mindesten, was die lateinischen Worte bedeuten sollten, denn es war noch ganz klein«. Es bittet einen älteren Schulkameraden, ihm den Vers zu übersetzen, aber ohne Erfolg: »Was das angeht, so weiß ich darüber nichts zu sagen (lautet die Antwort); ich lerne singen, aber von Grammatik verstehe ich recht wenig.« (3) Wir würden heute sagen, er verstehe wenig Latein. Wir können diese Schulen also nicht deswegen als Grundschulen betrachten, weil sie sich vor allem an die Chorknaben richteten, sondern wir haben darin den Beginn der Lateinschule, der Grammatikschule zu sehen. Immerhin tolerierten die Domkapitel, die das Monopol der Schulbildung innehatten, seit dem 14. Jahrhundert, daß Singen und die Anfangsgründe des Lesens und Schreibens auch außerhalb ihrer Schulen, d. h. der besser ausgebauten Grammatikschulen unterrichtet wurden. Man bestimmte, daß diese Art von Unterricht beim Donat aufhören sollte. So kam es 1325 in Chartres zu folgendem Vorfall: »Roger, der Rektor der Schulen von Saint-Jean en Vallée, wurde in einer Kapitelversammlung daran gemahnt, daß es ihm kraft der Privilegien der Kirche von Chartres verboten sei, in seinem Hause oder anderswo – es sei denn an den ›grandes écoles‹ von Chartres *(in majoribus scolis)*, deren Kollatur beim Kanzler von Chartres lag – irgendwelche Kinder mit Büchern oder der Buchwissenschaft vertraut zu machen, die über den Donat hinausgehen.« Als er neuerlich gegen diese Bestimmung verstoßen hatte, wurde er exkommuniziert, zahlte die festgesetzte Buße und »versprach, daß er künftig die Kinder *in scolis suis* von dem Tage an nicht weiter unterrichten würde, wo sie ihren Donat oder bestimmte Teile davon kannten, *sed eos ducet ad majores scolas carnutenses.*« (4) Die Verbote des Kapitels wurden im übrigen sehr bald nicht mehr respektiert, und diese Privatschulen entwickelten sich zu anderen Lateinschulen, die den *grandes écoles* der Kapitel, den Grammatikschulen, ziemlich ähnlich waren. So entschied der Magistrat der

Stadt Chartres in Übereinstimmung mit dem Bischof und gegen den Kanzler im Jahre 1564, daß diese Schulen sämtlich zu einem einzigen Kolleg zusammengefaßt werden sollten. Manche dieser Privatschulen gingen jedoch kaum über den Donat hinaus und waren so beschaffen wie die lateinischsprachigen *petites écoles*.

Im Jahre 1451 wurde ein Pfarrer von Rouen vom Domkapitel verfolgt, das ihm das Recht absprach, den Donat zu unterrichten, weil dies den Lehrern der Domschule vorbehalten sei. (5) Aus all dem folgt, daß es im 16. Jahrhundert nur Lateinschulen gab; allerdings erreichten diese nicht überall dieselbe Entwicklungsstufe. Diese Situation dauerte bis zum Ende des Ancien Régime. Ein Dokument von 1678 gibt über den »Zustand der Kollegs des Département Basse-Guyene« Auskunft. (6) Nur an einigen Kollegs wurde der vollständige Zyklus unterrichtet: in Bordeaux, Périgueux, Agen, Condom und Dax. Andere wieder beschränken sich ausschließlich auf die Philosophie und die Theologie (die Jakobiner von Saintes) oder auf die Anfangsgründe des Lateinischen, der Grammatik, der Schönen Wissenschaften, während, wie am Saint-Macaire, dort keine Rhetorik unterrichtet wird; an anderen Kollegs wieder (bei den Doctrinaires von Cadillac, den Benediktinern von La Réole, den Karmelitern von Langon) wurden nur die Anfangsgründe und die ersten beiden Grammatikklassen geboten. Pater de Dainville hat gezeigt, inwiefern diese Schulen von ungleichem Entwicklungsstand eine Art geographischer Konstellation bildeten, die dann jeweils ein Kolleg mit vollständigem Lehrprogramm zum Gravitationszentrum hatten. Unserer historischen Perspektive stellt sich die Art von Schule, in der man lateinisch lesen und das Singen des Psalters lernte, folglich nicht als Ursprung unseres französischen Primärunterrichts dar, sondern vielmehr als elementarste Komponente eines Netzes von Lateinschulen, deren Programm entweder ausschließlich die Anfangsgründe des Lateinischen oder die Anfangsgründe des Lateinischen und Grammatik umfaßte, unter denen sich aber auch Schulen befanden, an denen Grammatik und die Schönen Wissenschaften und schließlich der gesamte Zyklus bis hin zur Rhetorik und darüber hinaus dann sogar Morallehre und Logik gelehrt wurden. Andererseits ist es richtig, daß es seit dem 15. Jahrhundert elementare Lateinschulen gab, die dann, sofern sie nicht um andere Klassen erweitert wurden, mit den gegen Ende des 16. Jahrhunderts entstandenen *petites écoles* verschmelzen mußten.

Wir wissen, daß es in der zweiten Hälfte des 17. Jahrhunderts überall *petites écoles* gab, in denen wir mit Bestimmtheit den Ursprung der heutigen Grundschule zu sehen haben. Der Domkantor von Notre-Dame in Paris ist »Kollator, Richter und Leiter der *petites écoles* der Stadt, der Innenstadt, der Universität, der Vororte und umliegenden Ortschaften von Paris«. Er verleiht (oder verkauft) den Lehrern und Lehrerinnen »zur Abhaltung von Unterricht berechtigende Genehmigungen«, die mit dem – übrigens selten respektierten – Verbot einhergehen, »daß Lehrer keine Mädchen und Lehrerinnen keine Knaben in ihre Schulen aufnehmen sollten«. (7)

Wie die Kolleglehrer in Paris von der Universität und deren juristischen Instanzen abhängig waren, so waren die Schullehrer der Gerichtsbarkeit des Kantors von Notre-Dame unterworfen, der jeden Donnerstag Audienz hielt. Die Erlässe des Kantors verteidigten die allen Schullehrern gemeinsamen Interessen, verhinderten das Konkurrenzstreben, indem sie für jedes Stadtviertel ein bestimmtes Verhältnis zwischen der Anzahl der Schulen und der Bevölkerungsdichte festsetzten und die Stundenpläne bestimmten. In den Landgemeinden wurde der Lehrer von der Dorfgemeinschaft gewählt, und diese Wahl mußte dann vom Bischof bzw. im 18. Jahrhundert vom Intendanten gebilligt werden: »Die Mehrzahl der Schulen, deren Spur man hat zurückverfolgen können (die ältesten)«, bemerkt der Abbé Allain (8), »entstammen dem letzten Viertel des 16. Jahrhunderts. Sie sind fast alle zur Zeit der Konzile entstanden, die in den verschiedenen Provinzen über die Vollstreckung der Dekrete von Trient wachten.« Nicht anders verhält es sich in England, wo die elisabethanischen Gesetze einen Lehrer vorsehen, »der die *pettyes* des Dorfes unterrichten soll«. (9)

Seit den letzten Jahren des 16. Jahrhunderts gibt es also einen neuen Unterrichtsmodus und ein neues Schulpersonal, die das lateinische Mittelalter nicht gekannt hatte.

Worin besteht nun dieser Unterricht? Eine ganze Literatur, die seit der Mitte des 17. Jahrhunderts seine Lehrpläne und Methoden festlegte, gibt uns darüber Aufschluß. Sie zeugt von dem Interesse, das man der Frage entgegenbrachte, wie auch davon, daß man hierbei nicht auf irgendwelche Vorläufer zurückgreifen konnte; man hat es mit originären Institutionen zu tun.

Schauen wir uns beispielsweise das 1654 publizierte *Escole paroissiale, ou la manière de bien instruire les enfants dans les petites écoles, par un prestre d'une paroisse de Paris* an, das im Jahre 1685 dann in gekürzter Form eine Neuauflage erlebte. (10) Dieses französisch geschriebene Reglement (die Statuten der Kollegs und der Universität waren in Latein abgefaßt) legt die Disziplinarregeln ebenso fest, wie die materiellen Bedingungen und die Lehrpläne. Man hat den Eindruck, es hier mit einem bereits etablierten Brauch zu tun zu haben, den die Reformen des hl. Jean-Baptiste de La Salle am Ende des Jahrhunderts dann nur noch verbessern werden, ohne sie im Grundsätzlichen zu verändern. Tatsächlich erscheint dann 1705 *La Conduite des Écoles chrétiennes,* Instruktionen für die Schulen der Fratres, die noch im späten 19. Jahrhundert einige Autorität genossen. (11)

Die wenigen Kapitel, die den Unterricht der *petites écoles* betreffen, machen deren verschiedene Ursprünge deutlich. Da ist zunächst einmal der Einfluß der Lateinschule, d. h. ihrer elementarsten Stufe. Vor Jean-Baptiste de La Salle war man nicht auf die Idee gekommen, Lesen direkt in französischer Sprache zu lehren. Den Instruktionen von 1654 bis 1685 zufolge lernt das Kind das Lesen und das Buchstabieren anhand der lateinischen Sprache, des Kirchenlateins und der Gebete der Liturgie, des *Magnificat,* des *Nunc dimittis,* des *Salve Regina,* »der Responsorien der Messe«, der Offizien von Unserer lieben Frau, vom Heiligen Kreuz, vom Heiligen Geist, der Bußpsalmen, der Allerseelenmesse, »der Wochenvespern«, der Hymnen der Diözese. Und der Verfasser betont nachdrücklich die Verpflichtung, mit dem Lateinischen zu beginnen: »Ehe man sie mit französischer Lektüre vertraut macht«, sollen die Schüler »alle möglichen Bücher auf Lateinisch (lesen)«. Es besteht also kein Unterschied zwischen dieser Pädagogik und der der Schule Chaucers oder auch der sechsten Klasse der Kollegs. Sie basiert immer noch auf der Vorstellung von einer Erziehung für Chorknaben. Erst mit dem hl. Jean-Baptiste de La Salle wird diese Tradition aufgegeben, die Buchkultur und lateinische Sprache, liturgisches oder humanistisches Latein vermischte, und stattdessen mit einem französischsprachigen Anfangsunterricht begonnen. Doch legt auch die *Conduite des Écoles chrétiennes* weiter fest, in welcher Abstufung (oder »Reihenfolge«) die lateinische Lektüre nach der französischen Lektüre zu erfolgen hat.

Dem Gesang wird noch lange Zeit ebensoviel Gewicht beigemessen wie der lateinischen Lektüre, und zwar aus demselben Grund: auch er befähigte zur aktiven Teilnahme am liturgischen Gottesdienst. Mit dem Namen Musiklehrer bezeichnete man sehr oft auch den Lehrer für den Anfangsunterricht. Dies war an den Domschulen Gersons in Paris und Colets in London der Fall, an denen es zwei Schulmeister gab, den einen für den Gesangsunterricht, der zugleich Lesen und Schreiben lehrte, den anderen für den Grammatikunterricht. In England wurden die *petites écoles* auch *song schools* genannt.

Neben dem Singen und den Anfangsgründen des Lateinischen, die zwar von der Lateinschule der ältesten Zeit übernommen, in der Folgezeit dann jedoch »vulgarisiert« worden waren, umfaßt das Lehrprogramm der *petite école* auch das Erlernen der *civilité,* des gesitteten Betragens. Wir werden uns an anderer Stelle noch ausführlicher mit der historischen Bedeutung der *livres de civilité* beschäftigen. (12) Begnügen wir uns hier mit der Feststellung, daß es sich dabei um Handbücher der Höflichkeit, um Anstandsfibeln handelte. Es ging darin um Probleme wie das angemessene Betragen in Gesellschaft, richtiges Benehmen bei Tisch, um »sämtliche Pflichten der Kinder sowohl Gott wie auch ihren Eltern gegenüber, die Schicklichkeit und die Wahrung der guten Sitten, der christlichen ebensowohl wie der weltlichen«. (13) Die *École paroissiale* sieht vor, daß nach der lateinischen die französische Lektüre anhand der Anstandsfibeln zu beginnen habe. In den lateinischsprachigen Kollegs waren derlei Traktate nicht unbekannt. Eine Ausgabe des *Galatée* war für die Zöglinge des Jesuitenkollegs von Pont-à-Mousson bestimmt. Doch wurden die guten Manieren als ein Fach betrachtet, das, ebenso wie Geschichte und Geographie oder Musik und Tanz, nicht zum Lehrprogramm gehörte, dem die Unterrichtsstunden gewidmet waren. In den *petites écoles* nahm der Anstandsunterricht dagegen einen bedeutenden Platz ein, und Jean-Baptiste de La Salle unterzieht sich schließlich sogar der Mühe, für seine Schüler eine *Civilité chrétienne* zu veröffentlichen; nach ihrem Erscheinen wurden ihre Vorgängerinnen als überholt angesehen, und sie erlebte dann das ganze 18. und 19. Jahrhundert hindurch eine unglaubliche Anzahl von Auflagen. In seiner *Conduite des Écoles ....* bestimmt Jean-Baptiste de La Salle: »Wenn die Kinder tadellos Französisch lesen können und die dritte Lateinstufe erreicht haben (man hatte für die Lektüre, für das Lateinische und das Schreiben Grade oder Stufen festgesetzt), sollen sie Schreiben lernen und mit dem Buch von der *Civilité chrétienne* bekannt gemacht werden. Dieses Buch behandelt sämtliche Pflichten der Kinder sowohl Gott wie auch ihren Eltern gegenüber, die Schicklichkeit und die Wahrung der guten Sitten, der christlichen ebensowohl wie der weltlichen. Es ist in gotischen Lettern gedruckt, die schwieriger zu lesen sind als die französischen.« Manche dieser *civilités* waren übrigens so gedruckt, daß es mehrere Spalten nebeneinander gab, wobei jede in einem anderen Schrifttyp gesetzt war: in gotischen, romanischen, kursiven und handschriftlichen Buchstaben. Die *civilité* war also zugleich Lesebuch, Schreibvorlage und Anstandsfibel.

Dabei beruhte die *civilité,* wiewohl der mittelalterlichen scholastischen Tradition fremd, durchaus auf einer ehemaligen Praxis: der Anstandsunterricht, der zunächst mündlich, dann schriftlich und zwar bisweilen in versifizierter Form erfolgte, war praktisch die einzige Art von Unterricht gewesen, die der Nichtgeistliche, der zukünftige Ritter während seiner Lehrzeit, d. h. der Vorbereitung auf das ritterliche Leben, erhielt. Wie wir noch sehen werden, existierte im Mittelalter neben der schulischen Erziehung noch die Lehre als Erziehungsform, der Zeitabschnitt also, wo das Kind seine Familie verließ und der Obhut einer anderen Familie anvertraut wurde, die es dann in die Verhaltensweisen (oder den Beruf) des Hausherrn einweihte. Die Lateinschule, die ja den Geistlichen vorbehalten war, monopolisierte also keineswegs sämtliche Formen des Bildungserwerbs. Es gab auch eine weltliche Bildung, eine Methode, das Dasein mit all seinen Regeln, seiner Moral, seinem Raffinement – »Courtoisie« nannte man das – zu begreifen, die man anhand von Beispielen, durch das Zusammenleben von Groß und Klein erlernte: es war dies eine Erziehung durch das lebendige Beispiel oder in einem Lehrverhältnis. In diesem weltlichen und ritterlichen Milieu entstand die Literatur der *civilité* (14): Anweisungen, die zunächst nur mündlich oder handschriftlich weitergegeben, später dann auch gedruckt wurden und die man sich zum Zweck der Ausbildung der Pagen oder Knappen des Hauses mitteilte. Als die Lateinschule auch weltliche, bürgerliche wie aristokratische, Kreise erfaßte, sah sie sich versucht, auch von der *civilité* Gebrauch zu machen. Doch hörte man weder in der Epoche Montaignes noch zur Zeit des Chevalier de Méré damit auf, von der »pedantischen« Kollegerziehung zu sprechen, die die guten Sitten außer acht ließ, so daß man diese anderswo, nämlich zu Hause, an den Akademien oder womöglich in der feinen Gesellschaft erlernen mußte (die Jesuiten waren in dieser Hinsicht vielleicht eine Ausnahme, und wir haben darin einen der Gründe für ihren Erfolg zu sehen). So kam es, daß die *civilité* an den Universitäten und Kollegs tatsächlich vernachlässigt wurde. Von der häuslichen und familiären Erziehung ging sie vielmehr in die Pädagogik der *petites écoles* ein, wo sie zu einem Hauptfach wurde. In der häuslichen und familiären Erziehung haben wir folglich eine zweite Wurzel des heutigen Grundschulunterrichts zu sehen.

Der *École paroissiale* zufolge soll das Kind, wenn es »ordentlich in der Anstandsfibel zu lesen versteht«, »Schreiber« werden, d. h. schreiben lernen. Dieser Punkt scheint dem Verfasser jedoch einige Verlegenheit zu bereiten. Unter Schrift verstand man damals nicht anders als heute ein Mittel zur Gedankenübermittlung, zugleich aber auch eine Technik oder eine »Kunst«. Diese Kunst durfte jedoch nicht an der Schule unterrichtet werden. Wie wir später noch sehen werden, lag das Monopol für dieses Fach bei der Zunft der Schreibmeister. Der Verfasser der *École paroissiale* erkennt das an. Er räumt ein, daß seine Schüler es in der Schule im Schreiben nicht zur Vollkommenheit bringen werden, sondern sich *anschließend* an die Schreibmeister, an die »berühmten Meister der Schreibkunst« wenden werden. Desungeachtet wird man ihnen in nutzbringender Weise Schreiben beibringen: nach den ersten »Exempeln«, d. h. den ersten Abschreibübungen werden sie sich darin üben, »Quittungsformulare, Schuldverschreibungen, Mietverträge (zu kopieren)..., damit sie mit den Geschäftspraktiken des Zeitalters vertraut wurden«. Durch solche Nützlichkeitserwägungen gerieten sie unweigerlich in eine Konkurrenzposition gegenüber den Schreibmeistern. An der Lateinschule, deren Unterricht weniger zweckgerichtet oder auch von höherem Niveau war, gab es kein solches Fach. Dort legte man die Betonung nicht auf die Qualität der Schrift. Selbstverständlich mußte man schreiben können; dies mag übrigens noch nicht lange als unerläßliche Verpflichtung gegolten haben. Das Mittelalter kannte durchaus die Vorstellung von einer weltlichen Bildung, die aus dem lauten Vorlesen, der Rezitation, der Musik, gespeist wurde, während das Schreiben keineswegs üblich, sondern vielmehr den Geistlichen vorbehalten war. Und selbst jene verließen sich vor der Erfindung der Druckkunst, als das Papier zudem selten und teuer war, häufiger als heute auf ihr Gedächtnis. Man mußte alles Notwendige auswendig können, und die Niederschrift stand in dem Verdacht, daß sie lediglich der Trägheit Vorschub leisten sollte. Der Theologiestudent durfte während seines ersten Studienjahres keine Bibel haben, und dem Lehrer war es untersagt, sich während seiner Übungen auf Notizen zu stützen. Auf diese Weise ging man sicher, daß er seinen Stoff ohne Gedächtnisstütze beherrschte. Das galt als die einzig verläßliche Art von Wissen. Mit der Ausweitung der Druckkunst und der industriellen Papierherstellung breitete sich die Verwendung der Schrift dann allerdings rasch aus, da sie ein persönlicheres Arbeiten ermöglichte. In der Ikonographie des 16. Jahrhunderts erscheint der Schüler oft mit dem Federhalter in der Hand. Doch selbst als sie unentbehrlich und üblich geworden war, spielte die Schrift innerhalb der Praxis der Lateinschule nicht sofort eine wichtige Rolle. Noch 1596 beklagt sich Coote im *English School Master* über Grammatikschüler, die schlecht schreiben. »Wieviele Kleine schickt man uns nicht in den Grammatikunterricht (d. h. in die sechste Klasse), die kaum lesen können? Wieviele lernen nicht Latein, ohne jemals einen einzigen Buchstaben geschrieben zu haben?« (15) Der Unterricht blieb lange Zeit hauptsächlich auf das Mündliche beschränkt, (woraus sich auch die

Bedeutung der Monitoren erklärt, die die Schüler repetieren ließen). Immerhin griff die Gewohnheit, während der Übungen und Predigten Notizen zu machen, immer mehr um sich. Das hatte zur Folge, daß die so verwendete Schrift dahin tendierte, sich zu einer Stenographie – durchaus im modernen Sinne – zu entwickeln. In England gab es übrigens in der Mitte des 17. Jahrhunderts Stenographielehrbücher, wie beispielsweise J. Everardts *Epitome of Stenographic*. (16) So weit kam es dann doch nicht, sondern die Kurzschrift blieb eine Deformation der Handschrift, die wiederum mehrere Spielarten kannte, wie etwa die Rundschrift, die Bastardschrift usw.

An den *petites écoles* wurde die Schrift dagegen nicht mehr nur als Instrument literarischer oder juristischer Kenntnisse angesehen. Das Schreiben war bereits ein Beruf oder doch Grundlage eines Berufes. Allerdings wurde dieser quasi technische Unterricht mit einiger Vorsicht eingeführt, weil man den Protest der Schreibmeister fürchtete, und die Schulmeister hatten dabei kein ganz reines Gewissen. Man lernte, verschiedene Schriften zu schreiben. Wir haben bereits gesehen, daß die Anstandsfibeln oft gleichzeitig in mehreren Schrifttypen abgefaßt waren. Das waren die üblichen Drucktypen wie die gotische, die romanische und die Kursivschrift und zudem die »handschriftlichen Buchstaben«, die man in der Typographie übrigens als »caractères de civilité« bezeichnete. Die tadellose und vollständige Beherrschung der verschiedenen Handschriften war keineswegs allgemein üblich. Die *Conduite des Écoles chrétiennes* hält es für nötig, diese Kenntnisse vom Lehrer zu fordern: »Jeder Lehrer, der Schreibunterricht erteilt, soll jede Art von handgeschriebenen Schriftstücken tadellos lesen können.« Die Frères ließen ihre Zöglinge alle erdenklichen Handschriften üben: »Wenn die Schüler auf der vierten Stufe der Rundschrift angekommen sind oder die dritte Stufe der Bastardschrift erreicht haben, soll man sie lehren, handgeschriebene Papiere oder Pergamente zu lesen, die Register genannt werden.« Man machte also keinen Unterschied zwischen dem Schreiben und dem Lesen selbst seltener oder schwieriger Schriften. Ebensowenig wurde das Lesen von Schriftarten mit dem Lesen von gewöhnlichen Druckbuchstaben gleichgesetzt. Man soll alle möglichen Handschriften von den einfachsten bis zu den schwierigsten lesen, »bis sie (die Schüler) imstande sind, die schwierigsten Handschriften zu lesen, die sich finden lassen«.

Jean-Baptiste de La Salle ist allerdings kühner und geht, was den Schreibunterricht angeht, weiter als seine Vorgänger. Die *École paroissiale* sieht lediglich eine Einführung in die Kunst des Schreibens vor. Zum

Zweck der Vervollkommnung in diesem Fach schickt man die Schüler zu den Schreibmeistern, zu den »berühmten Meistern der Schreibkunst«, d. h. zu einem Lehrer außerhalb der Schule. Man fürchtet den Groll dieser Zunft. J.-B. de La Salle dagegen zögert nicht, an seinen Schulen das vollständige Programm der Schreibmeister unterrichten zu lassen.

Wie wir gesehen haben, handelt es sich bei den Schriftproben, an denen die Schüler sich üben mußten, um geschäftliche Formulare: Quittungen, Schuldverschreibungen etc. Man hatte das Ziel, »sie mit den Geschäftspraktiken des Zeitalters vertraut zu machen«. Daher war das Schreiben auch stets mit dem Rechnen verknüpft, das man als *jet* bezeichnete, ein Wort, das von den *jetons* kam, ohne die sich nicht korrekt rechnen ließ: »Zahlen kennen und mit den Zählmarken klingeln«, »Arithmetik mit der Feder und mit Zählmarken«. Der Umgang mit den Zählmarken war für »die Geschäftspraktiken des Zeitalters« unerläßlich, und sei es auch nur insofern, als man sich in einem komplizierten Währungssystem auskennen mußte. Mit Hilfe der Zählmarken, heißt es in der *École paroissiale,* belehrt man die Schüler über das Verhältnis zwischen *livres, sols* und *deniers.* In der *Conduite des Écoles chrétiennes* heißt es, die Arithmetik habe vor allem den Zweck, mit den gewöhnlichen Problemen beim Umgang mit Geld vertraut zu machen: »Will er eine ordentliche Aufrechnung machen, so fängt er mit den *deniers* an« ...

Das Unterrichtsprogramm der städtischen *petites écoles* des 17. Jahrhunderts besteht aus folgenden drei Kategorien von Elementen: Lesen und Singen – Anstandsunterricht – Schreiben und Rechnen. In unterschiedlichen Abstufungen findet man sie in den ländlichen *petites écoles* wieder, die sich im 17. Jahrhundert um ein Vielfaches vermehrt haben. In Castillon, einem Ort unweit Bordeaux, hört die »Gemeindeversammlung bei einer ihrer regelmäßigen Sitzungen« im Jahre 1759 ihrem *Procureur* zu, der die Vakanz des Schulmeisteramtes bekannt gibt. Man ist der Meinung, daß man dort »allzeit einen Schulmeister in Dienst stellen solle, der imstande sei, Lesen, Schönschreiben und Arithmetik zu unterrichten und Buchführung zu lehren«: eine Art von Lehrer für Buchführung. Es gibt einen Bewerber, »den Sieur Laroche, vereidigter Schreibmeister und Einwohner von Bordeaux«. Die *jurati* und Prinzipale (die Notablen der Gemeinde) verschaffen sich Gewißheit darüber, ob es sich um einen guten Katholiken von anständiger Lebensführung handelt und, »nachdem man seine Schrift betrachtet und ihn über die Regeln der Arithmetik wie über die Buchführung befragt hat«, kommt man zu dem Schluß, daß er »vorbehaltlich der Zustimmung des Herrn

Erzbischofs und des Herrn Intendanten« für den Posten des Schulmeisters geeignet sei. In einem Dort der Basses-Pyrénées wird dagegen im Jahre 1689 ein Lehrer abgelehnt, weil er nicht fähig ist, die Urkunden der Gemeinde zu entziffern. Ebenso fordern die Einwohner von Macau im Médoc 1737 den Erzbischof von Bordeaux auf, den Lehrer abzulösen: »Alle Tage stellen sich Personen vor, die im Schreiben, der Arithmetik und dem Lesen von Dokumenten fähiger sind als er«. (17)

Der Schulmeister mußte zugleich Buchhalter und Paläograph sein! Wie heute der Dorfschullehrer zugleich Sekretär der Bürgermeisterei ist, so war der Schulmeister damals *procureur* oder Urkundsbeamter der Gemeinde – bisweilen sogar *procureur* und Leutnant der Justiz, d. h. zur Hälfte Polizeioffizier oder Feldhüter, zur Hälfte Friedensrichter.

Der Schulmeister mußte auch der Kirche als Kantor zur Verfügung stehen; hier stoßen wir auf das Singen als Element der *petite école*. Ob dieses Amtes kamen ihm während der Messe besondere Ehrenbezeugungen zu: die Assemblée du clergé von 1685 hatte beschlossen, »die mit dem Chorhemd angetanen Schulmeister (sollten) in den Kirchen beweihräuchert werden und dieser Ehre vor den Laien und selbst vor den Herren der Gemeinden teilhaftig werden«. Der Gesang sollte bei der Wahl des Schulmeisters noch sehr lange eine gewichtige Rolle spielen. Noch 1847 ist er in einer Gemeinde des Oise-Gebiets das ausschlaggebende Kriterium: »Die Einwohner versammeln sich, um aus sieben Bewerbern ihren Schulmeister zu wählen. Das Vorsingen in der Kirche ging allen anderen Prüfungen voraus, und der Inspektor erstattet dem Rektor vor dieser Prüfung Bericht: ›Die Damen des Ortes haben ihre Wahl bereits getroffen und gerufen: der da ist genau der Richtige für uns.‹ ›Der da‹ mag zwar nicht die meiste Bildung besitzen, aber jedenfalls hat er die trefflichste Stimme ... So, Herr Rektor, laufen die Dinge hier gewöhnlich ab.« (18)

Überall, in der Schule wie zu Hause, lernte man lesen mehr oder minder anhand einer Anstandsfibel, im 18. Jahrhundert zumeist der J.-B. de La Salles.

So trifft man auch in ländlichen Schulen die drei Faktoren an, die für die *petite école* konstitutiv waren. Wir wissen bereits, welchen Ursprung die Singstunde und das Lesen gehabt haben (die Lateinschule) und woher die *civilité* kam (von der häuslichen Erziehung). Wie steht es jedoch mit dem Schreiben und dem Rechnen?

In der Mitte des 17. Jahrhunderts gab es einen Schreib- und Rechenunterricht, der außerhalb der *petites écoles* oder der Lateinschule erteilt wurde und den Charakter eines Handwerks hatte, den der öffentlichen

Schreiber. Ich habe weiter oben bereits darauf Bezug genommen. Sie waren der Gerechtsamen und der Kontrolle des Kapitels oder der Universität nicht unterworfen; in Paris war ihre Zunft wie alle anderen beruflichen Organisationen dem Châtelet zugeordnet. Wir haben den Eindruck, daß es sich dabei um einen Handwerksstand gehandelt hat. Sie waren nicht Lehrer, sondern in erster Linie Kopisten, Buchhalter, Gutachter. Sie gaben sich den Titel: »Zur Prüfung von Akten, Verträgen und Schuldverschreibungen Bevollmächtigte«. (19) Man bezeichnete sie gemeinhin mit dem Namen »Prüfer«, Prüfer von Urkunden, weil sie sich auf Schriften – und Rechnungen – verstanden und weil sie sich mit Zahlen und im Rechnen auskannten. In Rouen trugen sie den Titel »Meister und Hüter der edlen Kunst und Wissenschaft des Schreibens und der Arithmetik, sachverständige Prüfer der Stadt und der umliegenden Ortschaften von Rouen«.

Ihre »Schriftgelehrsamkeit« entspricht dem, was wir heute von der Daktylographie erwarten: die Abfassung von Texten in der lesbarsten Weise. Denken wir daran, welche Bedeutung die Kopie vor Erfindung der Schreibmaschine hatte: die Kommis mußten nicht nur schreiben können, wie wir alle, sondern »tadelloses Schreiben« beherrschen. (20) Die Kalligraphie war eine Kunst, im übrigen ein Erbe der alten Werkstätten der Handschriftenkopisten vor der Erfindung der Druckkunst. Sie erforderte manuelle Geschicklichkeit. Jean Rou war gegen 1643 ein überdurchschnittlich junger Schüler am Collège d'Harcourt. In seinen Memoiren teilt er uns mit: »Ich hatte eine so geschmeidige Hand und so geschickte Finger, daß ich, hätte man mich nicht zum Studium drängen wollen, alle Aussicht gehabt hätte, ein vollendeter Schreibmeister zu werden«. (21) Die Schrift war am Ende des 16. Jahrhunderts in England Gegenstand von Handbüchern: *Swift writing, true writing, fair writing – The Pen's excellency or the Secretary's delight* (22); *secretary* bezeichnete die Minuskelschrift. Der Schreiber verwendete die verschiedenen Schrifttypen, wie es üblich ist, daß die Druckerei mehrere Drucktypen verwendet: man war auf seine Dienste angewiesen, selbst wenn man schreiben konnte, und zwar beispielsweise dann, wenn es um die Abfassung eines urkundlichen Schriftstücks ging, das keinerlei Zweideutigkeit enthalten durfte und dessen materielle Aufmachung herkömmlichen Regeln folgen mußte. Diese »Schriftgelehrsamkeit« entsprach zugleich dem Zuständigkeitsbreich eines Experten der Paläographie in unserer Zeit, sie umfaßte die Entzifferung alter Handschriften, die durch den Wandel der Schreibweise oder auch die Verwendung von ungebräuchlich gewordenen Kürzeln und Zeichen unleserlich geworden waren. Und es handelte sich dabei gewiß nicht um irgend ein überflüssiges Forschungsbemühen des Historikers. Alte Schriftstücke besaßen weiterhin Autorität und hatten Einfluß auf die öffentlichen und privaten Verhältnisse, wie beispielsweise Urkunden, Kontrakte etc. Oft waren sie nicht mehr verständlich, bisweilen aufgrund der Sprache, in erster Linie jedoch aufgrund der verwendeten Schrift. Der *maître-écrivain,* der moderne Schriftstücke in Schönschrift abfassen konnte, verstand sich auch darauf, die der Vergangenheit zu lesen und zu »prüfen«. Diese Aufgabe mußte durch die Verbreitung von Druckerzeugnissen (etwa des *Moniteur,* des *Journal officiel,* gedruckter Formulare, die am Ende des 18. Jahrhunderts in Gebrauch kamen) hinfällig werden. Hinzu kam, daß die rechtlich-politische Umwälzung der Revolution von 1789 die alten Dokumente außer kraft setzte, die hinfort nur noch die Historiker beschäftigen: man fing bei Null an, mit einer allgemein zugänglichen Schrift.

Schließlich waren die Schreiber auch noch Buchhalter. Sie verstanden sich auf »doppelte Buchführung, auf ausländische Währungen« und auf die Maße und Gewichte, deren Vielfalt die Herstellung von Entsprechungen äußerst schwierig gestaltete. Sie übernahmen die Aufgabe, »Rechnungen und Berechnungen zu prüfen«; wie sie »die Schriften prüften«. Nicht jedermann verstand sich darauf, Berechnungen anzustellen. So ist beispielsweise Madame de Sévigné entzückt darüber, daß sie in Les Rochers von der Kompetenz eines geschickten Abbé profitieren kann, der mit Zählmarken umzugehen weiß, also ein guter Rechner ist: »Zu meiner nicht geringen Verwunderung haben der Abbé und ich heute morgen in seinem Kabinett *mit Hilfe seiner überaus nützlichen Zählmarken* herausgefunden, daß ich im Besitz von 530.000 Livres gewesen war«. (23) Der Schreibmeister mußte die Kunst, die er ausübte, auch weitervermitteln. Man brauchte Kommis, die sich hervorragend auf das Schreiben wie auch auf das Rechnen mit Jetons verstanden, die Rechtsgelehrten waren darauf ebenso angewiesen wie die Kaufleute oder Verwalter. Es waren derlei Kenntnisse übrigens im 17. Jahrhundert nicht etwa ausschließlich Sache der subalternen Berufssparten. Ein junger Adliger, der für den Soldatenberuf oder für das Höflingsleben bestimmt war, konnte ebenso Schreibunterricht nehmen, wie er Sprachen oder Tanzen oder andere Künste erlernte, die nicht in der Schule unterrichtet wurden. So kommt der spätere Marschall de Bassompierre 1591 mit einem Gefolge aufs Kolleg, das über den Präzeptor und den Tanzlehrer hinaus auch einen Schreiblehrer aufweist. (24)

Gegen 1660 teilt Ch. Hoole in seinem für den Lehrer bestimmten Buch

The Petty School mit, daß man an einer Grammatikschule – dem englischen Äquivalent für unsere Kollegs – die Gewohnheit gehabt habe, »einen anständigen und aufrechten Schreiber (penman) zu beschäftigen, der jährlich für einen Monat oder sechs Wochen dort hinkommen sollte; während dieser Zeit konnten dann alle leserlich schreiben lernen«, eine tadellose Handschrift erwerben. Es blieb nicht aus, daß man sich über diese Zuhilfenahme eines ortsfremden Fachmannes ärgerte. So behauptet Brinsley, daß die Schulen, wenn sie sich im Besitz seines Leitfadens für den Lehrer befinden, »es nicht nötig haben, auf Schreiber zurückzugreifen, die durch das Land ziehen, oder wenigstens den Namen Schreiber annehmen und sich erbötig machen, andere schreiben zu lehren, und dort wo sie hingehen, oft genug großen Schaden anrichten«. Diese fahrenden Schreiber hatten keinen guten Ruf. (25)

In den Städten unterhielten die Schreibmeister, die in Innungen organisiert waren, ehrenwerte Schreib- und Rechenschulen. Sie mußten »an der Vorderseite ihrer Häuser Tafeln (aufhängen), aus denen die Namen der von ihnen betriebenen Wissenschaften ersichtlich sein (sollten)«. Sie verteidigten ihr Recht gegen ihre Konkurrenten. Zu diesen gehörten auch die Schulmeister, in Paris also jene Pädagogen, die vom Kantor von Notre-Dame abhängig waren. Im Jahre 1661 untersagt eine parlamentarische Verfügung den Schulmeistern, »in die Schreibvorlagen, die sie ihren Schülern geben wollten, mehr als drei Zeilen aufzunehmen«. (26) Es geht darum, daß sie wohl Schreiben, nicht aber Schönschreiben lehren sollen. Wir haben bereits gesehen, daß J.-B. de La Salle sich um diese subtile Unterscheidung wenig bekümmert hat und seine Zöglinge unverhohlen mit den Schreibweisen vertraut gemacht hat, die den Schreibern vorbehalten waren; doch strengten diese in Paris einen Prozeß gegen ihn an, den sie dann auch gewannen. (27) Auf der anderen Seite kamen ihnen auch noch »sogenannte Mathematiker« ins Gehege. Das Parlament erkannte ihr Monopol an und sprach das Verbot aus, »irgendeine Art von Tafel (Schild) mit dem Titel Mathematiker auszuhängen«. Die Aufgabenteilung zwischen den Schulmeistern und den Schreibmeistern, ließ sich übrigens, wie man sich denken kann, nicht ohne Schwierigkeiten bewerkstelligen, die auch mit juristischen Maßnahmen nicht zu lösen waren. So setzt eine parlamentarische Verfügung von 1661 fest, daß »die Schreiber Schriften oder Bücher besitzen dürfen, um Orthographie zu demonstrieren, ohne daß sie deshalb im geringsten berechtigt wären, Lesen zu lehren«. Doch gibt es, wie Claude Joly, der seine Zuständigkeit für die *petites écoles* verteidigt, ins Feld führt, »überhaupt keine Schreiber, die behaupten könnten, daß es um die Erlernung der Orthographie und nicht ums Lesenlernen gehe, wenn sie ihre Schüler in solchen gedruckten Schriften und Büchern lesen lassen«. Um es allen recht zu machen, hätte man dafür sorgen müssen, daß die Schulmeister Lesen, aber nicht Schreiben lehrten und die Schreibmeister Schreiben, aber nicht Lesen, wobei sich als gemeinsamer, aber strittiger Bereich die im übrigen erst an ihren Anfängen stehende Orthographie ergeben hätte. Daraus wird ersichtlich, daß Schreiben und Lesen, die sich heute zu ergänzen scheinen, lange Zeit als voneinander unabhängige und getrennt zu unterrichtende Fächer betrachtet wurden, wobei ersteres zur literarischen und religiösen Kultur, letzteres zu den handwerklichen Fertigkeiten und den geschäftlichen Praktiken gehörte.

Die Schule des Schreiblehrers erscheint uns also als technische Schule, eine Berufsschule, an der man einen Beruf erlernte, der sich noch auf manuelle Geschicklichkeit gründete. Diese Schulen wiesen nun zwei interessante Merkmale auf: es waren gemischte Schulen für Jungen und Mädchen, und sie waren nicht auf die Kleinen im Anfängeralter beschränkt, sondern wurden auch von jungen Leuten besucht.

Ein merkwürdiger Stich vom Beginn des 18. Jahrhunderts stellt eine Schreibstunde dar: es sind darauf große Burschen zu sehen, von denen manche einen Degen tragen, was darauf hinzudeuten scheint, daß diese Art von Unterricht von reputierlichen aristokratischen Familien oder solchen, die Anschluß an die Aristokratie suchten, nicht verschmäht wurde. Auf jeden Fall handelt es sich gewiß nicht um eine ausschließlich aus Kindern bestehende Klasse. Die größeren jungen Leute scheinen stärker vertreten zu sein, die Altersstufen gemischter als innerhalb der doch auch recht vielfältigen Zusammensetzung der unteren Kollegklassen. (28)

Diese Vielfalt erscheint geradezu als bedrohlich für die Tugend der Mädchen, wenn man dem rigorosen Kanoniker Claude Joly Glauben schenken will. Er will, daß man den Schreibern verbieten solle, Mädchen zu unterrichten, und weist darauf hin, welche Gefahr es bedeute, »die Mädchen mit großen Burschen zusammenzutun, denn letztere sind es, die man hauptsächlich bei den Schreibmeistern antrifft«.

Die Nützlichkeit einer tadellosen Handschrift und des Rechnens wurde jedoch weder von jenem Sergeanten in Dijon bestritten, der 1606 monatlich 40 Sous an Saint-Germain, Schulmeister, gezahlt hat, damit jener seiner Tochter drei Monate lang Schreiben und Arithmetik beibrachte, noch auch von jenem Sieur Lemonier, »Chef des Wirtshauses Lion de France« in Dijon, der im Jahre 1648 seiner Tochter von einem Priester Rechenstunden erteilen ließ. (29) Bis dahin hatte es keinen Unterricht für Mädchen gegeben: sie blieben im Haus bei den Frauen oder kamen in ein Kloster, und hatten allenfalls Religionsunterricht. In der ersten Hälfte des 17. Jahrhunderts begann man immerhin, sich über ihre Bildung Sorgen zu machen; bestimmte Orden wie die Ursulinerinnen nahmen sich dieser Frage an. Die Schreiber ließen es sich angelegen sein, ihnen eine richtige technische Ausbildung zu geben, was zum einen den Grund haben mochte, daß man sie als recht begabt für das Schreiben ansah, und zum anderen den Grund, daß sie Buchhaltung lernen sollten, eine für das häusliche ebenso wie für das Geschäftsleben gleichermaßen nützliche Fertigkeit. Im 17. Jahrhundert spielte die Frau üblicherweise bei der Verwaltung des Besitzes und der Überwachung bestimmter Einkünfte (in Form von Naturalien: Geflügel, Eiern etc.) eine bedeutende Rolle. Da ist es nur zu verständlich, daß kluge Väter wie jener Sergeant oder jener Hotelier von Dijon dafür sorgen wollten, daß ihre Tochter gut mit der Feder und mit den Zählmarken umzugehen wußte.

Halten wir jedoch vor allem fest, daß es sich beim Unterricht der Schreibmeister *nahezu um einen Unterricht für Erwachsene* handelte. Tatsächlich knüpfte er an einen Unterricht an, der sich von dem der Lateinschulen unterschied und älter war als der der französischsprachigen *petites écoles:* an den handwerklich orientierten Unterricht, den die Handwerksleute ihren Lehrlingen erteilten. Die Schulen der Schreiber schienen damals ein wohlbekannter Spezialfall einer Praktik zu sein, die anderen Berufssparten zumindest in England und Deutschland allgemein vertraut war.

Die englische pädagogische Literatur vom Ende des 16. und vom Beginn des 17. Jahrhunderts nimmt gelegentlich Bezug auf diese in der Werkstatt oder im Laden eingerichteten Schulen. Im Jahre 1596 publiziert Edmond Coote seinen *English Schoolmaster.* (30) Das ist ein Lehrbuch von 79 Seiten, das englisch und nicht lateinisch geschrieben ist und die Eigenart aufweist, daß es sich nicht an professionelle Lehrkräfte, ja nicht einmal an gebildete Menschen richtet. Von 1596 bis 1656 hat es 26 Auflagen erlebt. Es besteht aus 6 Teilen: 1. Das Alphabet, die Kunst des Buchstabierens (39 Seiten); 2. Katechismus, Gebete und Psalmen (18 Seiten); 3. Chronologie (5 Seiten); 4. Schreibvorlagen (2 Seiten); 5. Arithmetik (3 Seiten); 6. Gut 20 Seiten Vokabular, innerhalb dessen schwierige Wörter und Redewendungen erklärt werden. Es ist für Autodidakten aller Altersklassen bestimmt, für die *unskilful of what age so ever,* die mit seiner Hilfe »ohne Mühe die schwierigen englischen Wörter, die sie hören werden [man beachte diesen Hinweis auf die mündlichen Überlieferungen] begreifen wie auch die Fähigkeit erwerben werden, in der Heiligen Schrift Predigten oder andere Texte zu lesen und sich ihrer in angemessener Weise zu bedienen«. Außerdem soll es Handwerkern, denen es an Bildung fehlt, die Möglichkeit geben, Unterricht abzuhalten: »Ich wende mich auch an all die Männer und Frauen der verschiedensten Berufe, an Schneider, Spinner, Krämer, Näherinnen und andere, die sich daran gemacht haben, andere zu unterrichten.« Und Coote beschreibt jene bescheidenen Laden-Schulen mit wenigen Worten: »Du kannst dich in deinen Laden setzen, in die Nähe deiner Bücher oder deiner Nähnadel, und wirst keine Mühe haben, deine Schüler zu unterrichten, wenn du dich mit diesem Büchlein vertraut gemacht hast.« So mochte es vorkommen, daß ein Handwerker, ohne seine Arbeit aufzugeben, Lehrlinge um sich versammelte – das mochten beispielsweise erwachsene Kollegen aus demselben Beruf sein – und ihnen einige Grundkenntnisse im Lesen, Schreiben und zweifellos auch im Zeichnen beibrachte, denn das Zeichnen war mehr noch als Schreiben oder Lesen eine notwendige Voraussetzung für die Ausübung bestimmter Berufe, beispielsweise der Schreinerei und des Zimmerhandwerks. Solche improvisierte Lehrtätigkeit brachte dem Lehrer zusätzliche Einnahmen und kam dem Bedürfnis nach elementaren Kenntnissen entgegen, das innerhalb der handwerklichen Berufe bereits spürbar wurde. Er mochte sich sogar versucht fühlen, sich ausschließlich seiner Schule zu widmen. Eben für eine Schule dieses Genres hat Holbein 1516 in Basel das Schild gemalt, das auf der einen Seite einen Abendkurs zeigte – den Lehrer und seine erwachsenen Schüler – und auf der anderen Seite eine Schule für Kinder, wobei links der Lehrer und seine Jungen und rechts die Lehrerin und ihre Mädchen zu sehen sind. Die Inschrift, die das Bild begleitet, lautet folgendermaßen:

»Wer jemandt hie, der gern welt lernen Dütsch schriben und läsen ua dem allerkützesten grundt, den Jeman erdencken kan, dodurch ein Jeder, der vor mit ein Buchstaben – der mag kürtzlich und bald begriffen ein grundt, dodurch er mag von ihm selbs lernen sin schuld uffschrieben und läsen. Und wer es nit gelernen kann, so ungeschickt wäre, den will ich um nüt und vergeben gelert haben und gantz nüt von ihm zu lon nemen, er sig wer er well, burder oder handwerksgesellen, frouwen und junckfrouwen. Wer sin bedarf, der kum harin; der wirt drüwlich gelert um ein zimlichen lon. Aber die jungen Knaben und Meitlin noch den Fronvasten wie gewonheit ist.« (31)

Wie bei den Lesern des Engländers Coote machten die Kinder, Jungen oder Mädchen, nur einen Teil der Kundschaft dieser Lehrer aus: *of what age so ever* hatte Coote gesagt und Holbein nannte Bürger, Handwerker, Arbeiter, Frauen und junge Mädchen. Auch junge Männer oder

Erwachsene, die tagsüber ihren Beruf ausübten und abends zum Lehrer kamen, damit er sie im Lesen, Schreiben oder Zeichnen unterwies. Gérard Dou hat eine Schule dieses Genres dargestellt. (32) Der Saal ist mit Kerzen erleuchtet; größere Kinder von mehr als 10 bis 12 Jahren, Jungen und Mädchen, sitzen um den Tisch des Lehrers. Links im Vordergrund zeichnet ein junger Mann, während ein junges Mädchen ihm ein Licht hinhält und ihn mit dem Finger auf irgendetwas aufmerksam macht. Zweifellos lernen sie beide Zeichnen. Zum ABC kommt mit der Zeichnung hier ein Element der technischen Ausbildung hinzu. In den Handelsstädten wird das Zeichnen dann durch das Rechnen ersetzt, das für die Buchhaltung benötigt wird, und diese Art Unterricht unterscheidet sich seit dem 14. Jahrhundert merklich von der Lateinschule. So gab es in Bologna zwar viele Grammatiklehrer, doch gab es neben diesem lateinischsprachigen Unterricht der Artes *scholae puerorum*, die, zweifellos in der Vulgärsprache, den Kaufmannssöhnen praktischen Unterricht erteilten und an denen die Arithmetik eine bedeutende Rolle spielte; der Lehrer war in den Urkunden als *magister de abaco* (und nicht *de artibus* oder *grammaticae*) betitelt. (33) Man weiß, daß im Jahre 1338 in Florenz an vier Lateinschulen Grammatik und Logik unterrichtet wurden, Algebra, *abacus* hingegen an sechs Schulen. (34) Demselben Phänomen begegnet man in den deutschen Städten wie Hamburg und Braunschweig. Dieselbe Rolle spielten in Frankreich die Schulen der Schreibmeister. Und wir haben wahrscheinlich in diesem Erwachsenenunterricht professionellen und handwerklichen Charakters den hauptsächlichen Ursprung der *petites écoles* zu sehen. Die anderen Elemente, die Singstunde, der Psalter, die aus den Lateinschulen emigriert sind, der Anstandsunterricht, der aus den aristokratischen und höfischen Häusern stammte, sind in der Folgezeit, zweifellos jedoch nicht vor Beginn des 17. Jahrhunderts, dazu gekommen.

Im übrigen rekrutierten sich, außer bisweilen in den großen Städten wie Paris, wo der Kantor höhere Ansprüche stellte und Universitätsgrade zu verlangen schien, die Lehrer der *petites écoles* oft aus dem Stand der Schreiber. So wählte man in Castillon im Jahre 1759 einen vereidigten Schreibmeister aus Bordeaux. (35) Dafür gibt es übrigens einen einleuchtenden Grund: der Schulmeister ist zugleich *procureur* der Gemeinde, Urkundsbeamter, und er muß Urkunden und alte Handschriften lesen, Prozeßakten abfassen können ...

Allerdings tritt das wesentliche Merkmal der *petites écoles* des 17. Jahrhunderts, das sie von den Ladenschulen des 16. Jahrhunderts, von denen der Schreibmeister unterscheidet, weniger innerhalb der Unterrichtsprogramme als hinsichtlich der Altersklassen der Schüler in Erscheinung. Diese sind nun nicht länger junge Leute oder Erwachsene. Ihre Schüler sind Kinder zwischen sieben und zwölf Jahren. Im Jahre 1833 schreibt ein Inspektor – und diese Beobachtung hat auch für die vorhergegangene Periode und das 18. Jahrhundert Gültigkeit –: »Man kann die Kinder nur im Alter von sieben bis acht Jahren in die Schule schicken... Im Alter von elf bis zwölf Jahren steckt man sie in einen Beruf.«

Das Prinzip des Erwachsenenunterrichts hält sich in Frankreich noch einige Zeit, allerdings wird diese Funktion nicht länger von den Schreibern wahrgenommen. Am Ende des 17. Jahrhunderts faßte der Pfarrer von Saint-Sulpice, De la Chetardye, den Vorsatz, eine Sonntagsschule für Arme zu gründen: »Erfindungsreich wie er war, wenn es darum ging, in irgendeiner Weise zur Bildung der Armen beizutragen, faßte er den Plan, eine Sonntagsschule zugunsten junger Leute einzurichten, die durch den Zwang, sich ihren Lebensunterhalt zu verdienen, die übrige Zeit der Woche in Anspruch genommen waren, so daß ihnen nur die Sonn- und Feiertage blieben, um sich bilden zu lassen.« (36) Unter der Bezeichnung »Académie chrétienne« wurde diese Schule 1699 Saint Jean-Baptiste de La Salle und seiner neuen Bruderschaft anvertraut. Über Lesen, Schreiben und Rechnen hinaus lernte man dort Geometrie, Zeichnen und Architektur. Die ältesten Knaben sollten das zwanzigste Lebensjahr nicht überschritten haben. Diese Akademie ging jedoch wieder unter und fand kaum irgendwelche Nachahmer. Der Unterricht für Erwachsene, diese Art von Abendschulen, wie sie im 15. und 16. Jahrhundert verbreitet war, verschwand im 17. Jahrhundert, und ein ausschließlich den Kindern vorbehaltener Unterricht, den es zuvor nicht gegeben hatte, nahm seine Stelle ein. Das Phänomen der Spezialisierung nach Altersstufen, der Absonderung der Kindheit tritt hier viel deutlicher hervor als an der Zusammensetzung der Altersstufen des Lateinkollegs. Von nun an wird eine Altersschicht von fünf/sieben bis zehn/elf Jahren von der übrigen Kindheit unterschieden.

Wie vollzieht sich nun der Übergang vom handwerklich ausgerichteten Unterricht für Erwachsene, wie wir ihm bei Coote, bei Holbein und den Schreibern begegnet sind, zu dem der *petites écoles* des 17. und 18. Jahrhunderts? Zweierlei Bestrebungen waren maßgeblich daran beteiligt: die eine, allgemeine, besteht darin, die untersten Altersstufen von den übrigen zu trennen und eine elementare Unterrichtsstufe zu entwickeln; die andere hängt mit der gewichtigen Strömung des religiösen

Reformeifers zusammen und konzentriert sich eher auf die institutionelle Erfassung armer Kinder.

Von der Mitte des 17. Jahrhunderts bis in die heutige Zeit ist die Zeit des Kollegaufenthaltes unablässig verkürzt worden, wie wir in dem Kapitel gesehen haben, das den Altersstufen gewidmet war. Da man ja die einzelnen Klassen homogener gestalten wollte, war man gezwungen, mehrfach neue Anfängerklassen einzurichten und praktisch Elementarklassen zu schaffen, die dann von immer jüngeren Kindern besucht wurden – bis dann schließlich die Kindergärten und die Vorschule unserer Zeit entstanden. In ihrem ersten Plan, der *ratio studiorum* von 1599, wollten die Jesuiten mit der fünften Klasse beginnen, es sollte also drei Grammatikklassen geben. Wie anderen Pädagogen der Epoche widerstrebte ihnen die Erteilung von Elementarunterricht. In diesem Sinne schreibt auch Brinsley 1627 in seinem *Ludus Litterarius:* »Es scheint mir unsinnig, daß die *grammar schools* durch die Klassen der ABC-Schützen gestört werden sollen ... Es ist für uns [die Lehrer] erniedrigend, sich der ermüdenden Aufgabe zu unterziehen, diesen ganzen Kleinen [*such little petties*] derlei Dinge beizubringen.« (37)

Diese so erwünschte Trennung von Elementarunterricht und Grammatikklassen ist jedoch niemals im vollen Umfang durchgeführt worden. Die Jesuiten mußten immer wieder die Einrichtung einer sechsten Klasse akzeptieren, in der das ABC sowie Lesen und Schreiben unterrichtet wurden. Am Ende des 17. Jahrhunderts vermehrten sich die sechsten Klassen an den Kollegs, und es mußte oft sogar eine weitere, »schwächere« Klasse geschaffen werden, die man damals bereits als siebte und achte bezeichnete. Es handelte sich um die untersten Klassen unserer höheren Schulen, die damals entstanden. Am La Flèche existierte beispielsweise in dieser Epoche eine siebte und eine Art achte Klasse, die man als »Kammer« bezeichnete, »in der diejenigen unterrichtet wurden, die zur Teilnahme am Unterricht der regulären Klassen nicht imstande waren«. (38) Der Kantor Joly beschwert sich über dieses Wuchern der Unterklassen an den Kollegs, worin er einen Übergriff der Universität auf die Rechte der Schulmeister in den einzelnen Stadtvierteln erblickt. Er beklagt sich über die »siebten und achten Klassen, die man an bestimmten Kollegs zu dem Zweck eingerichtet hat, die Kinder Lesen zu lehren«. (39) Neben diesen Unterklassen gab es Pensionen, die außerhalb der Stadt lagen und für »Kinder in *zartem Alter* (bestimmt waren), die noch der weiblichen Fürsorge bedurften«. Das sind die *petits collèges de permissionnaires;* sie waren vom Kantor autorisiert, der als

Direktor des Elementarunterrichts in Paris figurierte. In der Stadt selbst wurden die Anfänger, die in den Schülermassen der Kollegs, und insbesondere der untersten Klassen unterzugehen drohten, von Repetitoren betreut. Deren Schulen nennt Joly *buissonnières*, d. h. heimliche Schulen, die weder von der Universität noch vom Kantor autorisiert waren: ihre Lehrer »üben mit den Schülern, die den Unterricht des Kollegs besuchen«. Dieser Unterrichtsmodus wird dann im 18. Jahrhundert äußerst erfolgreich sein; wir werden darin jene Pensionen wiedererkennen, die auch Interne aufnahmen – wir haben uns weiter oben im Kapitel über das Internat mit ihnen beschäftigt. Neben Internen, die oft älter waren, nahmen die Pensionen kleine Externe auf. Ein interessantes Dokument gibt uns darüber Aufschluß, daß diese Pensionen am Ende des 18. Jahrhunderts großen Zulauf hatten; es handelt sich um die Bewerbungsunterlagen für die Militärschulen aus dem Jahre 1790. Diese Schulen waren für bedürftige Aristokraten bestimmt. Die Familie des Bewerbers mußte ein vorgedrucktes Formular ausfüllen, das neben Fragen, die die Personalien betrafen, noch folgende Fragen enthielt: »ob das Kind lesen oder schreiben« könne, was seine »gegenwärtige Beschäftigung« sei, ob es »im Elternhaus, in *Pensionen* oder im Kolleg«, erzogen werde. (40) Die Bewerber sind fast alle neun bis zehn Jahre alt. Hier einige Beispiele. Ein Elfjähriger: »Er ist in Tours bei einem Lehrer in Halbpension, um dort die Grundlagen des Lateinischen zu lernen und hat das Elternhaus noch nie verlassen«, ist also noch niemals Interner gewesen. Ein Neunjähriger: »Er ist am Collège de Beaugé, wo er seine Studien treibt. Er ist in Pensionaten erzogen worden.« Ein anderer Neunjähriger: »Er wird im Elternhaus erzogen, von wo aus er täglich in ein benachbartes Pensionat geschickt wird, um dort am Unterricht teilzunehmen.« Ein Elfjähriger: »Er studiert bei einem Pensionatslehrer in Rethel, wo er sich seit dem 15. März aufhält. Der Vater und die Mutter können den Aufenthalt in dieser Pension nicht länger ermöglichen.« Ein Neunjähriger: »Ist im Elternhaus großgezogen worden und befindet sich seit 18 Monaten in einer *pension particulière* (Privatpension).«

Im 16. Jahrhundert war man noch nicht bestrebt, die Anfänger aus den ersten Grammatikklassen herauszunehmen; wenn man sie in einer sechsten Klasse zusammenfaßte, dann war das eine Art Sammelbecken, innerhalb dessen keine Abstufung nach den Fähigkeiten der einzelnen Kinder bestand. Seit dem Ende des 16. Jahrhunderts ist das nicht mehr der Fall. Mit den Unterklassen der Kollegs, den unabhängigen Pensionaten entsteht eine elementare Unterrichtsstufe. Man betrachtet sie als vorbereitende Stufe. Dasselbe trifft übrigens auch auf die *petites écoles* zu, die, zumindest was die Städte betrifft, den Anspruch erheben, die Unterklassen der Kollegs zu ersetzen. Claude Jolys Meinung nach bereiten die *petites écoles* auf den Eintritt in die Fünfte oder, wie er es sieht, eher noch in die Vierte der Kollegs vor: sie gehen dem Kolleg *voran* und laufen nicht *nebenher,* ohne daß es ihnen im übrigen gelänge, die anderen Formen, mit denen sie konkurrieren, auszuschalten. Von der Vorstellung des 19. Jahrhunderts, daß die Grundstufe nicht notwendig in die weiterführende Schule münden muß, sind wir noch weit entfernt. Wir nähern uns eher der moderneren Vorstellung von einem vereinheitlichten Unterricht, der anfänglich allen gemeinsam sein und sich später dann entsprechend den Berufsvorstellungen und den Fähigkeiten in verschiedene Richtungen bewegen soll.

Beschäftigen wir uns nun mit dem anderen Einfluß, der auf die Konzeption und Entwicklung der *petites écoles* eingewirkt hat. Am Ende des 16. Jahrhunderts kommt, in England ebenso wie in Frankreich, eine Vorstellung auf, die dem religiösen Boden der Reform wie der Gegenreform entstammt. In der abendländischen Kunst und Literatur nehmen in dieser pikarischen Epoche die »Bettler« aufgrund ihrer realen Anzahl oder eher noch aufgrund der Aufmerksamkeit, mit der man ihre Existenz damals bedachte, einen charakteristischen Platz ein. Viele liebten den pittoresken Aspekt des Bettelvolkes, andere jedoch machten sich anheischig, gegen diese Mischung aus Elend, Faulheit und Immoralität mit administrativen und polizeilichen Mitteln – dazu zählen beispielsweise die *poor laws* in England – mit ebenso zahlreichen wie wirkungslosen Maßnahmen gegen die Landstreicherei vorzugehen; zugleich – und das ist der Punkt, der uns interessiert – beschritt man den Weg, den Kindern der Armen eine Erziehung angedeihen zu lassen. In den Kreisen, die von der neuen Frömmigkeit in Frankreich und England am stärksten berührt wurden, kam man zu der Überzeugung, daß man den kleinen Bettlern die religiöse Unterweisung zuteil werden lassen müsse, die zuvor praktisch den Chorknaben der Lateinschule vorbehalten gewesen war, und daß man sie gleichzeitig Lesen und Schreiben lehren müsse, Fertigkeiten, die damals als unabdingbare Voraussetzung auch für die Ausübung eines handwerklichen Berufes galten. Man würde auf diese Weise aus denjenigen fromme und gewissenhafte Arbeiter machen, die sonst zu verderbten Abenteurern geworden wären. Man ging alsbald dazu über, sich einen Unterricht in der Vulgärsprache auszudenken, der sich auf den Katechismus, das ABC und das Einmaleins gründete und für die Kinder bestimmt war, die dem lateinischsprachigen Unterrichtsprogramm nicht zu folgen vermochten. Der Gründer einer Schule in England legte seine Beweggründe folgendermaßen dar: »Wir haben in unserer Gemeinde viel armes Volk, das seine Kinder nicht in den Grammatikunterricht schicken kann. Wir möchten gleichwohl, daß man ihnen die Prinzipien der christlichen Religion sowie auch Schreiben, Lesen und Rechnen beibringt, *damit sie eine Lehre anfangen können.*« (41) Und manche Gründer wollen, zumindest was die *pettyes* betrifft, sogar die Lateinschule in einem utilitaristischen Sinne in Anspruch nehmen. So heißt es im Jahre 1612: »Der Schulmeister und die *ushers* sollen sich bemühen, den Schülern und insbesondere denjenigen, die sich weniger für's Studieren als für den Kaufmannsberuf eignen, Rechnen und Buchführung beizubringen.« Diese Bestrebung führte zur Entstehung der »Academies of Dissent«, an denen die klassischen Schönen Wissenschaften mehr oder minder zugunsten eines »modernen« Unterrichtsprogramms aufgegeben wurden, und zu einer Bewegung, die sich aktiv für die Erziehung des einfachen Volkes und den Kampf gegen Immoralität und Pauperismus einsetzte: am Ende des 17. Jahrhunderts sorgte die *Society for Promoting Christian Knowledge* dafür, daß die Schulen auf karitativer Grundlage um ein Vielfaches zunahmen. (42) An diesen Schulen erteilte man den »Kindern der Armen Unterricht über die Grundsätze und die Ausübung der christlichen Religion, wie sie in der Kirche von England vertreten und gelehrt wird« und »bringt ihnen andere Dinge bei, die ihrem Stande nützlich sind«, Lesen und Schreiben sowie in bestimmten Fällen Arithmetik, eine handwerkliche Arbeit wie Spinnen oder das Schuhmacherhandwerk.

Ungeachtet der konfessionellen Unterschiede liefen diese Vorgänge in Frankreich auf dieselbe Weise und imselben Geiste ab. Der Stadtrat von Rouen faßt 1543 die Armen betreffend folgenden Beschluß: »Um die Kinder vom zartesten Alter an zu guten Sitten sowie zum Lesen und Schreiben [beides gehört also zusammen] zu erziehen und anzuleiten, damit sie auf diese Weise früher und besser zum Dienen taugen«, sollen »die von Almosen lebenden Kinder, Knaben ebenso wie Mädchen, ab Vollendung des fünften Lebensjahres (aufgenommen werden), damit sie in einer anständigen Lebensführung und einer guten Gesittung unterwiesen werden und Lesen und Schreiben lernen«. (43) Während des ganzen 17. Jahrhunderts werden immer wieder Anstrengungen unternommen, *écoles de charités* oder *écoles charitables des pauvres* zu schaffen. In Moulin und in Lyon setzt sich der 1637 geborene Charles Dermia, der seinen Schulordnungen militärischen Charakter verlieh, darum für dieses Ziel ein: »Leser, habt acht ... Schreiber, macht Euch bereit, nehmt Eure Feder vor, zeigt sie her, macht die Bewegung der Feder vor«. (44) In Autun gab es drei Priester, die von einem ähnlichen Glauben beseelt waren und ihre Motive folgendermaßen darlegten: »Alle Tage sehen wir auf den Straßen Nichtstuer und Vagabunden, die nichts weiter können als trinken und essen und Elendskinder in die Welt setzen, und damit diesen Ameisenhaufen von Bettlern hervorbringen, von dem es hierzulande wimmelt ... die christlichen Schulen sollen diesen Mißständen ein Ende machen.« (45)

In der Blütezeit des religiösen Humanismus gründeten in Paris die Pfarrer in ihren Gemeinden kostenlose Schulen für die Armen – zur großen Empörung Claude Jolys, weil diese sich seiner Gerichtsbarkeit entzogen: »Die Herren Pfarrer von Paris sagen, daß ihnen dieses Recht von Amts wegen zustehe und es sogar zu ihren Obliegenheiten gehöre, ihre sämtlichen Gemeindemitglieder, die Kinder ebenso wie die Väter, zu unterrichten und daß sie infolgedessen sehr wohl Unterricht abhalten könnten ... Es steht fest, daß die Mildtätigkeit den Herren Pfarrern, was ihre Schulen betrifft, nicht im mindesten zur Last fällt«: für Schulen wurde gerne Geld gegeben. In manchen dieser Schulen konnte man auch einen Beruf erlernen. So brachte im Jahre 1680 in den Schulen von Saint-Sulpice ein Strumpfwirker 200 Schülern das Stricken bei. Auch die Mädchen, die doch in dieser Hinsicht lange Zeit vernachlässigt worden waren, wurden nicht vergessen. Im Jahre 1646 versammelte Louise Bellange 40 arme Mädchen aus der Gemeinde Saint-Eustache zum Unterricht. Neue Orden verschrieben sich dieser Mission: So die Ursulinerinnen, die es sich zur Aufgabe machten, »öffentliche Schulen für externe Schülerinnen wie für Pensionärinnen zu unterhalten«. Im Jahre 1685 gründete Pater Barré das »Institut de Saint-Enfant Jésus«, das unter dem Namen der Dames de Saint-Maur bekannt ist und den mit Erziehungsaufgaben befaßten Orden, darunter den berühmtesten von allen, den Frères des Écoles chrétiennes, als Vorbild diente. Im übrigen traten die Bestrebungen des hl. Jean-Baptiste de La Salle in Paris an die Stelle des Wirkens mildtätiger Pfarrer; er rief damit die Empörung des Kantors von Notre-Dame hervor, da er anfing, Lehrer aus seiner Ordensgemeinschaft an die Schulen der Gemeinde von Saint-Sulpice zu schicken. Ihm verdankt die Grundschulerziehung die Prinzipien, die ihr bis zur Mitte des 19. Jahrhunderts nahezu unverändert zugrundelagen. (46)

Auf dem Lande ließen die Bischöfe, wie der Bischof von Châlons in seinen *Instructions synodales* von 1662, ihre Pfarrer in diesem Feld tätig werden: »Nehmt jedes Jahr eine bestimmte Summe von den Einkünften der Fabrik, die dazu beitragen soll, in den Orten, wo infolge der Armut der Einwohner keiner vorhanden ist, einen Schulmeister einzusetzen. Wenn Ihr selbst etwas zum Unterhalt des Schulmeisters beitragen könnt, so zieht dieses Almosen den weniger nötigen und dringenden vor. Mit einem Worte, tut alles in Eurer Macht Stehende, um in Eurer Gemeinde für die Einstellung eines Schulmeisters zu sorgen, da dies das geeignetste und zuverlässigste Mittel ist, um darauf hinzuwirken, daß die Jugend sich in Glaubensdingen gut auskennt und in der Furcht Gottes erzogen wird, wo von die Reform unserer Gemeinden insgesamt abhängt.« (47) Der Religionsunterricht war mittlerweile und auf lange Zeit mit einer weltlichen und utilitaristischen Bildung verknüpft, und dies nicht aus Opportunismus oder aus Propagandagründen, sondern weil der weltlichen und beruflich orientierten Bildung ein ziemlich hoher moralischer Wert zuerkannt wurde.

In den vorangegangenen Analysen haben wir zunächst die Bestrebung hervorgehoben, die Kinder zwischen fünf und elf Jahren getrennt zu unterrichten, sie von ihren älteren Kameraden zu trennen und in besonderen Klassen, der siebten und der achten, zusammenzufassen, worin wir den Kern eines spezifischen Grundschulunterrichts zu sehen haben; wir sind im Anschluß daran der Strömung eines religiösen Apostelt ums nachgegangen, das die Bildung von karitativen Armenschulen angeregt hat. Man könnte davon ableiten, daß die Grundschulerziehung, wie sie im modernen Sinne des Wortes bereits im 17. Jahrhundert existierte, aus diesen beiden Einflüssen resultierte und sich auf Schulen reduzierte, die in wohltätiger Absicht für die Kinder der Armen gegründet wurden. Bis hin zum hl. Jean-Baptiste de La Salle ist dies anfänglich zweifellos das Ziel der religiösen Reformer gewesen.

Man ist versucht, zwischen diesem Ursprung – christlicher Mildtätigkeit – und dem volkstümlichen Charakter, den die Grundschulerziehung vom Ende des 18. Jahrhunderts bis in die heutige Zeit bewahrt hat, eine direkte Beziehung zu sehen: sie war keineswegs eine Stufe innerhalb einer Hierarchie, die, zumindest was ihre unteren Stufen anbelangt, von allen Kindern besetzt war, sondern scheint vielmehr eine Klassenschule gewesen zu sein, eine Schule des Volkes im Gegensatz zur höheren Schulbildung, die das Monopol des Bürgertums war. Doch haben diese auf Mildtätigkeit basierenden Schulen nicht einer dem niedrigen Volk vorbehaltenen Klassenerziehung zum Leben verholfen. Der Kantor Joly liefert den Beweis dafür. (48) Er wäre notfalls bereit, die Existenz solcher auf Mildtätigkeit beruhenden Schulen zu akzeptieren, wenn sie sich auf die Bettelkinder beschränken würden. Das war jedoch am Ende des 17. Jahrhunderts gerade nicht mehr der Fall. Seinen Worten zufolge haben diese Schulen bald nach ihrer Gründung Schüler wohlsituierter Handwerker, Kaufleute, Bürger angezogen, die den traditionellen Schulmeistern damit verloren gingen. Der Kantor war berechtigt, an allen Schulen, selbst den von seiner Gerichtsbarkeit unabhängigen, Inspektionen vorzunehmen, und sein Promotor spielte in etwa die Rolle eines Grundschulinspektors. Dieser hat nun in den zu wohltätigen Zwecken gegründeten Schulen »keineswegs jenen Schmutz und jene Lumpen armer Bettler vorgefunden, aus denen sie sich den Herren Pfarrern zufolge zusammensetzen sollte«. Es konnte eben keine wirkliche Armut ohne Lumpen geben, wenn das Ansehen, das der Reichtum verlieh, unweigerlich durch die äußere Aufmachung bestätigt wurde.

Ohne Lumpen und auch ohne Schmutz: zu seiner großen Empörung fand der Promotor »im Monat Juni des Jahres 1675 bei der Besichtigung einer Mädchenschule im Vorort Saint-Germain nichts als Sauberkeit, und als er der Lehrerin darob Vorhaltungen machte, bekam er keine andere Antwort, als daß er sich auf die Bedürftigkeit der Mädchen nicht verstehe«. An anderer Stelle traf er auf »mehr als 200 Mädchen ..., die Mehrzahl von ihnen wohlgekleidet, ohne Schmutz und ohne Lumpen: woraus erklärlich wird, daß gegenwärtig sämtliche Mädchenschulen der benachbarten Viertel [an denen Schulgeld erhoben wurde und die vom Kantor abhängig waren] wie ausgestorben sind. Es ist eine Maxime, daß sich dort, wo irgendetwas umsonst zu haben ist, alle Welt einfindet, gleichgültig, ob Arm oder Reich«. Wir sehen also, daß die Schulen zu wohltätigen Zwecken, deren Unterricht von Ordensmitgliedern und damit von vertrauenerweckenderen Lehrern als denjenigen der Schulen in den einzelnen Stadtvierteln erteilt wurde, ebensowohl Kinder aus gutsituierter Familie anzogen wie Bettelkinder. In diesem Zusammenhang erfahren wir auch, daß die Schulen der Stadtviertel auch auf bürgerliche oder halbbürgerliche Klienten aus waren, die die Pfarrer oder die Ordensgemeinschaften ihnen wegnahmen und die Abraham Bosse in seinen Stichen dargestellt hat. Dem Reichen war damals also die Nachbarschaft des Armen noch nicht zuwider.

Der Konflikt, der aus der unloyalen Konkurrenz entstand und die Frères de Saint-Jean-Baptiste de La Salle mit den Lehrern der Stadtviertel und den Schreibern aneinander geraten ließ, wird durch ein identisches Zeugnis belegt. In seiner Streitschrift vom 7. Juni 1704 schreibt der Syndikus der Schreiber: die Frères »nehmen nicht nur die Armen der Pfarrgemeinden auf, um deretwillen sie ihre Schulen gegründet haben, sondern darüber hinaus auch die Kinder wohlhabender Bürger, Kaufleute und Handwerker«. Der folgende Satz ist sehr aufschlußreich in Bezug auf die Sitten: »Letztere [die Bürgerkinder] heben sie von den anderen ab, indem sie sie getrennt sitzen lassen.« Diese Trennung zwischen Reichen und Armen innerhalb der Schule empört unser heutiges Empfinden, doch empfinden wir die räumliche Nähe, die dadurch unterstrichen wird, d. h. die unvermeidliche Vertraulichkeit innerhalb ein und desselben Klassenzimmers oder womöglich auf der gemeinsamen Bank, gleichermaßen als anstößig. Wir stoßen hier in äußerst konkreter Weise auf den großen Unterschied zwischen den beiden Gesellschaften, der des 17. Jahrhunderts und unserer oder doch wenigstens der des 19. Jahrhunderts: jene ist streng hierarchisch, vermischt sich jedoch in der Promiskuität eines nichtspezialisierten Raumes, während wir es heute mit einer egalitären Gesellschaft zu tun haben, in der die sozialen Klassen jedoch in speziellen Räumen getrennt voneinander untergebracht sind. (49)

Wir wissen, daß das Kolleg, der Ursprung unseres bürgerlichen höheren Schulwesens, z. T. ebenfalls von Schülern aus den unteren Volksschichten besucht wurde. Ursprünglich waren die Kollegstiftungen für Stipendiaten bestimmt. In Wirklichkeit blieben die Stipendien, infolge der Vorteile, die man wie Ämter erwarb, oft in einer Hand. Die Armen haben folglich nicht immer aufgrund von Stipendien Zugang zur Lateinschule gehabt, sondern eher dank der Tatsache, daß der Unterricht kostenlos war und sie als Externe leben konnten. Das Externat ermöglichte es, daß sie zu äußerst bescheidenen Bedingungen bei einem kleinen Handwerker, der oft in Naturalien bezahlt wurde, ein Nachtlager mieten konnten. Die ganze Woche über ernährten sie sich von den Vorräten, die ihnen am Markttag von Verwandten oder Nachbarn gebracht wurden. Man konnte also den Lebensunterhalt eines Kindes mit Mitteln aufbringen, die weit unter den Kosten lagen, die man heutzutage für den Aufenthalt im Internat eines Gymnasiums aufbringen muß.

Die Universitätskollegs waren grundsätzlich nicht gebührenfrei. Der Lehrer erhob von den Schülern direkt Gebühren, wie es der Brauch vorsah. Er hatte darüber hinaus andere Einkünfte, sei es ein Stipendium von der Stiftung, wenn er dieser als erwachsener Stipendiat angehörte, seien es die Pensionsgelder der Schüler, die er in seinem Haus beherbergte. Immerhin wurden die traditionellen Gebühren, die seine Klasse ihm schuldete, nicht mehr unnachsichtig eingefordert, wiewohl sie immer noch durchaus üblich waren. »In den gewöhnlichen Kollegs« (und zwar im Unterschied zu denen der Jesuiten), bemerkt Ch. Sorel, »an denen die Schüler von Stande jeden Monat ihr Scherflein an den Schulmeister zahlen, gibt es *fast ebensoviele Schuldiener und Externe,* die dorthin kommen, ohne zu bezahlen, und dennoch an den Unterrichtsstunden des Lehrers teilnehmen, ohne daß man diesen armen Knaben verwehren wollte, daraus Nutzen zu ziehen: es wäre doch ähnlich grausam, sich über diese Gegebenheit zu beschweren, als wenn ein Mann, der mit einem brennenden Leuchter nachts durch die Straßen geht, die Passanten daran hindern wollte, sich eben dieses Licht zunutze zu machen«. (50) Man strebte dahin, den Unterricht kostenlos zu erteilen. Von den Jesuiten wurde diese Schulgeldfreiheit bereits praktiziert. Die Universität von Paris akzeptierte sie offiziell im Jahre 1719. (51) Die Oratonianer hielten dagegen an dem Prinzip einer geringfügigen Schulgelderhebung fest. (52)

Die materiellen Bedingungen standen dem Schulbesuch von Schülern aus den unteren Volksschichten weniger entgegen als heute. Eine der Personen in Lariveys Stück *Les Escoliers* (1601) erklärt, es gebe unter den Schülern (wobei er unter Schülern Pensionäre versteht) auf der einen Seite zwar »junge Männer aus guter Familie«, aber wieviele seien nicht »Kinder irgendwelcher armen Handarbeiter, aus der Hefe des Volkes hervorgegangen, die mit einem Schüler nichts gemeinsam haben als den Namen, der im übrigen schimpflicher ist als der des Abenteurers«. (53) Aus den Schülerverzeichnissen läßt sich bisweilen der Berufsstand der Eltern entnehmen. So sind beispielsweise in Le Mans im Jahre 1668 von der Gesamtzahl von 41 Schülern in der Klasse der Physiker 11 Handwerkersöhne. (54) Pater de Dainville hat die statistischen Resultate der Erhebungen veröffentlicht, die er anhand des Schülerverzeichnisses des Jesuitenkollegs von Châlons-sur-Marne vorgenommen hat, das den Zeitraum zwischen 1618 und 1736 umfaßt. Entsprechend den Konjunkturschwankungen bewegt sich der Anteil der Handwerker und Arbeiter zwischen 20 und 35 % (hauptsächlich Handwerker); »die Belegschaft des Kollegs setzt sich, je nach Lage, zu 48 bis 62 % aus Kindern der Unterschichten und des Kleinbürgertums zusammen«. (55) Dabei müssen wir allerdings bedenken, daß es sich hierbei um ein großes Kolleg handelt: an den auf die Grammatikklassen beschränkten Lateinschulen würden sich sicher noch größere Anteile feststellen lassen.

Dieser Zustrom von Schülern aus dem Volk entsprach häufig dem Wunsch der Eltern nach sozialem Aufstieg. So schickte der kleine Kupferschmied Girardon seinen Sohn, den zukünftigen Holzschnitzer, in die sechste Klasse, um einen Urkundsbeamten, einen *procureur,* aus ihm zu machen. Ein bestimmt beträchtlicher Teil dieser Schüler aus dem Bauernstand, der sich jedoch unmöglich genau abschätzen läßt, wurden danach dann kleine Justiz- und Finanzbeamte und begründeten eine bürgerliche Schicht. Aus deren Existenz läßt sich darauf schließen, daß die soziale Mobilität größer war, als man gemeinhin annimmt. Allerdings blieben viele Schüler nur einige Jahre in den unteren Klassen der Kollegs. Einem Text von 1789 zufolge beweist »die Erfahrung einer großen Anzahl von Jahren, daß die Mehrzahl der Provinzkollegs gezwungen wäre, die zweite, die Rhetorik- und die Philosophieklasse zu schließen, wenn sie nicht von Schülern besucht würden, die für einen kirchlichen oder den Anwaltsberuf bestimmt sind. Fast sämtliche anderen Kinder haben kaum die Hälfte der vorgesehenen Klassen besucht und verlassen das Kolleg dann für immer.« (56) Einige von ihnen werden Soldaten, andere Kaufleute, aber andere ergreifen wiederum auch Handwerksberufe. Das Verzeichnis der Schüler am Oratorianerkolleg von Troyes läßt auf einige Beweggründe für diesen vorzeitigen Abgang schließen. Mehrere sind »dem Ruf der Waffen gefolgt«, einer jedoch ist Schreiner geworden. Ein anderer ist »in die väterliche Küche zurückgekehrt«, und wieder ein anderer hat »die Schule verlassen, um Schuhmacher zu werden«. Der junge Girardon hat die ehrgeizigen Erwartungen des Vaters dadurch zunichte gemacht, daß er zu einem Schreiner, einem Holzschnitzer, in die Lehre gegangen ist. Als Marmontel ins Collège de Mauriac eingetreten ist, schwebte seinem Vater lediglich ein Schulaufenthalt von einigen Jahren vor, und es widerstrebte ihm, ihn nach Absolvierung der Rhetorikklasse weiterlernen zu lassen. (57)

»Das ist jetzt genug Lernkram, genug Latein... Ich habe für ihn eine Stelle bei einem reichen Kaufmann, das Kontor wird seine Schule sein.« (58) In derselben Epoche stellt Guyton de Moreau fest: »Fast sämtliche Handwerker in den Städten haben die Angewohnheit, ihre Kinder aufs Kolleg zu schicken, damit sie dort einige Jahre um Unterricht teilnehmen, und sie haben von vornherein die Absicht, sie nach einiger Zeit wieder herunterzunehmen... Die Mehrzahl derer, die dorthin kommen, verlassen es vor der Zeit, um den Beruf ihres Vaters zu ergreifen.« (59) Man stelle sich das Gemisch von Ständen und damit auch von Kleidergewohnheiten und Sitten vor, das in diesen Klassen herrschte! Doch wie an den *petites écoles*, so waren die Kinder von Stande auch hier von denen des gemeinen Volkes getrennt: In den Jesuitenkollegs ließen die Söhne aus guter Familie vor Beginn der Unterrichtsstunde von ihren Famuli oder Dienern besondere Plätze belegen, die dann für sie reserviert waren. Ebenso schickten die Damen der Gesellschaft zu Beginn dieses Jahrhunderts ihren Hausknecht vor Beginn der feinen Messen am Sonntag in die Kirche, um gute Plätze belegen zu lassen.

Eine Verordnung von 1626 läßt auf analoge Sitten an den Kollegs der Universität von Paris schließen; man trennt Interne und Externe, Laien und Geistliche – *domesticos ab externis, a laicis sacerdotes* –, aber auch die Söhne aus guter Familie von den Bediensteten, den armen Schülern, die die notwendigen niedrigen Arbeiten am Kolleg verrichteten: *famulos ab ingenuis.* (60)

Die *petites écoles* haben sich im Verlauf des 17. Jahrhunderts gleichzeitig mit den sechsten Klassen und den Klassen unterhalb der Sechsten an den Kollegs entwickelt. Ihre Zunahme zeugt u. a. von dem besonderen Interesse, das man dem ersten Abschnitt der Schulzeit, von fünf bis sieben Jahren an, mittlerweile entgegenbringt, nachdem man ihm zuvor weit weniger Beachtung geschenkt hatte. Aber weder die Kollegs noch die Schulen waren damals auf die Kinder bestimmter sozialer Stände spezialisiert.

Diese Bauernkollegs verschwinden dann wieder; sie werden den tiefgreifenden Wandel der Sitten nicht überleben. Im Verlauf des 18. Jahrhunderts kommt ein neuer Geist auf, der die Gegebenheiten des 19. Jahrhunderts vorbereitet: es ist derselbe Geist, der die Philosophie der Aufklärung beseelt. Er wehrt sich gegen die Zulassung der Kinder aus dem Volk zur höheren Schulbildung. Man ist nun der Meinung, daß die Bildung den Reichen vorbehalten bleiben solle, weil ihre Ausdehnung auf die Armen diese den handwerklichen Berufen entfremden und Versager aus ihnen machen würde. Die gesamte Gesellschaft würde unter einem Mangel von nützlichen Handarbeitern und einer Inflation von Unproduktiven zu leiden haben. Diese Meinung faßt die Abneigung gegen die Vermischung der sozialen Klassen in der Schule in die Sprache der Ökonomie. Mit diesem Standpunkt bezieht man genau die entgegengesetzte Position zum Denken der Reformer des 17. Jahrhunderts, die in der Bildung das einzige Mittel gesehen hatten, um die Sittlichkeit des Bettelvolks zu heben, Bedienstete und Arbeiter heranzuziehen und den verschiedenen Berufen auf solche Weise tüchtige Arbeitskräfte zuzuführen. Doch haben wir es hier bereits mit dem Thema des sozialen Konservativismus im 19. wie auch des kolonialen im 20. Jahrhundert zu tun, der in der Schule das Vehikel erblickt, welches die modernen und revolutionären Ideen unter das Volk bringt und die Autorität der etablierten Besitzverhältnisse unterminiert. Der Wendepunkt im 18. Jahrhundert ist besonders bezeichnend für einen tiefgreifenden Strukturwandel.

Hören wir dazu die Meinung eines Technikers, der eine Abhandlung über das »Straßennetz, über Brücken und Chausseen« verfaßt hat: »Man ist der Manie verfallen, keinen Dienstboten mehr einzustellen, der nicht lesen, schreiben und rechnen kann.« (61) Die Herren bevorzugten also gebildete Dienstboten wie die bei Marivaux oder bei Beaumarchais! »Da die Kinder der Landarbeiter sämtlich Mönche, Kommis [Kontorschreiber bei Kaufleuten, Anwälten, bei Vertretern der Justiz oder der Finanzen, bei Verwaltern] oder Lakaien werden, nimmt es nicht wunder, daß für die Ehe und die Landwirtschaft niemand mehr übrig bleibt.«

Nach dem Auszug der Jesuiten im Jahre 1763 sah sich die Öffentlichkeit mit der Frage konfrontiert, wer ihre Nachfolge antreten sollte, und man beschäftigte sich viel mit pädagogischen Problemen. Diese Debatte rief eine ganze Gelegenheitsliteratur über die Reform des Erziehungswesens ins Leben. Der berühmte La Chalotais entwickelt in seinem *Essai d'éducation nationale ou plan d'études pour la jeunesse* den Standpunkt der Philosophen. (62) Seiner Meinung nach gibt es zu viele Schulen: »Gibt es nicht zu viele Schreiber [Schreibmeister, die Unterricht abhalten], zu viele Akademien, zu viele Kollegs? Einst war es schwierig, gelehrt zu sein, weil es an Büchern fehlte, jetzt hindert einen die Unzahl der Bücher daran... Niemals hat es in einem Königreich, wo alle Welt sich über die Entvölkerung beschwert [in Wirklichkeit sank die Bevölkerungsziffer keineswegs, sondern nahm im Gegenteil zu], soviele Studierende gegeben. Selbst das Volk will studieren; die Landarbeiter, die Handwerker schicken ihre Kinder auf die *Kleinstadtkollegs* [die im 18. Jahrhundert eine bedeutende Rolle spielten], wofür sie nicht viel aufwenden müssen [man versorgt die Kinder jede Woche am Markttag mit Lebensmitteln], und wenn sie dann erbärmliche Studien getrieben haben, die sie gelehrt haben, den Beruf ihres Vaters zu verachten [was nicht immer der Fall war], dann werfen sie sich auf die Klöster, den Stand des Geistlichen [es sind jene ›Unproduktiven‹, die die liberalen Konservativen des 19. Jahrhunderts dann nicht mehr unter den Mönchen, sondern unter den allzu zahlreichen Funktionären suchen werden]; sie übernehmen Ämter bei der Justiz [das war offensichtlich das am meisten verbreitete Verfahren, den sozialen Aufstieg zu schaffen].« Die Lateinschule sollte den Bauern, den Arbeitern und Bediensteten verboten werden, wie später dann die höhere Schule. La Chalotais geht jedoch noch weiter und will ihnen nicht einmal mehr den Besuch der *petites écoles* gestatten: »Die Frères de la Doctrine chrétienne, die man die unwissenden Brüder nennt, haben es geschafft, alles zu verderben. Sie bringen Leuten Lesen und Schreiben bei, die nichts anderes hätten lernen sollen als Zeichnen und den Umgang mit Hobel und Feile, davon jedoch nichts mehr wissen wollen [man beachte die Verknüpfung von Zeichnen und handwerklichem Geschick, die uns weiter oben im Zusammenhang mit den Werkstattschulen vom Ende des 16. Jahrhunderts aufgefallen war]. Sie sind die Rivalen und die Nachfolger der Jesuiten. Das Wohl der Gesellschaft erfordert, daß das Wissen des Volkes nicht weiter reicht, als für seine Tätigkeiten notwendig ist.« Voltaire beglückwünschte La Chalotais und schrieb ihm: »Ich danke Ihnen dafür, daß Sie das Bildungsstreben der Landarbeiter angeprangert haben. Ich, der ich Land zu bestellen habe, richte den Antrag an Sie, daß man mir Arbeiter schicken möge und keine tonsurierten Geistlichen ... Es ist wohl angebracht, daß das Volk gelenkt wird, nicht aber, daß es eine Bildung erhält, deren es nicht würdig ist« (19. März 1766); »Es erscheint mir unerläßlich, daß es unwissende Bettler gibt« (1. April 1766) (63) In demselben Sinne läßt sich im Jahre 1759 Verlac vernehmen: »In den Hütten, den Weilern, den Marktflecken und den Dörfern läßt sich während der beiden Ferienmonate nur ein Schrei vernehmen: Schickt Eure Kinder aufs Kolleg.« Wie soll man »diese Bildungslawine zum Stillstand bringen, die soviele Hütten überrollt, soviele Landstriche entvölkert, soviele Scharlatane, Intriganten, Neider, Zürnende und Unglückliche jeder Art hervorbringt, in sämtlichen Berufen Verwirrung stiftet.« (64) Wir finden hier die hauptsächlichen Themen des sozialen Konservativismus: den Vorsatz, das Volk durch den Analphabetismus oder die Unwissenheit an die manuellen Arbeiten zu binden – Gegensatz zwischen Bildung und manueller Arbeit –, Themen, die hier mit dem Antiklerikalismus der Philosophie der Aufklärung verknüpft sind. Doch blieb diese Gegenwehr machtlos gegenüber dem Drang zur Schulbildung, wenn der Zustrom zu den Schulen während der ersten Hälfte des 19. Jahrhunderts auch zweifellos zurückgegangen ist. In derselben Epoche kommt auch die moderne Vorstellung von einer besseren Anpassung des Lernens an den künftigen Beruf oder die unterschiedlichen Laufbahnen auf. So schrieb etwa Bernis in seinen Memoiren: »Weshalb werden Kinder, die weder demselben Stand angehören noch für dieselben Berufe bestimmt sind, ein und derselben Erziehung unterworfen? Sollte man beispielsweise dem Kaufmannssohn nicht lieber Rechnen beibringen, als ihn zu lehren, wie man griechische und lateinische Verse drechselt? [Es sollten noch zweihundert Jahre vergehen, bis diese Wünsche, die in jener Epoche recht häufig laut wurden, in Gestalt der Reformen des Unterrichtswesens der IV. Republik Gehör fanden: Die Schönen Wissenschaften der Lateinschule haben den Lehrplan der höheren Schulbildung auch weiterhin bestimmt]. Ich halte dafür, daß jeder seinem Stande und der Tätigkeit entsprechend, die er in der Gesellschaft ausüben soll, erzogen wird. Für mich gibt es nur drei Gebiete, auf denen allen Menschen gemeinschaftlich Bildung zuteil werden sollte: die Religion, die sein Heil bedeuten kann, die Gesetzeskunde, mit deren Hilfe man eigenes und fremdes Eigentum verteidigt, und schließlich die Medizin [wir würden heute Hygiene sagen], dank derer man sich die Erhaltung seiner Gesundheit erhoffen darf.« (65) Man gelangt zu der Schlußfolgerung, daß das Unterrichtsprogramm der Lateinschule den jungen Mann zu lange aufhält und ihn gegenüber seinen Konkurrenten, die früher mit der Lehrzeit ihres Berufes oder ihres Standes begonnen haben, ins Hintertreffen geraten läßt. Jacques Lablée beendete seine Philosophieklasse mit 17 Jahren: »Zu meinem Vater zurückgekehrt, mußte ich daran denken, mir ein Gewerbe zu verschaffen.« (66) Sein Vater hatte die Armee verlassen, um einen Weinhandel zu übernehmen. »Die Kinder, die überhaupt nicht aufs Kolleg gehen, sind am besten dran. Mehr als die anderen sind sie imstande, ihr Schicksal selbst in die Hand zu nehmen; früh beginnen sie, etwas zu lernen, treten in ein Handelshaus ein und gehen dann schließlich einer Beschäftigung nach, die sich alsbald als ertragreich erweist und sie in den Stand versetzt, ein Geschäft aufzumachen.« Die ältesten Schüler vom Kolleg kommen entweder zu spät und finden alle Stellen besetzt oder »finden keinen Geschmack an den langen, mühsamen, trübsinnigen Lehrzeiten bei jener Klasse von Menschen, die nur vom Geld spricht und davon, wie man welches verdienen kann«. Aus diesen Beobachtungen mag durchaus gesunder Menschenverstand sprechen, sie haben jedoch die Eltern niemals davon abbringen können, ihren Kindern die klassische Schulbildung angedeihen zu lassen, die zum Signum des Bürgertums geworden war.

Die Richtung innerhalb der öffentlichen Meinung, die den Zugang der unteren Klassen des Volkes zur Bildung und insbesondere zur Lateinschule verurteilte, erreichte schließlich die soziale Spezialisierung der Unterrichtsmodi, aus der dann unsere modernen Unterrichtsstufen, die Grundschule und die höhere Schule, hervorgehen sollten. Zu Beginn des 19. Jahrhunderts sind die Unterschichten infolge der Entwicklung des Internats aus den lateinischsprachigen Kollegs eliminiert worden, da jenes den Wohlhabenderen vorbehalten war. Hinzu kam das schrittweise Verschwinden der kleinen ländlichen Kollegs, die die Kinder der Umgebung zu sehr geringen Gebühren aufnahmen, jene *besaciers,* die bei Bürgersleuten wohnten und von einem Wochenvorrat an Lebensmitteln lebten. Diese konnten mittlerweile nicht mehr auf Aufnahme in die großen Kollegs der wichtigen städtischen Zentren hoffen, wo das Leben kostspieliger war, die mittelalterlichen Traditionen in Bezug auf die Beherbergung von Schülern verschwunden waren und die schulischen Autoritäten keine Externen mehr duldeten, die der familiären Kontrolle ebenso entgingen wie der akademischen Überwachung. Solchermaßen von seinen Schülern aus den unteren Volksschichten befreit, sollte das Kolleg dann zu einer ausschließlich bürgerlichen Einrichtung werden.

In England hat eine parallel verlaufende Entwicklung die *public schools*, die Pflanzschulen der Gentlemen, hervorgebracht. Ursprünglich unterschieden sich die *public schools* nicht von den anderen *grammar schools*, *endowed schools*, die auf Stiftungen beruhten. Diese waren Externate, denen nur einige Pensionen für Stipendiaten angegliedert waren; ihre Schülerschaft stammte aus dem Ort oder aus der Nachbarschaft und wies ein ziemlich breites soziales Spektrum auf. Es waren also dieselben Verhältnisse wie in Frankreich. Gegen Ende des 18. und zu Beginn des 19. Jahrhunderts mochte die Gentry ihre Söhne dann nicht mehr auf die nächstgelegene *grammar school* schicken, die von Kindern aus weniger gutem Hause besucht wurde. Damals spezialisierten sich einige dieser *grammar schools* auf die Söhne der Aristokratie und wurden zu Internaten, deren Schülerschaft nicht mehr nur aus einer Region, sondern aus dem ganzen Land stammte. Das war die *public schools*. Die alten *grammar schools* blieben den alten Gepflogenheiten des Externats treu. Ihrer reichen und adligen Klientel beraubt, beschränkten sie sich fortan auf die Kinder von Bauern und Handwerkern, gaben allmählich den lateinischsprachigen Unterricht auf, um schließlich soweit sie nicht gänzlich verschwanden, mit den *primary schools* zu verschmelzen. Die *public schools* wußten hingegen ihr Ansehen zu wahren; sie erhielten Zustrom von der neuen Mittelschicht, die die industrielle Revolution hervorgebracht hatte. Ihre Söhne sollten auf diesen Schulen die Manieren des modernen *gentleman* lernen, die von Reformpädagogen wie Arnold in Rugby (1828–1842) formuliert wurden. Die englische Gesellschaft des 19. Jahrhunderts verdankt ihre Bildung und ihren aristokratischen Charakter den *public schools*. Die Zeitgenossen verstanden diese Institution durchaus als Bollwerk gegen die Demokratisierung, und der Duke of Wellington gründete, beunruhigt über den wachsenden Einfluß der unteren Schichten, seinerseits eine *public school* zur Verteidigung des Gentleman. Der Gentleman des 19. Jahrhunderts, der sich vom Engländer des 18. oder des beginnenden 19. Jahrhunderts und sogar noch einem Mr. Pickwick auch physisch in auffallender Weise unterscheidet, ist ein Erziehungsprodukt der *public school*.

Diese Spezialisierung auf die Aristokratie ist für England charakteristisch: kein einziges französisches Kolleg (auch nicht das Jesuitenkolleg) läßt sich den britischen *public schools* vergleichen. Versuche wie das dominikanische Collège de Saint-Elme in Arcachon oder die vom protestantischen Geist beherrschte Schule von Les Roches hatten nur eine geringe Reichweite und erwiesen sich bisweilen sogar als Fehlschlag. Doch wenn wir in Frankreich und England einen unterschiedlichen Entwicklungsmechanismus zu verzeichnen haben, so handelte es sich doch dabei der Natur nach um dasselbe Phänomen: Von Externaten, deren Schülerschaft regional bestimmt war, geht man zu Pensionaten mit größerem, bisweilen sogar nationalem Einzugsgebiet über; von einer vielschichtigen sozialen Zusammensetzung zu einer auf die aristokratische oder bürgerliche Klasse beschränkten Schülerschaft, so daß die höhere Schulbildung, die einst fast allen zugänglich war, zum Monopol einer Klasse, zum Signum eines Standes und zum Mittel der Selektion wird.

Umgekehrt waren die *petites écoles* nunmehr den untersten Kategorien der Bevölkerung vorbehalten, denen der Zugang zur höheren Schulbildung verwehrt war. Im Jahre 1820 empfiehlt ein Grundschulinspektor, die Methoden des Arbeitsunterrichts einzuführen, weil diese unter anderem den Vorzug hätten, daß sie der Abneigung der Leute von Stande entsprechen, ihre Kinder mit denen des Volkes zu vermischen: »Wenn man dieser Methode folgt, kann ein einziger Lehrer, insbesondere bei zusammenhängenden Räumen, mühelos über zwei Klassenzimmer wachen und ist auf diese Weise der Schwierigkeit enthoben, die für viele Eltern Grund genug ist, ihre Kinder nicht zur Schule zu schicken, weil sie dort mit den einfachen Leuten vermischt würden.« (67) Wir haben uns von der Einstellung eines Joly, wie wir ihr mehr als ein Jahrhundert zuvor begegnet sind, zum genau entgegengesetzten Standpunkt entfernt: die Koexistenz der sozialen Klassen in einem einzigen Raum, wie sie für das 17. Jahrhundert selbstverständlich war, wird nicht mehr geduldet.

Dieses Kapitel ist der Beschäftigung mit folgenden zwei Phänomenen gewidmet gewesen: zunächst einmal der demographischen Spezialisierung der Altersstufen von fünf/sieben bis zehn/elf Jahren, wie sie sich im 17. Jahrhundert in den *petites écoles* wie auch in den unteren Klassen der Kollegs vollzogen hat; dann, im 18. Jahrhundert, der sozialen Spezialisierung zweier verschiedener Unterrichtssysteme, des einen für das Volk, des anderen für Bürgertum und Aristokratie. Auf der einen Seite trennte man die Kinder von ihren älteren Schulkameraden, auf der anderen Seite die Reichen von den Armen. Zwischen diesen beiden Phänomenen, läßt sich, so meine ich, eine Verbindung feststellen. Sie sind beide Ausdruck einer allgemeinen Tendenz zur Abriegelung, die darauf abzielte, das einst miteinander Verschmolzene zu unterscheiden, das bis dahin lediglich Unterschiedene voneinander zu trennen – eine Tendenz, die der cartesischen Revolution der »Klarheit der Ideen« nicht fremd ist und die in die egalitären modernen Gesellschaften mündet, in denen eine rigorose geographische Unterteilung an die Stelle der promisken Konstitution der alten Hierarchien getreten ist.

8. Kapitel
Die Härte des Schullebens

Der Historiker Carré verleiht im Jahre 1881 seinem Erstaunen über die Zeugnishefte des Oratorianerkollegs von Troyes im 17. Jahrhundert Ausdruck: »Einige haben erbärmliche Noten, und ich kann mir schlechthin nicht denken, daß es heute einen einzigen Gymnasiasten geben könnte, der ähnliche Noten verdient hätte.« (1) Auch für die Erwachsenen trifft dieser Hinweis auf die große Kluft zwischen beiden Epochen gewiß zu, in größerem Maße aber noch für die Kinder. Der Unterschied zwischen den Sitten der beiden Gesellschaften, der des 17. Jahrhunderts und unserer, tritt insbesondere bei den Kindern und den Jugendlichen hervor, die sehr lange archaische, mittelalterliche Merkmale bewahrt haben, die in der Welt der Erwachsenen zum Teil bereits untergegangen waren. Wir haben auf den vorangegangenen Seiten den Weg verfolgt, den die moderne Einstellung zur Kindheit durch die Schule und die schulischen Institutionen hindurch genommen hat: eine Minorität, die sich der Ordnung, der Klarheit und der Autorität verpflichtet fühlte, hat sich bemüht, über die Erziehung eine neue Lebensweise in die Gesellschaft einzuführen, welche im Gegensatz zur anarchischen Impulsivität der alten Sitten stand. Sie hat von außen Druck auf die Welt der Kindheit ausgeübt, doch hat diese ihm lange widerstanden und sich in Frankreich bis zum Ende des 17., in England bis zum Ende des 19. Jahrhunderts wie eine Insel des Archaismus erhalten. In der Folgezeit sollte sie dann zum Mittelpunkt der Modernisierung der Gesellschaft werden.

Die Schüler waren bewaffnet. Die *Ratio studiorum* der Jesuiten enthielt die Vorschrift, daß sie am Eingang des Kollegs die Waffen abzulegen hätten, wo sie dann gegen eine Empfangsbescheinigung in Verwahrung genommen und beim Verlassen des Gebäudes ihnen wieder ausgehändigt wurden. In der Disziplinarordnung des Collège de Bourgogne von 1680 wird auf folgende Vorschrift hingewiesen: »Weder Waffen noch Degen dürfen mit auf die Stuben genommen werden, und diejenigen, die im Besitz von Waffen sind, übergeben sie zu treuen Händen dem Prinzipal, der sie an einem zu diesem Zweck bestimmten Ort verwahren wird.« (2) Eine derartige Weisung kann man sich für unsere Kollegs oder höheren Schulen schwerlich vorstellen! Schon die Kleinsten, die Fünfjährigen, konnten bereits einen Degen tragen. Dieser Degen diente nicht nur zum Schmuck oder Prestigezwecken: L'Estoile berichtet, daß »am Rosenmontag, dem Letzten des Monats [des Jahres 1588] der König einen Zivil- und Kriminalbeamten, seinen Schloßverwalter und die Kommissare [Untersuchungsbeamte, die zugleich Ermittlungsrichter und Polizeikommissare waren] zusammen mit Sergeanten in die Universität von Paris schickte, damit sie den Schülern, die während des Jahrmarkts von Saint-Germain sich dort bewaffnet aufgehalten und Streit gesucht hatten, die Waffen abnähmen«. (3) Und sehr viel später, im Jahre 1709, ist im Zeugnisheft der Oratorianer von Troyes von einem Zögling die Rede, der gedroht hatte, seinen Lehrer zu durchbohren: *gladio minitatus est praeceptori.* (4) Die rechtsprechenden Körperschaften der Kollegstädte wurden nicht müde, den Schülern das Degentragen zu untersagen. So auch der Erlaß des Parlaments von Dijon vom 20. März 1675, der dafür folgende Begründung vorbringt: »Der größte Teil der jungen Leute wollte, obwohl für den Beamtenstand bestimmt [wobei wir nun allerdings wissen, daß zwischen Amts- und Schwertadel ein geringerer Unterschied bestand, als die Historiker angenommen haben: beide gingen aus denselben Familien hervor], nicht darauf verzichten, allerorten den Degen zu tragen, und da eine solche Freizügigkeit nicht nur deshalb verwerflich war, weil die Öffentlichkeit daran Anstoß nahm, sondern darüber hinaus aufgrund von Streitigkeiten und Unbotmäßigkeiten, die sich oft genug daraus ergaben ...«. (5) Das Parlament von Dijon wird dasselbe Verbot lange Zeit wiederholen, noch im Jahre 1753, geradeso als habe diese Vorschrift nichts an Aktualität, dafür aber offenbar an Wirksamkeit eingebüßt.

Selbst wenn sie ihren Degen beim Eintritt ins Kolleg in der Waffenkammer abgegeben hatten, mußte man vor den Schülern gelegentlich auf der Hut sein: so wird im Jahre 1661 in Beaune ein Oratorianerpater von seinen Zöglingen buchstäblich verprügelt, und das Parlament von Dijon muß das Verbot, das sich bislang nur auf das Degentragen bezogen hat, auf die anderen Hiebwaffen ausdehnen; es verbietet sämtlichen Schülern, »Stöcke, Knüttel und andere bedrohliche Instrumente *in den Klassenräumen* oder im Hause der nämlichen Oratorianerpriester zu tragen«.

Die Schulmeister und Präfekten sahen sich oft richtigen bewaffneten Aufständen gegenüber, die Meutereien waren zahlreich und gewalttätig. So auch jene, zu der sich an einem Fastnachtstag des Jahres 1656 die

Jesuitenzöglinge von La Flèche erhoben. Man kann sich leicht denken, daß jenes Vorkommnis die weit lenksameren Schülerunruhen oder selbst die Studentenkrawalle unserer Tage übertraf.

Der Karneval war damals ein Fest der Jugend, das die gesamte Bevölkerung auf die Beine brachte; ein gewaltiger Freudentaumel, aber auch beträchtliche Ausschreitungen waren die Begleiterscheinungen. Die mit der Aufrechterhaltung der Ordnung beauftragten Autoritäten konnten sich, wie am Ende des Ramadan in mohammedanischen Ländern, kaum durchsetzen. Immerhin hatte der Magistrat von La Flèche Vorkehrungen getroffen, indem er der Jugend untersagt hatte, sich einen König, Abt oder Prior, d. h. den Spielleiter und traditionellen Organisator der Karnevalsvergnügungen, zu wählen. In jenem Jahr war die Atmosphäre besonders gespannt, weil ältere Kollegzöglinge sich der erniedrigenden *poena scholastica,* der öffentlichen Züchtigung durch die Rute des Korrektors hatten unterziehen müssen. Sie glaubten sich entehrt und sannen auf Vergeltung. In den Schulchroniken gibt es eine Fülle solcher Racheakte bestrafter Schüler, die im Gegenzug ihre Lehrer durchbläuten, so daß diese gezwungen waren, die Hilfe der Sergeanten in Anspruch zu nehmen. In La Flèche schmuggelten die Externen, die mit ihren Kameraden Partei machten, am Abend des Fastnachtsdienstag einen der Ihrigen ins Kolleg, indem sie ihn als Frau verkleideten. Doch waren Patres wie Fratres keineswegs unvorbereitet: die Ordensbrüder wußten, was sie von der Sache zu halten hatten, und verteidigten sich tatkräftig. Es gelang den Fratres, eines der Aufrührer habhaft zu werden, der den Degen gezogen hatte, und ihn an sicherem Ort einzusperren. Der Radau nahm daraufhin zunehmend den Charakter eines Aufstands an: »Das ist für die anderen der Anlaß, sich noch aufrührerischer zu gebärden als zuvor. Sie gehen an die Waffenschränke und bewaffnen sich.« (6) Wir haben es mit derselben Reizbarkeit zu tun, die die arabischen Massen bis in die heutige Zeit bewahrt haben und die einen harmlosen Vorfall leicht in Plünderungen und Massaker ausarten läßt; es fällt uns mittlerweile immer schwerer, uns diese Mentalität vorzustellen.

Die Schüler sind bewaffnet: es handelt sich um Externe des Kollegs, die in den vom Pater Präfekten zugelassenen Pädagogien, bei Bürgersleuten wohnen; die Ältesten sind die Schüler der Philosophieklasse. »Sie verbringen die Nacht in Waffen und belagern sämtliche Eingänge des Kollegs, durch die es am Morgen durch die Justitz hätte befreit werden können.« Man stelle sich die Aufregung vor, die das an einem Fastnachtsdienstag bedeuten mußte. Am Morgen erzwingen sie sich den

Zutritt zum Kolleg: »Als es tagt, betreten sie bewaffnet das Kolleg und halten ihre Drohung aufrecht, daß sie sich ihren Genossen, wenn man ihn nicht freiwillig herausgibt, gewaltsam zurückholen und als Unterpfand gegen Repressalien einen Jesuiten oder einen Pensionär mitnehmen würden.« Trotz dieser Invasion bereiteten sich die betroffenen Patres und ihre Schüler auf die gewöhnlichen Unterrichtsstunden vor, wie sie an friedlichen Tagen stattfanden: »Die Aufrührer ... begaben sich auf die Straßen, und drängten, mit Degen, Prügeln, Ochsenziemern und Steinen bewaffnet, die Schüler zurück, die sich beim Läuten der Glocke versammelten, um sich in ihre Klassen zu begeben.« Die Situation drohte sich zu verschlimmern, falls die Patres es nicht auf einen Gesichtsverlust ankommen und ihren Gefangenen ziehen ließen. Sie verfügten ihrerseits über einen Vorrat an Waffen und versahen ihre Bediensteten nicht nur mit Knüppeln, sondern auch mit Hellebarden und vor allem mit Gewehren: sie konnten also auf die Überlegenheit der Feuerwaffen zählen. Die Jesuiten setzten damit ein Mittel ein, das nahezu einen Sieg ohne weitere Zwischenfälle ermöglicht hätte: die Gewehre lösten auf der Gegenseite ein heilsames Mißtrauen aus. Unseligerweise ging jedoch einer der Aufrührer zum Angriff über: »Statt sich zurückzuziehen, wie es die anderen Aufrührer in seinem Trupp taten, ging er gegen den Bediensteten vor, der das Gewehr im Arm hatte [womöglich hat es nur ein einziges Gewehr gegeben!]. Er stürzte sich auf ihn und sein Gewehr, dessen Lauf nach unten wies, und wollte ihn zwingen, es ihm zu überlassen ... Das Unglück wollte es, daß sich bei diesem Handgemenge der Abzug des Gewehrs löste, so daß ein Schuß losging, der zuerst die Soutane des Lehrers [der dazwischengetreten war] durchdrang, die sich zwischen dem Gewehrlauf und dem Leib des Schülers verfangen hatte; dann fuhr die Kugel ohne tiefer einzudringen unter der Bauchhaut des Schülers bis gegen den Oberschenkelknochen und verletzte ihn.«

Die Unruhen gingen nicht immer bis zum bewaffneten Aufstand; sie nahmen bisweilen die Gestalt eines mit Besetzungen verbundenen Streiks an. So gibt der Gerichtshof von Dijon im Jahre 1633 bekannt, »daß die Logikschüler des Kollegs der nämlichen Stadt Dijon [denen heute die Philosophieschüler unserer Gymnasien entsprechen] sich ohne Erlaubnis der Rektoren und Schulmeister entfernt haben und ihre Schulgenossen gewaltsam und durch tätliche Angriffe am Besuch des nämlichen Kollegs hindern«, befiehlt ihnen, sich wieder in den Unterricht zu begeben und weist den Bürgermeister an, die Präfekten bei der Bestrafung der Aufrührer tatkräftig zu unterstützen. (7) In Orléans wiegelt 1672 ein zwanzigjähriger Rhetorikschüler seine Mitschüler gegen ihren Lehrer auf. (8)

Die Zöglinge der protestantischen Akademien waren auch nicht friedfertiger: in Die verbarrikadieren sich 1649 die Logikschüler im Kolleg, verwehren den Lehrern und den Schülern der anderen Klassen den Zutritt, feuern Pistolenschüsse ab, besudeln die Katheder der ersten und der dritten Klasse, werfen die Bänke der zweiten zum Fenster hinaus, zerreißen die Bücher und verlassen die Schule schließlich durch die Fenster der vierten Klasse, um draußen weiter zu randalieren. Bei diesem Rückzug aus dem Kolleg gingen einige von ihnen sogar mit dem Säbel gegen Passanten vor, während die übrigen sich mit den klassischen Petarden begnügten. (9)

In Frankreich hören die großen Schülerunruhen dann am Ende des 17. Jahrhunderts auf. Man hat den Eindruck, daß es nun endlich gelingt, die Jugend mit Hilfe der nun schon über hundert Jahre währenden disziplinarischen Bestrebungen zur Ruhe zu bringen. Das 18. Jahrhundert verläuft dann ruhig. In der ersten Hälfte des 19. Jahrhunderts kommt es dann in den Gymnasien wieder zu Revolten, die allerdings politisch motiviert sind: man ist für oder gegen Polen, gegen die Jesuiten... Diese Unruhen entspringen also einer anderen Gesinnung, die derjenigen von heute vergleichbar ist. Von da an führen ausschließlich die Politik und gelegentlich noch die traditionellen Schikanen zu Unruhen, die dann meistens innerhalb der Grenzen des Studentenkrawalls bleiben.

Die englischen Schulen kannten dagegen im 18. Jahrhundert keine derartige Periode der Entspannung. Anders als in Frankreich konnte von einem Abnehmen oder gar Verschwinden der Unruhen keine Rede sein, sondern sie verdoppelten sich am Ende des 18. und zu Beginn des 19. Jahrhunderts an Zahl wie an Heftigkeit. Überall begegnet man der Disziplinlosigkeit und der Revolte. In Winchester hielten am Ende des 18. Jahrhunderts die Schüler das College zwei Tage lang besetzt und hißten die rote Fahne! Im Jahre 1818 mußte man zwei Kompanien Soldaten mit aufgepflanzten Bajonetten einsetzen, um mit einem Schüleraufstand fertigzuwerden. In Rugby setzten die Schüler Bücher und Katheder in Brand und zogen sich dann auf eine Insel zurück, die erst von Sturmtrupps genommen werden konnte. Auch in Eton gab es ähnliche Zwischenfälle: 1768 kommt es zur Sezession der *praepostors* oder Monitore, d. h. der guten Schüler der sechsten Klasse bzw. der Rhetoriker, die das Kolleg verlassen. 1783 erfolgt dann der Aufstand gegen den *head master*, bei dem Zimmer geplündert werden und Fensterscheiben zu Bruch gehen. Im Jahre 1818 ordnete die Schulleitung die Vorverlegung des Torschlusses an, um die Zöglinge daran zu hindern, auf die Jagd zu gehen. Sie bewarfen daraufhin zunächst ihren Lehrer mit faulen Eiern und rissen dann ein Stück Mauer ein. Nur mit Gewalt gelang es, der Schreihälse habhaft zu werden. Der Aufruhr war zu einem der pittoresken und typischen Aspekte des Bildes geworden, das die Zeitgenossen sich vom Schulleben machten. Als König Georg III. in Windsor Eton-Zöglingen begegnete, zog er sie mit den beiden hervorstechenden Episoden ihres Schülerlebens auf – der Züchtigung und dem Aufruhr: »Nun, haben wir denn in letzter Zeit einmal wieder einen Aufruhr angezettelt, hä?«

Der letzte nennenswerte Schüleraufruhr in England findet immerhin erst 1851 in Marlborough statt. Eton erlebte den letzten 1832; er endete mit der Prügelstrafe für 80 Jungen. Die Dinge kamen wieder ins Lot. (10)

In Frankreich war eine der Formen der Gewalttätigkeit während der ersten Hälfte des 17. Jahrhunderts das Duell. Die Präzeptoren waren dabei gelegentlich beispielgebend. So etwa im Falle des künftigen Marschalls de Bassompierre, der 1591 mit seinem Bruder in die dritte Klasse des Kollegs von Freiburg i. Br. kam: »Wir blieben dort nur fünf Monate«, teilt er in seinen Memoiren mit, »weil Grouet, unser Präzeptor, La Motte tötete, der uns im Tanzen unterweisen sollte.« (11) Die Annalen des Kollegs von Aix enthalten folgende Mitteilung aus dem Jahre 1634: »Da einige unserer Schüler sich erfrecht haben, sich zu schlagen und zu streiten, ja so weit gingen, ein Duell anzusetzen, haben wir uns entschlossen, Ordnung zu schaffen, und zwar namentlich was das Verlassen des Kollegs nach Schulschluß betrifft, wobei es bisweilen vor dem Gebäude zu Schlägereien kam, die nicht ohne Belästigung der Nachbarn, der Passanten und der anderen Schüler vonstatten gingen...« (12) Diese Art von Tumulten bei Schulschluß müssen sehr verbreitet gewesen sein. So erwähnt Pater de Dainville »Streitigkeiten draußen und Scharmützel in Gestalt von Steinwürfen oder ähnlichem, die [in Avignon] zwischen den Kindern, die die Jesuitenschulen dieser Stadt besuchen, und denen, die zu Schreibmeistern und anderen Lehrern und Erziehern gehen, stattfinden und sie vom Lernen abhalten und bei denen sie einander lebensgefährliche Verletzungen zufügen«. (13)

In derselben Stadt soll 1572 wähend einer Schlägerei zwischen Schülern des Collège de Saint-Nicolas und Arbeitern ein Schüler durch einen Steinwurf getötet worden sein. (14) 1513 hatten die Kollegschüler des Saint-Nicolas an Fronleichnam ihren Anspruch auf einen bestimmten Platz innerhalb der Prozession mit Hilfe von Knüppel und Degen durchzusetzen versucht. Der aufgebrachte Hauptmann wollte sie festnehmen und verfolgte sie bis in die Kapelle, in die sie sich geflüchtet hatten. Um dem Asylrecht, an dessen Wahrung er wohl nicht recht glauben mochte, Nachdruck zu verleihen, hatte einer von ihnen den Kelch ergriffen und hielt ihn umklammert. Der Hauptmann versetzte ihm zwar einen Stoß, wagte jedoch nicht, ihm den Kelch zu entreißen: welch ein Skandal! (15)

»Daraufhin«, so berichten die Annalen von Aix, »war es dann zu einer gewaltigen Schlägerei zwischen Philosophie auf der einen und Schönen Wissenschaften auf der anderen Seite gekommen. Der Pater Rektor erstattete dem Président du Chaine Meldung«, und dieser ließ einige der Rüpel einkerkern, bis sie dann dem Korrektor des Kollegs übergeben wurden. (16) Im Jahre 1646 »wurde einer unserer Schüler [von Aix], ein Edelmann laut de Sisteron und Mitglied der Metaphysikklasse, im Duell getötet, ohne Gelegenheit zu irgendeinem Zeichen der Reue gehabt zu haben. Es waren vier an der Zahl, die sich schlugen, und davon waren zwei keine Schüler. Das Duell fand um 9 Uhr morgens statt; sie hatten zuvor in der Scheune der Kartäuser übernachtet, um sich dann dort in der Nähe ohne weitere Umstände schlagen zu können. Einige Monate zuvor war ein anderer Schüler der dritten Klasse auf dieselbe Weise von einem Chirurgen getötet worden und auf ebenso unchristliche Weise gestorben.« Es duellierten sich also nicht nur Schüler der obersten Klassen. Louis Legendre (geboren 1655) berichtet in seinen Memoiren, daß einer seiner Brüder an einem Degenhieb gestorben sei, »als er zwei Schüler trennen wollte, die sich schlugen«. (17) Diese Duelle waren etwas ganz Alltägliches. Besorgt über ihre Häufigkeit begab sich der Rektor des Kollegs von Aix »in die Philosophie-, die Rhetorikklasse, die der Schönen Wissenschaften und in die Dritte, in die er eine Menge Kleiner aus der Vierten und Fünften hatte rufen lassen [die ihr zartes Alter gleichwohl nicht davor bewahrte, von der grassierenden Gewalttätigkeit angesteckt zu werden], um ihnen dann das Unheil vor Augen zu führen, das die Duelle anrichteten, und sie ihnen unter Androhung strengster Bestrafung zu verbieten«. (18)

In Frankreich werden diese privaten Gewalttätigkeiten, die zur Zeit der Liga und noch der Fronde überaus häufig waren, während der zweiten Hälfte des 17. Jahrhunderts seltener und verschwinden schließlich fast völlig. Wie schon bei der kollektiven Gewaltanwendung und den Aufständen, hat man auch hier den Eindruck, daß das unruhige und hitzige Schulvolk nun gezähmt worden ist. In England dagegen erwähnen die Schulchroniken noch im 18. Jahrhundert brutale Vorkommnisse im Zusammenhang mit der traditionellen Schikane und dem Duell. Der Schüler Cottel hat einem anderen eine schwere Verletzung zugefügt, *laesionem enormem Philippo Lys crudeliter et saepissime:* man bezeichnete das als *bullying.* Zu Beginn des 19. Jahrhunderts wandeln sich diese Duelle zu Herausforderungen zum Ring- oder Boxkampf, die vor der Reform der *public schools* von den Lehrern respektiert wurden. Thomas Hughes schildert uns einige solche Szenen in *Tom Brown's Schooldays.*

In diesen Epochen ging es in der Welt der Erwachsenen nicht minder gewalttätig zu. Richelieu sah sich gehalten, das Duell zu verbieten, das seine Aristokratie dezimierte. Ganze Dörfer, Berufsverbände schlugen sich wie die Rotten von Kollegschülern in der Unterrichtspause. Der Geist der Gewalt beherrschte eine ganze Gesellschaft, ihre sämtlichen Stände, adlige wie gemeine, alle Altersstufen von den Kindern über die Jugendlichen bis zu den Erwachsenen. Nur eine kleine Gruppe blieb davon unberührt: die der Geistlichen, der Staatsmänner und Moralisten, die abseits der großen sittlichen Strömungen mit der mühseligen Aufgabe befaßt waren, die geregelten Strukturen der künftigen Welt zu entwerfen.

Dieser Geist der Gewalt ging einher mit einer sehr freizügigen Einstellung zum Wein und zum weiblichen Geschlecht. Im Mittelalter wurde in den Kollegs tüchtig getrunken, und die Statuten erkannten dem Schoppen den Wert einer Buße für leichte Vergehen zu und akzeptierten ihn als Symbol der Initiation und der Brüderlichkeit. Da die Autoritäten es noch nicht wagten, sie abzuschaffen, bemühten sie sich, diese Sitte festen Regeln zu unterwerfen und auf diese Weise Übertreibungen zu verhindern. Im 16. Jahrhundert wurde das Trinken samt seinen Exzessen dann an den Schulen zumindest in Frankreich, aber auch in Genf formell untersagt. Den Dialogen Cordiers zufolge wurde auf den Stuben dann höchstens noch »heimlich« gezecht, und die ertappten Sünder kannten die Strafe, die sie erwartete. Darin bestand also der Fortschritt: zunächst schränkte man das Übermaß ein, dann verbot man das Trinken überhaupt. Allerdings führte das nicht zugleich zu einem Wandel der tiefverwurzelten Gewohnheiten. Man trank nun lediglich außerhalb des Kollegs, in den benachbarten Schenken. Im Kolloquium des Schottenius, das 1524–25 in Köln stattfindet, richtet ein Schüler sich mit folgenden Worten an seinen Kameraden: »Komm, sagt der eine, ich kenne das Versteck der zechenden Schüler. – Zweifellos bist Du häufig einer von ihnen. – Von Zeit zu Zeit wohl, wenn ich Geld habe.« (19) In Pont-à-Mousson tötet ein betrunkener Rhetorikschüler einen seiner

Schulkameraden. (20) In den Registern der Oratorianer von Troyes finden sich folgende Eintragungen vom Beginn des 18. Jahrhunderts: *vino dediti cauponam olent* oder auch: *bibere doctiores quam studere.* (21) Während die französischen Schüler dank einer wirksameren Disziplinarordnung im 18. Jahrhundert nüchterner werden, halten ihre englischen Kameraden zu Beginn des 19. Jahrhunderts zumindest an den Universitätskollegs an den mittelalterlichen Traditionen rabelaisischer Trinkgelage fest. Ruskin gelingt es, bei seinem ersten Nachtmahl am Christ's College mitzuhalten, indem er den Punsch in seine Weste laufen läßt: »Ich hielt bis zum Schluß mit und half dann, vier Kameraden kopfüber die Treppe hinunter und in die Schlafräume zu schaffen.«

Im 16. und zu Beginn des 17. Jahrhunderts betrachtete die Öffentlichkeit den Schüler als einen von Vätern und Ehemännern gleichermaßen gefürchteten Schürzenjäger, eine Art Abenteurer à la Villon, der übrigens auch denselben Risiken ausgesetzt war wie jener: »Hundert Schüler«, teilt uns Montaigne mit, »haben die Syphilis, ehe sie bei Aristoteles angekommen sind« (22), und Aristoteles wurde früh gelesen! In Lariveys Komödie *Les Écoliers* läßt der Vermieter oder »Wirt« Nicolas, der seine Pensionäre nur zu gut kennt, sich gleichwohl mit einer Spur von Neid vernehmen: »Was mich betrifft, wenn ich ein Weib wäre, dann gäbe ich mich lieber mit den Schülern ab als mit den kühnen und glanzvollen Höflingen Frankreichs. Der Schüler, ha! das ist das wahre Kleinod. Welch sanfte Worte, welche Anmut, welch heiteres Betragen.« Man möchte glauben, daß es sich um Studenten aus *La Bohème* und der *Education Sentimentale* handelt, dabei ist die Rede von schlichten Kollegschülern, die vielleicht schon erwachsen sein mögen, sich jedoch im täglichen Leben nicht grundsätzlich von den Kleineren unterscheiden. Im Jahre 1460 wohnte der Sohn eines Landarbeiters, »Student an den Schulen Dijons und etwa 17 Jahre alt«, in Dijon bei einem Weinbauern – der Burgunder wurde bereits damals sehr geschätzt und war ein Exportartikel –, »der ihm nur Bett und Suppe zur Verfügung stellte« (der Junge ergänzte diese warme Suppe mit seinen persönlichen Vorräten). Es dauerte nicht lange, und seine Komplizenschaft mit der Zofe seines Wirts, einem Mädchen von 14 Jahren, das ihm das Schloß des benachbarten Wirtshauses aufzubrechen half, überschritt die Grenzen der bloßen Kameradschaft ... (23) Hundertfünfzig Jahre später beklagt sich eine andere Figur Lariveys, der Vater eines ungewöhnlich schönen Mädchens, mit folgenden Worten: »Mir scheint, Paris ist durch diese Eckensteher und Schürzenjäger [die Schüler] in eine so elende Lage geraten, daß man die Küken im Käfig halten muß, und selbst dort sind sie noch nicht recht sicher vor ihnen.« Dennoch ist es zu der Zeit nicht denkbar, daß man bloß dreimal rückfällig zu werden brauchte, wenn man als Stipendiat eine Frau in ein Kolleg oder Pädagogium mitgebracht hatte, um geschaßt zu werden, wie sich aus bestimmten mittelalterlichen Statuten entnehmen läßt, auf die Rashdall hingewiesen hat. Die Statuten des Collège de Narbonne von 1379 verbieten, daß irgendeine Frau, und sei es auch eine anständige, zum Mittag- und Abendessen ins Haus eingeladen wird – ein Vergehen, für das fünf Sous Strafe zu zahlen waren. (24) War das teuer? Die Jesuiten verlangen in ihren Kollegs ein streng moralisches Verhalten. So hämmert der Pater Lainez seinen Zöglingen ein, »sich der Fleischeslust zu enthalten«. Francion macht keinen Hehl daraus, daß es ihm erst nach Verlassen des Kollegs gelungen ist, seine Unschuld zu verlieren, und zwar mit einer alten, häßlichen Frau, die er zufällig in einem Wirtshaus kennengelernt hat. Auf dem Weg zwischen dem Schulhaus und den autorisierten Pädagogien oder Pensionen hatten die Schüler wenig Gelegenheit, Frauen kennenzulernen: damit beginnt die sexuelle Abkapselung, die die Kollegs künftig kennzeichnen wird, während es den Statuten der mittelalterlichen Stiftungen nicht gelungen war, sie gänzlich durchzusetzen. Im 17. Jahrhundert ist es selbstverständlich geworden, daß man den Besuch von Frauen ausschließlich in der Kapelle empfängt, und man richtet dann einen gesonderten Raum ein für diese Art von Besuchern, denen das Eindringen ins Innere des Kollegs verwehrt ist: das Sprechzimmer. Am Collège de Bourgogne sollen die Frauen der Disziplinarordnung von 1680 zufolge »keinesfalls die Stuben des Kollegs betreten, von den Müttern der Herren abgesehen, die darum ersuchen. Wenn es unbedingt notwendig ist, kann man mit anderen Frauen in der Kapelle sprechen, solange noch kein dafür geeigneter Raum zur Verfügung steht«. (25)

Damit wird die Frau zum Eindringling, verspottet von einer männlichen Gemeinschaft, die sie zugleich begehrt und von sich fernhält. Die folgende, von Sorel beschriebene Szene nimmt sich ganz und gar modern aus; man glaubt sich auf dem Schulhof eines Gymnasiums zu befinden, auf den sich irgendein junges Mädchen verirrt hat: »Obwohl unsere Schulkameraden die Mädchen und Frauen, die sie den Hof unseres Kollegs betreten sahen, mit einem Pfeifkonzert bedachten.« (26) Doch traf diese Sittenstrenge, gerade, als sei sie den allgemeinen Sitten voraus gewesen, auf einigen Widerstand, von denen die in den Ordnungsregistern enthaltenen Beobachtungen zeugen. So heißt es in Troyes um die Mitte des 17. Jahrhunderts: *Sunt suspectis aut pravissimis mori-*

bus – pravitatem illius si noveris, vis poteris lacrimosos continere – faex scholae – vitiorum omnium colluvies et sentina. (27) Und in Caen im Jahre 1677: *Ejectus ob impudentia* [allerdings mit 18 Jahren]. *Impudentia et arrogantia famosus.* (28)

Aus diesem Grunde wurden die bedeutenden Kollegstädte im 17. Jahrhundert speziellen polizeilichen Maßnahmen unterworfen – nicht unähnlich denen, wie sie für die Sperrbezirke zu Beginn dieses Jahrhunderts galten. So stand in La Flèche die Prostitution im Jahre 1625 unter schärferer Kontrolle als anderswo: beispielsweise konnten sich »Frauen und Mädchen von schlechter und skandalöser Lebensführung« – jedenfalls im Prinzip! – der Stadt nicht weiter als bis auf drei Meilen nähern. Die *cabarettiers*, *tripottiers* [Inhaber von Spelunken], *hostelliers* waren nicht berechtigt, Schüler zu beherbergen oder in Pension zu nehmen: die Schenke war damals noch ein verrufener Ort, an dem leichtlebiges Volk, Soldaten, Vagabunden, Abenteurer und, den Verboten zum Trotz, auch Schüler verkehrten. Crispin de Pos hat 1602 eine Reihe von Stichen zusammengestellt, Szenen, in denen sich das Schulleben spiegelt. Man sieht den Aufbruch zum Kolleg, die Interieurs des Kollegs, die wie ein Amphitheater gebaute Bibliothek, die sportlichen Aktivitäten – die Ball- oder Federballspiele –, die unterhaltsamen Künste, etwa die Tanzstunde, aber auch heitere Kumpanen in einer Lokalität zwischen Schenke und Bordell, wo man sich an der Musik, am Wein und an den Frauen ergötzt. Es ist denkbar, daß die Anordnungen des *Lieutenant de la sénéchaussée et siège présidial* von La Flèche nicht zu denen gehörten, denen man mit Respekt begegnete. (29)

Schließlich gab es in diesen Schulstädten eine Sperrstunde. Ab 21 Uhr mußten sämtliche Einwohner ihre Türen abschließen. So bestand auch in Tournon in derselben Epoche (1612) ab 20 Uhr Ausgehverbot. (30) Man hoffte, auf diese Weise zu verhindern, daß die in der Stadt wohnenden Schüler außer Hause übernachteten. Am Mauriac waren am Ende des 18. Jahrhunderts, als Marmontel dort seine Schulzeit absolvierte, derartige Maßnahmen nicht mehr notwendig. Die Sitten hatten sich zu dem Zeitpunkt bereits beruhigt, waren denen unserer Kollegschüler und Gymnasiasten des 19. Jahrhunderts ähnlicher, die ja durch eine strengere Disziplin von den Studenten geschieden waren, die sich in jeder Hinsicht der Freiheit des Erwachsenen erfreuten. In England hielten sich die alten Freizügigkeiten hingegen in den *public schools* des 18. Jahrhunderts bis hin zu den liberalen Reformen der Jahre 1830–50. So konnte man dort 1760 ähnliche Worte schreiben wie Montaigne bei uns zwei Jahrhunderte früher: »Er begann seine Laufbahn in einer *public school,* wo er mit sechzehn Jahren bereits mit mehr Lastern vertraut geworden war als manch Sechzigjähriger vom Hörensagen kennen mag.« (31)

Die Schüler lebten, wie gesagt, zumeist von den Vorräten, die jede Woche von Eltern oder Nachbarn am Markttag mitgebracht wurden. Sie lebten jedoch auch vom Betteln. Aus dem Deutschland des 16. Jahrhunderts haben wir dafür zahlreiche Zeugnisse. Die kleine Schar von Schülern, »Bacchanten« und »Beanen« oder »Schützen«, zu der Thomas Platter gehörte und die von Stadt zu Stadt vagabundierte, bezog ihre Lebensmittel sei es durch Diebstahl und Mundraub auf den Straßen oder dem platten Land, sei es, in der Stadt, aus der Bettelei der Beanen, die in den Straßen, den Schenken sangen: »... denn wo ich in ein Wirtshaus kam, hörten mich die Leute gern die Walliser Sprache reden, und gaben mir willig.« Über seine Bettelei in Naumburg sagte er: »... etliche, die singen konnten, sangen, ich aber ging heischen.« »Ich habe meinen Bacchanten oft eines Abends fünf bis sechs Trachten in die Schule getragen, wo sie wohnten.« »Zuweilen gingen wir im Sommer in die Bierhäuser Bier heischen.« Thomas war übrigens ein sehr begabter Bettler. (32)

Die Bettelei von Kindern wurde von der Öffentlichkeit geduldet, ja sogar gutgeheißen. Die fahrenden Schülerscharen machten sich diese Einstellung zunutze, indem sie die Jüngsten auf die Bettelei abrichteten, während die Älteren sich das Stiebitzen vorbehielten; mit Thomas Platter befanden sich acht Gesellen auf dem Wege nach Dresden: »Da kamen wir überein, uns auf einen Tag zu teilen«, die eine Gruppe ging auf die Gänsejagd, die andere sollte Rüben und Zwiebeln auf den Feldern und in den Gärten ernten. »Wir Kleinen aber [sollten] in die Stadt Neumark gehen, die nicht unweit von da an der Straße war, und sollten auf Brot und Salz lugen.« An jenem Tag hatten sie kein Glück, denn von der Stadt aus sah man das Feuer und versuchte sie zu ergreifen, so daß sie flüchten mußten. Die Schüler, die in den Stimmbruch kamen, hatten keinen Erfolg mehr. Mit etwa neunzehn Jahren wollte Thomas Platter, seiner alten Gewohnheit folgend, sich in Zürich seinen Lebensunterhalt durch Straßensingen verdienen: »Da ging es mir erst übel. Wenn ich dort um Brot sang, war man dessen nicht gewohnt; ich hatte eine Bacchantenstimme ...«

Diese Praktiken des Kinderbettelns galten, zumindest im Deutschland des 16. Jahrhunderts, als so gewöhnlich, daß Mosellanus sie in seiner Pädologie beschreibt. Diese Sammlung von Schülergesprächen gibt die

Unterhaltungen von Leipziger Schülern wieder. Die Bettelei nimmt in ihrem Leben einen durchaus ehrenwerten Platz ein.
»Gleich nach der Messe«, sagt Laurent, »werde ich so schnell an die Türen der Reichen laufen, daß ich vielleicht nicht als erster, dann aber als zweiter oder dritter mein Stück bekommen werde. – Du wirst Mühe haben, mich zu überholen. – Wir werden ja sehen!«
Diese Almosen, eine für das Schülerleben unerläßliche Dreingabe, hatten zugleich einen traditionellen und folkloristischen Charakter. Sie standen in der Tradition von bis auf die Antike zurückgehenden Bräuchen. Bei Mosellanus heißt es weiter:

Morgen ist Sankt Martin. – Na und? – An diesem Tag machen wir Schüler reiche Ernte. Zunächst einmal gibt man uns mehr als gewöhnlich zu essen, dann ist es so Brauch, daß die Armen von Tür zu Tür gehen, um etwas Geld zu bekommen. Ich hoffe, ich bekomme soviel zusammen, daß ich den Winter überstehen kann, ohne allzuviel zu leiden.« Und aufs neue: »Wer geht mit mir aufs Land? Wir werden, wie es Brauch ist, Eier erbetteln.«
Der Schulkamerad lehnt ab, er schämt sich und findet vor allem, daß die Sache nichts einbringt:

»Gibt es eigentlich etwas Erniedrigenderes, als um neun oder zehn Bauernhöfe herumzustreichen, nur um neun oder zehn Eier zu bekommen? – Ja, wie soll ich sonst meinen Hunger stillen? – Zumindest wirst Du hier in der Stadt Zeit sparen.« (33)

Ein anderes Gespräch aus der Zeit des Schottenius (34) beschreibt dieselben Bräuche für Köln:

»Was willst Du mit diesem Stock? – Morgen laufen wir von Tür zu Tür. – Was wollt ihr erbetteln? – Ein kleines Geschenk im Namen des hl. Blasius. – Und was bekommt Ihr so? – Ein kleines Stück Schweinefleisch oder etwas Weizen. – Woher kommt dieser Brauch? – Ich erinnere mich, in einer Kirche eine Statue des hl. Blasius gesehen zu haben, der am Ende eines Stockes einen Schweinekopf hielt.«

Massebieau, der Historiker dieser Gespräche, fügt hinzu, daß zu seiner Zeit, also 1878, der hl. Sankt Blasius in Deutschland Schutzpatron der Kinder und des Viehs gewesen sei. Am Tage seines Festes segnete man Brot und Salz. Noch heute gehen in den Vereinigten Staaten an einem bestimmten Novembertage die Kinder von Tür zu Tür, um kleine Geschenke und Leckereien zu erbitten: Überbleibsel jener Bräuche, die einst darauf beruhten, daß Kinder, die mehr oder minder weit von ihren Familien entfernt lebten, auf diese zusätzlichen Nahrungsmittel angewiesen waren. Man kann sich übrigens fragen, ob die Bettelei von

Kindern in Deutschland nicht länger geduldet worden ist als anderswo. Der junge Wagner besuchte im Jahre 1827 die Sekunda der Dresdner Kreuzschule; er war damals 14 Jahre alt. Er wollte seine Mutter in Leipzig wiedersehen, und da er keinen Heller besaß, machte er sich zu Fuß auf und bat die Reisenden, denen er unterwegs begegnete, um Almosen. Er muß dennoch nicht wie ein elender kleiner Landstreicher gewirkt haben. Es ist kaum wahrscheinlich, daß er später sehr weit gekommen wäre. (35) Heute würde er per Anhalter fahren.

In England finden wir unter den Traditionen der *public schools* solche, die an diese alten Bettelbräuche erinnern. So schwärmten in Eton am Tag der Aufnahme oder der Initiation der Novizen, der *fresh men*, die Zöglinge in Scharen in die benachbarten Straßen aus. Sie hielten die Passanten an und zwangen sie, ihnen im Austausch gegen ein wenig Salz Geld zu geben – das Salz diente dazu, die *fresh men* damit zu bewerfen. Der englische Historiker von Eton sieht darin »etwas, das sich zwischen Diebstahl und Bettelei bewegt«. (36)

In Frankreich findet man dagegen selbst in den Texten des 16. Jahrhunderts keinen Hinweis auf die Schülerbettelei. Wir haben weiter oben bereits festgestellt, daß die französischen Dokumente auch die Schikanen stillschweigend übergehen: innerhalb der schulischen Sitten, die sich in Deutschland länger gehalten haben, erscheint die Bettelei als zur Schikane gehörig. Die Jagd auf die *martinets*, die Disziplin der Kollegs und der Pädagogien mußten in Frankreich dazu führen, daß die Vagabundenbräuche eingeschränkt, wenn nicht abgeschafft wurden, während sie sich andernorts als zählebiger erwiesen. Immerhin war auch das Schulvolk von Paris im 16. Jahrhundert noch recht liederlich. So beschreibt der Humanist Buchanan das Auditorium einer Schulklasse zu Beginn des 16. Jahrhunderts mit folgenden Worten: »Während der Schulmeister sich die Lunge aus dem Hals schreit, dämmern diese Faulpelze von Kindern vor sich hin und hängen ihrem Vergnügen nach. Derjenige, der fehlt, hat einen seiner Mitschüler dafür bezahlt, damit er an seiner Stelle antwortet [eine Praktik der Kasernen der Belle Epoque!]. Ein anderer hat seine Kniestrümpfe verloren, wieder ein anderer beschaut sich seinen Fuß, der durch ein Loch im Schuh herauskommt.« (37) Die Reformpädagogen des 16. bis 17. Jahrhunderts maßregelten die Vernachlässigung des Äußeren, sie mußten damit eine größere Wirkung erzielen als die Kollegstifter am Ende des Mittelalters, die von ihren Stipendiaten hinsichtlich der Kleidung eine Züchtigkeit verlangten, die von der Mode bereits aufgegeben war: keine Schnabelschuhe, keine kurzen und enganliegenden Gewänder ...

Der Respekt, den man in den Kollegs und selbst in den Pensionen oder Pädagogien einer strikteren Disziplin entgegenbrachte, führte zum Verschwinden der liederlichen *martinets.* Der besser überwachte Schüler hielt mehr auf sich. Dabei wurden die schulischen Autoritäten jedoch mit bestimmten Gewohnheiten, althergebrachten Rechten einer vergangenen Freizügigkeit, nur mit Schwierigkeiten fertig; wenn der Schüler eines bestimmten Unterrichts überdrüssig war oder auch, wenn er, was häufiger der Fall war, einer Bestrafung entgehen wollte, wechselte er den Lehrer, ohne daß die Erlaubnis der Familie oder auch die der Universität dabei eine Rolle spielte. Lange Zeit sah man dies als verbürgtes Recht an. Später erblickte man darin dann ein Merkmal der Disziplinlosigkeit auf Seiten der Schüler, einen Anreiz zu dem lästigen Konkurrenzgebaren auf Seiten der Lehrer und wurde nicht müde, dieses Phänomen der fluktuierenden Schülerschaft zu bekämpfen. Der Reformtext der Universität von Paris aus dem Jahre 1598 scheint das zu bestätigen.

Es verging jedoch noch eine lange Zeit, bis es gelang, den Schulbesuch endgültig einer größeren Regelmäßigkeit zu unterwerfen. Aus der Schule Mathurin Cordiers entfernte man sich ohne weiteres ohne Erlaubnis und ohne irgendjemandem darüber Rechenschaft abzulegen, wie das folgende Gesprächsfragment beweist; zwei Schulkameraden unterhalten sich, der eine hat das Weite gesucht: »Wann kehrt Ihr denn zur Schule zurück? – Ich weiß nicht. – Weshalb macht Ihr denn Eurem Vater keine Mitteilung davon? – Glaubt Ihr denn, daß mich das kümmert?« Die Aufzeichnungen des 17. Jahrhunderts lassen noch auf viele weitere vorzeitige Abgänge ohne Erlaubnis schließen. In Caen verlassen 1677 im Verlauf des Schuljahres 51 Schüler der Schönen Wissenschaften das Kolleg, ohne das Ende abzuwarten; einige davon, weil sie sich weigern, sich einer Bestrafung zu unterziehen: *ejectus medio anno quod debitas paenas non subire voluerit;* andere, weil die Familie es verlangt, da sie den Schulbesuch nicht länger bezahlen kann; andere wiederum nur deshalb, weil es ihnen so in den Sinn kommt: *abiit, seu effugit ne paenas absentiae daret,* denn unerlaubtes Fehlen, das häufig vorgekommen sein muß, wurde bestraft. *Saepe obfuit, pigerrimus et malus. Sine causa 15 ante finem diebus agens a domi – 15 ante finem diebus obfuit sine causa cum esset in urbe. Obiit proprio motu* (mit fünfzehn Jahren).

Im 18. Jahrhundert ist der Schüler dann so gut wie gezähmt, obwohl bestimmte Merkmale der Unabhängigkeit solange fortdauerten wie das Externat oder die Gastfreundschaft des Stadtbürgertums, die erst im 19. Jahrhundert mit dem Hervortreten des Internats oder dem ausgedehnteren Aufenthalt des Kindes im Schoße der Familie verschwanden.

Den modernen Menschen muß die Unschicklichkeit derartiger Sitten überraschen, erscheinen sie uns doch unvereinbar mit unseren Vorstellungen von der Kindheit und der frühesten Jugend. Wir dulden sie gerade noch an Erwachsenen der Unterschichten: als Kennzeichen eines geistigen Alters, das sich noch nicht als reif bezeichnen läßt. Im 16. und auch noch im 17. Jahrhundert sahen die Menschen in den Schülern einen Bestandteil derselben pikarischen Welt, der die Soldaten, die Knappen und ganz allgemein die Bettler zugehörten. Die anständigen Leute, die ihren Platz in der Gesellschaft gefunden hatten, zeigten sich den einen gegenüber so mißtrauisch wie den anderen. So erblickt ein Kanonikus von Dijon in der glanzvollen Jugend der Stadt, zu der auch der Sohn des Ersten Präsidenten gehörte, geradezu eine Art *Ungeziefer.* (38) Als jener Sprößling im Jahre 1592 an die juristische Fakultät von Toulouse geht, läßt er sich dazu folgendermaßen vernehmen: »Welche Wohltat, von diesem Ungeziefer befreit zu sein«, als handele es sich um eine Rotte von Rüpeln. Eine der Figuren in Lariveys Komödie rückt bestimmte Schüler in die Nähe der Außenseiter, die am Rande der gesitteten Gesellschaft leben: »Ich meine nicht, daß das Schüler sind, sondern vielmehr *hommes libres,* die ohne Gesetz und ohne Begehren leben«, und *hommes libres* meint etwas ähnliches wie *truands* (Landstreicher, Bettler). Das Wort *truand* selbst, das im modernen Argot einen Erwachsenen bezeichnet, kommt von dem schullateinischen *trutanus,* Vagabund: es wurde hauptsächlich zur Bezeichnung der fahrenden Schüler, jener Geißel der alten Schulgemeinschaft verwendet. Im Englischen hat es diesen Sinn bis heute bewahrt, denn dort bezeichnet *truant* in erster Linie das Kind, das die Schule schwänzt. Wir stoßen hier auf Beziehungen zwischen Schulsprache und volkstümlichem Argot, bleiben dabei jedoch auf Vermutungen angewiesen. Ich will noch ein anderes Beispiel nennen, auf das ich zufällig gestoßen bin; ich könnte mir vorstellen, daß eine systematische Untersuchung noch andere Fälle ergeben würde. Aus Kollegstatuten können wir entnehmen, daß die Schüler den *pileus,* die runde Kappe der Geistlichen, tragen sollten und nicht den weltlichen Hut, den *galerus,* in dem wir unschwer den *galure* oder *galurin* (Deckel) eines mittlerweile abgestandenen Argot erkennen, das einstmals jedoch aktuell war.

Es bedurfte des Drucks der Erzieher, um den Schüler vom liederlichen Erwachsenen zu trennen, war doch der eine wie der andere ein Erbe einer Zeit, in der die Eleganz der äußeren Aufmachung und der Sprache nicht einmal den Geistlichen, sondern im Grunde nur dem erwachsenen Höfling vorbehalten war. Eine neue moralische Auffassung mußte das

Kind oder zumindest doch das Schulkind dagegen absetzen und davon absondern: die Auffassung vom wohlerzogenen Kind. Sie war im 16. Jahrhundert so gut wie völlig unbekannt und bildete sich erst im 17. Jahrhundert heraus. Wir wissen, daß sie den reformerischen Anschauungen einer geistigen und moralischen Elite entsprang, die kirchliche und staatliche Ämter innehatte. Das wohlerzogene Kind wird man vor den Grobheiten und der äußeren Vernachlässigung bewahren, die dann zu spezifischen Merkmalen der unteren Stände und der Gassenjungen werden. Dieses wohlerzogene Kind wird in Frankreich dann zum Kleinbürger werden. In England wird es zum Gentleman, einem sozialen Typus, der vor dem 19. Jahrhundert unbekannt war und den eine bedrohte Aristokratie mit Hilfe der *public schools* heranziehen wird, um sich gegen den Druck der Demokratisierung zur Wehr zu setzen. Die Sitten der führenden Klassen des 19. Jahrhunderts sind den anfänglich widerstrebenden Kindern von Vorläufern auferlegt worden, die sie zwar abstrakt erdacht, jedoch noch nicht danach gelebt hatten. Es sind zunächst kindliche Sitten gewesen, diejenigen der wohlerzogenen Kinder, ehe sie dann zu denen der Elite des 19. Jahrhunderts und allmählich zu denen des modernen Menschen überhaupt wurden, wobei der gesellschaftliche Stand keine Rolle mehr spielte. Die alte mittelalterliche Turbulenz ist zunächst von den Kindern und schließlich dann auch von den unteren Schichten des Volkes aufgegeben worden; heute ist sie nur noch das Kennzeichen der Gassenjungen, jener letzten Erben der ehemaligen *truands*, des Bettelvolks, der »Gesetzlosen«, der Schüler des 16. und des beginnenden 17. Jahrhunderts.

Schlußbemerkung Die Schule und die Dauer der Kindheit

Im ersten Teil dieses Buches haben wir das Entstehen und die Entwicklung der beiden Einstellungen zur Kindheit untersucht, die wir unterschieden haben: die erste war allgemein verbreitet und volkstümlich; sie drückte sich im »Gehätschel« aus, beschränkte sich auf die untersten Altersstufen und entsprach der Vorstellung von einer kurzen Kindheit; in der zweiten kam die Tatsache zum Ausdruck, daß man sich der Unschuld und der Schwäche der Kindheit bewußt geworden war und infolgedessen auch der Pflicht der Erwachsenen, die Unschuld zu bewahren und der Schwäche abzuhelfen; diese Einstellung war lange Zeit ausschließlich bei einer kleinen Minderheit von Juristen, Priestern oder Moralisten anzutreffen. Ohne diese wäre das Kind ausschließlich der »Pausback«, das »Kleine«, das liebenswerte und drollige Wesen geblieben, mit dem man sich zwar voller Zuneigung, aber auch mit einiger Freizügigkeit, wenn nicht gar Zügellosigkeit und ohne moralische oder erzieherische Rücksichten vergnügte. Wenn die ersten fünf bis sieben Jahre vorüber waren, mischte das Kind sich übergangslos unter die Erwachsenen. Diese Auffassung von der kurzen Kindheit hat sich in den unteren Schichten lange Zeit gehalten. Daß es den Moralisten und Erziehern des 17. Jahrhunderts, den Erben einer auf Gerson, auf die Pariser Universitätsreformer des 15. Jahrhunderts, auf die Kollegstifter am Ende des Mittelalters zurückgehende Tradition, gelang, ihre ernsthafte Auffassung von einer langen Kindheit durchzusetzen, ist dem Erfolg der schulischen Institutionen und den erzieherischen Praktiken zu verdanken, denen sie Richtung und Disziplin verliehen. Es stehen diese von ihrer erzieherischen Aufgabe besessenen Männer also am Ursprung sowohl der modernen Auffassung von der Kindheit als auch der modernen Verschulung.

Die Kindheit ist dann über die Jahre hinaus, in denen der kleine Kerl noch am Gängelband ging oder »sein Kauderwelsch« palpperte, ausgedehnt worden, als eine bis dahin unübliche und dann immer allgemeiner werdende Etappe zwischen die Zeit des »Kleides mit Kragen« und die Zeit des unumstößlich anerkannten Erwachsenenseins trat: die Etappe der Schul-, der Kollegzeit. In unseren Gesellschaften gruppieren sich die Altersklassen um bestimmte Institutionen; so hat sich das Jünglingsalter, von dem man im Ancien Régime nur eine verschwommene Vorstellung hatte, im 19. und bereits am Ende des 18. Jahrhunderts durch die Einberufung und den anschließenden Militärdienst deutlich gegen die anderen Altersklassen abgegrenzt. Der Schüler – dieses Wort wurde bis zum 19. Jahrhundert synonym mit Student gebraucht, und noch zu Beginn des 19. Jahrhunderts verwendete man unterschiedslos das eine wie das andere; das Wort *collégien* gab es nicht: der Schüler des 16. bis 18. Jahrhunderts ist für die Neudefinition einer ausgedehnten Kindheit, was der Rekrut des 19. und 20. Jahrhunderts für die Definition des Jünglingsalters ist.

Diese demographische Funktion der Schule war allerdings nicht sofort als unausbleiblich erkennbar. Die Schule verhielt sich vielmehr lange Zeit indifferent gegenüber der Aufteilung und Unterteilung in Altersstufen, weil ihr Hauptziel nicht die Erziehung des Kindes war. Die Lateinschule des Mittelalters war in keiner Hinsicht von vornherein disponiert, diese Rolle der moralischen und gesellschaftlichen Bildung zu übernehmen. Die mittelalterliche Schule war nicht für die Schüler bestimmt, sie war eine Art technischer Schule für die Priesterausbildung, die »der jungen wie der alten«, wie es noch in Michauts *Doctrinale* heißt. So ließ man alle möglichen Schüler zu, ohne sich darum zu kümmern, ob es sich nun um Kinder, junge Leute oder Erwachsene, handelte, die sich um die Katheder der Herren Magister versammelten.

Bis wenigstens zum 18. Jahrhundert waren das schulische Leben und seine Sitten noch stark von dieser Mentalität geprägt. Wir haben gesehen, wie lange die Einteilung in voneinander getrennte, reguläre Klassen auf sich warten ließ, wie sehr sich die Altersstufen im Innern der einzelnen Klassen mischten, die zugleich von Kindern von zehn bis dreizehn Jahren und von Jünglingen von fünfzehn bis zwanzig Jahren besucht wurden. In der Alltagssprache bedeutete das Faktum, daß man alt genug sei, um zur Schule zu gehen, nicht unbedingt, daß von einem Kind die Rede war, denn dieses schulreife Alter konnte ebensowohl als Grenze betrachtet werden, jenseits derer nur noch wenig Aussicht auf Erfolg bestand. In diesem Sinne muß man auch die Ratschläge verstehen, die Theresa Pansa ihrem Gatten Sancho erteilt und die wir nach einer Übersetzung des 17. Jahrhunderts zitieren wollen: »Vergeßt weder mich noch Eure Kinder [es geht um die Verabschiedung Sanchos, der sich mit Don Quichotte auf eine Expedition begibt]. Bedenkt wohl, daß unser Sanchico bereits sein fünfzehntes Lebensjahr vollendet hat und vernünftigerweise nun zur Schule gehen müßte, wenn es dabei bleiben soll, daß sein Onkel, der Abt, ihn zu einem Mann der Kirche macht.« (1) Man geht dann zur Schule, wenn man kann, sei es sehr früh oder sehr spät. An dieser Anschauung wird man trotz gegenstrebiger Einflüsse das ganze 17. Jahrhundert hindurch festhalten. Das 18. Jahrhundert bewahrte davon immerhin so viele Spuren, daß die ältesten unter den Erziehern sich bemüßigt fühlten, sich zu dieser Praktik des Ancien Régime, allzu alte Schüler in die Kollegs aufzunehmen, zu äußern und sie anzuprangern. Tatsächlich sollte sie erst im 19. Jahrhundert endgültig verschwinden.

Diese Gleichgültigkeit der Schule gegenüber der Bildung des Kindes war keineswegs eine Eigentümlichkeit rückständiger Konservativer. Bemerkenswerterweise teilten sie die Humanisten der Renaissance mit ihren Feinden, den traditionellen Scholastikern. Wie der *scholasticus* des Mittelalters so haben auch sie Erziehung mit Bildung verwechselt, die Erziehung auf die gesamte Dauer des menschlichen Lebens ausgedehnt, ohne der Kindheit oder der Jugend eine Vorrangstellung einzuräumen, ohne eine Spezialisierung der Bildungsaufgaben nach Altersstufen vorzunehmen. Daher haben sie auch auf die Struktur der Schulen nur einen geringen Einfluß ausgeübt, und ihre Rolle auf diesem Gebiet ist von den Literaturhistorikern in übertriebener Weise überbewertet worden. Die wahren Neuerer sind jene Schulreformatoren des 15. Jahrhunderts, etwa der Kardinal d'Estouteville, Gerson, die Organisatoren der Kollegien und Pädagogien, und schließlich und insbesondere die Jesuiten, die Oratorianer, die Jansenisten des 17. Jahrhunderts gewesen. Bei ihnen entwickelt sich der Sinn für die kindliche Besonderheit, die Kenntnis der kindlichen Psychologie, das Bemühen um eine dieser Psychologie angemessene Erziehungsmethode. Das Kolleg des Ancien Régime hat also sehr lange Zeit das Gedächtnis seines Ahnherrn, der lateinischsprachigen Domschule, bewahrt. Es hat sich lange nicht entschließen können, sich das Gesicht einer speziell für Kinder reservierten Lehranstalt zu geben.

Es kann nun allerdings keine Rede davon sein, daß alle Knaben das Kolleg oder wenigstens die *petites écoles* durchlaufen hätten. Für diejenigen, die niemals ein Kolleg besucht oder es nach allzu kurzer Zeit (nach ein oder zwei Jahren) wieder verlassen hatten, blieb es bei der mittelalterlichen Gepflogenheit, das Kind frühzeitig in die Erwachsenenwelt zu integrieren. In diesen Fällen blieb die Kindheit auch weiter auf eine sehr kurze Zeitspanne beschränkt. Dort, wo nicht das Kolleg die Kindheit verlängerte, war alles beim alten geblieben.

Noch im 17. Jahrhundert war der Umfang der Schulbildung nicht notwendigerweise eine Frage der Herkunft. Viele junge Adlige waren gegen das Kolleg eingenommen, übergingen die Akademie und schlossen sich unverzüglich den im Feld stehenden Armeen an. Madame de Sévignés berühmtem Bericht über den Tod Turennes im Jahre 1675 läßt sich entnehmen, daß sich der 14jährige Neffe des Marschalls zu diesem Zeitpunkt in seiner Umgebung befand. Der Oberst spricht am Ende der Regierungsperiode Ludwigs XIV. von 14jährigen Leutnants. Chevert ist mit 11 Jahren in den Militärdienst eingetreten. (2)

Dieser frühe Dienstantritt ließ sich genauso bei den gemeinen Soldaten antreffen. Madame de Sévigné, die sich, wie E. G. Leonard bemerkt, unleugbar sehr für militärische Angelegenheiten interessierte, berichtet folgende Anekdote: »Despréaux ist mit Gourville beim Prinzen gewesen. Der Prinz führte ihm seine Armee vor. Nun, was haltet Ihr davon? sagte der Prinz. – Monseigneur, sagte Despréaux, ich meine, daß sie gut sein wird, wenn sie etwas größer geworden ist. – Der Älteste war nämlich erst achtzehn Jahre alt.« (3)

Dieser frühe Berufsantritt, der den Offizieren und den Menschen des 17. Jahrhunderts überhaupt gemeinsam gewesen war, hielt sich beim Fußvolk noch lange Zeit, während er bei den Offizieren im 18. Jahrhundert verschwand, als diese erst nach einer nahezu vollständigen Schulzeit, die bisweilen noch durch spezielle Militärschulen verlängert wurde, in den Militärdienst einzutreten begannen.

Wenn die Schulbildung im 17. Jahrhundert auch noch nicht das Monopol einer Klasse war, so blieb sie doch weiterhin das Monopol eines Geschlechts. Die Frauen waren davon ausgeschlossen. Daher galten für sie die Gebräuche im Zusammenhang mit dem frühen Eintritt in die Erwachsenenwelt und der kurzen Kindheit, wie wir sie aus dem Mittelalter kennen, unverändert auch noch im 17. Jahrhundert. »Seitdem mein zwölftes Lebensjahr herangekommen, habe ich mit Hilfe des ewigen Gottes fünfmal am Kirchenportal einen Gatten genommen.« So spricht eine weibliche Figur Chaucers im 14. Jahrhundert. Am Ende des 16. Jahrhunderts dagegen heiratet Catherine Marion mit 13 Jahren Antoine Arnauld. Und sie war Hausherrin genug, um »ihrer ersten Kammerfrau, einem anständigen Mädchen von zwanzig Jahren, eine Ohrfeige (zu geben), weil sie sich nicht gegen die Liebkosung einer bestimmten Person zur Wehr gesetzt hatte«. (4) Dieselbe Catherine Lemaître, die diese Zeilen schrieb, hat mit 14 Jahren geheiratet. Man trug sich mit der Absicht, ihre andere Schwester Anne zu verheiraten, als diese zwölf war, und dieser Plan scheiterte nur an der religiösen Bestimmung des Mädchens. Der Bewerber hatte es nicht eilig und blieb der Familie erhalten, denn, wie Catherine Lemaître weiter mitteilt, »nicht nur, daß er darauf gewartet hat, jene [Anne] zu heiraten, die dann Nonne wurde, sondern er drang auch darauf, daß die Jüngere nicht denselben Weg einschlug, die zu dem Zeitpunkt, als man über die Verheiratung meiner Schwester Anne verhandelte, ein Kind von sechs Jahren war«. Wenn es hoch kam, bedeutete das vier oder sechs Jahre Verlobung ... Im übrigen waren die Mädchen, wenn sie zehn Jahre alt waren, bereits kleine Frauen wie jene erwähnte Anne Arnauld, ein vorzeitiges Erwachsensein, das sich übrigens einer Erziehung verdankte, die die Mädchen darauf abrichtete, sich sehr früh erwachsen zu benehmen: »Mit zehn Jahren war diese Kleine geistig bereits soweit entwickelt, daß sie Madame Arnauld den gesamten Haushalt führte; jene ließ sie absichtlich gewähren, um sie in den Verrichtungen einer Familienmutter zu schulen, da das ja ihr Stand sein würde.«

Außerhalb dieses häuslichen Lehrverhältnisses genossen die Mädchen so gut wie keine Erziehung. In den Familien, wo die Jungen aufs Kolleg gingen, lernten sie gar nichts. Fénelon beklagt diese Unwissenheit als ein allgemein verbreitetes Faktum. Um die Knaben kümmert man sich sehr, stellt er fest, »die gescheitesten Leute haben sich der Aufgabe verschrieben, Regeln auf diesem Gebiet aufzustellen. Wieviel Lehrer und Kollegs gibt es nicht! Wieviel Kosten wendet man nicht für den Druck von Büchern, für wissenschaftliche Untersuchungen, für Methoden des Sprachunterrichts, für die Wahl der Professoren auf ... Man erkennt daran, welche hohe Vorstellung man sich von der Erziehung der Knaben macht. Man glaubt sich dazu berechtigt, die Mädchen blindlings der Führung unwissender und schwatzsüchtiger Mütter zu überlassen«. (5) Daher konnten die Frauen auch kaum lesen und schreiben: »Sorgt dafür, daß ein Mädchen korrekt lesen und schreiben lernt. Es ist schandbar, aber durchaus üblich, daß man auf Frauen trifft, die geistreich und von feinen Manieren [also aus der guten Gesellschaft] sind und nicht wissen, wie sie das aussprechen sollen, was sie lesen: entweder sie geraten dabei ins Stocken oder sie verfallen beim Lesen in einen Singsang ... Noch größer ist ihre Unkenntnis auf dem Gebiet der Orthographie, ob es sich nun um die Niederschrift oder die Verknüpfung der Buchstaben beim Schreiben handelt« – es handelt sich um Quasi-Analphabetinnen. Es wurde üblich, die Mädchen Klöstern anzuvertrauen, die kein Erziehungsprogramm hatten; sie nahmen dort an den Andachtsübungen teil und erhielten ausschließlich Religionsunterricht.

Am Ende des Jahrhunderts wurde Madame de Maintenons Mädchenstift in Saint-Cyr dann zum Modell einer Lehranstalt modernen Charakters, in die die Mädchen zwischen sieben und zwölf Jahren eintraten und die sie erst um das zwanzigste Lebensjahr verließen. (6) Die Klagen über die gemischten *petites écoles*, die Unterrichtstätigkeit der Ursulinerinnen lassen auf einen allgemeinen Wandel zugunsten der Schulbildung für Mädchen schließen, doch sollte dieser erst mit einer Verspätung von etwa zwei Jahrhunderten wirklich zum Tragen kommen.

Obwohl die mittelalterliche Gleichgültigkeit gegenüber dem Alter hartnäckig fortlebt, verschreibt sich das Kolleg seit dem 15. und insbesondere dann im 16. und 17. Jahrhundert hauptsächlich der Erziehung und Bildung der Jugend, wobei es sich an den elementaren Erkenntnissen der Psychologie inspirierte, die man in jener Epoche gewann und die man bei Corneille, in der *Ratio* der Jesuiten und in der umfangreichen pädagogischen Literatur von Port-Royal wiederfindet. Damals entdeckt man die Notwendigkeit der Disziplin, einer beständigen und organischen Disziplin, die sich sehr von der Gewalttätigkeit einer wenig angesehenen Autorität unterschied. Die Gesetzgeber wußten, daß die brodelnde Gesellschaft, über die sie geboten, eine strenge Hand verlangte, doch entsteht die Disziplin aus einem Geist und einer Tradition ganz anderer Art. Die schulische Disziplin geht aus der kirchlichen oder klösterlichen Disziplin hervor; sie ist weniger ein Zwangsinstrument, als das einer moralischen und geistigen Vervollkommnung, und man setzt auf ihre Wirksamkeit, weil sie unerläßliche Voraussetzung für das gemeinschaftliche Arbeiten ist, aber auch auf ihren erbaulichen und asketischen Eigenwert. Die Erzieher machen sie sich dann zunutze, wenn es um die, zumindest theoretisch geforderte, ständige Überwachung der Kinder bei Tag und bei Nacht geht.

Der Hauptunterschied zwischen der Schule des Mittelalters und dem Kolleg der modernen Zeiten besteht in der Einführung der Disziplin. Diese wird nun unablässig an Boden gewinnen, wird von den Kollegs auf die Privatpensionen, in denen die Schüler wohnen, bisweilen sogar auf die ganze Stadt übergreifen, ohne daß das im letzteren Falle jedoch irgendwelche praktischen Auswirkungen haben sollte. Die Lehrer sind bestrebt, den Schüler einer immer strengeren Kontrolle zu unterwerfen, in der die Familien seit dem Ende des 17. Jahrhunderts in zunehmendem Maße die beste Grundlage für eine seriöse Erziehung erblicken. So kommt es schließlich dazu, daß die Zahl der Internen – früher eine

Ausnahme –, beträchtlich zunimmt, bis dann das 19. Jahrhundert im Internat, im Gymnasium, im *petit séminaire,* im Stiftskolleg die idealen Lehranstalten sehen wird. Ungeachtet des Fortbestehens archaischer Züge verlieh die Disziplin dem Kolleg des Ancien Régime doch einen modernen Charakter, der unsere heutigen höheren Lehranstalten ankündigt. Diese Disziplin kommt nicht allein in einer besseren inneren Überwachung zum Ausdruck, sondern zielt auch darauf ab, den Familien Respekt vor der abgeschlossenen Schulbildung abzunötigen. Es handelt sich dabei dann zweifellos um die Schulbildung von Kindern und Jugendlichen, d. h. sie erstreckt sich nicht mehr wie im Mittelalter oder in der Renaissance auf die reiferen Lebensalter, sondern dehnt sich über eine relativ lange Zeitspanne aus (die jedoch nicht so lange währt wie im Mittelalter). Man begnügt sich nun nicht mehr damit, ein oder zwei Jahre auf dem Kolleg zu verbringen, wie das noch zu Beginn des 17. Jahrhunderts bei armen und zum Broterwerb gezwungenen Adligen ebenso der Fall war wie bei kleinen Leuten, Handwerkern, die schon froh waren, wenn sie ihren Kindern eine oberflächliche Berührung mit der lateinischen Bildung ermöglichen konnten. Der Zyklus am Ende des 18. Jahrhunderts war dem des 19. Jahrhunderts ziemlich ähnlich: er umfaßte mindestens vier bis fünf Jahre. Solange seine Schulzeit dauerte, war das Kind nun einer immer strafferen und wirksameren Disziplin unterworfen, und diese Disziplin trennte das Kind von der Freiheit des Erwachsenen. So kam es dazu, daß die Kindheit etwa um die gesamte Dauer des Schulaufenthalts verlängert wurde.

Auf der einen Seite fand sich der Teil der Bevölkerung, der eine Schulbildung genossen hatte, auf der anderen Seite gab es diejenigen, die entsprechend uralten Bräuchen direkt in das tätige Leben der Erwachsenen eintraten, sobald sie ihre Schritte und ihre Sprache hinreichend beherrschten. Diese Aufteilung entsprach jedoch nicht den sozialen Gegebenheiten. Gewiß, der Kern der Schülerschaft wurde von den Kindern bürgerlicher Familien, von Beamten und von künftigen Geistlichen gebildet. Wir haben jedoch gesehen, daß man unter den Ungebildeten auch Aristokraten und in den Schulen auch Handwerker und Bauernsöhne antreffen konnte. Die Mädchen von Stande waren nicht gebildeter als diejenigen der Unterschichten, mochten sogar weniger gebildet sein als diese, denn es kam vor, daß Mädchen aus dem Volke das perfekte Schreiben wie einen Beruf erlernten. Der Schulbesuch war in jener Epoche, wo das Kolleg nahezu sämtliche Unterrichtsformen, die wir heute in Elementar-, Oberschul- und Hochschulunterricht aufteilen, in sich vereinte, weit weniger den sozialen Verhältnissen angepaßt. Die missionarischen Bemühungen auf schulischem Gebiet am Ende des 17. Jahrhunderts, die zur Gründung des Ordens der Frères des Écoles chrétiennes führte, beschränkte sich nicht allein auf die Armen. Wie die unteren Klassen der Kollegs von den Söhnen kleiner Handwerker oder Bauern, so hatten die Volksschulen großen Zulauf von Kleinbürgerkindern.

Die Dinge hätten sich in der Folgezeit dahingehend entwickeln können, daß man unser Erziehungssystem auf die Einheitsschule gegründet hätte; das Ancien Régime hat bis zum 18. Jahrhundert kaum etwas anderes gekannt als diese Einheitsschule. Der Schulbesuch hätte sich dann gesellschaftlich und geographisch weiter ausgebreitet; die Zyklen wären dagegen von den Berufszielen unbeeinflußt geblieben; ausschließlich die Juristen und die Geistlichen hätten – entsprechend unseren Universitätsjahren – die zwei oder drei Jahre Philosophieunterricht bis zum Abschluß durchgemacht; die anderen, Handwerksleute oder künftige Soldaten, hätten den Schulbesuch mehr oder minder früh beendet. Dies alles war übrigens kennzeichnend für die Situation um die Mitte des 17. Jahrhunderts: die Kollegs oder die Lateinschulen bildeten um ein großes Kolleg mit vollem Lehrprogramm nach allen Richtungen ein Netz von Lehranstalten, das zur Peripherie hin dann immer mehr an Dichte verlor. Es bestand aus einer Vielzahl von Lateinschulen, die ausschließlich für die unteren Klassen des Zyklus zuständig waren. Das mag verwunderlich erscheinen, wenn man an die scharfe Ausprägung und die Vielfalt der gesellschaftlichen Hierarchie des Ancien Régime denkt: die die Schulbildung betreffenden Gebräuche unterschieden sich weniger von Stand zu Stand als von Beruf zu Beruf. Konsequenterweise wiesen auch die Lebensanschauungen ebenso wie das Alltagsleben keine ausgeprägteren Unterscheidungsmerkmale auf.

Dieser Zustand war jedoch nicht von Dauer, und seit dem 18. Jahrhundert hat dann ein zweisträngiges Unterrichtssystem den Platz der Einheitsschule eingenommen, wobei die beiden Stränge nicht jeweils einer Altersklasse, sondern einem sozialen Stand entsprachen: das Gymnasium oder das Kolleg war für die Bürgerkinder da (Oberschulbildung) und die einfache Schule für das Volk (Volksschulbildung). Der Oberschulunterricht ist ein langer Zyklus. Der Volksschulunterricht war dagegen lange Zeit nur kurz, und es bedurfte in Frankreich und England der aus den letzten großen Kriegen resultierenden Umwälzungen, damit auch er über einen größeren Zeitraum ausgedehnt wurde. Möglicherweise hat man einen der Gründe für diese soziale Spezifizierung gerade darin zu sehen, daß der Langzeitunterricht, sobald er sich endgültig durchgesetzt hatte, bestimmte technische Erfordernisse mit sich brachte; so wurde die Koexistenz von Schülern nicht länger geduldet, die nicht von Beginn an entschlossen waren, die Schule zu Ende zu machen, sämtliche Spielregeln zu akzeptieren, denn die Regeln einer geschlossenen Gemeinschaft, der Schule wie der Ordensbrüderschaft, verlangen dieselbe totale Hingabe wie das Spiel. Von dem Augenblick an, wo man sich der Tatsache bewußt war, daß die lange Schulzeit zur Regel erhoben worden war, war für diejenigen kein Platz mehr, die sich aufgrund ihres Standes, des väterlichen Berufs oder der Vermögensverhältnisse einen Schulbesuch bis zum Abschluß nicht leisten oder auch nur vornehmen konnten.

Diese Entwicklung hat jedoch noch eine andere Ursache: das Wirken jener Männer von Autorität, von Vernunft und Wissen, dem wir bereits am Ursprung der großen sittlichen Umwälzungen zwischen Mittelalter und Neuzeit begegnet sind. Jene Männer waren es, die, wie wir bereits gesagt haben, die Besonderheit der Kindheit wie auch die zugleich sittliche und gesellschaftliche Bedeutung der Erziehung, der methodischen Bildung des Kindes in speziell auf diesen Zweck zugeschnittenen Lehranstalten, begriffen hatten. Sehr früh haben einige von ihnen begonnen, sich über ihren eigenen Erfolg zu beunruhigen – einen soziologischen Erfolg, über den sie sich nicht immer im klaren waren. So haben Richelieu, der eine Musterakademie für die utopische Stadt plante, die er in Richelieu bauen wollte, und dann Colbert der Befürchtung Ausdruck verliehen, daß es zu einer Schwemme von Intellektuellen, zu einer bedrohlichen Knappheit an Handarbeitern kommen könne – ein altes Thema, das sämtliche Generationen des konservativen Bürgertums bis in unsere Zeit immer wieder aufs Tapet gebracht haben! Im 17. Jahrhundert stießen diese frühen Mahner trotz ihrer Autorität auf taube Ohren: es gelang ihnen nicht im mindesten, den Erfolg der Kollegs und ihr Vordringen überall auf dem flachen Land einzuschränken. Im 18. Jahrhundert ging ihr Vorurteil dann jedoch auf jene Kategorie von »aufgeklärten« Menschen über, die bis zu einem gewissen Grade in vielen Bereichen ihre Nachfolge angetreten zu haben scheinen. Diese Männer der Aufklärung, der *sociétés de pensée* übten dank ihrer Zahl und ihrer Beziehungen einen so starken Einfluß auf die öffentliche Meinung aus, wie ihn keine Gruppe von Juristen, von Geistlichen oder Intellektuellen in der Vergangenheit zu erhoffen gewagt hätte. Einige von ihnen wie Condorcet sind der Konzeption der Bildung für alle treugeblieben. Die Mehrzahl dagegen – und zwar seit der Vertreibung der Jesuiten – faßte den Vorsatz, das Privileg einer umfassenden Bildung im klassischen

Sinn auf eine soziale Schicht zu beschränken und das Volk in einen ausschließlich praktisch ausgerichteten Unterricht zweiter Klasse abzudrängen.

Wir wissen aber auch, daß die Einstellung zur Kindheit ihren modernsten Ausdruck ebenfalls in jenen Kreisen aufgeklärter Bürgerlicher, der Bewunderer Greuzes und der Leser des *Émile* oder der *Pamela* gefunden hat. In den unteren Schichten haben sich die alten Lebensweisen dagegen fast bis in unsere Zeit gehalten, da die Einwirkung der Schule nur von kurzer Dauer war. Man kann sich sogar mit Recht fragen, ob es während der ersten Hälfte des 19. Jahrhunderts unter dem Einfluß der Kinderarbeit in der Textilindustrie in dieser Hinsicht nicht einen Rückschritt gegeben hat, hat doch die Kinderarbeit ein wichtiges Merkmal der mittelalterlichen Gesellschaft bewahrt: den frühzeitigen Eintritt in die Erwachsenenwelt. Durch die unterschiedliche schulische Behandlung des Kindes, des bürgerlichen wie des Kindes aus dem Volke, hat das Leben insgesamt eine andere Färbung angenommen.

Es läßt sich also eine bemerkenswerte Übereinstimmung zwischen dem modernen Begriff der Altersklasse und dem der sozialen Klasse feststellen: beide sind zu derselben Zeit – am Ende des 18. Jahrhunderts – und in demselben Milieu – dem Bürgertum – entstanden.

Dritter Teil
Die Familie

1. Kapitel
Familienbilder

Man wird es vielleicht unzulässig finden, für das Mittelalter bis zum 14. Jahrhundert von einer profanen Ikonographie zu sprechen, da zwischen Profanem und Sakralem keine deutliche Unterscheidung bestand. Gleichwohl gehört zu dieser totalen Weltdarstellung ein Thema profanen Ursprungs, dessen häufiges Vorkommen wie Popularität gleichermaßen bezeichnend sind: das Thema des Berufs. Von den Archäologen wissen wir, daß die Gallier der römischen Zeit auf den Basreliefs ihrer Grabmäler die verschiedenen Szenen ihres Arbeitslebens darzustellen liebten. (1) Bei keinem anderen Volk begegnet man dieser Vorliebe für berufliche Themen, und es hat die Archäologen erstaunt, daß diese Themen in der Grabmalsikonographie des römischen Afrika sehr selten vorkommen, wenn nicht gar völlig fehlen. (2) Wir können daraus entnehmen, daß das Thema eine lange Vergangenheit hat und im Mittelalter fortlebte, ja, sich sogar noch weiter entwickelte. Wenn man einmal davon absieht, daß eine solche Ausdrucksweise anachronistisch ist, so kann man – zwar sehr pauschal, doch ohne den Sachverhalt zu verfälschen – behaupten, daß die »profane« mittelalterliche Ikonographie zunächst vor allem durch das Thema des Berufs bestimmt wurde. Wichtig dabei ist, daß der Beruf lange Zeit als die hervorstechende Tätigkeit des Alltagslebens erschien, die durch den Grabkult der gallo-romanischen Epoche und im Mittelalter durch das gelehrte Welt- und Gesellschaftsbild auf den Kalendertafeln der Kathedralen gegenwärtig gehalten wurde. So natürlich dies dem Historiker erscheinen mag, so sollte man sich doch vor Augen halten, wie viele Menschen es heute vorziehen, ihren Beruf zu vergessen und stattdessen lieber ein anderes Bild von sich der Nachwelt überliefern würden. Vergeblich versucht man eine lyrische Behandlung der beruflichen Aspekte des heutigen Lebens anzuregen, und man erzeugt damit nicht mehr als eine Art von Akademismus, der jeglicher Popularität entbehrt. Selbst wenn der Mensch von heute seinen Beruf liebt, wird er dem Künstler nicht gerade diesen Gegenstand vorschlagen, ganz zu schweigen davon, ob der Künstler ihn akzeptieren würde. Das Gewicht, das der Beruf für die mittelalterliche Ikonographie besaß, ist ein Zeichen für den Gefühlswert, den man ihm beimaß. Es sieht ganz so aus, als habe das Privatleben zuerst und insbesondere im Beruf bestanden.

Eine der populärsten Darstellungen des Berufes verbindet ihn mit einem anderen Thema, dessen Bedeutung wir bereits weiter oben, und zwar im Zusammenhang mit den Lebensaltern, erkannt haben: das Thema der Jahreszeiten. (3) Wir wissen, daß das christliche Mittelalter dazu neigte, Vorstellungszusammenhänge, deren über Äußerliches hinausgehende geheime Entsprechungen es hervorheben wollte, symbolisch zu verknüpfen. So verband es die Jahreszeiten mit den Berufen wie auch mit den Lebensaltern oder den Elementen. Darin besteht der Sinn der aus Stein und Glas gefertigten Kalender, der Kalender der Kathedralen und der Stundenbücher.

Die traditionelle Ikonographie der zwölf Monate des Jahres hatte im 12. Jahrhundert die Gestalt angenommen, in der man ihr, von sehr wenigen Abweichungen abgesehen, in Saint-Denis, in Paris, in Senlis, in Chartres, in Amiens, in Reims etc. begegnet: Arbeiten und Tage. Auf der einen Seite zeigt sie die hauptsächlichen Arbeiten der Landwirtschaft: die Heumahd, die Getreideernte, die Weinernte und Weinherstellung, sowie die Schweinezucht. Auf der anderen Seite sehen wir Szenen der arbeitsfreien Zeit im Winter wie im Frühling. Arbeitend werden nur Bauern gezeigt, während die Darstellung der Arbeitspausen zwischen dem Bauern und dem Adligen abwechselt. Der Januar (der Dreikönigstag) gehört dem Adligen, der vor einer reichlich gedeckten Tafel sitzt. Der Februar gehört hingegen dem gemeinen Mann, der von der Fronarbeit des Holzfällens heimkehrt und eilig dem Herdfeuer zustrebt. Der Mai wird mal durch einen Bauern, der sich inmitten von Blumen ausruht, und dann wieder durch einen jungen Adligen repräsentiert, der zur Jagd ausrückt und seinen Falken bereit macht. In jedem Fall steht die Jugend im Vordergrund, die ja bei den Maifesten die Hauptrolle spielt. In diesen Szenen ist der Mensch stets als Einzelner abgebildet: bisweilen sieht man (so in Saint-Denis) einen jungen Diener, der hinter seinem Herrn steht, während dieser tafelt; das ist jedoch die Ausnahme. Auf der anderen Seite können wir feststellen, daß auf diesen Bildern stets Männer und niemals Frauen gezeigt werden.

Welche Einflüsse in der Entwicklung dieser Ikonographie bis zum 16. Jahrhundert eine Rolle gespielt haben, können wir anhand der Stundenbücher erkennen.

Zunächst einmal erscheint die Frau, die Dame der höfischen Liebe oder auch die Hausherrin. Im Stundenbuch des Duc de Berry wärmt sich der Bauer auf dem Blatt für Februar nicht mehr allein am Feuer, wie noch auf den Wandbildern von Senlis, von Paris oder von Amiens. Drei Frauen haben schon am Feuer Platz genommen, während der Bauer sich, noch ganz erstarrt vor Kälte, im verschneiten Hofe befindet. Auf anderen Blättern wird diese Szene zur Darstellung eines Interieurs, eines Winterabends, den man zu Haus verbringt: der Mann steht noch beim Feuer, er hat die Schuhe ausgezogen und wärmt sich Hände und Füße, während seine Frau daneben ruhig am Spinnrad arbeitet (Charles d'Angoulême). Für den April taucht das Thema des Liebeswerbens auf: wir sehen die Dame und ihren Verehrer in einem abgeschlossenen Garten (Charles d'Angoulême). Sie begleitet die Ritter auch auf die Jagd. Doch selbst die adlige Dame bleibt nicht die müßige und etwas imaginäre Heldin der Gärten des April oder die Tänzerin der Maifeste: sie wacht auch über die Arbeiten, die in eben jenem Garten des Monats April zu verrichten sind (Turin). Die Bäuerin kommt häufiger vor. Sie nimmt an der Feldarbeit der Männer teil (Berry, d'Angoulême). An den heißen Sommertagen bringt sie den Schnittern ihren Wein für die Arbeitspause (Hennessy, Grimani). Ihr Mann fährt sie mitsamt der Kürbisflasche, die sie ihm gebracht hat, in der Schubkarre zurück. Die Ritter und ihre Damen sind bei den Geselligkeiten des Adels während der Monate April und Mai nicht mehr unter sich. Wie die Dame des Turiner Stundenbuches sich mit ihrem Garten beschäftigte, so mischen sie sich unter die Bauern, unter die Erntearbeiter (im Turiner Stundenbuch sieht man dagegen eine Kirschpflückerin). Immer häufiger – am häufigsten im 16. Jahrhundert – wird die Familie des Grundherrn inmitten der Bauern dargestellt, deren Arbeit sie überwacht und deren Spiele sie teilt. Zahlreiche Tapisserien des 16. Jahrhunderts beschreiben solche ländlichen Szenen, wo die Grundherren und ihre Kinder die Weinlese leiten und die Getreideernte überwachen. Der Mensch ist nicht mehr allein. Das Paar ist nicht mehr nur das imaginäre Paar der höfischen Liebe; die Frau und die Familie nehmen am Berufsleben teil und sind in der Nähe des Mannes, ob er nun im Haus oder auf den Feldern zu tun hat. Es handelt sich dabei nicht um Familienszenen im eigentlichen Sinne, denn im 15. Jahrhundert sind die Kinder in diese Darstellungen noch nicht einbezogen. Man hat jedoch das Bedürfnis, in unauffälliger Manier die Zusammenarbeit des Hauswesens, der Männer und Frauen des Hauses, bei den täglichen Arbeiten zum Ausdruck zu bringen, wobei ein bis dahin völlig unbekanntes Interesse an der Intimität solcher Szenen deutlich wird.

Gleichzeitig erscheint in den Kalendern die Straße, die bereits ein vertrautes Thema der mittelalterlichen Ikonographie gewesen war. Wie lebendig sie nun wird, zeigt sich besonders eindrucksvoll an den bewundernswerten Ansichten der Brücken von Paris, die sich in der Lebensbeschreibung des hl. Denis, einem Manuskript des 13. Jahrhunderts, finden. Wie heute in den arabischen Städten, so war die Straße damals der Ort, an dem die verschiedenen Geschäfte abgewickelt wurden, das Berufsleben sich abspielte, zugleich aber auch ein Ort der Geselligkeit, wo man einen Schwatz halten, ein Gespräch führen konnte und wo allerlei Spektakel und Spiele stattfanden. Außerhalb jenes Bereichs des Privatlebens, dem die Künstler lange Zeit keine Beachtung schenkten, spielte sich alles auf der Straße ab. Dennoch kam sie zunächst in den Kalenderszenen, die eher vom Landleben inspiriert waren, nicht vor. Erst im 15. Jahrhundert nimmt die Straße dann ihren Platz in den Kalendern ein. So werden die Monate November und Dezember im Turiner Stundenbuch durch das traditionelle Weinopfer illustriert, doch findet es hier auf der Straße statt, und die Nachbarn sind vor die Türen getreten, um zuzuschauen. In einem anderen Kalender (dem Stundenbuch Adelheids von Savoyen) befinden wir uns auf dem Markt. Kleine Strolche schneiden geschäftigen und abgelenkten Hausfrauen Geldbeutel vom Gürtel; wir erkennen hierin das Thema der kleinen Strauchdiebe, der »Beutelschneider«, dem man in der pikaresken Genremalerei des 17. Jahrhunderts dann immer wieder begegnen wird. (4) Eine andere Szene desselben Kalenders stellt die Rückkehr vom Markt dar: eine geschwätzige Alte bleibt stehen, um mit ihrer Nachbarin zu sprechen, die aus dem Fenster schaut. Einige Männer ruhen sich auf einer durch ein Blätterdach geschützten Bank aus und vergnügen sich damit, den Jungen beim Federball oder beim Ringkampf zuzuschauen. Diese mittelalterliche Straße bildet, wie die arabische Straße heute, durchaus keinen Gegensatz zur Intimität des Privatlebens, sondern ist eine Öffnung dieses Privatlebens nach draußen, der vertraute Rahmen der Arbeit und der gesellschaftlichen Beziehungen. Die Künstler werden bei ihren relativ späten Versuchen, das Privatleben darzustellen, dieses zunächst auf der Straße aufsuchen, ehe sie es dann bis ins Innere des Hauses verfolgen. Es ist gut möglich, daß sich dieses Privatleben ebensosehr oder mehr noch auf der Straße abspielte als im Haus.

Mit der Straße werden alle nur erdenklichen Spiele Gegenstand der Kalendermalerei: Ritterspiele wie die Turniere (Turin, Hennessy), allen gemeinsame Spiele und die volkstümlichen Feste wie das Aufstellen des Maibaums. Der Kalender des Stundenbuches Adelheids von Savoyen besteht im wesentlichen aus einer Beschreibung der unterschiedlichsten Spiele, der Gesellschaftsspiele, Kraft- und Geschicklichkeitsspiele und der traditionellen Spiele. So sehen wir das Dreikönigsfest, den Maientanz, den Ringkampf, das Schlagballspiel, Ballspiele, Gesellschaftsspiele, das Schifferstechen und Schneeballschlachten. Andere Handschriften machen uns mit dem Armbrustschießen (Hennessy), den Kahnfahrten mit Musik (Hennessy), mit dem Badevergnügen (Grimani) bekannt. Doch wissen wir, daß Spiele damals nicht nur Vergnügungen waren, sondern zugleich eine Form der Teilnahme am Gemeinschafts- oder Gruppenleben bedeuteten: man spielte in der Familie, unter Nachbarn, unter Altersklassen und von Gemeinde zu Gemeinde. (5)

Mit dem 16. Jahrhundert betritt dann endlich eine neue Figur die Szene der Kalender: das Kind. Gewiß war es auch davor in der Ikonographie insbesondere in den *Miracles de Notre-Dame,* bereits häufig vorgekommen. In die Kalender hatte es jedoch keinen Eingang gefunden, als habe diese altherkömmliche ikonographische Tradition sich dem Nachzügler lange verschlossen. So findet man bei den Feldarbeiten keine Kinder an der Seite der Frauen. Nur bei den Festbanketten des Monats Januar sieht man einige Kinder bei Tisch bedienen. Auch auf dem Markt im Stundenbuch Adelheids von Savoyen kann man sie entdecken; in demselben Manuskript sieht man sie bei einer Schneeballschlacht und wie sie den Prediger in der Kirche mit ihrem Radau stören und vor die Tür gesetzt werden. In den letzten flämischen Manuskripten des 16. Jahrhunderts tummeln sie sich nach Kräften; es ist nicht zu übersehen, daß der Künstler eine besondere Vorliebe für sie hat. Die Kalender der Stundenbücher von Hennessy und Grimani haben ziemlich weitgehend das verschneite Dorf der *Très Riches Heures* des Duc de Berry imitiert; wir haben es weiter oben beschrieben: es stand für den Monat Januar, und der Bauer beeilt sich ins Haus zu kommen, wo sich die Frauen bereits aufwärmen. Sie haben jedoch eine weitere Person hinzugefügt: In der Pose des Manneken Pis, die ein häufiges Motiv der Ikonograpie der Zeit gewesen ist, pißt das Kind durch die Türöffnung nach draußen. Diesem Thema des Manneken Pis begegnet man überall. Als Beispiel seien die Predigt Johannes des Täufers im Musée des Augustins von Toulouse genannt, die einst die Kapelle des Parlaments jener Stadt schmückte, oder die Vielzahl der Putten bei Tizian. (6)

In diesen Stundenbüchern von Hennessy und Grimani schliddern die Kinder über das Eis und vergnügen sich damit, die Turniere der Erwachsenen nachzuäffen (angeblich erkennt man unter ihnen den jungen

Karl V.). Im Münchner Stundenbuch machen sie eine Schneeballschlacht und im *Hortulus animae* spielen sie das höfische Liebeswerben wie auch das Turnier nach, reiten auf einem Faß und gleiten über das Eis. (7)

Die Darstellungen der Monate des Kalenderjahres führen also der Reihe nach folgende neue Personen ein: die Frau, die Gesellschaft der Nachbarn und der Berufsgenossen und schließlich das Kind. Das Kind tritt auf im Zusammenhang mit dem bis dahin unbekannten Bedürfnis nach Intimität, nach vertraulichem Zusammenleben, wobei es sich allerdings noch nicht um das Familienleben im eigentlichen Sinne handelt.

Im Verlauf des 16. Jahrhunderts vollzieht sich innerhalb dieser Ikonographie der Monate dann ein letzter Wandel, der für unser Thema sehr aufschlußreich ist: sie wird eine Ikonographie des Familienlebens. Das geschieht durch Verbindung mit den Symbolen einer anderen traditionellen Allegorie: den Lebensaltern. Es gab mehrere Arten, die Lebensalter darzustellen, aber insbesondere zwei davon setzten sich durch. Die eine, volkstümlichere, lebte in den Stichen weiter fort und stellte die Altersstufen auf den Stufen einer von der Geburt zur Reife nach oben und dann zu Alter und Tod hinabsteigenden Pyramide dar. Die großen Maler verschmähten diese allzu naive Komposition. Sie gingen vielmehr fast alle dazu über, die drei Lebensalter in Gestalt eines Kindes, eines Jünglings – oft auch eines Paares – und eines Greises darzustellen. So auch auf einem Bild von Tizian: zunächst sieht man zwei schlummernde Putten, dann im Vordergrund ein Paar, nämlich eine bekleidete Bäuerin, die Flöte spielt, und einen nackten Mann, und im Hintergrund einen sitzenden Greis in gebeugter Haltung, der einen Totenschädel in den Händen hält. (8) Dasselbe Sujet findet sich im 17. Jahrhundert bei Van Dyck. (9) Bei diesen Kompositionen werden die drei oder vier Lebensalter entsprechend der ikonographischen Tradition getrennt dargestellt. Man kam damals noch nicht auf die Idee, sie zu einer Familie zu vereinen, deren verschiedene Generationen drei oder vier Lebensalter symbolisieren konnten. Die Künstler und die öffentliche Meinung, der sie Ausdruck verliehen, bleiben einer eher individualistischen Anschauung von den Altersstufen treu: ein- und dasselbe Individuum wurde in den verschiedenen Abschnitten seines Schicksals dargestellt.

Im Laufe des 16. Jahrhunderts war allerdings eine neue Vorstellung aufgekommen, die die Lebensdauer durch die Hierarchie der Familie symbolisierte. Wir haben bereits Gelegenheit gehabt, *Le Grand Propriétaire de Toutes Choses* zu zitieren, jenen alten Text des Mittelalters, der ins Französische übersetzt und 1556 gedruckt wurde. (10) Es handelt sich dabei, wir wir gesagt haben, um einen Spiegel der Welt. Das

6. Buch handelt von den »Aages« (den Lebensaltern). Es wird illustriert durch einen Holzschnitt, der weder die Altersstufen, noch die drei oder vier voneinander getrennten Lebensalter darstellt, sondern einfach eine Familienversammlung. Der Vater sitzt und hat ein Kleinkind auf den Knien. Seine Frau steht zu seiner Rechten. Einer seiner Söhne befindet sich zur Linken, und der andere kniet nieder, um irgendetwas in Empfang zu nehmen, das sein Vater ihm gibt. Es ist zugleich ein Familienporträt, wie sie in dieser Epoche in den Niederlanden, in Italien, in England, in Frankreich und Deutschland in Hülle und Fülle gemalt werden, und eine familiäre Genreszene, wie sie Maler und Graveure im 17. Jahrhundert in immer größerer Zahl schaffen werden. Dieses Thema war dazu angetan, eine außerordentliche Popularität zu erlangen. Ganz am Ende des Mittelalters war es nicht mehr gänzlich unbekannt gewesen. In bemerkenswerter Weise wird es auf einem Kapitell der Loggien des herzoglichen Palasts von Venedig entfaltet, auf dem sogenannten Hochzeitskapitell. Venturi siedelt es um 1424 an; (11) Toesca datiert es auf das Ende des 14. Jahrhunderts, was zwar hinsichtlich seines Stils und seiner Pracht wahrscheinlicher erscheint, hinsichtlich der frühen Behandlung des Sujets jedoch um so mehr erstaunen muß. (12) Die acht Seiten dieses Kapitells erzählen uns eine dramatische Geschichte, die die Vergänglichkeit des Lebens illustriert – im 14. und 15. Jahrhundert ein vertrautes Thema. Das Neue daran ist jedoch, daß es anhand einer Familie entwickelt wird. Die Geschichte fängt mit der Verlobung an. Danach trägt die junge Frau ein Festgewand, auf das man kleine Metallscheiben genäht hat: bloße Verzierungen oder Geldstücke? Geldstücke spielen in der Folklore der Hochzeit und der Taufe eine gewisse Rolle. Die dritte Seite stellt die Trauungszeremonie dar, und zwar den Augenblick, wo einer der Brautleute eine Krone über den Kopf des anderen hält: ein Ritus, den wir heute noch in der Liturgie der Ostkirche antreffen. Danach dürfen die Vermählten sich küssen. Auf der fünften Seite liegen sie nackt im Brautbett. Dann die Geburt des Kindes: Vater und Mutter halten gemeinsam das in Windeln gewickelte Neugeborene. Ihre Kleidung erscheint jetzt schlichter als zur Zeit der Verlobung und der Hochzeit: sie sind ernst geworden, d. h. sie kleiden sich mit einer gewissen Strenge oder auch nach der Mode der alten Zeit. Die siebte Seite zeigt die ganze Familie beim Porträtsitzen vereint. Vater und Mutter fassen das Kind bei der Schulter und bei der Hand. Dies ist bereits das Familienporträt, wie wir es im *Grand Propriétaire* vorgefunden haben. Auf der achten Seite kommt es dann jedoch zum Drama: die Familie ist vom Schicksal schwer geprüft worden – das

Kind ist tot; es liegt mit gefalteten Händen in seinem Bett. Die Mutter wischt sich mit der einen Hand die Tränen ab, die andere liegt auf einem Arm des Kindes; der Vater betet. Andere diesem benachbarte Kapitelle sind mit nackten Putten verziert, die sich mit Früchten, mit Vögeln und Bällen vergnügen: banalere Themen zwar, die jedoch dazu angetan sind, das Hochzeitskapitell in seinen ikonographischen Kontext zurückzuholen.

Die Hochzeitsgeschichte beginnt wie die Geschichte einer Familie, endet jedoch mit einem anderen Thema, dem des vorzeitigen Todes.

Im Musée Saint-Raimond in Toulouse kann man Fragmente eines Kalenders sehen, den man anhand der Trachten auf den Beginn der zweiten Hälfte des 16. Jahrhunderts datieren kann. Juli: die Familie sitzt in einem Porträt vereint, ganz wie auf dem – übrigens gleichzeitig entstandenen – Stich im *Grand Propriétaire*, nur daß noch ein Detail hinzugekommen ist, das nicht ohne Bedeutung ist: die Anwesenheit der Diener an der Seite der Eltern. Der Vater und die Mutter befinden sich in der Mitte. Der Vater hält den Sohn bei der Hand und die Mutter die Tochter. Der Kammerdiener befindet sich auf seiten der Männer, die Zofe auf seiten der Frauen, denn wie auf den Stifterporträts, herrscht auch hier Geschlechtertrennung: auf der einen Seite die Männer, Väter und Söhne, auf der anderen die Frauen, Mütter und Töchter. Die Dienerschaft ist ein Teil der Familie.

Der August ist zwar auch weiterhin der Monat der Getreideernte, doch ist der Maler weniger um die Darstellung der Ernte selbst bemüht als vielmehr um die der Ablieferung und Berechnung beim Grundherrn, der Geldstücke in der Hand hält und sie gerade dem Bauern geben will. Diese Szene knüpft an ein anderes Motiv an, das im 16. Jahrhundert insbesondere auf den Tapisserien sehr häufig vorkam, dasjenige nämlich, wie der Landadel seine Bauern überwacht oder sich mit ihnen vergnügt.

Oktober: die Familienmahlzeit. Eltern und Kinder sitzen um den Tisch. Das Kleinste thront auf einem erhöhten Stuhl, von dem aus es an den Tisch herankommt. Wie heute, so wurden diese Stühle auch damals speziell für Kinder dieses Alters angefertigt. Ein Knabe bedient mit einer Serviette; es mag sich dabei um einen Kammerdiener oder auch um einen Verwandten handeln, der an jenem Tage Tischdienst hatte, was keineswegs etwas Demütigendes war – im Gegenteil.

November: Der Vater ist alt und krank, so krank, daß man den Arzt rufen muß; dieser betrachtet prüfend das Uringlas, eine innerhalb der traditionellen Ikonographie durchaus übliche Geste.

Dezember: die ganze Familie ist um das Bett des Vaters versammelt, der im Sterben liegt. Man erteilt ihm die Kommunion. Seine Frau kniet am Fuß des Bettes. Hinter ihr liegt eine junge Frau auf den Knien und weint. Ein junger Mann hält eine Kerze in der Hand. Im Hintergrund bemerkt man ein kleines Kind: der Enkelsohn zweifellos, die nächste Generation, die den Fortbestand der Familie garantiert.

So knüpft dieser Kalender die Abfolge der Monate des Jahres an die der Lebensalter, wobei er letztere jedoch unter dem Aspekt der Geschichte einer Familie darstellt: es zeigt die Jugend der Gründer der Familie, ihre Reifezeit im Kreise ihrer Kinder, das Alter, die Krankheit und den Tod, der zugleich ein guter Tod, der Tod des Gerechten – ein gleichermaßen traditionelles Thema – und der des Patriarchen im Kreise der vereinten Familie ist.

Dieser Kalender hat also begonnen wie die Geschichte auf dem Hochzeitskapitell des Dogenpalastes. Nur ist es hier nicht der Sohn, das geliebte Kind, das allzu früh vom Tod dahingerafft wird. Die Dinge nehmen einen natürlicheren Verlauf. Der Vater ist es, der am Ende eines erfüllten Lebens aus dem Kreise seiner um ihn versammelten Familie scheidet und ihr zweifellos ein wohlgeregeltes Erbe hinterläßt. Darin liegt der ganze Unterschied. Es handelt sich nicht mehr um den plötzlichen Tod, sondern um die Illustration einer neuen Einstellung: des Familiensinns.

Das Aufkommen des Themas der Familie in der Ikonographie der Monatsbilder ist nicht bloß ein Einzelfall. Die gesamte Ikonographie des 16. und 17. Jahrhunderts entwickelt sich mit Nachdruck in diese Richtung.

Ursprünglich spielten die von den Künstlern dargestellten Szenen entweder in einem unbestimmten Raum oder an öffentlichen Plätzen wie etwa in den Kirchen oder auch im Freien. In der Kunst der Gotik, die sich vom römisch-byzantinischen Symbolismus gelöst hat, sind die im Freien spielenden Szenen nicht nur zahlreicher, sondern, dank der Entdeckung der Perspektive und dem Geschmack an der Landschaft, auch ausgeprägter geworden: die Dame empfängt ihren Kavalier in einem abgeschlossenen Garten; die Jagd führt durch Felder und Wälder; am Springbrunnen eines Gartens kommen die Damen zu einem Bad zusammen; die Heere machen Manöver, die Ritter prallen im Turnier aufeinander, die Armeen biwakieren um das Ruhezelt des Königs herum und belagern die Städte; die Fürsten betreten und verlassen unter dem Jubel des Volkes und der Bürgersleute ihre blühenden Städte; über

Brücken gelangt man in die Städte hinein, kommt an den Buden vorbei, in denen die Goldschmiede arbeiten; man sieht die Kaufleute vorübergehen; beladene Kähne fahren flußabwärts; ebenfalls im Freien übt man sich in allen erdenklichen Spielen; man begleitet die Jongleure oder die Pilger ein Stück des Wegs. Die profane mittelalterliche Ikonographie ist eine Ikonographie des Lebens im Freien. Als sich im 13. oder 14. Jahrhundert die Künstler entschließen, bestimmte Anekdoten und allerhand kleine Geschehnisse zu illustrieren, werden sie unsicher, und ihre ertappte Naivität gerät zur Ungeschicklichkeit (aus jener Zeit gibt es nichts, was sich mit der Virtuosität der Illustratoren von Anekdoten im 15. und 16. Jahrhundert messen könnte).

Interieurszenen sind also sehr selten. Vom 15. Jahrhundert an werden sie dann häufiger. Der Evangelist, der bis dahin in einer zeitlosen Umgebung zu sehen war, steht nun mit Feder und Radiermesser in der Hand als Federfuchser vor seinem Pult. Zunächst plaziert man ihn vor eine schlichte, dekorative Draperie, bis er sich dann schließlich in einem Zimmer befindet, das mit Bücherborden ausgestattet ist: vom Evangelisten ist man zum Schriftsteller in seiner Stube übergegangen, zu Froissart, der gerade sein Buch mit einer Widmung versieht. (13) Im Terenz der Ducs arbeiten und spinnen die Frauen, gemeinsam mit ihren Zofen in ihren Kammern, liegen auf ihren Betten, und dies nicht immer allein. Man sieht die Küchen und die Wirtsstuben. Die galanten Szenen oder die Gespräche spielen sich nunmehr im geschlossenen Raum eines Zimmers ab.

Das Thema der Niederkunft taucht auf: Vorwand ist die Jungfrauengeburt. Kammerfrauen, Klatschbasen und Hebammen machen sich in der Nähe des Wochenbettes zu schaffen. Ebenso verhält es sich mit dem Thema des Todes, dem Tod im Zimmer, wo der Sterbende in seinem Bett um sein Seelenheil ringt.

Die häufigere Darstellung der Kammer, des Wohnraumes entspricht einer neuen Gefühlshaltung: man beginnt sich bevorzugt für die Intimität des Privatlebens zu interessieren. Gewiß gibt es auch weiterhin Szenen, die das Leben im Freien schildern und schließlich zum Landschaftsbild führen, doch werden die Interieurs immer zahlreicher und origineller, bis sie schließlich zum Kennzeichen der Genremalerei überhaupt werden. Das Privatleben, das im Mittelalter zurückgedrängt war, hält nun, im 16. und besonders im 17. Jahrhundert, seinen Einzug in die Ikonographie, d. h. insbesondere in die westliche Malerei und Gravur: die holländische und flämische Malerei, die französische Gravur zeugen von der außerordentlichen Kraft dieser Gefühlshaltung, die bis dahin schwankend war oder vernachlässigt wurde. Die Empfindungsweise ist so modern, daß wir Mühe haben zu begreifen, wie neu sie war.

Die Illustration des Privatlebens, die enorme Ausmaße annahm, ließe sich in zwei Gruppen aufteilen: auf der einen Seite die der Galanterie, der Trinkgelage am Rande des gesellschaftlichen Lebens, in der anrüchigen Welt des Bettelvolks in den Schenken, den Soldatenlagern, bei den Zigeunern, den Vagabunden – wir werden ihr weiter keine Beachtung schenken, da sie, jedenfalls an dieser Stelle, nichts zu unserem Thema beitragen kann –, und auf der anderen Seite die Illustration des Familienlebens. Wenn man die Sammlungen von Stichen oder die Gemälde des 16. bis 17. Jahrhunderts in den Galerien flüchtig in Augenschein nimmt, muß diese wahre Flut von Familienbildern frappieren. In der französischen Malerei hat diese Bewegung ihren Höhepunkt in der ersten Hälfte des 17. Jahrhunderts, in der holländischen dagegen erstreckt sie sich über das ganze Jahrhundert und darüber hinaus. In Frankreich wirkt sie in der zweiten Hälfte des 17. Jahrhunderts in der Gravur, den Gouachen und in bemalten Fächern fort, tritt in der Malerei dann im 18. Jahrhundert wieder in Erscheinung und dauert im 19. Jahrhundert fort bis zur großen ästhetischen Revolution, die die Kunst der Genreszene in Bann tun wird.

Unermeßlich groß ist die Zahl der im 16. und 17. Jahrhundert entstandenen Gruppenporträts. Einige davon sind Porträts von Bruderschaften, von Zünften. Die Mehrzahl jedoch stellt eine vollzählig versammelte Familie dar. Man begegnet ihnen zum ersten Mal im Laufe des 15. Jahrhunderts, und zwar in den Stifterporträts, die – Ehrenbezeugung und Zeichen der Frömmigkeit – sich bescheiden am Rande der religiösen Szene halten. Zunächst sind die Stifter zurückhaltend und lassen sich anfänglich auch allein abbilden. Bald führen sie dann jedoch ihre ganze Familie, die Lebenden wie die Toten, in das Porträt mit ein: verstorbene Frauen und Kinder dürfen dabei nicht fehlen. Auf der einen Seite findet sich der Mann mit seinen Knaben, auf der anderen die Frau oder die Frauen, eine jede mit den ihrer Ehe entstammenden Töchtern.

Diese Stifterporträts werden dann immer zahlreicher und nehmen einen, auf Kosten der religiösen Szene, die damit zur Illustration und nahezu zum Beiwerk wird, immer breiteren Raum ein. In den meisten Fällen reduziert sich jene auf die Schutzheiligen des Vaters und der Mutter, die jeweils auf seiten der Männer bzw. der Frauen zu finden sind. Es ist aufschlußreich, welchen Platz die Anbetung der Schutzheiligen, die als Beschützer der Familie figurieren, eingenommen hat: wir haben darin ein Anzeichen für einen privaten Kult familiären Charakters zu sehen, wie auch im Fall des Schutzengels, wenngleich letzterer persönlicher und mehr auf die Kindheit zugeschnitten ist.

Es läßt sich diese Etappe des Porträts der Stifter und ihrer Familie durch zahlreiche Beispiele des 16. Jahrhunderts illustrieren: da sind beispielsweise im Bereich der Fenstermalerei die Porträts der Familie de Montmorency in Montfort-L'Amaury, in Montmorency und Écouen; die zahlreichen als Exvoten an den Pfeilern und Mauern der deutschen Kirchen befestigten Tafelbilder, von denen sich in den Nürnberger Kirchen noch mehrere am alten Platz befinden. Viele oft naive und ungeschickte Gemälde haben den Weg in die regionalen Museen Deutschlands und der alemannischen Schweiz genommen. Holbein bleibt mit seinen Familienporträts diesem Stil treu. (14) Es sieht so aus, als seien die Deutschen dieser Form des religiösen Familienporträts, das für die Kirchen bestimmt war, länger verhaftet geblieben; es wirkt wie eine preiswertere Form des gestifteten Kirchenfensters älteren Ursprungs und kündigt die anekdotischeren und pittoreskeren Exvoten des 18. und frühen 19. Jahrhunderts an, die statt der Versammlung der lebenden und toten Familienmitglieder ein wunderbares Ereignis in Szene setzen, das irgendein Individuum oder einen Familienangehörigen gerettet hat: bei einem Schiffbruch, einem Unfall, von einer Krankheit... Das Familienporträt ist zugleich auch eine Art Exvoto.

Die englischen Grabskulpturen der elisabethanischen Epoche liefern ein weiteres Beispiel für das im Dienste einer bestimmten Form von Andacht stehende Familienporträt. Dieses Beispiel ist übrigens spezifisch für England und in solcher Häufigkeit und Banalität weder in Frankreich noch in Deutschland oder in Italien anzutreffen. Viele englische Grabmäler des 16. und 17. Jahrhunderts vereinen in Form eines Flach- oder Hochreliefs eines die gesamte Familie und den Verstorbenen. Überaus frappierend ist dabei, daß man darauf bestanden hat, sämtliche lebenden wie auch verstorbenen Kinder aufzuzählen. Noch heute drängen sich etliche solcher Grabmäler in der Abtei von Westminster. So sieht man Sir Richard Pecksall, gestorben 1571, zwischen seinen beiden Frauen, und an der Basis des Gedenksteines sind vier kleine Figuren eingemeißelt: seine vier Töchter. Zu beiden Seiten der 1578 gestorbenen Maria Stuart, die wir auf dem Totenbett sehen, befinden sich ihre Söhne und Töchter. Auf dem Grabmal einer anderen Verstorbenen, dem von Winifred Marchioness of Winchester, gestorben im Jahre 1586, hält ihr Gatte, der verkleinert dargestellt ist, kniend die Totenwache, und an der Seite befindet sich ein winziges Kindergrabmal.

Das 1596 verstorbene Paar Sir John und Lady Puckering liegt Seite an Seite inmitten seiner acht Töchter. Die Eheleute Norris (1601) knien inmitten ihrer sechs Söhne.

Auf dem Grabmal John Cokes in Holdham von 1639 zählen wir einundzwanzig kleine Gestalten, die wie auf den Stifterporträts aufgereiht sind; diejenigen, die bereits tot sind, halten ein Kreuz in den Händen. Auf dem Grabmal Cope d'Ayleys in Hambledone (1633) befinden sich die vier Knaben und die drei Mädchen vor ihren knienden Eltern; ein Knabe und ein Mädchen halten jeweils einen Totenschädel in den Händen.

In Westminster ließ die Herzogin von Buckingham 1634 ihrem im Jahre 1628 ermordeten Gatten ein Grabmal errichten; von ihren Kindern umgeben, liegen die Gatten auf dem Totenbett. (15)

Diese deutschen und englischen Darstellungen halten Aspekte des Familienporträts fest, die noch mittelalterlich sind. Seit dem 16. Jahrhundert hat sich dieses von seiner religiösen Funktion befreit. Es ist gerade so, als hätten die Stifter mit ihren zunächst untergeordneten Tafeln die ganze Leinwand erobert und das religiöse Bild davon verdrängt, so daß dieses entweder völlig verschwunden ist oder aber in Form eines kleinen Andachtsbildes fortlebt, das unterhalb des Tafelbildes an der Wald hängt. Auf einem gegen 1560 gemalten Tafelbild Tizians (16) ist die Tradition des Exvoto noch gegenwärtig: die männlichen Mitglieder der Familie Cornaro – ein Greis, ein Mann im reifen Alter mit grauem Bart, ein junger Mann mit schwarzem Bart (Form und Farbe des Bartes sind ein Hinweis auf das Alter) und sechs Kinder – das Kleinste spielt mit einem Hund – sind um einen Altar gruppiert. Es kommt auch vor, daß das Familienporträt die materielle Gestalt, die Aufmachung des Tafelbildes der Kirchen annimmt. So befindet sich im Victoria-and-Albert-Museum ein Triptychon von 1628. Auf der Mitteltafel sind ein kleiner Junge und ein kleines Mädchen und auf den beiden Seitenflügeln die beiden Eltern dargestellt. (17) Diese Tafelbilder sind nicht mehr für die Kirche bestimmt, sondern zieren mittlerweile private Interieurs, und diese Verweltlichung des Familienporträts ist gewiß ein bedeutsames Phänomen: die Familie betrachtet sich selbst bei einem der Verwandten. Man hat das Bedürfnis, die Zusammensetzung dieser Familie festzuhalten, wobei man bisweilen – in Form eines Bildes oder einer Inschrift an der Wand – auch das Andenken der bereits Dahingeschiedenen wahrt.

Diese Familienporträts sind sehr zahlreich, und es wäre sinnlos, sie einzeln aufzuzählen; die Liste wäre lang und eintönig. Man findet sie im 16., 17. und selbst noch zu Beginn des 18. Jahrhunderts in Flandern ebenso wie in Italien (bei Tizian, Pordenone, Veronese), in Frankreich (bei Le Nain, Lebrun, Tournier), in England und in Holland (bei Van Dyck). Sie müssen in dieser Epoche nicht minder zahlreich gewesen sein als die Einzelporträts. Man hat oft betont, daß das Porträt auf eine fortschreitende Individualisierung schließen lasse. Das mag sein; wir dürfen jedoch nicht außer acht lassen, daß es vor allem vom immensen Fortschritt des Familiensinns zeugt.

Die Familienmitglieder sind, wie auf den Tafelbildern der Stifter, wie auf dem Stich von den Lebensaltern im *Grand Propriétaire* oder auf der Miniatur des Musée Saint-Raimond, zunächst recht hölzern gruppiert. Selbst dann, wenn sie belebter wirken, »posieren« sie in einer Haltung, die eher feierlich und im übrigen dazu angetan ist, die Verbundenheit zwischen den dargestellten Personen zu unterstreichen. Auf jenem Gemälde von P. Pourbus (18) legt der Gatte seine linke Hand auf die Schulter seiner Frau; zu ihren Füßen wiederholt eines der beiden Kinder diese Geste, indem es die Hand auf die Schulter der kleinen Schwester legt. Sebastian Leerse läßt sich von Van Dyck in einer Pose malen, bei der er die Hand seiner Frau hält. (19) Auf einem Gemälde Tizians (20) sind drei bärtige Männer um ein Kind gruppiert, den einzigen hellen Farbfleck inmitten schwarzer Gewänder, und einer dieser Männer weist mit dem Finger auf dieses Kind: es ist der Mittelpunkt der Komposition. Jedenfalls sind viele dieser Porträts nicht darum bemüht, die dargestellten Personen recht lebhaft erscheinen zu lassen: die Mitglieder der Familie sind nebeneinander gestellt, bisweilen verbunden durch Gesten, die ihre Zusammengehörigkeit ausdrücken, ohne daß sie jedoch an einer gemeinsamen Beschäftigung teilnähmen. So auch im Falle der Familie von Pordenone in der Galerie Borghese – Vater, Mutter und sieben Kinder – oder auch der von Van Dyck gemalten Familie Pembroke: der Graf und die Gräfin sitzen, die übrigen Personen stehen; zur Rechten ein Paar, zweifellos eines der verheirateten Kinder mit seinem Gatten, zur Linken zwei sehr elegante Jünglinge (Eleganz ist ein Zeichen der männlichen Adoleszenz, die verschwindet mit der Seriosität der Reife), ein Schüler hält sein Buch unter dem Arm, außerdem gibt es noch zwei jüngere Knaben. (21).

Gegen die Mitte des 16. Jahrhunderts beginnt man jedoch, die Familie um einen mit Früchten besetzten Tisch zu gruppieren: so etwa die Familie Van Berghem von Floris (1561) oder auch die Familie Anselm von Martin de Vos (1577). (22) Eine andere Szene ist die der Familie bei Tisch, die ihre Mahlzeit unterbrochen hat, um zu musizieren. Wie wir bereits wissen, handelt es sich dabei nicht um den Kunstgriff des

Malers, denn die Mahlzeiten endeten oft mit einem Konzert oder wurden von einem Lied unterbrochen. Die Familie, die mehr oder minder manieriert vor dem Künstler posiert, lebt in der französischen Kunst mit Tournier, Largillière wenigstens bis zum Beginn des 18. Jahrhunderts fort. Doch unter dem Einfluß insbesondere der Holländer wird das Familienporträt dann sehr häufig als Genreszene angesehen: das Konzert nach der Mahlzeit ist eines der Themen, von dem die Holländer vielfachen Gebrauch machen. Von nun an wird die Familie wie bei einer Momentaufnahme in natürlicher Haltung, in einem bestimmten Augenblick des Alltagslebens festgehalten. (23) Die Männer sind um die Feuerstelle versammelt; eine Frau nimmt einen Kessel vom Feuer; ein kleines Mädchen gibt seinem kleinen Bruder zu essen. Es ist schwierig geworden, ein Familienporträt von einer Genreszene zu unterscheiden, die das Familienleben evoziert.

Während der ersten Hälfte des 17. Jahrhunderts werden auch die altherkömmlichen mittelalterlichen Allegorien von dieser allgemeinen Welle ergriffen und ohne Rücksicht auf ikonographische Traditionen wie Illustrationen des Familienlebens behandelt. Wie sich diese Entwicklung vollzogen hat, haben wir bereits gesehen, als wir uns mit den Kalendarien beschäftigt haben. Die anderen klassischen Allegorien haben sich in demselben Sinne gewandelt. Im 17. Jahrhundert werden die Lebensalter zum Vorwand für Abbildungen des Familienlebens. So hat Abraham Bosse auf einem Stich die vier Lebensalter des Menschen dargestellt: die Kindheit wird durch das evoziert, was wir als Kinderstube bezeichnen würden – ein Säugling in der Wiege, auf den eine Schwester aufmerksam aufpaßt, ein Kind im Kleid, das aufrecht in einer Art mit Rädern versehenen Laufställchen steht (ein Instrument, das vom 15. bis 18. Jahrhundert sehr häufig vorkommt), ein kleines Mädchen mit seiner Puppe, ein Knabe mit einer Windmühle aus Papier und schließlich zwei größere Knaben, die sich gerade zu einer Rauferei anschicken: der eine hat Hut und Mantel zu Boden geworfen. Das Mannesalter wird durch die Mahlzeit illustriert, die die ganze Familie um den Tisch vereint sieht, eine Szene, wie man sie von vielen Porträts kennt und die in der französischen Gravur wie auch in der holländischen Malerei noch oft wiederholt werden wird. Es spricht daraus derselbe Geist wie aus dem um die Mitte des 16. Jahrhunderts entstandenen Stich von den Lebensaltern im *Grand Propriétaire* oder auch der Miniatur des Musée Saint-Raimond in Toulouse. Das Mannesalter, das ist stets die Familie. Humbelot (24) hat sie nicht zur Mahlzeit um den Tisch versammelt, sondern im Kabinett des Vaters, eines reichen Händlers, was daraus ersichtlich wird, daß sich dort verschiedene Ballen Ware stapeln und lauter Aktensäcke aufgereiht sind. Der Vater ist mit der Buchführung beschäftigt, er hält eine Feder in der Hand und sein Sohn, der hinter ihm steht, ist ihm bei der Arbeit behilflich; in der Nähe der beiden beschäftigt sich seine Frau mit ihrem Töchterchen; ein junger Diener tritt ein, die Kiepe voller Vorräte. Ein Stich von F. Guérard vom Ende des 17. Jahrhunderts nimmt dasselbe Thema wieder auf. Der Vater – der jünger ist als auf dem Stich Humbelot-Huarts – zeigt vom Fenster aus auf den Hafen, die Quais und die Schiffe, die die Quelle seines Wohlstands sind. In der Nähe des Tisches, an dem er seine Abrechnung macht und auf dem sich seine Börse, Zählmarken und ein Rechenbrett befinden, wiegt seine Frau ein in Windeln gewickeltes pausbäckiges Kind und paßt zugleich auf ein weiteres Kind im Kleid auf. Die Bildunterschrift trifft den Ton und unterstreicht den Geist dieser Ikonographie:

Heureux qui du Ciel suit la loy
Et met le plus beau de sa vie
A bien servir son Dieu, son famille, et son Roy. (25)

Die Familie wird auf dieselbe Ebene erhoben wie Gott und der König. Für einen Menschen des 20. Jahrhunderts ist an dieser Einstellung nichts Erstaunliches, doch für jene Zeit war sie neu, und es muß uns überraschen, daß sie auf diese Weise zum Ausdruck gelangt. Derselbe Humbelot illustriert dieses Thema dann, indem er eine junge Frau zeichnet, die einem an ihr hochkletternden Kind die Brust reicht. Dabei dürfen wir nicht vergessen, daß die Entwöhnung im 17. Jahrhundert sehr spät stattfand. Bei Guérard finden wir auch noch eine Darstellung der Hausherrin mit ihrem Schlüsselbund, die, von ihren Kindern umgeben, einer Dienerin Anweisungen erteilt. (26)

Auch die anderen Allegorien nehmen die Gestalt solcher Familienszenen an. Bei einem Holländer vom Anfang des 17. Jahrhunderts wird das Geruchsempfinden – einer der fünf Sinne – durch die Szene dargestellt, daß die Mutter dem nackten Kind während der Toilette gerade den kleinen Hintern abwischt, was bald eine banale Szene werden sollte. (27)

Heureux … Glücklich, wer dem Gesetz des Himmels treu ist und das schönste Lebensziel darin erblickt, seinem Gott, seiner Familie und seinem König nach Kräften zu dienen.

Abraham Bosse symbolisiert auch eines der vier Elemente, die Erde, durch ein Bild des Familienlebens: in einem Garten hält eine Amme ein Kind im Kleid auf dem Arm; seine Eltern, die es von der Haustür aus zärtlich betrachten, vergnügen sich damit, ihm Früchte zuzuwerfen – die Früchte der Erde.

Selbst die Seligpreisungen verweisen nunmehr auf das Familienleben. Bei Bonnart-Sandrart (28) wird die fünfte Seligpreisung zur Verzeihung, die die Mutter ihren Kindern gewährt und durch das Austeilen von Süßigkeiten noch verstärkt. Die familiäre Seligpreisung des 19. Jahrhunderts ist hier vorweggenommen.

Insgesamt betrachtet ist die moderne Genreszene aus der Illustration traditioneller mittelalterlicher Allegorien entstanden. Doch ist der Abstand zwischen dem alten Thema und seinem neuen Ausdruck nun zu groß geworden. Angesichts der abendlichen Szenen von Stella vergißt man die Allegorie der Jahreszeiten und des Winters: auf der einen Seite des großen Raumes sieht man die Männer beim Abendessen und auf der anderen, in der Nähe der Feuerstelle, die Frauen, die spinnen oder Binsen flechten, die Kinder, die spielen oder gerade gewaschen werden. Das ist nicht länger eine Darstellung des Winters, das ist die des Abends. Es ist nicht länger die des Mannesalters oder der dritten Altersstufe, es ist die der Familienversammlung. So ist eine originelle Ikonographie entstanden, die sich weit von den alten verbrauchten Themen entfernt hat, deren Illustration sie zunächst gewesen ist. Ganz anders als die alten Allegorien ist diese Ikonographie im wesentlichen vom Familiengefühl inspiriert.

Es ließe sich mühelos ein Katalog ihrer bis zum Überdruß durchgespielten Sujets aufstellen: da ist die Mutter, die über das Kind in der Wiege wacht, (29) oder die Mutter, die es stillt, (30) die Frau, die das Kind wäscht und ankleidet, die Mutter, die den Kopf des Kindes nach Läusen absucht (ein durchaus alltäglicher Vorgang, der im übrigen keineswegs auf die Kinder beschränkt blieb; auch Samuel Pepys unterzog sich dieser Prozedur) (31); da ist das Kind in der Wiege, das der kleine Bruder oder die kleine Schwester anzuschauen versuchen, indem sie sich auf die Zehenspitzen stellen; dann ist da das Kind in Begleitung eines Dieners oder einer Zofe, die sich in der Küche oder im Keller aufhalten, (32) das Kind, das bei einem Kaufmann Einkäufe macht: dieses Sujet, das in der holländischen Malerei häufig vorkommt (33), ist auch von den französischen Graveuren behandelt worden, und zwar in der Mitte des Jahrhunderts von Abraham Bosse (das Kind beim Konditor) und am Ende des Jahrhunderts von Le Camus (das Kind beim Schankwirt, dem Weinhändler), doch kommt es vor allem darauf an, daß man den Geist begreift, der aus dieser Bildwelt spricht. Ein Gemälde von Le Nain stellt den erschöpften Bauern dar, der eingenickt ist. Seine Frau bedeutet den beiden Kindern, daß sie sich still verhalten sollen, indem sie auf den Vater weist, der sich ausruht und nicht geweckt werden darf: das ist bereits Greuze, und zwar selbstverständlich nicht, was Malweise oder Stil betrifft, sondern hinsichtlich der gefühlsmäßigen Inspiration. Die Handlung kreist um das Kind. Bei Pieter de Hooch sieht das so aus (34): man hat sich zum Mittagessen versammelt, der Vater sitzt und trinkt. Ein kleines Kind von etwa zwei Jahren steht auf einem Stuhl; es trägt den runden, gepolsterten Hut, wie er für dieses Alter üblich ist, wo das Kind noch unsicher auf den Beinen ist und gegen Stürze geschützt werden soll. Eine Frau (die Dienerin?) stützt es mit der einen Hand und reicht mit der anderen einer anderen Frau (der Mutter?) ein Glas Wein, in das diese einen Keks eintaucht. Sie will den eingeweichten Keks dem Papagei geben, um das Kind zu erheitern, und eben die Vergnügungen des Kindes im Schoße der Familie, für deren Verbundenheit es auf diese Weise sorgt, sind das wahre Sujet des Malers, der Sinn seiner Anekdote. Das Familiengefühl, das auf die beschriebene Weise im 16. und 17. Jahrhundert aufkommt, ist von dem Verständnis für die Kindheit nicht zu trennen. Das Interesse, das man ihr bezeugt, und das wir zu Beginn dieses Buches analysiert haben, ist nur eine Erscheinungsform, ein spezieller Ausdruck jener allgemeineren Empfindung, des Familiensinns.

Die ikonographische Analyse führt uns zu der Feststellung, daß Familiensinn im Mittelalter unbekannt war, daß er im 15./16. Jahrhundert entstanden ist, um sich dann im 17. Jahrhundert endgültig durchzusetzen. Es erscheint lohnend, diese Hypothese anhand der Beobachtungen der Historiker der mittelalterlichen Gesellschaft zu überprüfen.

Die Grundidee der Rechts- und Sozialhistoriker besteht darin, daß die Blutsbande nicht nur eine einzige, sondern zwei von einander unterschiedene, wiewohl konzentrisch aufeinander bezogene Gruppen konstituierten: die Familie oder *mesnie,* die man unserer modernen Gattenfamilie vergleichen kann, und die Sippe, die ein Zusammengehörigkeitsgefühl zwischen sämtlichen Nachkommen ein und desselben Vorfahren schuf. Zwischen der Familie und der Sippe hätte man eher noch als einen Unterschied einen Gegensatz zu konstatieren, da die Fortentwicklung der einen, zumindest innerhalb der Aristokratie, die Folge hatte, daß die andere an Wirkung einbüßte. Wenn sie sich auch niemals auf die gesamten Nachfahren einer Sippe erstreckt, so umfaßt die Familie oder *mesnie* doch in denen, die zusammenwohnen, mehrere Elemente und bisweilen sogar mehrere Haushalte: es sind diejenigen, die zusammen auf einem Besitz leben, den man entsprechend der *frereche* oder *fraternitas* genannten Nutznießung nicht teilen wollte. Die *frereche* versammelt um die Eltern herum diejenigen Kinder, die keinen eigenen Besitz haben, oder unverheiratete Vettern. Auf diese Neigung, die Familie zusammenzuhalten, die sich übrigens kaum je über mehr als zwei Generationen erstreckte, gründeten sich die traditionalistischen Theorien des 19. Jahrhunderts über die patriarchalische Großfamilie.

Die moderne Gattenfamilie soll dann Folge einer Entwicklung sein, daß die Sippe und die Neigung zur Ungeteiltheit am Ende des Mittelalters an Wirkung einbüßen.

In Wirklichkeit stellt sich die Geschichte der Beziehungen zwischen Sippe und Familie komplizierter dar. G. Duby hat dieses Problem für das Mâconnais vom 9. bis einschließlich zum 13. Jahrhundert untersucht. (35)

Im Frankenreich, schreibt G. Duby, »ist die Familie des 10. Jahrhunderts allem Anschein nach eine auf ihren simpelsten Ausdruck, die konjugale Kernzelle, reduzierte Gemeinschaft, deren Zusammenhalt nach dem Tod der Eltern bisweilen in Form der *frereche* noch eine Weile fortbesteht; die Bande sind schwach. Das bedeutet, daß sie überflüssig sind: die lebenserhaltenden Organe des alten Frankenreiches sind noch stark genug, um dem freien Mann ein unabhängiges Leben zu ermöglichen und ihm zu erlauben, wenn er es will, lieber in Gesellschaft seiner Nachbarn und seiner Freunde zu leben als mit seinen Verwandten«.

Der Zusammenhalt aufgrund der Zugehörigkeit zu ein und derselben Sippe und die Unteilbarkeit des Erbes entwickelten sich dagegen zugunsten der Auflösung des Reiches: nach dem Jahre 1000 zwingt die neue Aufteilung der Herrschergewalt die Menschen, sich enger zusammenzuschließen. »Daß die Blutsbande nun ein stärkeres Gewicht erhalten, entspricht, wie andere Formen menschlicher Beziehungen und Abhängigkeiten, dem Schutzbedürfnis: es liegt auch der Vasallentreue, der gewöhnlichen Lehnsherrschaft, der Dorfgemeinschaft zugrunde.« Wenn die Unabhängigkeit zu groß ist, so daß sie gegen bestimmte Gefahren nicht zureichend geschützt sind, suchen die Ritter Zuflucht im Zusammenhalt derer, die dieselbe Sippenzugehörigkeit haben.

Für dieselbe Zeit, das 11./12. Jahrhundert im Mâcongebiet, läßt sich das Fortschreiten der Ungeteiltheit konstatieren. Auf jene Zeit geht die ungeteilte Gütergemeinschaft der Ehegatten zurück, denn im 10. Jahrhundert waren die Güter noch kein gemeinschaftlicher Besitz, der vom

Ehegatten verwaltet wurde: im 10. Jahrhundert verfügten der Ehemann und die Ehefrau jeweils über ihre ererbten Güter, kauften und verkauften getrennt voneinander, ohne daß der Gatte das Recht gehabt hätte, sich einzumischen.

Die Ungeteiltheit wurde auch öfter auf die Kinder ausgedehnt, die von vornherein um ihr Erbe gebracht waren: im väterlichen Haus und unter der Autorität des Ahnherrn kam es zu einer längerfristigen Aufnahme verarmter Nachfahren, die jeglicher persönlicher Rücklage und ökonomischer Unabhängigkeit entbehrten. Die Ungeteiltheit dauert oft nach dem Tod der Eltern fort: »Man hat sich das so vorzustellen, daß es sich um ein ritterliches Anwesen handelte, das auf demselben Gut, an demselben ›Hof‹ zehn, ja zwanzig Herren, zwei oder drei Paare mit den Kindern, den unverheirateten Brüdern und Schwestern vereinigte, und dazu noch den als Kanonikus fungierenden Onkel, der von Zeit zu Zeit hinzukommt, um die Laufbahn dieses oder jenes seiner Neffen vorzubereiten.« Die *frereche* dauerte kaum je über die zweite Generation hinaus, doch selbst nach der *divisio* des Erbguts besaß die Sippe ein gemeinsames Anrecht auf das gesamte geteilte Erbgut: die *laudatio parentum,* le retrait lignager.

Diese Beschreibung trifft vor allem die ritterliche Familie, man könnte bereits sagen die adlige Familie. G. Duby vermutet, daß die bäuerliche Familie diese Höherbewertung der Blutsbande nicht in diesem Maße kennengelernt hat, weil die Bauern mit der durch die Auflösung des Frankenreiches entstandenen Leere auf andere Weise fertig geworden sind: an die Stelle des Schutzes durch die öffentlichen Gewalten ist umgehend die Vormundschaft des Grundherrn getreten, und die Dorfgemeinschaft hat den Bauern den nötigen organisatorischen Halt und den Schutz gegeben, so daß es dazu der Familie nicht bedurfte. Das bedeutet, daß die Dorfgemeinschaft bei den Bauern die Rolle gespielt haben dürfte, die die Sippe bei den Adligen spielte.

Im Verlauf des 13. Jahrhunderts kehrt sich die Situation dann ein weiteres Mal um. Die neuen Formen des Geldsystems, die Zunahme des mobilen Hab und Guts, die Häufigkeit von Transaktionen und gleichzeitig die wachsende Autorität des Fürsten (eines Kapetingerkönigs oder des Oberhaupts eines großen Fürstentums) sowie die öffentliche Sicherheit führten zu einem Schrumpfen der Sippensolidarität und zur Aufgabe der Ungeteiltheit des Besitzes. Die konjugale Familie wird wieder unabhängig. Man ist jedoch innerhalb der Klasse des Adels nicht zu den losen Familienbanden des 10. Jahrhunderts zurückgekehrt; der Vater hat die Autorität, die er im 11. und 12. Jahrhundert gewonnen hatte, gewahrt und sogar vermehrt, auch als er ihrer nicht mehr bedurfte, um die Ungeteiltheit des Erbguts sicherzustellen. Wir wissen andererseits, daß die Rechtsfähigkeit der Frau seit dem Ende des Mittelalters immer mehr eingeschränkt worden ist. Im Mâconnais hat im 13. Jahrhundert dagegen dann das Erstgeburtsrecht in den adligen Familien Fuß gefaßt. Es ist an die Stelle der Ungeteiltheit getreten, die seltener geworden war, und sollte dem Wohl des Erbes und seinem Fortbestand dienen. Daß die Ungeteiltheit und die gemeinschaftliche Haushaltsführung durch das Erstgeburtsrecht abgelöst werden, scheint zugleich Schlüsse auf die Bedeutung der väterlichen Autorität zuzulassen, wie auch auf die Rolle, die die Gruppe Vater/Kinder im Alltagsleben spielen.

Georges Duby kommt zu folgendem Schluß: »In der Tat ist die Familie das wichtigste Refugium, in dessen Schutz sich das bedrohte Individuum während der Verfallsperioden des Staates begibt. Sobald die politischen Institutionen ihm jedoch ausreichende Sicherheiten bieten, weicht es dem familiären Zwang aus, und die Blutsbande lockern sich wieder. Die Geschichte der Sippenbande ist eine Abfolge von Annäherung und erneuter Lockerung der familiären Bande, deren Rhythmus den Veränderungen der politischen Ordnung unterliegt.«

Der Gegensatz zwischen Familie und Sippe ist bei Georges Duby weniger ausgeprägt als bei anderen Rechtshistorikern. Es handelt sich weniger um eine allmähliche Ablösung des *lignage* durch die Familie – die tatsächlich eher eine Frage der geistigen Einstellung zu sein scheint – als um die Lockerung oder das Engerwerden der Blutsbande, die sich mal auf sämtliche Mitglieder eines Geschlechts oder der *frereche* erstrecken, mal auf den einzelnen Haushalt beschränkt sind. Man hat dabei den Eindruck, daß nur die Sippe imstande war, eine starke Empfindung, eine rege Phantasietätigkeit auszulösen. Aus diesem Grunde hat sie auch sehr viele Spuren in der höfischen Literatur hinterlassen. Das Leben der reduzierten Familiengemeinschaft blieb dagegen im Dunkel und entging der Aufmerksamkeit der Historiker. Doch hat dieses Dunkel eine Bedeutung. In der Welt der Empfindungen und der Werte zählte die Familie nicht soviel wie das *lignage*. Man könnte sagen, daß die gefühlsmäßige Verbundenheit mit der Sippe die einzige auf die Familie bezogene Empfindung war, die das Mittelalter gekannt hat. Diese scheint sich nun aber sehr von dem Familiengefühl zu unterscheiden, wie es uns in der Ikonographie des 16./17. Jahrhunderts begegnet ist. Denn sie betrifft die Blutsbande und sieht dabei von den aus dem Zusammenleben und der Intimität entstandenen Werten ab. Die Sippengemeinschaft ist niemals in einem einzigen Raum vereint und befindet sich niemals im Umkreis ein und desselben Hofes. Etwas der serbischen Zadruga vergleichbares gab es nicht. Die Rechtshistoriker stellen fest, daß es in Frankreich vor dem 15. Jahrhundert keine greifbaren Spuren großer Gemeinschaften gibt. Im Gegenteil, das Familiengefühl ist an das Haus, an die Haushaltsführung, an das häusliche Leben gebunden. Das Mittelalter hat seinen Reiz nicht gekannt, weil es eine spezielle Auffassung von Familie hatte: es verstand darunter die Sippengemeinschaft.

Mit dem 14. Jahrhundert nimmt dagegen die moderne Familie ihren Platz ein. Diese recht bekannte Entwicklung ist von Petot (36) einleuchtend zusammengefaßt worden: »Seit dem 14. Jahrhundert erlebt man die langsam fortschreitende Abwertung der Stellung der Frau innerhalb des Haushaltes. Sie verliert das Recht den Platz des Mannes einzunehmen, falls dieser abwesend oder irrsinnig ist... Schließlich wird die verheiratete Frau im 16. Jahrhundert dann eine rechtsunfähige Person, und sämtliche Handlungen, die sie ohne Erlaubnis des Gatten oder der Justiz unternähme, wären null und nichtig. Diese Entwicklung stärkt die Machtbefugnisse des Gatten, der schließlich so etwas wie eine häusliche Monarchie exerziert.« »Die monarchistische Gesetzgebung hat sich seit dem 16. Jahrhundert dafür eingesetzt, die väterliche Macht zu stärken, was die Heirat der Kinder betrifft... Während die Bindungen des *lignage* schwächer wurden, wuchs die Autorität des Gatten im Hause, wurden die Frau und die Kinder ihr stärker unterworfen. Diese zweifach determinierte Bewegung, die das unbewußte und spontane Werk der Lebensgewohnheiten war, manifestiert selbstverständlich einen Wandel der Sitten und der sozialen Bedingungen...« Man erkannte der Familie von nun an den Wert zu, den man einst dem *lignage* zuerkannt hatte. Sie wurde zur gesellschaftlichen Kernzelle, zur Grundlage der Staaten, zur Basis der monarchischen Macht. Wir wollen nun sehen, welchen Stellenwert sie im Glaubensleben der Zeit einnahm.

Die mittelalterliche Begeisterung für die Sippe, für ihre Ehre, die Solidarität zwischen ihren Mitgliedern, war ein spezifisch weltliches Gefühl, das die Kirche ignorierte, wenn sie ihm nicht sogar mit Mißtrauen begegnete. Der heidnische Naturalismus der Blutsbande mußte der Kirche ein Dorn im Auge sein. Es fällt auf, daß sie in Frankreich, wo sie die Erbfolge der Könige akzeptierte, diese doch in der Liturgie stillschweigend übergangen hat.

Im übrigen kannte das Mittelalter das moderne Prinzip der Heiligung des weltlichen Lebens nicht, oder hat es doch jedenfalls nur in Ausnahmefällen zugelassen: so gab es den heiligen König – doch der König war geweiht –, den guten Ritter – doch der Ritter war aufgrund einer religiös gewordenen Zeremonie initiiert. Das Sakrament der Ehe hätte die eheliche Verbindung veredeln, ihr ebenso wie der Familie einen geistigen Wert beilegen können. In Wirklichkeit ist es noch die Frage, ob das Sakrament die Ehe legitimierte. Diese blieb lange Zeit nicht mehr als ein Kontrakt. Wenn man den bildlichen Darstellungen glauben darf, fand die Zeremonie nicht im Innern der Kirche statt, sondern nur vorn am Eingang, vor dem Portalvorbau. Wie immer auch der theologische Standpunkt ausgesehen haben mag, der gewöhnliche Priester konnte im Umgang mit seinen Schäfchen nur die Meinung des Pfarrers bei Chaucer vertreten, wonach die Ehe ein Abstieg und eine Konzession an die Schwäche des Fleisches war. (37) Die wesenhafte Unreinheit der Sexualität wurde dadurch nicht beseitigt. Gewiß ging diese Mißbilligung nicht bis zur Verdammung der Familie und der Ehe, wie sie bei den Katharern im Mittelmeergebiet anzutreffen war, doch sie zeugte von einem Mißtrauen gegen alles Fleischliche. Im weltlichen Leben konnte der Mensch keine Heiligung erwarten; die durch die Ehe gesegnete geschlechtliche Verbindung hörte damit auf, eine Sünde zu sein, mehr aber nicht. Die andere große Sünde der Laien, die Sünde des Wuchers, lauerte dem Menschen wiederum bei seinen weltlichen Verrichtungen auf. Der Laie hatte kein anderes Mittel, um sein Seelenheil zu sichern, als der Welt völlig zu entsagen und ins Ordensleben einzutreten. In der Zurückgezogenheit des Klosters konnte er die Fehler seiner profanen Vergangenheit wieder gutmachen.

Erst am Ende des 16. Jahrhunderts, der Zeit der *Philothée* des heiligen Franz von Sales oder im 17. Jahrhundert dann ließ man infolge der hochsinnigen religiösen, theologischen, geistigen, mystischen Betätigungen der Herren von Port-Royal und – in allgemeinerer Form – aller engagierten Laien, die Möglichkeit zu, daß es außerhalb der religiösen Bewegung, in der Praxis der beruflichen Pflichterfüllung eine Heiligung geben könne.

Diese Rehabilitation des Laientums war eine unabdingbare Voraussetzung dafür, daß eine in so hohem Maße an die Fleischeslust gebundene natürliche Einrichtung wie die Familie zum Gegenstand der Pietät werden konnte. Die Entwicklung des Familiengefühls und die religiöse Aufwertung des Laien sind parallel verlaufen. Denn im Unterschied zum mittelalterlichen Verhältnis zur Sippe ist der moderne Familiensinn in das allgemeine Glaubensleben eingedrungen. Das älteste, noch sehr unauffällige Zeichen für diese Art von Frömmigkeit haben wir darin zu sehen, daß die Stifter von Tafelgemälden oder Kirchenfenstern dazu übergingen, ihre gesamte Familie um sich zu versammeln, und in dem später aufkommenden Brauch, die Familie in den Kult des Schutzpatrons einzubeziehen. Im 16. Jahrhundert bot man häufig Exvoten der Schutzpatrone des Gatten und der Gattin dar, die von den Gatten selbst und ihren Kindern umgeben waren. Der Kult der Schutzpatrone wurde zu einem Familienkult.

Der Einfluß des Familiengefühls läßt sich auch an der neuen, insbesondere das 17. Jahrhundert kennzeichnenden Manier erkennen, die Hochzeit oder die Taufe zu illustrieren.

Am Ende des Mittelalters stellten die Miniaturenmaler die religiöse Zeremonie selbst dar, so wie sie sich am Eingang der Kirche abspielte. In der Darstellung der Hochzeit des Königs Cosius und der Königin Sabinède im Leben der hl. Katharina wickelt der Priester die Stola um die Hände der beiden Gatten; bei der Hochzeit Philipps von Makedonien von demselben Guillaume Vrelaut, die sich in der Geschichte des guten Königs Alexander befindet, kann man hinter dem Priester am Tympanon der Kirchentür eine Szene erkennen, in der der Ehemann seine Frau schlägt! (38) Im 16. und 17. Jahrhundert stellte man die Hochzeitszeremonie nicht mehr dar – abgesehen von denen der Könige und der Fürsten. Man legte mehr Wert darauf, die familiären Begleitumstände des Festes zur Darstellung zu bringen; so etwa Szenen mit Verwandten, Freunden und Nachbarn, die sich um das Brautpaar versammelt haben. Schon bei Gerard David (in seiner Hochzeit von Kanaa im Louvre) gibt es das Hochzeitsbankett. Auf anderen Darstellungen ist es der Brautzug, der das Brautpaar begleitet: so etwa bei Stella (39), wo wir die Braut am Arm ihres Vaters sehen, gefolgt von einer Horde von Kindern, die sie zur Kirche begleiten, vor der sie von ihrem Bräutigam erwartet wird. Bei Molenaer (40) ist die Zeremonie beendet und der Hochzeitszug verläßt die Kirche: zur Linken der Gatte im Kreis seiner Ehrenknaben, zur Rechten die bekränzte Braut (die jedoch noch nicht ganz in Weiß geht: die Farbe der Liebe ist immer noch Rot, das auch die Priestergewänder ziert), zwischen ihren Ehrenjungfrauen, zum Klang der Dudelsäcke wirft ein kleines Mädchen Münzen vor die Braut. Sammlungen von Stichen vom Ende des 16. oder vom Beginn des 17. Jahrhunderts, die »Kleidergewohnheiten« oder »allerhand Trachten« darstellen, beschreiben oft den Bräutigam oder die Braut mit ihren Ehrenknaben oder -jungfern: das Hochzeitsgewand wurde damals zumindest durch ein paar Zeichen etwas Besonderes. (war jedoch von der weißen Tracht des 19. Jahrhunderts wie auch der heutigen Zeit noch weit entfernt).

Man gab sich Mühe, diese Details als Kennzeichen der Sitten eines Landes darzustellen.

Schließlich hielten dann all die kleinen schlüpfrigen Szenen der Folklore Einzug in die Ikonographie: so etwa das Zubettgehen der Brautleute oder das morgendliche Aufstehen der Wöchnerin. Ebenso zog man der Taufzeremonie nun die traditionellen Zusammenkünfte im Hause vor: den Umtrunk nach der Rückkehr von der Kirche, wozu ein Knabe Flöte spielt, den Besuch der Nachbarin bei der Wöchnerin. Doch gab es auch folkloristische Bräuche, die sich schwieriger identifizieren lassen, wie etwa folgende Szene von Molenaer: um eine schwangere Frau herum werden grobe Scherze gemacht, die anwesenden Damen bedecken ihre Gesichter mit dem Gewand. (41)

Es wäre unzutreffend, diesen Geschmack an weltlichen oder volkstümlichen Festen, bei denen es an Schlüpfrigkeiten ebensowenig fehlt wie in der Sprache der Leute von Stande, als Zeichen religiöser Indifferenz zu interpretieren: der Akzent liegt einfach nur mehr auf dem familiären und gesellschaftlichen Charakter als auf dem sakramentalen. Für die Länder im Norden, wo die auf die Familie bezogenen Themen sehr verbreitet sind, zeigt uns ein sehr aufschlußreiches Gemälde von Jan Steen die neue familienbezogene Deutung des Volkslebens oder des traditionellen Glaubenslebens. (42) Wir haben weiter oben bereits Gelegenheit gehabt, die Bedeutung der großen kollektiven Feste für die Sitten des Ancien Régime hervorzuheben; wir sind besonders auf die Rolle eingegangen, die die Kinder dabei spielten, wenn sie an der Seite der Erwachsenen daran teilnahmen; die ganze vielschichtige Gesellschaft versammelte sich zu diesen Anlässen und freute sich an dem Beisammensein. Das Fest, das Jan Steen zeigt, ist jedoch nicht mehr genau eines jener Feste der Jugend, bei denen die Kinder sich ein bißchen wie die Sklaven am Tag der Saturnalien aufführten, bei denen sie neben den Erwachsenen eine durch die Überlieferung festgelegte Rolle spielten. Hier haben die Großen vielmehr das Fest zum Vergnügen der Kinder organisiert: es ist der Nikolaustag. St. Nikolaus ist der Vorfahr unseres Weihnachtsmannes. Jan Steen hält den Augenblick der Szene fest, wo die Eltern den Kindern helfen, die Spielsachen zu finden, die sie in den Winkeln des Hauses zu diesem Behufe versteckt haben. Einige haben bereits etwas gefunden. Kleine Mädchen halten Puppen in den Händen. Andere tragen mit Spielzeug gefüllte Eimer herbei, Schuhe schleifen über den Boden: sollten die Spielsachen bereits damals in Schuhen versteckt gewesen sein, in Schuhen, wie sie die Kinder des 19. und des 20. Jahrhunderts am Nikolausabend vor den Kamin stellen werden? Es handelt sich nicht nur um ein großes gemeinschaftliches Fest, sondern um ein Familienfest intimer Art; und es ist nur folgerichtig, daß dieser Rückzug auf die Familie durch die Konzentration der Familie um die Kinder herum fortgesetzt wird. Die Familienfeste werden zu Kinderfesten. Weihnachten ist heute das größte Fest, man könnte sagen, das einzige Fest des Jahres, das Ungläubigen und Gläubigen gemeinsam ist. In den Gesellschaften des Ancien Régime hatte es nicht diese Bedeutung, es befand sich in Konkurrenz zu dem zeitlich allzu nahen Dreikönigsfest. Der außerordentliche Erfolg des Weihnachtsfestes in den heutigen Industriegesellschaften, die den großen kollektiven Festen gegenüber eine immer ablehnendere Haltung einnehmen, verdankt sich jedoch dem familiären Charakter, den ihm die Akzentverschiebung vom Nikolaustag zu seinen Gunsten eingetragen hat. Dieses Gemälde zeigt uns, daß man im Holland des 17. Jahrhunderts den Nikolaustag bereits genauso feierte, wie den »Weihnachtsmann« – oder das »Jesuskind« – im Frankreich von heute, d. h. mit derselben modernen Einstellung gegenüber dem Kind und der Familie, gegenüber dem Kind innerhalb der Familie. Ein neues Thema illustriert in noch signifikanterer Weise die religiöse Komponente des Familiensinns: das Tischgebet. Seit sehr langer Zeit schon wollte es die »Courtoisie«, daß ein Knabe in Ermangelung eines Priesters zu Beginn der Mahlzeit das Tischgebet sprechen sollte. Handschriften des 15. Jahrhunderts, die von F. J. Furnival in einer *Babees Book* genannten Sammlung publiziert worden sind, zählen die sehr strikten Regeln für gutes Benehmen bei Tisch auf: »die schicklichen Verhaltensweisen«, »die Art und Weise, sich bei Tisch anständig zu benehmen«. (43) »Kind, sprich das Tischgebet ... Kind, wenn du irgendwo bist, wo sich kein Prälat der Kirche aufhält, so möge man dich das Tischgebet wie auch das Dankgebet sprechen lassen, wenn es beliebt. Kind, wenn ein Prälat oder ein Herr dir, kraft seines Ansehens, sagt, daß du das Tischgebet sprechen sollst, so habe keine Scheu, denn dies ist eine Ehre.« Wie wir wissen, bezeichnete das Wort Kind damals sowohl kleine Kinder als auch größere Knaben.

Die Handbücher des guten Benehmens im 16. Jahrhundert reservieren hingegen die Aufgabe, das Tischgebet zu sprechen, nicht irgendeinem der Kinder, sondern dem Jüngsten: die *Civilité puérile et honnête* von Mathurin Cordier legt diese Rolle fest, die dann in den veränderten späteren Auflagen beibehalten wird. So heißt es in einer Ausgabe von 1761 (44) immer noch, daß die Aufgabe, das Tischgebet zu sprechen, »den Geistlichen zukommt, so welche anwesend sind, und wenn dies nicht der Fall ist, dem jüngsten Mitglied der Tischgesellschaft ... Sobald dies getan ist, soll er bei Tisch aufwarten«, liest man in der *Civilié nouvelle* (45) von 1671, »darin zeigt sich vollendete Höflichkeit, daß der Tischgesellschaft Reverenz erwiesen und im Anschluß dann das Dankgebet gesprochen wird«. In den *Règles de la bienséance et de la civilité chrétienne* des hl. Jean-Baptiste de La Salle heißt es: »Wenn irgendein Kind dabei ist, so geschieht es häufig, daß man ihm den Auftrag erteilt, diese Aufgabe zu erfüllen« (das Tischgebet zu sprechen). (46) Vives beschreibt in seinen Dialogen (47) ein großes Mahl: »Der Hausherr verteilte die Plätze, wie es ihm rechtmäßig zukam. Das Gebet wurde von einem *kleinen Kind* gesprochen; es war kurz, merkwürdig und reimte sich:

Ce qui est mis et sera ci-dessus
Tant soit bénit par le nom de Jésus.«

Nicht irgendeinem Knaben, der zur Tischgesellschaft gehörte, sondern dem kleinsten Kind des Hauses kommt also mittlerweile die Ehre zu, das Tischgebet des Hauses aufzusagen. Gewiß hat man darin ein Zeichen für die Aufwertung der Kindheit zu sehen, die sich im 16. Jahrhundert in der allgemeinen Einstellung zum Kind vollzog. Doch gilt es dabei zu beachten, daß dieses Phänomen an das zentrale Familiengebet geknüpft ist – lange Zeit das einzige Gebet, an dem sich die Familie geschlossen beteiligte. In dieser Hinsicht sind die Auszüge aus den Traktaten über das gute Benehmen weniger beweiskräftig als die Ikonographie. Seit dem Ende des 16. Jahrhunderts wird die Tischgebetszene zu einer der häufigsten Szenen der neuen Ikonographie, deren Merkmale wir hervorzuheben versucht haben. Nehmen wir einen Stich von Merian. (48) Es handelt sich um das Porträt einer Familie bei Tisch, das einer bereits alten Konvention folgt: man sieht den Vater und die Mutter in ihren Lehnstühlen und ihre fünf Kinder. Eine Dienerin bringt ein Gericht in einer Schüssel, die Tür zur Küche ist offengeblieben. Der Graveur hat jedoch den Augenblick festgehalten, wo der kleine, mit einem Kleid angetane Knabe auf die Knie seiner Mutter gestützt mit gefalteten Händen das Tischgebet aufsagt: die übrige Familie hört dem Gebet mit entblößtem Haupt und gefalteten Händen zu.

Ein anderer Stich von Abraham Bosse (49) stellt dieselbe Szene in einer protestantischen Familie dar. Antoine Le Nain zeigt eine Frau

Ce qui est... entspricht etwa unserem deutschen:
Komm Herr Jesus und sei unser Gast
Und segne, was du uns bescheret hast.

und ihre drei Kinder um den Eßtisch versammelt: einer der Knaben steht am Tisch und spricht das Dankgebet. (50) Lebrun hat das Sujet in antiker Manier behandelt: er zeigt die Heilige Familie: der Tisch ist gedeckt; der bärtige Vater steht am Tisch, den Wanderstecken in der Hand, und die Mutter sitzt und betrachtet voller Zärtlichkeit das Kind, das mit gefalteten Händen das Gebet aufsagt. Diese Komposition war dank der Gravur aus als Andachtsbild sehr verbreitet. (51)

Es ist nicht verwunderlich, daß wir diesem Thema in der holländischen Malerei des 17. Jahrhunderts wiederbegegnen. Bei Jan Steen ist der Vater der einzige, der sitzt: ein alter ländlicher Brauch, den das französische Bürgertum seit langem aufgegeben hat. (52) Die Mutter bedient ihn wie die beiden Kinder, die stehend gezeigt werden: das Kleinste, das etwa zwei, drei Jahre alt ist, faltet die Hände und sagt das Gebet auf. Bei Heemskerck sieht man zwei Greise sitzen, einen jüngeren Mann stehen, alle am gedeckten Tisch, und eine Frau, die mit gefalteten Händen dasitzt; neben ihr spricht ein kleines Mädchen das Tischgebet nach, das sie von den Lippen der Mutter abliest. (53) Und noch im 18. Jahrhundert begegnen wir demselben Thema in Chardins berühmtem Tischgebet.

Die Ausdauer, mit der die Ikonographie dieses Thema behandelt, verleiht ihm einen einzigartigen Wert. Das Aufsagen des Tischgebets durch das Kind ist nicht länger ein Zeichen für gesittete Umgangsformen. Man hat diesen Vorgang gerne dargestellt, weil man diesem einst ganz alltäglichen Gebet eine neue Bedeutung zuerkannte. Das ikonographische Thema evozierte und verband drei verschiedene Gefühlsregungen: die Frömmigkeit, das Interesse an der Kindheit (in Gestalt des kleinsten Kindes) und das Familiengefühl (das sich in der Familienversammlung bei Tisch ausdrückt). Das Tischgebet ist zum Modell des von der Familie gemeinsam gesprochenen Gebetes geworden. Früher hatte es keine privaten Andachten gegeben. Die Anstandsbücher sprechen vom Morgengebet (in den Kollegs sprachen es die Internen gemeinsam nach der Morgentoilette). (54) Das Abendgebet findet noch seltener Erwähnung. Bezeichnenderweise legen sie mehr Wert auf die Pflichten des Kindes gegenüber den Eltern (die ältesten Höflichkeitsregeln des 15. Jahrhunderts sprachen nicht von den Pflichten der Kinder gegenüber den Eltern, sondern von denen gegenüber ihren Lehrern): »Die Kinder«, sagt J.-B. de La Salle, »sollen erst schlafen gehen, wenn sie sich von ihrem Vater und ihrer Mutter verabschiedet haben.« Die Anstandsfibel von Courtin aus dem Jahre 1671 sieht in dieser Hinsicht folgendes vor: »Es (das Kind) soll seine Lektionen aufsagen, seinen Eltern und Lehrern

Gutenacht sagen, seine Notdurft verrichten und sich schließlich, wenn es sich entkleidet hat, ins Bett begeben, um zu schlafen.« (55)

Es ist jedoch in dieser Epoche neben den privaten Gebeten ein öffentliches Familiengebet entstanden. Das Tischgebet ist einer der Schritte dieser Andacht und seine Beliebtheit im ikonographischen Bereich beweist, daß es ein lebendiger Bestandteil des Glaubenslebens war. Diese Familienandacht hat besonders in protestantischen Kreisen Fuß gefaßt. In Frankreich trat sie, insbesondere nach der Aufhebung des Edikts von Nantes, an die Stelle der öffentlichen Andacht und dies in solchem Maße, daß die Pastoren, nachdem sie ihre Freiheit wiedergewonnen hatten, am Ende des 18. Jahrhunderts Schwierigkeiten hatten, die Gläubigen wieder der öffentlichen Andacht zuzuführen, da diese mittlerweile daran gewöhnt waren, sich mit ihren Gebeten im Familienkreis zu begnügen. Die berühmte Karikatur von Hogarth zeigt, daß das gemeinsame Abendgebet, zu dem sich die Familienangehörigen und die Dienerschaft um den Familienvater scharten, im 18. Jahrhundert etwas durchaus Gewöhnliches und Konventionelles geworden war. Wahrscheinlich haben die katholischen Familien eine ähnliche Entwicklung durchgemacht und wahrscheinlich haben auch sie das Bedürfnis nach einer Andacht gehabt, die weder öffentlich noch völlig individuell war, das Bedürfnis nach einer Familienandacht.

Wir haben gerade Lebruns Tischgebet beschrieben, das durch den Stich von Sarrabat popularisiert worden ist: man sieht auf einen Blick, daß es sich hierbei um das Tischgebet der Heiligen Familie handelt, das Bild das Gebet und die Mahlzeit der Hl. Jungfrau, des hl. Josef und des Jesuskindes beschreibt. Die Szene von Lebrun gehört gleichzeitig zu zwei Reihen von Darstellungen, die in jener Zeit gleichermaßen häufig waren, weil sie ein und dieselbe Empfindung verherrlichten. Wir müssen mit V. L. Tapié feststellen: »Unbestreitbar ging es darum, das Prinzip der Familie selbst mit jener Verehrung der Familie Christi zu verknüpfen.« (56) Jede Familie war dazu aufgefordert, sie als Vorbild zu betrachten. Auch hat sich die traditionelle Ikonographie unter demselben Einfluß gewandelt, der die väterliche Autorität vermehrte; der hl. Josef hat jetzt nicht mehr die farblose Rolle, die man ihm noch im 15. und zu Beginn des 16. Jahrhunderts zugeteilt hatte. In jener anderen Darstellung der Heiligen Familie, die wir Callot verdanken und die durch die Gravur gleichermaßen verbreitet war, erscheint er im Vordergrund, als Familienoberhaupt. »Die Hl. Jungfrau, der hl. Josef und das Jesuskind«, kommentiert Emile Mâle, »nehmen die Abendmahlzeit ein: ein auf dem

Tisch stehender Leuchter schafft einen Kontrast zwischen lebhaftem Licht und tiefem Schatten und gibt der Szene etwas Mysteriöses; der hl. Josef gibt dem Jesuskind zu trinken, das rührend artig ist und eine Serviette um den Hals hat.« (57) Und Emile Mâle weist noch auf ein anderes Thema hin: »Die Heilige Familie auf der Flucht«; hier findet sich das Jesuskind zwischen Maria und Josef. Ich will gern glauben, daß die Theologen der damaligen Zeit darin das Bild der Trinität gesehen haben, doch die Allgemeinheit fühlte sich davon angerührt, als wenn es sich dabei um eine Verherrlichung der Familie gehandelt hätte.

Die Autorität des hl. Joseph fällt bei vielen Szenen ins Auge: auf einem Gemälde eines neapolitanischen Malers des 17. Jahrhunderts (58) trägt er das Jesuskind auf dem Arm und gerät so ins Zentrum der Komposition, ein Thema, das bei Murillo und Guido Reni häufig vorkommt. Gelegentlich wird Joseph gezeigt, wie er sich in seiner Tischlerwerkstatt betätigt und das Jesuskind ihm dabei zur Hand geht. (59)

Als Familienoberhaupt zeigt sich der hl. Joseph nicht nur während der Mahlzeiten bei Tisch oder auch während der Arbeitszeit an der Hobelbank, sondern auch in jenem anderen dramatischen Augenblick des Familienlebens, der oft von den Künstlern dargestellt worden ist, dem Augenblick, wo der Tod anklopft. Indem der hl. Josef zum Schutzpatron des seligen Todes wird, wahrt er seine Bedeutung. Das Bild von seinem Ende ähnelt jenem vom Sterben des Vaters, das in den Illustrationen des seligen Endes so oft dargestellt worden ist, es gehört ebenfalls zur Ikonographie der neuen Familie.

Von der Darstellung anderer geheiligter Familien geht dieselbe Empfindung aus. Insbesondere im 16. Jahrhundert stellte man gerne die Kindheiten der anderen heiligen Zeitgenossen Christi dar, wie sie als Kinder miteinander spielten. Ein deutscher Wandteppich stellt in reizvoller, pittoresker Manier die drei Marien im Kreise ihrer Kinder dar, die ausgelassen herumtollen, baden und sich vergnügen. (60) Dieser Gruppe begegnet man oft. Am bemerkenswertesten ist vielleicht die Darstellung einer schönen Holzschnitzarbeit vom Beginn des 17. Jahrhunderts in Notre-Dame la Grande in Poitiers.

Das Thema scheint offensichtlich an den Sinn für die Kindheit und die Familie geknüpft zu sein. Nachdrücklich hervorgehoben wird diese Beziehung in der barocken Dekoration der Jungfrauenkapelle in der Franziskanerkirche von Luzern. Diese Dekoration ist auf das Jahr 1723 datiert. Das Deckengewölbe ist mit kleinen, sehr schicklich gekleideten Engeln geschmückt, von denen jeder eines der Symbole der Jungfrau trägt, wie sie in ihren Litaneien aufgeführt werden (Meerstern etc.).

An den Seitenwänden sind die heiligen Eltern und Kinder in natürlicher Größe abgebildet; sie halten sich an der Hand. Es sind dies der hl. Johannes und Maria Salome, der hl. Jakob d. Ä. und Maria Zebedäa ...

Auch die alttestamentarischen Sujets dienen dazu, diese Art der Heiligenverehrung zu illustrieren. Der venezianische Maler Carlo Roth behandelt die Segnung Josefs durch Jakob wie die Szene vom Greis, der umringt von seinen Kindern den Tod erwartet, wie sie in den Darstellungen der Lebensalter häufig vorkam. (61) Doch ist vor allem die Familie Adams nach dem Vorbild einer heiligen Familie behandelt worden. Auf einem Bild von Veronese halten Adam und Eva sich im Hof ihres Hauses inmitten ihrer Tiere und ihrer Kinder Kain und Abel auf. (62) Der eine saugt an der Brust der Mutter, der andere, zugleich der Kleinere, beschäftigt sich am Boden. Adam, der sich hinter einem Baum versteckt hält, um dieses Treiben nicht zu stören, betrachtet die Szene. Man sieht ihn vom Rücken her. Zweifellos kann man aus der Darstellung dieser Familie des »ersten Adam«, die Christus, den zweiten Adam ankündigt, auf eine theologische Absicht schließen. Doch verbirgt sich diese gelehrte Absicht hinter einer Szene, die die mittlerweise geheiligten Freuden der Familie beschwört.

Dieses Thema findet sich auch in dem später entstandenen Deckengemälde des Klosters San Martino in Neapel, das zweifellos vom Beginn des 18. Jahrhunderts stammt: Adam gräbt – wie Josef Holz bearbeitet, Eva spinnt, wie die Heilige Jungfrau bisweilen näht –, und ihre beiden Kinder halten sich in ihrer Nähe auf.

Anhand der Ikonographie können wir also das Aufkommen einer neuen Empfindung verfolgen: des Familiensinns. Man möge mich richtig verstehen: das Gefühl ist neu, nicht jedoch die Familie, wenn diese zweifellos auch ursprünglich keine so vorrangige Rolle spielte wie sie ihr Fustel de Coulanges und seine Zeit zuerkannten. Jeanmaire hat für Griechenland darauf hingewiesen, daß es dort noch lebenskräftige Überreste nichtfamilialer Strukturen gibt wie die Altersklassen. Die Ethnologen haben gezeigt, welche Bedeutung die Altersklassen bei den Afrikanern und die Clangemeinschaften bei den amerikanischen Eingeborenen haben. Lassen wir uns nicht ungewollt davon beeindrucken, daß die Familie in unseren Gesellschaften seit einigen Jahrhunderten eine so wichtige Funktion übernommen hat und bewerten wir diese nicht ungebührlich hoch, ja, erkennen ihr sogar eine nahezu unumschränkte historische Autorität zu? Es kann allerdings kein Zweifel bestehen, daß die semitischen Einflüsse (nicht nur biblischer Natur, so glaube ich) wie zugleich die römischen unablässig dazu beitrugen, die Familie zu schützen und zu stärken. Es ist dagegen denkbar, daß ihre Position mit den germanischen Invasionen geschwächt wurde. Wie dem auch sei: es wäre unsinnig, die Existenz eines Familienlebens im Mittelalter bestreiten zu wollen. Doch spielte sich dieses damals in aller Stille ab und weckte keinerlei Empfindung, die stark genug gewesen wäre, Dichter oder Maler zu inspirieren. Wir müssen aus dieser Verschwiegenheit einen wichtigen Schluß ziehen: man maß der Familie keine ausreichende Bedeutung bei. Ebenso aufschlußreich ist dann die ikonographische Blüte, die seit dem 15. und insbesondere dem 16. Jahrhundert auf diese lange Periode der Obskurität folgt: wir erkennen darin das Entstehen und die Entwicklung des Familiensinns. Von nun an wird die Familie nicht länger im Verborgenen erlebt, sondern als Wert anerkannt, und übt einen starken Reiz auf das Gefühlsleben aus.

Es ist diese so starke Empfindung allerdings aus der Gattenfamilie, der aus Eltern und Kindern gebildeten Familie entstanden. Selten sieht man auf einer Abbildung mehr als zwei Generationen vereint; wenn die Enkelkinder oder die verheirateten größeren Kinder einen Platz eingeräumt bekommen, so in sehr unauffälliger Weise, als handele es sich um etwas Bedeutungsloses. Nichts erinnert mehr an den alten Geschlechterverband, keineswegs erstrebt man die Vergrößerung der Familie, die patriarchalische Großfamilie, diese Erfindung der Traditionalisten des 19. Jahrhunderts. Diese Familie oder wenn nicht die Familie selbst, so doch wenigstens die Vorstellung, die man sich von ihr machte, wenn man sie darstellen und verherrlichen wollte, scheint der unseren absolut vergleichbar: Die Einstellung dazu ist die gleiche.

Und diese Einstellung ist wiederum sehr eng an das Verhältnis zur Kindheit gebunden. Die Probleme, die mit der Ehre der Sippe zusammenhängen, sei es nun die Ungeteiltheit des Erbgutes oder die Altehrwürdigkeit und das Fortbestehen des Namens, werden ihr immer fremder. Das Familiengefühl hat seine Wurzeln ausschließlich in der unvergleichlichen Verbindung von Eltern und Kindern. Eine der alltäglichsten Ausdrucksformen dieses Phänomens haben wir in der Betonung der physischen Ähnlichkeiten zwischen Eltern und Kindern zu sehen. Im 17. Jahrhundert war man der Meinung, daß der hl. Josef seinem Adoptivsohn ähnlich sei, und betonte auf diese Weise die Stärke der familiären Verbundenheit. Schon Erasmus hegte diese sehr moderne Vorstellung, daß die Kinder den Zusammenhalt der Familie garantieren und diese tiefe Verbundenheit auf ihrer physischen Ähnlichkeit beruhte; es kann daher nicht wunder nehmen, daß sein Traktat noch im 18. Jahrhundert wiederaufgelegt wurde, und ich will nun nach einer französischen Übersetzung von 1714, die die Renaissanceprosa in pikanter und etwas anachronistischer Weise einkleidet, (63) eine Passage daraus zitieren: »Man kann, was dies betrifft, die erstaunliche Fürsorge der Natur nicht genug bewundern; sie schildert zwei Personen in einem einzigen Gesicht und einem und demselben Leib; der Gatte erkennt das Porträt seiner Frau in seinen Kindern, und die Frau dasjenige ihres Gatten. Bisweilen entdeckt man darin eine Ähnlichkeit mit dem Großvater, der Großmutter, einem Großonkel oder einer Großtante.« Worauf es dabei hauptsächlich ankommt, ist die gefühlsmäßige Anteilnahme, die man dem Kind als dem lebenden Abbild seiner Eltern nunmehr entgegenbringt.

2. Kapitel
Von der mittelalterlichen zur modernen Familie

Die ikonographische Untersuchung der letzten Kapitel hat uns den neuen Platz bezeichnet, den die Familie im 16. und 17. Jahrhundert im Gefühlsleben eingenommen hat. Bemerkenswert ist, daß sich für dieselben Epochen tiefgreifende Veränderungen in der Haltung der Familie gegenüber dem Kind feststellen lassen. Die Familie selber unterliegt in dem Maße einem tiefgreifenden Wandel, als sich ihre inneren Beziehungen zum Kind verändern.

Ein italienischer Text vom Ende des 16. Jahrhunderts gibt uns in suggestiver Weise eine Vorstellung von der mittelalterlichen Familie, zumindest der englischen. Der englische Historiker Furnival (1) hat ihn einer *Relation de l'île d'Angleterre* entnommen, die von einem Italiener stammt: »Daß es den Engländern an Herz fehlt, zeigt sich insbesondere an ihrer Haltung zu ihren Kindern. Nachdem sie sie bis zum Alter von sieben bis neun Jahren zu Hause behalten haben [bei unseren älteren Autoren ist sieben Jahre das Alter, in dem die Knaben aus der Obhut der Frauen entlassen werden, um die Schule zu besuchen oder in die Erwachsenenwelt einzutreten], stecken sie sie, Knaben wie Mädchen, zur Verrichtung grober Dienste in die Häuser anderer Personen, an die diese Kinder für eine Dauer von sieben bis neun Jahren gebunden bleiben [also ungefähr bis sie zwischen vierzehn und achtzehn Jahre alt sind]. Man nennt sie dann Lehrlinge. Während dieser Zeit erfüllen sie sämtliche häuslichen Aufgaben. Nur wenige umgehen dieses Verfahren, denn jeder, wie groß sein Vermögen auch sein mag, schickt auf diese Weise seine Kinder in die Häuser anderer Leute, während er unterdessen fremde Kinder zu sich nimmt.« Der Italiener findet diesen Brauch grausam, was darauf schließen läßt, daß er in seinem Lande unbekannt oder in Vergessenheit geraten war. Er will uns glauben machen, daß die Engländer auf die Kinder anderer zurückgreifen, weil sie der Meinung sind, auf diese Weise besser bedient zu werden als von ihren eigenen Sprößlingen. In Wirklichkeit dürfte die Erklärung, die die Engländer selbst dem italienischen Beobachter gaben, zutreffend sein: »Damit ihre Kinder gute Manieren lernen.«

Dieser Modus war wahrscheinlich im gesamten mittelalterlichen Westen üblich. So beschreibt G. Duby anhand des Testaments des Ritters Guigonet aus dem Mâcon-Gebiet, der im 12. Jahrhundert lebte, dessen Familie. (2) Guigonet hatte seine beiden jüngeren Söhne dem ältesten seiner Brüder anvertraut. Aus späteren Zeiten haben wir dann zahlreiche Verträge über das Ausleihen von Kindern an Lehrherren, die beweisen, wie verbreitet die Lehre bei fremden Familien war. Bisweilen findet sich in diesen Verträgen die Spezifizierung, daß der Lehrherr das Kind »anlernen« und ihm »zeigen soll, welche Bewandtnis es mit seinen Waren hat« oder daß er es »dazu anhalten soll, zur Schule zu gehen und am Unterricht teilzunehmen«. (3) Das sind jedoch Sonderfälle. Im allgemeinen besteht die Hauptverpflichtung eines Kindes, das auf diese Weise einem Lehrherrn anvertraut worden ist, darin, diesem »ziemlich und pflichtschuldigst zu dienen«. Wenn man diese Art Verträge durchsieht, ohne sich von den heutigen Denkgewohnheiten zu lösen, vermag man nicht leicht zu entscheiden, ob das Kind nun den Status eines Lehrlings (im modernen Sinne des Wortes), eines Pensionärs oder eines Dieners hat. Es ist müßig, sich bei dieser Frage aufzuhalten: unsere Unterscheidungen sind anachronistisch, und der Mensch des Mittelalters erblickte darin nur Nuancen eines und desselben wesentlichen Begriffs, des Begriffs des Dienens. Der einzige Dienst, den man sich lange Zeit überhaupt vorstellen konnte, der Dienst innerhalb eines Haushalts, brachte keinerlei Erniedrigung mit sich und stieß auf keinerlei Widerwillen. Im 15. Jahrhundert gab es eine ganze Literatur in der französischen wie der englischen Vulgärsprache, die in Form von Merkversen die Aufgaben eines guten Dieners aufzählte. Eines dieser Gedichte heißt »Anleitung für den Diener«. (4) Das englische Äquivalent ist *wayting servant,* was im modernen Englisch in Gestalt des Wortes *waiter* fortbesteht, das wiederum unserem *garçon* (Kellner im Café) entspricht. Gewiß muß ein solcher Diener sich darauf verstehen, bei Tisch zu bedienen, die Betten zu machen, seinen Lehrherren zu begleiten usw. Doch geht dieser häusliche Dienst mit dem einher, was wir heute als Aufgabe des Sekretärs, des Angestellten bezeichnen würden. Wir erkennen, daß er nicht als etwas Endgültiges, sondern als Übergangsstadium, als Lehrzeit betrachtet wird:

Si tu veuls bon serviteur estre
Craindre dois et aimer ton maistre
Manger dois sans seoir à table ...

(Es folgen die Regeln für eine ordentliche äußere Aufmachung.)

Suys toujours bonne compagnie
Soit séculier ou clerc ou prestre

(Ein zukünftiger Geistlicher konnte im Haus eines anderen Geistlichen dienen.)

Il te faut pour le bien servir
Se son amour veulz desservir
Laissier toute ta volonté
Pour ton maistre servier à grey.
Se tu sers maistre qui ayt femme
Bourgeoise, damoiselle ou dame
Son honneur doit partout garder ...
Et se tus sers un clerc ou prestre
Gardes ne soyes vallet maistre ...
S'il est que soyes secrétaire

Si tu veuls ... Wenn Du ein guter Diener sein willst,/ Mußt Du Deinen Herrn fürchten und lieben/ Essen sollst Du, ohne Dich an den Tisch zu setzen .../ Halte Dich stets in guter Gesellschaft auf,/ Sei diese nun weltlich,/ Sei's ein Kleriker, ein Priester .../ Wenn Du ihm gute Dienste leisten,/ Dir seine Liebe verdienen willst,/ Mußt Du allen Eigensinn fahrenlassen/ Um Deinem Herrn zu dienen, wie es ihm wohlgefällt./ Dienst Du einem Herrn, der eine Frau hat,/ Ob es nun eine Bürgerliche, Demoiselle oder Dame ist,/ Darf ihr nichts Ehrenrühriges geschehen .../ Wenn Du bei einem Kleriker, einem Priester dienst,/ Hüte Dich, vom Diener Dich zum Herrn zu machen .../ Trifft es sich, daß Du Sekretär bist,/ So mußt Du, was geheim ist, stets verschweigen .../ Dienst Du bei einem Richter oder Advokaten,/ Erzähle nichts herum von neuen Fällen,/ Und wenn es das Geschick womöglich will,/ Daß Du dienst bei einem Herzog oder Fürsten oder Grafen,/ Einem Marquis oder Baron oder Vicomte/ Oder einem anderen Grundherrn,/ Dann sei kein Kerl, der darauf sinnt,/ Neue Steuern und Subsidien zu erfinden; laß das Hab und Gut/ Des Volkes in allen Stücken unberührt .../ Dienst Du einem Edelmanne im Kriege,/ So sollst Du niemanden bestehlen,/ Und stets, in welchem Haus,/ Bei welchem Herrn Du dienen magst,/ Setz alles dran, damit Du Dir/ Die Gunst und Liebe Deines Herrn verdienst,/ So *daß Du zum Herren werden kannst,/ Wenn es Zeit ist und Du ausgelernt hast./* Doch mühe Dich, daß Du zuvor Dein Handwerk gründlich kennenlernst,/ Denn wenn Du das Leben meistern willst,/ Mußt Du Dich ihm mit ganzer Seele widmen./ *Wenn Du dies befolgst,/ Kann aus dem Diener einst ein Herr werden,/* Kannst Du Dich bedienen lassen,/ Preis und Ehre Dir verdienen/ Und schließlich Dir/ Das Seelenheil erwerben.

Tu dois toujours les secrets taire ...
Se tu sers juge ou avocat
Ne rapportes nul nouveau cas
Et s'il t'advient par adventure
A servir duc ou prince ou comte
Marquis ou baron ou vicomte,
Ou autre seigneur terrien,
Ne soyes de taille inventeur,
D'impots, de subsides; et les biens
Du peuple ne leur oste en rien ...
Se tu sers gentilhomme en guerre
Ne vas dérobant nulle gent ...
Et toujours, en quelque maison,
Ou quelque maistre que tu serves,
Fay se tu peulz que tu desserves
La grace et l'amour de ton maistre
Afin que tu puisses maistre estre
Quand il sera temps et métier.
Mais peine à scavoir bon mestier
Car pour ta vie pratiquer
Tout ton coeur y dois appliquer.
En ce faisant tu pourras estre
Et devenir de vallet maistre
Et te pourras faire servir
Et pris et honneur desservir
Et acquérir finalement
De ton âme le sauvement.

So verschmilzt der häusliche Dienst mit der Lehrzeit, einer sehr verbreiteten Form der Erziehung. Das Kind lernte durch die Praxis, und diese Praxis machte nicht an den Grenzen eines bestimmten Berufes halt, und zwar schon deshalb nicht, weil es damals und noch für lange Zeit keine Grenzen zwischen Beruf und Privatleben gab; die Abgrenzung des Berufslebens – übrigens ein ziemlich anachronistischer Ausdruck – brachte die Abspaltung des Privatlebens mit sich, mit dem es zuvor vermischt gewesen war. So gab ein Lehrherr auf dem Wege dieses Dienens in seinem Hause einem Kind, und zwar nicht seinem eigenen, sondern dem eines anderen, den ganzen Schatz der Kenntnisse, der praktischen Erfahrung und die menschlichen Werte weiter, in deren Besitz man ihn glaubte.

Die Erziehung konnte ausschließlich im Rahmen eines solchen Lehrverhältnisses stattfinden, und man verlieh diesem Begriff einen Sinn, der viel umfassender war, als der, den er später angenommen hat. Man behielt seine Kinder nicht bei sich, man schickte sie mit oder ohne Vertrag in eine andere Familie, damit sie dort wohnten und ihr Leben, das Leben eines Erwachsenen, begannen, oder die Manieren eines Ritters oder auch einen Beruf erlernten; ja, selbst dann, wenn sie zur Schule gehen und Kenntnisse in den klassischen Fächern der Lateinschule erwerben sollten, gab man sie in ein anderes Haus. Man hat in diesem Lehrverhältnis einen in allen Ständen verbreiteten Brauch zu sehen. Wir sind gerade auf eine Ambiguität des Begriffs häuslicher Dienste gestoßen, der zugleich die Möglichkeit des subalternen Dieners und die des höherstehenden Mitarbeiters bezeichnete. Eine vergleichbare Ambiguität bestand zwischen dem Kind – oder dem sehr jungen Mann – und dem Diener. Die englischen Sammlungen von Lehrgedichten, die den Dienern höfliche Umgangsformen beibringen sollten, trugen den Titel *Babees Books*. Das französische Wort *valet* bezeichnete einen kleinen Knaben, und noch Ludwig XIII. sagte in einer Anwandlung von kindlicher Liebe, daß er gerne »Papas kleiner *valet*« wäre. Das Wort *garçon* bezeichnete in der Sprache des 16. und 17. Jahrhunderts zum einen einen sehr jungen Mann und einen jungen Domestiken: wir machen von diesem Wort in diesem Sinne heute noch Gebrauch, wenn wir in einem Café nach Bedienung rufen. Auch wenn man vom 15./16. Jahrhundert an dann innerhalb des häuslichen Dienstes stärker zwischen den subalternen Dienstleistungen und den edleren Aufgaben unterscheidet, wird es immer noch die Aufgabe der Söhne der Familie – und nicht der Lohndiener sein – bei Tisch zu bedienen. Um als wohlerzogen zu gelten, genügte es, anders als heute, nicht, daß man sich bei Tisch zu benehmen wußte: man mußte sich zudem aufs Servieren verstehen. Der Tischdienst nimmt bis zum 18. Jahrhundert in den Handbüchern der gesitteten Umgangsformen, den Abhandlungen über gutes Benehmen einen wichtigen Platz ein, in J.-B. de La Salles *Civilité chrétienne,* einem der populärsten Bücher des 18. Jahrhunderts, sogar ein ganzes Kapitel. Es ist ein Überbleibsel aus jener Zeit, in der sämtliche häuslichen Verrichtungen unterschiedslos von Kindern, die wir dann als Lehrlinge bezeichnen wollen, und von Lohndienern, die wahrscheinlich ebenso jung waren, geleistet wurden – eine Unterscheidung, die sich erst ganz allmählich durchsetzte. Der Diener ist ein Kind, ein etwas älteres Kind, ob es nun seinen Platz nur für eine begrenzte Zeit einnimmt, um das Leben der Familie zu teilen und sich auf diese Weise für das Erwachsenenleben vorzubereiten, oder ob es keine Aussicht hat, jemals »vom Diener zum Herrn« zu avancieren, weil seine Herkunft dem entgegensteht.

Für die Schule war innerhalb solcher Wissensvermittlung von einer Generation zur nächsten über das direkte Lehrverhältnis kein Platz. Tatsächlich sieht es so aus, als sei die Schule, die Lateinschule, die ausschließlich auf die zukünftigen Geistlichen, die Lateinsprechenden, zugeschnitten war, ein Einzelfall gewesen, eine Einrichtung, die einer sehr speziellen Kategorie von Jungen vorbehalten war. Die Schule war in Wirklichkeit eine Ausnahme, und die Tatsache, daß sie später an Boden gewonnen und die ganze Gesellschaft erfaßt hat, berechtigt noch nicht dazu, die mittelalterliche Erziehung anhand dieser Institution zu beschreiben: das hieße die Ausnahme zur Regel zu erheben. Die für alle gültige Regel war vielmehr das Lehrverhältnis. Selbst die zukünftigen Geistlichen, die man zur Schule schickte, wurden oft wie die anderen Lehrlinge in Pension gegeben: zu einem Geistlichen etwa, manchmal zu einem Prälaten, den sie bedienten. Dieser Dienst des angehenden Geistlichen war ein ebenso wichtiger Beitrag zu seiner Erziehung wie die Schule. Er wurde, was die Ärmsten unter den Studenten betraf, später durch das Stipendium eines Kollegs abgelöst; wir haben bereits gesehen, daß diese Stipendiatenstiftungen den Ursprung der Kollegs des Ancien Régimes bildeten.

Es gab Fälle, wo das Lehrverhältnis über die Vermittlung von Erfahrungen hinausging und einen pädagogischeren Zuschnitt erhielt. Ein merkwürdiges Beispiel eines solchen technischen Unterrichts, der auf dem traditionellen Lehrverhältnis entstanden ist, entnehmen wir dem *Manuel du Veneur*. Daraus geht hervor, daß es am Hof Gaston Phoebus' richtige Schulen zur Erlernung des Waidwerks gab, an denen gelehrt wurde, »welche Manieren und Voraussetzungen man mitbringen muß, wenn man ein guter Waidmann werden will«. (5) Dieses Manuskript des 15. Jahrhunderts ist mit sehr schönen Miniaturen illustriert. Eine davon stellt eine richtige Klasse dar: der Lehrer – wenn man der Kleidung Glauben schenken darf, ein Adliger – hat den Zeigefinger der rechten Hand erhoben – eine Geste, die sein Reden unterstreicht. In der linken Hand schwingt er einen Stock, das unverkennbare Zeichen der Autorität des Lehrenden, das Instrument der Züchtigung. Drei Schüler, die noch klein sind, lesen den Text von den großen Rollen ab, die sie in der Hand halten und auswendig lernen müssen: eine Schule wie jede andere. Im Hintergrund schauen erwachsene Jäger zu. Eine weitere analoge Szene stellt den Unterricht im Gebrauch des Jagdhorns vor: »Welche Rufe man verwendet und wie man das Jagdhorn bläst.« Das waren

Dinge, die man wie das Reiten, den Gebrauch der Waffen, ritterliches Benehmen, durch praktische Anwendung lernte. Es ist möglich, daß bestimmte technische Fächer wie das Schreiben aus einem bereits organisierten und verschulten Lehrverhältnis hervorgegangen sind.

Solche Fälle blieben jedoch eine Ausnahme. Im allgemeinen beruhte die Wissensvermittlung von einer Generation zur anderen auf der Teilnahme der Kinder am Erwachsenenleben im familiären Rahmen. Daraus erklärt sich jene Vermischung von Kindern und Erwachsenen, der wir im Verlauf dieser Untersuchung so oft begegnet sind und die sich bis in die Klassen der Kollegs erstreckte, obwohl man doch erwarten sollte, dort eher eine homogenere Einteilung nach Altersstufen anzutreffen. Doch kannte man die Vorstellung einer solchen Trennung der Kinder nicht, die uns mittlerweile zur Gewohnheit geworden ist. Die Szenen des Alltagslebens führten Kinder und Erwachsene beständig zusammen, auch bei der Berufsausbildung: so begegnen wir dem kleinen Lehrling, der dem Maler die Farben anrührt (6); Stradans Reihe von Stichen, die sich mit den verschiedenen Berufen befassen, zeigt uns diese Anwesenheit der Kinder in den Werkstätten, wo sie mit älteren Gesellen zusammen arbeiten. Nicht anders verhielt es sich in der Armee. Wir wissen von vierzehnjährigen Soldaten! Doch der kleine Page, der den Panzerhandschuh des Herzogs von Lesdiguières trägt (7), jene anderen, die den Helm Adolfs de Wignacourt tragen (auf einem Caravaggio im Louvre) oder auch den des Generals del Vastone auf dem großen Tizian im Prado, sind nicht alt: sie reichen ihren Herren nicht einmal bis zur Schulter. Kurzum, überall wo gearbeitet wurde, überall dort auch, wo man sich vergnügte, selbst in anrüchigen Schenken, mischten die Kinder sich unter die Erwachsenen. Durch den alltäglichen Kontakt mit den Großen erwarben sie die nötigen Lebenserfahrungen. Die sozialen Gruppierungen entsprachen vertikalen Zusammenschlüssen, die unterschiedliche Altersklassen umfaßten, wie etwa im Falle der Teilnehmer an Kammerkonzerten – Szenen, die zugleich auch als Familienporträts oder als Allegorie der Lebensalter dienten, weil sie Kinder, Erwachsene und Greise vereinten.

Unter solchen Bedingungen wurde das Kind sehr früh aus der Obhut der eigenen Familie entlassen, selbst wenn es später, erwachsen geworden, wieder dahin zurückkehren sollte, was nicht immer der Fall war. Die Familie konnte also damals keinen Nährboden für eine tiefe gefühlsmäßige Verbundenheit zwischen Eltern und Kindern abgeben. Das bedeutete nicht, daß die Eltern ihre Kinder nicht liebten, doch beschäftigten sie sich mit ihnen weniger um ihrer selbst, um der Neigung willen, die sie ihnen entgegenbrachten, als im Hinblick auf die Teilnahme dieser Kinder am gemeinsamen Schaffen, an der Sicherung der Familie. Die Familie war eher eine moralische und gesellschaftliche Realität als eine psychische. Was schließlich die ganz Armen betraf, entsprach die Familie nichts anderem als der materiellen Ausstattung des Ehepaares inmitten eines umfassenderen sozialen Milieus, des Dorfes, des Gehöftes, des »Hofes«, des Herrenhauses, wo diese Armen länger und öfter lebten als bei sich zu Hause, wenn sie überhaupt ein Zuhause hatten und nicht zu den obdachlosen Vagabunden, dem Bettelvolk gehörten. Oder aber die Familie verschmolz mit der Prosperität des Erbgutes, der Ehre des Namens. Für das Gefühlsleben der Armen spielte die Familie nahezu keine Rolle, und wenn Besitz und Ehrgeiz vorhanden waren, speiste sich das Gefühlsleben von dem, was die alten Verwandtschaftsbande hervorgebracht hatten.

Seit dem 15. Jahrhundert beginnen sich dann die Realitäten und die Empfindungen gegenüber der Familie zu wandeln: eine tiefgreifende und langsam vonstatten gehende Umwälzung, die von den Zeitgenossen ebensowenig beachtet wurde wie von den Historikern, die auch nicht leicht zu erkennen ist. Das Hauptereignis liegt dennoch offen zutage: die Ausdehnung der Schulbildung. Wir haben gesehen, daß die Kindererziehung im Mittelalter auf der Lehrzeit bei den Erwachsenen basierte, die Kinder von etwa sieben Jahren an in fremden Familien lebten. Nun wird die Erziehung dagegen mehr und mehr von der Schule übernommen. Die Schule war nicht mehr ausschließlich zur Erziehung des Priesternachwuchses bestimmt, sondern wurde zum normalen Instrument der gesellschaftlichen Initiation, des Überganges vom Status des Kindes zu dem des Erwachsenen. Wie sich dies vollzog, haben wir bereits gesehen. Diese Wende entsprach dem neuen Bedürfnis nach Sittenstrenge seitens der Erzieher, dem Bestreben, die Jugend von der verderbten Welt der Erwachsenen fernzuhalten, ihre ursprüngliche Unschuld zu bewahren, der Absicht, sie in Zucht zu nehmen, damit sie den Versuchungen der Erwachsenenwelt besser zu widerstehen vermochte.

Doch entsprach diese Entwicklung zugleich der Bestrebung der Eltern, aus geringerer Entfernung über ihre Kinder zu wachen, näher bei ihnen zu sein, sie nicht mehr, und sei es auch nur vorübergehend, der Obhut einer anderen Familie zu überlassen. Die Ablösung des Lehrverhältnisses durch die Schule drückt in gleichem Maße eine Annäherung zwischen Familie und den Kindern, zwischen Familiensinn und Sinn für die Kindheit aus, die einst getrennt waren. Die Familie konzentriert sich auf das Kind. Dieses bleibt nun noch nicht von Anbeginn bei seinen Eltern, verläßt sie, um die weit entfernte Schule zu besuchen, wiewohl man im 17. Jahrhundert die Frage diskutiert, ob es angebracht sei, es aufs Kolleg zu schicken, oder ob eine Erziehung zu Hause durch einen Erzieher nicht vielleicht effektiver wäre. Die Abwesenheit des Schülers hat jedoch nicht mehr denselben Charakter und dauert nicht mehr solange wie die Trennung des Lehrlings vom Elternhaus. Im allgemeinen lebt das Kind nicht innerhalb des Kollegs selbst. Es wohnt bei einem Vermieter, bei einem Lehrer in Pension. An den Markttagen bringt man ihm Geld und Verpflegung. Das Band zwischen dem Schüler und seiner Familie ist enger: den Dialogen Cordiers zufolge bedarf es sogar der Intervention seitens der Lehrer, um allzu häufige Besuche bei der Familie, die im Verein mit den Müttern eingefädelt werden, zu verhindern. Die Söhne begüterterer Eltern gehen oft nicht allein von zu Hause fort; sie werden von einem Präzeptor, einem älteren Schüler oder auch von einem Diener begleitet, der oft zugleich ihr Milchbruder ist. Die Erziehungsliteratur des 17. Jahrhunderts betont die Verpflichtung der Eltern, sich um die Wahl des Kollegs und des Präzeptors zu kümmern wie auch um die Überwachung der Studien, die Repetition der Lektionen, wenn das Kind zu Hause übernachtet. Das Gefühlsklima hat sich nun völlig gewandelt und nähert sich dem unseren, gerade so, als sei die moderne Familie gleichzeitig mit der Schule oder doch wenigstens der allgemeinen Gepflogenheit, die Kinder in der Schule erziehen zu lassen, entstanden.

Im übrigen werden die Eltern die infolge der kleinen Zahl von Kollegs unvermeidliche Entfernung von zu Hause nicht sehr lange hinnehmen. Es ist überaus bezeichnend, daß sie sich im Verein mit den städtischen Magistraten bemühen, die Anzahl der Schulen zu vervielfachen, um die Entfernung zu den Familien auf diese Weise zu verkürzen. Wie Pater de Dainville gezeigt hat, ist zu Beginn des 17. Jahrhunderts ein sehr dichtes Netz von Lehranstalten unterschiedlicher Bedeutung entstanden. (8) Um ein Kolleg mit vollem Unterrichtsprogramm herum, das sämtliche Klassen umfaßte, etablierte sich ein konzentrisch organisiertes System von einigen Kollegs für Schöne Wissenschaften (ohne Philosophie), von zahlreicheren Lateinschulen (die einige Grammatikklassen umfaßten). Die Lateinschulen speisten die Oberklassen der Kollegs für Schöne Wissenschaften und die der anderen mit dem vollen Unterrichtsprogramm. Die Zeitgenossen haben sich angesichts dieser wuchernden schulischen Einrichtungen beunruhigt. Dieses Phänomen entsprach zugleich dem Bedürfnis nach theoretischer Bildung, die die alten praktischen Formen des Lehrverhältnisses ablöste, wie auch dem Bedürfnis, die Kinder nicht zuweit fortzuschicken, sie so lange wie möglich so nahe wie möglich bei sich zu haben. Das zeugt von einem einschneidenden Wandel der Familie: Sie wendet sich dem Kind zu, ihr Alltag verschmilzt mit den gefühlsbetonter gewordenen Beziehungen zwischen Eltern und Kindern. Es ist nicht weiter erstaunlich, daß dieses Phänomen in derselben Periode auftritt, für die wir die Entstehung und Entwicklung einer um das Ehepaar und die Kinder konzentrierten Ikonographie feststellen konnten.

Nun hat diese für die Herausbildung des Familiensinnes so folgenschwere Verschulung allerdings keineswegs sofort die gesamte Gesellschaft erfaßt. Ein großer Teil der kindlichen Bevölkerung blieb davon unberührt und wurde weiter gemäß dem alten praktischen Lehrverhältnis erzogen. Dazu gehören zunächst einmal sämtliche Mädchen. Von einigen wenigen abgesehen, die man auf die *petites écoles* oder ins Kloster schickte, wurden sie zu Hause oder jedenfalls im Haus anderer Leute, einer Verwandten oder einer Nachbarin, erzogen. Die Ausdehnung der Schulbildung auf die Mädchen wird sich erst im 18. und zu Beginn des 19. Jahrhunderts auf breiter Basis vollziehen. Bemühungen wie die Madame de Maintenons oder Fénelons, erhalten dann exemplarischen Wert. Noch lange Zeit sollten die Mädchen eher durch praktische Anschauung und Übung erzogen werden als durch die Schule, und dies sehr häufig in den Häusern anderer Leute.

Was die Jungen betrifft, so ergriff die Schulbildung zunächst den mittleren Teil der Standeshierarchie, während der Hochadel und die Handwerksstände jeweils der alten Lehrzeit treu blieben: so fand man die einen auch weiter als Pagen im Dienst von Grandseigneurs und die anderen als Lehrlinge bei Handwerksleuten. In der Welt der Handwerker und Arbeiter sollte die Lehrzeit sich dann bis in unsere Zeit halten. Die Italien- und Deutschlandreisen, die die jungen Adligen nach Abschluß ihrer Studien antraten, gingen aus demselben Geist hervor: sie gingen an ausländische Höfe oder in ausländische Häuser, um dort Sprachen, gutes Benehmen und die verschiedenen chevaleresken Sportarten zu erlernen; im 17. Jahrhundert kam dieser Brauch dann aus der Mode, nahm der Akademieaufenthalt die Stelle des Auslandsaufenthaltes ein: ein weiteres Beispiel für diese Ablösung der praktischen Erziehung durch eine spezialisiertere und theoretischere Ausbildung.

Daß das alte Lehrverhältnis an den beiden Extremen der sozialen Rangordnung fortlebte, konnte seinen Niedergang nicht aufhalten: infolge der gewaltigen Zunahme der Schülerzahl, der Vermehrung der

Schulklassen, der wachsenden moralischen Autorität trägt die Schule schließlich den Sieg davon. Unsere moderne, auf der Schulbildung basierende Zivilisation hat sich damit endgültig durchgesetzt und wird sich infolge der ständigen Verlängerung und Erweiterung der Schulzeit immer mehr konsolidieren.

Die moralischen Probleme im Zusammenhang mit der Familie erscheinen nun in einem ganz neuen Licht. Das tritt besonders deutlich hervor, wenn es um den alten Brauch geht, eines der Kinder, im allgemeinen den ältesten Sohn, auf Kosten seiner Brüder zu bevorzugen. Es hat ganz den Anschein, daß sich dieser Brauch im 13. Jahrhundert ausgebreitet hat, als es darum ging, die drohende Zerstückelung eines Erbgutes zu verhindern, dessen Einheit nicht länger durch die Ungeteiltheit, durch die im Rückgang begriffenen *solidarités lignagères* geschützt wurde, sondern durch eine größere Mobilität des Besitztums eher gefährdet war. (9) Das Privileg des durch die Erstgeburt oder die Vorliebe der Eltern begünstigten Kindes findet sich vom Ende des Mittelalters bis zum 17. Jahrhundert an der Basis des Familienverbandes. Erst das 18. Jahrhundert macht dem ein Ende. Seit der zweiten Hälfte des 17. Jahrhunderts bestreiten die moralistischen Erzieher nämlich die Legitimität dieser Praxis, weil sie der Gleichheit abträglich ist, weil sie gegen die neue Überzeugung verstößt, daß alle Kinder den gleichen Anspruch auf die Zuneigung der Familie haben und auch deshalb, weil sie mit einer profanen Verwendung kirchlicher Pfründen einhergeht, und diese Moralisten zugleich ja religiöse Reformatoren sind. Ein Kapitel von Varets Traktat *De l'éducation des enfants*, der 1666 erschien, ist der »Gleichberechtigung, die unter den Kindern herrschen soll«, gewidmet. (10) »Es gibt noch eine weitere Unsitte, die sich unter den Gläubigen breitgemacht hat und die nicht weniger gegen den Grundsatz der Gleichberechtigung verstößt, den die Väter und Mütter ihren Kindern gegenüber zu wahren verpflichtet sind: sie besteht darin, daß man nur an die Aussteuer derjenigen denkt, die aufgrund ihres Ranges in der Abfolge der Geburten oder aufgrund persönlicher Eigenschaften den Eltern besser gefallen.« [Sie »gefallen« ihnen deshalb, weil sie für die Zukunft der Familie nützlicher sind. Wir begegnen hier der Anschauung von der Familie als einer vom persönlichen Empfinden unabhängigen Gesellschaft, eines »Hauses«.] »Man fürchtet, Glanz und Ruhm seiner Familie nicht im gewünschten Maße vermehren zu können, wenn man seine Besitztümer zu gleichen Teilen unter alle Kinder aufteilt. Der Älteste könnte die Ämter und Stellungen, die man ihm zu beschaffen bemüht ist, weder erwerben noch behalten, wenn seine Brüder und Schwestern dieselben Vorteile genössen wie er. Man muß sie also wider ihren Willen in die Klöster stecken und sie frühzeitig den Interessen dessen opfern, den man für das weltliche Leben und die Eitelkeit bestimmt hat.« Es ist, nebenbei bemerkt, seltsam, daß die Empörung, die sich angesichts der aufgenötigten falschen Berufungen und der Vorteile, die dem Ältesten zugestanden werden, erhebt, vor der Frage der Verheiratung haltmacht: es kann keine Rede davon sein, die Macht der Eltern in diesem Bereich anzutasten.

Der obenstehende Text drückt eine kategorische Meinung aus. Coustel dagegen läßt in seinem *Règles de l'éducation des enfants* (11) eine gewisse Verlegenheit spüren, und er hält es für angebracht, bei seiner Beurteilung einer solchen alten und weit verbreiteten Praktik, die doch an das Fortbestehen der Familie gebunden schien, einige Vorsicht walten zu lassen. Er stellt fest, daß die Eltern Vorlieben haben: »Die Eltern tun nichts Unrechtes, wenn sie die unter ihren Kindern, die die meisten Tugenden und hervorragendere Eigenschaften haben als die anderen, mehr lieben. Doch muß ich sagen, daß es gefährlich sein kann, solche Unterscheidung und Bevorzugung nach außen hin allzu deutlich werden zu lassen.«

Der Abbé Goussault läßt sich in seinem *Portrait d'un honnête homme* von 1692 energischer vernehmen: »Es ist nicht nur die bare Eitelkeit, daß man den besten Teil seines Besitzes dem ältesten Sohn der Familie vermacht, damit dieser nur immer recht prächtig leben kann und der Name der Familie verewigt werde [hier wird der Gegensatz zwischen der durch den Namen des Hauses repräsentierten und der modernen, auf gefühlsmäßiger Verbundenheit beruhenden Familie ganz besonders deutlich], es ist sogar ein Unrecht. Was haben die Jüngeren getan, daß sie so behandelt werden? ... Es gibt Leute, die, nur um einigen wenigen ein Leben über ihre Verhältnisse zu ermöglichen, die anderen opfern und sie, ohne sie um ihre Meinung zu fragen und ohne zu prüfen, ob sie dazu berufen sind, in die Klöster einsperren ... Die Väter lieben sie nicht in demselben Maße und machen einen Unterschied, wo die Natur keinen vorgesehen hat.« (12) Es ist gewissermaßen ein Zugeständnis an die öffentliche Meinung, wenn Goussault dann im weiteren einräumt, daß die Eltern »tatsächlich für das eine oder andere ihrer Kinder mehr Zuneigung empfinden können«, aber, so fährt er fort, »es ist diese Zuneigung ein Feuer, das sie unter der Asche verborgen halten sollen«.

Wir begegnen hier dem Ursprung einer Empfindung, die schließlich in den Grundsatz der Gleichberechtigung des bürgerlichen Gesetzbuchs münden wird und die, wie wir wissen, bereits am Ende des 18. Jahrhunderts Einfluß auf die Sitten gewonnen hatte.

Die Anstrengungen zu Beginn des 19. Jahrhunderts, die Privilegien des Erstgeborenen wieder herzustellen, sind in der Öffentlichkeit auf unüberwindliche Ablehnung gestoßen: nur sehr wenige Oberhäupter selbst der adligen Familien haben von dem ihnen gesetzlich zustehenden Recht Gebrauch gemacht, eines ihrer Kinder bevorzugt zu behandeln. Fourcassié veröffentlicht einen Brief von Villèle, worin dieser sich über diesen Fehlschlag seiner Politik zutiefst beklagt und das Ende der Familie prophezeit. (13) In Wirklichkeit zeugt dieser Respekt vor der Gleichberechtigung von der allmählichen Abkehr von der Familie im Sinne des »Hauses« zugunsten der modernen, gefühlsmäßig verbundenen Familie. Man ist geneigt, der Zuneigung zwischen Eltern und Kindern, die gewiß so alt ist wie die Welt selbst, einen neuen Wert beizulegen, da doch die gesamte Realität der Familie darauf beruhen soll. Die Theoretiker des beginnenden 19. Jahrhunderts, an die Villèle anknüpft, fanden diese gefühlsmäßige Basis zu zerbrechlich; sie bevorzugten die Konzeption einer auf der Tradition des Hauses beruhenden Familie, in der sie etwas gesellschaftlich wirklich Tragfähiges, von privaten Empfindungen Unabhängiges erblickten. Auch hatten sie verstanden, daß dieser neue Familiensinn, der ihnen suspekt war, aus dem Interesse für die Kindheit entstanden war. Aus diesem Grunde versuchten sie das Erstgeburtsrecht wieder einzuführen und stellten sich damit gegen die gesamte Tradition der religiösen Moralisten des Ancien Régime.

Wir wollen hier vor allem festhalten, daß sich der Sinn für die Gleichberechtigung der Kinder dank der größeren Intimität zwischen Eltern und Kindern in einem neuen affektiven und moralischen Klima hat entwickeln können.

Es scheint uns angebracht, diese Beobachtungen mit einem Phänomen in Verbindung zu bringen, von dessen Neuheit wie auch moralischer Bedeutung ein Prozeß des Jahres 1677 zeugt. (14) Man duldete damals zwar, daß Lehrer heirateten, hielt jedoch daran fest, daß verheiratete Lehrer keine Universitätsämter übernehmen dürften. Im Jahre 1677 nun wird ein verheirateter Professor zum Dekan der Tribu von Paris gewählt. Der unterlegene Kandidat, der Kanzlist du Boulay, erhebt dagegen Einspruch, und die Angelegenheit wird an den Conseil Privé weitergeleitet. Du Boulays Anwalt gibt in einem Memorandum die Gründe an, die sich für die Aufrechterhaltung des Zölibats der Professoren anführen ließen. Lehrer nehmen gewöhnlich Pensionäre bei sich auf, und die Tugend dieser Knaben kann in mehrfacher Hinsicht in Gefahr geraten: »Unschicklichkeiten, die nur allzu oft auftreten, weil verheiratete Lehrer genötigt sind, häufig junge Leute bei sich zu haben, die sie dann in Gegenwart ihrer Frauen, ihrer Töchter und ihrer Dienerinnen unterrichten. Solches läßt sich unmöglich verhindern und trifft auf die Pensionäre in noch größerem Maß zu als auf die Externen. Ich bitte die Herren Kommissare bei ihren Überlegungen folgendes zu bedenken: welche Unschicklichkeit es insgesamt bedeutet, daß die Schüler auf der einen Seite die Kleider der Ehefrauen und Töchter und auf der anderen Seite ihre Bücher und ihr Schreibzeug und oft genug alles durcheinander zu sehen bekommen, daß sie mitansehen, wie die Ehefrauen und Töchter sich kämmen, ankleiden, zurechtmachen, daß sie Kinder in der Wiege und in Windeln und alles übrige erleben, was zur Ehe gehört.«

Auf dieses letzte Argument, das uns im Hinblick auf unser Thema besonders interessiert, antwortet der verheiratete Lehrer folgendermaßen: »Besagter du Boulay redet, als habe er das Dorf, in dem er geboren wurde, erst kürzlich verlassen... Denn bekanntlich gibt es dort, wo Frauen leben, auch Zimmer, in denen sie für sich sind, wenn sie sich ankleiden [›für sich‹ sind sie gewiß erst seit einiger Zeit und dann auch nur in den großen Städten], und andere Zimmer für die Schüler.« *Was nun die Kinder in der Wiege betrifft, so kann man in den Pariser Wohnungen keine solchen finden, weil sie alle bei einer Amme sind:* »Bekanntlich schickt man die Kinder zu einer Amme auf irgendein benachbartes Dorf, so daß man bei den Eheleuten ebensowenig Wiegen und Windeln antrifft wie in der Kanzlei besagten du Boulays.«

Diese Texte scheinen darauf hinzudeuten, daß die Gepflogenheit, die Kinder zu einer Amme »auf ein benachbartes Dorf« zu schicken, zwar in bestimmten Gesellschaftskreisen wie denen der Lehrer verbreitet, jedoch noch nicht sehr alt war, da ja einer der Kläger den Anschein erwecken konnte, sie nicht zu kennen. Dieser Brauch dürfte sich während des 17. Jahrhunderts entwickelt haben, wurde jedoch gleichzeitig von den moralistischen Erziehern angeprangert, die, lange vor Rousseau, den Müttern empfahlen, ihre Kinder selbst zu stillen. Doch stützten sie sich mit dieser ihrer Meinung, die doch in vielen anderen Fällen große Wirkungen erzielte, lediglich auf traditionelle Konventionen, die auf Quintilian zurückgingen. Gegen einen Brauch, der zweifellos auf Erfahrung beruhte und die beste Säuglingsbehandlung garantierte, die zu der Zeit möglich war, konnten sie damit nichts ausrichten. Man muß sich tatsächlich einmal überlegen, wie schwierig sich die Ernährung und Pflege der Säuglinge gestaltete, wenn die Mutter zufällig keine Milch hatte. Sollte man auf Kuhmilch zurückgreifen? Das war das Los der Armen. Wenn der Humanist Thomas Platter das ganze Elend seiner Kindheit zu Beginn des 16. Jahrhunderts beschreiben will, wählt er als eindrucksvollstes Beispiel die Tatsache, daß er mit Kuhmilch großgezogen wurde. Die damaligen Hygienebedingungen bei der Milchgewinnung lassen diesen Widerwillen nur zu verständlich erscheinen. Im übrigen war es nicht einfach, den Kindern solche Milch zuzuführen. Die in den Vitrinen des Museums der pharmazeutischen Fakultät von Paris ausgestellten merkwürdigen Gerätschaften, die als Schnuller dienten, müssen sehr viel Geschicklichkeit und Geduld verlangt haben. Die Zuhilfenahme von Ammen erscheint durchaus verständlich. Was waren das nun für Ammen? Man sollte meinen, daß sie zunächst in den meisten Fällen aus den greifbaren Hausangestellten ausgewählt wurden – wobei der Milchbruder dann im Hause blieb, wo er mit den anderen Kindern aufgezogen wurde. Es sieht ganz danach aus, daß die reichen Familien des 16. und des beginnenden 17. Jahrhunderts ihre Amme im Haus hatten. Weshalb sind nun insbesondere Kleinbürgerfamilien wie die der Lehrer, der niedrigen Beamten zu der Gewohnheit übergegangen, sie auf dem Land zu suchen? Muß man diesen relativ neuen Brauch nicht so interpretieren, daß es sich dabei um eine Schutzmaßnahme, ich wage nicht zu behaupten eine weitere Vorkehrung der Hygiene handelte, die wir im Zusammenhang mit jenen anderen Phänomenen zu sehen hätten, an denen wir eine spezielle Hinwendung zu den Belangen des Kindes abzulesen haben?

Jedenfalls hielten die wohlsituierten Kreise, Adlige wie Bürgerliche, ungeachtet der Propaganda der Philosophen bis zum Ende des 19. Jahrhunderts, d. h. bis zu dem Augenblick, wo die Fortschritte der Hygiene, der Asepsis es ermöglichten, gefahrlos Tiermilch zu verwenden, an der Gewohnheit fest, ihre Kinder von Ammen stillen zu lassen. Allerdings wird in einem Punkt dann eine bemerkenswerte Veränderung eintreten: man wird es lieber sehen, daß die Amme zum Kind kommt statt umgekehrt, d. h. die Amme wird im Haus bleiben und die Familie wird es ablehnen, sich von den kleinen Kindern zu trennen. Dieses Phänomen ist durchaus dem der Ablösung des Externats durch das Internat vergleichbar, das wir in einem der vorhergegangenen Kapitel dieses Buches untersucht haben.

In gewisser Hinsicht ist unsere historische Skizze eine Beschreibung des Vorgangs, wie die moderne Familie über andere Formen menschlicher Beziehungen, die ihrer Entwicklung abträglich waren, die Oberhand gewann. Je mehr der Mensch auf der Straße lebt oder mit gemeinschaftlicher Arbeit, gemeinschaftlichen Vergnügungen und Andachten beschäftigt ist, desto mehr belegen diese gemeinschaftlichen Tätigkeiten nicht nur seine Zeit, sondern auch seinen Geist mit Beschlag, muß die Familie in seinem Empfinden zurückstehen. Wenn dagegen die Beziehungen am Arbeitsplatz, zur Nachbarschaft, zu den Verwandten weniger aufwendig sind, wenn sie den Menschen nicht mehr ablenken, tritt der Familiensinn an die Stelle der anderen Bindungen, die Treue und Dienstbarkeit verlangen, er wird vorrangig, bisweilen sogar ausschließend. Die fortschreitende Ausprägung des Familiensinns folgt der Fortentwicklung des Privatlebens und der häuslichen Intimität. Der Familiensinn entwickelt sich jedoch nicht, wenn das Haus allzu sehr nach außen geöffnet ist; er erfordert ein Minimum an Abgeschiedenheit. Lange Zeit ließen die Bedingungen des Alltagslebens eine solche notwendige Abschirmung des Haushalts gegen die Außenwelt nicht zu. Eines der hauptsächlichen Hindernisse war dabei zweifellos die Tatsache, daß die Kinder von zu Hause in die Lehre geschickt wurden und kleine Fremde ihren Platz im Hause einnahmen. Doch war es mit der Rückkehr der Kinder dank der Schule und der Konsequenzen, den dieser engere Zusammenhalt des Haushalts für das Gefühlsleben hatte, noch nicht getan: von der modernen Familie und ihrem ausgeprägten häuslichen Leben sind wir noch sehr weit entfernt. Die alte Sozialität, die damit nicht zu vereinbaren ist, besteht nahezu unangetastet fort. Im 17. Jahrhundert hat sich zwischen den zentrifugalen – oder sozialen – und den zentripetalen – oder familiären – Kräften ein Gleichgewicht herausgebildet, das die fortschreitende Intimität – möglicherweise eine Folge des technischen Fortschritts – nicht überleben konnte. Wir haben auf den vorhergegangenen Seiten das Erwachen dieser zentripetalen Kräfte erlebt. Beschäftigen wir uns nun mit dem Widerstand der zentrifugalen Kräfte, dem Fortbestehen einer dichten Sozialität.

Die Historiker haben bereits nachdrücklich darauf hingewiesen, daß bis spät ins 17. Jahrhundert hinein Abhängigkeitsverhältnisse überdauert haben, denen man früher keine Beachtung geschenkt hatte. Die monarchistische Zentralisierung durch Richelieu und Ludwig XIV. ist eher politischer als sozialer Natur gewesen. Wenn es dank ihrer auch gelungen ist, die mit der Krone rivalisierenden politischen Kräfte zu bezwingen, so hat sie die sozialen Einflüsse doch unangetastet gelassen. Die Gesellschaft des 17. Jahrhunderts ist in Frankreich eine Gesellschaft von hierarchisch organisierten Anhängerschaften, was bedeutet, daß die Kleinen, die *particuliers* (Angehörige des niedrigen Adels) sich mit den Größeren vereinigen. (15) Die Herausbildung solcher Gruppen erforderte ein ganzes Netz von Beziehungen, die auf dem täglichen Umgang, dem verbalen Kontakt basierten. Das drückt sich für uns konkret in einer unvorstellbaren Menge von gegenseitigen Besuchen, von Gesprächen, Begegnungen und Besprechungen aus. Der materielle Erfolg, die gesellschaftlichen Konventionen, die immer noch gemeinschaftlichen Vergnügungen zerfielen nicht wie heutzutage in voneinander getrennte Beschäftigungen, wie es eben auch keine Trennung zwischen dem Berufsleben und dem Privatleben, dem mondänen oder gesellschaftlichen Leben gab. Wesentlich war, daß man die gesellschaftlichen Beziehungen zu der gesamten Gruppe aufrechterhielt, in die man hineingeboren war, und seine Position dadurch verbesserte, daß man von diesem Netz von Beziehungen geschickten Gebrauch machte. Erfolg haben, das heißt nicht, ein Vermögen oder eine angesehene Stellung erlangen oder jedenfalls ist das der sekundäre Aspekt: es heißt vor allem anderen, daß man in einer Gesellschaft, deren sämtliche Mitglieder sich nahezu täglich sehen, voneinander hören, einander begegnen, einen angeseheneren Rang erobert. Wenn Balthasar Graciáns (16) französischer Übersetzer vorschlägt, daß der künftige »Held« sich eine »annehmbare Beschäftigung« erwählen solle, dann versteht er darunter nicht, was wir heute eine gute Stellung nennen würden, sondern »das, was sich vor aller Augen und zur Zufriedenheit eines jeden vollzieht und eine ständige Vermehrung des Ansehens mit sich bringt«. Die Kunst zu reüssieren, das soll die Kunst sein, sich angenehm zu machen, die Kunst, sich in Gesellschaft als »liebenswürdig« zu erweisen. So sah es im 16. Jahrhundert Baldassare Castigliones *Cortegiano* (17): »Meines Erachtens steht diejenige Weise, den Hof zu machen, dem am Fürstenhof lebenden Edelmann am besten an, die ihn in den Stand versetzt, seinen Dienst in allen vernünftigen Dingen in vollkommener Weise versehen zu können und die Gunst der Fürsten und das Lob der anderen zu erwerben.« Die Zukunft hängt einzig von der Reputation ab. »Es dünkt mich, daß es noch etwas anderes gibt, das dem Ansehen entweder förderlich oder abträglich ist, das ist die Wahl der Freunde, mit denen man vertraulichen Umgang zu haben genötigt ist.« So wird der Freundschaft auch in der gesamten Literatur des 17. Jahrhunderts eine bedeutende Stellung eingeräumt, wobei man unter Freundschaft eine gesellschaftliche Beziehung zu verstehen hat, die weiter reicht als die anderen. Von da her wird auch die Bedeutung der Konversation begreiflich. Zitieren wir dazu noch einmal den *Cortegiano:* »So will ich auch bestrebt sein, mich insbesondere darauf zu verstehen, über die Lebensart zu reden und mich mit Männern und Frauen zu unterhalten: eine Angelegenheit, der, so dünkt mich, größte Bedeutung zukommt, geht doch an den Höfen der größte Teil der Zeit darüber hin« – und nicht nur an den Höfen. Die gesamte mit den Umgangsformen befaßte Literatur des 17. Jahrhunderts wird nicht müde, auf die Bedeutung der Konversation, auf die Notwendigkeit, die Kunst des Gesprächs zu beherrschen, auf das Betragen während des Gesprächs usw. hinzuweisen. Es ist unglaublich, wie detailliert die diesbezüglichen Ratschläge dieser Handbücher sind. (18) »Beim Reden und vorzüglich in bezug auf den Stoff, von dem man handelt, begeht man allerlei Fehler.« Die Konversation soll das Gebot der Schicklichkeit respektieren. Themen häuslicher oder allzu persönlicher Art sind zu meiden: »Auch diejenigen begehen einen groben Fehler, die niemals etwas anderes im Munde führen, als ihre Frau, ihre kleinen Kinder und deren Amme. ›Wie hat mein Kleiner mich doch gestern zum Lachen gebracht. So ein nettes Kind wie meinen Kleinen, haben Sie noch nicht gesehen. Meine Frau hat dies und jenes getan ...‹« Man hüte sich jedenfalls vor der prahlsüchtigen Lüge (wir befinden uns in der Epoche von Corneilles *Menteur*). In der *Civilité Nouvelle* (1671) (19) lesen wir folgendes: »Als erste Lehre sollten sie beherzigen, daß man, wenn man mit hochangesehenen und gelehrten Personen zusammen ist, keine frivolen Dinge vorbringt oder vertritt, wie man andererseits gegenüber Leuten, die nichts davon verstehen, keine sehr schwierigen Fragen oder Themen aufwirft ... Unterhalten Sie Ihre Umgebung nicht mit betrüblichen Dingen wie Klagen, Krankheiten, Gefängnissen, Prozessen, Krieg oder Tod« [was blieb dann noch?]. »Erzählen Sie nicht, was Sie geträumt haben.« »Tun Sie Ihre Meinung nur dann kund, wenn man Sie dazu auffordert, es sei denn, Sie seien der Gescheiteste von allen.« »Maßen Sie sich nicht an, die Fehler anderer zu tadeln, und dies um so weniger, wenn es sich um Väter, Mütter und hohe Herren handelt.« »Sprechen Sie nicht, ehe Sie nicht bedacht haben, was Sie sagen wollen.«

Wir müssen uns klarmachen, daß diese Kunst der Konversation nicht geringer geschätzt wurde als der Tanz oder der Gesang. Im *Galatée*, jenem Lieblingsbuch des 17. Jahrhunderts, von dem Sorel sagte: »In einigen Nationen sagt man, wenn man einen Menschen irgendeine Unhöflichkeit begehen sieht, er habe wohl das *Galatée* nicht gelesen«, (20) wird ausdrücklich festgestellt, daß es sich dabei um eine *Tugend* handelt: »Ich will mit den Kenntnissen beginnen, die jemand meiner Meinung nach unbedingt erwerben muß, von dem es heißen soll, er sei wohlerzogen und lasse es im Umgang und im Gespräch mit anderen Menschen an der rechten Lebensart nicht fehlen, was immerhin eine

Tugend oder doch etwas der Tugend sehr Nahekommendes ist.« (21) Das *Galatée* war in den Jesuitenkollegs in Gebrauch. Was später dann Port-Royal betrifft, so wird man in Nicoles Traktat *De la civilité chrétienne* (22) nichts anderes lesen: »Da nun die Liebe der Menschen so notwendig für unsere Selbsterhaltung ist, so sehen wir uns natürlicherweise gehalten, sie zu suchen und sie uns zu verschaffen.« »Wir lieben die anderen oder geben doch vor, sie zu lieben, um ihre Zuneigung zu erwerben. Es ist dies die Grundlage der menschlichen Gesellschaft, die nichts anderes ist als eine Art von Umgang im Zeichen der Eigenliebe, innerhalb dessen man die Liebe der anderen zu erwerben sucht, indem man ihnen selbst Zuneigung bezeugt.« Die guten Manieren sind für die Nächstenliebe, was die frommen Gesten für die Andacht bedeuten. »Die Festigkeit ihres Bündnisses, dessen der Leute von Stande, hängt nicht nur von solchen geistigen Beziehungen ab, sondern auch von jenen anderen menschlichen Banden, die es aufrechterhalten«, der Schicklichkeit, der Kunst des gesellschaftlichen Auftretens. Wenn man in der guten Gesellschaft lebt, muß man »mit allen Gelegenheiten fertig werden« und »es zuwege bringen, von ihnen [den Menschen] geliebt zu werden«.

Diese Einstellung ist nicht neu; sie geht auf die sehr alte Anschauung von einer Gesellschaft zurück, in der die Kontakte weniger auf der Schulbildung als auf der Praxis, dem Lehrverhältnis, beruhten und in der das Schreiben innerhalb des Alltagslebens noch keinen bedeutenden Platz einnahm. Es ist jedoch auffällig, daß sich diese Einstellung in einer Gesellschaft halten konnte, in der sich die Schule in solchem Maß entwickelt hat, daß man auf eine ganz anders geartete Mentalität schließen muß. Diese Mischung aus traditioneller Sozialität und moderner Verschulung ist den Zeitgenossen und insbesondere den moralistischen Erziehern, von denen mehrere zum Umkreis von Port-Royal gehörten, durchaus bewußt gewesen. Fast alle haben sich mit dem Problem beschäftigt, ob die Privaterziehung zu Hause nicht höher einzuschätzen sei als die öffentliche Erziehung in der Schule. Allerdings war dieses Problem weniger aktuell, als es den Anschein hat, da man ihm bereits bei Quintilian begegnet. Quintilian verlieh ihm die Noblesse eines Präzedenzfalles; doch diskutierte man es durchaus im Hinblick auf die herrschenden Gegebenheiten und die damalige Epoche. M. de Grenaille stellt im *Honneste Garçon* (23) die Frage folgendermaßen: »Was mich betrifft, so will ich keineswegs die Antike durch moderne Anschauungen beleidigen noch auch die Ordnung der Kollegs kritisieren, die so viele kluge Männer gebilligt haben... Ich wage dennoch zu sagen, daß die Kollegs eher Akademien sind, die der Öffentlichkeit zum Vorteil gereichen, als daß sie für die *particuliers* nötig wären« (unter *particuliers* sind die Angehörigen des niederen Adels im Gegensatz zum Hochadel zu verstehen). Man verschafft »den Armen ebenso wie den Reichen die Möglichkeit, jene Geistesschätze zu erwerben, die man früher nur zu erlangen im Stande war, wenn man über ein großes Vermögen verfügte. Mehrere Kinder, die sich keinen Hauslehrer leisten können, halten sich für berechtigt, auf Kosten der Öffentlichkeit ausgebildet zu werden und dasjenige Wissen, das man ihnen ursprünglich verkaufen wollte, nunmehr umsonst zu erhalten. Was jedoch diejenigen betrifft, die mit Reichtümern ebenso gesegnet sind wie mit natürlichen Gaben, so halte ich den Privatunterricht für vorteilhafter als den öffentlichen. Diese Meinung ist keineswegs neu, obwohl sie gewagt erscheinen mag.« Vorteilhafter deshalb, weil die Schulen in den Händen von Pedanten sind: diese Meinung war in der Literatur mindestens seit Montaigne sehr verbreitet und gehörte gewiß auch zum allgemeinen Meinungsschatz, zu den Gemeinplätzen. Der große Aufschwung der Schule änderte nichts daran, daß man den Schulmeistern Verachtung entgegenbrachte.

Es gibt noch andere Gründe: es herrscht dort eine zu strenge Disziplin. Was würde M. de Grenaille zu den konfessionellen Kollegs oder den Gymnasien des 19. Jahrhunderts sagen! »Ebensowenig wie man den Kindern [zu Hause] eine zügellose Freiheit gestattet [weil sie sich stets in Begleitung Erwachsener befinden], erlegt man ihnen auch keinen Zwang auf, der ihr Selbstgefühl beleidigt.« Aus diesem Satz klingt etwas wie Sehnsucht nach einer Zeit, da die Kinder noch nicht von den anderen Menschen getrennt waren: »Man behandelt sie nicht auf dieselbe Weise wie die anderen.« In der Schule besteht entweder die Gefahr, daß das Kind durch schlechten Umgang verdorben wird oder aber, daß sie die Reifezeit hinauszögert, indem sie es von den Erwachsenen fernhält, und in dieser Verzögerung kann M. de Grenaille nur ein Übel sehen: »Gesetzt den Fall, einem Kind widerfahre seitens seiner Schulkameraden nichts Anstößiges, so lernte es doch immer noch tausend Albernheiten, die es sich danach nur mühsam wieder würde abgewöhnen können, und so wäre es dann nicht weniger schwierig, es von dem Unflat des Kollegs zu befreien, als es vor dem Laster zu bewahren.« Der Hauptmangel des Kollegs schließlich ist die Absonderung der Kinder, die sie von ihrem natürlichen gesellschaftlichen Milieu trennt. »Es soll frühzeitig lernen, wie man sich im Umgang mit Menschen oder auch im Arbeitszimmer zu betragen hat, und das kann es nicht an einem Ort, wo man eher gesonnen ist, mit den Toten als mit den Lebenden, das heißt, mit Büchern anstatt mit Menschen zu leben.« Da ist sie wieder, die Ablehnung der Schule seitens derer, die der alten Erziehung durch das Lehrverhältnis mehr oder minder verhaftet geblieben sind, jener Erziehungsform also, die das Kind umgehend dem gesellschaftlichen Leben aussetzte und von der Gesellschaft verlangte, daß sie es unmittelbar dazu nötigte, seine Persönlichkeit zu entfalten, ohne zuvor die Zwischenetappe der Initiation in die nach Altersklassen getrennten Vereinigungen oder, in den modernen technisierten Gesellschaften, die Schule durchzumachen.

Vom Marschall de Caillière wird diese Ansicht noch zwanzig Jahre später in seinem *Fortune des gens de qualité et des gentilshommes particuliers* (1661) vertreten. (24) »Es genügt nicht, sich in der Kollegweisheit auszukennen; es gibt noch eine andere, die uns lehrt, wie man sich jener zu bedienen hat ... und die weder Griechisch noch Latein spricht, uns jedoch in der Anwendung beider Sprachen unterweist. Man begegnet ihr in den herrschaftlichen Häusern ..., bei den Fürsten und hohen Herren, sie versteckt sich in den Gemächern der Damen, findet sich unter den Soldaten und achtet auch die Kaufleute, Arbeiter und Handwerker nicht gering. Die Klugheit ist ihr Leitfaden und ihr Lehrbuch sind die Konversationen und die Erfahrung im Umgang mit den Dingen«. Die Konversationen, die Vertrautheit mit der Gesellschaft haben »oft auch ohne Unterstützung durch das Buchwissen achtbare Leute herangebildet. Die Welt ist selbst ein großes Buch, aus der wir zu jeder Zeit Lehren beziehen, die Konversationen sind lebendige Studien, die dem Studium der Bücher in nichts nachstehen ... Der regelmäßige Besuch von zwei oder drei geistreichen Köpfen kann uns nützlicher sein als sämtliche Pedanten der Universität zusammen ... Innerhalb einer Stunde behandeln sie mehr Wissensstoff, als wir uns in einer Bibliothek in drei Tagen anlesen können. Von der Lebhaftigkeit und dem Ausdruck ihrer Gesicher geht irgend etwas Reizvolles aus, das die Reden, mit denen sie uns zu überzeugen suchen, nachdrücklich unterstreicht.«

Auch der Abbé Bordelon äußert am Ende des 17. Jahrhunderts (1692) in seinem Buch dieselbe Ansicht: »Bildet sie [die Kinder] mehr für die Welt als für die Schule.« (25) Sonst ähnelt das Produkt der *Belle éducation* – so lautet der Titel – schließlich noch jenen Pedanten:

Cet homme est un original
Et sa doctrine est sans seconde;
Il a de Perse et Juvénal
De Catulle et de Martial
Une intelligence profonde.
Il entend tout hormi le monde.

Wie man sieht, gab es das ganze 17. Jahrhundert hindurch eine Strömung, die der Schule feindlich gesonnen war. Man begreift sie besser, wenn man sich vor Augen hält, wie neu die Schule innerhalb der Lebensformen doch insgesamt war. Diese Moralisten, die die Wichtigkeit der Erziehung begriffen hatten, die lange Zeit verkannt worden war und noch von ihren Zeitgenossen nicht recht verstanden wurde, haben nicht richtig einzuschätzen gewußt, welche Rolle die Schule bei der Kindererziehung zu spielen vermochte und bereits gespielt hatte.

Manche von ihnen, insbesondere aus dem Umkreis von Port-Royal, haben versucht, die Vorzüge der Schule, die sie anerkannten, mit denen der häuslichen Erziehung zu versöhnen. In seinen *Règles de l'éducation des enfans* (1687) analysiert Coustel das Problem eingehend und wägt das Für und Wider ab. (26) Wenn man die Kinder zu Hause erzieht, können die Eltern besser über ihre Gesundheit wachen (auch dies ein neuer Gesichtspunkt), »werden sie sich leichter höfliche Umgangsformen aneignen«, weil sie an gesellschaftlichen Kontakten teilnehmen. »Sie werden unmerklich in die Pflichten des bürgerlichen Lebens hineinwachsen und das Betragen der *honnêtes gens* erlernen.« Aber es gibt dabei auch Nachteile: »Es ist schwierig, feste Unterrichtsstunden anzusetzen, weil diese ja von den Mahlzeiten abhängen, die wiederum infolge geschäftlicher Verpflichtungen und von Besuchen, die dazwischenkommen und die man oft weder vorhersehen noch vermeiden kann, nicht zu festgesetzten Zeiten stattfinden können.« Zumal diese zugleich freundschaftlich und beruflich motivierten Besuche, nebenbei gesagt, äußerst häufig waren. Es bestand zudem die Gefahr, daß die Kinder von den Eltern zu sehr verwöhnt wurden. Schließlich sind sie den »Gefälligkeiten und Schmeicheleien der Dienerschaft, den zügellosen Reden und Albernheiten fremder Bediensteter, die man nicht immer würde von ihnen fernhalten können«, ausgesetzt. Ja, die gefürchtete Vermischung mit der Dienerschaft – selbst die engagiertesten Gegner der Schule mußten anerkennen, daß dies ein zugkräftiges Argument zu ihren Gunsten war. So stellt Grenaille fest, daß viele Eltern »gezwungen sind, (ihre Kinder) in die Kollegs zu schicken, weil es ihnen lieber ist, daß sie sich in einer Klasse aufhalten statt in einer Küche«. (27)

Coustel stellt im übrigen fest, daß die Diskussion theoretischen Charakter hat, da man zu seiner Zeit sämtliche Knaben aufs Kolleg schickte.

Cet homme… Dieser Mann ist ein Original, und seine Lehre kennt nicht ihresgleichen; von Persius und Juvenal, von Catull und von Martial besitzt er tiefe Kenntnis. Er versteht alles außer der Welt.

»Was die Kindererziehung betrifft, so hält man in den allermeisten Fällen an dem Brauch fest, sie auf Kollegs zu schicken.« Diese haben ihre Vorzüge; die Kinder »schließen dort vorteilhafte Bekanntschaften und Freundschaften, die oft bis an ihr Lebensende fortbestehen«. »Sie ernten zudem die Früchte des Wetteiferns: die Kinder erwerben dort eine bemerkenswerte Kühnheit, wenn es darum geht, öffentlich zu reden, ohne beim Anblick anderer blaß zu werden, was für diejenigen, die später hohe Ämter innehaben werden, unerläßlich ist.« Die Privaterziehung befördert dagegen die Zaghaftigkeit. Es fällt auf, daß die Vorzüge, die man den Kollegs zugesteht, sich kaum je auf das Niveau der Bildung beziehen; sie bleiben gesellschaftlicher oder, wie man damals gesagt hätte, »ziviler« Natur.

Aber die Kollegs haben auch ihre Nachteile. Die Klassen waren bekanntlich sehr groß, hatten oft über hundert Schüler. Für Coustel »ist die alte große Schülermenge kein geringes Hindernis für ihr Fortkommen im Unterricht und das gesittete Betragen«. Da wir uns bereits mit den überfüllten Klassen und der Aufmüpfigkeit der Schüler beschäftigt haben, können wir Coustels Besorgnis besser begreifen. »Sobald die Kleineren den Fuß an diese Orte setzen, verlieren sie auch schon jene Unschuld, jene Einfalt und Bescheidenheit, die sie zuvor vor Gott und den Menschen so liebenswert erscheinen ließen.«

Es gibt eine Lösung, die bereits von Erasmus ins Auge gefaßt worden war, nämlich »fünf oder sechs Kinder mit einem oder zwei ehrbaren Männern in ein einzelnes Haus zu tun«. Wir haben bereits bemerkt, daß diese Formel von Port-Royal übernommen worden ist: das waren die kleinen Schulen, berühmt zwar, aber doch nur eine Ausnahmeerscheinung. Auch die zahlreichen privaten Pensionate, die am Ende des 17. und im Verlaufe des 18. Jahrhunderts entstehen sollten, beruhten auf diesem Prinzip. Von einigen Einschränkungen abgesehen, verhalten sich die moralistischen Erzieher dem Kolleg gegenüber eher zögernd. Ein Historiker, der sich mit ihrem Zeugnis begnügen würde, könnte daraus zu Recht schließen, daß die Öffentlichkeit den schulischen Formen der Erziehung feindlich gesonnen war, während die überfüllten Kollegs, wie wir andererseits gesehen haben, sich des Ansturms doch kaum erwehren konnten. Die Theoretiker werfen nicht immer das erhellendste Licht auf ihre Epoche.

Allerdings war diese Opposition nicht einfach nur unsinnig; sie erklärt sich aus der Bedeutung, die das soziale Lehrverhältnis, die sozialen Kontakte trotz fortschreitender Verschulung immer noch bewahrten. Im Alltagsleben verstand man sich besser darauf als in den Schriften der moralistischen Erzieher, Schule und bürgerliches Leben zu versöhnen. Beide kamen miteinander aus. Neben der Erziehung durch die Schule gab es eine Erziehung durch das gesellschaftliche Leben, die sich während des 17. Jahrhunderts ebenfalls vervollkommnete. Wir wollen bei diesem Punkt noch einen Augenblick verweilen.

Das Wort *civil* war nahezu ein Synonym unseres modernen Wortes »sozial«, ein *être cicil* ist ein soziales Wesen. Das Wort *civilité* wäre etwa das, was man heute unter »Weltgewandtheit« verstehen würde, doch hier ist der Unterschied bereits viel größer. Im 16. und 17. Jahrhundert ist die *civilité* nämlich die Summe der praktischen Kenntnisse, deren es zum Leben in der Gesellschaft bedarf und die sich in der Schule nicht erwerben lassen. Unter der älteren Bezeichnung *courtoisie* existierte die *civilité* bereits, als die Schule noch ausschließlich den zukünftigen Geistlichen vorbehalten war.

Die Ursprünge der diese *civilité* behandelnden Literatur, wie sie im 16. und 17. Jahrhundert ohne große Abweichungen existierte, sind ziemlich komplex. Sie lassen sich auf drei sehr alte Gattungen zurückführen. Zunächst einmal sind da die Traktate über die *courtoisie* im eigentlichen Sinne. Davon sind im 14. und 15. Jahrhundert viele in französischer, englischer, italienischer und sogar in lateinischer Sprache verfaßt worden. Sie richteten sich an alle, ob sie nun Geistliche oder Laien waren, Latein oder eine der Vulgärsprachen sprachen. Zitieren wir aus dem italienischen *Zinquanta Cortesie da Tavola: »La prima è questa: le Benedicite. La cortesia secunda:* Du wäscht Dir die Hände. Die dritte *cortesia:* setze Dich erst, wenn man Dich dazu einlädt. Die dreizehnte: derjenige, der den Tischdienst versieht, soll sauber sein und vor seinen Gastgebern weder ausspucken noch sonst irgendeine Verunreinigung verursachen.« (28)

Ähnliche Regeln im französisch geschriebenen *Comment se tenir à table,* im lateinischen *Stans puer ad mensam:* es handelt sich hier nämlich um Kinder oder junge Leute. Diese Sammlungen tragen im Englischen die Bezeichnung *Babees Books:* (29) wie man gefällig spricht, wie man grüßt, wie man vor seinem Herrn das Knie beugt, daß man sich nicht setzt, ohne dazu aufgefordert worden zu sein, wie man Fragen beantwortet. »Reinige Dir recht oft die Nägel, wasch Dir die Hände vor dem Abendessen. Wenn Du etwas wieder aus dem Mund tust, dann darf es nicht wieder auf den Teller zurück... Reinige Dir nicht die Zähne mit der Messerspitze... Besudele Dir weder Hände noch Arme... Bei Tisch darfst Du dann nicht mehr ausspucken... Dreh' Deine Serviette nicht zusammen... Halte den Teller vor Dir sauber... Hüte Dich, bei Tisch zu dösen... Hüte Dich zu rülpsen...«: Diese praktischen Ratschläge waren im allgemeinen in holprige Verse gekleidet. Im Mittelalter richteten sie sich auch an die Frauen. Der Rosenroman ist zum Teil ein Traktat über die Courtoisie: er empfiehlt den Damen den Gebrauch einer Art von Korsett (ohne Fischbein oder Metallstützen), erteilt ihnen Ratschläge, die ihre Toilette, ihre Intimpflege, die Reinlichkeit des »Venushauses«, das ordentlich rasiert sein mußte, betreffen. Später sprechen die *civilités* nicht mehr von den Frauen, gerade so, als hätten diese am Ende des Mittelalters und zu Beginn der modernen Zeit an Bedeutung verloren.

Der zweite Ursprung der *civilités* war folgender: die Regeln der allgemein gültigen Moral, die in einer Sammlung von Sinnsprüchen aus der spätrömischen Epoche enthalten waren; im Mittelalter hatte man sie Cato dem Älteren zugeschrieben; sie waren als die Distichen Catos bekannt. Der Rosenroman zitiert sie wie eine Empfehlung: »So lautet auch Catos Ratschlag, falls Du Dich an sein Buch erinnerst.« Der Cato wurde jahrhundertelang benutzt; noch im 18. Jahrhundert wurde er wieder aufgelegt. (30) Man erfuhr daraus, wie man mit Anstand lebt, daß man seine Zunge in Zaum halten soll, den Frauen, einschließlich der eigenen, mißtrauen, nicht auf Erbschaften zählen, den Tod nicht fürchten soll, sich nicht beunruhigen soll, wenn irgend jemand in Gesellschaft mit gesenkter Stimme spricht und in diesem Fall nicht immer annehmen soll, daß er über einen redet, daß man seine Kinder einen Beruf erlernen lassen, seinen Zorn gegenüber den Dienern mäßigen und seine Fehler verbergen soll, da die Verstellung mehr einbringt als der schlechte Ruf, daß man keine Hellseherei und keine Hexerei betreiben, nicht über seine Träume sprechen und sich auch darüber nicht beunruhigen soll, daß man seine Gattin mit Bedacht auswählen und sich vor der Begehrlichkeit hüten soll, und dies insbesondere, wenn sie mit »schimpflichem Liebesverlangen« einhergeht, daß man sich nicht über Greise lustig machen und es vermeiden soll, ein nachgiebiger Gatte zu sein usw. ... In diesen Ratschlägen kommt zugleich das zum Ausdruck, was wir heute als eine sehr banale Moral betrachten würden, sowie sozialer Konformismus und ein grober, allgemein vertrauter gesunder Menschenverstand. Man erfährt daraus, was man in sämtlichen Lebensbereichen zu tun und zu lassen hat, d. h. in seinen Beziehungen zu der eigenen Frau, der Dienerschaft, zu den Freunden, wie innerhalb der Konversation oder auch, was das Benehmen bei Tisch betrifft; all das ist wahllos miteinander vermischt und gehört derselben Ebene an. Aus unserer heutigen Optik kann man damit nicht sehr weit kommen. Doch was uns heute als Zwang gesellschaftlicher Konventionen ohne große Tragweite erscheint, das waren für unsere Vorfahren die Gebote des gemeinschaftlichen Lebens, die Hüter der wahren Werte.

Und hier der dritte Ursprung der *civilités:* die Kunst, das Wohlgefallen der Mitmenschen zu erregen, oder die Liebeskunst, die Ovids, André le Chapelains *De Amore,* Francesco de Barberinis *Documenti d'amore,* die diesbezüglichen Handbücher des 16. Jahrhunderts. Der Rosenroman ist ein Modell dieser Gattung. Man erfährt daraus, daß man sich vor der Eifersucht hüten soll, daß der Gatte nicht Herr ist über sein Weib (das wird sich später dann ändern), daß man Kenntnisse in den Wissenschaften und Künsten erwerben muß, um seiner Angebeteten zu gefallen, daß man sie nicht rügen, nicht versuchen soll, ihre Briefe zu lesen, hinter ihre Geheimnisse zu kommen. Allgemein gesagt: man soll die Gemeinheit fliehen, niemandem etwas Schlechtes nachsagen, grüßen und Grüße entgegenzunehmen wissen, keine Grobheiten sagen, sich vor dem Hochmut hüten, auf ein gepflegtes und elegantes Äußeres achten, vergnügt und guter Dinge sowie großzügig sein, sein Herz nur einmal vergeben... Solcherart sind die Rezepte, wie man die Sympathie der Frauen und sämtlicher Lebensgefährten erwirbt, die Zuneigung all derer, mit denen man ein Leben teilt, in dem man niemals allein, sondern stets inmitten einer vielköpfigen und anspruchsvollen Gesellschaft lebt.

Die Traktate über die Courtoisie, die moralischen Gebote und die Liebeskunst dienen ein und demselben Resultat: der Initiation des jungen Mannes (und manchmal der Dame) in das Leben in der Gesellschaft, das einzige Leben außerhalb der Klostermauern, das man sich vorstellen konnte und das im wesentlichen in menschlichen Kontakten, in Konversationen, in ernsten Dingen ebenso wie in Spielen bestand.

Diese ziemlich komplexe und aufgeblähte mittelalterliche Literatur nahm im 16. Jahrhundert dann andere, vor allem einfachere Formen an. Es sollten daraus zwei Gattungen verwandten Inhalts, aber unterschiedlicher Form hervorgehen: die *civilités* und die Wegweiser zum Erfolg, auch *courtisans* genannt. Das erste Handbuch der *civilité ist* das des Erasmus, das diese Gattung begründet hat. Sämtliche späteren *civilités,* und deren gab es viele, richten sich nach der des Erasmus oder imitieren sie sogar knechtisch. Die hervorstechenden Namen sind vielleicht Cordier, Antoine de Courtin und schließlich Jean-Baptiste de La Salle, dessen *Règles de la bienséance et de la civilité chrétienne* im 18. und noch zu Beginn des 19. Jahrhunderts unzählige Male wieder aufgelegt worden sind.

Diese Art von Anstandsfibel ist kein Schulbuch, entspricht aber doch dem Bedürfnis nach einer strengeren Erziehung, dem die alten Sammlungen, die der Courtoisie oder des Pseudo-Cato nicht zu genügen vermochten. Die Umstände – die fortschreitende Verschulung – wollten es, daß schon die kleinen Kinder in ihren ersten Unterrichtsstunden, wo sie anfingen, lesen und schreiben zu lernen, die Anstandsfibel in die Hand bekamen, obwohl diese der Schule doch fremd war und Verhaltensvorschriften vermittelte, die nicht auf die Schule bezogen und in der Schule schlecht zu üben waren. Lesen und schreiben lernte man aus den Anstandsfibeln. Daher waren sie auch in unterschiedlichen Buchstabentypen gedruckt, was recht komplizierte Formen annehmen konnte: man fand darin romanische, kursive und gotische Buchstaben, aber auch die handschriftlichen, die in dieser Art von Büchern bis dahin niemals gedruckt worden waren, so daß man diese Buchstaben schließlich als *caractères de civilité* bezeichnete. Diese pädagogische Bestimmung verleiht den Anstandsfibeln in typographischer Hinsicht ein pittoreskes Aussehen. Es kam auch vor, daß der Text in mehreren Sprachen gedruckt wurde; er war dann in vertikalen Spalten gesetzt, jede einzelne in einer anderen Schrift. Die verwendeten Sprachen waren Französisch, Latein, aber auch Italienisch, Spanisch und Deutsch (niemals jedoch Englisch, da diese Sprache damals nur wenige verstanden und sie keinen kulturellen Wert besaß). Man lernte auf diese Weise die lebenden Sprachen, die auf dem Kolleg nicht gelehrt wurden.

Nun ist es jedoch keineswegs so, daß diese Bücher ausschließlich für Kinder bestimmt gewesen wären. Die *civilité* Antoine de Courtins richtet sich nicht nur an »Personen, die Kinder haben, sondern auch an diejenigen, die, wiewohl schon im fortgeschrittenen Alter, sich in der Höflichkeit und dem Anstand, die es in Gesellschaft zu beachten gilt, noch nicht recht auskennen«. (31) Bei der Lesenden von Grimoux im Musée des Augustins von Toulouse handelt es sich bereits um ein junges Mädchen: Man erkennt deutlich die *caractères de civilité*, in denen das Buch gedruckt ist, das sie in der Hand hält. Die Gegenstände, die behandelt werden, gehören nicht immer zur Kinderliteratur: oft gehen sie die Erwachsenen an, wie beispielsweise, wenn es sich um die Frage handelt, wie man seine Frau und seine Diener zu behandeln hat, wie man mit Anstand alt wird. Wir finden darin zugleich Elemente des kindlichen Betragens und moralische Ratschläge, von denen wir heute sagen würden, daß sie Kindern unverständlich bleiben müssen. Dies erklärt sich aus den Ursprüngen der Anstandsfibeln, die, insgesamt gesehen, schriftliche Abfassungen der Gebräuche aus dem Bereich des Lehrverhältnisses, und noch stark beeinflußt waren von den Gewohnheiten einer Epoche, in der man das, was man den Kindern zu übermitteln hatte, nicht speziell auf sie zuschnitt, sondern diese sich vielmehr übergangslos in die Gesellschaft einfügten; sie hatten Zeit, sich mit allem vertraut zu machen. Alles stand ihnen von Anbeginn an zu Gebote. Sie mischten sich ganz früh unter die Erwachsenen. Wir haben weiter oben bereits häufig auf diese Anstandsfibeln Bezug genommen.

Eines von ihnen, das *Galatée*, hat sich während der ersten Hälfte des 17. Jahrhunderts eines außerordentlichen Echos erfreut. Die Jesuiten hatten es übernommen: eine Ausgabe von 1617 ist speziell für die Pensionäre der Bruderschaft Jesu in La Flèche und für die Pensionäre des Kollegs derselben Bruderschaft in Pont-à-Mousson bestimmt. (32) Wohlgemerkt, für die Pensionäre, denn es handelte sich nicht um ein Schulbuch, es richtete sich nicht an die außerhalb des Kollegs lebenden Schüler.

Über das *Galatée* heißt es dort: »Zuerst von G. della Casa in italienischer Sprache abgefaßt, und dann ins Französische, ins Lateinische, ins Deutsche und ins Spanische übertragen ... Eine unentbehrliche Abhandlung zum Zweck der Unterweisung der Jugend in allen möglichen Verhaltensweisen und Verrichtungen, wie sie von hochangesehenen Menschen von Ehre und Tugend hochgeschätzt und gebilligt werden, geeignet für all diejenigen, die nicht nur an der lateinischen Sprache ihr Vergnügen haben sondern auch an den gegenwärtig angesehensten Vulgärsprachen.« Wie die anderen Handbücher des guten Benehmens so unterrichtet auch das *Galatée* in Schicklichkeit, darin, wie man sich in Gesellschaft zu betragen hat. Es ist, wie wir bereits gesagt haben, ein Handbuch der Konversation. So erfahren wir daraus beispielsweise, daß »es gar nicht fein ist, öffentlich die Hand an irgendeinen Körperteil zu führen«, wie wir auch dem *puer stans ad mensam* des 15. Jahrhunderts die Vorschrift entnehmen konnten, daß man sich in Gesellschaft nicht kratzen solle. So soll man sich auch nicht zum Zweck der Verrichtung der Notdurft öffentlich an- oder auskleiden, sich auch nicht unmittelbar danach in sichtbarer Weise die Hände waschen, nicht auf den Straßenkot zeigen noch andere an »stinkenden Dingen« riechen lassen. Man solle unterlassen, die Sinne anderer zu beleidigen, also etwa »mit den Zähnen zu knirschen, zu pfeifen, zu quieken, Stein und Eisen gegeneinander zu reiben«. Eine andere Anstandsfibel empfiehlt zudem, nicht mit den Knochen zu knacken, beim Husten oder Niesen nicht zuviel Lärm zu machen. Auch soll man es vermeiden, zu gähnen oder mit offenem Munde dazusitzen. Man möge auch nicht in sein Taschentuch schauen. Wir finden hier die Vorschriften für das Betragen bei Tisch wieder, die ihre Bedeutung bis zum Ende des 18. Jahrhunderts bewahrten; die Mahlzeit war ein sozialer Ritus, bei dem – was heute nahezu aufgehört hat –, der einzelne eine minutiös definierte Rolle spielte und man insbesondere darauf zu achten hatte, daß man sich gut aufführte. Dazu gehörte, daß man nicht zu schnell aß, die Ellenbogen nicht auf den Tisch stützte, nicht in den Zähnen stocherte, nicht »soviel spuckte, und wenn dies doch einmal nötig war, dann wenigstens in manierlicher Art«. Wir erfahren ferner, welche Kleidung man schicklicherweise zu wählen hat: »Der Mensch soll sich außerdem darum bemühen, sich dem Aufzug der anderen Bürger so weit wie möglich anzugleichen und sich vom Üblichen leiten lassen.« In diesem wie in allen anderen Bereichen stellt das Ausgefallene einen Verstoß gegen die Regeln der guten Gesellschaft dar. Wenn man sich in Gesellschaft befindet, beugt man sich stets dem Wunsch der anderen, ohne je zu versuchen, seinen eigenen Willen durchzusetzen. So kann man beispielsweise nicht gerade schreiben wollen oder nach dem Nachttopf verlangen, wenn das Fleisch bereits in der Schüssel dampft und die Hände gewaschen sind. Man gibt sich weder ungebärdig noch vertraulich noch melancholisch. Auch gilt es, gegenüber der Dienerschaft (manche »Hochmütigen« können es nicht lassen, ihre Diener anzufahren und auszuschelten und drangsalieren unablässig die ganze Familie) sich würdig zu betragen, desgleichen auch auf der Straße, wo man weder zu hastig noch zu langsam gehen und die Passanten nicht anstarren darf. Vom 16. bis zum 18. Jahrhundert erscheint eine Anstandsfibel nach der anderen, und sie sind einander alle recht ähnlich. Diejenige J.-B. de La Salles hatte im 18. Jahrhundert ebensoviel Erfolg wie die des Erasmus, die Cordiers oder das *Galatée* im 16. und 17. Jahrhundert. Wir sind de La Salles *Règles de la bienséance et de la civilité chrétienne* bereits mehrfach begegnet. Daß ein frommer Erzieher, der mit vielerlei Aufgaben und Sorgen belastete Gründer einer Lehranstalt, sich die Mühe gemacht hat, eine Abhandlung zu verfassen, in der, wie in den vorangegangenen Büchern dieser Art, von den guten Manieren, von der Kleidung, der Frisur, dem Benehmen bei Tisch usw. die Rede ist, beweist, welche Bedeutung man diesen Themen, die heute nebensächlich geworden sind, damals zugemessen hat. Gewiß hatte man es mit einer bäuerlichen und ungehobelten Bevölkerung zu tun, und der disziplinarische Zwang der guten Manieren war dort notwendiger als in unseren Gesellschaften, die in stärkerem Maße allen nur erdenklichen öffentlichen Autoritäten und polizeilichen Kontrollen unterworfen sind: Seit die Schule, der Straßenverkehr, der Militärdienst usw. sich viel stärker in den Vordergrund geschoben haben, hat der Staat bei der Dressur des Individuums die Funktion übernommen, die früher die guten Manieren innehatten. Auch hatte man das Gefühl, daß es, was das Leben in der Gesellschaft betraf, keine Nebensächlichkeiten gab, insofern ja der gesellschaftliche Verkehr an sich schon etwas Wesentliches war. Deshalb ist es auch keineswegs verwunderlich, daß J.-B. de La Salle, der Kanonikus von Reims, sich ebenfalls der Mühe unterzog, die traditionellen Ratschläge der Anstandsfibeln zu Papier zu bringen: »Vor allem achte man darauf, daß es weder Würmer noch Ungeziefer gibt, diese fürsorgliche Vorkehrung ist im Hinblick auf die Kinder von großer Bedeutung.« Es folgen längere Auslassungen über die Art, wie man auszuspucken hat. »Es ist beschämend, den Eindruck zu erwecken, daß man schwarze und besudelte Finger hat; das läßt sich nur bei Arbeitern und Bauern dulden.« Wenn man das Bedürfnis verspürt zu urinieren, muß man sich stets an ein entlegenes Plätzchen zurückziehen, und was die anderen natürlichen Bedürfnisse betrifft, so verlangt es die Schicklichkeit (selbst vom Kind), das man ihnen ausschließlich dort nachkommt, wo man dabei nicht gesehen wird.« »Es gehört sich nicht, jemanden scherzhaft mit den Händen zu stoßen«, »während man mit jemandem scherzt, soll man nicht mit den Füßen wippen, nicht herumzappeln [selbst bei Kindern soll man das nicht dulden], nicht die Beine übereinanderschlagen«. Zur Frage der Kleidung gibt er folgende Anweisungen: »... es gehört sich nicht, daß ein Kind wie ein erwachsener Mann gekleidet ist, wie es sich auch nicht schickt, daß ein junger Mann prächtiger gekleidet ist als ein Greis.« Und natürlich fehlt auch das lange Kapitel über »Die rechte Art, Fleisch zu schneiden und zu servieren«, den Tisch zu decken, auf- und abzutragen, die insbesondere den Kindern und jungen Leuten vorbehaltene Aufgabe, nicht.

Die große Anzahl solcher *civilités,* ihrer Neuauflagen und Bearbeitungen von Erasmus bis J.-B. de La Salle und darüber hinaus, beweist uns, daß die Schule noch nicht sämtliche Formen der Wissensvermittlung an sich gezogen hatte. Man machte noch viel Aufhebens von diesen guten Manieren, die einige Jahrhunderte früher der hauptsächliche Bestandteil der Lehrzeit gewesen waren. »Das sanfte und harmonische Betragen der Kinder«, schrieb ein englischer Pädagoge des 17. Jahrhunderts, (33) »stellt einer Schule ein besseres Zeugnis aus, als eine solide Bildung, weil ein solches Betragen jedermann zeigt, daß das Kind gebildet ist, auch wenn es vielleicht nur wenige Dinge gelernt hat, weil doch die guten Manieren der wichtigste Teil der guten Erziehung sind«.

Noch zu Beginn des 17. Jahrhunderts sagte man, jemand »habe seinen *Courtisan* gelesen«, wie man von einem Menschen sagte, er kenne seinen *Galatée*. (34) Baldassore Castigliones *Cortegiano* rief eine Gattung ins Leben, wie Erasmus den Typus der *civilités* festgelegt hat: man könnte diese Gattung als Wegweiser zur Beliebtheit und zum Erfolg bezeichnen. Sie unterscheidet sich insofern von den Anstandsfibeln, als sie nicht bei den Grundlagen des schicklichen Verhaltens stehenbleibt: »Die guten Pädagogen bringen den Kleinen nicht nur Buchwissen bei, sondern auch gute Sitten und anständige Manieren, schickliche Bewegungen, wie man trinkt, ißt, spricht und sich fortbewegt.« Das wird als bekannt vorausgesetzt. Ein Teil ist den *civilités* und dem *Cortegiano*, d. h. der aus ihnen entstandenen Literatur, allerdings gemeinsam: er betrifft die Frage, wie man in der Gesellschaft gefällt und, dank dem geschickten Gebrauch, den man von den Höfen und der feinen Welt macht, reüssiert und vorankommt. Dieses Thema wird dann jedoch zum Hauptgegenstand des *Cortegiano* oder solcher Bücher wie des *El héroe* von dem Spanier Balthasar Gracián, der ins Französische übersetzt wurde, oder wie der *L'Honnête Homme* betitelten Werke Farets und Bardins, Gegenstand einer ganzen Literatur, die von D. Mornet untersucht worden ist. (35)

Man kann diesen Stoff im wesentlichen auf zwei Begriffe zurückführen: den Ehrgeiz und das Ansehen. Der Ehrgeiz ist ein Wert. Niemand soll sich mit seinem Stand zufrieden geben, sondern man soll vielmehr ständig darauf bedacht sein, ihn zu erhöhen. Dieser Aufstiegswille stellt sich nicht dar als Genußsucht oder als Wunsch nach mehr Wohlbefinden, sondern als Ideal, das strenge Disziplin, einen unbeugsamen Willen verlangt, ein heroisches Ideal, in dem man den Geist der Renaissance wiedererkennt. Es wird seine Geltung bis zur Mitte des 17. Jahrhunderts wahren. Auf naive Weise kommt es in einem Text des *Honneste Garçon* zum Ausdruck. (36) De Grenaille, der Verfasser, weiß um die Bedeutung des Adels: »Ich wünschte wohl, daß der *honneste garçon* in irgendeinem Hause von Adel geboren würde..., denn ist es nicht so, daß die Edelleute von Natur aus irgendetwas Majestätisches besitzen, das ihnen noch in der Erniedrigung Ansehen verschafft? Noch in der Unterwerfung scheinen diese Kinder diejenigen zu sein, die eigentlich die Befehle erteilen, wohingegen Nichtadlige, die Befehle erteilen, bisweilen eher solche zu empfangen scheinen, wenn sie welche zu erteilen meinen.« Dabei wird diese Anschauung von einer auf der Herkunft basierenden Rangordnung von einer anderen gesellschaftlichen Anschauung begleitet, die im Denken des Verfassers eine ebenso wichtige Rolle spielt: er sieht im Adel eine »göttliche Eigenschaft, die den Mut und die Tugend begünstigt, und nicht irgendeinen eitlen Anstrich von Ehre«. Man erwirbt diese Eigenschaft durch Tugend oder Renommée, und dank eines »Ehrgeizes bar jeder Kleinlichkeit entwickelt sie sich zunehmend«. Der *honneste garçon* wird seinem Hause höhere Adelstitel erwerben: »Wenn er als einfacher Edelmann geboren worden ist, wird er Baron werden wollen, ist er Marquis, wird er versuchen, Graf zu werden. Er wird schließlich aus den Rechten, die die Natur ihm gegeben hat, soviel zu machen suchen, wie das Schicksal ihm erlaubt... Diejenigen, die zwar einer angesehenen Familie entstammen, jedoch nur über sehr unzulängliche oder mittelmäßige materielle Güter verfügen, müssen bestrebt sein, sich durch ihr Geschick emporzuarbeiten und die Natur durch vermehrten Fleiß zu besiegen. Wir erleben häufiger den Fall, daß Leute von bescheidener Herkunft groß werden, als umgekehrt Große, denen es genügt, sich diesen Stand zu erhalten. Das rührt daher, daß die einen dort nachlässig sind, wo die anderen sich nicht die geringste Nachlässigkeit erlauben.« Grenaille kann dieser Art entschlossenen Vorwärtsstrebens seine Bewunderung nicht versagen: der *honneste garçon* »möge wissen, daß der Adel ihm um so mehr zur Ehre gereicht, wenn er ihn aufgrund von Verdiensten erwirbt, als wenn er ihn als Erbadel innehat«. Ein merkwürdiger Text, bezeichnend für den sittlichen Wert, den man dem Ehrgeiz zuerkennt.

Wie soll man nun diesen »Aufstieg« ins Werk setzen? Es gibt dafür nur ein einziges Mittel: das Renommée, das Ansehen. Geistesgaben, technische Fertigkeiten und moralischer Wert werden nicht in Betracht gezogen; nicht, daß sie völlig unbeachtet blieben, doch bei einem »berühmten« und »liebenswerten« Mann, der der Billigung aller sicher sein kann, verstehen sie sich von selbst. Darüber hinaus sollte diese Billigung durch neue Glanztaten und neue Fertigkeiten genährt werden: »Es gilt, Größe immer wieder zu bekräftigen, die Reputation immer neu zu beleben und immer wieder Beifall auf sich zu ziehen.« (37) Nur die Gunst der Großen und die Freundschaft der Gleichgestellten kann den Erfolg sichern. Um sich diese Gunst und diese Freundschaft zu sichern, soll man es ruhig wagen, sich auch unrechtmäßiger Reichtümer zu bedienen, nicht zögern, Fehler zu verbergen und Vorzüge vorzutäuschen. Die Verstellung ist erlaubt: »Oh Mensch, dessen Leidenschaft nur für das Renommée am Werke ist, Du, der Du auf Großes aus bist, trachte danach, daß jedermann Dich kennt, jedoch niemand Dich begreift. Wo diese Gewandtheit vorhanden ist, wird das Mittelmäßige nach viel aussehen, das Viele unendlich und das Unendliche unermeßlich erscheinen.«

»Die Tugend«, so Faret im *Honnête Homme,* (38) ist in so bestimmender Weise das Ziel all derjenigen, die bei Hofe etwas gelten wollen, daß, wenn man sich dort auch nur mit Verstellungen und Beschmutzungen beliebt machen kann, doch jeder glauben machen will, seine Tugend sei ohne Makel.« Das ist verständlich: »Ein Mann, der zufällig nur einmal in seinem Leben mit ihm [dem Höfling] spricht, wird zufriedengestellt von dannen gehen und darüber nur Dinge verlauten lassen, die er niemals sagen würde, wenn er auf den Grund seiner Seele hätte sehen können.« (39)

Um »die Liebe der Menschen zu erwerben«, bedarf es der »Gewandtheit, ... der schönsten seelischen Vorzüge, der tadellosen Lebensführung«. Damit sind wir wieder bei der Höflichkeit, der Schicklichkeit und der Kunst, in der guten Gesellschaft, in feinen Kreisen das richtige Betragen zu zeigen: »ohne dieses ist das beste Tun etwas Lebloses, größte Vollkommenheit abstoßend«. (40)

In der zweiten Hälfte des 17. Jahrhunderts machen die aus der *Civilité* des Erasmus und Castigliones *Cortegiano* hervorgegangenen Genres dann einige bezeichnende Veränderungen durch.

Das Ideal von Ehrgeiz und Aufstieg verschwindet zur selben Zeit wieder, wie der Höfling durch den *honnête homme,* der Hof durch die feine Gesellschaft abgelöst wird. Nun gehört es nicht mehr zum guten Ton, allzu unverhohlen nach Vermögen und nach Prestige zu streben. Eine neue Vorstellung kommt auf, der Chevalier Méré hat sie in seinem Werk durchgängig kultiviert: das Bemühen um das *juste milieu,* um eine distinguierte Mittelmäßigkeit. Diese Anschauung vermindert das Gewicht der gesellschaftlichen Einflüsse zwar nicht, gesteht ihnen jedoch nicht mehr ganz denselben sittlichen Wert zu. Die Schicklichkeit bleibt zwar genauso notwendig, doch entleert sie sich allmählich ihres moralischen Inhalts, sie hört auf, eine Tugend zu sein. Wir haben hierin erste Andeutungen einer Entwicklung zu sehen, die sich im 18. und 19. Jahrhundert dann mit großer Geschwindigkeit vollziehen wird: die kohärente Sozialität des Ancien Regime wird sich auf eine weniger tragfähige und weniger reichhaltige Weltläufigkeit reduzieren. Während der zweiten Hälfte des 17. Jahrhunderts gibt es dafür lediglich erste Anzeichen, und die Sozialität bleibt weiter sehr dicht und sehr bestimmend, wenn sie nun auch weniger heroisch und weniger exemplarisch geworden ist.

Die Anstandsfibeln, so haben wir gesagt, sind lange Zeit Beschreibungen der guten Manieren gewesen, die sich an alle Kinder wie Erwachsene richteten, die solche Manieren noch nicht gelernt hatten. Wie ihre mittelalterlichen Vorbilder sagen sie, wie ein *honnête homme* sich zu betragen hat, sie erinnern an festverwurzelte Gebräuche, die früher zwar nicht zu Papier gebracht, aber deshalb nicht weniger rezipiert und ernstgenommen worden waren. In der zweiten Hälfte des 17. Jahrhunderts wahren die *civilités* zwar ihren traditionellen Aspekt, räumen jedoch erzieherischen Ratschlägen und Empfehlungen immer mehr Platz ein, die ausschließlich an Kinder gerichtet sind, Erwachsene nicht betreffen, sondern beispielsweise das Verhalten des Schülers behandeln. In einer »kindgemäßen und wohlanständigen *(civilité)* zur Unterweisung des Kindes« von 1761 handelt ein ganzes Kapitel von »der Art, wie das Kind sich in der Schule betragen soll«. (41) Es handelt sich um eine Anstandsfibel, die von der des Schulmeisters Cordier und seinen Schülerdialogen inspiriert ist. Das Kind hat beim Eintreten das Haupt zu entblößen, um einmal dem Lehrer seine Ehrerbietung zu bezeugen und zum anderen seine Schulkameraden zu grüßen. Man soll nicht die Plätze tauschen, sondern auf dem Platz sitzen bleiben, den der Lehrer einem zugewiesen hat. »Belästigen Sie Ihre Mitschüler nicht, indem Sie sie stoßen und knuffen... Seien Sie nicht so unanständig und ungefällig, daß Sie sich weigern, Ihren Mitschülern notfalls mit Tinte, Feder oder anderen Dingen auszuhelfen, wenn sie einmal einen dieser Gegenstände zu Hause vergessen haben sollten... Schwatzen Sie in der Schule nicht ... Es zeugt von Bosheit, wenn man seine Freude darüber bezeugt, daß jemand getadelt oder gezüchtigt wird.« Es handelt sich nicht mehr ausschließlich darum, das Kind mit den Gewohnheiten der Erwachsenen vertraut zu machen, die es früher einzig durch die Erfahrungen der Lehrzeit erlernte. Der Anstandsunterricht trägt dem Schulleben mehr Rechnung, paßt sich ihm an und verlängert es. Es ist dies eine Folge der Entwicklung der Schule und der Ausgliederung der Kindheit: auf Kosten der Erwachsenen nimmt diese in den Anstandsfibeln einen immer bedeutenderen Platz ein.

Die *Civilité nouvelle* von 1671 ähnelt bereits einem für Erwachsene bestimmten Traktat über die Erziehung, was bei den traditionellen Anstandsfibeln, die als schriftliche Niederlegung von Gebräuchen im Sinne von Sitten konzipiert waren, nicht der Fall war. Es geht nun um Fragen wie man die Kinder bestraft und in welchem Alter man beginnt, sie mit den Buchstaben vertraut zu machen. »Das Kind soll zu Hause wiederholen, was es in der Schule oder im Kolleg gelernt hat, oder aber es soll zu Hause lernen, was es seinem Lehrer dann aufzusagen hat.« Am Abend erfolgt dann die Gewissenserforschung durch die Eltern: »Wenn das Kind seinen Mann gestanden hat«, dann wäscht man es und liebkost es. Wenn es sich leichtere Vergehen zuschulden kommen lassen hat, »bestraft man es in scherzhafter Weise, indem man sich über es lustig macht oder eine leicht erträgliche Bestrafung vornimmt... Wenn es sich dazu hat hinreißen lassen, eine Handlung zu begehen, die einem Verbrechen nahekommt, d. h. wenn es Blasphemie oder eine Mauserei begangen hat, wenn es gelogen oder ein Schimpfwort, eine gemeine Beleidigung gegen eine Zofe oder einen Diener geäußert hat, oder auch wenn es in verbohrter und trotziger Weise ungehorsam gewesen ist, soll man ihm die Rute geben.... Danach soll das Kind seinen Eltern und Erziehern gute Nacht sagen und seine Geschäfte verrichten. ... Sobald es ausgezogen ist, soll es sich schlafen legen, ohne noch zu schwatzen und Geschichten sowie allerhand unnützes Zeug zu erzählen [das Kind schlief ja niemals allein]. Es soll sich so zu Bette legen, daß es recht anständig darinnen liegt und ganz zugedeckt ist, es soll weder auf dem Rücken noch auf dem Bauch schlafen, sondern auf der Seite [ein mittelalterlicher medizinischer Rat], auch soll es nicht ohne Hemd schlafen, zum einen aus Gründen der Schicklichkeit und zum anderen deshalb, damit es seine Kleider in allen erdenklichen Fällen, die das nötig machen könnten, umgehend zur Hand hat«. (42)

Auch dieser erweiterte Rahmen der traditionellen Anstandsfibeln erwies sich als zu eng, um den neuen erzieherischen Bestrebungen zu genügen. So erschienen denn damals, insbesondere im Umkreis von Port-Royal, richtige praktische Abhandlungen über die Erziehung, die die Gestalt von Ratgebern für die Eltern hatten. Dazu gehören beispielsweise Varets *De l'éducation chrétienne des enfans* (1666), (43) Coustels *Règles de l'éducation des enfans* (1687). (44) Obwohl diese Werke auch Kapitel über gute Manieren enthalten (das Betragen im Gespräch, bei Tisch), die aus den traditionellen *civilités* entnommen zu sein scheinen, sind sie doch in einem anderen Geist geschrieben: sie sollen die Eltern beraten. So handeln sie auch von der Berufswahl, delikaten Problemen wie der Wahl der Schule, der Lektüre (die Romanlektüre ist zu unterbinden, Romane gelten als Gift für die Seele), von Spielen, von pädagogischen Methoden: »Passen Sie sich stets, so sehr Sie können, ihrer Schwäche, ihren kleinen Spielen an, indem Sie sozusagen mit ihnen stammeln, um sie ihre kleinen Lektionen zu lehren.« Daneben finden sich also Ratschläge an die Eltern, Hinweise für die Lehrer. Sie fordern die Eltern auf, sich vor ihren Kindern gut aufzuführen, ihnen ein gutes Beispiel zu geben, über ihren Umgang zu wachen, ihnen »eine Beschäftigung zu geben, die den Absichten entspricht, die sie mit ihnen haben, damit sie nicht in schändlicher Nichtstuerei den Tag vertun«, wobei sie allerdings darauf verzichten sollen, »sich Unannehmlichkeiten zu machen, damit ihre Kinder sich nur ja recht wohl befinden«. (45)

Es ist nicht zu übersehen, daß wir uns von den traditionellen Anstandsfibeln weit entfernt haben, denn es geht nicht mehr darum, die Gepflogenheiten der Erwachsenen für Kinder oder unwissende Erwachsene schriftlich abzufassen, sondern darum, die Familie selbst über ihre Pflichten, ihre Verantwortung aufzuklären, sie zu beraten, wie sie sich den Kindern gegenüber zu verhalten hat. An den Unterschieden zwischen der *Civilité* des Erasmus und den Abhandlungen Varets und Coustels über die Erziehung läßt sich die Distanz zwischen der Familie vom Ende des 15. Jahrhunderts, als der mittelalterliche Brauch, die Kinder in fremde Häuser in die Lehre zu geben, noch fortbestand, und der Familie in der zweiten Hälfte des 17. Jahrhunderts, die bereits um die Kinder herum organisiert war, ermessen. Allerdings vermochten diese gewissermaßen modernen Merkmale einer familiären Erziehung dem Erfolg der traditionellen Anstandsfibeln nichts anzuhaben, denn die verstärkte Zuwendung der Familie zum Kind stand noch nicht im Gegensatz zu den alten Sitten der Sozialität: die Erzieher selbst erkannten an, daß der gesellschaftliche »Verkehr« wesentlich blieb.

Wenn doch alles von den gesellschaftlichen Beziehungen abhing, so muß man sich fragen, wo die Menschen sich eigentlich trafen. Viele der alten Merkmale bestanden fort: immer noch trafen sie sich häufig draußen auf der Straße. Dies geschah nicht nur zufällig, weil die Städte klein und überschaubar waren, sondern auch deshalb, weil einige Straßen oder Plätze als Promenaden dienten, wo man zu bestimmten Tageszeiten seine Freunde traf, wie es heute noch in den Mittelmeerstädten der Fall ist. Das Menschengewimmel eines Korso, einer Piazza Major belebte damals Plätze, die heute verödet sind oder jedenfalls nur von Fußgängern überquert werden, die, selbst wenn es sich um Spaziergänger handelt, einander doch fremd sind. Der Tourist von heute hat Mühe, die Place Bellecour in Lyon nach der Beschreibung wiederzuerkennen, die ein italienischer Reisender, der Abt Locatelli, im Jahre 1664 davon gibt: »Männer und Frauen promenierten dort Arm in Arm, oder auch Hand in Hand, wie man ein Kind an der Hand hält ... Eine Frau wird zu beiden Seiten von je einem Mann untergehakt, ein Mann von zwei Frauen. An derlei Sitten wenig gewöhnt [der Abt kommt aus Bologna, wo man damals reservierter gewesen sein muß als in Lyon!] meinten wir, ein Bordell zu betreten ... Ich beobachtete ihr heiteres Treiben, und am

Beginn der Promenade sah ich, wie sie sich beim Arm nahmen, den sie wie den Henkel eines Korbes hielten, und auf diese Weise umherspazierten.« (46) Dieselbe Überraschung, wie sie der Bologneser des 17. Jahrhunderts angesichts jener lachenden, Arm in Arm herumspazierenden Volksmenge empfand, empfinden wir heute, wenn wir uns unter die italienischen Massen mischen.

Man traf sich also auf der Straße; und wo versammelte man sich? Im 19. Jahrhundert, und auch heute noch, versammeln sich zumindest die Männer oft im Café. Unsere heutige Kultur muß unbegreiflich bleiben, wenn man verkennt, welche Rolle das Café spielt, dieser einzige Treffpunkt, der jederzeit zugänglich ist, vertraut wie eine alte Gewohnheit. In England ist dies das »öffentliche Haus«, der *pub*. Die Gesellschaft des 16. und des 17. Jahrhunderts war eine Gesellschaft ohne Café: die Schenke, das Wirtshaus waren verrufene Orte, die den Bösewichtern, den leichten Mädchen, den Soldaten, den verbummelten Schülern, dem Bettelvolk und den Abenteurern aller Schattierungen vorbehalten waren; anständige Leute hielten sich von ihnen fern, zu welchem Stande sie auch gehören mochten. An öffentlichen Versammlungsorten gab es nur die Privathäuser oder doch zumindest einige von ihnen: es waren dies die großen Häuser, ländliche wie auch städtische. (47) Was haben wir unter einem solchen großen Haus zu verstehen? Es unterscheidet sich sehr von dem, was wir heute kennen: genau gesagt, es ist das gerade Gegenteil. Wenn man heute sagt, eine Wohnung sei groß, so steht das in Relation zur Anzahl ihrer Bewohner. Ein großes Haus ist immer ein von wenigen Personen bewohntes Haus. Sobald es von einer größeren Zahl von Menschen bewohnt wird, man würde sagen, sobald man sich beengt fühlt, wird das Haus nicht mehr als groß angesehen. Im 17. und auch im 15. und 16. Jahrhundert war ein großes Haus dagegen stets von sehr vielen Menschen bewohnt, es war stärker belegt als die kleinen Häuser. Dies ist eine sehr wichtige Beobachtung, die sich aus sämtlichen Arbeiten der demographisch orientierten Historiker über die Kopfstärke der Haushalte entnehmen läßt.

So hat man sich beispielsweise mit der Einwohnerschaft von Aix-en-Provence am Ende des 17. Jahrhunderts befaßt und sich dabei auf das Einwohnerregister von 1695 gestützt. (48) Im Licht dieser Analysen stößt man auf einen eindeutigen Gegensatz zwischen den armen und dicht bevölkerten und den wohlhabenden und weniger bevölkerten Vierteln: erstere bestehen aus kleinen und von wenigen Personen bewohnten Häusern, letztere aus großen und von vielen Menschen bewohnten Häusern. Manche Häuser beherbergen drei oder weniger als drei Bewohner, während andere 31 Personen (zwei herrschaftliche Personen, sechs Kinder, 17 Domestiken) oder auch 17 Personen (zwei herrschaftliche, acht Kinder, sieben Domestiken) beherbergen.

Dieser Gegensatz ist keine Eigentümlichkeit des 17. Jahrhunderts oder der Provence. Ein neuerer Aufsatz über Charpentras in der Mitte des 15. Jahrhunderts erweckt denselben Eindruck. (49) Dreiundzwanzig Familien von Rang zählen zusammen 177 Köpfe, das macht 7,7 Personen pro Haushalt; 17,4 % der Bevölkerung verteilen sich auf die Haushalte mit mehr als acht Personen. Ein Adliger hat 25 Personen in seinem Hause. Der Architekt des Domes lebt im Kreise von 14 Tischgängern. Es ist heikel, von diesen Zahlen auf die Geburtenziffer zu schließen. Dagegen geht daraus sehr deutlich hervor, daß die reichen Häuser über die Familie im eigentlichen Sinne hinaus ein ganzes Volk von Bediensteten, Angestellten, Schreibern, Klienten, Ladenjungen, Lehrlingen, Compagnons etc. beherbergten. Das gilt für das 15. bis 17. Jahrhundert und für alle möglichen Gegenden Westeuropas. Das waren große Häuser, d. h. selbst dann, wenn sie nicht als *hôtel* bezeichnet wurden, gab es in jeder Etage mehrere Zimmer, mehrere Fenster zur Straße hinaus, Hof oder Garten. Ihre Bewohner bildeten jeweils schon eine richtige soziale Gruppe. Neben diesen großen Häusern mit ihren vielen Bewohnern gab es sehr kleine Häuser, in denen nur das Ehepaar und stets nur einige ihrer Kinder, nämlich die jüngsten, wohnten. In der Stadt waren das solche Häuser, wie es einige noch in unseren alten Stadtvierteln gibt, Häuser, die pro Stockwerk nur ein oder zwei Fenster haben. Paul Masson zufolge sieht es so aus, als sei das Haus mit der zweifenstrigen Etage in Marseille als Verbesserung des Hauses mit nur einem Fenster pro Etage eingeführt worden: »Die Wohnungen in den einzelnen Stockwerken bestehen aus zwei Zimmern, wobei das eine zur Straße hinausgeht und das andere auf einen engen Hof, der das letzte dieser Häuser von denen der Nachbarstraße trennt.« (50) Oft spendeten die zwei Fenster im übrigen nur einem einzigen Zimmer Licht. Ein oder zwei Zimmer gab es also in jenen Stadtwohnungen. In den ebenerdigen Häusern auf dem Lande gab es auch nur eins, und wenn es zwei Zimmer gab, war das eine für das Vieh reserviert. Augenscheinlich handelte es sich dabei um Unterkünfte für die Nachruhe und bisweilen (nicht immer) die Mahlzeit. Diese kleinen armseligen Häuser erfüllten keinerlei soziale Funktion. Sie konnten der Familie nicht einmal eine Herdstatt bieten. Das Ausmaß der Wohnungsnot in den 50er Jahren dieses Jahrhundert hat uns darüber belehrt, wie sich die Wohnbedingungen auf die Familie auswirken. Gewiß war man im Ancien Régime unempfindlicher gegenüber der Vermischung der Geschlechter wie der Altersstufen. Es bedarf jedoch in jedem Falle eines räumlichen Minimums, unterhalb dessen ein Familienleben oder Familiengefühl, wie wir es im Verlauf dieser Studie beschrieben haben, unmöglich ist, sich weder herausbilden noch fortentwickeln kann. Das berechtigt uns zu dem Schluß, daß jene in beengten Verhältnissen wohnenden Armen zwar Zuneigung für die ganz Kleinen empfanden – jene elementare Form des Sinnes für die Kindheit –, die komplizierteren und moderneren Formen des Familiensinnes jedoch nicht kannten. Wie im Mittelalter waren das immer noch »stille«, »schweigsame«, weil elementare Familien. Es steht fest, daß die jungen Leute diese Einraumhäuser, die wir als Elendsquartiere bezeichnen würden, sehr früh verlassen mußten, sei es, um als Geschwisterpaar oder als Ehepaar in andere Elendsquartiere umzusiedeln, sei es um im Haus anderer Leute, d. h. in den große Häusern der Notabilitäten, als Lehrling, Diener, Kommis zu leben.

In diesen großen Häusern, die keine Palais, auch noch keine *hôtels*, keine Bauernhäuser oder städtische Etagenwohnungen waren, treffen wir das Milieu an, in dem der Sinn für die Kindheit und das Familiengefühl kultiviert wurden. Dorther stammen alle Beobachtungen, die den Stoff dieses Buches ausmachen. Die erste moderne Familie ist die jener Notabilitäten. Deren Familien sind es, die die umfangreiche Familienikonographie der Mitte des 17. Jahrhunderts, die Stiche Abraham Bosses, die Porträts Philippe de Champaignes, die Szenen der holländischen Maler darstellen. Für sie haben die Erzieher und Moralisten geschrieben und für sie hat sich die Zahl der Kollegs vervielfacht. Für diese Familien, d. h. für die Gesamtheit der Gruppe, die sie bildeten und die über die Gattenfamilie hinaus zwar keine weiteren Verwandten (dieser Typus der patriarchalischen Familie muß sehr selten gewesen sein) oder allenfalls irgendeinen unverheirateten Bruder, daneben aber den Kreis der Bediensteten, Freunde und Protégés umfaßte.

Dieses große Haus spielte eine öffentliche Rolle. In einer Gesellschaft ohne Café, ohne *public house* war es der einzige Ort, wo Freunde, Kunden, Verwandte, Protégés zusammentreffen und sich unterhalten konnten. Zu den Bediensteten, Geistlichen und Kommis, die ständig dort wohnten, muß man noch den unablässigen Strom der Besucher hinzuzählen. Diese brauchten sich offenbar mit ihren Besuchen nicht nach der Tageszeit zu richten und wurden niemals hinauskomplimentiert, denn die Erzieher des 17. Jahrhunderts waren der Ansicht, daß die Häufigkeit und die unbestimmte Stunde der Besuche insbesondere die Festsetzung regelmäßiger Tischzeiten unmöglich machten und befanden immerhin, daß diese Unregelmäßigkeit für die Bildung der Kinder so abträglich sei, um den Kollegbesuch zu rechtfertigen, obwohl die schulische Promiskuität sich nachteilig auf die Moral der Kinder auswirkte. Das beständige Kommen und Gehen der Besucher hielt die Kinder vom Lernen ab. Kurzum, diese Visiten schienen eine regelrechte Hauptbeschäftigung zu sein, die das Leben des Hauses bestimmte, ja von der selbst die Tischzeiten abhängig waren.

Diese Besuche waren nicht nur freundschaftlicher oder gesellschaftlicher, sondern auch beruflicher Natur, doch ließen sich diese Unterscheidungen kaum aufrechterhalten. So waren denn diejenigen, die wir in dieser Untersuchung als Klienten bezeichnet haben, lange Zeit zugleich die Freunde des Notars, war einer des anderen Schuldner. Weder der Richter noch der Händler, der Bankier oder irgendein Geschäftsmann verfügte über Lokalitäten zu rein beruflichen Zwecken. Alles wurde in denselben Zimmern abgewickelt, in denen man mit der Familie lebte.

Dabei waren diese Zimmer allerdings für die verschiedenen häuslichen Zwecke ebensowenig spezialisiert wie für die beruflichen. Sie gingen ineinander über; die am besten ausgestatteten Räume bildeten eine Etage der Galerien und der zusammenhängenden Säle. Auf den anderen Etagen waren die Zimmer kleiner, hingen jedoch ebenfalls zusammen. Keines davon hatte einen präzisen Verwendungszweck, außer der Küche; dort kennt man auch viele Fälle, wo das Essen an der Feuerstatt des größten Raumes gekocht wurde. Die Kücheneinrichtung ließ, so weit es die mittelgroßen städtischen Häuser betraf, keinerlei Raffinement zu, und wenn man Gäste hatte, kaufte man bereits fertig zubereitete Gerichte beim benachbarten Rôtisseur. Als Hortensius, der »Präzeptor« oder Schulmeister Francions, eine Gesellschaft festlich bewirten wollte, sagte er zu seinem »Schulfuchs«, seinem Vertrauten: »Geh los und trage dem Gevatter Gastwirt auf, mir vom Besten (Muskateller) und ein Stück Braten herüberzuschicken. Und dazu kam es, weil ihm, da es bereits sehr spät war und die Zuletztgekommenen eine Leier mitgebracht hatten, aufging, daß er wohl kaum darum herumkommen würde, allen in seinem Zimmer Versammelten ein Souper zu geben.« Francion macht sich mit dem Schulfuchs auf den Weg. Bei dem Gastwirt »fanden wir nichts, das uns zusagte, und nahmen nur Wein. Wir kamen überein, zur Rôtisserie am Petit Pont zu gehen. Der Schulfuchs kaufte einen Kapaun und da er noch ein Stück Lendenbraten wollte, ging er zu sämtlichen Rôtisseurs, um zu sehen, ob sich nicht irgendwo ein gutes Stück auftreiben ließ.« Man lebte in Allzweckräumen. Dort aß man auch, aber nicht etwa an für diesen Zweck reservierten Tischen: den berühmten »Eßzimmertisch« gab es nicht; stattdessen stellte man für die Mahlzeit Klapptische auf, die man mit einem Tischtuch bedeckte, wie man auf den Stichen Abraham Bosses sehen kann. Um die Mitte des 15. Jahrhunderts erinnert sich der Humanist Alberti (51), ein großer *laudator temporis acti,* der Sitten seiner Jugendzeit: »Als wir jung waren ..., schickte das Weib seinem Gatten ein Krüglein Wein und etwas, das er zu seinem Brot essen konnte; sie aß zu Hause und die Männer in der Werkstatt.« Man braucht ihn nicht ganz wörtlich zu nehmen, wie denn diese Gewohnheit in vielen Handwerker- und Bauernhaushalten auch in späterer Zeit noch häufig anzutreffen war. Er stellt diese einfachen Bräuche jedoch dem städtischen Brauch seiner Zeit gegenüber: »Zweimal täglich sieht man den Tisch gedeckt wie für ein festliches Bankett.« Tatsächlich handelt es sich dabei um einen zusammenklappbaren Tisch, wie überhaupt ein großer Teil des Mobiliars zu Beginn des 17. Jahrhunderts noch zusammenlegbar war. (52)

In denselben Räumen, in denen man aß, schlief man auch, tanzte und arbeitete und empfing die Besucher. Die Stiche zeigen uns das Bett neben einem Serviertisch, auf dem das goldverzierte Geschirr aufgebaut ist, das Bett in der Ecke desselben Raumes, in dem man gerade die Mahlzeit einnimmt. Ein Bild von P. Codde (53) aus dem Jahre 1636 stellt einen Ball dar, im Hintergrund des Saales, in dem die Masken tanzen, sieht man ein Bett mit zugezogenen Vorhängen. Lange Zeit waren auch die Betten zerlegbar. Es war Aufgabe der Pagen oder der Lehrlinge, sie für die Gesellschaft zurechtzumachen. Der Verfasser des *Chastel de joyeuse destinée* beglückwünscht die jungen Leute, »die sich auf den Geschmack Frankreichs verstehen«. (54)

Ces gens français servaient tout promptement
Et dreçaient litz tant bien proptement
Que ce m'était grant esbaïssement.

Noch zu Beginn des 17. Jahrhunderts, im Jahre 1606, macht Héroard folgende Eintragung (12. März): »Als er angekleidet ist, ist er [der zukünftige Ludwig XIII.] selbst behilflich, sein Bett zusammenzulegen.« Am 14. März 1606 heißt es: »Nachdem man ihn zur Königin geführt hat, wird er im Zimmer des Königs [der sich auf einem Feldzug befin-

Ces gens français... Diese französischen Leute bedienten so prompt und schlugen in so reinlicher Weise die Betten auf, daß ich mich höchlich verwundern mußte.

det] untergebracht; er hilft mit, sein Bettgestell herbeizutragen, und die Königin schaut ihm dabei zu; Madame de Montglas läßt ihr Bett ebenfalls dort aufstellen.« Am 8. Sept. 1608, kurz vor dem Aufbruch nach St. Germain: »Ungeduldig die Abreise erwartend, beschäftigt er sich damit, sein Bett auseinanderzunehmen.« (55) Dabei waren die Betten inzwischen schon weniger beweglich geworden. Bereits Alberti, der den guten alten Zeiten nachtrauerte, bemerkte: »Ich erinnere mich ..., gesehen zu haben, wie unsere angesehensten Bürger, wenn sie in den Krieg zogen, sich ihre Betten und Küchengeräte dorthin schaffen ließen und diese dann bei der Rückkehr wieder mitbrachten. Heutzutrage ist die Ausstattung eines einzigen Zimmers aufwendiger und kostspieliger als einst die eines ganzen Hauses am Hochzeitstage.« (56) Zweifellos ist diese Verwandlung des zerlegbaren Bettes in ein festes Möbel ein Zeichen für die wachsende Intimität. So beginnen auch die Künstler alsbald, das verzierte, von Vorhängen umgebene Bett zur Illustration von Themen des Privatlebens zu verwenden: es ist Bestandteil des Zimmers, wo die Eheleute unter sich sind, wo die Mutter niederkommt, die Greise sterben und die Einzelgänger vor sich hin sinnieren. Allerdings war das Zimmer, in dem das Bett stand, deshalb noch kein Schlafzimmer in unserem Sinne. Das Zimmer blieb ein öffentlicher Ort. Daher mußten diejenigen, die das Bett mit Beschlag belegt hatten, die Vorhänge zuziehen, die man nach Belieben öffnete oder aber schloß, wenn die Intimität gewahrt werden sollte. Man schlief selten allein, sondern natürlich mit seiner Frau und auch mit anderen Personen des eigenen Geschlechts.

Da das Bett vom Zimmer unabhängig war und ein kleines Refugium für sich darstellte, konnte es in einem Zimmer auch mehrere Betten geben, die sich dann oft in den vier Ecken befanden. Bussy-Rabutin erzählt, wie während eines Feldzuges eines Tages ein junges Mädchen zu ihm kommt, das die Soldaten erschreckt haben, und ihn um Schutz und Gastfreundschaft bittet: »Schließlich sagte ich meinen Leuten, man solle ihr eines der vier Betten zuweisen, die sich in meinem Zimmer befanden.« (57)

Man kann sich kaum mehr vorstellen, welches Gemisch von Geschlechtern und Altersstufen in diesen Räumen geherrscht haben muß, in denen man sich nicht absondern konnte, die man durchqueren mußte, um in die damit verbundenen Zimmer zu gelangen, in denen man zu mehreren Haushalten mit einer ganzen Reihe von Knaben oder Mädchen lebte (ohne die Bediensteten zu zählen, von denen wenigstens einige in der Nähe ihrer Herrschaft schlafen und die immer noch beweglichen Betten im Zimmer oder hinter der Tür aufschlagen mußten), in denen man sich versammelte, um zu speisen, seine Freunde oder Kunden zu empfangen, Bettlern Almosen zu geben. Man begreift mittlerweile, weshalb die *hôtels,* die Häuser der angesehenen Persönlichkeiten in den Statistiken stets mehr Köpfe zählen, als die kleinen Wohnungen mit gewöhnlich einem oder zwei Zimmern. Man darf sich diese Familien, in denen doch der moderne Familiensinn entstand, nicht als Zufluchtstätten gegen das Eindringen der Außenwelt vorstellen, sondern als Zentren einer bestimmten Gesellschaft, Brennpunkte eines sehr intensiven gesellschaftlichen Lebens. Um diese herum organisierten sich die zur Peripherie hin immer lockerer werdenden konzentrischen Kreise der Beziehungen: die der Verwandten, Freunde, Kunden, Protégés, Schuldner, etc....

Im Knotenpunkt dieses komplexen Netzes findet sich die fest zu einem Haushalt gehörende Gruppe der Kinder und der Bediensteten. Der wachsende Sinn für die Kindheit, wie wir ihn für das 16. und 17. Jahrhundert konstatiert haben, und das Mißtrauen der Moralisten gegen die Bediensteten haben sie noch nicht zu trennen vermocht. Diese Gruppe ist gewissermaßen das lebendige, pulsierende Herz des großen Hauses. Zahlreiche Stiche zeigen uns Kinder mitten unter Dienstboten, die ihrerseits meistens sehr jung sind. So beispielsweise auch eine der Arbeiten von Lagniet, die zur Illustration von Sprichwörtern dienen: ein kleiner *garçon* vergnügt sich mit dem Kind des Hauses, das gerade erst zu laufen beginnt. (58) Dieselbe Vertraulichkeit muß in den Handwerker- und Arbeiterhaushalten mit ihren Lehrlingen oder jungen Dienstboten geherrscht haben. Es bestand kein großer Altersunterschied zwischen den Kindern des Hauses und den Bediensteten, die sehr jung in Dienst traten und von denen manche Milchbrüder von Familienmitgliedern waren. Das *Book of Common Prayer* von 1549 weist die Familienoberhäupter auf ihre Pflicht hin, darüber zu wachen, daß allen Kindern des Hauses, d. h. den *children, servants and prentices,* religiöse Unterweisung zuteil wird. Die Diener und Lehrlinge stehen in einem engen Verhältnis zu den Kindern der Familie. Sie toben mit ihnen bei Spielen herum, wie sie für kleine Jungen üblich sind. »Und da ist noch der Lakai des Abbé, der die reizende Jacquine, als er sich wie ein junger Hund mit ihr gebalgt hat, zu Boden geworfen und ihr den Arm gebrochen und das Handgelenk ausgerenkt hat. Ganz schrecklich geschrien hat sie«, sagt Madame de Sévigné, die das einigermaßen amüsant zu finden scheint. (59)

Noch im 17. Jahrhundert hatten die Söhne der Familie häusliche Aufgaben, insbesondere den Tischdienst, zu übernehmen, die sie der

Welt der Dienerschaft nahebrachten. Sie legten das Fleisch vor, brachten die zahlreichen Gerichte herbei, die damals im Unterschied zu heute auf französische Weise serviert wurden – d. h. man bot wie auf einem Büffet mehrere Gerichte auf einmal an –, sie schenkten zu trinken ein, holten Gläser oder füllten sie. Bis zum Ende des 18. Jahrhunderts nehmen die Kapitel über die richtige Art, den Tischdienst zu versehen, in den Anstandsfibeln einen gewichtigen Platz ein. Kinder beim Tischdienst werden oft in der Genreszene dargestellt. (60) Dem Dienen haftete noch nichts Erniedrigendes an. Die Tatsache, daß man »von jemandem abhängig war«, hatte noch nicht den erniedrigenden Charakter angenommen, der ihm heute anhaftet. Man war fast immer von irgendjemandem »abhängig«. Die Bücher des 16. und 17. Jahrhunderts vom Typus des *Cortegiano,* in denen es darum geht, wie man sich angenehm machen kann, empfehlen dem *gentilhomme particulier*, d. h. dem kleinen Adligen, sich seinen Herrn klug zu wählen und sich seine Gunst zu verschaffen. Die Gesellschaft stellte sich noch als aus lauter Netzen von »Abhängigkeiten« bestehend dar. Daher rührt auch eine gewisse Schwierigkeit, ehrenhafte Dienstleistungen von den Lohndiensten zu unterscheiden, die einem niedrigen Dienstpersonal vorbehalten waren: diese Schwierigkeit bestand noch im 17. Jahrhundert fort, obwohl die Diener mittlerweile den verachteten mechanischen Berufen zugeordnet wurden. Immer noch gab es zwischen Herren und Dienern etwas, das sich weder auf die Einhaltung eines Vertrages noch auf die Ausbeutung seitens des Patrons reduzierte: ein wesentliches Band, das zwar weder die Brutalität der einen noch die List der anderen ausschloß, das jedoch aus einer nahezu allesumfassenden Lebensgemeinschaft hervorging. Richten wir unser Augenmerk auf die Termini, die die Moralisten verwenden, um die Pflichten des Hausvaters zu bezeichnen: »Der ordentliche Hausvater hat im wesentlichen drei Aufgaben zu erfüllen: die erste besteht darin, *seine Frau ziemlich zu behandeln,* die zweite darin, seine Kinder *ordentlich zu erziehen,* die dritte darin, *ein gutes Verhältnis zur Dienerschaft zu unterhalten.*« (61) »Salomon gibt uns diesbezüglich einen wohlabgewogenen Rat, der alle Pflichten eines Herrn seinen Dienern gegenüber umschließt. Drei Dinge gibt es, so sagt er, an denen es ihnen nicht mangeln darf: Brot, Arbeit und Schelte. Brot, weil sie ein Recht darauf haben, Arbeit, weil sie ihr Beruf ist, Schelte und Züchtigungen, weil dies in unserem Interesse liegt ... Man würde nur sehr wenige Diener finden, die sich nicht betragen würden, wie es sich gehört, wenn sie nur anständig ernährt würden und ihre Löhne pünktlich erhielten.« Doch zahlte man damals Löhne nicht auf dieselbe Weise wie heute. Coustel sagt dazu folgendes: »Verschwendungssüchtige Eltern bringen sich um die Möglichkeit, *ihre Bediensteten zu entlohnen*, ihre Gläubiger zu befriedigen oder den Armen beizustehen, wie es ihre Pflicht ist.« (62) Oder hören wir auch Bordelon: »Zwischen den Bediensteten und den Herren bestehen wechselseitige Verpflichtungen. Gebt ihnen für ihre Dienste und ihre diesbezügliche Ergebenheit *Anteilnahme und Entlohnungen.*« (63) Man bezahlte einen Diener nicht, man entlohnte ihn; es ging bei den Beziehungen zwischen Herrn und Diener weniger um rechtliche Positionen als um Schutz und Mitleid, dasselbe Empfinden, das man den Kindern gegenüber aufbrachte. Niemand hat das besser zum Ausdruck gebracht als Don Quijotte, als er beim Erwachen den noch schlafenden Sancho betrachtete: »Schlummere, sag' ich noch einmal und werd' es noch hundertmal sagen ...; die Grenzen deiner Wünsche erstrecken sich nicht weiter als auf die Sorge für deinen Esel, denn die für deine Person hast du auf meine Schultern geladen, eine Last und Bürde, welche Natur und Herkommen den Herren auferlegt. Es schlummert der Diener, und der Herr wacht und sinnet nach, wie er *ihn nähren, ihm voranhelfen und Wohltaten erweisen mag.* Der Kummer, zu sehen, daß der Himmel ehern wird und der Erde nicht mit dem erforderlichen Naß zu Hilfe kommt, drückt den Diener nicht, sondern den Herrn, der bei Mißwachs und Hungersnot den Mann ernähren muß, der ihm gedient hat zur Zeit der Fruchtbarkeit und Fülle.« (64) Die Vertraulichkeit, die diese Form von persönlicher Abhängigkeit mit sich brachte, zeigt sich noch in den Komödien Molières an der Sprache der Zofen und Diener, die diese ihren Herren gegenüber führen. In diesen Räumen, die keinem bestimmten Zweck dienten, in denen man aß, schlief, Besuch empfing, ließen sich Herr und Diener nicht voneinander trennen. So mischt sich in den *Caquets de l'accouchée* die Dienerin auch ganz selbstverständlich in die Unterhaltung ein. Das war in den Bürgerhäusern ebenso üblich wie in denen des Hochadels. »Als Madame la Princesse (de Condé) bereits seit einiger Zeit eine Neigung zu einem ihrer Lakaien namens Duval gefaßt hatte«, berichtet Madame de Sévigné, »war dieser närrisch genug, um darüber unmutig zu werden, daß sie auch dem jungen Rabutin, der ihr Page gewesen war, einiges Wohlwollen bezeugte.« Vor der Prinzessin gerieten sie in Streit. »Rabutin griff zum Schwert, um ihn dafür zu strafen, *Duval zog ebenfalls das seine,* und als die Prinzessin dazwischen trat, um sie auseinander zu bringen, wurde sie leicht an der Kehle verletzt.« (65)

Diese Vertraulichkeit war, was die Erwachsenen betraf, gewiß im Schwinden begriffen, und diejenigen Moralisten, die sich am meisten für eine gute Behandlung der Dienerschaft einsetzten, empfahlen zugleich die größte Zurückhaltung ihnen gegenüber: »Sprechen Sie wenig mit Ihren Bediensteten.« (66) Bei Kindern und jungen Leuten bestand die Vertraulichkeit jedoch fort. Seit ihren ersten Lebensjahren hatten sie mit den kleinen Lakaien ihren Spaß gehabt, von denen manche durch ein persönlicheres Band an sie geknüpft waren und ihnen bisweilen im Kolleg zu Diensten standen; so konnte zwischen ihnen wirkliche Kameradschaft entstehen. Man kennt die Diener bei Molière oder man denke auch an den Diener in Corneilles *Menteur*. Der Diener einer vergessenen Komödie, Lariveys *Écoliers*, bringt die Gefühle für seinen Herrn mit einer Bewegtheit zum Ausdruck, die echter anmutet: »Ich bin mit ihm gestillt worden und liebe ihn mehr als irgendeinen anderen auf der Welt.«

Die Historiker haben uns bereits seit langem darüber aufgeklärt, daß der König niemals allein blieb. In Wirklichkeit war es jedoch bis zum Ende des 17. Jahrhunderts so, daß überhaupt niemand allein war. Die Intensität des sozialen Lebens verbot die Isolierung, und man pries es als seltene Leistung, wenn es irgendjemandem gelungen war, sich für einige Zeit »hinter dem Ofen« oder »hinter seinen Studien« zu verkriechen; all die Beziehungen zwischen Gleichgestellten, zwischen Personen desselben Standes, die jedoch voneinander abhängig waren, die Beziehungen zwischen Herren und Dienern, Beziehungen des Alltagslebens, die den ganzen Tag beanspruchten, ließen es nicht zu, daß irgendjemand jemals allein war. Diese ausgeprägte Sozialität stand der Herausbildung des Familiengefühls lange Zeit entgegen, weil keinerlei Intimität aufkommen konnte. Die Entwicklung einer neuen affektiven oder jedenfalls doch in anderer Weise bewußten Beziehung zwischen Eltern und Kindern, die sich im 16. und 17. Jahrhundert vollzog, hat die Sozialität nicht zerstört. Dies bewußte Verhältnis zur Kindheit und zur Familie – in eben dem Sinne, in dem man von Klassenbewußtsein spricht – erforderte Bereiche der körperlichen und sittlichen Intimität, die es zuvor nicht gab. Man hat sich in dieser Epoche jedenfalls mit einer unablässigen Promiskuität abzufinden gehabt. Die Verbindung zwischen traditioneller Sozialität und neuem Familienbewußtsein hat sich nur in bestimmten Familien vollzogen, in Familien von Notabilitäten, seien diese nun ländlich oder städtisch, adlig oder nichtadlig, bäuerlich oder Handwerksberufen zugehörig gewesen. Die Häuser dieser angesehenen Familien sind zu Mittelpunkten des sozialen Lebens geworden, um die eine ganze kleine, komplexe und viele Köpfe zählende Welt kreiste. Dieses Gleichgewicht zwischen Familie und Gesellschaft sollte jedoch dem Sittenwandel und der wachsenden Intimität nicht standhalten.

Seit dem 18. Jahrhundert beginnt die Familie gegenüber der Gesellschaft eine gewisse Distanz zu beziehen, sie aus dem immer mehr Raum greifenden privaten Lebensbereich herauszudrängen. Die Organisation des Hauses entspricht diesem neuen Bestreben, sich gegen die Welt abzuschirmen. Jetzt finden wir bereits das moderne Haus. Die Unabhängigkeit der einzelnen Zimmer ist dadurch gewährleistet, daß sie von einem Flur aus betreten werden können. Selbst wenn sie miteinander verbunden sind, ist man nicht mehr genötigt, sie sämtlich zu durchqueren, um von einem bestimmten Raum in einen anderen zu gelangen. Man hat gemeint, daß der Komfort auf diese Epoche zurückgeht; er ist zur selben Zeit entstanden, wie die Intimität, die Diskretion und die Isolierung, er ist eine ihrer Äußerungsformen. Jetzt ist es nicht mehr beliebig, wo Betten aufgestellt werden. Sie gehören ausschließlich ins Schlafzimmer und sind zu beiden Seiten des Alkovens mit Schränken und Gefächern ausgestattet, in denen wir die neuen Utensilien der Toilette und der Hygiene finden. In Frankreich und in Italien nimmt das Wort *chambre* bzw. *camera* allmählich eine dem Wort *salle* bzw. *sala* entgegengesetzte Bedeutung an – früher waren sie nahezu synonym verwendet worden –, d. h. *chambre* bezeichnet nun das Zimmer, in dem man schläft, *salle*, dasjenige, in dem man Besuch empfängt, in dem man ißt: den Salon, das Eßzimmer, im Italienischen unterschieden als *camera* und *sala da pranzo*. In England wurde das Wort *room* weiter für die verschiedenen Räume benutzt, doch begann man ein spezifizierendes Präfix hinzuzufügen: *dining-room, bedroom* etc.

In dieser Spezialisierung der Wohnräume, wie sie zunächst innerhalb des Bürgertums und der Aristokratie stattfand, haben wir gewiß eine der größten Veränderungen des täglichen Lebens zu sehen. Sie entspricht dem neuen Bedürfnis nach Isolierung. In diesem abgeschlosseneren Interieur verlassen die Bediensteten nicht mehr die getrennten Räumlichkeiten, die ihnen zugewiesen werden – es sei denn bei den Fürsten, wo die alten Sitten weiter Gültigkeit haben. Sébastien Mercier vermerkt als neue Gewohnheit, daß die Damen nach ihren Zofen läuten. Man installiert nun Klingelanlagen, so daß man auch aus der Entfernung nach ihnen rufen kann, während sie zuvor gerade dazu ausreichten, in dem Zimmer Aufmerksamkeit zu erregen, wo man sie betätigte. Nichts könnte bezeichnender sein für dieses neue Bedürfnis, die Dienerschaft von sich fern zu halten und sich gegen Eindringlinge zu schützen. Im 18. Jahrhundert ist es nicht mehr üblich, Freunde oder Geschäftspartner ohne vorherige Anmeldung zu jeder beliebigen Tageszeit aufzusuchen. Entweder hat man bestimmte Empfangstage, oder »man schickt sich durch Boten gegenseitig Karten zu«. »Der kleine Postverkehr übernimmt auch die Visiten.« (67) »Der Überbringer der Visitenkarte« legt dieselbe nieder, »nichts ist angenehmer, niemand ist zu sehen, jeder hat den Anstand, seine Türe zu schließen.« Diese neuen Verkehrsformen zielen darauf ab, das, was einst die selbstverständlichste Beschäftigung, ein Mittel zur Beförderung des Geschäftsverkehrs, zur Sicherung der gesellschaftlichen Stellung und zur Pflege von Freundschaften war, von sich fernzuhalten. Einst lebte man in der Öffentlichkeit und im Medium der Repräsentation, und alles vollzog sich mündlich, auf dem Wege des Gesprächs. Nun sind gesellschaftliches, berufliches und Privatleben deutlicher gegeneinander abgesetzt: einem jeden Bereich wird ein geeigneter Raum zugewiesen, die Kammer, das Kabinett, der Salon.

Die Einführung der Visitenkarte oder das *jour* ist kein isoliertes Phänomen. Sie gehört zu einem ganz neuen Code der Umfangsformen, der an die Stelle der alten Schicklichkeit getreten ist; diese trägt mittlerweile den modernen Namen Höflichkeit und zielt ebenfalls darauf ab, die individuelle oder familiäre Freiheit und Intimität gegen den gesellschaftlichen Zwang zu schützen. Unter der alten Schicklichkeit verstand man die Kunst, das Leben in der Gemeinschaft und im repräsentativen Bereich richtig zu meistern. Die neue Höflichkeit bedeutet hingegen die Verpflichtung, sich der Intimsphäre des anderen gegenüber diskret zu verhalten und sie zu achten. Der moralische Akzent hat sich verschoben. Sébastien Mercier hat das sehr gut beobachtet: »Die Auffassung dieses Jahrhunderts vom guten Ton hat die Zeremonien sehr abgekürzt, und es gibt höchstens noch den einen oder anderen Provinzler, der dem Zeremoniellen verhaftet ist.« Man legt keinen Wert mehr auf ausgedehnte Mahlzeiten: »Sie [die Mahlzeit] ist kürzer, und die Tafel ist nicht mehr der Ort, wo ungezwungen Konversation gehalten wird oder amüsante Geschichten erzählt werden«, dies findet nunmehr im Salon statt, dem Raum, in den man sich nach dem Essen zurückzieht: im *drawing room.* »Man tut sich nicht länger den Zwang an zu trinken, man quält seine Gäste nicht, um ihnen zu beweisen, daß man sich darauf versteht, die feine Welt zu empfangen. Man bittet sie nicht mehr zu singen [wir erinnern uns an die Tischmusik an der damals noch mit Früchten bestückten Tafel des 16. bis 17. Jahrhunderts!).« »Man hat auf diese albernen und lächerlichen Bräuche verzichtet, die unseren Vorfahren so vertraut waren, jenen armen Neubekehrten, Anhängern einer lästigen und widerwärtigen Sitte, *die sie als honnête bezeichneten.*« »Keine Minute Ruhe; man plackte sich (der Zeremonien halber) vor und während der Mahlzeit mit pedantischer Hartnäckigkeit, und die Zeremonienexperten bekundeten dieser kindischen Plackerei ihren Beifall.« »Der einzige von all jenen überholten und nichtssagenden Bräuchen, der sich bis in unsere Tage gehalten hat, ist der, jemandem Gesundheit zu wünschen, wenn er geniest hat.« »Man läßt es hingehen, daß Schuhmacher und Schneider sich aufrichtige oder falsche Wangenküsse versetzen, die in der feinen Gesellschaft vor vierzig Jahren üblich waren.« »Nur noch der *Kleinbürger* [amüsant, die Verwendung dieses Wortes] pflegt lästige Zeremonien und diese nutzlosen und nimmerendenden Formeln, die er immer noch für ausgesucht höfliches Betragen hält und die Leute, die an gesellschaftlichen Verkehr gewöhnt sind, über die Maßen langweilen.«

Die innere Einteilung des Hauses, die Reform der Sitten räumen der Intimität einen größeren Platz ein: er wird ausgefüllt von einer auf Eltern und Kinder reduzierten Familie, die sich von der Dienerschaft, von Geschäftsfreunden und Freunden absondert. An den Briefen des Generals de Martange, die er zwischen 1760 und 1780 an seine Frau geschrieben hat, können wir ablesen, welchen Aufschwung der Familiensinn mittlerweile genommen hat, der nun von allen archaischen Zügen befreit und mit dem des 19. und des beginnenden 20. Jahrhunderts identisch geworden ist. Die Familie hat aufgehört, »schweigsam« zu sein; sie ist vielmehr sehr gesprächig geworden und hält ihren Einzug in die Korrespondenz und zweifellos auch in die Gespräche und Sorgen der Zeit. (68)

Die alten Anredeformen wie »Madame« sind verschwunden. Martange schreibt an seine Frau »Ma chère Maman« oder »ma chère amie«, »mon cher enfant«, »ma chère petite«. Der Gatte gibt seiner Frau gern denselben Namen wie die Kinder: *maman.* Die Briefe sind voller Einzelheiten über die Kinder, über ihre Gesundheit, ihr Betragen. Man bezeichnet sie mit vertraulichen Diminutiven: Minette, Coco. Der zunehmende Gebrauch des Diminutivs entspricht der größeren Vertaulichkeit und insbesondere dem Bedürfnis, einander anders anzureden als die Fremden, durch diese Art von Eingeweihtensprache die Verbundenheit zwischen Eltern und Kindern und die Distanz, die sie von allen anderen trennt, zu unterstreichen.

Wenn der Vater fort ist, läßt er sich noch über geringfügige Details des Alltagslebens auf dem laufenden halten, die er sehr ernst nimmt. Mit Ungeduld erwartet er die Briefe: »Ich bitte Dich, *ma bonne petite,* mir auf jeden Fall wenigstens ein paar Worte zu schreiben.« »Ich bitte Dich, Mlle Minette, ein bißchen auszuschelten, weil sie bis jetzt so wenig Mühe darauf verwendet hat, mir zu schreiben.« Er spricht davon, welche Freude ihm das nächste Wiedersehen mit der Familie bereitet: »Ich mache mir ein Fest daraus, mir vorzustellen, wie wir beiden bald wieder auf unserem armen kleinen Gut zusammen sein werden, und nichts soll mir mehr am Herzen liegen, als Dein Zimmer herzurichten und unseren Aufenthalt bequem und angenehm zu machen.« Hier haben wir bereits die moderne Vorliebe für die Intimität, für die das Haus als Gegenstand fieberhaften Heimwerkens im Gegensatz zur Außenwelt steht.

Innerhalb dieses Briefwechsels nehmen die die Gesundheit und die Hygiene betreffenden Fragen einen bedeutenden Raum ein. Früher beschäftigte man sich zwar mit schweren Krankheiten, legte jedoch nicht diese unabhlässige Besorgnis an den Tag, beunruhigte sich nicht über einen Schnupfen, ein kleines vorübergehendes Leiden; das physische Leben hatte nicht solches Gewicht: »Wie wäre ich doch zu beklagen, wenn ich keine Nachrichten über Deine Gesundheit und die meiner Töchterchen erhalten hätte.« ... »Wenn auch das, was Du mir über das leidliche Wohlbefinden mitteilst, dessen Ihr, Du wie auch meine armen kleinen Mädchen, Euch erfreut, nicht so tröstlich ist, wie das Herz eines Vaters es sich wünschen möchte...« »Was Du mir da über den Appetitmangel und die Schmerzen unseres Kleinen mitteilst, kann mich nicht ruhig lassen. Ich kann Dir, *ma chère enfant,* gar nicht eindringlich genug empfehlen, für ihn wie für Xavière Narbonner Honig zu besorgen und nicht zu versäumen, ihnen das Zahnfleisch damit einzureiben, wenn sie Schmerzen haben.« Das sind die Empfindungen von Eltern, die vom Zahnen an unablässig um das Wohlergehen ihrer Kinder besorgt sind. Diese Probleme hätten zwar zur Zeit Madame de Sévignés auch einige alte Mütterchen oder Kinderfrauen vorübergehend beschäftigen können, doch tat man ihnen nicht die Ehre an, sie zum Gegenstand des Briefwechsels eines Generals zu machen. »Die Erklältung meiner beiden Töchter beunruhigt mich... Es scheint mir jedoch, daß das Wetter sich heute endlich entschlossen hat, schön zu werden.« Man diskutierte damals über die Pockenimpfung wie heute über die Tuberkuloseschutzimpfung. »Ich lasse Dir absolut freie Hand, was die Impfung Xavières betrifft, und je eher sie stattfindet, desto besser, denn alle Welt ist ja zufrieden mit der Impfung.« Er empfiehlt seiner Frau, »Sedlitz-Wasser« zu trinken und »die gleichnamigen Salze« einzunehmen, Limonade zu trinken und das Wasser mit Essig oder Branntwein zu versetzen, um der Ansteckungsgefahr bei Epidemien entgegenzuwirken.

Eine der Töchter hat nach Deutschland geheiratet. In einem Brief an ihre »liebe und zärtliche *maman«* vom 14. Januar 1781 erklärt sie ihr langes Stillschweigen: »Die beiden Jüngsten haben zuerst zwei Monate lang Keuchhusten gehabt, und dies mit einer Heftigkeit, daß sie jedesmal nach dem Husten violett angelaufen waren und ihnen das Blut aus den Nasenlöchern quoll. Nach dieser Krankheit bekamen meine Kleine und Xavier die schrecklichsten Fieberanfälle, die man sich nur vorstellen kann.« Die Ärzte hatten Xavier aufgegeben: »Dieses arme Kind hat alles durchgemacht, was man überhaupt durchmachen kann.« Es gelang jedoch, ihn zu retten: »Die Gnade unseres allerhöchsten Herrn hat mir alle drei wiedergeschenkt.« Damals hätte man es nicht mehr gewagt, sich über den Verlust eines Kindes mit der Aussicht hinwegzutrösten, ein neues in die Welt setzen zu können, wie man noch ein Jahrhundert früher offen eingestand. Das kleine Wesen ist nun unersetzlich, sein Verlust nicht wiedergutzumachen. Und die Mutter findet ihre Freude am Zusammensein mit ihren Kindern, die nicht länger einem Übergangsstadium zwischen dem Noch-nicht-sein und dem Sein angehören: »Die Gesellschaft meiner Kleinen ist meine einzige Lust.« Wir haben hier ein konkretes Beispiel für die Beziehung zwischen dem zunehmenden Sinn für die Kindheit und den Fortschritten der Hygiene, zwischen dem Bemühen um das Kind und der Sorge um seine Gesundheit – eine andere Form der Bande, die die Einstellung zum Leben und die Haltung gegenüber dem Tod verknüpfen.

Man beschäftigt sich auch viel mit dem Thema Kindererziehung, deren Bedeutung man anerkennt: »Vor allem empfehle ich Dir, was die Erziehung der Kinder angeht, keine Minute zu verlieren; verdopple oder verdreifache die täglichen Lektionen, damit sie vor allem lernen, sich richtig zu halten, zu bewegen und zu essen« (Fortleben der alten *civilité*). Die drei Kinder haben einen Präzeptor: »Daß die drei Kinder nur recht viel Nutzen daraus ziehen und die beiden Mädchen vor allem lernen, sich richtig zu halten und zu gehen. Wenn M. H. ihnen Grazie beibringt, wird er sich rühmen dürfen, ein tüchtiger Lehrer zu sein.«

Martange hat Geldschwierigkeiten. Ihm graut vor den Konsequenzen: »Der Schmerz, ihnen nun nicht mehr die Erziehung geben zu können, die mir vorschwebte, hat mir schreckliche Momente des Grübelns beschert.« Wie immer die Umstände auch sein mögen, am »Honorar der Lehrer« darf nicht gespart werden. Die Klagen der Moralisten aus der Zeit um 1660, die sich darüber beschwerten, daß man die Lehrer nicht bezahlte, weil man sich über die Bedeutung ihrer Aufgabe nicht im klaren war, liegen in weiter Ferne. »Wenn ich nichts anderes hätte, würde ich mein letztes Hemd verkaufen, um meine Kinder auf dem Niveau aller anderen Kinder ihres Alters und ihres Standes zu sehen. Sie sollen nicht geboren worden sein, um uns durch ihre Unwissenheit und ihr Betragen Schande zu bereiten. Mein ganzes Sinnen und Trachten, *ma chère amie*, geht dahin, meine Vermögensverhältnisse wieder zu verbessern, um ihr Glück zu sichern und den Boden dafür zu bereiten; wenn ihnen jedoch ihrerseits an meinem Glück liegt, so müssen sie sich anstellig zeigen und die Zeit nutzen.« Als die Impfung stattfindet, sorgt sich Martange, daß die »Zeit der Impfung den Lehrern verlorengehe«. »Nutzt den Stadtaufenthalt, um ihnen ein wenig von der Erziehung angedeihen zu lassen, die meine [finanziellen] Mißgeschicke ihnen zu verschaffen bis heute verhindert haben.«

Die Gesundheit und die Erziehung: das sind mittlerweile die beiden Hauptsorgen der Eltern. Der sehr moderne Tenor dieses Briefwechsels kann uns daher nicht verwundern. Trotz der zwei Jahrhunderte, die uns davon trennen, ist er uns näher als Madame de Sévigné, von der er nur ein Jahrhundert entfernt ist. Bei Madame de Sévigné wird neben der natürlichen Besorgnis einer guten Großmutter in allen wie auch immer gearteten Augenblicken des Lebens eine gewisse Neugier spürbar, die amüsierte Wahrnehmung der Launen der Kindheit, kurz, das, was ich oben als die früheste Einstellung zur Kindheit beschrieben habe und die sich im Gehätschel äußert. Bei Martange fehlt diese Empfindung nahezu völlig. Er nimmt alles sehr viel ernster. Es ist dies bereits der Ernst des 19. Jahrhunderts, den man den geringfügigsten wie den bedeutenden Dingen gleichermaßen zuteil werden läßt, die viktorianische Ernsthaftigkeit. Im 17. Jahrhundert war das Kind, als es nicht länger Gegenstand des Vergnügens war, Instrument einer matrimonialen und beruflichen Spekulation, d. h. die Familie wollte mit seiner Hilfe gesellschaftlich avancieren. Dieses Bestreben ist bei Martange sekundär: das Interesse an der Erziehung erscheint weit weniger zweckgerichtet. Die Kinder als solche, die Familie als solche mit ihren alltäglichen Nöten und Freuden sind von der elementaren Routine in den Bereich höchster Bewußtheit emporgehoben worden. Diese Gruppe von Eltern und Kindern, die die Einsamkeit als beglückend empfindet und der übrigen Gesellschaft fremd gegenübersteht, das ist nicht mehr die Familie des 17. Jahrhunderts, die der besitzergreifenden Welt der Freunde und der Dienerschaft offen gegenüberstand – es ist die moderne Familie.

Eines der charakteristischsten Merkmale dieser Familie ist die Bemühung um die Gleichberechtigung der Kinder. Wir haben gesehen, daß die Moralisten der zweiten Hälfte des 17. Jahrhunderts sich, wiewohl sehr zaghaft, dafür einsetzten, und zwar insbesondere deshalb, weil die Begünstigung der Privilegierten die vernachlässigten Jüngeren der Gefahr aussetzte, in die Klöster gesteckt zu werden, ohne daß sie sich berufen fühlten, aber auch deshalb, weil sie ihrer Epoche voraus waren und ein Gespür für die künftigen Gegebenheiten des Familienlebens hatten. Bei der Lektüre ihrer Texte war ganz deutlich geworden, wie sehr sie das Empfinden hatten, Anstoß bei der Öffentlichkeit zu erregen. Mittlerweile, am Ende des 18. Jahrhunderts, erscheint die ungleiche Behandlung der Kinder als unerträgliches Unrecht. Weder das bürgerliche Gesetzbuch noch die Revolution, sondern der Wandel der Sitten hat zur Abschaffung des Erstgeburtsrechts geführt. Die Familien weigern sich gegen den Versuch der Ultrakonservativen der Restaurationszeit, dies rückgängig zu machen, als sie, inspiriert von einer neuen Auffassung von Familie, die sie jedoch fälschlich dem Ancien Régime zusprachen, seine Wiedereinführung ermöglichen: »Auf zwanzig wohlhabende Familien«, schreibt Villèle am 21. Okt. 1824 an Polignac, »kommt mit knapper Not eine, die von der Möglichkeit Gebrauch macht, das älteste oder irgendein anderes ihrer Kinder bevorzugt zu behandeln. Das Prinzip der Unterordnung ist überall, so auch in der Familie, in solchem Maße ausgehöhlt, daß der Vater sich verpflichtet glaubt, es seinen Kindern recht machen zu müssen.« (69)

Seit dem Ende des Mittelalters bis zum 16./17. Jahrhundert hatte das Kind sich bei seinen Eltern einen Platz erobert, auf den es in der Zeit, wo es Brauch war, es Fremden anzuvertrauen, keinen Anspruch hatte erheben können. Diese Rückkehr der Kinder in den Schoß der Familie ist ein großes Ereignis: es verleiht der Familie des 17. Jahrhunderts im wesentlichen den Charakter, der es von der mittelalterlichen Familie unterscheidet. Das Kind wird zu einem unabdingbaren Bestandteil des Alltagslebens, man beschäftigt sich bevorzugt mit seiner Erziehung, seiner Unterbringung, seiner Zukunft. Noch ist es zwar nicht die Achse des ganzen Systems, doch wird es nun zu einer weit konsistenteren Persönlichkeit. Diese Familie des 17. Jahrhunderts ist dennoch nicht die moderne Familie: sie unterscheidet sich davon durch das enorme Ausmaß der Sozialität, an der sie festhält. Dort wo sie existiert, das heißt in den großen Häusern, ist sie ein Zentrum gesellschaftlicher Beziehungen, das Herz einer kleinen komplexen und hierarchisch organisierten Gesellschaft, über die das Familienoberhaupt gebietet.

Die moderne Familie dagegen kehrt sich von der Welt ab und setzt der Gesellschaft die zurückgezogene Gruppe der Eltern und Kinder entgegen. Die gesamte Energie der Gruppe verausgabt sich im Bemühen um das Fortkommen der Kinder, und zwar jedes einzelnen, ohne daß der kollektive Ehrgeiz dabei eine Rolle spielte: um die Kinder geht es weit mehr als um die Familie.

Diese Entwicklung von der mittelalterlichen zur Familie des 17. Jahrhunderts und zur modernen Familie blieb lange Zeit auf die Angehörigen der Aristokratie, auf das Bürgertum, auf reiche Handwerker und reiche Bauern beschränkt. Noch zu Beginn des 19. Jahrhunderts lebte ein großer Teil der Bevölkerung, der ärmste und zugleich der zahlenmäßig stärkste wie die mittelalterlichen Familien, d. h. die Kinder blieben nicht bei ihren Eltern. Das Gefühl, ein Zuhause zu haben, »daheim« zu sein, existierte für sie nicht. Der Sinn für das Zuhause ist eine andere Erscheinungsform des Familiensinns. Seit dem 18. Jahrhundert hat sich der Familiensinn bis in unsere Tage wenig verändert. Er blieb so, wie man ihn an den ländlichen und städtischen Bürgerfamilien des 18. Jahrhunderts beobachten kann. Stattdessen wird er dann mehr und mehr auf andere soziale Schichten übergreifen. Was England betrifft, so konstatiert Ashton für das Ende des 18. Jahrhunderts die Ausbreitung der familiaren Lebensweise: »Landarbeiter wollten sich lieber ein eigenes Heim einrichten, als bei ihren Brotgebern in Pension zu wohnen, und der Abbau der Lehre innerhalb der Industrie ermöglichte frühere Eheschließungen und zahlreichere Familiengründungen.« (70) Die Hinauszögerung der Heirat, die schwierigen Arbeits- und Wohnbedingungen, das unstete Leben der Gesellenzeit, das Fortleben der an das Lehrverhältnis geknüpften Traditionen, dies alles waren Hemmschuhe auf dem Weg zur Idealform des bürgerlichen Familienlebens, die der Sittenwandel jedoch allmählich einen und dem anderen überwinden wird. Das Familienleben hat sich nun in solchem Maße auf nahezu die ganze Gesellschaft ausgedehnt, daß man seinen aristokratischen und bürgerlichen Ursprung vergessen hat. (71)

Schlußbemerkung
Familie und Sozialität

Der Historiker, der die ikonographischen Dokumente in der Absicht durchsieht, dort Spuren seines eigenen Lebensgefühls wiederzufinden, muß sich wundern, wie selten er, zumindest was die Zeit bis zum 16. Jahrhundert angeht, auf Interieur- und Familienszenen stößt. Er muß sie mit der Lupe suchen und ist bei ihrer Interpretation auf Hypothesen angewiesen. Mit der Hauptperson dieser Bildwelt, die für sie ebenso wesentlich ist wie der Chor für das antike Theater, macht er hingegen sogleich Bekanntschaft: es ist die Menge, nicht die geballte und anonyme Masse unserer übervölkerten Städte, sondern die Versammlung der Nachbarn, der braven Frauen und der Kinder, die vielköpfig war, deren Mitglieder einander jedoch kannten, Ansammlungen von Menschen also, denen man auf der Straße oder an öffentlichen Plätzen wie beispielsweise in den Kirchen begegnete – eine bunt zusammengewürfelte Menschenmenge, ganz ähnlich derjenigen wie sie heute die Souks der arabischen Städte oder auch immer noch um die Stunde des Abendspaziergangs die Alleen der Mittelmeerstädte belebt. Man muß den Eindruck haben, daß alle Welt sich draußen aufhält, statt im Haus zu bleiben. Da gibt es Straßen- und Marktszenen, Darstellungen von Spielen und Ausschnitte des Berufslebens, Szenen aus dem Soldatenleben, Szenen bei Hofe, in der Kirche, Marterszenen. Wie selbstverständlich neigte man dazu, die Ereignisse oder Personen, die man darstellen wollte, auf der Straße, auf den Feldern, draußen in der Öffentlichkeit, inmitten einer vielköpfigen Gemeinschaft zu zeigen. Dann beginnt sich der Vorsatz abzuzeichnen, Einzel- oder Familienporträts aus diesem Komplex herauszulösen. Doch darf die Tatsache, daß wir diesen Versuchen im Vorangegangenen soviel Bedeutung beigemessen haben, uns nicht darüber hinwegtäuschen, wie selten und zaghaft diese ursprünglich waren. Wesentlich bleibt noch lange Zeit, nämlich bis zum 17. Jahrhundert – der Epoche, wo die Familienikonographie dann äußerst reichhaltig wird – die Darstellung des Lebens im Freien und in der Öffentlichkeit. Dieser sehr allgemeine Eindruck, der den Historiker gleich bei seiner ersten

Berührung mit den ikonographischen Dokumenten frappiert, entspricht zweifelsohne handfesten realen Gegebenheiten. Das Leben spielte sich bis zum 17. Jahrhundert in der Öffentlichkeit ab; wir haben etliche Beispiele für den übermächtigen Einfluß der Gesellschaft angeführt. Man braucht bloß an die traditionellen Zeremonien zu denken, die die Hochzeiten begleiteten und den religiösen Zeremonien vorausgingen, die lange Zeit nichts Feierliches hatten: etwa an die Segnung des Brautbetts, den Besuch, den die Geladenen den bereits im Bett liegenden Brautleuten abstatten, das Poltern in der Nacht vor der Hochzeit usw. ... Sie sind ein weiterer Beweis für das Recht der Gesellschaft, noch die Intimität des Brautpaars zu teilen. Weshalb hätte man sich daran stoßen sollen, wenn es doch tatsächlich nahezu keinerlei Intimität gab, man ständig mit anderen zusammenlebte, Herren und Diener, Kinder und Erwachsene sich mischten in Häusern, wo der Indiskretion der Besucher zu jeder Stunde Tür und Tor geöffnet war? Die Dichte der Geselligkeit ließ der Familie keinen Raum. Nicht daß die Familie als erlebte Wirklichkeit nicht existiert hätte – das bestreiten zu wollen, wäre paradox. Sie existierte jedoch nicht als Faktor des Gefühlslebens oder als Wert.

Wir haben das Entstehen und die Entwicklung dieses Familiensinns vom 15. bis zum 18. Jahrhundert verfolgt und haben dabei festgestellt, daß er die alte Sozialität bis zum 18. Jahrhundert noch nicht zerstört hatte; er war allerdings auch auf die besitzenden Stände, die angesehenen Familien, ländliche oder städtische, aristokratische oder bürgerliche, Handwerks- oder Kaufmannsberufen zugehörige, beschränkt geblieben. Seit dem 18. Jahrhundert griff er dann auf sämtliche Stände über und verschaffte sich tyrannisch Gehör. Man hat die Entwicklung der letzten Jahrhunderte oft als Triumph des Individualismus über die gesellschaftlichen Zwänge dargestellt, zu denen man auch die Familienbande zählte. Man muß sich jedoch fragen, was an dieser modernen Lebensgestaltung, bei der die ganze Energie des Ehepaares sich auf das Fortkommen einer freiwillig reduzierten Nachkommenschaft richtet, eigentlich individualistisch ist? Sollte man den Individualismus nicht eher auf Seiten der heiteren Unbekümmertheit der mit Scharen von Kindern gesegneten Familienväter des Ancien Régime suchen? Gewiß unterscheidet sich die materielle Realität der modernen Familie von derjenigen des Ancien Régimes, wo sie vom Erbgut und der Reputation der Familie nicht zu trennen war. Außer in bestimmten Fällen, die immer mehr an Bedeutung verlieren, steht das Problem der Weitergabe von Besitz nun hinter dem Wohl der Kinder zurück, und man erblickt dieses Wohl nicht mehr unbedingt in der Treue zu einer beruflichen Tradition. Die Familie ist zu einer geschlossenen Gesellschaft geworden, in der man sich gerne aufhält und deren Bild man, wie es schon der General de Martange am Ende des 18. Jahrhunderts in seinen Briefen getan hat, gerne evoziert. Die gesamte Entwicklungsgeschichte unserer heutigen Sitten bleibt unverständlich, wenn man diesen gewaltigen Aufschwung des Familiensinns außer acht läßt. Nicht der Individualismus hat den Sieg davon getragen, sondern die Familie.

Diese Familie hat jedoch in dem Maße Raum gegriffen, wie die Sozialität abnahm. Es sieht ganz so aus, als habe die moderne Familie nach dem Niedergang der alten gesellschaftlichen Beziehungen deren Platz eingenommen, um den Menschen eine unerträgliche moralische Einsamkeit zu ersparen. Seit dem 18. Jahrhundert hat man begonnen, sich gegen den unablässigen Kontakt mit der Gesellschaft zur Wehr zu setzen, der zuvor doch die Quelle der Erziehung, des Ansehens und des Vermögens gewesen war. Ein tiefgreifender Wandel sprengt nun die alten Beziehungen zwischen Herr und Diener, Groß und Klein, Freunden oder Kunden. Es ist dieser Wandel bisweilen durch Hemmnisse der geographischen oder gesellschaftlichen Isolierung verzögert worden. So wird er sich in Paris schneller vollziehen als in anderen Städten, das Bürgertum rascher ergriffen haben als die unteren Schichten des Volkes... Überall wird er die Intimität des Privatlebens auf Kosten der nachbarschaftlichen oder freundschaftlichen oder auch traditionalen Beziehungen befestigen. Die Geschichte unserer Sitten reduziert sich teilweise auf diese langanhaltende Anstrengung, sich von den anderen zu trennen, sich von einer Gesellschaft abzusondern, deren Druck man nicht mehr ertragen will. Das Haus hat den Charakter eines öffentlichen Versammlungsortes eingebüßt, den es in bestimmten Fällen im 17. Jahrhundert besessen hatte, und dies zugunsten des Zirkels oder des Kaffeehauses, die dann ihrerseits zunehmend weniger besucht werden. Beruf und Familienleben haben jene andere Aktivität erstickt, die einst das gesamte Leben durchdrungen hatte, die Pflege gesellschaftlicher Beziehungen. Man ist versucht, den Schluß zu ziehen, daß Familiensinn und Sozialität nicht vereinbar waren und eines sich jeweils nur auf Kosten des anderen entwickeln konnte.

Schlußbetrachtung

Il était libre, mais infiniment, jusqu'à ne plus se sentir peser sur terre. Il lui manquait ce poids des relations humaines qui entrave la marche, ces larmes, ces adieux, ces reproches, ces joies, tout ce qu'un homme caresse ou déchire chaque fois qu'il ébauche un geste, ces mille liens qui l'attachent aux autres et le rendent lourd.

Saint-Exupéry

Im Mittelalter und am Anfang der Neuzeit – in den unteren Schichten auch noch viel länger – waren die Kinder mit den Erwachsenen vermischt, sobald man ihnen zutraute, daß sie ohne die Hilfe der Mutter oder der Amme auskommen konnten, d. h. wenige Jahre nach einer spät erfolgten Entwöhnung, also mit etwa sieben Jahren. In diesem Augenblick traten sie übergangslos in die große Gemeinschaft der Menschen ein, teilten ihre Freunde, die jungen wie die alten, die täglichen Arbeiten und Spiele mit ihnen. Die dem Gemeinschaftsleben eigene Dynamik zog alle Altersstufen und Stände in ihren Sog, ohne irgendjemandem Zeit zur Einsamkeit und zur Intimität zu lassen. Innerhalb dieser sehr intensiven, in hohem Maße kollektiven Lebensformen, gab es keinen Raum für einen privaten Sektor. Die Familie erfüllte eine Funktion – sie sorgte für den Fortbestand des Lebens, der Besitztümer und der Namen –, für das Gefühls- und Geistesleben spielte sie jedoch keine große Rolle. Aus Mythen wie der höfischen Liebe sprach Verachtung für die Ehe, und Realitäten wie die Lehrzeit des Kindes lockerten das gefühlsmäßige Band zwischen Eltern und Kindern. Man kann sich die moderne Familie ohne Liebe vorstellen, nicht jedoch ohne die Sorge um das Kind und die Notwendigkeit seiner Anwesenheit, die tief in ihr verwurzelt sind. Diese mittelalterliche Zivilisation hatte die *paideia* der Alten vergessen und wußte noch nichts von der Erziehung der Modernen. Dies ist das wesentliche Faktum: sie hatte keine Vorstellung von Erziehung. Heute hängt unsere Gesellschaft vom Erfolg ihres Erziehungssystems ab, und sie weiß das. Sie hat ein Erziehungssystem, eine bestimmte Vorstellung von Erziehung und ist sich ihrer Bedeutung bewußt. Neue Wissenschaften wie die Psychoanalyse, die Pädiatrie und die Psychologie widmen sich den Problemen der Kindheit, und ihre Anweisungen erreichen die Eltern auf dem Wege über eine umfassende populärwissenschaftliche Literatur. Unsere Welt ist von den physischen, moralischen und sexuellen Problemen der Kindheit geradezu besessen.

Ein derartiges Interesse kannte die mittelalterliche Kultur einfach nicht, weil es hier aus ihrer Sicht überhaupt keine Probleme gab: das Kind nahm sofort nach der Entwöhnung oder wenig später ganz selbstverständlich seinen Platz an der Seite der Erwachsenen ein. Die Altersklassen des Neolithikum und die griechische *paideia* beruhten auf einem Unterschied und einem Übergang zwischen der Welt des Kindes und der des Erwachsenen, einer Übergangszeit, die im Zeichen der Initiation oder irgendeiner Form von Erziehung stand. Die mittelalterliche Kultur sah keinen solchen Unterschied und hatte folglich auch keinen Begriff von einer solchen Übergangszeit.

Das große Ereignis zu Beginn der modernen Zeit war also die Renaissance des erzieherischen Interesses. Dies Interesse beseelte eine bestimmte Zahl von Männern der Kirche, des Gesetzes und der Wissenschaften, die im 15. Jahrhundert noch sehr vereinzelt, im 16. und 17. Jahrhundert, als sie mit den Anhängern der Religionsreform verschmolzen, dann jedoch immer zahlreicher und einflußreicher wurden. Es handelte sich vor allem um Moralisten, weniger um Humanisten: die Humanisten blieben einer Bildung des Menschen verhaftet, die sich über sein ganzes Leben erstrecken sollte, und kümmerten sich wenig um eine dem Kind vorbehaltene Erziehung. Diese Reformer, diese Moralisten, deren Einfluß auf das Schul- und Familienleben wir beobachtet haben, haben mit Entschiedenheit gegen die Anarchie (oder das, was ihnen daran jetzt anarchisch vorkam) der mittelalterlichen Gesellschaft gekämpft, während die Kirche sich, wenn auch widerstrebend, für lange Zeit damit abgefunden hatte und eher darauf hinzuwirken suchte, daß die Gerechten ihr Heil lieber fern dieser heidnischen Welt, in der Abgeschiedenheit der Klöster suchten. Man erlebt eine Moralisierung der Gesellschaft: der moralische Aspekt der Religion beginnt, in der Praxis allmählich die Oberhand über den sakralen oder eschatologischen Aspekt zu gewinnen. Da konnte es nicht ausbleiben, daß diese Vorreiter einer sittlichen Ordnung die Bedeutung der Erziehung erkannten. Wir haben bereits festgestellt, welchen Einfluß sie auf die Geschichte der Schule und die Umwandlung der freien Schule in das überwachte Kolleg hatten. Gerson in Port-Royal setzt die Tradition dieser Art von Schriften fort, die dann im 16. und 17. Jahrhundert immer zahlreicher werden. Die Ordensgemeinschaften, die damals gegründet wurden, wie die der Jesuiten oder der Oratorianer, werden zu Orden mit Lehraufgaben, und ihr Unterricht richtet sich anders als der der Prediger oder Bettelmönche im Mittelalter nicht mehr an die Erwachsenen, sondern ist im wesentlichen für Kinder und Jugendliche bestimmt. Diese Literatur, diese Propaganda haben die Eltern darüber belehrt, daß sie für deren Seelenheil zu sorgen hatten und vor Gott für die Seele und letztlich doch auch für den Leib ihrer Kinder verantwortlich waren.

Man stellt nun fest, daß das Kind für das Leben nicht reif ist, daß man es einer speziellen Einflußnahme, einer Quarantäne unterwerfen muß, *ehe* man es in die Welt der Erwachsenen entläßt.

Dieses neue Interesse an der Erziehung wird die Gesellschaft allmählich prägen und sie von Grund auf verwandeln. Die Familie hört auf, lediglich eine privatrechtliche Institution zum Zweck der Weitergabe von Eigentum und Namen zu sein, sie bekommt eine moralische und geistige Funktion, formt den Körper und die Seele. Zwischen der physischen Erzeugung und der rechtlichen Institution bestand eine Kluft, die fortan die Erziehung ausfüllen wird. Die Fürsorge für das Kind weckt neue Empfindungen, schafft eine neue Affektivität, die die Ikonographie des 17. Jahrhunderts mit ebensoviel Nachdruck wie Geschick zum Ausdruck gebracht hat: den modernen Familiensinn. Die Eltern begnügen sich nicht mehr damit, Kinder in die Welt zu setzen, einigen von ihnen eine Aussteuer zu geben und den anderen keine Beachtung zu schenken. Die Moral der Zeit verlangt von ihnen, daß sie sämtlichen Kindern, am Ende des 17. Jahrhunderts sogar den Mädchen, und nicht nur dem Ältesten das Rüstzeug fürs Leben verschaffen. Man ist sich darüber einig, daß dies nur durch die Schulbildung geschehen kann. Die Schule nimmt nun die Stelle der traditionellen Lehre ein, und zwar eine zum Instrument einer strengen Disziplin umgeformte Schule, die unter dem Schutz der Gerichtshöfe und der Polizei steht. Der außerordentliche Aufschwung der Schule im 17. Jahrhundert ist eine Konsequenz dieses neuen Interesses der Eltern an der Kindererziehung. Die Lektionen der Moralisten machen es den Eltern zur Pflicht, ihre Kinder sehr früh zur Schule zu schicken: »Den Eltern«, so sagt ein Text von 1602, »die sich um die Erziehung ihrer Kinder kümmern *(liberos erudiendos)*, gebührt mehr Ehre als jenen, die sich damit begnügen, sie in die Welt zu setzen. Denn sie schenken ihnen nicht nur das Leben, sondern sogar ein gutes und heiliges Leben. Deshalb tun diese Eltern auch recht daran, ihre Kinder schon im zartesten Alter auf den Markt der wirklichen

Gescheitheit [mit anderen Worten: aufs Kolleg] zu schicken, ... wo sie zum Schmied ihres eigenen Glücks, zur Zierde des Vaterlands, der Familie und der Freunde werden.«

Die Familie und die Schule haben das Kind mit vereinten Kräften aus der Gesellschaft der Erwachsenen herausgerissen. Die Schule hat das einstmals freie Kind in den Rahmen einer zunehmend strengeren Disziplin gepreßt, die im 18. und 19. Jahrhundert in die totale Abgeschlossenheit des Internats münden wird. Die Besorgnis der Familie, der Kirche, der Moralisten und der Verwaltungsbeamten hat dem Kind die Freiheit genommen, deren es sich unter den Erwachsenen erfreute. Sie hat ihm die Zuchtrute, das Gefängnis, all die Strafen beschert, die den Verurteilten der niedrigsten Stände vorbehalten waren. Doch verrät diese Härte, daß wir es nicht mehr mit der ehemaligen Gleichgültigkeit zu tun haben: wir können vielmehr auf eine besitzergreifende Liebe schließen, die die Gesellschaft seit dem 18. Jahrhundert beherrschen sollte. Es liegt auf der Hand, daß dieser Einbruch der Kindheit in die Gefühlswelt, die heute besser bekannten Phänomene des Malthusianismus, der Geburtenkontrolle hervorgerufen hat. Der Malthusianismus kam im 18. Jahrhundert zu dem Zeitpunkt auf, als es der Familie gelungen war, sich um das Kind herum zu reorganisieren und als sie die Mauer des Privatlebens zwischen sich und die Gesellschaft schob.

Die moderne Familie hat dem Gemeinschaftsleben nicht nur die Kinder, sondern auch einen großen Teil der Zeit und des Interesses der Erwachsenen entzogen. Sie entspricht dem Bedürfnis nach Intimität und auch nach Identität: die Familienmitglieder sind gefühlsmäßig wie durch Gewöhnung und Lebensweise miteinander verbunden. Das ständige Zusammensein mit Fremden, das die alte Sozialität verlangt hatte, widerstrebt ihnen. Man begreift, daß diese sittliche Vorherrschaft der Familie ursprünglich ein bürgerliches Phänomen gewesen ist: der Hochadel und das Volk, die beiden Extreme der sozialen Rangordnung, haben die traditionelle Schicklichkeit länger bewahrt und die Pression seitens der Nachbarschaft auch weiterhin mit mehr Gleichmut hingenommen. Die Unterschichten haben nahezu bis in unsere Zeit nichts gegen diese engeren Kontakte einzuwenden gehabt. Es besteht also eine Beziehung zwischen dem Familiensinn und dem Sinn für die eigene Klasse. Wir haben im Verlauf dieser Untersuchung mehrfach feststellen können, daß beide sich kreuzten. Jahrhundertelang haben die verschiedenen Stände dieselben Spiele gespielt; seit dem Beginn der Neuzeit hat dann eine Selektion stattgefunden: die einen waren den Leuten von

Stande vorbehalten, die anderen überließ man zugleich den Kindern und dem Volk. Die karitativen Schulen des 17. Jahrhunderts, die für die Armen gegründet worden waren, zogen ebenso die Kinder der Reichen an. Seit dem 18. Jahrhundert akzeptieren die bürgerlichen Familien dagegen diese Vermischung nicht mehr, sie nehmen ihre Kinder aus dieser Institution, die dann zur Grundschule für das Volk werden wird, heraus und schicken sie nun in die Pensionate und die Unterklassen der Kollegs, für die sie das Monopol erobert haben. Spiele und Schulen, die anfangs der ganzen Gesellschaft gemeinsam waren, fügen sich nun in ein Klassensystem ein. Man hat den Eindruck, als verfiele ein allumfassender polymorpher sozialer Körper, als löse er sich in eine Unzahl von kleinen Gesellschaften, die Familien und einige massivere Gruppierungen, die Klassen, auf; in Familien und Klassen waren Individuen zusammengeschlossen, die aufgrund ihrer moralischen Ähnlichkeit, der Identität ihrer Lebensweise zusammengehörten, während der frühere ungeteilte soziale Körper die größere Vielfalt der Altersstufen und der Stände umschloß. Denn je enger die räumliche Berührung war, desto stärker waren die Stände gegeneinander abgegrenzt, desto strenger war ihre hierarchische Rangordnung. Die moralischen Abgrenzungen hatten die Stelle der physischen inne. Die strikte Beachtung äußerer Zeichen des Respekts, der Unterschiede in der Kleidung korrigierte die Familiarität des gemeinsamen Lebens. Der Diener verließ seinen Herrn nicht, dessen Freund und Komplize er war, weil zwischen beiden eine Verbundenheit bestand, für die uns heute, sobald wir die Kameraderie der Jugend hinter uns haben, der Sinn fehlt; der Hochmut des Herrn entsprach zu der Zeit der Unverschämtheit des Dieners und stellte, im Guten wie im Schlechten, eine Hierarchie wieder her, die durch die exzessive Vertraulichkeit eines unablässigen Zusammenseins ständig in Frage gestellt wurde.

Man lebte in Kontrasten: die vornehme Herkunft oder das Vermögen streiften das Elend, das Laster wiederum die Tugend, der Skandal den frommen Lebenswandel.

Trotz ihrer grellen Kontraste war solche Buntscheckigkeit nicht überraschend; sie gehörte zur Vielfalt der Welt, die es als Naturgegebenheit zu akzeptieren galt. Ein Mann oder eine Frau von Stande scheute nicht im mindesten davor zurück, im Feiertagsstaat die Elenden in den Gefängnissen, den Spitälern oder auf den Straßen, die unter ihren Lumpen fast nackt waren, zu besuchen. Die Gegenüberstellung solcher Extreme war den einen ebensowenig peinlich wie sie die anderen demütigte. Einen Nachklang dieses moralischen Klimas finden wir heute noch in Süditalien. Es kam jedoch die Zeit, wo das Bürgertum den Andrang der Vielen ebensowenig mehr ertragen hat wie die Berührung mit dem Volk. Es hat die Segregation vollzogen: es hat sich aus der weiträumigen polymorphen Gesellschaft zurückgezogen, um sich abseits von den anderen im homogenen Milieu, innerhalb der geschlossenen Familien, in den auf Intimität abgestellten Wohnungen, den neuen, gegen jegliche Popularisierung gefeiten Stadtvierteln zu organisieren. Das Nebeneinander des Ungleichen, das einst selbstverständlich war, wurde ihm unerträglich: der Widerwille des Reichen ist der Scham des Armen vorangegangen. Der Drang zur Intimität und die neuen Bedürfnisse nach Komfort, die dadurch geweckt wurden (denn zwischen Komfort und Intimität besteht eine enge Beziehung), verschärften zusätzlich den Gegensatz zwischen den materiellen Lebensbedingungen des Volkes und des Bürgertums. Die alte Gesellschaft konzentrierte ein Maximum von Lebensformen in einem Minimum von Raum und akzeptierte, ja sie suchte die barocke Annäherung zwischen den Ständen, so groß der Rangunterschied zwischen diesen auch sein mochte. Die neue Gesellschaft stellte dagegen jeder Lebensform einen gesonderten Raum zur Verfügung, innerhalb dessen ausgemacht war, daß die dominierenden Merkmale respektiert werden mußten, man sich einem konventionellen Modell, einem Idealtypus anzugleichen hatte und sich bei Strafe der Ausstoßung niemals von diesem entfernen durfte.

Der Familiensinn, das Klassenbewußtsein, anderswo vielleicht auch das Rassenbewußtsein, scheinen verschiedene Äußerungsformen derselben Intoleranz gegenüber der Vielfalt und desselben Strebens nach Uniformität zu sein.

Anmerkungen

Einleitung

1 A. Besançon, »Histoire et psychanalyse«, *Annales E.S.C.* Bd. 19, 1964, S. 242, Nr. 2. – J. L. Flandrin, »Enfance et société«, *Annales E.S.C.*, Bd. 19, 1964, S. 322–29.

2 N. Z. Davis, »The Reason of Misrule: Youth Groups and Charivaris in Sixteenth Century France«, in: *Past and Present* 50, 1971, S. 41–75.

3 J. Bouchard, *Un village immobile*, 1972.

4 J. L. Flandrin, »Enfance et société«, a.a.O.

5 N. Z. Davis, a.a.O.

6 Zwischen 1967 und 1970 geschrieben, wenn auch erst 1972 veröffentlicht: *La France et les Français*, S. 872.

7 Paolo Mancini, ein Neffe Mazarins, war knapp 15 Jahre alt, als er sich am Ende der Fronde vor den Mauern von Paris töten ließ. Vgl. G. Dethant, *Mazarin et ses amis*, Paris 1968.

8 Ich denke an die berühmte Gruppe im Museum von Neapel.

9 J. Toussaert, *Le sentiment religieux en Flandre à la fin du Moyen Age*, Paris 1963.

10 M. Bernos, »Réflexion sur un miracle«, *Annales du Midi*, Bd. 82, 1970.

11 Forcella, XIII, 788.

12 Richard A. Goldthwaite, »The Florentine Palace as Domestic Architecture«, *American Historical Review*, 77, 1972, S. 977–1012.

13 D. Herlihy, »Vieillir à Florence au Quattrocento«, *Annales E. S. C.*, Bd. 24, 1969, S. 1340.

14 Kolloquium 1969 in Cambridge: »Household and Family in past time.« Ich möchte die Bibliographie um folgende Werke ergänzen: I. Pinchbeck und M. Hewitt, *Children in English Society*, Bd. I, London, Toronto 1969; K. A. Lokridge, *A New England town*, New York 1970; J. Demos, *A Little Commonwealth*, New York 1970; D. Hunt, *Parents and Children in History*, New York 1970; Aufsätze in den *Annales E.S.C* werden weiter unten zitiert.

15 *Annales E. S. C.*, Bd. 24, Nr. 6, 1969, S. 1275–1430; Bd. 27, Nr. 4–5, 1972, S. 799–1233; Bd. 27, Nr. 6, 1972, S. 1351–1388.

16 Auf diesen wenigen Seiten habe ich mich auf die Themen Kindheit und Familie beschränkt und die besonderen Probleme aus dem Bereich von Er-

ziehung und Schule außer acht gelassen. Diese bildeten seit 1960 den Gegenstand zahlreicher Arbeiten, z. B.: P. Riché, *Education et Culture dans l'Occident barbare*, Paris 1962; G. Synders, *La Pédagogie en France aux XVII et XVIIIe siècles*, Paris 1963; H. Dereall, *Un missionaire de la Contre Réforme. Saint Pierre Fourier*, Paris 1965; Ph. Ariès, »Problèmes de l'éducation«, in: *La France et les Français*, 1972, S. 869–961. Ein Überblick wurde auf dem Kolloquium von Marseille gegeben, das von R. Duchene organisiert wurde und unter dem Titel »Le XVIIe siècle et l'éducation« in der Zeitschrift *Marseille*, Nr. 88 (mit ausführlichen Bibliographien), erschien.

Erster Teil

I. Die Lebensalter

1 Siehe Teil II, Kapitel IV.
2 Ausstellung in der Pariser Orangerie über das Porträt in der flämischen Kunst, Paris 1952, Nr. 67 und N. 18.
3 A.a.O., Nr. 67 und 68.
4 A.a.O., Nr. 71.
5 A.a.O., Nr. 93. Siehe hier im Abbildungsteil.
6 Musée des Arts et Traditions populaires. Ausstellung 1953, Nr. 778.
7 *Don Quichotte*, zweiter Teil, Kap. 13.
8 *Thomas Platter, Ein Lebensbild aus dem Jahrhundert der Reformation.* Hg. Horst Kohl, Leipzig 1912.
9 Mathurin Cordier, *Les colloques*, Paris 1586.
10 *Le Grand Propriétaire de toutes choses, très utile et profitable pour tenir le corps en santé*, von B. de Glanville, übersetzt von Jean Corbichon, 1556.
11 Domenico Comparetti, *Virgile nel medio evo*, Band 1, S. 144–155.
12 Kuseir Amra, vgl. Van Marle, *Iconographie de l'art profane*, Den Haag 1932, Bd. 2, S. 153 ff.
13 *Grant Kalendrier et compost des bergiers*, erschienen 1500, nach Morawski, »Les douze mois figurez«, *Archivum romanicum*, 1926, S. 351–63.
14 J. Morawski, a.a.O.
15 In den Kalendern als *Janus bifrons* dargestellt.
16 *Regimen sanitatis, schola salernitania*, hg. von Arnaud de Villeneuve.
17 Ch. V. Langlois, *La vie en France au Moyen Age*, S. 184.
18 1568.
19 Didron, »La vie humaine«, *Annales Archéologiques*, Bd. 15, S. 413.
20 Didron in *Annales Archéologiques*, Bd. 17, S. 69 u. 193.
21 A. Venturi, »La fonte di una composizione del guariento«, *Arte*, Bd. 17, 1914, S. 49.
22 Dieses Thema war nicht nur volkstümlich. In anderer Form findet es sich in der Malerei und der Bildhauerei wieder, z. B. bei Tizian und Van Dyck und auf dem Giebel des Versailles Ludwigs XIV. Siehe den Stich »Altersstufen« hier im Abbildungsteil (Bibliothéque Nationale des Estampes, Abteilung Allegorien).

23 Bibliothéque Nationale. Handschriften.
24 Baillet, *Les enfants devenus célèbres par leurs études,* 1688.
25 *Miracles de Notre-Dame,* hg. von G. F. Warner, Westminster, 1885. Jubinal, *Nouveau recueil de contes,* Bd. 1, S. 31–33, S. 42–72; Bd. 2, S. 244, S. 356–357.
26 Siehe Anm. 13.
27 A. de Charmasse, *État de l'instruction publique dans l'ancien diocèse d'Autun,* 1878.
28 J. Gaubrès, »Claude Baduel et la Réforme des études au XVIe siècle«, *Bulletin de la Société Historique du Protestantisme Français,* Bd. 25, 1880, S. 499–505.
29 Erasmus, *Le mariage chrétien,* frz. Übs. v. 1714.
30 J. Brinsley, *Ludus litterarius* (hg. 1917).
31 Jacqueline Pascal, *Règlements pour les enfants* (appendice aux Constitutions de Port-Royal, 1721).
32 »Règlement du collège du Chesmay«, in: Wallon de Beaupuis, *Suite des amis de Port-Royal,* 1751, Bd. 1, S. 175.
33 Jacqueline Pascal, a.a.O.
34 M. E. Storer, *La mode des contes de fées,* Paris 1928.
35 *I pray you, all lytell babes, all lytell chyldren, lern . . .*
36 *Miracles de Notre-Dame,* a.a.O.
37 »Sie tun mir unrecht mit der Annahme, ich liebte die Kleine mehr als den Kleinen.« Mme de Sévigné, *Lettres,* 12. Juni 1675; s. auch den Brief vom 5. Okt. 1673.
38 Coulanges, *Chansons choisies,* 1694.
39 Claudine Bouzonnet-Stella, *Les jeux et plaisirs de l'enfance,* Paris (Galleries du Louvre) 1657.
40 Anwerbungsplakat für das Régiment du Royal Piémont in Nevers, 1789. Ausstellung *L'affiche,* Bibliothèque Nationale 1953, Nr. 25.
41 Rotrou, *La Soeur.*
42 Rotrou, *La Mère coquette.*

II. Die Entdeckung der Kindheit

1 Evangeliar Ottos III., München.
2 Leben und Wunder des heiligen Nikolaus, Bibliothèque Nationale.
3 Psalter des heiligen Ludwig von Leyden.
4 Man vergleiche die Szene: »Lasset die Kindlein zu mir kommen« im Evangeliar Ottos mit derselben Szene in der *Bible moralisée de Saint Louis,* fo 505.
5 *Bible moralisée de Saint Louis,* fo 5. A. de Laborde, *Bibles moralisées illustrées,* 1911–1921, 4 Bde. mit Abbildungen.
6 Evangeliar der Sainte-Chapelle; die Szene ist in H. Martins, *La miniature française,* Abbildung VII, abgebildet.
7 Ausstellung sardischer Bronzen, Bibliothèque Nationale, 1954, Nr. 25, Abbildung XI.

8 P. du Colombier, *L'enfant au Moyen Age*, 1951.
9 *Miracles de Notre-Dame*, hg. von A. F. Warner, Westminster, 1885.
10 Ausstellung illuminierter Handschriften vom 7. bis zum 12. Jahrhundert in der Bibliothèque Nationale, 1954, Nr. 330, Abbildung XXX.
11 Vgl. Anm. 5.
12 Ilias, in der Ambrosiana, Mailand.
13 Rampilly.
14 Vgl. Anm. 5.
15 *Miroir d'humilité, Valenciennes*, f° 18, Anfang des 15. Jahrhunderts.
16 S. unten Teil III, Kapitel II.
17 Gaignières, *Les tombeaux.*
18 G. Zaccagnini, *La vita dei maestri e degli scolari nello studio di Bologna*, Genf, 1926, Abbildungen IX und X.
19 Vorher waren die Darstellungen von Kindern auf Grabmälern die Ausnahme.
20 *Le caquet de l'accouchée*, 1622.
21 Montaigne, *Essais*, II, 8.
22 Mme. de Sévigné, *Lettres*, 19. Aug. 1671.
23 Merian, *Tabula Cebetis*, 1655. Vgl. R. Lebègue, »Le peintre Varin et le tableau de Cebes«, *Arts*, 1952, S. 167–171.
24 Montaigne, *Essais*, II, 8.
25 Gaignières, *Tombeaux.*
26 Fr. Bond, *Westminster Abbey*, London, 1909.
27 Musée des Augustins, Katalognummer 465. Die Flügel sind auf das Jahr 1610 datiert.
28 Van Dyck: Gruppenbild dreier Kinder (1622–1627, Genua). Abbildung in *Klassiker der Kunst*. Bd. 13, Stuttgart/Leipzig 1909, S. 214.
29 *Correspondance inédite* des Generals de Martange, hg. von Breard, 1893.
30 Van Marle, a.a.O. (Kap. I, Anm. 12), Bd. 1, S. 71.
31 Baldovinetti, Jungfrau mit Kind (Louvre).
32 Pierre du Colombier, a.a.O.
33 Jungfrau auf dem Thron, angeblich Portrait der Beatrice von Este, 1496.
34 Verherrlichung des Sieges von Lepanto [»Spanien kommt der Religion zu Hilfe«] (Prado).
35 Dresden, Gemäldegalerie.
36 Abbildung in Horst Gerson, *Zes eeuwen nederlandse schildkunst*, 1952, Bd. 1, S. 145.
37 Louis Hautecœur, *Les peintres de la vie familiale*, S. 40.
38 Museum von Versailles.
39 Rouches, »Largillière, peintre d'enfants«, *Revue de l'art ancien et moderne*, 1923, S. 253.
40 Um 1609, Karlsruhe.
41 Läuterungsberg, XI, 103–105.
42 C. Bouzonnet-Stella, *Les jeux et plaisirs de l'enfance*, a.a.O. (Kap. I, Anm. 39).

43 Mme. de Sévigné, *Lettres*, 8. Januar 1672.
44 18. Sept. 1671, 22. Dez. 1671, 20. Mai 1672.

III. Die Kleidung des Kindes

1 *Tabula Cebetis*, Stich von Merian. Vgl. Lebègue, a.a.O.
2 Museum Versailles: Catherine de Bethisy und ihr Bruder.
3 Arnoult: Der Herzog von Anjou als Kind. Cabinet des Estampes, in – f°, Ed. 101, Bd. 1, f° 51. Siehe im Abbildungsteil.
4 Erasmus, *Le mariage chrétien* (Kap. I, Anm. 29).
5 Zeichnung im Louvre, Abbildung in A. Michel, *Histoire de l'Art*, Bd. 6, S. 301, Abb. 194.
6 *Journal d'Heroard*, hg. von E. Soulié und E. de Barthélemy, 2 Bde., 1868.
7 *Mémoires de Jean Rou*, 1638–1711, hg. von F. Waddington, 1857.
8 *Ecole paroissiale ou la manière de bien instruire les enfants dans les petites écoles*, von einem Priester einer Pariser Gemeinde, 1654.
9 Mathurin Cordier, *Colloques*, 1586.
10 Collège de Lisieux. G. Sorel, *Histoire comique de Francion*, hg. von E. Roy, 1926.
11 C. de Rochemonteix, *Le Collège Henri IV de La Flèche*, 1889.
12 Gabrielle Guiard, *Portrait de Madame Infante pour Mesdames*, 1788, Musée de Versailles.
13 Ludwig XV. um 1715, von Mme de Ventadour am »Gängelband« gehalten, Stich im Cabinet des Estampes, pet.fol.E. e 3a.
14 Das Mannesalter, Stich von Guerard, um 1700.
15 Mme. de Sévigné; 1. April 1672.
16 *Miracles de Notre-Dame*, hg. von G. F. Warner, Westminster 1885, Bd. 1, S. 58.
17 Heinrich Göbel, *Wandteppiche*, Bd. 1, Leipzig 1923, Abb. 182.
18 Jean Leclerc, *Les trente-six figures contenant tous les jeux*, 1587. Siehe den Stich »A la fossette ...«, hier im Abbildungsteil.
19 Lepautre, Stich im Cabinet des Estampes, Ed. 43 fol. p. 11.
20 Jan de Bray, 1663, eine Kleiderausteilung, abgebildet bei Gerson, a.a.O. (Kap. II, Anm. 36), Bd. 1, Nr. 50.
21 Evangeliar des hl. Edmund. Vgl. Millar, *La miniature anglaise, 1926*, Abb. 35.
22 Cabinet des Estampes, O a 50 pet.fol.f° 137.

IV. Kleiner Beitrag zur Geschichte der Spiele

1 Heroard, *Journal sur l'enfance et la jeunesse de Louis XIII*, hg. von E. Soulié und E. de Barthélemy, 2 Bde., 1868.
2 Vgl. unten Teil II, Kap. IV und Teil III, Kap. II.
3 Martin P. Nilsson, *La religion populaire dans la Grèce antique*.
4 Ebd.

5 Ed. Fournier, *Histoire des jouets et jeux d'enfants*, 1889.
6 Arnoult, Cabinet des Estampes, Oa 52 pet.fol.fo 164.
7 Claudine Bouzonnet-Stella, a.a.O. (Kap. I, Anm. 39).
8 Musée de Genève.
9 Paul Fierens, *Le Nain*, Paris 1933, Abb. 20.
10 Louvre.
11 Chantilly. Zwei dieser Spiele – *les petits papiers* und *les fagots* – s. hier im Abbildungsteil.
12 Victoria and Albert Museum, London.
13 Cornelis de Man: Schinkenklopfen, und Jan Miense Molenaer: Heißhandspiel, abgebildet in Walther Bernt, *Die niederländischen Maler des 17. Jahrhunderts*, München 1948, Nr. 509 und Nr. 544 (im folgenden zitiert als *Bernt*).
14 Fournier, a.a.O.
15 Lepautre, Stich, Cabinet des Estampes, Ed. 73 in-fo, S. 104.
16 Van Marle, a.a.O. (Kap. I, Anm. 12), Bd. 1, S. 71.
17 Mme. de Sévigné, *Lettres*, 1671.
18 Siehe Anm. 11.
19 Abbildung in H. d'Allemagne, *Recréations et passetemps*, 1906, S. 107.
20 Gabriel Metsu: Das Bohnenfest, Abb. *Bernt*, Nr. 515.
21 Jan Steen, Kassel, abgebildet in F. Schmidt-Degener und Van Gelder, *Jan Steen*, 1928.
22 Stich von F. Mazot: Die Nacht.
23 *Eventails gouachés*, Ausstellung in Paris, Galerie Charpentier, 1954, Nr. 70 (aus dem Cabinet Duchesne stammend).
24 Thomas Platter d. J., *Beschreibung der Reisen durch Frankreich, Spanien, England und die Niederlande 1595–1600* [Vgl. die Ausgabe des alemannischen Textes von Rut Kaeiser, Basel/Stuttgart 1968].
25 Siehe unten Teil III, Kap. II.
26 Thomas L. Jarman, *Landmarks in the History of Education*, London 1951.
27 Ebd.
28 Ch. de Robillard de Beaurepaire, *Recherches sur l'instruction publique dans le diocèse de Rouen avant* 1789, 3 Bde., 1872, Bd. 2, S. 284.
29 J.-J. Jusserand, *Les sports et jeux d'exercices dans l'ancienne France*, 1901.
30 Paul Achard, »Les chefs des plaisirs«, *Annuaire administratif du département du Vaucluse*, 1869.
31 Laval, *Université d'Avignon*, S. 44 f.
32 A. Varagnac, *Civilisations traditionelles et genres de vie*, Paris 1948.
33 Die Jahreszeiten, Florenz. H. Göbel, *Wandteppiche*, 1923, Bd. 2, S. 409.
34 Richard Brakenburgh (1650–1702), Abbildung *Bernt*, Nr. 131.
35 Tapisserie de Tournai, H. Göbel, a.a.O., Bd. 2, S. 24.
36 Vgl. auch I. Mariette: Cabinet des Estampes, Ed. 82 in-fo, und Merian: Cabinet des Estampes, Ec 11 in-fo, S. 58.
37 Musée des Augustins, Toulouse.
38 Thomas Platter d. J., a.a.O. (Anm. 24).

39 L. Massebieau, *Les colloques scolaires du seizième siècle et leurs auteurs,* Paris 1878.
40 Ch. J. van der Lamen (1606–1652): Musizierende Gesellschaft bei Tisch, *Bernt,* Nr. 472.
41 Thomas Morley, zitiert nach F. Watson, *The English Grammar Schools to 1660,* 1907, S. 216.
42 Frans Hals: Zwei singende Knaben (Kassel), Gerson, a.a.O. Bd. 1, S. 167.
43 Frans Hals, Berlin. Le Nain, Detroit; Heimkehr von der Heuernte (La charette), Louvre.
44 Brouwer: Rommelpotspielerin, Haarlem. Abbildung in: W. von Bode, Adriaen Brouwer. Sein Leben und seine Werke, Berlin 1924, S. 29. Atelier von Georges de La Tour, Ausstellung in der Pariser Orangerie 1958. Nr. 75.
45 Vinckeboons (1576–1629), abgebildet bei *Bernt,* Nr. 942.
46 Le Nain, abgebildet in: P. Fierens, *Le Nain,* 1933, Abb. 93.
47 N. Guérard, Cabinet des Estampes, Ee 3 in f°.
48 Charles Sorel, *Maison des Jeux, 2* Bde., 1642, Bd. 1, S. 469–471.
49 Larché de Languis, Autor der *Pastorales basques,* um 1769.
50 Maréchal de Caillière, *La fortune des gens de qualité et des gentilshommes particuliers,* 1661.
51 Méré, *Oeuvres,* hg. von Ch. Boudhors, 3 Bde., 1930.
52 Vives, *Dialogues,* frz. Übersetzung von 1571.
53 G. Carré, »Les élèves de l'ancien collège de Troyes«, *Mémoires de la Societé académique de l'Aube,* 1881.
54 Thomas Hughes, *Tom Brown's School Days,* 1857.
55 L. Cognet, *La Mère Angélique et Saint François de Sales,* 1951, S. 28.
56 J.-J. Jusserand, a.a.O.
57 Man nannte diesen Tanz Karrik-danza. Diesen Hinweis verdanke ich Gil Reicher.
58 Roger Caillois, *Quatre essais de sociologie contemporaine,* Paris 1951.
59 H. Rashdall, *The Universities of Europe in the Middle Ages,* 3 Bde., 1895, Neuauflage 1936.
60 Félibien, V, S. 662.
61 Félibien, V, S. 689.
62 Félibien, V, S. 721.
63 Veröffentlicht in: Théry, *Histoire de l'éducation en France,* 1858, 2 Bde., Bd. 2.
64 Vives, *Dialogues,* vgl. Anm. 52.
65 F. de Dainville, *Entre Nous,* 1958, 2.
66 *Academia sive speculum vitae scolasticae,* 1602.
67 J.-J. Jusserand, a.a.O.
68 D. Mornet, *Histoire de la littérature classique,* 1940, S. 120.
69 Vgl. Anm. 11.
70 Christine de Pisan, *Oeuvres poétiques,* hg. von M. Roy, 1886, S. 34, 188, 196, 205.

71 Erasmus, *Le mariage chrétien* (s. Kap. I, Anm. 29).
72 Ch. Sorel, *La Maison des Jeux*, 1642, 2 Bde.
73 De Vries und Marpago, *Le Bréviaire Grimani*, 12 Bde., 1904–1910.
74 Baldassare Castiglione, *Libro del Cortegiano*.
75 Pluvinel, mit Stichen von Crispin de Pos. Cabinet des Estampes Ec 35e, in f° Abb. 47.
76 Felix Platter, *Tagebuchblätter*.
77 Göbel, a.a.O., Bd. 2, S. 196.
78 Leclerc, a.a.O.
79 Merian: Stich, Cabinet des Estampes Ex 11 in f°, p. 58.
80 M. E. Storer, *La mode des contes de fées (1685–1700)*, 1928.
81 Zitiert nach Storer, a.a.O.
82 Guardi, in Giuseppe Fiocco, *Venetian Painting*, Tafel 74. Magnasco in: Benno Geiger, *Magnasco*, Bergamo 1949, Abb. 25. Gerard Dou: Der Marktschreier, München, Abb. in *Klassiker der Kunst*, Bd. 24, Stuttgart/Berlin 1913, S. 81.
83 *Vie de M. Grosley*, 1787.
84 J.-J. Jusserand, a.a.O.
85 Merian: Stich, Cabinet des Estampes, Ec 10 in f°.
86 Mme. de Sévigné, *Lettres*, 13. Juni 1685.

V. Von der Schamlosigkeit zur Unschuld

1 Heroard a.a.O.
2 F. de Dainville, *La naissance de l'humanisme moderne*, 1940, S. 261. Mechin, *Annales du collège royal de Bourbon Aix*, 2 Bde., 1892.
3 Hans Curjel, *Hans Baldung Grien*, München 1923, Abb. 48.
4 J. Destrée, *Les Heures de Notre-Dame dites de Hennessy*, 1895 und 1923.
5 S. de Vries und Marpago, *Le Bréviaire Grimani*, 12 Bde., 1904–1910.
6 Horst Gerson, a.a.O. (Kap. II, Anm. 36), S. 95.
7 Musée des Augustins, Toulouse.
8 Vgl. Teil II, Kap. V.
9 J. Gerson, »De confessione mollicei«, *Opera*, 1706, Bd. 2, S. 309.
10 J. Gerson, »Doctrina pro pueris ecclesiae parisiensis«, *Opera*, 1706, Bd. 4, S. 717.
11 Vgl. Teil II, Kapitel V.
12 Vives, *Dialogues*, frz. Übersetzung von 1571.
13 Zitiert nach F. Watson, *The English Grammar Schools to 1660*, 1907, S. 112.
14 A. Schimberg, *Éducation morale dans les collèges de Jésuites*, 1913, S. 227.
15 F. de Dainville, a.a.O.
16 F. Watson, a.a.O.
17 Mathurin Cordier, *Colloques*, 1586.
18 Bearbeitet von Pomponius und Trobatus.
19 Zitiert nach F. de Dainville, a.a.O.

20 Montaigne, *Essais,* I, 26.
21 Montaigne, *Essais,* I, 39.
22 F. Guérard, Cabinet des Estampes Ee 3a, pet. in f°.
23 M. de Grenaille, *L'Honneste garçon,* 1642.
24 Faret, *L'Honnête homme,* 1630. Sein Name reimt sich bei Boileau auf »cabaret«.
25 F. Cadet, *L'Éducation à Port-Royal,* 1887.
26 Coustel, *Règles de l'éducation des enfants,* 1687.
27 Varet, *De l'éducation chrétienne des enfants,* 1666.
28 Jacqueline Pascal, *Règlement pour les enfants. Appendice aux Constitutions de Port-Royal,* 1721.
29 F. Cadet, a.a.O.
30 Jacqueline Pascal, a.a.O.
31 Coustel, a.a.aO.
32 *La Civilité nouvelle,* Basel 1671.
33 Jacqueline Pascal, a.a.O.
34 Varet, a.a.O.
35 Ebd.
36 Ebd.
37 Jean-Baptiste de La Salle, *Les règles de la bienséance et de la civilité chrétienne.* Erstausgabe 1713.
38 Varet, a.a.O.
39 *Mémoires du cardinal de Bernis,* 2 Bde., 1878.
40 Règlement du Collège du Chesnay, Wallon de Beaupuis, *Suite des vies des amis de Port-Royal,* 1751, Bd. 1, S. 175.
41 Vgl. Anm. 32.
42 Th. Lavallée, *Histoire de la maison royale de Saint-Cyr,* 1862.
43 Vgl. Anm. 32.
44 Über die *»livres de civilité«,* s. u., Teil II, Kap. II.
45 *Bienséance de la conversation entre les hommes,* Pont-à-Mousson, 1617.
46 *Civilité puérile et honnête pour l'instruction des enfants ... dressée par un missionaire,* 1753.
47 s. u. Teil II, Kap. II. *Disticha de moribus ad filium,* in französische Verse übersetzt von François Hubert (1559).
48 H. Bremond, *Histoire littéraire du sentiment religieux,* Bd. 3, 1921, S. 512 f.
49 Jacqueline Pascal, a.a.O.
50 Rigault, *Histoire générale des Frères des Écoles chrétiennes,* 1937, Bd. 1.
51 De Grenaille, a.a.O.
52 Vgl. oben I. Teil, Kap. II.
53 Stradan (1523–1605), Stich, Bibl. Nat. Cabinet des Estampes Cc9 in f°, S. 239.
54 Werner van den Valckert (1585–1627): Christus segnet die Kinder (1620). Abbildung in: *Bernt,* Nr. 871.
55 Katalog Nr. 106.

56 De Grenaille, a.a.O.
57 Fleury, *Traité du choix et de la méthode des études*, 1686.
58 Neapel, Pinakothek.
59 Tournier: Der Schutzengel, Narbonne, 1656–1657. Ausstellung im Petit Palais 1958, Nr. 139. Abraham Bosse, Stich, Bibl. Nat., Cabinet des Estampes Ed. 30 a in f°, GD 127.
60 Mariette, Stich, Bibl. Nat., Cabinet des Estampes, Ed. 82 in f°.
61 C. de Rochemonteix, *Un collège de Jésuites aux XVIIe–XVIIIe siècles. Le collège Henri IV de La Flèche*, 4 Bde., Le Mans, 1889.
62 Mechin, *Annales du collège royal Bourbon Aix*, 2 Bde., 1892, Bd. 1, S. 89.
63 Jacqueline Pascal, a.a.O.
64 *Les Cahiers du colonel Gérard (1766–1846)*, 1951.
65 Ausstellung: *Enfants d'autrefois*, Versailles, 1931.

Schlußbemerkung:
Die beiden Einstellungen zur Kindheit

1 P. Michault, *Doctrinal du temps présent*, hg. von Th. Walton, 1931, S. 119. »Puis vecy une femme grausse,/ Pourtant deux enfants en sa *trousse*.« (Dann ist da noch eine dicke Frau, die zwei Kinder in ihrem Tragkranz trägt.) Gemälde von Pieter van Laer (1592–1641): Der Quacksalber (Kassel). Abbildung: *Bernt*, Nr. 468.
2 Molière. *Der eingebildete Kranke*, 3. Akt, 3. Szene.
3 Montaigne, *Essais*, II, 8.
4 *Le Grand Propriétaire de toutes choses*, ins Französische übersetzt von J. Carbichon, 1556.
5 Zitiert nach Jarman, *Landmarks in the History of Education*, London 1951.
6 Mme. de Sévigné, *Lettres*, 1. April 1672.
7 Mme. de Sévigné, *Lettres*, 19. August 1671.
8 Montaigne, *Essais*, II, 8.
9 Coulanges, *Chansons choisies*, 1694.
10 Fleury, a.a.O. (Kap. V, Anm. 57).
11 G. della Casa, *Galatée*, frz. Übersetzung von 1609, S. 162–168 ff.
12 d'Argonne, *L'éducation de Monsieur de Moncade*, 1690.
13 J.-B. de La Salle, *Conduite des écoles chrétiennes*, 1720.
14 B. Gracian, *El Discreto*, Huesca, 1646. Zit. nach der frz. Übersetzung von Pater de Courbeville, S. J., 1723.
15 Das läßt sich der *Ratio* der Jesuiten und Jacqueline Pascals *Règlement* für die Schulmädchen von Port-Royal entnehmen.
16 Goussault, *Le Portrait d'une honnête femme*, 1693.
17 *Correspondance inédite du général de Martange*, 1756–1782, hg. von Bréard, 1898.

Zweiter Teil

I. Junge und alte Schüler im Mittelalter

1 L. Halphen, »Les universités au XIIIe siècle«, *Revue historique*, 1931.
2 H. I. Marrou, *Histoire de l'éducation dans l'Antiquité*, 1948.
3 A. Clerval, *Les Écoles de Chartres au Moyen Age*, 1895.
4 H. I. Marrou, a.a.O. – Ph. Delhaye, »L'Organisation scolaire au XIIe siècle«, *Traditio*, Bd. 5, 1947.
5 H. I. Marrou, a.a.O.
6 s. u. Teil III, Kap. II.
7 s. u. Teil II, Kap. VII.
8 J. Brinsley, *Ludus litterarius*, 1612. In England gibt es keine juristische Fakultät. In Deutschland wird es dann eine weitere universitäre Bildungsstätte geben, die Akademien, die der mittelalterlichen Tradition der Artes fremd sind. Dort werden die neuen Wissenschaften bereits nach modernen Methoden gelehrt.
9 Ph. Delhaye, a.a.O.
10 Zitiert nach A. F. Théry, *Histoire de l'éducation en France* 1858, 2 Bde., Bd. 1.
11 J. W. Adamson, *A Guide to the History of Education*, Cambridge 1920; *A Short History of Education*, Cambridge, 1919; *English Education*, Cambridge, 1930.
12 Ph. Delhaye, a.a.O.
13 A. F. Théry, a.a.O.
14 H. Ferté, *Des grades universitaires de l'ancienne faculté des Arts*, 1868.
15 Ph. Delhaye, a.a.O.
16 A. F. Théry, a.a.O.
17 Chaucer, *The Prioress's tale*, um 1383.
18 Du Boulay, IV, 261.
19 J. W. Adamson, *A Short History of Education.*
20 *De unitate intellectus contra Averrioistos* (LXIX, S. 252).
21 R. de Salisbury, *De vanitate mundi*, P. L., 176, col. 709.
22 R. Michault, *Doctrinal du temps présent*, hg. v. Th. Walton, 1931.
23 s. u. Teil III, Kap. II.
24 s. u. Teil II, Kap. V.

II. Eine neue Institution: Das Kolleg

1 Zitiert nach A. F. Théry, *Histoire de l'éducation en France*, 1858, Bd. 1.
2 Du Boulay, V, 536.
3 Etienne Pasquier, *Recherches de la France*, 1621, S. 820.
4 H. Rashdall, *The Universities of Europe in the Middle Ages*, 1895, Bd. I, S. 497–539; Neuausgabe von F. M. Powicke und A. B. Emden, 3 Bde., Oxford 1936.
5 Gerson, *Opera*, IV, 718. *Règlement pour les enfants de l'école de l'Eglise de Paris.*

6 Félibien, *Histoire de Paris,* Bd. 5, S. 689.
7 Du Boulay, IV, S. 261. Launoi, I, S. 8, 9, 11, 17, 25.
8 J. W. Adamson, a.a.O.
9 Du Boulay, III, S. 430.
10 Rashdall, a.a.O.
11 C. Jourdain, »Le Collège du cardinal Lemoine«, *Mémoires de la Société de l'Histoire de Paris,* Bd. 3, 1876, S. 42–81.
12 H. L. Bouquet, *Le Collège d'Harcourt-Saint-Louis,* 1891.
13 Quicherat, *Histoire de Sainte-Barbe,* 1860.
14 Du Boulay, IV, S. 88.
15 Chapotin, *Le Collège de Dormans-Beauvais,* 1870.
16 Du Boulay, V, S. 616.
17 C. Jourdain, a.a.O.
18 Du Boulay, IV, S. 88.
19 Félibien, V, S. 689.
20 Vgl. Anm. 16.
21 Etienne Pasquier, a.a.O.
22 Chapotin, a.a.O.
23 Félibien, V, S. 721.
24 Buchanan, *Oeuvres complètes,* Bd. II, 2. Teil, S. 31, zitiert nach Quicherat, a.a.O.
25 Félibien, V, S. 689.
26 Félibien, V, S. 721.
27 C. Jourdain, *Histoire de l'Université de Paris aux XVIIe et XVIIIe siècles,* 1862–1866. Anhang, S. 3.
28 Félibien, V, S. 812.

III. Die Anfänge der Schulklassen

1 Etienne Pasquier, *Recherches de la France,* 1621.
2 Erasmus, Brief an Justin Jonas, Nr. 435 der Leydener Ausgabe, Bd. 3, 1706.
3 A. Serena, *Cultura umanistica a Treviso,* 1912, S. 330–333.
4 P. D. Bourchemin, *Les Académies protestantes,* 1882.
5 J. Gaufrès, *Claude Baduel,* 1880.
6 Félibien, V, S. 799.
7 Thomas Platter d. J., a.a.O. (Teil I, Kap. IV, Anm. 24): Der Besuch des Kollegs Tournon.
8 P. Michault, *Le Doctrinal du temps présent,* hg. von Th. Walton, 1931. Vgl. auch die Darstellung eines einzigen Schulsaals mit zwei Pulten, die einander gegenüber stehen und um die herum die Schüler sich in zwei Gruppen verteilen. (*Statutenbuch des Collegium Sapientiae,* Pierpont Morgan Library.)
9 Thurot, *Organisation de l'Université de Paris,* 1850.
10 Félibien, V, S. 721.
11 Gaufrès, a.a.O.
12 Gaufrès, »Histoire du plan d'études protestant«, *Bulletin d'histoire du protestantisme,* Bd. 25, S. 481.

13 Recueil de Bechins, S. 690.
14 Gerson, »Doctrina pro pueris ecclesiae parisiensis«, *Opera*, 1706, Bd. 4, S. 717 ff. J. W. Adamson, a.a.O.
15 Ch. Godard, *L'ancien collège de Gray (1557–1792)*, 1887.
16 P. Michault, a.a.O.
17 Gaufrès, »Histoire du plan d'études protestant«, a.a.O.
18 Rochet, *Collège séminaire de Belley (1697–1897)*, Lyon 1898.
19 Ch. Jourdain, *Histoire de l'Université de Paris aux XVIIe et XVIIIe siècles*, 1862–1866. Anhang, S. 3.
20 Thomas Platter, d. Ä., a.a.O.
21 J. Brinsley, *Ludus litterarius*, Ausgabe von 1917.
22 M. Leclerc, *L'éducation des classes moyennes et dirigeantes en Angleterre*, 1894.
23 P. D. Bourchemin, a.a.O., Gaufrès, *Histoire du plan d'etudes protestant*, a.a.O.
24 M. Cordier, *Colloques*, 1586.
25 Hamel, *Histoire de Juilly*, 1868.

IV. Die Altersklassen

1 Thomas Platter d. Ä., *Ein Lebensbild aus dem Jahrhundert der Reformation*. Hg. von Horst Kohl. Leipzig 1912.
2 Le Fèvre d'Ormesson, *Journal*. Hg. von Cheruel, 2 Bde.
3 S. Gorceix, *Bonneval Pacha*, 1953.
4 Henri de Mesmes, *Mémoires*, Société de l'histoire de France.
5 C. de Rochemonteix, S. J., *Le Collège Henri IV de La Flèche*, 1889.
6 *Mémoires de Beauvais-Nangis*, hg. von Mommerqué und Taillandier, Société de l'histoire de France, 1862.
7 J. Callière, *Le Courtisan prédestiné*, S. 32, 34 f.
8 Baillet, *Les enfants devenus célèbres par leurs études*, 1688.
9 F. de Dainville, a.a.O.
10 Maréchal de Bassompierre, *Journal*, Société de l'histoire de France, 4 Bde.
11 Sorel, *Maison des Jeux*, 1642, 2 Bde.
12 André Le Fèvre d'Ormesson, *Mémoires des leçons que j'ay appris en ma jeunesse*, hg. von Cheruel in: *De l'administration de Louis XIV*, 1850, S. 204.
13 C. Perrault, *Mémoires*. A. Hallaye, *Les Perrault*, 1926.
14 Bussy, *Mémoires*, 1696. Er wäre 1618 geboren. Dieses Datum paßt jedoch nicht zu den Altersangaben, die er im folgenden macht.
15 H. Cherot, *Trois éducations princières*, 1896.
16 Beauvais-Nangis, a.a.O.
17 Zitiert nach Cherot, a.a.O., Belleperche, *L'Académie du Roy*, 1598.
18 J. W. Adamson, *A Short History of Education*, 1919.
19 Michel de Marolles, *Paris ou description de cette ville*, 1677.
20 R. Bary, *Nouveau Journal de conversation*, 1675.
21 C. de Montzey, *Institutions d'écoles militaires*, 1866.

22 Ch. Sorel, a.a.O.
23 Madame de Sévigné, *Lettres*, Edition La Pléiade Nr. 351, 19 (25. Nov. 1653), 56 (4. Juni 1669).
24 Und nicht den Akademien für den Adel, von denen weiter oben die Rede ist.
25 *Mémoires de Jean Rou (1638–1711)*, hg. F. Waddington, 1857.
26 H. Cherot, a.a.O.
27 L. Massebieau, *Les colloques scolaires*, Paris 1878.
28 Mathurin Cordier, *Colloques*, 1586.
29 *Mémoires du Cardinal de Bernis*, 2 Bde., 1878.
30 *Vie de M. Grosley*, 1787.
31 J. F. Marmontel (1723–1799), *Mémoires d'un père*, 1827.
32 J. Lablée, *Mémoires d'un homme de lettres*, 1824.
33 F. de Dainville, in: *Populations*, 1955, S. 455–488 und 1957, S. 467–494.
34 *Populations*, 1955, S. 480.
35 G. Carré, »Les élèves de l'ancien collège de Troyes«, *Mémoires de la Société académique de l'Aube*, 1881.
36 *Le collège Henri IV de La Flèche*, a.a.O.
37 F. de Dainville, *La naissance de l'humanisme moderne*, S. 23.
38 Baillet, a.a.O.
39 Niceron, *Les hommes illustres*.
40 Méré, *Œuvres*, hg. von Ch. Boudhors, 3 Bde., 1930, Vorwort.
41 Sicard, *Les études classiques avant la Révolution*, 1887. Girardon ist 1625 geboren.
42 G. Dupont-Ferrier, *La Vie quotidienne d'un collège parisien, Clermond-Louis-le-Grand*, 3 Bde., 1921. Register der Rechnungsbücher von Louis-le Grand für die Jahre 1765 bis 1773. Arch. Nat. H^3 2450 u. f.
43 Archives de la Seine, zu deren Katalogen uns freundlicherweise M. Fleury, heute Direktor der École des Hautes Études, den Zugang erleichtert hat.
44 Dengs, *Mémoires de l'Abbé Liautard*, Gründer des Collège de Stanislas, 1844.
45 F. V. Bouquet, *Souvenirs du collège de Rouen, par un élève de pension* (1829–1835), 1895.

V. Die Fortschritte der Disziplin

1 Chavenac, *Histoire d'Aix*, S. 108. Statuten der Université d'Aix.
2 *Manuale scholarium*, hg. von R. F. Seybolt, 1921.
3 Rashdall, a.a.O. (Teil II, Kap. II, Anm. 4), Bd. 3, S. 376–385.
4 Félibien, V, S. 662.
5 Fournier, »Une corporation d'étudiants en droit«, *Nouvelle Revue historique du Droit français et étranger*, 1887, S. 21.
6 H. L. Bouquet, *Le Collège d'Harcourt-Saint-Louis*, 1891.
7 Félibien, V, S. 689.
8 A. Varagnac, *Civilisation traditionelle et genres de vie*, Paris 1948. H. Jeanmaire, *Kouroi et Kourètes*.

9 E. Coornaert, »Les Ghildes médiévales«, *Revue historique*, 1948, S. 22.
10 Zitiert nach Théry, *Histoire de l'éducation*, 2 Bde., 1858, Bd. II, Anhang.
11 Théry, a.a.O.
12 G. Bouquet, a.a.O.
13 Félibien, III, S. 173.
14 E. Coornaert, a.a.O.
15 Thomas Platter d. Ä., a.a.O.
16 Dies wurde geschrieben, ehe die *blousons noirs* (Halbstarken) von sich reden machten.
17 Ch. Mutteau, *Les écoles et collèges en province*, Dijon, 1882.
18 P. de Rochemonteix, *Le Collège Henri IV de La Flèche*, 1889.
19 Théry, a.a.O.
20 H. Rashdall, a.a.O., Bd. 1.
21 Du Boulay, IV, S. 88.
22 Gerson, *Opera*, Bd. IV, S. 717–719.
23 C. de Rochemonteix, a.a.O.
24 C. de Rochemonteix, a.a.O.
25 Gerson, a.a.O.
26 Félibien, V, S. 721.
27 Thomas Platter, a.a.O.
28 Brinsley, *Ludus Litterarius*, 1612.
29 H. C. M. Lyte, *History of Eton College*, 1889.
30 M. Cordier, *Les Colloques*, 1586.
31 *Conduite des Écoles chrétiennes*, 1720.
32 M. Cordier, a.a.O.
33 Félibien, V, S. 689.
34 L. Bouquet, a.a.O.
35 Gerson, a.a.O.
36 G. Zaccagnini, *La vita dei maestri et degli scolari nella studio di Bologna*, Genf 1926, Abb. XXII.
37 Félibien, III, S. 421.
38 M. D. Chapotin, *Collège de Dormans-Beauvais*, 1870.
39 H. Rashdall, a.a.O., Bd. 3.
40 Fèlibien, V, S. 721.
41 Rashdall, a.a.O.
42 M. Godet, *Montaigu*, 1912.
43 H. C. M. Lyte, a.a.O.
44 F. Watson, *The English Grammar Schools to 1660*, 1908.
45 L'Estoile, *Journal*, hg. von R. L. Lefèvre, 1943, Bd. 1, S. 294.
46 Mechien, *Annales du Collège royal Bourbon-Aix*, 2 Bde., 1892.
47 Ch. Mutteau, a.a.O.
48 Marmontel, *Mémoires d'un père*, 1827.
49 G. Rigault, *Histoire générale de l'Institut des Frères des Écoles chrétiennes*, Bd. 1, 1937.

50 *Conduite des Écoles chrétiennes,* a.a.O.
51 Marmontel, a.a.O.
52 G. Dupont-Ferrier, *Du collège de Clermont,* a.a.O.
53 J. Lablée, *Mémoires d'un homme de lettres,* 1824.
54 Quicherat, *Histoire de Sainte-Barbe,* 1860.
55 L. Lacroix, *Notice historique sur l'Institut Savouré,* 1853.
56 H. Cook, *Winchester College,* 1917.
57 M. Massip, *Le Collège de Tournon.*
58 Ch. de Robillard de Beaurepaire, *Recherches sur l'instruction publique dans le diocèse de Lyon,* 1872.

VI. Vom Externat zum Internat

1 Crispin de Pos, *Academia sive Vita scholastica,* Arnheim, 1602. Siehe hier den Abbildungsteil.
2 Président de Mesmes, *Mémoires.*
3 Maréchal de Bassompierre, *Journal,* Société d'histoire de France, 4 Bde.
4 Loménie de Brienne, Société d'histoire de France, 1919.
5 Ch. Sorel, *Francion.*
6 Vives, *Colloques,* nach der frz. Ausgabe von 1571.
7 M. Cordier, *Colloques,* 1586.
8 Besuch des Kollegs von Autun, 19. Nov. 1652. Archives Nationales, M. 80.
9 Et. Pasquier, *Recherches . . .,* 1621, l. IX.
10 M. Cordier, a.a.O.
11 J. Gaufrès, *Claude Baduel,* 1880.
12 Mechin, a.a.O.
13 M. Cordier, a.a.O.
14 E. Pasquier, a.a.O.
15 Francion, a.a.O.
16 Rouchier, *Bulletin de la Société des Sciences et Arts de l'Ardèche,* zitiert von Massip, a.a.O., S. 56.
17 Marmontel, a.a.O.
18 J. Estienne, Vorwort in: *Archives de la Somme,* Serie II l, 1933.
19 Massip, a.a.O.
20 De Rochemonteix, a.a.O.
21 Cl. Joly, *Traité historiques des Écoles épiscopales et ecclésiastiques,* 1678.
22 Was die *petites écoles* angeht, orientiere man sich im folgenden Kapitel, Teil II, Kapitel 7.
23 Quicherat, a.a.O.
24 Chapotin, a.a.O.
25 J. Lablée, a.a.O.
26 Ch. de Robillard de Beaurepaire, a.a.O. Rollin, *Traité des Études,* 1728.
27 Dupont-Ferrier, a.a.O.
28 Schülerverzeichnis von Sainte-Barbe, Archives de la Seine.
29 Noch eine Veränderung: die Erzieher des 20. Jahrhunderts teilen dieses Miß-

trauen gegen die Ferien nicht mehr; diese sind ein gemeinschaftliches Privileg geworden.

30 Dupont-Ferrier, a.a.O., Bd. 2, S. 83.

VII. Die ›Petites Écoles‹

1 Cl. Joly, *Traité historique des Écoles épiscopales et ecclésiastiques*, 1678.

2 A. de Charmasse, *État de l'instruction publique dans l'ancien diocèse d'Autun*, 1871–1878.

3 *Prioress' tale*, a.a.O. Vers 1685.

4 Clerval, *Les Écoles de Chartres au Moyen Age*, 1895.

5 Ch. de Robillard de Beaurepaire, *L'instruction publique en Normandie*, 2 Bde., 1872.

6 P. Delattre, *Les établissements des Jésuites en France*, 1940, 2 Bde., Bd. 2, S. 741.

7 Cl. Joly, a.a.O.

8 Allain, *L'instruction primaire avant 1789*, 1881.

9 J. W. Adamson, *A Short History of Education*, a.a.O.

10 Gekürzte Fassung von 1685: *Instruction méthodique pour l'escole paroissiale, dressée en faveur des petites écoles.*

11 H. Rigault, *Histoire de l'institution des Frères des Écoles chrétiennes*, Bd. 1, 1937.

12 Vgl. unten Teil III, Kapitel II.

13 H. Rigault, a.a.O.

14 F. Watson, *The English Grammar Schools to 1660*, 1908. Furnival, *Babees Book*, 1868.

15 Coote, *English Schoolmaster*, 1596, zit. nach F. Watson, a.a.O.

16 1658.

17 Allain, a.a.O.

18 J. Estienne, Vorwort zu *Archives de la Somme*, 2. Serie, 1933.

19 Ch. de Robillard de Beaurepaire, a.a.O.

20 Cl. Joly, a.a.O.

21 *Mémoires de Jean Rou*, hg. von F. Waddington, 1857.

22 F. Watson, a.a.O.

23 Madame de Sévigné, *Lettres*, 10. Juni 1671.

24 Maréchal de Bassompierre, *Mémoires*, Société d'histoire de France.

25 F. Watson, a.a.O.

26 Cl. Joly, a.a.O.

27 H. Rigault, a.a.O.

28 Eine Reproduktion des Stiches in diesem Band; er befindet sich bei den »Écrivains« in der Reihe »Métiers« des Cabinet des Estampes (Bibl. Nat.).

29 Ch. Mutteau, *Les écoles de Dijon.*

30 F. Watson, a.a.O.

31 Basel, Kunstmuseum.

32 Gérard Dou: Die Abendschule, 1660–65 (Amsterdam), abgebildet in *Klassiker der Kunst*, Bd. 24, S. 170, 1660–1665.

33 G. Zaccagnini, *La vita dei maestri* ..., Genf, 1926.
34 J. W. Adamson, a.a.O.
35 Allain, a.a.O.
36 H. Rigault, a.a.O.
37 Brinsley, *Ludus Litterarius*, hg. 1917.
38 P. de Rochemonteix, *Le Collège Henri IV de la Flèche*.
39 Cl. Joly, a.a.O.
40 École militaire. Schülerdossier. Archives Nationales M 255.
41 F. Watson, a.a.O., S. 150, 1560.
42 J. W. Adamson, a.a.O.
43 Ch. de Robillard de Beaurepaire, a.a.O.
44 H. Rigault, a.a.O.
45 A. de Charmasse.
46 H. Rigault, a.a.O.
47 A. de Charmasse, a.a.O.
48 Cl. Joly, a.a.O.
49 H. Rigault, a.a.O.
50 Ch. Sorel, *Maison des Jeux*, I, S. 475 f.
51 C. Jourdain, a.a.O. G. Dupont-Ferrier, a.a.O.
52 C. Carré, *Les élèves de l'ancien collège de Troyes*.
53 G. Carré, in: *Mémoires de la Société des Sciences et Arts de l'Aube*, 1881, S. 45.
54 Sicard, *Les Études classiques avant la Révolution*, 1884, S. 520.
55 F. de Dainville, in: *Populations*, 1955 u. 1957.
56 Sicard, a.a.O., S. 531.
57 G. Carré, a.a.O.
58 Marmontel, *Mémoires d'un père*.
59 Sicard, a.a.O., S. 531, Anm.
60 Ch. Jourdain, *Histoire de l'Université de Paris, pièce justif.*, S. 55.
61 Zit. von Ch. Brunetière in *Revue des Deux Mondes*, 1879, S. 943.
62 L. R. de Caredenc de la Chalotais, *Essais d'éducation nationale ou plan d'études pour la jeunesse*, 1763.
63 Brief vom 23. Februar 1763, vom 19. März 1766, vom 1. April 1766.
64 Vgl. Anm. 61.
65 *Mémoires du cardinal de Bernis*, 2 Bde., 1878.
66 J. Lablée, *Mémoires d'un homme de lettres*, 1824.
67 J. Estienne, a.a.O. (Anm. 18).

VIII. Die Härte des Schullebens

1 G. Carré, »Les élèves de l'ancien collège de Troyes«, *Mémoires de la Société des Sciences et Arts de l'Aube*, 1881, S. 45.
2 Félibien, V, S. 812.
3 L'Estoile, *Journal*, hg. von R. L. Lefèvre, 1943, Bd. 1, S. 544.
4 G. Carré, a.a.O.

5 Ch. Mutteau, *Les écoles de Dijon*, 1882.
6 Ch. de Rochemonteix, *Le Collège Henri IV de La Flèche*, 1889.
7 Ch. Mutteau, a.a.O.
8 Vgl. F. de Dainville, *La naissance de l'humanisme moderne*, a.a.O.
9 P. D. Bourchemin, *Les Académies protestantes.*
10 H. Cook, *Winchester College*, 1917. H. L. M. Lyte, *Eton*, 1889.
11 Maréchal de Bassompierre, *Mémoires.*
12 Mechin, *Annales du collège royal Bourbon-Aix*, 1892.
13 F. de Dainville, a.a.O.
14 P. Achard, »Les chefs des plaisirs«, *Annuaire administratif du Vaucluse*, 1869.
15 P. Achard, a.a.O.
16 Mechin, a.a.O., I, S. 92, S. 171.
17 L. Legendre, *Mémoires, le Magasin de librairie* (um 1860), Bd. 5, Jahr 1694.
18 F. de Dainville, a.a.O.
19 L. Massebieau, *Les colloques scolaires*, 1878.
20 F. de Dainville, a.a.O.
21 G. Carré, a.a.O.
22 Montaigne, *Essais*, I.
23 Ch. Mutteau, a.a.O.
24 Félibien, V, S. 662.
25 Félibien, V, S. 812.
26 Ch. Sorel, *Maison des Jeux*, Bd. 2, S. 13.
27 G. Carré, a.a.O.
28 Bibliothèque Nationale, Fonds latin Nr. 10990 u. 10991.
29 C. de Rochemonteix.
30 M. Massip, *Le Collège de Tournon.*
31 Samuel Foote, zit. nach R. L. Archer, *Secondary Education*, 1921.
32 Thomas Platter d. Ä., a.a.O.
33 L. Massebieau, a.a.O. (I. Teil, Kap. IV, Anm. 39).
34 L. Massebieau, a.a.O.
35 G. de Pourtalès, *Wagner*, S. 21.
36 H. C. M. Lyte, *Eton*, 1889.
37 *Opera*, Bd. II, S. 31.
38 Ch. Mutteau, a.a.O.

Schlußbemerkung

Die Schule und die Dauer der Kindheit

1 Cervantes, *Don Quichotte*, 2. Teil, 5. Kapitel.
2 E. G. Leonard, *Les problèmes de l'armée*, 1958, S .164.
3 L. Cognet, *La réforme de Port-Royal*, 1950, S. 13, ebenso S. 100.
4 L. Cognet, a.a.O.
5 Fénelon, *De l'éducation des filles*, 1687.
6 Th. Lavallée, *Histoire de la maison royale de Saint-Cyr*, 1862.

Dritter Teil

I. Familienbilder

1 P. M. Duval, *La vie quotidienne en Gaule,* 1952.
2 G. Ch. Picard, *Les religions de l'Afrique antique,* 1954.
3 Vgl. oben Teil I, Kap. I.
4 Studienbuch der Adelheid von Savoyen, Herzogin von Burgund.
5 Vgl. oben Teil I, Kap. IV.
6 Einer der Putti des Bacchanale im Prado.
7 *Hortulus animae,* 7 Bde., Frankfurt 1907.
8 London, Bridgewater Gallery.
9 Die vier Lebensalter.
10 Vgl. oben Teil I, Kap. I.
11 Venturi, *Storia del arte italiana,* Bd. 6, S. 32.
12 Toesca, *Storia del arte italiana,* Bd. 2.
13 Arthur Lindner, *Der Breslauer Froissart,* Berlin 1912.
14 Basel, Kunstmuseum.
15 Vgl. Fr. Bond, *Westminster Abbey,* 1909.
16 Tizian: Die Familie Cornaro, um 1560. Abb. in *Klassiker der Kunst,* Stuttgart/Leipzig 1907, S. 161.
17 Victoria and Albert Museum, 1951, Nr. 5.
18 Pourbus. Siehe *Le portrait dans l'art flamand,* Ausstellung Paris 1952, Nr. 71.
19 Van Dyck: Sebastian Leerse mit Frau und Sohn. Abb. in *Klassiker der Kunst,* Bd. 13, Stuttgart/Leipzig 1909, S. 279.
20 Tizian: Bildnis dreier Männer und eines Kindes. Abb. a.a.O., S. 220.
21 Van Dyck: Die Familie Pembroke. Abb. a.a.O., S. 393.
22 *Le Portait* ... Paris 1952, a.a.O., n° 19 und n° 93.
23 Pieter Aertsen: Bauernküche (Kopenhagen), Mitte des 16. Jahrhunderts. Abb. bei Gerson, a.a.O., S. 98 (Teil I, Kap. II, Anm. 36).
24 Humbelot-Huard. Cabinet des Estampes, Ed. 15 in f°.
25 Stich von Guérard (Cabinet des Estampes, o bis 22, Bd. 6, um 1701).
26 N. Guérard: Die Frau bei der Hochzeit, Stich (Cabinet des Estampes Ee3 in f°).
27 David II Ryckaert (1586–1642). Musée de Genève.
28 Bonnart und Sandrart (Cabinet des Estampes Ed. 113 in f° t I).
29 Gerard Dou: Die junge Mutter, 1685 (den Haag); Frau mit Säugling, ca. 1655–1660 (London); Frau, ihr Kind stillend, ca. 1660–1665 (London). Abb. a.a.O. (Teil I, Kap. IV, Anm. 82), S. 90, 91, 92.
30 Fragonard, Zeichnung, Fragonard-Ausstellung, Bern 1954. G. Dou: Alte, einen Knaben kämmend, um 1650 (Richmond). Abb. a.a.O., S. 94.
Adriaen Brouwer: Unangenehme Vaterpflichten (Dresden). Vgl. Wilhelm von Bode, *Adriaen Brouwer. Sein Leben und seine Werke,* Berlin 1924, S. 73.
Berey, Stich (Cabinet des Estampes Ed. 108 in f°).
Stella: Der Winter, Stich (Cabinet des Estampes Da 44 in f°, S. 41). Siehe hier im Abbildungsteil.

Crispin de Pos (Cabinet des Estampes Ec 35 in f°, S. 113).

31 Dassonville, Stich (Cabinet des Estampes Ed 35 c pet. in f°, 5, 6, 26.)
Gerard Dou: Alte, einen Knaben kämmend.
Gerard Terborch: Mutter, ihre Tochter kämmend (Den Haag). Abb. *Bernt*, Nr. 109.
Pieter de Hooch, *Klassiker der Kunst*, S. 60.
Jan Siberechts: Hof einer Bauernwirtschaft. *Bernt*, Nr. 109.

32 Gerard Dou: Mädchen, Zwiebel hackend, 1646 (London); Küche, 1645–1650 (Kopenhagen); Die Mausefalle, 1645–1650 (Montpellier). Abb. a.a.O., S. 122, 123, 124.
Pieter de Hooch, a.a.O., S. 57.
Abraham de Pape: Alte Frau, einen Hahn rupfend (Den Haag). *Bernt*, Nr. 634.
Velasquez: Ein Kind mit einem Diener. Abb. in *Klassiker der Kunst*, Stuttgart/Berlin o. J., S. 269.
Strozzi: Die Köchin rupft eine Gans. Abb. bei G. Fiocco, a.a.O. (Teil I, Kap. IV, Anm. 82), Tafel IV.
Le Nain: Der Gärtner. Abb. bei Fierens, a.a.O., S. 87.

33 Gerard Dou: Krämerladen. Abb. a.a.O., S. 133.
Willem van Mieris: Der Krämerladen, 1717. Abb. *Bernt*, Nr. 533.
Le Camus, Stich. Siehe hier im Abbildungsteil.

34 Pieter de Hooch: Der verwöhnte Papagei. Abb. *Bernt*, Nr. 399.

35 G. Duby, *La société aux XIe et XIIe siècles dans la région mâconnaise*, 1953.

36 P. Petot, »La famille en France sous l'Ancien Régime«, in: *Sociologie comparée de la famille contemporaine*, Colloques du C.N.R.S., 1955.

37 Chaucer, *The Parson's Tale*. Vgl. Ph. Ariès in: *Populations*, 1954, S. 692.

38 Guillaume Vrelaut, *Histoire du bon roi Alexandre*, Petit Palais ms. 456 f° 8.
Vie de sainte Catherine, Bibliothèque Nationale, ms. frs. 6449 f° 17.

39 Stella (Cabinet des Estampes Da 44 in f°, S. 40). Siehe hier im Abbildungsteil.

40 D. Molenaer, (Musée de Genève).

41 Abraham Bosse: Das Brautbett, Molenaer, (Musée de Lille).
Brakenburgh, (Musée de Lille).

42 Jan Steen: Das St. Nikolausfest. Abb. bei Gerson a.a.O., Bd. 2, Nr. 87. Siehe hier im Abbildungsteil.

43 *The Babees Book*, hg. von F. J. Furnival, 1868.

44 *Civilité puérile et honnête*, 1753.

45 *La civilité nouvelle contenant bon usage et parfaite instruction*... Basel, 1671.

46 J.-B. de La Salle, Erstausgabe 1713.

47 Vives, *Dialogues*, frz. Übersetzung von 1571.

48 Merian, Stich (Cabinet des Estampes, Ec 10 in f°).

49 A. Bosse, Stich (Cabinet des Estampes Oa 44 pet. in f°, S. 65).

50 A. Le Nain: Das Tischgebet.

51 Lebrun: Tischgebet (Louvre), von I. Sarrabat gestochen. Siehe das Tischgebet von Stradan hier im Abbildungsteil; das Tischgebet wird von einem Kind gesprochen.
52 Jan Steen, Abb. Schmidt-Degener, S. 63.
53 Heemskerck (1634–1704): Das Tischgebet, 1667. *Bernt*, S. 358.
54 Mathurin Cordier, *Colloques*, 1536.
55 Vgl. Anm. 47.
56 V. L. Tapié, *Le Baroque*, 1957, S. 256.
57 Emile Mâle, *L'art religieux après le concile de Trente*, S. 312.
58 Paccaco di Rosa.
59 Carraccio, Pesne. Vgl. Mâle, a.a.O., S. 311. Rembrandt: Der Tischler.
60 Göbel, a.a.O., Bd. 1, Abb. 165. Datiert 1573.
61 C. Roth (1632–1698). Abb. in G. Fiocco, a.a.O. (Anm. 33), S. 49.
62 Paolo Veronese: Die Familie Adams (Venedig, Dogenpalast).
63 Erasmus, Frz. Ausgabe von 1714.

II. Von der mittelalterlichen zur modernen Familie

1 *A Relation of the Island of England*, Camden Society 1897, S. XIV, zitiert in: *The Babees Books*, hg. von F. J. Furnival, London, 1868.
2 G. Duby, a.a.O., S. 425.
3 Ch. de Robillard de Beaurepaire, *Instruction publique en Normandie*, 3 Bde., 1872.
4 *Babees Books*, op. cit.
5 L'école des veneurs, Ms. Bibliothèque Nationale.
6 Conrad Manuel, Museum Bern.
7 Museum Grenoble.
8 F. de Dainville, »Effectif des collèges«, *Populations*, 1955, S. 455–483.
9 G. Duby, a.a.O.
10 Varet, *De l'éducation chrétienne des enfants*, 1666.
11 Coustel, *Règles de l'éducation des enfants*, 1687.
12 Goussault, *Portrait d'un honnête homme*, 1692.
13 J. Fourcassié, *Villèle*, 1954.
14 H. Ferté, *Des grades universitaires dans l'ancienne Faculté des Arts*, 1868.
15 A. Adam, *Histoire de la littérature française au XVIIe siècle*, Bd. 1 (1948), 2 (1951). R. Mousnier, »Soulèvements populaires avant la Fronde«, *Revue d'histoire moderne et contemporaire*, 1958, S. 81–113.
16 *El héroe* von Balthasar Gracián, 1637, nach der frz. Übers. 1645.
17 Baldassare Castiglione, *Libro del cortegiano*, nach der frz. Übersetzung von G. Chapuys, 1585.
18 G. della Casa, *Galatée*, nach der frz. Übers. von Hamel, 1666.
19 *La civilité nouvelle*, 1671.
20 Zit. nach M. Magendie, *La politesse mondaine au XVIIe siècle*, 1925.
21 Vgl. Anm. 18.
22 Nicole, »De la civilité chrétienne«, in: *Essais de morale*, 1733, Bd. 2, S. 116.

23 De Grenaille, *L'honneste garçon,* 1642.
24 Maréchal de Caillière, *La fortune des gens de qualité,* 1661.
25 Bordelon, *La belle éducation,* 1694 (2. Aufl.).
26 Ch. Coustel, *Règles de l'éducation des enfants,* 1687.
27 De Grenaille, a.a.O.
28 Fra Bonvenisco da Ripa, *Zinquanta cortesie da Tavola,* um 1292.
29 *The Babees Books,* a.a.O.
30 Pseudo Cato, *Disticha de moribus.*
31 A. de Courtin, *Nouveau traité de la civilité qui se pratique en France,* 1671.
32 *Bienséance de la conversation entre les hommes,* Pont-à-Mousson, 1617.
33 F. Watson, *The English Grammar Schools to 1660,* 1907.
34 Charles Sorel.
35 D. Mornet, *Histoire de la littérature classique,* 1940, und M. Magendie, a.a.O.
36 De Grenaille, a.a.O.
37 Balthasar Gracián, a.a.O.
38 N. Faret, *L'honnête Homme.*
39 Bardin, *Le Lycée,* 2 Bde., 1632–1634.
40 Balthasar Gracián, a.a.O.
41 *La civilité puérile et honnête pour l'instruction des enfants.* In welcher an den Anfang gesetzt ist, die Weise, wie man ordentlich lesen, aussprechen und schreiben lernt. Sie ist aufs Neue verbessert worden und am Ende um eine schöne Abhandlung darüber, wie man ihnen Orthographie beibringt, erweitert worden ..., 1761.
42 Vgl. Anm. 19.
43 Varet, *De l'éducation chrétienne des enfants,* 1666.
44 Coustel, a.a.O.
45 Coustel, a.a.O.
46 Locatelli, *Relation de voyage en 1664,* hrsg. von W. Blunt. *The Adventures of an Italian Priest,* London 1956.
47 Lagniet stellt in *Proverbes* eine Taverne dar, wo die Anwesenheit eines Kindes dennoch nicht deplaziert erscheint. Siehe hier den Abbildungsteil.
48 J. Carrière, »La population d'Aix-en-Provence à la fin du XVIIe siècle«, *Annales de la Faculté des Lettres d'Aix-en-Provence,* 1958.
49 R. H. Bautier, »Jeux, population et structure sociale au milieu du XVe siècle«, *Annales E.S.C.,* 1959, S. 255–268.
50 Paul Masson, zit. nach J. Carrière, a.a.O.
51 P. H. Michel, *La pensée de L. B. Alberti,* 1930.
52 P. du Colombier, *Style Henri IV et Louis XIII,* 1941, S. 49.
53 P. Codde: Der Ball. *Bernt,* Nr. 187.
54 *Jardin de Plaisance,* hg. Droz und Piaget, S. 93.
55 Heroard, *Journal de l'enfance de Louis XIII,* op. cit.
56 P. H. Michel, a.a.O.
57 Bussy-Rabutin, *Mémoires,* 3 Bde., 1704.

58 Lagniet in: *Proverbes.* Siehe hier im Abbildungsteil.
59 Madame de Sévigné, *Lettres,* 19. Aug. 1671.
60 Helmont (1623–1679): Das bei Tisch bedienende Kind, in *Bernt,* Nr. 365.
61 De Gérard, *Entretiens,* I, S. 153.
62 Coustel, a.a.O.
63 Bordelon, a.a.O.
64 Cervantes, *Don Quichotte,* 2. Teil, Kap. 20.
65 Madame de Sévigné, *Lettres,* 23. Jan. 1671.
66 Bordelon, a.a.O.
67 Sébastien Mercier, *Les tableaux de Paris,* hg. von Desnoiteres, S. 194.
68 *Correspondance inédite du Générale de Martange,* 1756–1782, hg. von Bréard, 1898.
69 J. Fourcassié, *Villèle,* 1954.
70 J. Ashton, *La révolution industrielle,* S. 173.
71 H. Bergues, Ph. Ariès, E. Helin, L. Henry, M. Riquet, A. Sauvy, J. Sutter, *La prévention des naissances dans la famille, ses origines dans les temps modernes.* Institut National d'Études démographiques. Heft 35, 1960. Vgl. auch R. Prigent, *Renouveau des idée sur la famille.* Institut National d'Études démographiques, Heft 18, 1954.

Verzeichnis der Abbildungen

mit auf den Weg und der Vater greift in seine Börse. Im Hintergrund andere Schüler unterwegs. Vgl. Teil II, Kap. V und VI.

Hans Holbein d. J.: Aushängeschild eines Schulmeisters, 1516. Oben: die Abendschule für die Erwachsenen; unten: die Schule für die Kinder. Kunstmuseum Basel. Vgl. Teil II, Kap. VII, S. 418 und Anm. 28. Copyright: Öffentliche Kunstsammlung, Basel.

Die Klasse des Schreibmeisters. Man beachte das Alter der Schüler, sie tragen einen Degen. Vgl. Teil II, Kap. VII, S. 418 und Anm. 28.

Le Camus: Mädchen bei Weinhändler. Vgl. Teil III, Kap. I, S. 486 und Anm 33.

Lagniet: Das Kind spielt mit dem jungen Diener. Aus den *Proverbes.* Vgl. Teil I, Vgl. Teil I, Kap. V, S. 196.

Die Lebensalter. Vgl. Teil I, Kap. I.

Jan Steen: Der hl. Nikolaus, Rijksmuseum Amsterdam. Vgl. Teil III, Kap. I, S. 493 und Anm. 42. Copyright: Rijksmuseum.

Nocret: Die königliche Familie, Versailles. Vgl. Teil I, Kap. II, S. 102. Photo: Giraudon.

Le Nain: Die Kartenspieler. Kinder beim Glücksspiel. Vgl. Teil I, Kap. IV, S. 151.

Kindergrab. Hinweis von Gaignières. Vgl. Teil I, Kap. II, S. 98, S. 100.

M. de Vos: Antoine Anselme und seine Familie, Brüssel. Vgl. Teil I, Kap. I, S. 71 und Anm. 5; Teil III, Kap. I, S. 482.

Hanser
Anthropologie

Herausgegeben von Wolf Lepenies
und Henning Ritter

Georges Canguilhem
Das Normale und das Pathologische

Georges Devereux
Angst und Methode in den Verhaltenswissenschaften

Michel Foucault
Die Geburt der Klinik. Eine Archäologie
des ärztlichen Blicks

Michel Foucault
Die Ordnung des Diskurses

Lawrence Krader
Ethnologie und Anthropologie bei Marx

Gérard Leclerc
Anthropologie und Kolonialismus

Marcel Mauss
Soziologie und Anthropologie. 2 Bände. Mit einer
Einführung von Claude Lévi-Strauss

Sergio Moravia
Beobachtende Vernunft. Philosophie und Anthropologie
in der Aufklärung

Edmund Wilson
Abbitte an die Irokesen